Bíblia

HISTÓRIA, CURIOSIDADES E CONTRADIÇÕES

Dados Internacionais de Catalogação na Publicação (CIP)
(Câmara Brasileira do Livro, SP, Brasil)

Miranda, Evaristo Eduardo de
Bíblia : história, curiosidades e contradições / Evaristo Eduardo de Miranda. – Petrópolis, RJ : Vozes, 2015.

Bibliografia
ISBN 978-85-326-4979-9

1. Bíblia – Crítica e interpretação 2. Bíblia – Curiosidades 3. Bíblia – História I. Título.

15-00301 CDD-200.95

Índices para catálogo sistemático:
1. Bíblia : História : Curiosidades 200.95

Evaristo Eduardo de Miranda

Bíblia

HISTÓRIA, CURIOSIDADES E CONTRADIÇÕES

EDITORA VOZES

Petrópolis

Rua Frei Luís, 100
25689-900 Petrópolis, RJ
www.vozes.com.br
Brasil

Diretor editorial
Frei Antônio Moser

Editores
Aline dos Santos Carneiro
José Maria da Silva
Lídio Peretti
Marilac Loraine Oleniki

Secretário executivo
João Batista Kreuch

Editoração: Fernando Sergio Olivetti da Rocha
Diagramação: Sandra Bretz
Capa: Felipe Souza | Aspectos
Ilustração de capa: ©Aleksandar Todorovic | Dreamstime

ISBN 978-85-326-4979-9

Editado conforme o novo acordo ortográfico.

Este livro foi composto e impresso pela Editora Vozes Ltda.

À minha mãe, Luiza Sala de Miranda.

Dela recebi minha primeira Bíblia.

Ela é evangélica e sua vida é um evangelho.

Sumário

Apresentação

Este livro resulta de uma leitura curiosa e de uma pesquisa sistemática na Bíblia, tanto em suas diversas versões em português como em seus originais hebraicos e gregos. A simplicidade e a riqueza dessas línguas "primitivas" descortinam numerosos tesouros escondidos, e até esquecidos, no texto bíblico. E podem iluminar ainda mais a leitura e a compreensão da Bíblia nos dias de hoje. Foram anos de aventuras e saborosa pesquisa.

A primeira parte apresenta um conjunto de explicações sobre quem escreveu a Bíblia, por que seus livros foram escritos e como Antigo e Novo Testamentos foram consolidados, revisados, harmonizados, transmitidos e chegaram a nós. São curiosidades, informações e muitas descobertas recentes, graças ao progresso das ciências e do método histórico-crítico, sobre a aventura milenar dessa biblioteca, sempre aberta à leitura, à interpretação e à compreensão.

Os nomes atribuídos a Deus, aos deuses, aos lugares e aos homens não são obra do acaso. Uma das chaves de compreensão da Bíblia está na identidade de cada pessoa, de cada ser e até de cada acidente geográfico ou elemento da natureza. Na Bíblia tudo tem nome, até o Inominável. O livro busca explicar o significado original dos nomes utilizados pelos redatores bíblicos para nomear Deus, deuses, demônios, patriarcas, reis, profetas, Jesus e seus discípulos. Ainda são explicados e comentados quase 500 nomes de autores e atores da Bíblia, muitos deles tão comuns entre nós como Maria, José, Mateus, Marta, Talita, João, Ana e tantos outros.

Como um guia turístico, o livro apresenta o significado dos nomes e as características de localidades e acidentes geográficos como Nilo, Samaria, Genesaré, Babel, Jerusalém, Getsemani, Cedron etc. Para encerrar esse passeio pela geografia e toponímia bíblica, os nomes de uma centena de casas (*bet*), aldeias e santuários, como Betânia, Betsaida, Betfagé, Betel, Belém e outras, que "urbanizam" o texto bíblico do começo ao fim, são objeto de um capítulo final: "Minha Casa, Minha Vida".

Este livro responde mais de 1.000 perguntas sobre a Bíblia (autores, atores, usos, costumes, geografia, história, literatura, botânica, zoologia etc.). São muitas curiosidades, mas a maior delas é a própria Bíblia.

Uma herança de palavras

Unindo ou dividindo, a Bíblia é nossa herança. Lida e relida durante séculos, ela é o livro mais traduzido em todo o planeta. São mais de 200 mil traduções integrais ou parciais dessa biblioteca. Ela reúne textos legislativos, históricos, teológicos, poéticos, ficcionais, epistolares, testemunhais e mitológicos. Para todos no Ocidente, crentes ou não, a Bíblia foi o texto fundador de suas culturas, através do Cristianismo.

A Bíblia, no singular, ou as Sagradas Escrituras, no plural, em si é uma realização documental e cultural. Uma biblioteca. Durante dois milênios, principalmente no Ocidente, ela explicou e deu sentido ao mundo, à natureza, ao fenômeno humano e a diversos processos sociais. Com o desenvolvimento das ciências, como a astrofísica, a geologia, a biologia, a arqueologia, a psicologia e a história, a Bíblia deixou de ser um marco inquestionável como sistema explicativo do mundo.

Nos estudos da Bíblia, o método histórico-crítico busca hoje entender o contexto dos textos, como eles surgiram e tenta conhecer o passado o melhor possível. Elaborada entre os séculos VII e II a.C., a Bíblia fundou a história do povo de Israel, desde Abraão até a destruição do Templo de Jerusalém. Os estudiosos buscam compreender o que o autor bíblico queria ou podia dizer num determinado momento, num dado contexto de sua vida, de seu pensamento. O método histórico-crítico permanece irrenunciável a partir da estrutura da fé cristã, como assinalou o Cardeal Joseph Ratzinger, e confirma: "nem tudo o que aconteceu está na Bíblia e nem tudo que está na Bíblia aconteceu".

Há muito tempo, a exatidão, a sofisticação, a complexidade e a profusão das descobertas científicas deixaram de coincidir com as dos eventos presentes e explicados nos textos bíblicos. Descobertas, teorias e sistemas explicativos desenvolvidos e confirmados pelas diversas ciências reduziram esse papel atribuído por muito tempo à revelação bíblica. O caráter simbólico, singelo e anacrônico de muitos relatos bíblicos perdeu sua força explicativa. Os mesmo relatos ganharam um papel cada vez maior: dar sentido ao mundo, à vida, à experiência humana e às sociedades.

A Bíblia como Palavra de Deus é verdadeira e ensina a verdade. Mas qual verdade? A verdade necessária à salvação. A Bíblia não trata de todo tipo de verdade. Ela não trata cientificamente de verdades das ciências astronômica, geológica, histórica, biológica e outras. Ela apresenta as verdades religiosas e espirituais necessárias à realização plena da existência humana. Ela visa a felicidade e a salvação da humanidade.

Não tem sentido buscar na Bíblia verdades paleontológicas, genéticas ou históricas. Quando a Bíblia relata sua versão da história, como nos livros de Crônicas, Reis e Samuel, por exemplo, sua preocupação maior é apresentar uma teologia da história e não fatos, processos e eventos com precisão cronológica e lógica.

Isso tudo não impede a existência na Bíblia de fatos, fontes, observações, relatos e até conclusões corretas em termos biológicos, históricos, geográficos etc. Assim como existem também outras observações e afirmações bíblicas completamente erradas, equivocadas e sem fundamento.

Para os crentes, nas Sagradas Escrituras, o Verbo foi crucificado no papel, no papiro e no pergaminho. Na Bíblia, a Palavra de Deus assumiu a carne da fraqueza humana ao se tornar palavra escrita. Nela, Deus fala a nossa língua, através da linguagem de seus redatores. Sobre a revelação divina, as páginas da Bíblia ensinam a verdade que "Deus para a nossa salvação quis que fosse consignada por escrito"[1].

O sentido transcendental e teológico é essencial ao longo de todos os livros bíblicos, inserido e até buscado em seus mais diferentes contextos. Um bom exemplo disso está no erótico e poético Livro dos Cânticos dos Cânticos onde a palavra "Deus" é inexistente. Judeus e cristãos associaram a esses poemas de núpcias, bastante profanos, uma ampla interpretação espiritual, religiosa e até mística.

Paralelamente a todas as interpretações e leituras místicas e espirituais da Bíblia, há mais de um século, estudiosos e pesquisadores de diversas ciências e disciplinas tomaram as narrativas bíblicas como objeto de estudos científicos.

Dois grandes eixos de pesquisa, os textos e os contextos bíblicos são um campo crescente de aplicação dos métodos científicos e de confronto entre os resultados obtidos e as hipóteses formuladas pelas ciências bíblicas.

No campo dos textos, os estudos literários, além de avaliarem a qualidade da escrita e das narrações, permitem atestar os conhecimentos cognitivos, culturais e os sistemas éticos e de valores dos semitas, hebreus e israelitas. Esses estudos esclarecem sobre a genealogia, a redação e a compilação dos textos bíblicos, e sobre a realidade que se esconde atrás de suas palavras. As pesquisas linguísticas, exegéticas[2], paleográficas[3] etc. permitiram, entre outras descobertas, por exemplo, evidenciar a diferença entre o hebreu clássico utilizado em Jerusalém no século VII a.C. e o hebraico do período pós-exílico, do VI ao V séculos a.C.

---

1 *Dei Verbum*, em português A Revelação Divina. Constituição católica em forma de bula pontifícia, um dos principais documentos do Concílio Vaticano II. Seu conteúdo aborda o delicado e complexo problema da relação entre as Sagradas Escrituras e a Tradição, a transmissão.

2 A palavra exegese, do grego *exegesis*, tem o sentido de retirar, derivar, ex-trair, ex-ternar, ex-teriorizar, ex-por. O termo exegese significa revelar o sentido de algo ligado ao mundo do humano, mas a prática se orientou no sentido de reservar a palavra para a interpretação dos textos bíblicos desde o século II da Era Cristã. Ela ganhou fundamentos cada vez mais científicos a partir do século XVIII.

3 A paleografia estuda a origem, a forma e a evolução da escrita, independentemente do tipo de suporte físico onde foi registrada, do material utilizado para proceder ao registro, do lugar onde foi utilizada, do povo que a utilizou e dos sinais gráficos adotados para exprimir a linguagem.

Desde os meados do século XIX, essas pesquisas levaram à elaboração da chamada "teoria documental". Segundo essa teoria, o Pentateuco se compôs a partir de quatro documentos diferentes, originalmente independentes uns dos outros. Eles foram sucessivamente unificados num conjunto elaborado por redatores e escribas que trabalharam através de cortes, interpolações, colagens etc. O mais antigo desses documentos é chamado de javista, dada sua preferência por chamar Deus de Yavé nesse conjunto textual, provavelmente elaborado por volta do ano 930 a.C. Os estudos epigráficos demonstraram que os documentos escritos só surgiram de forma significativa no reino de Judá a partir do século VIII a.C. A evolução dessa teoria será retomada neste livro em diversas ocasiões.

No campo das ciências arqueológicas, as pesquisas se interessam pela cultura material, pela economia, pelo funcionamento de sociedades extintas. A arqueologia reconstrói os modos de vida do passado, a partir da análise de vestígios materiais. Por exemplo, os arqueólogos provam que a utilização de camelos como animais de transporte ou mesmo a menção da existência de filisteus e arameus no Livro do Gênesis são antinômicos com os períodos históricos descritos no livro. Nada disso ainda existia "naqueles dias". Outros elementos do Livro do Gênesis apresentam anacronicamente realidades ainda mais tardias. A arqueologia pode identificar a realidade subjacente aos textos bíblicos. Texto e contexto, estudos literários e arqueológicos, cada um traz sua iluminação sobre o passado bíblico.

A Bíblia não foi escrita de uma só vez. A redação e a edição do chamado Antigo Testamento ou Bíblia hebraica começaram no final do século VII a.C. e estenderam-se até o século II a.C. Uma primeira consolidação parcial do que seria no futuro o Pentateuco foi concebida sob o reino de Josias, no século VII a.C., num momento em que Jerusalém, vassala dos assírios, retomava seu crescimento, graças à destruição do reino de Israel, ao Norte. Os escribas da corte compilaram vários conjuntos de tradições, lendas, poemas e propaganda real. Outros textos, ulteriores, foram compilados por religiosos e sacerdotes. Textos proféticos, de sabedoria, históricos e outros foram sendo construídos, editados e harmonizados ao longo de séculos.

Nunca se estudou tanto a Bíblia e o mundo bíblico como nos dias atuais. Centros de pesquisa dedicados a essa temática existem na Europa, nas Américas e no Oriente Médio. Vários deles com uma experiência secular. A riqueza e a diversidade da bibliografia apresentada no final deste livro ilustram uma pequena fração do acúmulo constante de novos conhecimentos sobre a criação e a transmissão dessa obra monumental.

A Bíblia encanta, fascina e atrai. É um pouco como o Monte Everest. É difícil alguém conquistá-lo sozinho, sem contar com a ajuda de um guia, de um *sherpa*, sem equipamentos adequados ou oxigênio. Com a particularidade que o texto bíblico não acaba nunca, ao contrário de outras obras literárias. Seu cume é inatingível. Ninguém, nem nenhuma leitura, teoria literária ou histórica esgotam esse texto. Seria como esgotar o Deus que se esconde atrás das palavras da Bíblia. Por mais resultados que todas essas pesquisas, estudos e reflexões possam produzir.

Contudo, graças em parte a esses resultados e às pesquisas realizadas e sistematizadas, este "guia" pode formular e responder a mais de 1.000 perguntas sobre autores, atores, testamentos, contradições, curiosidades, personagens e lugares bíblicos. Pode ler em qualquer ordem. De preferência com uma Bíblia ao lado. Pode começar a escalada.

A Bíblia é um clássico. E o escritor norte-americano Ernest Hemingway (1899-1961) dizia: "um clássico é um livro do qual todo mundo fala, mas que ninguém leu". Aqui está uma boa chance para contradizê-lo.

Dois Testamentos: autores e atores, inspirações e contradições

O conhecimento sobre a Bíblia, sua origem, sua história e seus autores avançou muito graças ao trabalho e às descobertas de historiadores, epigrafistas[1], filólogos, exegetas e arqueólogos.

Um exemplo desses avanços foram as escavações arqueológicas em Ugarit, no norte da Síria, em meados do século XX. Elas levaram, entre outras, à descoberta de diversos depósitos de tabuletas de argila em escrita cuneiforme. Na realidade, esses "depósitos" eram diversas bibliotecas: uma do palácio, outra de um templo e duas bibliotecas privadas. Todas essas tabuletas datam de cerca de 1200 a.C.

A descoberta dos arquivos ugaríticos[2] e sua interpretação tiveram grande relevância para os estudos bíblicos. Estes arquivos forneceram pela primeira vez uma descrição detalhada das crenças religiosas canaanitas durante o período diretamente anterior à expansão, coabitação e dominação israelita. Esses textos mostraram paralelos significativos com a literatura hebraica bíblica. A poesia ugarítica tem diversos elementos encontrados posteriormente na poesia hebraica: paralelismos, métricas e ritmos. As descobertas de Ugarit levaram a uma nova apreciação da "originalidade" do Antigo Testamento como literatura.

O conhecimento do mundo helenístico também tem sido fundamental nos estudos bíblicos e no entendimento do Judaísmo helenístico,

1 A palavra epigrafia significa "sobre-escrita" e literalmente "inscrição". Ela é uma ciência auxiliar da arqueologia e da história, e estuda as inscrições antigas, ou epígrafes, gravadas em matérias sólidas (tais como a madeira, rocha, ossos, metal etc.). Ela visa obter sua decifração, interpretação e classificação.

2 Além da correspondência real para os monarcas vizinhos, a literatura ugarítica dos tabuletos encontrados nas bibliotecas incluem textos mitológicos escritos em poesia narrativa, cartas, documentos legais como compra e venda de terras, tratados internacionais e uma grande quantidade de listas administrativas. Fragmentos de diversas obras poéticas foram identificados: a Lenda de Kirtu, a Lenda de Danel, os contos de Baal que detalham os conflitos do Baal-Hadad com Yam e Mot, e outros.

movimento da diáspora judaica que procurou estabelecer uma tradição religiosa hebraico-judaica na cultura e língua gregas. Um dos produtos literários mais importantes do contato do Judaísmo com a cultura helenística foi a tradução da Bíblia hebraica para o grego *koiné*, a Septuaginta traduzida em etapas entre os séculos III e I a.C., principalmente em Alexandria. Nesse período, uma rica produção literária ocorria a partir da elite letrada dos judeus helenófonos na Palestina, em Alexandria e na diáspora compondo obras filosóficas (Aristóbulo de Panias[3]), históricas (Artápanos de Alexandria e seu tratado sobre os judeus[4]), poéticas (Sibila judia e seus oráculos[5]), teatrais (Ezequiel, o Trágico, e seu drama *Exagoge*, Êxodo[6]). Da mesma forma foram sistematizados importantes textos religiosos, redigidos diretamente em grego, como Sabedoria de Salomão, incorporados como tais no acervo da Septuaginta e do Antigo Testamento cristão, como se verá mais adiante.

Com a criação do Estado de Israel, as pesquisas arqueológicas ganharam um novo impulso, amparadas em tecnologias modernas e equipes de arqueólogos cada vez mais especializadas. A descoberta de outros antigos originais dos livros da Bíblia, como os manuscritos de Qumran[7] ou os pergaminhos do Mar Morto, em 1947, levou a história dos manuscritos bíbli-

---

3 Aristóbulo de Panias (160 a.C.) foi um filósofo judeu helenístico da escola peripatética, embora tenha empregado conceitos platônicos e pitagóricos. Como seu sucessor, Fílon, tentou harmonizar as ideias das Escrituras hebraicas com as do pensamento filosófico grego.

4 De sua obra, chamada "Sobre os judeus" (*Perì Ioudaíôn*), restam três fragmentos. Eles tratam respectivamente de Abraão, José e Moisés, nas suas relações com o Egito. A Septuaginta é sua fonte bíblica. Ele parece não conhecer o texto hebraico das Escrituras.

5 Judeus helenísticos, tirando partido da autoridade e veneração das *sibilas* pagãs, adaptaram os *oráculos* já existentes e os ampliaram, em conexão com os *seus* propósitos de propaganda de uma religião monoteísta em ambiente pagão.

6 Apesar da abundante produção na Antiguidade, a maior parte das tragédias gregas não sobreviveu até os nossos dias. Após o período helenístico, a tragédia conhecida como *Exagoge*, escrita por Ezequiel, um judeu de Alexandria, destaca-se.

7 Cada livro do Antigo Testamento está representado entre os pergaminhos do Mar Morto, com exceção do de Ester. A maior parte é fragmentária. Estão guardados no Museu de Israel, em Jerusalém, Israel.

cos há um milênio para trás dos mais antigos e conhecidos textos (Códices) existentes até então. Cerca de 930 fragmentos de manuscritos hebraicos, aramaicos e gregos foram encontrados em onze cavernas em Qumran. Eles datam de 200 a.C. ao século I da Era Cristã.

A Bíblia não nasceu pronta, nem foi escrita de uma só vez. As divergências e coincidências dos textos de Qumran com a versão atual da Bíblia hebraica permitem confirmar diversas hipóteses das pesquisas bíblicas e elucidar parte da história da edição e consolidação recentes do Antigo Testamento. Os manuscritos do Mar Morto confirmaram também o valor, tanto da Septuaginta, a principal versão grega das Escrituras Sagradas, como do Pentateuco samaritano, para a comparação e a compreensão textual.

Esses documentos ilustram a existência de diversos manuscritos bíblicos, com variantes e até divergências no tempo de Jesus, antes e depois dele. A Bíblia não se constituiu a partir de um texto monolítico, original e unificado. Pelo contrário, sua constituição unificou progressivamente diversos textos, fontes e escolas redacionais. Todo esse acervo de textos bíblicos primitivos é e ainda será objeto de muitas pesquisas exegéticas e históricas. E é possível, que novos achados arqueológicos enriqueçam ainda mais essa questão.

Outro exemplo nessa perspectiva é a biblioteca de Nag Hammadi, uma coleção de textos gnósticos do Cristianismo primitivo. A datação desses textos vai desde os primórdios do Cristianismo até o Primeiro Concílio de Niceia, em 325 d.C. Eles foram descobertos na região do Alto Egito, perto da cidade de Nag Hammadi, em 1945[8].

Juntam-se a essa evolução e a esses tesouros, a descoberta e a tradução nos séculos XIX, XX e XXI de inúmeras inscrições, estelas, óstracos, prismas, cilindros, monólitos, sinetes, baixos-relevos, estampas, tabuinhas de argila e papiros egípcios, fenícios, assírios e babilônicos.

---

8 A Biblioteca de Nag Hammadi foi descoberta numa jarra selada e enterrada, contendo treze códices de papiro, embrulhados em couro, com textos sobre cinquenta e dois tratados majoritariamente gnósticos, escritos em copta, de comunidades cristãs, embora todos os trabalhos sejam traduções do grego. O mais conhecido é o *Evangelho de Tomé*. Esses códices estão preservados no Museu Copta, no Cairo, Egito.

Todo esse conhecimento ajuda a entender, através do método histórico-crítico, como os livros bíblicos foram escritos, revisados, adaptados, editados, emendados e até censurados, em função de seus redatores, de seu contexto histórico e do público a quem se dirigiam. Lá no passado. As descobertas da arqueologia e da história, os estudos semióticos, exegéticos, epigráficos e filológicos permitem a verificação de antigas hipóteses sobre a composição da Bíblia e a inspiração de suas narrativas. E também à formulação de novas hipóteses e teorias!

Neste início de século XXI estão formuladas as mais novas e coerentes explicações sobre a construção, as diversas camadas e a evolução do texto bíblico: quem escreveu seus livros; como e em que contexto; com que objetivos e motivações, e como e por quem eles foram editados, reeditados, emendados, censurados, harmonizados e transmitidos. Transmitidos sempre como uma preciosa herança, dentro de objetivos religiosos, sociais e até políticos de seus redatores. E isso vale tanto para a Bíblia hebraica como para a cristã.

A herança bíblica é mesmo preciosa e enorme. Ao longo dos séculos, o espaço geográfico do Ocidente, a Europa e posteriormente as Américas, foi construído e unificado por cristãos, baseados nos ensinamentos de Jesus Cristo, nos Dez Mandamentos e na herança do Judaísmo. Os cristãos foram acompanhados nessa aventura humana e civilizatória por seus irmãos mais velhos, os judeus, numa história cheia de contribuições e perseguições, marcada por períodos de tolerância e de antissemitismo. O próprio Judaísmo também se expandiu no espaço geográfico construído pela Cristandade.

Nesse espaço histórico e geográfico surgiram valores reconhecidos como universais: liberdade, igualdade, espírito crítico, tolerância, defesa da sacralidade da vida, solidariedade, fraternidade... E também aconteceram coisas negativas: intolerância, violência e perseguições, aspectos tão destacados dessa história nos dias de hoje, de forma quase obsessiva. Isso faz parte da história cristã, cuja principal referência é sua biblioteca de livros e cartas, o Novo Testamento.

Pouco importa se você é um leitor assíduo da Bíblia ou se nunca abriu ou leu uma de suas páginas. Este guia é um convite para perder-se no mundo da Bíblia. Penetre nesse universo, viva essa aventura, leia este livro. Descubra muitas novidades e outro tanto de curiosidades. Se possível, com uma Bíblia ao lado. E para navegar nesse oceano de palavras e sonhos, de textos e poesias, abertos à novidade, à compreensão e à interpretação, que tal começar pela pergunta: Quem escreveu a Bíblia?

1
E o homem criou a Bíblia

A Bíblia não é a revelação de Deus. Ela é o testemunho humano da revelação divina, ao longo da história. Ao longo de séculos. A Bíblia é isso. Por escrito. Ela é a encarnação de Deus na palavra humana.

Deus não comunicou aos redatores da Bíblia um texto a ser redigido. Nem o fez através de um celular, de um fax ou de um arquivo *atachado* via e-mail. Ele também não ditou aos ouvidos dos redatores bíblicos cada livro, pacientemente, frase por frase, na língua de cada um. E nem verificou, se tudo havia sido ouvido e escrito direitinho, com uma borracha ou um apagador na mão para corrigir os erros eventuais. Ele é bem mais sutil e criativo.

O Deus da Bíblia se revelou ao coração e à mente dos humanos, através da natureza, da história e, sobretudo, no interior das relações humanas e místicas. Progressivamente, a Palavra de Deus se fez escritos e depois livro, graças aos inspirados escritores e editores da Bíblia.

Para os judeus e os cristãos, Deus inspirou os autores humanos dos livros sagrados. Ao longo da história, Ele escolheu e serviu-se de homens, na posse de suas faculdades e capacidades mentais. Eles colocaram por escrito, como verdadeiros autores, tudo aquilo que Deus queria deles. Mesmo se parte dos livros bíblicos provém de escritores desconhecidos ou foram atribuídos a autores mais ou menos conhecidos. Em vários casos, os aparentes autores dos livros nunca os escreveram. São os livros chamados de pseudoepígrafos, que significa "falsos títulos" ou livros falsamente intitulados ou falsamente atribuídos a tal ou tal autor.

Redatores e editores de livros sagrados para alcançar certo prestígio para suas obras atribuíram-lhes o nome de personalidades destacadas da vida de Israel: Moisés, Davi, Salomão, Isaías e outros. E houve quase um abuso no uso desses nomes, como no caso do mítico Rei Salomão. Tudo para que o leitor acreditasse nesses personagens como sendo os verdadeiros autores dos livros. Daí a expressão pseudoepígrafo, autor falso. Isso não significa que o livro seja falso ou desqualificado em seu conteúdo. Longe disso. Apenas toca a expressão de sua autoria real. Dada sua reputação de sábio, o mítico Rei Salomão viu-se atribuir: Salmos, Provérbios, Livro da Sabedoria, Cântico dos Cânticos e por aí vai. Haja escrita!

Como em toda produção literária humana, os autores da Bíblia recorreram a diversas fontes, às tradições orais de suas comunidades, à sua memória e recuperaram pequenos escritos já sistematizados, anteriormente, por outros redatores. Isso é deixado claro em vários livros da Bíblia. Por exemplo, em repetidas passagens, como no Livro dos Reis, os autores evocam reiteradamente fontes e livros usados em sua redação como os "Atos de Salomão", os "Anais dos Reis de Israel", os "Anais dos Reis de Judá (1Rs 11,41; 19,19.29 etc.) e outros anais, assim como arquivos provenientes do Templo (1Rs 4,1-6.7-19; 5,7.8 etc.), o Livro do Justo etc. Esse recurso a fontes de inspiração literária não limitou-se à tradição israelita, mas estendeu-se aos escritos e à literatura egípcia, babilônica, pérsia, grega e, principalmente, assíria, no caso do Pentateuco.

Os autores bíblicos usaram seus conhecimentos linguísticos e redacionais, expressaram sua objetividade e subjetividade, seus conceitos e preconceitos, seus acertos e seus erros, seu conhecimento e sua ignorância.

O ensinamento e a compreensão da Bíblia implicam, em primeiro lugar, um conhecimento e uma inteligência mínimos dos ambientes nos quais os diferentes textos dessa biblioteca surgiram.

A Bíblia cristã não nasceu pronta e é fruto de um longo e até tumultuado processo de elaboração. O conjunto herdado dos textos bíblicos é como um enorme oceano, continente ou planeta sempre explorado e sempre desconhecido. A Bíblia não estabelece quais livros devem compô-la. A definição da lista de livros a serem incluídos no cânon bíblico foi obra de seus leitores e levou séculos para ser plenamente estabelecida. Mesmo assim, ainda há divergências entre as comunidades judaicas e cristãs. O termo cânon vem grego *kanón*, significava "medida, norma" e, por extensão, "catálogo, índice, registro". A origem dessa palavra será retomada mais adiante. A partir do século IV d.C., a Igreja Católica aplicou o vocábulo cânon ao catálogo dos livros inspirados por Deus no Antigo e no Novo Testamentos.

Ao longo da história, sucessivamente, novas versões da Bíblia foram elaboradas e utilizadas, incorporando (ou excluindo) livros dessa biblioteca. Várias dessas versões subsistem até hoje. São muitas cópias, manuscritos, versões e traduções. Com as traduções e a evolução natural e constante das línguas ocorre sempre uma desatualização que acaba por esconder e ofuscar as cores vibrantes dos textos e dos contextos originais em que foram escritos e das comunidades a quem se dirigiam.

Para tentar pôr ordem nisso tudo, sobretudo no tocante às traduções e impressões, se criaram até sociedades bíblicas (*sic*). De fins não lucrativos. E essa busca de homogeneidade e unidade no texto bíblico não ocorreu apenas entre os cristãos. Já por volta do ano 500 da Era Cristã, os judeus, diante das divergências entre seus diversos manuscritos hebraicos dos livros bíblicos, ao fixarem o seu cânon, criaram a "escola" massorética.

Durante quatro a cinco séculos, essencialmente dos séculos VII ao X d.C., os sábios judeus da escola massorética examinaram e compararam os manuscritos bíblicos hebraicos conhecidos à época e também as versões gregas do texto, especialmente a Septuaginta. Essa escola editou, homogeneizou, unificou e fixou a grafia e a vocalização da Bíblia hebraica, segundo sua teologia, seus objetivos e seu contexto religioso, principalmente face ao Cristianismo triunfante e com quem se enfrentava de forma declarada e conflitiva.

O resultado deste trabalho tardio de harmonização e unificação ficou conhecido posteriormente como o texto massorético utilizado na versão atual do *Tanah̠* (תנ"ך) ou da Bíblia hebraica do Judaísmo rabínico moderno. Ele é a fonte principal de tradução para o Antigo Testamento da Bíblia cristã, inicialmente pelos protestantes e, depois até, para os tradutores católicos, além da tradicional Vulgata. Mas o texto massorético não é monolítico, nem infalível como imaginam alguns. Ele não basta para aproximar e compreender as dificuldades e a riqueza dos manuscritos originais do texto bíblico.

Modernamente, os tradutores também consideram a versão grega da Bíblia, a Septuaginta, quando a tradução do texto massorético apresenta dificuldades de compreensão e tradução. Os próprios sábios massoréticos recorreram à Septuaginta para esclarecer passagens difíceis e obscuras dos manuscritos utilizados. Como se diz, para estudar a Bíblia é preciso saber tanto o hebraico, como o grego. A Septuaginta e suas divergências com o texto massorético ganharam destaque junto aos estudiosos com a descoberta dos manuscritos de Qumran ou do Mar Morto.

Até a segunda metade do século XX, as divergências da Septuaginta com o texto massorético eram consideradas como um resultado da liberdade e da criatividade exercida pelos tradutores judeus da Bíblia para o grego. Contudo, em muitas de suas divergências com o atual texto hebraico, a Septuaginta concorda com diversos manuscritos descobertos em Qumran. Esse tema será retomado em diversos momentos ao longo deste livro. Pois é. Isso atesta a existência de muitos originais ou versões iniciais dos manuscritos bíblicos. Para você a Bíblia era como mãe e tinha uma só? É não. Tem tanta Bíblia diferente mundo afora...

A seguir você encontrará muita coisa sobre quem escreveu a Bíblia: autores e redatores, bastidores, plágios e cópias, intrigas e versões, antigos e novos testamentos, cortes, rasuras e adições, compilações, textos censurados, glosados, remanejados, inseridos, emendados e, sobretudo, traduzidos. E tudo isso ocorreu ao longo de pelo menos mil anos, sempre com um profundo respeito e liberdade com o escrito alheio.

Essa é a marca e a característica da chamada literatura de tradições. É uma longa e emocionante história. Mesmo episódios não muito apreciados como o incesto de Lot com suas filhas, a relação pecaminosa de Judá com sua nora Tamar, o assassinato de Sísera por Iael, os sacrifícios humanos para o deus de Israel, como o da filha de Jefté, o covarde assassinato de Urias por Davi e a relação erótica desse filho de Jessé com seu companheiro Jonatan e tantos outros episódios não foram omitidos, nem edulcorados e estão presentes no texto bíblico. Mesmo se editores e redatores fizeram glosas e emendas para atenuá-los, eles estão lá. Esses testemunhos de rudes costumes e ideias morais muito distantes da Declaração Universal dos Direitos do Homem desafiam os anacronismos dos leitores da Bíblia.

Não foi da noite para o dia que as Sagradas Escrituras, os "escritos" do tempo de Jesus e do Apóstolo São Paulo se tornaram o Antigo Testamento. Levou séculos. Também foi outro longo processo para a Igreja definir seus próprios livros canônicos e unificá-los sob o nome de Novo Testamento. Toda essa aventura é cada vez mais conhecida, apesar das enormes dificuldades em datar-se os textos bíblicos. Os livros bíblicos são documentos instigantes e difíceis, não apenas para os crentes, mas também para os historiadores e pesquisadores. Vamos desenrolá-los aos poucos.

A Bíblia é um rolo?

É sim. Aliás, um não, vários. E assim foi durante séculos. Com menos livros do que nos dias de hoje. Mais do que uma bíblia, era uma biblioteca religiosa: um conjunto de rolos e rolinhos de pergaminhos e papiros, enrolados uns ao lado dos outros, numa estante. Demorou a esses “livros” enrolados serem encadernados. Isso só ocorreu com o advento da imprensa ocidental, mais de mil anos depois da redação do Novo Testamento.

Nas sinagogas, a Bíblia ainda é um rolo?

Sim, até hoje. Nas sinagogas judaicas, Bíblia em capa dura nem pensar. Os judeus leem regularmente o rolo da *Torá* (תורה) os cinco primeiros livros da Bíblia. A *Torá*, mais conhecida como Pentateuco (do grego: cinco rolos ou livros), reúne em um único rolo, cinco originais. A palavra Pentateuco não tem seu uso atestado antes do século II d.C., onde figura no gnóstico Ptolomeu, citado por Santo Epifânio (310-403 d.C.). Os outros livros da Bíblia judaica correspondiam, no passado, a ao menos um rolo cada um. Assim, além do rolo da *Torá*, os judeus leem também outros rolos, como os Salmos ou o Livro de Ester, por exemplo, em certas ocasiões. Jesus fez isso na sinagoga de Cafarnaum: “Segundo o seu costume, entrou em dia de sábado na sinagoga e levantou-se para ler. Entregaram-lhe o livro do Profeta Isaías e desenrolando-o...” (Lc 4,16-17). Ele não abriu, nem folheou. Desenrolou. Não tinha marcador de página.

Então a Bíblia não é um livro?

Não é mesmo. A Bíblia é uma biblioteca, um conjunto de dezenas de pequenos livros, escritos por muitos autores, em gêneros e estilos literários disparates: romances, épicos, históricos, poéticos, lendários, jurídicos... Até ficção e literatura fantástica tem.

Então, o que é a Bíblia?

Boa pergunta. Não é um livro. Basta ver seu índice para constatar: trata-se de uma biblioteca, de uma coleção de livros muito diversos, cuja redação estendeu-se por mais de dez séculos e provém de dezenas de autores e escolas autorais. A Bíblia reúne gêneros narrativos muito diversos: orações, poesias, cartas, códigos de leis, narrativas históricas, romances, pregações, profecias e apocalipses. O nome plural dessa coleção, "os livros" (em grego *tà biblía*), textualmente "livrinhos", tornou-se singular "a Bíblia" (em grego *he biblia*). Aristeu, dois séculos antes de Cristo, ao relatar a tradução da Septuaginta, designou os cinco livros da *Torá* com essas duas palavras: *tà biblía*. Todos esses livros reunidos, apesar das datas, estilos e autores tão diferentes, chegam a ser considerados como um único livro e até mesmo como "o" livro, por excelência.

Quem cunhou a expressão Bíblia pela primeira vez?

Foi São João Crisóstomo, no século IV depois de Cristo, quem primeiro usou a palavra Bíblia para designar a reunião dos escritos sagrados. Esse teólogo e escritor cristão, arcebispo de Constantinopla, é considerado santo pelas igrejas Ortodoxa e Romana. Junto com São Gregório de Nanzianzo, de São Gregório de Nissa e de São Basílio de Cesareia é um dos quatro grandes Padres da Igreja Oriental; e ainda um dos doutores da Igreja Católica. Estudioso da Bíblia, escreveu centenas de homilias exegéticas sobre o Evangelho de Mateus; a Carta aos Romanos; o Evangelho de João; a Epístola aos Hebreus e 55 homilias "Sobre o Livro dos Atos dos Apóstolos", o único comentário completo e exaustivo sobre este livro da Bíblia da Antiguidade cristã.

O que é a bibliolatria?

Bem, o entusiasmo é tanto pela Bíblia que alguns chegam ao pecado da adoração, da bibliolatria: fazem da Bíblia um amuleto, um ídolo, com direito a imagens, pinturas e até estátuas em praças e locais públicos. Até dia tem.

Em que língua foi escrita a Bíblia original?

Falar de Bíblia original é um abuso. Os testemunhos bíblicos da revelação divina foram escritos de forma dispersa, sem a intenção de constituir a Bíblia atual, em hebraico, aramaico e grego. E muitas bíblias, de composição diversa, foram editadas neste planeta ao longo dos séculos: umas dez compilações básicas diferentes pelo menos, fora as milhares de traduções. E como fontes existem milhares de manuscritos e fragmentos de papiros e pergaminhos. Cópias de cópias. Como veremos a seguir. Os originais da Bíblia estão perdidos. Há muito tempo.

A Bíblia tem quantos volumes?

No passado, cada rolo da Bíblia era um volume. Esse termo era usado em latim para designar cada rolo escrito. Ele tem origem no verbo *volvere*, e significava rolar, enrolar ou fazer rolar (inclusive no sentido espiritual). O *v* se transformou em *u* como em volume, voluta, invólucro ou volubilidade. Volume é mesmo coisa de rolo. Está presente no sentido de girar e rodar em palavras como válvula e valsa, por exemplo. E também vale para quem roda num veículo Volvo, cujo nome significa rodar. Só os volumes bíblicos não são mais rolados, nem rodados. Apenas abertos e folheados.

A Bíblia era uma enrolação?

Sim, era. E assim foi durante muito tempo. Uma reunião de muitos volumes ou rolos de papiro e/ou pergaminho. Essa enrolação latina está presente em palavras derivadas de volume como evolução (*e-volv-ere*), revolver (*re-volv-ere*), revólver (epa!) e revolução (*sic*). Esses rolos eram conhecidos ou chamados de *biblos*. Esse termo designava a "medula do papiro", assim como livro, *líber* designa e deriva da "medula" do tronco das árvores, o líber. Até hoje.

Qual a versão original da Bíblia?

No singular, só Deus sabe. Os textos originais desapareceram há milênios. Existem versões em línguas "originais" da Bíblia, destinadas a poliglotas eruditos. As produzidas na Alemanha são as melhorzinhas. Como já foi dito, os livros da Bíblia foram escritos em três línguas diferentes (hebraico, aramaico e grego), em tempos, lugares e contextos diversos. Não basta saber o hebraico ou o grego moderno. Para ler os livros da Bíblia, em versão original, o leitor deve, além de ser trilíngue, dominar a linguagem bíblica arcaica e os contextos em que seus livros foram escritos.

Mais velho que o rascunho da Bíblia?

A Bíblia teve muitos rascunhos. Muitos. Os mais antigos foram rascunhados há mais de dois mil anos. A composição do Antigo Testamento estendeu-se sobre séculos. *Muuuiuto* tempo. Tempo de sobra para que, praticamente, cada um de seus livros fosse objeto de diversas redações, revisões e reescritas, sempre em hebraico. Não restou nenhum rascunho. E os textos apresentam diversas camadas sobrepostas de diversos redatores. Sobraram sim milhares de manuscritos e fragmentos de escribas e copistas, em papiros e pergaminhos, com divergências, variantes e erros de diversas naturezas. Alguns foram sem querer. Outros sem querer querendo.

O que motivou a redação dos livros da Bíblia?

Os livros da Bíblia foram escritos por diversos motivos sociais, culturais, políticos (legitimar a monarquia, a posse de terras, disputas tribais...) e religiosos, em vários contextos históricos e culturais, ao longo de mais de 600 anos. Deus não ditou cada frase, cada parágrafo, nem enviou o texto por fax ou anexado em um e-mail para os seus redatores. Para os crentes, a Bíblia é a Palavra de Deus. Mas é a Palavra de Deus nas palavras dos homens, nas diversas línguas dos homens. Como toda obra literária humana, ela não está isenta de falhas, erros, contradições, omissões e limitações. Todos os seus livros provêm de homens, autores, redatores e editores, com uma convicção comum: Deus os destinou a formar um povo, com normas de conduta pessoal e coletiva, a tomar um lugar na história humana e a testemunhar o que Deus fez com eles e através deles. Essa é uma marca característica, por exemplo, da chamada escola deuteronomista, responsável pela redação e edição de vários livros bíblicos.

Quando a Bíblia ficou pronta?

Depende de qual Bíblia (judaica, católica, ortodoxa, siríaca, copta, protestante...), mas todas demoraram. Muito. Seus livros não foram compostos de uma só vez. E quase nunca foram escritos por um único e mesmo escritor. Eles foram estruturados a partir de vários centros de redação e edição. Primeiro, houve uma reunião progressiva dos livros em biblioteca e só bem mais tarde, séculos depois, em Bíblia. A primeira versão dos livros do Antigo Testamento, ainda que parcial, ficou pronta mesmo uns 200 aninhos antes de Jesus Cristo nascer. Faz tempo, quase uns 2.500 anos. Mesmo assim, esses textos ainda foram editados e retocados por séculos. No caso dos textos hebraicos, até o modo de vocalizá-los e lê-los, ainda foi definido pelo Judaísmo rabínico, pelos chamados editores massoretas, entre os meados e o final do primeiro milênio da Era Cristã. Tenha certeza: qualquer Bíblia encontrada em qualquer livraria, biblioteca, igreja ou residência é bem "menos antiga" ou muito mais nova do que se imagina.

Os massoretas foram os últimos editores da Bíblia?

No caso do hebraico e da Bíblia hebraica ou rabínica, sim. Os massoretas ou massoréticos (בעלי המסורה) eram escribas judeus. Eles se dedicaram a unificar, preservar e cuidar das diversas fontes, textos e escrituras que atualmente constituem a Bíblia hebraica e de certa forma o Antigo Testamento. Eles progressivamente, com a destruição de Jerusalém, a diáspora e a estruturação do Judaísmo rabínico, substituíram os escribas (*sopherins*) por volta do ano 500 até ao ano 1000.

Como os massoretas editaram a Bíblia hebraica ou rabínica?

Devagar, bem devagar. Esse trabalho implicava muitas coisas simultaneamente, e os computadores, nem os editores de textos, ainda não haviam sido inventados. Os massoretas editaram, unificaram e determinaram uma única vocalização para o texto bíblico graças a um sistema de pontuação inventado progressivamente para essa finalidade. Esses "pontinhos" atendem a acentuação vocálica, sem introduzir letras vogais num texto destinado a ser imutável. Os massoretas padronizaram a pronúncia das palavras hebraicas da Bíblia. Com essa compilação, eles tornaram igual a leitura da Bíblia hebraica para qualquer pessoa. Muita gente louva o procedimento massorético. Ele teria levado a comunidade hebraica a pronunciar e ler corretamente o texto bíblico como se a pronúncia atual fosse a original, a das origens. Isso não é verdade para todo o texto bíblico. Essa operação contra a polissemia dos escritos foi mais uma forma de "editar" o texto bíblico para os judeus. Ela propôs e impôs uma mesma e única leitura, dentro da perspectiva teológica e histórica do Judaísmo rabínico massorético. Ao eliminar ou tentar eliminar, outras leituras ou interpretações, inclusive as cristãs, os massoretas estavam cumprindo o seu papel de intérpretes. Ponto ou *Pataẖ.*

Na Bíblia, o tempo da narrativa confere com o dos acontecimentos?

No Antigo Testamento, a análise histórica e textual das narrativas bíblicas dos patriarcas, do Êxodo, da conquista de Canaã, dos Juízes e de parte dos Reis não encontra nenhuma evidência arqueológica. Não há documentação extrabíblica convincente da existência da imensa maioria desses atores. Essa análise, por múltiplos caminhos, coloca a imensa maioria das narrativas bíblicas no contexto dos finais do século VII e inícios do VI a.C.

Ou seja, esses eventos foram narrados séculos e séculos depois do tempo em que seus escritores os situam. Isso já é evidente nos anacronismos ou menções fora de seu tempo presentes nesses textos. É como falar de abridor de latas, de venda e modelos de abridores de lata, séculos antes da lata de conserva ter sido inventada.

A Bíblia foi escrita pelos católicos e para os católicos?

Não. E sim. Não, no sentido de que o Antigo Testamento foi escrito pelo Judaísmo, para o Judaísmo. Sim, no sentido de que no início e por séculos só existiu a Igreja Católica. E, assim, o Novo Testamento foi escrito pelos cristãos para os cristãos, pelos católicos para os católicos. Não foi o Novo Testamento quem deu origem à Igreja Católica. As comunidades eclesiais, já constituídas, escreveram seus relatos, suas memórias, seus evangelhos, seus testemunhos, seus atos e suas cartas. E depois as reuniram progressivamente num testamento, como se verá mais adiante. Não foi a Bíblia que deu origem à Igreja, e sim o contrário.

Para quem foi escrita a Bíblia?

Cada autor, redator ou escola redacional nas Sagradas Escrituras dirigiu-se a um público, a uma comunidade, a um leitor imaginário, em determinado período histórico. Esse "leitor" não é quem lê a Bíblia nos dias de hoje. Não é você. Nem eu. Os livros da Bíblia não foram escritos especificamente para nenhum de seus leitores atuais. Mas, para os crentes, a sua mensagem, sim. A história da salvação acontece hoje, como no passado. Quando o leitor aplica sua inteligência, sua sensibilidade, sua capacidade interpretativa, seus conhecimentos, sua experiência de vida e sua alma na leitura da Bíblia, ele se encontra com Deus. E pode falar com Ele "como alguém que fala com seu amigo" (Ex 33,11).

Existem diversas traduções e versões da Bíblia?

Sim, principalmente no caso das bíblias dos cristãos. E Deus seja louvado por isso. Quase toda língua falada neste planeta recebeu de uma a dezenas de traduções bíblicas de orientações diversas. Além disso, para uma mesma tradução original existem diversas bíblias ou versões derivadas. É o caso da tradução feita pelo João Ferreira de Almeida, tão lida no Brasil pelas igrejas pentecostais e protestantes. Existem muitas versões dessa tradução e até sites para compará-las. São as versões revistas, as atualizadas, as modernizadas, as comentadas, as corrigidas, as "fiéis", as "novas", as com "colchetes", e por aí vai. Com a humanidade é assim mesmo: muita criatividade.

Para que servem as traduções e versões da Bíblia?

Como a Bíblia não foi escrita diretamente para quem a lê nos dias de hoje, nem para você, nem para mim, as traduções e as versões visam adequar-se a um tipo de leitor ou de público, numa determinada época. Mas isso deve ser feito com critério e com fidelidade aos diversos textos originais. Nem sobre as traduções, o pessoal de uma mesma profissão ou seita religiosa muitas vezes se entende. Não é fácil traduzir a verdade, com fidelidade, sem deixar-se contaminar por ideologias e teologias, contextos históricos e culturais.

A leitura da Bíblia une ou divide?

Muitas vezes divide. Mesmo diante de uma versão adequada são muitas as divergências interpretativas entre os usuários e leitores da Bíblia. Não há um "Procom bíblico" para acolher todas essas queixas e divergências. Nem um tribunal de pequenas causas para dirimir essas contendas. Resultado: desde o século XVI tem sido assim: muitas vezes, por falta de diálogo e caridade, basta uma interpretação divergente numa comunidade e o revoltado cria uma nova igreja ou seita. E às vezes até declara guerra à sua antiga comunidade, com a qual concorre.

São muitos Judaísmos na Bíblia e alhures?

São. Para o conjunto dos estudiosos da Bíblia, com todas as suas divergências, houve um Judaísmo primitivo, um judaísmo antigo, um Judaísmo tardio, um Judaísmo antigo tardio, um Judaísmo do primeiro templo, um Judaísmo do segundo templo, um Judaísmo no tempo do helenismo, os Judaísmos da diáspora, o Judaísmo rabínico... E por aí vai. É Judaísmo que não acaba mais. O uso do termo genérico Judaísmo é muito perigoso, pode até acabar em antissemitismo. Ele será usado com moderação nos capítulos a seguir.

Você sabe o que era um israelita e judaíta?

Antes de avançar pela selva semântica e etimológica de um dos textos mais lidos e interpretados, é sempre bom esclarecer certos termos. Como se diz: uma coisa é uma coisa e outra coisa é outra coisa. Nos primórdios da implantação das monarquias em Canaã, logo ocorreu a divisão dos hebreus em dois reinos. O Reino do Norte, das dez tribos setentrionais, o maior e mais desenvolvido, adotou o nome de Israel, no sentido mais restrito. Eles foram, nessa perspectiva nacional, os primeiros israelitas. O reinado do Sul, das tribos de Benjamim e Judá, bem menor que o de Israel, deu origem ao Reino de Judá e seus habitantes eram os judaítas. Quem trabalha com precisão histórica, identifica esse povo, cuja elite foi exilada na Babilônia em 586 a.C., como o dos judaítas (e não os judeus), mas muitos chamam esses habitantes do Reino de Judá de judeanos.

Você sabe o que era um judeano e um judeu?

Prosseguindo, o judeano é um termo adequado para designar os habitantes e a elite do Reino de Judá, o Reino do Sul, antes e após o exílio babilônico. E nesse sentido será bastante utilizado. Mas o termo judeano poderia ser aplicado ainda mais nas traduções do Novo Testamento para designar os israelitas nascidos na Judeia, por oposição à Galileia, por exemplo. Essa palavra deveria substituir o termo judeu, principalmente em amplas passagens dos evangelhos, em que ele pode ser entendido com um conteúdo antissemita. O "judeu" dos evangelhos, em geral, é o judeano, a elite da Judeia, aliada ao poder romano. Quando Jesus fala mais amplamente do povo de Deus, Ele usa o termo israelita e não judeu. Como na passagem com Natanael: "Eis aqui um verdadeiro israelita, em quem não há dolo" (Jo 1,47). Jesus não chama Natanael de judeu. Mas o próprio Jesus crucificado foi identificado, por escrito, como rei dos judeus.

Você sabe o que é um judeu?

Para os dicionários e enciclopédias, o termo judeu, em hebraico *iehudi* (יְהוּדִי), designa um membro do grupo étnico e religioso originado nas tribos de Israel ou nos hebreus do Antigo Oriente. Normalmente, o termo deveria incluir os que nasceram judeus e os convertidos ao Judaísmo. Nem sempre. Às vezes, o convertido ao Judaísmo não é considerado judeu, "de sangue", assim como os judeus ateus ou gnósticos seguem sendo considerados judeus. Mas o grupo étnico e a religião judaica não se confundem, estão fortemente inter-relacionados. O termo judeu assumiu, com o passar dos séculos, uma ampla conotação étnica, religiosa e cultural, e abrange até a noção de israelita. No contexto do antissemitismo e de todo o sofrimento a ele associado, o termo judeu passou a ser, em muitos casos, uma designação depreciativa e está na raiz de palavras como judiar e judiação. Mesmo sendo o termo mais comum e de emprego amplo, melhor usar com critério e moderação. Homens criaram e grafaram termos como semitas, hebreus, palestinos, israelitas, judeus, judeanos, judaítas, povo de Deus, povo da aliança... Esses conceitos e definições foram criados e recriados ao longo de séculos, durante a redação e edição do texto bíblico e fora dele. Na Bíblia foram necessários mais de mil anos, pelo menos três idiomas, dezenas de livros e muita tradição, inspiração e transpiração só para inscrevê-los num primeiro Testamento.

2

Mil anos para fazer um Antigo Testamento

A Bíblia reúne uma dupla herança: a judaica e a cristã, expressa em seus dois testamentos. O Primeiro ou Antigo Testamento, cerca de 80% do livro, trata da revelação de Deus aos hebreus, os ancestrais dos judeus, cerca de 1.500 anos antes de Jesus Cristo. A chamada Bíblia hebraica apresenta o desenvolvimento dessa revelação ao longo da história, do Egito à Babilônia. E chega aos gregos, cerca de 200 anos antes da Era Cristã.

Ao longo de séculos, centenas de autores, redatores, revisores e editores recuperaram tradições, escreveram, remanejaram e harmonizaram os textos dessa biblioteca chamada Antigo Testamento. Muitas tendências, escolas e correntes religiosas, ora divergentes, ora conflitivas, ora em harmonia, expressaram-se e respeitaram-se nos textos bíblicos do Antigo Testamento.

A ponto dessas "escolas redacionais" bíblicas terem suas designações particulares para o Deus único que veneravam, paradoxalmente, e até sem saber, sob os múltiplos nomes: *El* (אל), *Elohim* (אלהים), *El Shadai* (שדי אל), *IHVH* ou *Yavé* (יהוה) e outros. Cada escola ou tradição redacional expressou suas preocupações teológicas, políticas e seus inconfundíveis estilos literários nos diversos livros da Bíblia hebraica. Hoje, os estudiosos as chamam de tradições ou de escolas eloísta, javista, deutoronomista ou sacerdotal. Sua marca é claríssima nos cinco primeiros livros da Bíblia, o Pentateuco dos cristãos ou a *Torá* (תורה) dos judeus, e também no resto do Antigo Testamento: nos escritos e nos profetas.

O Pentateuco, de redação e consolidação tardia, é a base do Judaísmo. Nele e em grande parte dos livros bíblicos, os compromissos e harmonizações literárias não escondem a visão ou versão predominante no texto bíblico: a perspectiva do Sul, judeana, da Judeia, centrada em Jerusalém e no pequeno Reino de Judá, e não a israelita, a do Norte, a do grande Reino de Israel. Com o tempo, até o nome desse antigo reino foi apropriado pelo Reino de Judá, como uma designação teológica do povo de Deus.

A história da Bíblia deve muito aos assírios, à sua conquista de Israel. O início das primeiras escritas bíblicas ocorreu durante a monarquia nos reinos de Israel e Judá. A conquista assíria do expressivo Reino de Israel, a deportação de parte de sua população e a colonização da Samaria por estrangeiros terminaram por fortalecer Jerusalém e o pequeno reino vassalo de Judá.

Após um período de crescimento demográfico, de uma maior urbanização de Jerusalém e de fortalecimento político da elite judeana e de sua teologia, apesar da fragilização política do remanescente Reino de Judá, sob o Rei Josias ocorreu a primeira edição do Livro do Deuteronômio e uma reforma religiosa.

Essa edição aparece na Bíblia como a "descoberta" do livro na reforma do templo. Trata-se de um marco temporal indubitável. A edição do Deuteronômio inaugurou um longo processo redacional da Bíblia, na perspectiva sulista ou judeana, acompanhada pela centralização progressiva do culto ou da monolatria do Deus *Yavé* em Jerusalém. Além dos impostos e tributos.

Durante os séculos VIII e VII a.C., os reinos de Israel e de Judá estiveram sob ocupação. Esse processo, associado à deportação das populações e à introdução de levas humanas de outras partes do Império Assírio, levou ao desaparecimento do Reino de Israel. Todo esse processo de dominação e vitória dos deuses estrangeiros sobre o deus de Israel levantou questões profundas sobre a identidade nacional e religiosa de Judá e de seu lugar e de seu povo neste mundo.

Os objetivos dos primeiros redatores e editores da Bíblia, no final do século VII a.C., eram duplos. Do ponto de vista político e religioso, eles buscaram a centralização do culto no Templo de Jerusalém, extinguindo os outros santuários existentes, mesmo se dedicados ao deus de Israel. Por outro lado, eles buscavam incorporar ao remanescente Reino de Judá porções do antigo território do Norte, o extinto Reino de Israel, justificando e fortalecendo a posição do primeiro, até então, marginal.

Posteriormente, com a tomada de Jerusalém pelos babilônios e a destruição do primeiro templo, boa parte da elite judaica foi exilada para a Babilônia, onde viveu, progrediu e até se consolidar por mais de duas gerações, do ano 586 ao ano 537 a.C.

O exílio babilônico abriu amplos e novos horizontes nacionais para a elite judeana dos israelitas, tanto em termos de organização política como para o funcionamento de sua emergente máquina estatal. O exílio correspondeu a um novo período de sistematização dos textos bíblicos em Israel e na Babilônia, principalmente, onde as condições materiais se prestaram a tal empreendimento.

Os autores dessa nova fase redacional e editorial da Bíblia tinham outros objetivos com relação os primeiros redatores. Em particular, os sacerdotes assumem um papel muito determinante na sociedade na época do segundo templo, com o fim da monarquia e de toda autonomia política de Israel que vai perdurar por mais de 2.000 anos.

Em 537 a.C., após o triunfo dos persas sobre a Babilônia (539 a.C.), o iraniano Imperador Ciro II da Pérsia autorizou, e até determinou, o retorno desses judeus exilados à sua terra de origem. Para muitos historiadores essa estratégica geopolítica de Ciro II incluía inclusive uma determinação no sentido de uma sistematização, em livros, da experiência religiosa de seus vassalos. Ele é celebrado no Livro de Isaías (Is 44,26-28), em Esdras (Esd 1,2-4), em Crônicas (2Cr 36,22-23) e é objeto de várias referências no Livro de Daniel. O chamado *segundo* Isaías chega a afirmar que o Messias não será um rei davídico, mas Ciro II, rei da Pérsia, instrumento de Deus para libertar seu povo, ungido de *Yavé* (Is 45,1-2).

Em suas conquistas, Ciro II poupava seus inimigos vencidos e chegava a empregá-los em cargos administrativos de seu império. Tolerante com as religiões locais, Ciro II respeitava seus templos, ritos e lideranças. Ele procurou manter todos os povos do império sob a administração de líderes locais, com governos fortes e ampla autonomia. Assim, muitos povos se viram em melhor situação sob os persas do que independentes. A situação política melhorou não só para os judeus.

Mesmo assim, apenas parte dos judeanos exilados na Babilônia retornou à Palestina, apesar de muito fortalecida junto à nova administração persa. Esdras e Neemias destacam de forma clara em seus livros seus vínculos com a administração persa. Não há oráculos contra os persas, muito benquistos na Bíblia hebraica. Mesmo no Livro de Ester, o rei persa é inocentado, pois ele agiu de forma errada por ter sido mal-orientado por seus conselheiros. Esse domínio de Israel por nações estrangeiras durou por séculos e séculos. Apesar dos oráculos otimistas.

Como se diz: tudo tem seu lado positivo. Um pouco como ocorreu recentemente com os exilados políticos brasileiros, ao retornar à sua terra de origem, essa elite judeana se deu bem: tomou o poder, recebeu indenizações e ficou feliz da vida e com a vida. E passou a reescrever a história na sua perspectiva, organizando até comissões e escolas para isso. Para alguns estudiosos, como já foi mencionado, a própria redação bíblica também parece ter resultado de uma determinação clara do Império Persa e envolveu até e talvez a temática do monoteísmo.

A sistematização de vários livros da futura Bíblia hebraica, iniciada na Babilônia, foi continuada na futura corte judaica, com a edição do Pentateuco e dos primeiros livros históricos: Reis e Crônicas e Esdras e Neemias. Essa fase redacional também pode ser ancorada, historicamente, com a redação quase final do Livro do Deuteronômio. Após o exílio babilônico, com a tolerância religiosa dos persas, tendo como Zorobabel o governador de Judá, o advento da *Torá* ou do Pentateuco, entre 400 e 350 a.C., conciliou o Deus *Yavé* e a perspectiva monoteísta com a história recente de Israel.

O Pentateuco demonstra certa desconfiança com relação aos textos proféticos e aos profetas. Ele é quase um corpo religioso ou bloco literário à parte e proclama claramente Moisés como o melhor e maior dos profetas. Os livros proféticos foram "deixados de lado ou de fora" na montagem do Pentateuco. Mas o Pentateuco também expressava um compromisso político com os samaritanos, com os que permaneceram na Palestina, enfrentaram a miscigenação com estrangeiros trazidos pelos assírios e não participaram do exílio. De um lado, os relatos de Abraão cumpriram um papel essencial nesse sentido. Os redatores originários do ambiente sacerdotal tentaram harmonizar a tradição patriarcal escrita que circulava entre os judeus não exilados, que haviam ficado na Palestina, com a visão deuteronomista nas figuras de Moisés e no Êxodo. Dois mitos originais de Israel são assim unificados do ponto de vista literário: os patriarcas e o Êxodo.

Uma atenção especial é dada aos samaritanos. Para a *Torá*, Deus irá escolher um local único para seu culto, mas não diz qual. Por exemplo, as palavras Jerusalém e Sião não são mencionadas no Pentateuco. Num primeiro momento, esses cuidados literários permitiram tanto aos judeanos com sua Jerusalém quanto aos samaritanos com seu Garizim, de se imaginarem detentores do local escolhido e destinado por Deus para seu culto unificado.

Por fim, a edição final da *Torá* permitiu definitivamente ao Judaísmo de se tornar uma religião móvel, da diáspora. Um número significativo de israelitas já vivia fora da Terra Santa, do Egito à Babilônia e alhures. A *Torá* dispensou a existência e a necessidade obrigatória do templo para os judeus e israelitas dispersos pelo mundo. No sentido histórico, hoje, a expressão diáspora designa a dispersão dos judeus, no decorrer dos séculos, por todo o mundo. E, de forma mais ampla, aplica-se à dispersão de um povo em consequência de preconceito ou perseguição política, religiosa ou étnica.

Em resumo: em termos políticos e religiosos, graças aos eventos exílicos, o antigo Reino de Judá, marginal e pouco expressivo com relação ao de Israel, foi capaz de transformar a crise da conquista babilônica numa grande oportunidade de afirmação anacrônica de sua superioridade e identidade. Foi a continuidade de um processo de construção da hegemonia religiosa judeana iniciado com a conquista assíria do Reino de Israel. A edição da *Torá* ou do Pentateuco foi materialização mais significativa desse processo religioso e político.

Pela *Torá*, a elite judeana ampliou e garantiu seus direitos fundiários frente aos israelitas não exilados, frente aos residentes na Palestina, com o apoio político dos persas. Anteriormente, a reforma religiosa iniciada sob os reis Ezequias e Josias centrada do Deus Um (*ehad*, אחד), levou progressivamente o politeísmo javista para a monolatria javista. Depois, essa evolução se consolidou com o monopólio do culto do Deus *Yavé* (*IHVH*), no segundo Templo em Jerusalém.

Com a afirmação do monopólio do Santuário de Jerusalém, a eliminação ou desativação de todos os outros santuários de *Yavé*, da Samaria a Hebron, esse processo abriu o caminho para a passagem da monolatria do Deus Um ao monoteísmo do Deus Único, claramente pós-exílica nos livros do Antigo Testamento: o único Deus a ser adorado por Israel é *Yavé*.

Essa perspectiva monoteísta do Deus *Yavé*, do Deus Único não foi dada de entrada ao povo hebreu. Ela ocupa uma parte relativamente pequena dos livros da Bíblia hebraica e é o resultado de uma longa evolução e de uma leitura dos acontecimentos da época exílica e anteriores nessa perspectiva. É sempre bom recordar: o conceito abstrato do monoteísmo e o próprio termo eram desconhecidos dos autores bíblicos. Existe o risco de anacronismo ao declarar-se amplamente o monoteísmo em Israel.

Assim, toda essa nova e emergente teologia pós-exílica judeana, claramente monoteísta, foi projetada no passado, se autojustificou e garantiu progressivamente a centralização do culto em Jerusalém na própria redação e consolidação dos livros bíblicos. Com o tempo, ela deixou para trás o "ecumenismo" do Pentateuco. Essa tentativa de união política e religiosa inicial foi progressivamente desvalorizada. A hostilidade contra os samaritanos retroagiu ao passado, tomou conta dos redatores e revisores dos textos bíblicos e assim está, até hoje. Eram outros e novos tempos.

Os livros da Bíblia hebraica ou do *Tanaẖ*, tal como dispomos nos dias de hoje, apresentam, sobretudo, a visão judeana da história de Israel, na perspectiva do pequeno Reino do Sul, o de Judá. Essa elite judeana emergiu da dominação assíria e retornou da Babilônia com tanta novidade, com tantas lendas e mitos, com tantos relatos jurídicos e referências administrativas babilônicas, com tantos anjos e demônios, que os céus do monoteísmo ou da monolatria dos antigos dirigentes religiosos judaicos estavam mudados para sempre. E a terra também.

Mitologias, cosmogêneses e tradições babilônicas foram absorvidas, utilizadas e transplantadas nos diversos relatos dos patriarcas e na criação da gesta de personagens como Noé, Moisés, Sansão, Davi, Elias e muitos outros. A nova estabilidade política, a urbanização e o desenvolvimento do exercício da escrita e da leitura na administração e na elite religiosa garantiram as condições para a emergência gradual da protossinagoga, e posteriormente da sinagoga e de um Judaísmo centrado no texto, na *Torá*, no livro e nas tradições orais e não mais, nem apenas, no templo e em seus funcionários. Essa dimensão foi essencial para o Judaísmo enfrentar todos os desastres políticos e religiosos futuros.

Meio milênio depois, após o nascimento de Jesus Cristo, ocorreu a destruição do segundo Templo de Jerusalém e de boa parte da cidade pelos romanos, após as revoltas armadas dos judeus dos anos 70 e 130 d.C. Esses eventos acabaram por desarticular e mesmo exterminar diversas correntes políticas, estruturas administrativas e expressões religiosas do Judaísmo de então, em parte centradas no Templo de Jerusalém e no poder político dessa capital.

Após essas revoltas, ainda sob o domínio do Império Romano, acabaram os zelotes, os essênios, os saduceus, os levitas, os sacerdotes, os escribas, os cobradores de impostos do templo etc. Sobreviveu e consolidou-se, progressivamente, a escola ou o movimento secular dos fariseus. Eles incorporaram parte da tradição dos escribas. O chamado Judaísmo rabínico emergiu lentamente e hoje é hegemônico com toda a sua heterogeneidade.

No final do primeiro século desta era, frente ao crescimento da seita ou do movimento cristão dentro de suas sinagogas e de sua diáspora, agora estabelecida de forma definitiva, o Judaísmo rabínico estruturou-se. Ao emergir nessa fase de crise, ele polemizou com os cristãos, os chamados (até hoje) *nazarenos*, afirmou sua identidade, construiu "uma cerca em volta da *Torá*" e fixou progressivamente o cânon bíblico judaico.

A chamada Bíblia hebraica ou *Tanah̲* corresponde essencialmente ao Antigo Testamento. Nas transliterações do hebraico, aqui adotadas, o *h̲* deve ser lido como um agá gutural forte, como se pronuncia o *jota* em espanhol ou aproximativamente como um rr. O *Tanah̲* só começou a definir-se quase um século após Jesus Cristo. E o Judaísmo o fez influenciado pelo crescimento do Cristianismo e com critérios excludentes com relação aos judeu-cristãos, a partir de então expulsos das sinagogas.

Tanah̲ é um acrônimo formado pelas iniciais dos três principais conjuntos de livros ou pilares da Bíblia hebraica: a *Torá* (Pentateuco), os profetas, em hebraico *neviim* (נביאים) e os Escritos, em hebraico *ketuvim* (כתובים). O *Tanah̲* é composto de 24 livros na contagem tradicional do Judaísmo, divididos nessas três seções. Para os judeus, essas três partes não têm o mesmo valor: o Judaísmo encontra seu fundamento e sua identidade na *Torá*, no Pentateuco, que é para eles o verdadeiro coração da Bíblia hebraica.

Na primeira seção estão os cinco livros do Pentateuco ou da *Torá* (Gênesis, Êxodo, Levítico, Números e Deuteronômio). É possível distinguir dois grandes conjuntos. A Bíblia começa com o Livro do Gênesis e aborda as questões das origens do mundo, da criação e do homem. A seguir, a história dos patriarcas (Abraão, Isaque e Jacó) traça tanto a origem do povo de Israel como dos antepassados dos povos vizinhos de Israel. Na segunda parte da Torá, os livros do Êxodo, Números, Levítico e Deuteronômio tratam fundamentalmente da história de Moisés, desde o seu nascimento até sua morte, a libertação do povo de Israel do Egito e sua passagem pelo deserto.

Na segunda estão os oito livros proféticos, compostos por dois blocos de quatro livros. Os primeiros profetas (*neviim rishonim,* נביאים ראשונים): Josué, Juízes, Samuel e Reis e últimos profetas (*neviim a<u>h</u>aronim*, אחרונים נביאים): Isaías, Jeremias, Ezequiel e doze profetas menores contados como um só livro no Judaísmo. Essa parte da Bíblia hebraica retoma os relatos do Pentateuco e narra desde a conquista de Canaã por Josué até a instauração da monarquia com Saul, Davi e Salomão, e prossegue até a queda do Reino de Judá e a destruição de Jerusalém no ano 587 a.C. A parte dos chamados últimos profetas explica as razões dessa catástrofe nacional, ao mesmo tempo em que anuncia promessas de esperança e restauração.

Por fim, na terceira seção do *Tana<u>h</u>* estão os escritos, os *ketuvim* (כתובים) ou os onze hagiógrafos: três livros poéticos, em hebraico os *sifrei emet* (Salmos, Provérbios e Jó); os cinco rolos, em hebraico *hamesh megillot* (Cântico dos Cânticos, Rute, Lamentações, Eclesiastes e Ester) e os outros livros históricos (Daniel, Esdras-Neemias e Crônicas). A maior parte desses livros tem um caráter sapiencial, de louvores (Salmos, Cânticos) e reflete sobre a condição humana e sua relação tão difícil com Deus (Jó e Eclesiastes). Esses livros expressam de forma complexa a identidade do homem da Antiguidade que só pode se definir, como tal, em relação ao mundo divino. Essa terceira seção não constitui um grupo homogêneo e não recebeu um título característico. Foi simplesmente chamada de ketuvim, *os (demais) Escritos*.

A Bíblia hebraica rabínica não segue em seus livros a mesma ordem da Bíblia cristã e termina com o Livro das Crônicas, o *Divrei HaYamim* (דברי הימים), enquanto o Antigo Testamento termina com o livro do Profeta Malaquias.

Tanah̠ é o nome mais utilizado, em hebraico, para designar a Bíblia. Mas existem outros nomes equivalentes, como *mikrá,* "o que é lido", ou ainda *kitvel hakodesh* (כתבי הקודש), "escrituras sagradas". Este último nome é análogo às Sagradas Escrituras ou simplesmente às escrituras dos cristãos. Nenhum judeu chama a sua Bíblia, o seu querido *Tanah̠*, de Antigo Testamento, evidentemente. Só os cristãos.

Mesmo assim, ainda foram necessários cerca de 1.500 anos para que as escrituras hebraicas estivessem completamente fixadas, no final do período chamado massorético. Os rabinos massoretas, ao indicar a única forma em que o texto bíblico poderia e deveria ser vocalizado, realizaram alterações, homogeneizações e orientações de fundo teológico, com base em sua teologia, e até censuras, nos escritos consonantais hebraicos.

Nesse sentido, a Bíblia hebraica, o *Tanah̠* ou essa base anacrônica do Antigo Testamento e do Judaísmo rabínico atual tem praticamente a mesma idade do Novo Testamento e do Cristianismo.

Durante séculos, esse contexto de produção e edição do Antigo Testamento foi simplesmente ignorado pelos leitores da Bíblia. Era como se tivesse caído do céu. Literalmente. E ainda é assim para muitos judeus e cristãos. Muitos sequer se interrogam como essa biblioteca, a Bíblia, foi redigida, constituída, transmitida e chegou até suas mãos.

No século XIX, esse livro tão especial saiu de seu "esplêndido isolamento" com o deciframento da escrita hieroglífica egípcia, da escrita cuneiforme acadiana e outras, com as sucessivas descobertas arqueológicas (desde artefatos até importantes bibliotecas, prismas, estelas, inscrições etc. como as ocorrida em Ugarit, em Qumran etc.) e graças ao desenvolvimento científico da crítica textual e de outras ciências.

Os estudos científicos da Bíblia não cessaram de ampliar-se ao longo do século XX e prosseguem. Suas descobertas, hipóteses, teorias e sínteses permitem uma compreensão cada vez mais abrangente da elaboração, do significado e da transmissão de cada livro dessa biblioteca cristã, tanto para seus leitores iniciais e originais como para todos interessados pela Bíblia nos dias de hoje.

O Antigo Testamento cristão não é exatamente a Bíblia hebraica, tanto na composição como na ordem de apresentação dos livros. Você quer saber por quem, como, quando e onde esse Antigo Testamento ou *Tanah̲* foi escrito? Então, senta que lá vem história.

2.1 Um Pentateuco conclui a Bíblia pelo começo

Quando foi escrito o Antigo Testamento?

O povo bíblico teve origem em semitas seminômades do Crescente Fértil, em sua maioria cananeus. Um grupo semita saiu do Egito (1.250 a.C.), talvez associou-se com outras tribos no país de Edom, e viveu em uma federação com tribos majoritárias que sempre estiveram em Canaã. Eles foram marcados por uma longa experiência multiétnica, com tradições orais diversas. A diferenciação de um grupo israelita, após o declínio das cidades-estados canaanitas marcou o início de um processo de reunião e transmissão de tradições. Os primeiros escritos do Antigo Testamento só ocorreram durante a fase da monarquia israelita 1.000 a.C., quando as condições materiais necessárias para a escrita e reprodução de livros dessa natureza foram reunidas pela primeira vez. Já fazia muito tempo, séculos, que os personagens históricos inspiradores dos mitos de Moisés e dos patriarcas haviam morrido. O essencial da redação e da consolidação final dos primeiros livros bíblicos, iniciado nos tempos do Rei Josias, só ocorreu durante a dominação persa aquemenita, após o retorno dos judeus da Babilônia, num período que vai do VIII ao II séculos a.C.

Você conhece as duas grandes histórias do Antigo Testamento?

Existem dois grandes conjuntos de livros no Antigo Testamento. O primeiro refere-se a Israel Antigo (Aliança, Patriarcas, Êxodo e Reis). São documentos e livros significativos. Eles permitem um comparatismo com culturas estrangeiras vizinhas, das quais os hebreus emprestaram, copiaram e adaptaram cosmogonias, mitos, *corpora* legislativos, históricos etc., como atestam as mais diversas e constantes descobertas arqueológicas. O segundo conjunto de livros da Bíblia hebraica está ligado ao retorno do exílio na Babilônia (VI e V a.C.) e à fase de composição do Antigo Testamento na Judeia sob domínio persa e grego. Ele reúne livros bíblicos históricos, poéticos e proféticos escritos entre Jerusalém e Alexandria (Daniel, Ester, Jó, Cântico dos Cânticos e outros).

Como foi escrito o Antigo Testamento?

Os livros do Antigo Testamento foram compostos sobre a base de tradições orais esparsas e redações parciais de diversas origens. Parte dessas redações foi unificada durante o período do exílio da elite judaica na Babilônia (proto-*Torá*) entre 586 e 538 a.C. Após o regresso do exílio babilônico, outros textos, como o do Gênesis, foram consolidados e deram lugar a uma nova fase redacional e na edição do Pentateuco, da *Torá*.

O Gênesis então não foi o primeiro livro escrito da Bíblia?

Pois é, com certeza, o Gênesis não foi o primeiro livro escrito do Antigo Testamento. Todos estudiosos e exegetas concordam sobre isso.

Através de múltiplas reescrituras e remanejamentos complexos, os livros bíblicos foram retrabalhados e compatibilizados durante longos períodos, sobretudo pela elite religiosa judaica e judeana. Ainda assim, faltou compatibilização e revisão. O texto bíblico está repleto de contradições sobre os mesmos eventos, duplos relatos disparates, anacronismos, intencionalidades políticas, distorções de fatos, intrusões etc. São exatamente essas duplicidades e anacronismos que ajudaram, e muito, na compreensão da composição redacional da Bíblia. Para ver um bom exemplo desse processo redacional basta colocar em paralelo os livros de Números e do Deuteronômio. Experimente e tire suas conclusões.

Quais as razões para existir tantas duplas narrativas na Bíblia?

Não era por gosto de repetição ou para ninguém esquecer. Junte as razões de redação à necessidade de manter e preservar um patrimônio de versões particulares, tradicionais e arraigadas para uma mesma história. Junte a dificuldade política e cultural das diversas tentativas de compatibilização escrita dos relatos bíblicos. Junte com o peso histórico e político do sistema monárquico na fase de redação sobre eventos ocorridos em contexto de povos nômades... Bem, ao juntarem-se essas coisas e outras tantas, pode-se entender a proliferação de repetições e duplas narrativas no Antigo Testamento: dupla narrativa da criação (Gn 1–2,4a e 2,4b–25); dupla narrativa da expulsão de Hagar (Gn 16 e 21); da vocação de Moisés (Ex 3–4 e 6); do fundamento do *shabat* (Ex 20,9 e Dt 5,12), e por aí vai. Um bom exemplo são os mandamentos da Lei de Deus. Aliás, quantos eram mesmo?

Os vinte mandamentos da Lei de Deus cabem no Decálogo?

Mais ou menos. O Decálogo ou os Dez Mandamentos da Lei de Deus foram dados duas vezes no texto escrito do Antigo Testamento. Vai que alguém esquece uma delas. É um dos muitos casos de duplos relatos, em parte disparates, no texto da sagrada e inexata escritura. Na ordem da Bíblia, a primeira entrega dos Dez Mandamentos está no Livro do Êxodo, capítulo 20. Bem mais adiante, no Livro do Deuteronômio, capítulo 5, Moisés convoca Israel de novo e comunica mais uma vez os Dez Mandamentos. Por que o assunto teria sido ditado duas vezes aos autores desses textos? Se fosse apenas repetição do mesmo texto, ainda vá lá. Mas não é. Os mandamentos diferem. Basta conferir. Podem-se escolher os Dez Mandamentos mais convenientes entre os dois textos?

Diante da dupla escolha de mandamentos, quais escolher?

A segunda versão do Decálogo, a do Livro do Deuteronômio (Dt 5,6-21), é um pouco diferente da do texto do Êxodo (20,1-17). Para os estudiosos, a versão do Deuteronômio, a segunda na ordem bíblica, é a mais antiga. Ela é mais próxima de textos originais, em que os mandamentos estavam redigidos de forma mais curta ainda. Como já foi dito, a maioria dos livros do Antigo Testamento foi composta sobre a base de tradições esparsas e de redações parciais de diversas origens, inspiradas inclusive de legislações estrangeiras, como a do famoso Código de Hamurabi, em suas determinações éticas mais universais. Elas dispensam explicações, como: não matarás, não furtarás etc. A essas determinações agregaram-se mandamentos típicos do Judaísmo, como guardar o sábado, para os quais existe uma explicação do por quê. Apesar das múltiplas reescrituras e dos livros bíblicos terem sido retrabalhados e compatibilizados durante longos períodos, ainda são muitas as divergências em fatos comuns, em datas, em personagens e até nas genealogias. Foi assim com os mandamentos.

Mandamentos: Quem consegue contar até dez?

Não é fácil contar até dez, principalmente quando se trata de mandamentos. Há diversas maneiras de contá-los nas duas versões (Ex 20,1-17 e Dt 5,6-21). Na contagem dos rabinos, os Dez Mandamentos são: versículos 2; 3-6; 7; 8-11; 12; 13; 14; 15; 16 e 17. Na contagem de Santo Agostinho, a utilizada pelos católicos, luteranos e diversos protestantismos, a contagem dos Dez Mandamentos pula o versículo 2 e conta assim: versículos 3-6; 7; 8-11; 12; 13; 14; 15; 16; 17a. e 17b. A terceira maneira de contar, bem diferente das anteriores, provavelmente mais fiel à sua origem. Ela está em uso entre os católicos ortodoxos e parte dos protestantes reformados, e conta assim seus mandamentos: versículos 3; 4-6; 7; 8-11; 12; 13; 14; 15; 16 e 17. Ao juntarem-se as versões e as contagens resultam uns 15 mandamentos. É uma boa. Assim, quem deixar de cumprir cinco deles, ainda estará cumprindo dez mandamentos.

Deus gravou quantos mandamentos nas Tábuas da Lei?

Ninguém sabe. Certamente, Ele economizou. Nada de circunlóquios, prolegômenos e rodeios. As tábuas dos mandamentos não eram de lenho. Não eram pranchas lisas de madeira serrada, de pouca espessura e relativamente largas, como são nossas tábuas. Nada disso. Segundo a Bíblia, eram de rocha maciça. Granito, quem sabe. Os mandamentos foram gravados em pedra e não num pendrive, num CD ou num bloquinho de papel. Pedras são pesadas, muito pesadas. Moisés carregou-as sozinho, morro abaixo. Imagine Moisés carregando-as no dia a dia. De lá para cá e de cá para lá. Ainda bem que Deus não é prolixo.

Moisés tinha força para carregar as Tábuas da Lei?

As tábulas de pedra eram tabuletas que serviam para escrever (Is 30,8). As Tábuas da Lei talvez fossem tábulas de pedra. A Bíblia permanece vaga a respeito delas. Fala de "tábuas", de "tábuas de pedra", de "tábuas de Aliança", nos textos deuteronomistas (Dt 9,9-15), de "tábuas do testemunho" nos textos ditos sacerdotais (Ex 31,18; 32,15; 34,29). As leis, no Oriente Próximo antigo, eram gravadas em blocos de pedra (como o Código de Hamurabi) ou em estelas (como os decretos de Hamurabi). As pedras das Tábuas da Lei não poderiam ser muitos grandes. Moisés teria sido capaz de carregá-las. Se houve um texto gravado na rocha, ele certamente foi bem sucinto e resumido. Ainda bem. Uma questão de peso.

O outro decálogo, o terceiro, o javista?

Além desses mais ou menos dez mandamentos presentes em duas passagens bíblicas, ainda existem outros ou mais um "decálogo" na Bíblia. Ele é apresentado no Livro do Êxodo 34, dos versículos 14 a 26. Vale conferir. Os estudiosos chamam esse trecho de "decálogo javista" ou "decálogo ritual". Esse nome é dado aos trechos da Bíblia, redigidos e compatibilizados por escribas dessa tradição ou escola redacional. Ela trata Deus pelo tetragrama sagrado, *IHVH* (יהוה), impronunciável. Alguns ousam verbalizar como *Yavé*, Javé e até Jeová. Um sacrilégio para os judeus rabínicos. Os estudiosos preferem *Yahú* ou *Yahô*, a pronúncia original mais provável.

Vale a pena ler esse terceiro decálogo bíblico?

Vale. Tudo vale a pena, quando a alma não é pequena, já dizia o grande poeta lusitano Fernando Pessoa. O bacana nessa dúzia de mandamentos javistas é que, além das proibições clássicas, eles também determinam a celebração de festas (dos pães, das semanas e das colheitas), se engajam no campo sagrado da gastronomia, e até propõe regras culinárias como "Não cozinharás cabrito no leite da sua mãe" (Ex 34,26). Como se vê, a crítica à *nouvelle cuisine* não é tão nova assim.

Houve um milagre da multiplicação das festas?

Sim. Festejar é sempre bom. Ainda mais quando Deus manda. No Brasil, a Bahia de Todos os Santos e de Todas as Festas que o diga. Devido às várias reescritas do Antigo Testamento, os ciclos das festas são dados quatro vezes, quatro repetidas vezes: Ex 23; 34; Lv 23 e Dt 16. Pode conferir. Nada de economizar no Pentateuco em matéria de festas. Experimente fazer uma tabelinha com as datas e os temas propostos para as festas nessas quatro passagens. Só faltou Natal e Carnaval.

Os livros do Pentateuco e da Bíblia foram compilados?

Sim. Boa parte dos livros bíblicos resulta de longas compilações. Eles apresentam várias camadas textuais. Os redatores enfeixaram uma série de textos, documentos e extratos, provenientes de fontes e tradições diversas, numa obra única. Muitos desses livros não foram redigidos de uma só vez, e sim em diversas etapas, com nítidas diferenças de conteúdos, composição e até de estilos. É o caso dos livros do Pentateuco, dos livros de Samuel, Crônicas, Reis e Isaías, entre outros. Os livros de Samuel, por exemplo, reúnem tradições orais do tempo de Davi e Saul, páginas escritas durante o período da monarquia, e revisões e complementações introduzidas depois da ruína de Judá em 587 a.C. Nessa ocasião, esses livros receberam seu lugar na obra atribuída à escola redacional chamada "deuteronomista" (Josué, Juízes, Samuel e Reis), cuja fraseologia e estilo são inconfundíveis no Antigo Testamento.

Existiu uma época patriarcal, lá nos primórdios da Bíblia?

A Bíblia não fala de época patriarcal. Mesmo assim, até os anos de 1980 era comum nos comentários e estudos bíblicos falar-se da "*época patriarcal*" na história de Israel. Essa época era muito vagamente situada na primeira parte do segundo milênio antes de Cristo. Nessa época teriam vivido os patriarcas. Essa noção de uma época patriarcal foi e deve ser abandonada. E não é por falta de patriarcas. Nem por justiça às matriarcas.

Quando teriam vivido os patriarcas dos relatos do Antigo Testamento?

Os relatos patriarcais do Livro do Gênesis não contêm nenhuma indicação histórica precisa que permita situá-los no segundo milênio antes da

Era Cristã. Mesmo os defensores da "época patriarcal" sempre reconheceram a existência de certo número de anacronismos nos relatos do Gênesis. Um exemplo típico é a menção aos camelos. Eles ainda não existiam na Palestina no segundo milênio. Outro exemplo é a menção à cidade de Ur Casdim, cuja existência só é atestada no século VII a.C. Além disso, os defensores de uma época patriarcal nunca conseguiram se entender sobre uma data mais precisa, e propõem desde o ano 2000 até o 1300 a.C.

Como se construiu o ciclo patriarcal dos relatos sobre Abraão?

Para muitos estudiosos da Bíblia, as histórias dos patriarcas seriam o reflexo de grandes migrações ocorridas no começo do segundo milênio antes de Cristo. Tanto a arqueologia, como os estudos literários, desmentem essa hipótese. A análise literária da história de Abraão, *Avraham* (אברהם), mostra as migrações do patriarca como criações redacionais bem tardias. Elas buscam fazer de Abraão, desse pai elevado (*av ram*) do povo (*av ham*), um modelo para os exilados babilônicos, convocados a retornar à Judeia. Mesmo assim, muitos preferiram permanecer no conforto e nos lucrativos negócios e posições na corte babilônica. Eles consagraram a prosperidade de uma diáspora, até hoje, uma das características do povo judeu.

Os patriarcas viveram quando os nômades se tornavam sedentários?

A época de Abraão e dos patriarcas refletiria a passagem de uma vida nômade a um modo de vida sedentário, para alguns estudiosos bíblicos. Essa hipótese coloca a vida sedentária e a agricultura como uma espécie de resultado ou destino da evolução natural e cultural do pastoralismo nômade. Hoje, ela está completamente descartada. Basta para isso considerar o caso dos beduínos do deserto. Ainda hoje, eles vivem como no tempo dos patriarcas bíblicos, sem nenhuma evolução ou negação de sua cultura nômade em prol de uma vida sedentária. O mesmo vale para os povos tuaregues, peuls e outros. Até para os ciganos. Para quem estuda a Bíblia é preciso entender os relatos patriarcais como a lembrança ou um reflexo tardio da situação da Palestina no segundo milênio, na Idade do Bronze (Média), onde a vida urbana já era muito desenvolvida.

Os patriarcas bíblicos existiram?

Bem, patriarcas não faltam nas sociedades patriarcais, por definição. Os israelitas devem ter tido mesmo muitos patriarcas. O relato do Gênesis sobre o tempo dos patriarcas não tem valor histórico, no sentido da história moderna, a história dos historiadores. Em certos casos, personagens históricos devem ter existido, foram heróis, tornaram-se mitos, sua gesta foi transmitida e enriquecida pelo imaginário na sucessão de gerações no seio de diversos grupos étnicos e tribais. A história bíblica dos patriarcas é uma obra literária. Ela vestiu e revestiu esses personagens, suas lendas e anedotas de uma roupagem literária capaz de falar, de forma convincente, com seus leitores. Essa "história" patriarcal buscou unificar tradições de tribos de origens diversas, expressa a tentativa de acordos entre samaritanos e judeanos, mas ao mesmo tempo deu um sentido de origem a uma dominação política e teológica dos judeanos sobre o resto de Israel. Personagens míticos como Noé, Abraão, Isaque e Jacó não são os protagonistas do Livro do Gênesis, mesmo quando muitos entendem assim.

Quem é o grande protagonista do Livro do Gênesis?

O grande protagonista do Livro do Gênesis, como em toda a Bíblia, é Deus ou os deuses! Não é Noé, nem Abraão, nem Jacó, nem Judá. Os patriarcas, com suas histórias edificantes, seus exemplos (nem sempre tão edificantes) e suas genealogias, permitem situar o povo bíblico. Os relatos do Gênesis, de redação tardia, dão uma origem aos judeus lá nos primórdios da humanidade: primeiro como humanos, depois como semitas, depois hebreus, israelitas e, finalmente e sobretudo, como judeus.

Quando foi escrito o Livro do Gênesis?

O texto do Gênesis foi escrito e consolidado, após o retorno do exílio dos judeus da Babilônia, como já foi evocado. Seu texto é federador. Ele une no passado, em uma história mítica comum, todos os habitantes da Terra Santa, tanto os que ficaram como os que partiram para o exílio babilônico. Ele modifica e adapta, na perspectiva monoteísta, várias lendas e histórias não só dos cananeus, mas de toda a região do Oriente Médio, para a leitura dos judeus retornando do exílio na Babilônia e para a população local, os não exilados. O Gênesis não teve a caneta de Moisés. Ele foi redigido mais de mil e quinhentos anos depois da data proposta pela Bíblia para a aventura do Êxodo. Quanto ao Moisés, o personagem mítico construído de forma literária e apresentado pela Bíblia, como disse o psicanalista judeu Sigmund Freud: ele não existiu, e se existiu era egípcio e não hebreu.

Como foi escrito o Livro do Gênesis?

Para o estudioso bíblico Albert de Pury, o ponto de partida é o chamado "documento sacerdotal de base". No início da época persa, um grupo de sacerdotes regressados da Babilônia elaborou um "mito fundador", semelhante ao conhecido naquela metrópole mesopotâmica: o famoso *Enuma Elish*. Como no relato babilônico, o mito bíblico dos redatores vinculados à chamada tradição sacerdotal também relata a criação do mundo no Livro do Gênesis (Gn 1) e de Israel no Livro do Êxodo (Ex 14). E culmina com a construção de um santuário para Deus habitar em meio de seu povo (Ex 40,34). Essa parte final objetivava claramente apoiar a reconstrução do Templo de Jerusalém. Talvez, à semelhança do seu homólogo babilônico, o mito sacerdotal também fosse lido durante uma celebração a *Yavé, IHVH*: o Dia da Grande Expiação (Lv 16).

Quando foi realizada a narrativa do Livro do Gênesis?

Não faz tanto tempo assim. Os anacronismos desse texto são evidentes e mostram uma conclusão redacional muito tardia. O texto transporta para cerca de 1.500 anos antes de Cristo ou mais, uma série de eventos, sociedades, formas de governo e até tecnologias então inexistentes. Elas só surgiram quase 1.000 anos depois dos fatos relatados. Por exemplo: o Livro do Gênesis menciona com frequência os arameus, lá no passado distante, quando não há vestígio deles anteriores a 1.100 a.C. A arqueologia atesta: os arameus só dominaram as fronteiras setentrionais de Canaã após o século IX a.C.

Os redatores do Gênesis inventaram o Reino de Edom?

De certa forma sim, ao transpor para o passado uma realidade de seu tempo. Os registros arqueológicos assírios mostram: Edom só surgiu como Estado após essa região ser conquistada pela Assíria. Antes dessa época, não havia nem reis, nem Estado. O Reino de Edom só existe mesmo naqueles tempos, nos anacrônicos relatos do Gênesis. A arqueologia demonstra inclusive que, no tempo teórico do Gênesis, esse território estava escassamente povoado. Em termos gramaticais, os redatores do Gênesis caíram numa prolepse. Acontece.

Os redatores do Gênesis modernizaram o comércio e as caravanas?

De certa forma sim, ao transpor para o passado várias realidades econômicas de seu tempo. Por exemplo, na história de José surgem comerciantes que andavam em caravanas de camelos e levavam "goma arábica, bálsamo e mirra". Esse comércio é muito, mas muito improvável no primeiro milênio antes de Cristo. A invasão e o domínio assírio possibilitaram o florescimento do comércio e, particularmente, desse tipo de caravanas. Elas se tornaram comuns nos séculos VIII e VII a.C., e inspiraram os redatores do Gênesis, para quem aquilo parecia existir desde todo o sempre. Amém.

A Terra de Goshen já existia no tempo do Gênesis?

A terra sim, o nome não. Esse território correspondia à parte do Delta do Rio Nilo. O nome Goshen provém de um grupo de origem árabe. Ele só chegou dominar o Delta do Nilo nos séculos VI e V a.C. Ou seja, os redatores do Gênesis, se tivessem redigido o livro em datas próximas às evocadas, seriam eles os maiores profetas da história. Teriam profetizado e adotado o nome que essa terra só assumiria mais de mil anos depois. Haja profetismo!

Quem ou qual(ais) era(m) o(s) deus(es) dos patriarcas de Israel?

No Livro do Gênesis, Deus é chamado de *El* (Gn 12,50), de *El* da Visão (Gn 16,13), de *El*, Deus de Israel (Gn 33,24) ao invés de *Yavé* (*IHVH*). Ele também é chamado de Deus do Pai. Para o próprio texto bíblico, os patriarcas não conheceram o Deus *Yavé*, revelado bem mais tarde a Moisés. Era como se eles venerassem um deus anônimo, associado ao patriarca ou ancestral, a quem ele se apresentou ou revelou-se: o deus de Abraão, o deus de Isaque, o deus de Jacó. O deus do patriarca. No contato com a cultura cananeia, esse deus teria sido identificado com *El*, o senhor do panteão de Canaã. Pesquisas recentes encontraram a expressão "deus do pai" em documentos extrabíblicos. Não como fruto de uma religiosidade de nômades, mas como expressão de uma piedade familiar, que se expressava inclusive na veneração dos ancestrais. O uso do nome *El* indica uma concepção mais universal de Deus, sem o caráter restritivo do nome *Yavé* (*IHVH*), um deus guerreiro e da tempestade, como é usado na tradição do Êxodo. Os relatos patriarcais do Gênesis refletem muito mais o contexto sociológico de uma religião popular do primeiro milênio a.C. (e não do segundo), oposta à tradição oficial do Êxodo.

Com Abraão a história se repete e não é uma farsa?

Ela se repete. Qualquer um ao ler atentamente o ciclo ou a história de Abraão percebe: esse relato não foi escrito de uma só vez. A própria caracterização de Abraão diverge no mesmo relato. Em Gn 13, ele é um nômade e vive com seus rebanhos. No capítulo 14, Abraão já aparece como um chefe de guerra. A história do nascimento de Ismael (Gn 16) parece ignorar totalmente a aliança de Abraão no texto precedente. No Gn 15, Abraão acredita na palavra divina, mas no capítulo seguinte (Gn 16), ele segue as palavras de Sarai, sem mencionar essa promessa. No capítulo 18, o anúncio da gravidez iminente de Sarai pelos três visitantes parece ignorar a promessa de Deus no capítulo 17, repetida no capítulo 18. O ciclo de Abraão apresenta várias repetições ou duplos relatos: a esposa do patriarca entregue duas vezes a um rei estrangeiro (Gn 12,20 e 26); a dupla expulsão de Hagar (Gn 16 e 21); as duas alianças entre Deus e Abraão (Gn 15 e 17) etc. Haja repetição.

Qual a origem das duplicidades e duplos relatos no ciclo de Abraão?

A exegese bíblica, já no século XIX, explicou esses duplos relatos e contradições na história de Abraão com a chamada teoria documental clássica do consagrado exegeta e orientalista alemão Julius Wellhausen (1844-1918). Essa história resulta, como outras do Pentateuco, da combinação de documentos originários de três fontes ou escolas redacionais do Antigo Testamento: a J (Javista), a E (Eloísta) e a P (sacerdotal). Assim, os relatos duplos foram atribuídos e reconhecidos como originários dessas diferentes fontes.

O que nos informa o ciclo dos patriarcas bíblicos?

A teoria do exegeta alemão Julius Wellhausen da Hipótese Documentária foi aperfeiçoada, revisada e completada por diversas contribuições da exegese bíblica dos séculos XX e XXI. Os patriarcas bíblicos são figuras lendárias. Eles escapam do historiador. Isso não exclui que seus nomes, feitos e costumes mantenham traços de memória de eventos ocorridos no segundo milênio a.C., ligados originalmente a personagens reais. Como já foi dito, a história de Abraão, como a de Jacó, e todo o ciclo dos patriarcas tem um caráter mítico. Ela nos informa sobre um tipo de religião popular em Israel e Judá durante o primeiro milênio a.C. e não sobre o segundo milênio, período teórico de seu desenvolvimento. Finalmente, conhecer sua teologia é uma riqueza. Ela ultrapassa a história e sua própria literatura. Ela aponta para as origens e os processos da longa emergência do monoteísmo em Israel.

A história de Abraão contraria a perspectiva deuteronomista?

Sim. A história de Abraão foi composta durante o século V a.C. e prega uma coabitação pacífica entre todos os povos da região. Os relatos da vida de Abraão apresentam como, através de vínculos genealógicos desse patriarca, são fortes as relações de parentesco entre os povos da região. Esses vínculos, a partir de Abraão, não se limitam apenas aos descendentes de Isaque, mas também aos filhos de Ismael, o grande ancestral das tribos árabes. Todo o ciclo de Abraão contraria a visão de textos deuteronômicos que propõem uma estrita separação de Israel dos outros povos e etnias.

Abraão ajudou ou atrapalhou na reforma agrária?

O retorno dos exilados babilônicos trouxe uma séria disputa por terras na Judeia. Para os exilados judeanos, e os textos bíblicos sob sua influência ilustram isso muito bem, a terra havia sido esvaziada e em seu retorno eles retomariam o controle de tudo. A população que havia ficado na Judeia, de 50 a 75% do povoamento original, defendeu suas propriedades amparando-se na figura de Abraão. "Abraão era um só. O país (a terra) pertencia a ele. Nós que somos numerosos, é a nós que estas terras deste país foram dadas como posse" (Ez 33,24).

O patriarcado bíblico terminou no Egito?

Sim. Simbolicamente. O Livro do Gênesis encerra esse grande ciclo da história do povo da Bíblia no Egito. Para lá emigram Jacó (também chamado de Israel) e seus filhos (Gn 37 a 50). Esse final da história patriarcal é até irônico. Mais uma vez o Egito, essa grande e fértil matriarca, esse útero úmido do Nilo, acolhe os nômades e os agricultores vitimados pela seca e outras desgraças da terra de leite e mel. E é a corte egípcia quem criará e educará o futuro libertador dos hebreus, Moisés. É bacana esse realismo lendário, quase inconsciente, do relato bíblico. Ah, se não fosse o Egito.

O patriarcado tinha que terminar no Egito?

Tinha dentro da lógica da edição tardia do Antigo Testamento. E, para isso, deram seu jeitinho os redatores e organizadores sucessivos do Pentateuco. O Egito é fundamental na obra literária do Pentateuco. Sem ele não há como ser narrado o grande evento da aliança e do êxodo, sempre protagonizados por Deus (e não por Moisés!). Ele retira seu povo da "casa da servidão", pois não havia escravos hebreus no Egito histórico desse tempo, na forma imaginada nas produções cinematográficas de Hollywood. Quanto ao patriarcado, bem, esses nômades, bem como os israelitas-cananeus seguiram com seu patriarcalismo por muitos e muitos anos. E nem o Egito, nem os egípcios de hoje, têm culpa de nada.

Os redatores do Gênesis sabiam a dimensão do Reino de Israel?

Eles não queriam saber. Os dados históricos e arqueológicos mostram: o Reino de Israel ou do Norte, aquele de 10 das 12 tribos de Israel, foi muito maior que o de Judá, fato corroborado pelos registros assírios. Sua capital era na Samaria. Os redatores do Gênesis dão primazia ao Reino de Judá em seus relatos. Eles concentram suas narrativas em Abraão, em Jerusalém, no Patriarca Judá e em Hebron, mais do que nos personagens e lugares do Reino de Israel. É a famosa perspectiva sudista da Bíblia. Para os estudiosos, essa predominância da tradição redacional conhecida como javista é vista como uma tentativa pós-exílica de unificar os israelitas, sob a primazia do Reino de Judá. Ela deu continuidade a um processo iniciado com destruição do Reino de Israel pelos assírios em 720 a.C.

Os redatores do Gênesis fazem o faraó temer uma invasão improvável?

De certa forma sim, ao transpor para o passado uma realidade geográfica de seu tempo, de tempos geopolíticos bem mais recentes. No Gênesis, o faraó egípcio é apresentado como temeroso de uma invasão estrangeira pelo leste de seu reino. Na realidade, naquele tempo, o território do império do Egito já havia se estendido até as partes mais ao norte de Canaã. Do norte vinham as ameaças principais ao faraó até o século VII a.C. e não no leste.

O êxodo do Egito levou os hebreus a mudarem de país?

Parece que não. Em termos históricos, eles não teriam mudado de país. Só saíram de um lugar num país para outro no mesmo país, e não de uma terra nacional para outra na geografia anacrônica do Pentateuco. Na prática, Moisés saiu do Egito para o Egito. No século XV a.C., no tempo associado ao êxodo e à conquista da Terra Prometida, de acordo com a cronologia bíblica, o domínio do Egito incluía Canaã e chegava ao norte do Líbano, fato que a Bíblia não registra. Na realidade, Moisés teria liderado uma migração e não uma emigração. Nem de passaporte os israelitas precisaram. Nem enfrentaram a burocracia aduaneira do Egito. Ficou mais fácil.

Os israelitas saíram para o Egito e voltaram para Canaã?

Não. A maioria nunca saiu de Canaã. Alguns grupos, nômades ou sedentários, minoritários, devem ter vivido tal aventura, em diversos episódios ao longo de séculos. Como afirma o conhecido arqueólogo israelense, o Professor Israel Finkelstein, não existe nenhuma prova arqueológica do êxodo, nem da escravidão no Egito, nem menção ou indício algum nos documentos egípcios da migração maciça de algum povo, num império em que os registros eram muito bem mantidos. Não existe nenhuma menção nos meticulosos registros do período do Faraó Ramsés II da migração de hebreus pela Península do Sinai, fortemente controlada pelos egípcios. Quanto mais dos prodígios de sua liderança. Nenhuma pesquisa arqueológica moderna atesta essa migração, esse êxodo, seus eventos ou um Josué e seus homens conquistando as cidades de Canaã numa campanha militar relâmpago. Os dados arqueológicos apontam para uma presença constante e permanente da maioria dos israelitas em Canaã, desde a existência de suas cidades-estados.

No relato do Êxodo, 600.000 homens atravessaram o Mar dos Juncos?

Sim. Numa só noite e com os pés enxutos. Ainda segundo a Bíblia, esses descendentes de Jacó, ao entrarem no Egito sob as benesses de José, construíram com seus tributos e tesouros a cidade de Pitom (Ex 1,11). O problema é que a existência da cidade de Pitom só é atestada 1.500 anos depois da hipotética data desses eventos, no século VI a.C. Alguns tentaram situar o evento do êxodo sob o Faraó Ramsés II (1220 a.C.). Nem nos diversos documentos desse faraó, nem de qualquer outro, existe qualquer menção ou prova de um êxodo de 600.000 machos adultos com suas famílias deixando o Egito. Esse número é superior à população total do Egito existente nessa época!

Como explicar em termos políticos a origem e os objetivos do Êxodo?

O texto bíblico fala de um contexto que existiu durante um longo período: as relações ambivalentes entre o Egito, uma potência dominadora e terra de acolhimento e exílio, e os territórios de Canaã, ciclicamente submetidos à fome e à dominação estrangeira. A edição do texto bíblico do Êxodo construiu-se sobre a base de várias "fugas" e escapadas de pequenos grupos semíticos das terras do Egito. Para o arqueólogo, Professor Israel Finkelstein, bem como para outros, os temas do Êxodo refletem tradições antigas, colocadas por escrito no contexto das aspirações do período da monarquia tardia de Judá e também em épocas posteriores.

Os israelitas eram hebreus ou cananeus?

Para os arqueólogos, historiadores e antropólogos, os israelitas nunca foram homogêneos do ponto de vista étnico e cultural. Eles são um grupo de cananeus que se diferenciou e desenvolveu outra cultura, particularmente após a progressiva ruína das cidades-estados cananitas. Os povoamentos cananitas produziram assentamentos humanos prolongados na Idade do Bronze tardia, cujos padrões evocam inicialmente os de pastores semissedentários ou nômades, como os dos atuais beduínos. A partir do final do século XIII a.C. atesta-se o estabelecimento de protoisraelitas nas terras altas de Canaã, mas eram autóctones. Progressivamente, parte deles se sedentarizou, se fixaram à terra, desenvolveram a agricultura e multiplicaram-se nas áreas mais elevadas da região, num processo secular, iniciado com a queda do sistema egipto-cananeu. Os estudos arqueológicos não evidenciam sinais de invasões, nem violentas, nem pacíficas, nas ruínas e vestígios de cidades cananeias, amplamente pesquisadas pelos pesquisadores de Israel. Eles também não apontam, nem evidenciam qualquer sincronicidade em sua ruína, como relata miticamente o texto bíblico sobre a conquista de Canaã por Josué. Isso nunca ocorreu. O processo durou séculos e não meses, apesar das espadas e trombetas de Josué e seu *blitzkrieg* bíblico, inspirado claramente em relatos de conquistas assírias redigidos séculos depois.

O que tratam os livros de Êxodo, Números, Levítico e Deuteronômio?

O grande assunto referencial dos relatos desses quatro livros é o êxodo do Egito; seguido pela ocupação militar da terra prometida (inspirada em termos de simbolismos e recursos literários em textos da guerra psicológica e da propaganda dos assírios); justificado pela legitimação teológica dessa ocupação, que ironicamente reconhece antecessores locais, e sua divisão entre as tribos israelitas. Eles não dão espaço aos profetas e ao profetismo. O Pentateuco conclui com a proclamação de que não houve jamais outro profeta como Moisés em Israel. Isso mesmo antes dos profetas aparecerem, para quem lê esse livro ao pé da letra. Esses livros também proclamam a separação da religião e do Estado. A lei foi dada aos israelitas por Moisés e não por um rei. A revelação de todas as leis ocorreu antes da entrada em Canaã. Nenhum rei de Israel nunca transmitiu nenhuma lei. Nenhum rei de Israel teve a revelação de uma nova lei. A lei foi dada na *Torá*. E ela desemboca no tempo dos juízes como um antecedente necessário à emergência das duas monarquias: a do grande Reino de Israel ou do Norte, o das tribos setentrionais com seus santuários na Samaria (sobretudo Garizim/Siquém) e a do pequeno Reino de Judá ao Sul, com seus santuários na região de Jerusalém e nas montanhas de Efraim.

Quem deveria comandar e cuidar do templo para o Pentateuco?

O prestígio e o poder religioso dos santuários e seus vínculos com o poder político e a monarquia tornaram esse tema um assunto delicado e belicoso na Bíblia. Parte dessa disputa é entre os levitas e os pretensos descendentes de Aarão. No Livro do Deuteronômio, a classe sacerdotal identifica-se plenamente com os levitas. Ou seja, classe sacerdotal = levitas, uma das doze tribos, a única que não teria recebido território em Canaã. Até por isso. Quem tem um santuário não precisa de terras. Mas não é assim nos livros do Êxodo, Levítico e Números. Neles, a classe sacerdotal restringe-se à linhagem de Aarão, apresentada em tensão com os demais clãs levitas (Nm 16–19).

Quem surgiu primeiro: Aarão ou Levi?

No texto bíblico, surge primeiro o pessoal de Aarão. Ele aparece de repente, como irmão de Moisés, sem antecedentes e sem nenhuma explicação. Estilo: acredite se quiser. Na história, tudo indica: os pioneiros foram os levitas. Para os estudiosos, a linhagem aaronita apropriou-se tardiamente das funções do Templo de Jerusalém, em meados do período persa, com a conclusão das obras do mesmo. Essa linhagem aaronita se inseriu ou se projetou no passado e é responsável por muitos dos textos do Pentateuco, como o chamado código de santidade (Lv 17,26); vários textos do Livro do Êxodo, como o da genealogia (Ex 6) ou o das normas da construção do tabernáculo (Ex 25–31 e 35–40). Seu esforço redacional pode ser reconhecido no Livro dos Números e até, talvez, na estruturação do Livro do Gênesis em gerações (*toledot*). Essa também chamada Escola de Santidade seria responsável pela edição de uma proto-*Torá*, no final do século V a.C. Haja proatividade!

Os levitas gostaram da apropriação do sacerdócio pelos aaronitas?

Eles não gostaram nada dessa tomada de poder, projetada inclusive no passado. Os levitas criticaram bastante essa apropriação da função sacerdotal pelos aaronitas. Eles são os prováveis responsáveis pela introdução de textos, aparentados aos dos deuteronomistas, no Livro do Êxodo relativo à aliança sinaítica (Ex 19–24 e 32–34) e também em Números, nos textos relativos à instalação na Transjordânia. O episódio do bezerro ou touro de ouro fabricado pelo protossacerdote Aarão (*sic*), em particular, é de uma tremenda ironia levítica para com a linha sacerdotal aaronita. E tudo isso convive, mais ou menos ecumenicamente, entre versículos e capítulos do texto bíblico. Parafraseando Nelson Rodrigues, na Bíblia, como em Israel e no Brasil, até o passado é imprevisível.

A religião do tempo do Pentateuco era a mesma do Pentateuco?

Era não. Os redatores pós-exílicos desses livros, em mais um grande anacronismo bíblico, projetaram sua vivência e experiência religiosa no passado, num contexto de busca de identidade étnica e nacional. Os redatores do Pentateuco transportaram para o passado, para mais de 1.000 anos atrás de seu tempo, as suas crenças, sua teologia e o momento político vivido principalmente no século V a.C., época da edição do Pentateuco. A religião dos nômades e agricultores cananeus, das cidades-estados de Canaã, das tribos vindas do sul e dos amorreus do norte que deram origem ao povo de Deus, tinha pouco a ver com a teologia do Pentateuco. A elite religiosa no exílio babilônico e os redatores da corte dos reis de Israel escreveram, editaram e fizeram do Pentateuco um grande empreendimento de escrituração e recuperação de suas tradições históricas. Eles deram uma unidade aos livros e aos seus materiais de base (proto-*Torá*) na perspectiva monoteísta e teológica da elite religiosa de Jerusalém pós-exílica.

O Pentateuco conta a vida de Moisés?

No Pentateuco, a vida de Moisés não é um relato histórico, mas o resultado da reunião de várias interpretações e memórias sobre um fundador na origem do povo de *Yavé*. Essa história não foi escrita de uma única vez. É fácil observar: o relato da vocação de Moisés (Ex 3,1–4,18) foi inserido tardiamente entre Ex 2,23 e Ex 4,19. A ordem divina para Moisés voltar ao Egito em Ex 4,19 é redundante em relação a Ex 4,18. Por outro lado, ela é a consequência lógica da notícia da morte do faraó em Ex 2,23. Além disso, a vocação de Moisés é de novo relatada em Ex 6. Essas interpretações e reedições, assim como outras, evidenciam várias etapas e camadas na construção da vida de Moisés no Pentateuco.

Quando foram escritos os primeiros textos da aventura de Moisés?

Antes da consagração literária de Moisés, as referências textuais mais antigas evocam os acontecimentos do Egito e do Êxodo sem falar de Moisés: "Éramos servos de faraó no Egito, porém o Senhor nos tirou com mão forte do Egito" (Dt 6,21; cf. Dt 26,7-8; Am 2,10; Sl 136,10-15). Nada de Moisés. Em todos estes textos foi o próprio Deus *Yavé* quem guiou e libertou os hebreus. O Livro de Oseias destaca a figura de um intermediário na saída do Egito, sem citá-lo nominalmente. Esse oráculo, cujos textos mais antigos são datados do fim do século VIII a.C., evoca um profeta pelo qual Deus libertou Israel (Os 12,13). Não cita Moisés.

Quando então foi escrito o essencial dos textos sobre Moisés?

Para os estudiosos bíblicos, historiadores e exegetas, a história de Moisés deve ter sido escrita pela primeira vez entre os séculos VIII e VII a.C., ou seja, na época da dominação assíria. Mil anos depois do tempo histórico desses eventos. Confirma esse fato a existência de fortes influências de documentos e relatos assírios tanto no começo como no fim da vida de Moisés, além de outros anacronismos já evocados. Os escribas judeanos, por volta do século VII a.C., construíram a figura de Moisés sob a imagem do fundador mítico da dinastia assíria, o rei legendário Sargão, para mostrar a superioridade do Deus de Israel. Moisés e seu Deus *Yavé* venceram o Egito, algo que os assírios nunca conseguiram, apesar de todas as tentativas.

O nascimento de Moisés é inspirado num relato assírio?

É sim. O relato do nascimento de Moisés é calcado sobre a lenda de Sargão de Akkade, datada do terceiro milênio. Sargão o Grande, foi um imperador acádio, célebre por fundar a dinastia de Akkade. Ele reinou de 2270 a 2215 a.C. e foi o primeiro indivíduo registrado na história a ter criado um império multiétnico. Num relato neoassírio, a infância de Sargão é descrita assim: "Minha mãe, alta sacerdotisa, me concebeu, em segredo me pariu. Colocou-me numa cesta de juncos, e selou-o com betume. Colocou-me no rio, que se elevou sobre mim, e me carregou a Akki, o carregador de água. Akki, o carregador de água, me aceitou como seu filho e me criou. Akki, o carregador de água, me nomeou como seu jardineiro. Enquanto eu era um jardineiro, Ishtar me concedeu seu amor, e por quatro e [...] anos eu exerci o reinado". A estadia dos judeus na Babilônia e a vasta cultura mesopotâmica inspiraram muitas coisas aos escritores da Bíblia (relato da criação, do dilúvio, da arca do Moisés, Código de Hamurabi...). Os hebreus não respeitavam muito os direitos autorais, nem a lei da propriedade intelectual, nem costumavam citar suas fontes. Naquele tempo não havia bibliografia no final dos livros ou rolos. O autor bíblico retomou esse relato, cujas tabuinhas de argila datam do século VIII a.C., de forma a demonstrar, naquele tempo, que Moisés foi um personagem tão importante como o fundador das dinastias mesopotâmicas. Hoje ninguém lembra mais desses babilônicos e cada vez menos de Moisés. Uma pena.

Qual o destino da mulher de Moisés?

Da esposa ou das esposas? Difícil saber, a começar por sua primeira esposa madianita Sípora. Para o Judaísmo, os casamentos mistos nunca estiveram na moda. Muito pelo contrário. Nem hoje, nem no tempo de Moisés. Mas ele, na boa, se casou com uma madianita, cujo povo é tratado dominantemente na Bíblia como um dos maiores inimigos de Israel. Em Ex 18, no versículo 2, há uma frase introduzida, segundo a qual o seu sogro, Jetro, acolheu a esposa de Moisés quando ela foi mandada de volta. Por quem? Provavelmente por Moisés, mas o texto bíblico não chega a declarar isso. É curioso: Moisés não respeita as determinações do Deuteronômio, que conforme a tradição ele mesmo teria escrito. O Deuteronômio proíbe terminantemente os casamentos mistos entre hebreus e outras etnias, assunto retomado por Esdras e Neemias. Em Ex 18, sua alada esposa Sípora desaparece. Voando. Ninguém mais soube dessa esposa madianita de Moisés. Sumiu. Assim como também somem seus dois filhos, Gerson e Eliezer, no relato bíblico (Ex 18,4-5; 1Cr 23,15). Teriam sido reenviados junto com a mãe?

A mulher madianita de Moisés vive entre dois relatos bíblicos?

De certa forma sim. Conforme o texto javista de Ex 4,19-20a, ao deixar o país de Madian (ou Midian), Moisés levara consigo sua família. Já para o relato eloísta, de Ex 4,18.20b-23, Moisés havia partido sozinho. Nada de família. Os machos autores bíblicos ficaram incomodados com essa Sípora. Ela salvou Moisés de um ataque de *Yavé*, um deus perigoso. Numa passagem bíblica muito curiosa e até enigmática, *Yavé* tenta matar Moisés (Ex 4), mas ele é salvo graças à intervenção de sua alada esposa madianita Sípora. A notícia sobre o reenvio ou devolução de Sípora (Ex 18,2) é um acréscimo redacional bem posterior. Ele procurou harmonizar essas divergências. E dar um futuro para essa esposa rejeitada, vai saber por quê.

Moisés teve outra mulher estrangeira?

Tudo indica que sim. Nada *kasher*. Mais uma mulher estrangeira, uma bela kushita desta vez, na vida do Moisés. Essa moça era provavelmente uma etíope, estilo Noemy Campbell. Esse segundo casamento misto de Moisés, foi nessa ocasião muito criticado por sua irmã Miriam e por Aarão, se se der crédito à Bíblia (Nm 12,1).

Como a Bíblia vê os madianitas?

Bem, os vínculos de Moisés com os madianitas (ou midianitas) são inegáveis. No conjunto da Bíblia, sobre os madianitas, a visão dos autores é ambígua e contraditória. Existem textos neutros e até positivos sobre os madianitas. Outros, majoritários, os apresentam como os piores inimigos de Israel. Um exemplo impressionante é o texto de Nm 25. Após um episódio de prostituição, de idolatria ao *baal* Peor (בעל פעור), de pragas e matanças entre os hebreus, um deles se apresentou com uma mulher madianita, cujo nome, Kozbi, evoca em hebraico a volúpia e a abundância. Uma tentação. Ele e "a" madianita, como grafa o texto hebraico e não "uma", são massacrados. Pior, sobre esse fato surge um argumento para uma guerra contra os madianitas pelo mal que trouxeram a Israel! O mal pelo jeito era essa voluptuosa madianita.

Moisés quando ataca os madianitas lembra o faraó com os hebreus?

Nesse episódio, ele lembra muito o faraó bíblico. Sob as ordens de Moisés, os israelitas mataram todos os homens madianitas, segundo o Livro dos Números (Nm 31,1.2.7.8). Um verdadeiro genocídio. E tudo porque um israelita se casou com uma madianita. Para a Bíblia, a culpa foi dela e não dele. Quanto às mulheres madianitas... Bem, aparentemente, elas não foram mortas. O que desencadeou mais uma matança posterior de mulheres grávidas, sob as ordens de Moisés (Nm 31,14-16). Ele ficou muito zangado com essa anistia dada às mulheres. No estilo faraó do Egito, ele não deseja deixar vivo nenhum descendente de Madiã. Logo eles, provavelmente os primeiros a acolher e a apresentar *Yavé* aos hebreus. E, além disso, eram descendentes legítimos de Abraão (Gn 25,1-2; 1Cr 1,33).

A tribo dos madianitas tinha reis?

Pois é... Ao invés de dois ou três chefes, para o texto bíblico os madianitas atacados por Moisés tinham reis. Os israelitas levariam ainda uns mil anos antes de sonhar com uma monarquia. E com todos os madianitas mortos, ainda foram massacrados também os cinco reis desse povo (seria uma pentarquia e não uma monarquia). Trata-se de uma redação tardia, anacrônica. Nunca se ouviu menção de reis madianitas. Como tribos, eles deviam ter apenas seus chefes. Os nomes desses "reis" evocam e parecem inspirados na designação de cidades nabateanas, muito, muito posteriores ao tempo teórico desses eventos. Elas inspiraram o redator e dão bons indícios complementares sobre o tempo da redação e consolidação desse texto nada pacifista.

Moisés conseguiu o genocídio dos madianitas?

Pelos rompantes do texto, sim. Como em outras guerras dos israelitas, eles matam todos os seus inimigos, mas eles não morrem. Mais adiante, no Livro dos Juízes (6 a 8), na Batalha de Gedeão, lá estão de novo os madianitas, bem vivos e combatentes, para honra e glória de *Yavé*. Eles servem de instrumento de Deus e obrigam os israelitas a habitar as fendas das montanhas, as grutas e as escarpas, além de destruir suas colheitas. Na realidade, esses episódios contra os madianitas resultam de uma redação muito tardia do Livro do Êxodo, do final do período persa, e até do começo da época helenista. Mais radical até do que Esdras e Neemias, o autor faz dos madianitas inimigos hereditários, fidagais, os destinatários de todas as desgraças e ameaças a Israel. Sem referências históricas, o autor do livro pede uma guerra total contra os madianitas, sua exterminação, seu genocídio, sua erradicação, com uma violência extrema e desmedida. Essa solução final contradiz outros textos bíblicos.

Existem textos neutros e positivos sobre os madianitas na Bíblia?

Têm sim. O país dos madianitas é uma indicação geográfica neutra no Livro dos Reis (1Rs 11,18). Eles são mencionados de forma neutra como comerciantes, fornecedores de camelos (Is 60,6), como no episódio da venda de José por seus irmãos (Gn 37,28; 37,36). Eles aparecem até na teofania de *Yavé*, tremendo, num salmo do Profeta Habacuque (Hab 3,7). Mas o texto mais positivo e interessante sobre os madianitas é talvez da escola sacerdotal. Após a morte de Sara, Abraão tomou mais uma esposa, da qual pouco se fala. Seu nome era Queturá e significa incenso em hebraico. E ela lhe deu seis filhos. Seis. E um deles se chamava

Madian (Gn 25,1-2) e até sua descendência é apresentada na Bíblia (1Cr 1,33). Essa descendência de Madian será importante para o entendimento das relações futuras dos israelitas com os madianitas. Começando por Moisés.

Foi certo ou errado Moisés casar-se com uma estrangeira madianita?

Depende da tradição ou da escola bíblica. Se Moisés casou com uma madianita, isso não foi lá muito *kasher*, nem correto, para os redatores deuteronomistas. Para os redatores da tradição sacerdotal, casar-se com alguém da descendência de Abraão era tolerável. Portanto, com esse episódio de Keturá, Madian foi integrado na descendência de Abraão, graças a uma redação bem tardia. Ao casar-se com uma madianita, Moisés não criou nenhum problema. Se os madianitas não eram irmãos dos israelitas, por esse texto sobre Keturá, eles se tornaram primos. E mais, ao chegar ao país de Madian (Ex 2,15-24), Moisés foi acolhido como um primo, bem na tradição semítica. Acabou por casar com a filha de Jetro e conheceu o culto a *Yavé*. E lá, entre os madianitas, Moisés recebeu a ordem de retornar ao Egito para salvar seu povo. Mas como esse acerto abrâmico da origem dos madianitas vem de um texto muito mais tardio, no Êxodo, a palavra e o tratamento de primo não existem nesse episódio. A perspectiva sacerdotal é mesmo bem mais ecumênica comparada à deuteronomista. E até hoje essas tendências se digladiam no seio das religiões. Haja dialética!

O testamento de Moisés também é inspirado num relato assírio?

Pois é, foi. O que seria do Pentateuco e da Bíblia sem os assírios? Como afirmam tantos historiadores, exegetas e teólogos, talvez a Bíblia não existisse. Pelo menos com seu tamanho e conteúdos atuais. Assim como o relato de seu nascimento, com conotações reais, levado a ser educado como um descendente do faraó, essa imagem monárquica e assíria de Moisés se reflete também no seu testamento (Dt 1 a 30). O texto do Deuteronômio retoma a estrutura e o vocabulário dos tratados assírios de vassalagem, através dos quais o rei soberano exigia de seus vassalos uma fidelidade e uma obediência absolutas. No Livro do Deuteronômio é Moisés quem ocupa esse lugar real e é ele quem exorta Israel a somente servir o seu Deus, *Yavé*.

A exigência de lealdade a *Yavé* inspirou-se nos assírios?

A mesma lealdade absoluta solicitada com relação ao grande rei assírio, em diversos tratados de vassalagem, amplamente divulgados entre as nações dominadas, parece ter inspirado a redação do escriba do Deuteronômio em seu núcleo inicial. Um exemplo dessa provável inspiração é o texto assírio conhecido como "tratado de Assarhaddon" firmado com príncipes vassalos. Datado de 672 a.C., ele foi descoberto no templo de Nabu, em Nimrud. O paralelismo do Deuteronômio (Dt 6,4-7) com esse texto é enorme: "*Amarás* Assurbanipal, o grande príncipe herdeiro, filho de Assarhaddon, rei da Assíria, *como a ti mesmo*" e por aí vai. As maldições presentes em Dt 28 apresentam textualmente um grande paralelismo com as maldições do tratado de Assarhaddon. A primeira versão do Deuteronômio foi fortemente inspirada pelo conceito assírio de contrato entre soberano e vassalo ao projetar no passado essa lealdade absoluta exigida por *Yavé* (e pelos reis assírios). O texto bíblico retoma a linguagem, a gramática e o estilo dos tratados assírios. Como diz o exegeta e historiador Thomas Rhömmer: sem a Assíria, nada de Deuteronômio.

Por que a história inicial de Moisés inspirou-se em relatos assírios?

A construção da primeira história de Moisés aparece como uma réplica, como uma resposta, à propaganda assíria. Ela foi escrita, provavelmente, na corte do Rei Josias, por volta de 620 a.C. Após a destruição de

Jerusalém pelos babilônicos (597-587 a.C.) e com o fim do Reino de Judá, a história de Moisés foi ampliada e enriquecida por dois grupos de redatores intelectuais: sacerdotes e antigos funcionários da corte real, ligados aos interesses fundiários. Acima de suas divergências ideológicas, os dois grupos se uniram na preocupação e na intenção de refundar a identidade do povo de *Yavé*. Eles tinham perdido sua coesão institucional e geográfica com o exílio. É Moisés, através do Pentateuco, quem dará a esse novo Judaísmo sua nova identidade. De certa forma, ele ocupará no Pentateuco todas as antigas funções institucionais de Israel e de Judá.

Como a história de Moisés serviu à elite religiosa de Jerusalém?

Para os sacerdotes do santuário, Moisés legitimou a reconstrução do templo e a retomada do culto sacrificial: ele construiu um santuário e transmitiu os ritos sacerdotais. Para os escribas leigos e funcionários da corte, Moisés assumiu funções tipicamente reais como as de legislador, análogas às do rei. Ele transmite as leis, como um intermediário entre Deus e o povo. Concluído depois do tempo do exílio babilônico, o Pentateuco dispensou a existência de um monarca. A lei está dada por Moisés. Nenhum rei é necessário para isso. Na *Torá*, Moisés se tornou também o primeiro profeta, pois os autores deuteronomistas construíram sua vocação (Ex 3) em paralelo com a do Profeta Jeremias (Jr 1).

Moisés é o pai da *Torá* e de Israel?

Sem dúvida. Todas as grandes instituições religiosas e políticas se encontram na construção da figura de Moisés, fundamentada na Lei, na *Torá*, no Pentateuco. O fundamento desse novo Israel pós-exílico não estaria mais na guerra, mas no dom da Lei, na *Torá*. Os últimos versículos do Pentateuco marcam deliberadamente uma ruptura nítida com os outros livros do Antigo Testamento. Estes não acharam lugar no Pentateuco, mesmo se cronologicamente são anteriores a ele. "E nunca mais se levantou em Israel profeta algum como Moisés, ele a quem o Senhor conhecera face a face" (Dt 34,10-12). Essa ruptura é muito considerada pelos judeus e pouco reconhecida pelos cristãos. Eles valorizam extremamente o Pentateuco, a *Torá*, com relação os outros escritos proféticos e históricos da Bíblia hebraica. Como também sinaliza o teólogo e historiador Thomas Rhömmer, a morte de Moisés corresponde assim, simultaneamente, ao nascimento da *Torá* e ao começo da história do Judaísmo como religião da *Torá*.

Moisés tinha chifres, como na estátua de Michelângelo Buonarroti?

Tudo indica que teve. Ao descer do Sinai "não sabia Moisés que a pele do seu rosto resplandecia, depois de haver Deus falado com ele" (Ex 34,29). Para as traduções recentes da maioria das bíblias, Moisés se apresentou assim, resplandecente. Contudo, São Jerônimo, na Vulgata, grafou em latim *et ignorabat quod cornuta esset facies su.* Ele traduziu o hebraico *umoshè lo yada ki qaran (qeren) 'or panau* (Ex 34,29): "Moisés ignorava que a pele de seu rosto era cornuda, *qaran*". Durante muitos séculos, Moisés teve chifres na Bíblia e na iconografia, como na famosa estátua de Michelângelo. Para muitas traduções, *qaran* significaria brilhante, resplandecente, radiante. Seja. Mas essa forma verbal *qaran* só é encontrada nesse versículo em toda a Bíblia. É como um *hápax*! Hoje, estudiosos defendem a tradução de São Jerônimo como a correta, ao relacionar a expressão com *qeren*, substantivo bíblico amplamente atestado e que significa chifre, corno. Para eles, os redatores do capítulo 34 colocaram chifres em Moisés em relação com o episódio do bezerro ou touro de ouro. Os chifres, no Oriente Médio antigo, eram uma expressão da força de um deus ou de um rei. Em várias passagens bíblicas o próprio Deus tem e se usa dos chifres: "*El* os fez sair do Egito, ele possui os chifres de um búfalo" (Nm 23,22 e 24,8). Para o teólogo e historiador Thomas Römmer, os chifres expressam a proximidade inigualável entre Moisés e *Yavé*. Nessa transição,

Moisés – sem dar-se conta – assume as características do vitelo de ouro, do touro, cujos chifres são um traço característico. Ele é o mediador visível entre *Yavé* e Israel. Está na hora de reabilitar os chifres e a tradução de São Jerônimo. Ela não estava errada, como acusam alguns sites de internet ao assumirem a vocalização massorética para essa passagem, como se fosse uma ordem divina.

Moisés escreveu o Pentateuco?

Essa autoria começou a ser atribuída a Moisés na época de Esdras no século V a.C. Os textos bíblicos, pós-exílicos, falam claramente da "lei de Moisés" (Esd 3,2) ou do "Livro de Moisés" (Esd 6,18). Para Neemias, claramente, a referência moral e religiosa do povo judeu é doravante "a Lei de Deus, dada pelo ministério de Moisés, servidor de Deus" (Ne 10,30). Os autores do Novo Testamento também se referem à Lei ou *Torá* de Moisés (Lc 24,44; Jo 1,45; Rm 10,5...). Essa atribuição da *Torá* ou do Pentateuco a Moisés continuou em tradições posteriores judaicas e cristãs (Fílon de Alexandria, Flávio Josefo, o Talmude, Maimônides, os Padres da Igreja até São Tomás de Aquino). Durante muitos séculos não era possível distinguir a autenticidade literária da autoridade do texto sagrado. Seria quase um sacrilégio mental. A partir do século XIX, os problemas literários, também conhecidos há séculos, questionaram definitivamente a figura de Moisés como relator do Pentateuco. Mas ainda tem gente crendo nisso. E nele.

Faltou modéstia ao autor do Pentateuco?

Pelo jeito sim. O primeiro problema literário do Pentateuco e de sua autoria mosaica está no fato de que, com exceção do Deuteronômio, Moisés ao escrever fala sempre de si próprio na terceira pessoa do singular. Como se ele fosse um outro. *Moi c'est un autre*, como diria o poeta Arthur Rimbaud. Em segundo lugar, o Profeta Moisés teria escrito sobre si mesmo que ele era "o homem mais humilde que a Terra conheceu"? (Nm 12,3).

Seria pouca humildade esse autoelogio, logo nesse tema. Terceiro e último exemplo dos muitos problemas literários dessa natureza no Pentateuco: Como pode Moisés ter relatado ele mesmo a sua própria morte? (Dt 34). Para o Talmude, Moisés chorava ao escrever sua morte e suas lágrimas misturavam-se à tinta. E o seu relato não para aí e segue bem além. Haja profecia. E tinta.

Duplicidades textuais são indícios de múltiplos autores no Pentateuco?

São. Desde os tempos do filósofo Bento de Spinoza (1670), nascido no seio de uma família de judeus de origem portuguesa, os estudiosos bíblicos se davam conta de que não era possível atribuir a Moisés todo o Pentateuco. Esse texto surgia como tecido a partir de vários materiais literários. As duplicidades e as repetições de relatos são típicas de uma consolidação tardia de textos de origens diversas, como já foi evocado. A poucos versículos de distância podem-se ler duas apresentações da aliança entre Deus e Abraão no Livro do Gênesis (Gn 15 e 17). Existem também dois relatos da vocação de Moisés (Ex 3,1–4,17 e 6,2–7,7). O Decálogo é dado em duas versões ligeiramente diferentes (Ex 20,2-17 e Dt 5,6-21). No Pentateuco existem três séries de leis relativas aos escravos, que se complementam e se corrigem uma a outra (Ex 21,2-11; Dt 15,12-18; Lv 25,39-55). E por aí vai.

Há confusão nos nomes e nas fontes do Pentateuco?

Sim. Apesar do esforço de harmonização textual do Pentateuco pelos redatores pós-exílicos ainda faltou unidade literária ao conjunto da obra. Um exemplo disso é a onomástica não unificada ou as divergências ou multiplicidade de nomes para os mesmos personagens. O sogro de Moisés, por exemplo, é um sacerdote chamado Jetro (Ex 3,1; 4,18), mas ele também recebe o nome de Reuel, o Madianita (Ex 2,18). Já no Livro de Juízes, ele é evocado como Hobab, o Queneu (Jz 1,16). O mesmo problema também ocorre na geografia. A toponímia também não foi totalmente unificada. Apesar da importância do Monte Sinai (Ex 19–24), muitas passagens do Pentateuco falam sem precisão da "montanha de Deus" (Ex 4,27), enquanto vários outros textos evocam o Horeb (Dt 1,6), de forma equivalente ao Sinai. Se tudo tratava do mesmo lugar, por que utilizar diversas denominações?

Há incoerências textuais e cronológicas no Pentateuco?

Sim. Um montão. As incoerências textuais, lógicas, cronológicas e de várias naturezas são notáveis no Pentateuco. Por exemplo, em Ex 6,3, Deus diz a Moisés que seu nome, *Yavé* (*IHVH*), não era conhecido na época dos patriarcas. Em outras passagens, fica evidente: os patriarcas já conheciam o nome divino (Gn 18,14; 26,2; 28,16). Contradições literárias surgem no interior de um mesmo relato, como na história do Dilúvio (Gn 6–9) ou no episódio da passagem do Mar Vermelho (Ex 14). Essas divergências textuais fornecem preciosas indicações sobre as diversas fases ou camadas redacionais no Pentateuco.

Como ficou pronta a redação do Pentateuco?

Como? Os primeiros cinco capítulos do Livro do Êxodo refletem bem como foi essa fase. No princípio, o Livro do Êxodo estabelece uma relação com a história de José, vinda provavelmente da diáspora egípcia (Alexandria?), mas reflete também as preocupações samaritanas: Siquém – onde se situa Garizim, local de culto do Reino do Norte – é propriedade de José, por especial favor de Jacó (Gn 48,22). Moisés é apresentado, desde o início, como uma figura ambígua – meio egípcio, meio judeu. Com ele se identificam os judeus da diáspora. Para muitos estudiosos da Bíblia, a gaguez de Moisés é como um "sintoma" do processo claudicante de canonização ou consolidação do Pentateuco. Mais importante do dito e feito (através de Aarão) por Moisés é o que deixou por escrito: a *Torá*.

A redação definitiva do Pentateuco data de quando?

Mês, dia e hora é difícil saber. A consolidação redacional no princípio do período helenístico ainda não havia sido total. Ainda não era o texto definitivo do Pentateuco. Os manuscritos bíblicos de Qumran (dos séculos II e I a.C.) apresentam diferenças com o texto atual da Bíblia hebraica. Outras diferenças existem também entre os textos da tradução dos LXX do Pentateuco e o texto massorético (nomeadamente em relação a determinadas passagens do Êxodo), aceito atualmente pela grande maioria dos judeus. O esforço redacional do Pentateuco foi concluído entre o final do período persa e início da época helenística. Sua edição final buscou um compromisso entre as três grandes tradições israelitas: Garizim (Siquém), Jerusalém e a diáspora egípcia, e valorizou suas contribuições, sob uma ótica hegemônica de Jerusalém e da teologia javista. Ela ocorreu provavelmente um pouco antes da famosa tradução dos livros da Bíblia hebraica para o grego, conhecida como a dos setenta ou Septuaginta (LXX), apresentada mais adiante. Essas diferenças mostram que a canonização definitiva do Pentateuco só aconteceu mesmo em plena Era Cristã. Ou seja, se Moisés escreveu alguma coisa, foram tantas emendas e rasuras que ele teria dificuldade em reconhecer uma frase sua original nos cinco primeiros livros da Bíblia.

Como foram dados nomes aos livros bíblicos do Pentateuco?

Na Bíblia hebraica, os nomes de quase todos os livros do Pentateuco são dados pela primeira palavra, pela expressão inaugural de cada um desses textos. O primeiro livro da Bíblia começa com a palavra origem, início, começo, princípio, *bereshit* em hebraico, *arké* em grego. *Bereshit* é a primeira palavra do *Tanah̲* e também o nome do primeiro livro da Bíblia (Gênesis). Essa tradição de nomear o livro a partir de suas primeiras palavras é mantida em documentos pontifícios na Igreja Católica. As encíclicas e outros documentos papais são nomeados a partir de suas primeiras palavras. Os nomes dos documentos pontifícios, como, por exemplo, *Dei*

Verbum, Unitatis Redintegratio, Mysterium Salutis ou *Lumen Gentium*, resultam das primeiras palavras desses documentos.

Qual a origem do nome hebraico do Livro do Gênesis, *Bereshit*?

Em hebraico, esse livro é chamado de *Bereshit* (בראשית). Essa é também a primeira palavra do *Tanah̠* e do primeiro livro da Bíblia. Essa expressão, *bereshit*, é empregada substantivamente uma única vez na Bíblia. A riqueza desta palavra hebraica é demonstrada pelos milênios de exegese. Ainda não esgotaram os seus múltiplos significados. Sua composição é a seguinte: *Be* = em; *rosh* = cabeça; *it* = desinência que dá um sentido abstrato à palavra. *Réshit* significa "começo, parte inicial, princípio". A palavra diz "Em princípio" e não "No princípio". A ausência de artigo indica um estado construído. Trata-se de uma palavra deliberadamente criada.

Qual a origem do nome grego do Livro do Gênesis?

O termo usado pela tradição cristã para designar o primeiro livro da Bíblia, Gênesis, vem do grego *genesis*, e desde a tradução grega da Septuaginta. Os tradutores da Septuaginta deram a cada livro da lei um verdadeiro nome ou título que corresponde ao tema central ou principal tratado pelo livro. O nome Gênesis evoca o começo, as origens, a geração do mundo e dos patriarcas. Os nomes escolhidos fizeram sucesso a ponto do protestantismo ao adotar a versão hebraica do Antigo Testamento, manter o nome dos livros como estão na Bíblia Católica, fiel à Septuaginta. É o livro dos antepassados

Qual a origem do nome do Livro do Êxodo, *Shemot*?

Na Bíblia hebraica, esse livro é designado como *Shemot* (שמות) e significa: "Nomes" (plural de *shem*, nome) ou "Eis os nomes". O termo Êxodo, em latim *Exodus* e em grego *Éxodos*, evoca: saída, partida, emigração.

O título está inspirado no tema central do livro: a saída dos hebreus do Egito da servidão que talvez nem ficasse no Egito. É um livro de grande criatividade literária, pois consegue ambientar no Egito diversos relatos de origem babilônica e assíria, desde o nascimento de Moisés até o seu testamento. Para maiores detalhes sobre a inspiração estrangeira nos escritos judaicos ver o capítulo 5: "O que seria da Bíblia sem o Egito e a Babilônia?"

Qual a origem do nome do Livro do Levítico, *Vaicra*?

Esse livro, de caráter quase exclusivamente legislativo, foi assim denominado por conter, principalmente, as leis e os regulamentos rituais religiosos e sacramentais concernentes aos levitas, os descendentes da tribo de Levi. Na Bíblia hebraica, como sempre, o livro é denominado por sua primeira palavra: *Vaicrá* (ויקרא) e significa "Ele clama" ou "*Yavé* chamou". Os antigos o chamavam de *Torat ha-kohanim* (a *Torá* dos ministrantes, dos sacerdotes). A raiz de clamar, *qara*, significa gritar, chamar, proclamar e dá no árabe a palavra *Qur'an* (Corão): o chamado, o apelo de Alá. O grego *crazein* traduz perfeitamente o sentido hebraico dessa palavra e designará nos evangelhos o clamor profético do inspirado em peles de camelo, São João, o batizador, *Yoḫanan*, alimentado de mel e gafanhotos.

Qual a origem do nome do Livro dos Números, *BaMidvar*?

A origem latina e grega do nome desse livro se inspira nos dois recenseamentos (números, numeração) relatados no livro. Na Bíblia hebraica, o nome desse livro é *BaMidvar* (במדבר), literalmente "No deserto" ou "*Yavé* falou a Moisés no deserto". Ele retoma o tema da marcha pelo deserto, até as tentativas de entrada em Canaã. Em seu capítulo 11, ele narra os primeiros acontecimentos da vida dos hebreus, após sua saída do Egito (*Mitzraim*, מצרים), em direção ao Sinai. O capítulo expõe a rebelião de agitados hebreus, desassossegados diante de um Deus apaziguado. É interessante como o autor apresenta Deus provado por seu povo. Moisés, *Moshé*, também se cansa desse povo, sempre em revolta contra suas próprias leis. Deus e Moisés são provados por aqueles que se veem em provações! "Quem nos fará comer carne? Sim, era bom para nós em *Mitzraim*" (Nm 11,18).

Qual a origem do nome do Livro do Deuteronômio, *Devarim*?

O título desse livro do Pentateuco vem do grego *deuterós* (segundo) e *nomos* (lei), *deuteronómion*, a segunda lei. A expressão deriva do título grego na Septuaginta, *Deuteronómion*, literalmente "segunda lei", "repetição da lei". Vem da tradução grega duma frase hebraica no Deuteronômio (Dt 17,18), *mishnéh hatorá*, corretamente traduzida por "cópia da lei". Na Bíblia hebraica, ele leva o nome de *Devarim* (דברים), textualmente, "Palavras" ou "Eis as palavras", tirado da frase inicial do texto hebraico.

O Livro do Deuteronômico difere dos outros do Pentateuco?

Difere bastante. A estrutura desse livro é bem particular. Ele é um código de leis civis e religiosas, enquadrado num amplo discurso de Moisés. Seu estilo literário é oratório, com repetições frequentes de fórmulas religiosas e uma doutrina: entre todos os povos da terra, Deus escolheu Israel como seu povo, por pura complacência. Essa escolha implica um pacto, uma aliança com Deus, e exige uma fidelidade e um culto únicos. O Livro do Deuteronômio se destaca claramente do conjunto dos livros do Pentateuco. É um dos livros mais essenciais da Bíblia hebraica, núcleo da *Torá* e da identidade histórica e diferenciada do povo judeu.

O Livro do Deuteronômio tem duas caras?

É verdade. Esse livro olha para dois lados: para o Pentateuco, que de certa forma ele encerra, e para os livros proféticos, com os quais tenta estabelecer alguma continuidade, no que pese alguma reticência ao profetismo, como se verá mais adiante. De certa forma, os redatores do Deuteronômio, em sua edição final, dirigiram um olhar para o Pentateuco, do qual o livro constitui a conclusão e para os chamados livros históricos ou os primeiros profetas, dos quais ele é como uma introdução. Essa preocupação de continuidade busca mostrar a filiação do profetismo com Moisés, o maior de todos os profetas (Dt 18,15). Contudo, esse patrocínio de Moisés, nunca nenhum profeta reivindicou.

Qual a diferença nos títulos gregos e hebraicos dos outros livros?

Nos livros que compõem os profetas (*neviim*, נביאים) e os escritos (*ketuvim*, כתובים) na Bíblia hebraica, os títulos hebraicos e gregos são praticamente idênticos. Os rabinos massoretas não seguiram as regras adotadas no Pentateuco para nomear os outros livros bíblicos. Eles seguiram os nomes propostos em grande parte pela Septuaginta. Essa homogeneidade ajuda o reconhecimento e o entendimento entre Judaísmo e Cristianismo, Por que não?

Em resumo, quem escreveu o Pentateuco ou a *Torá*?

Para a tradição judaica e cristã, Moisés foi o autor e escritor do Pentateuco. A própria Bíblia, reiteradas vezes, apresenta Moisés escrevendo o que Deus lhe ditava ou inspirava: lei, cânticos (Dt 31,9.19.24). Hoje, com os conhecimentos e descobertas arqueológicas, epigráficas e históricas disponíveis, para os exegetas o Pentateuco é um conjunto de textos de diversas origens, redigidos e remanejados por diversas escolas redacionais, reunidos e editados por sacerdotes e funcionários leigos entre 400 e 350 a.C. Seus textos mais antigos datam do século VIII ou VII a.C. Seus cinco livros, que constituíam um só rolo, mais do que abrir, fecham a Bíblia hebraica. Eles têm para o Judaísmo uma posição muito superior ao resto dos outros textos bíblicos, sejam proféticos, sapienciais, poéticos ou históricos. Já para o igualitário Cristianismo, todos os textos bíblicos do Antigo Testamento têm o mesmo valor e são tratados em pé de igualdade.

Superior mesmo é o Novo Testamento e não o Pentateuco, para os cristãos, os nazarenos.

2.2 Um testamento de heróis, poetas e profetas

Os chamados livros proféticos colecionam histórias ou doutrinas?

Para a tradição judaica, principalmente a partir do século II a.C., a denominação de profetas é dada a um conjunto de livros que se estende desde Josué até Malaquias. Na realidade, eles reúnem histórias de heróis, reis, profetas e poetas, em relatos de estilo popular, em que a história é quase sempre prolongada por traços legendários que tendem a glorificar o personagem, sua tribo ou determinada região, em particular o Reino de Judá e Jerusalém. Os primeiros livros dessa parte da Bíblia também são chamados de históricos (Josué, Juízes, Samuel, Reis), mas o conjunto não está organizado em ordem cronológica. Ainda mais quando se considera a anterioridade literária, claramente do lado dos profetas Isaías, Jeremias e Ezequiel.

Profeta é coisa de Judaísmo?

Falar em nome da divindade, possuído por ela, não é privilégio de alguns homens israelitas. O fenômeno do profetismo existia ou pré-existia em Canaã, no Egito e na Mesopotâmia, com registros desde o segundo milênio a.C. Contudo, não há notícia de culturas em que o profetismo tenha assumido um papel tão central como no Judaísmo. Os profetas marcaram a religião, a política, a cultura e até as estruturas sociais ao longo da história bíblica. Quase todos têm nome na Bíblia e estão revestidos de uma autoridade que lhes vem de sua ligação direta com Deus, relação que não os desvincula da história de seu povo. No Brasil, até hoje, muitos pastores gostam de receber o espírito de profecia, falar do futuro, com um dom que nunca lhes permitiu acertar o resultado da loteria, o que não impede polpudos ganhos financeiros. Também na Igreja Católica, alguns prelados e sacerdotes adotam atitudes e denúncias proféticas, sobretudo em matéria social, em geral planejando o que não executam ou avaliando o que não fizeram.

Josué escreveu o Livro de Josué?

Para a tradição judaica Josué não só escreveu seu livro, como também a parte final do Pentateuco que relata o que aconteceu depois da morte de Moisés. No caso de Josué, para o Judaísmo rabínico, foram Eleazar e Pinhas que terminaram o livro após sua morte. Contudo, os estudos bíblicos, desde o século XIX, apontam para uma redação inequívoca desse livro sob o reinado de Josias, por volta de 620 a.C., por funcionários reais, com o objetivo de promover as opções e as orientações teológicas do Deuteronômio. Os livros do Pentateuco e de Josué foram retrabalhados depois do exílio (587 a.C.) para formar a história dita "deuteronomista" que explica a queda do Reino de Judá devido à sua incapacidade de se comportar e atender às exigências colocadas pelo Livro do Deuteronômio. Nessa visão, assírios e babilônios viram instrumentos de Deus. Bacana.

Josué é o principal personagem do Livro de Josué?

É não. Ao contrário do que muitos imaginam. O principal personagem desse livro é a Terra Prometida. A promessa do Pentateuco, dessa terra de leite e mel, deveria se concretizar no Livro de Josué. A ponto de muitos estudiosos terem proposto o nome de Hexateuco, acrescentando Josué ao Pentateuco. Seria bem lógico e razoável. Essa terra aparece no livro como sendo simultaneamente um fruto do dom de Deus e da conquista dos homens. Esse latifúndio chamado Canaã teria sido dividido entre doze tribos amigas *ma non troppo*. Até hoje a disputa continua, ilustrando as complexidades e dificuldades das reformas agrárias e o quão mítico foi a redação desse livro tardio pelos chamados deuteronomistas, inspirando-se fortemente dos escritos de guerra dos assírios. Para maiores detalhes sobre a inspiração estrangeira nos escritos judaicos ver o capítulo 5: "O que seria da Bíblia sem o Egito e a Babilônia?"

Josué conquistou com espada a promessa da Terra Prometida?

A redação tardia, muito tardia, do Livro de Josué pela escola deuteronomista ligou à sua pessoa fatos que lhe foram estranhos ou bem posteriores a ele, para dar uma visão glorificada da conquista de Canaã. Os escribas pós-exílicos e os redatores do Livro de Josué se inspiraram dos textos de guerra assírios e babilônicos, em particular dos relatos da campanha do Rei Sargão, para construir parte dos seus relatos míticos da conquista de Canaã. Para maiores detalhes ver o capítulo 5: "O que seria da Bíblia sem o Egito e a Babilônia?" No relato do Livro de Josué, ele entra triunfante em Canaã e numa espécie de *blitzkrieg* toma tudo, mata tudo e todos, mulheres, crianças e animais, e conquista territórios e mais territórios, cidades e mais cidades (muitas das quais nem sequer haviam sido fundadas ainda nesse tempo!). E num mundo e num tempo tribal, Josué encontra e derrota reis e reinados quando nem existia monarquia na região. Tudo como se nada fosse e bem rapidinho. Hoje, as pesquisas arqueológicas e históricas demonstram: as coisas não foram bem assim. Não existe nenhuma prova arqueológica de uma conquista militar ou de destruições maciças em Canaã no final do II milênio a.C. As lentas e bem mais pacíficas expansões dos israelitas na região ocorreram a partir de núcleos humanos que nunca saíram daquela terra. Indicações nesse sentido já existem no próprio Livro dos Juízes. Seu texto diverge em muitos pontos do Livro de Josué.

O Livro de Josué se inspirou em relatos assírios?

E como! O significado hebraico do nome desse livro, Josué, já é, em si, todo um programa: Deus salva. Pela tradição judaica, esse livro bíblico faz parte dos profetas anteriores (Josué, Juízes, Samuel e Reis). A redação do Livro de Josué e de sua campanha militar em Canaã data da época da dominação assíria, ou seja, muitos séculos, uns mil aninhos depois da data atribuída a esses evocados acontecimentos. E se inspira de relatos das campanhas de guerra usados pela propaganda assíria. No Livro de Josué, por exemplo, Deus mata mais canaanitas com pedras de granizo que as espadas dos israelitas (Js 10,11). Essa passagem, além de outros paralelismos, retoma literalmente um conhecido texto assírio sobre as conquistas do Rei Sargão de Akkade. Nela, o deus Haddad envia uma chuva torrencial e pedras do céu para aniquilar os inimigos em fuga.

A conquista de Canaã por Josué é um fato histórico?

É não. A emergência ou invasão dos israelitas em Canaã e os relatos de conquista do Livro de Josué remetem a fatos que datariam do final do século XIII a.C. Ao contrário do relatado no Livro de Josué, a arqueologia israelense moderna afirma que certo domínio de parte de Canaã pelos israelitas só ocorreu depois do Rei Davi, no século X. Séculos depois. Aliás, por ocasião da morte de Josué, apesar de seu *blitzkrieg*, o próprio livro informa que restava muito a conquistar em Canaã, mesmo se já repartida entre as tribos. Sem dúvida, os assírios tiveram muito mais sucesso na conquista militar de Canaã, meio milênio depois. A ponto de inspirar os relatos pós-exílicos, tão recentes, dessa mítica reconstituição literária da conquista de Canaã por Josué.

O Livro dos Juízes não emite juízos?

De certa forma não, pois no momento de sua redação a *Torá*, a Lei, já estava dada. Esse livro foi editado depois de 586 a.C., por escribas anônimos a partir de mitos e tradições orais da tradição judaica, além de inspirações em relatos dos babilônicos. No Livro dos Juízes, o *Sefer Soferim* (ספר סופרים), não há leis, nem discursos. Até a palavra juízes é de uso raríssimo nesse livro homônimo. Seus relatos épicos são repletos de poesia espontânea, como o cântico de *Devorá* (דבורה), Débora, um dos textos mais antigos de toda a Bíblia. Encontra-se também a tragédia em estado puro: Jefté, *Yiftah* (יפתח) sacrifica a própria filha (Jz 11,39), como o fez Agamenon, e Sansão, *Shimshon* (שמשון), suicida-se num ato de heroísmo e desespero!

O Livro dos Juízes emite fórmulas estereotipadas ou bordões?

Existe no Livro dos Juízes uma clara teologia deuteronomista da história: o pecado acarreta o castigo de Deus e o arrependimento do povo conduz ao envio de um salvador. Esse esquema foi aplicado anacronicamente aos relatos do livro e vai generalizar-se para toda a história de Israel. O Livro dos Juízes é marcado por bordões ou fórmulas redacionais estereotipadas que se repetem em outros livros de inspiração deuteronomista, até cansar. São expressões como: *os filhos de Israel fizeram o que é mau aos olhos de Deus* (Jz 2,11; 3,7.12; 4,1; 6,1; 10,6; 13,1). Em Samuel e no Livro dos Reis, essas fórmulas vão repetir-se aplicadas a personagens e à grande maioria dos reis de Israel e Judá. Essa fórmula costuma ser esclarecida por outra: *eles abandonaram Yavé e serviram a Baal, Astarte, Asherá* e por aí vai (Jz 2,11.13; 3,7; 10,6). Consequência previsível: *Yavé os entrega nas mãos deste ou daquele inimigo* (Jz 2,14; 3,8; 4,2; 6,1; 10,7). Depois dessas três etapas clássicas do enredo deuteronomista pós-exílico, *os filhos de Israel arrependem-se e clamam ao Senhor* (Jz 3,9.15; 4,3; 6,6; 10,10), aparece então um salvador e, *gran finale*, o que acontece? *O inimigo é humilhado sob a mão de Israel* (Jz 3,30; 4,23-24; 8,28). É bom conhecer esse enredo. Seguido até o fim, dá tudo certo, com alguns danos colaterais, sobretudo para os povos vizinhos utilizados como instrumento de Deus. Esse esquema literário atravessa grande parte da Bíblia, tautologicamente, como quem diz: o sal é salgado.

Sabe o que é uma cláusula redacional?

Não? Preste atenção: os livros da Bíblia estão repletos de bordões ou apêndices redacionais, claramente ideológicos, acrescentados na época pós-exílica por redatores favoráveis à monarquia de Jerusalém. No Livro dos Juízes, por exemplo, os capítulos de 17 a 21 foram acrescentados na época posterior ao exílio babilônico. A finalidade dessa inserção era política e buscava mostrar a anarquia existente em Israel antes da monarquia, com tintas bem fortes. Como se isso não bastasse, os escribas agregaram repetidas vezes, nas introduções e conclusões de capítulos, uma cláusula redacional, dessas que na tradução a gramática impõe sua colocação entre travessões: "Naqueles dias, não havia rei em Israel" (Jz 18,1) ou ainda "Ora, naqueles dias – então não havia rei em Israel" (Jz 19,1). Os redatores fizeram do texto dos Juízes uma transição para a instauração da monarquia em Israel, apresentada logo a seguir no Livro de Samuel. Assim reza a cláusula redacional do último versículo dos Juízes para arrematar: "Naquele tempo, não havia rei em Israel; cada um fazia o que era certo aos seus olhos" (Jz 21,24). Ela retoma textualmente, *od pan* (עוד פעם), como se diz em hebraico, o dito e introduzido em Juízes (17,6). Viva a causa e a cláusula monárquica!

Como foi escrito o Livro dos Juízes?

Sem pressa. Aos pouquinhos. Como a maioria dos livros bíblicos. O livro retrata, aproximadamente, um período entre 1200 e 1020 a.C., mas somados os números fornecidos para cada juiz chega-se a mais de 400 anos, algo incompatível com os dados cronológicos e históricos. Suas fontes iniciais foram um conjunto de histórias de heróis tribais que salvaram seu povo em batalhas. As notícias sobre os chamados Juízes menores (Jz 10,1-5 e 12,8-15) parecem originar-se numa lista antiga, feita de informações bem sucintas sobre esses personagens. A história do juiz e sacrificador de humanos, Jefté, marca a passagem dos personagens do papel de juízes ao de salvadores. Esse outro conjunto de relatos parece apoiar-se em tradições mais conhecidas. Elas foram ampliadas, fundidas e reunidas numa coleção conhecida como "Livro dos Salvadores". Esses relatos foram conectados, ajustados e transformados em um livro sobre as "guerras de *Yavé*", antes de receber sua forma final na revisão deuteronomística. A primeira parte do prólogo (Jz 1,1–2,5) e as duas partes do epílogo (Jz 17–21) parecem coleções de fragmentos adicionados ao texto principal. A segunda parte do prólogo dos Juízes é claramente uma introdução composta expressamente para o livro. Há uma tendência a se ver na edição final do Livro dos Juízes a obra de apenas um autor trabalhando por meio de seleções cuidadosas para introduzir e concluir seus temas. A já evocada afirmação, repetida através do livro ("Nos dias em que não havia rei em Israel, cada homem fazia o que lhe parecia correto."), indica um autor monarquista. O epílogo, no qual o Reino de Judá assume o papel de liderança duas vezes, indica uma tendência pró Judá por parte do autor, característica da visão judeana que marcará os livros de Samuel e dos Reis, a sequência bíblica dos Juízes. Para o Judaísmo tradicional a autoria desse livro é mais simples: o Profeta Samuel escreveu o Livro dos Juízes, além do livro que traz seu nome, pelo menos até a parte em que ele morre.

Há uma mulher entre os juízes, os profetas e os monarcas?

Sim. E o nome dessa mulher estrangeira, moabita, é Rute. Ela é a heroína do relato, oriunda de uma família pobre de Belém que migrou para Moab. Numa trama envolvendo três viúvas, essa estrangeira acabará sendo a bisavó do Rei Davi. E também está, portanto, na genealogia de Jesus de Nazaré. Esse pequeno livro bíblico que leva seu nome, de apenas quatro curtos capítulos, cinco páginas, o rolo ou a *meguilá* de Rute, é lido na Festa de Pentecostes, das Colheitas ou *Shavuot* (שבועות), Semanas, pelo Judaísmo, 50 dias ou sete semanas após a Páscoa (7 x 7 = 49).

Rute é uma verdadeira heroína?

Viúva moabita, no desespero do desamparo e da fome, Rute ofereceu seu corpo a um senhor das terras, Boaz, nos campos de quem obtivera a autorização para respigar. O capítulo 3 do Livro de Rute descreve essa trama feminina, urdida entre ela e sua sogra Noêmia e também o que aconteceu nessa famosa "noite na eira". A maior humilhação de esse prostituir-se feminino talvez nem esteja no ato em si, tantas vezes repetido por muitas mulheres ao longo da história, mas na possibilidade de ser recusada pelo homem. A esse risco de profundo desprezo, Rute se expôs. Boaz, bisavô do Rei Davi, aceitou a oferta sexual.

Por que o Livro de Rute é lido na Festa de Pentecostes ou das Colheitas?

Cinco livros bíblicos, justapostos nas bíblias hebraicas, são lidos e estão associados a festas importantes do Judaísmo: o Cântico dos Cânticos é lido na Páscoa; Rute em Pentecostes; Lamentações no aniversário da queda do templo; Eclesiastes na Festa das Tendas e Ester na Festa de Purim. Como o episódio de Rute envolve a colheita da cevada, alguns justificam a associação do livro com a Festa das Colheitas. Talvez. Para outros, no Judaísmo, a Festa de Pentecostes celebra o dom da Lei. O Livro de Rute estende esse dom às nações pagãs e a genealogia final, ao inseri-la na genealogia de Davi, faz dessa estrangeira uma antepassada do Messias. Que beleza!

Para o Judaísmo rabínico, Rute é um modelo de quê?

Bem, depois da diáspora, da destruição do Templo de Jerusalém, de tantas ameaças, o Judaísmo rabínico não vê assim uma marca tão universalista no Livro de Rute. Para o Judaísmo rabínico, Rute é um modelo de prosélito, de conversão de pagãos ao Judaísmo, como aquela que "veio sob as asas do Senhor" (Rt 2,2). E como veio. Veio lavada, perfumada, levantou as cobertas, deitou-se ao lado de Boaz e no meio da noite quando ele sentiu frio...

Rute, a prosélita da ousadia, reaparece no Novo Testamento?

Logo na abertura do Novo Testamento, no primeiro capítulo de São Mateus, Rute figura na genealogia de Jesus (Mt 1,5). Estranha essa genealogia de São Mateus. Ele optou por não citar três reis de Israel entre Jorão e Osias. Gente importante! Ele não menciona Sara, a mulher de Abraão, nem o nome das outras mulheres, sem as quais todos esses homens não teriam gerado nada. São Mateus menciona apenas quatro mulheres: Tamar, Raab, Rute e Betsabé. Três delas eram estrangeiras, não judias. Contrariando a lei, a teologia da pureza da raça, a proibição sacerdotal contra os casamentos mistos, passíveis de punição com a morte (Nm 25,1-17). Raab era prostituta profissional, dessas que, para o Ministério da Saúde do Brasil, são felizes. As outras três (Tamar, Rute e Betsabé), na prática, em busca de seus objetivos mais ou menos legítimos, prostituíram-se.

Rute escreveu o Livro de Rute para deixar a seus netinhos?

É pouco provável, contudo o livrinho de Rute apresenta uma grande harmonia e unidade literária. A única exceção é a adição final da genealogia, que se reencontra no Livro das Crônicas (1Cr 2,5-15). A tradição judaica atribui a redação do Livro de Rute ao Profeta Samuel, mesmo se os eventos relatados aconteceram um século antes do nascimento do Rei Davi, cuja genealogia é apontada no final do livro. A composição desse livro aponta para uma data muita mais tardia, no mínimo meados ou final da monarquia davídica. Muitos críticos literários trazem essa data para o período do exílio. E nesse ponto ocorrem argumentações divergentes quanto ao significado do universalismo e da aceitação do casamento com estrangeiras, presentes no Livro de Rute. Mesmo se o livro foi redigido no período dos Reis, seu estilo não é nem o do autor do Livro dos Juízes, nem o dos autores do Livro de Samuel. *Sorry*.

Samuel é o segundo livro com nome de profeta?

Sim, pois para o Judaísmo Josué foi um profeta. Depois de Josué, Samuel é o segundo livro bíblico com nome de gente. É bom acostumar, pois muitos outros virão. Para o Judaísmo, como já foi dito, Josué, Juízes, Samuel e Reis são livros proféticos. Quase uns vinte. A ausência de fontes confiáveis extrabíblicas sobre a vida ou os atos de Samuel suscita discussões sobre a realidade de sua própria existência. O título "Samuel" corresponderia ao autor do livro e vem de uma tradição rabínica registrada no Talmude (*Baba Batra* 14b).

Como foram escritos os livros dos profetas?

Aos pouquinhos. A palavra é o grande meio de ação dos profetas. O discurso dos profetas, de Samuel até Malaquias, recorre a todas as figuras de linguagem: oráculos (a mais frequente), parábolas, orações, hinos, juízos, provérbios e narrativas. Proferidas oralmente, para serem guardadas sempre vivas na memória do povo, essas palavras foram colocadas por escrito rapidamente. No começo, pelos próprios profetas (Is 8,16; Jr 36) ou seus discípulos. Para serem conservadas e atualizadas, essas palavras foram objeto de várias e sucessivas redações. De um lado, os redatores buscaram preservar as palavras originais do profeta por respeito a ele e a Deus. Nisso estava o objetivo de conservação. Contudo, para mantê-las atualizadas, para que nelas o povo encontrasse sempre a sua própria história e o estímulo para ser e tornar-se povo de Deus, era necessário acrescentar às palavras originais do profeta palavras novas. Nisso reconhece-se nos livros dos profetas o objetivo de atualização. Os livros proféticos resultam sempre desses dois esforços redacionais de conservação e atualização, reconhecíveis em quase todos os textos proféticos. A construção progressiva, ao longo do tempo, desde o registro quase imediato de palavras proféticas, passando pelas pequenas coleções de oráculos, de narrativas, até sua unificação em cada livro é evidenciada pelo recurso a muitos sobrescritos por parte dos redatores. Indícios desse processo estão registrados em diversos livros proféticos (Is 2,1; 13,1; Jr 14,1; 21,1 e outros).

Onde ocorreu a grande consolidação dos livros dos profetas?

No exílio babilônico. E depois dele, em Jerusalém. A invasão babilônica, a destruição do templo, a deportação para a Mesopotâmia, o desaparecimento das estruturas administrativas, religiosas e políticas, além do fim de realeza e da identidade nacional levaram a comunidade israelita a voltar-se mais para os documentos escritos, para os textos, como referência religiosa e de identidade. Um grande reagrupamento dos textos proféticos e sua maior estruturação e edição ocorrem durante o exílio babilônico, como atestam os estudos desses livros. E esse trabalho redacional e editorial prosseguiu depois do exílio, já dentro da perspectiva deuteronomista, mas sempre com dois esforços redacionais de conservação e atualização, o que dificulta os ajustes cronológicos e históricos dos materiais com a vida dos profetas. Disso resultam muitas das incoerências históricas, ideológicas e até teológicas entre os conteúdos dos textos, os acontecimentos e a perspectiva dos profetas a quem estão atribuídos.

Samuel teria escrito o Livro de Samuel?

A pergunta procede. A morte de Samuel é relatada sem mais nem menos, no capítulo 25 do primeiro livro. Mesmo assim o livro e os escritos continuam e vão longe. É profecia demais para ele ter escrito antes de morrer e com tantos detalhes. Rabinos, tomando ao pé da letra um versículo do Livro das Crônicas, supuseram que, após a morte de Samuel, sua obra foi continuada pelos profetas Natan e Gade (*Baba Batra* 15a). "Os atos, pois, do Rei Davi, assim os primeiros como os últimos, eis que estão escritos nas crônicas de Samuel, o vidente, e nas crônicas do Profeta Natã, e nas crônicas de Gad, o vidente" (1Cr 29,29-30). Esse comentário rabínico é positivo ao admitir vários redatores, mas os livros de Samuel abrangem um longo período da história israelita, com vários estilos e vários redatores, e não apenas três. Eles não são uma crônica histórica e sim uma obra literária. Eles reúnem e compilam materiais tradicionais heterogêneos, muitas vezes de origem bem antiga, tradições orais e até fatos relatados de um período bem próximo à redação deuteronomista. Os livros de Samuel estão repletos de anacronismos, adições literárias etc. Às vezes, até cansa.

O Livro de Samuel poderia chamar-se o Livro de Davi?

Poderia. O tema dominante dos livros de Samuel é a realeza, e o rei por excelência é Davi, o queridinho dos escribas. A história da ascensão de Davi é contada e idealizada desde sua sagração, ainda criança, pelo Profeta Samuel, passa por sua apresentação a Saul, a serviço de quem entra e segue um itinerário mitificado, inspirado até em relatos babilônicos. Como já foi dito, embora se atribua a autoria dos dois livros a Samuel, esse bom profeta falece antes do final do primeiro volume de seu livro. Mas é a história de Samuel que liga o final do período dos Juízes, o dos líderes tribais, e o início do período monárquico. Estilisticamente, o próprio Samuel é o elo entre os juízes e os reis, sendo assim como o último juiz que ungiu o primeiro rei, justificando, norteando e dando sentido à autoridade real sobre Israel.

Há alguma evidência de que Samuel tenha mesmo existido?

Deixando de lado uma convicção de crença ou de natureza apologética de leitura fundamentalista das Escrituras Sagradas, fora da Bíblia não há nenhum registro da existência de tal personagem. Contudo, para alguns haveria uma evidência literária. No primeiro Livro de Samuel, Davi vence os filisteus, e diz-se que "os filisteus foram abatidos e nunca mais vieram aos termos de Israel" (1Sm 7,13). A história em seguida não foi bem assim. Mais tarde, os filisteus voltaram a atacar, e com sucesso, os reinos de Israel e de Judá. Um personagem fictício de tamanha importância localizado em um tempo recente teria tirado toda a credibilidade desse relato frente ao povo. Isso era algo absolutamente indesejável, pois os atos de Samuel fundamentam a existência da própria autoridade real. Na Bíblia, a palavra dos profetas é a Palavra de Deus numa situação concreta da história. Esta é talvez uma evidência de que o personagem Samuel tenha realmente existido. E inspirado lá atrás os relatos do Livro de Samuel.

Os livros de Samuel e Reis constituíram um único reinado?

Sim. Esses dois livros poderiam ser reunidos em um único, como fazem alguns estudiosos, intitulado: Reinados. No passado, esses livros feitos de materiais heterogêneos constituíram um só rolo, um só relato, ao reunirem tradições orais e escritas desde os tempos de Davi até o exílio babilônico. Foi após 587 a.C. que Samuel e Reis ocuparam seu lugar na obra deuteronomista (Josué, Juízes, Samuel e Reis), reconhecível por sua fraseologia e estilos inconfundíveis e comuns a todos esses livros.

Como os reinados bíblicos foram divididos?

Em quatro. Primeiro em dois, Samuel e Reis. E depois, cada um desses dois, em mais dois livros. A divisão de Samuel em dois livros é recente. Uma nota dos rabinos massoretas, quando de sua revisão dos textos hebraicos, indicava o versículo 34 do capítulo 28 do primeiro Livro de Samuel como o centro do livro (1Sm 28,34). A divisão do Livro dos Reis em duas partes é atribuída aos tradutores gregos, que as intitularam 1 e 2 reinados. Essa divisão foi seguida pela Vulgata Latina de São Jerônimo, chamando-os de livros dos Reis. Esses nomes e divisões da Bíblia católica se impuseram às bíblias hebraicas a partir dos séculos XV e XVI, e ao protestantismo em seguida.

O Livro dos Reis trata dos reis ou dos profetas de Israel?

Dos profetas. Dos 47 capítulos do Livro dos Reis, pelo menos 22 são dedicados a longos relatos em que os principais atores não são os reis, mas os profetas. Profetas como Ahiá de Shilô, Elias, Eliseu, Miqueias, filho de Iimlá, Hulda e Isaías. Também nos outros livros, diversos discursos, oráculos e juízos divinos são colocados na boca de Josué, Samuel e outros personagens. A constatação dessa predominância do *profetismo* nesses livros levou o Judaísmo a defender que os livros de Josué a Reis foram escritos por profetas, teoria quase oficial até hoje, e já registrada no ponto de vista do historiador judeu-romano Flávio Josefo. Por essa razão, no mínimo, a leitura dos chamados livros históricos da Bíblia deveria incorporar a perspectiva dos profetas, aos quais eles estão organicamente vinculados.

Reino ou reinados?

A emergência da realeza foi fundamental para a identidade de Israel, para a consolidação de sua diferenciação frente às outras nações e até para a afirmação de seu deus nacional, *Yavé*. Para o "historiador-deuteronomista", autor das edições finais dos chamados livros proféticos, foi graças e através da realeza que os reinos de Israel e de Judá assumiram um lugar diferenciado entre as nações. Todos os conflitos desses dois reinos com seus vizinhos e com as potências estrangeiras, principalmente no caso de Judá, ilustram o lugar especial reservado para esse reino, por Deus, no concerto das nações. Esse reino prefigurou o lugar que o Reino de Deus deverá ocupar, como testemunho e instrumento divino, entre os reinados deste mundo. Bacana.

O bloco dos profetas começa fora e termina fora da Terra Prometida?

Sim, na tradição judaica. O profetismo da mensagem de Deus começa com a promessa divina da Terra Prometida a Josué (Js 1,1-9) e termina, em pleno exílio, com a menção no Segundo Livro dos Reis, em que o rei da Babilônia "reergueu a cabeça do Rei Yoiakin", deportado há 37 anos, retirando-o da prisão, tratando-o com bondade e elevando seu trono acima dos outros tronos dos reis vassalos (2Rs 25,27). O chamado "historiador-deuteronomista" a quem se atribui a edição final dos livros de Josué a Reis, relembra o leitor que a história de Israel não está aniquilada, apesar das infidelidades do povo. Para os profetas, Deus quer para Israel um lugar único entre as nações e suas promessas estão sempre válidas, mesmo em meio às maiores tragédias (Js 21,45; 23,14;1Sm 3,19; 1Rs 8,56; 2Rs 10,10). A reintegração de posse na Terra Prometida será fruto da fidelidade do povo e da graça divina. Deus intervém na história em favor dos que celebram com Ele uma aliança, como no caso do Rei Davi. É simples.

O Livro de Jó tem um final feliz?

Depende. O final feliz só ocorreu lá pelas últimas edições dessa obra. De autor desconhecido, o Livro de Jó é uma grande parábola, datada do começo do século V a.C. A edição do livro é posterior a Jeremias e Ezequiel. Ele é considerado "a" obra-prima da literatura sapiencial bíblica (Salmos, Provérbios, Eclesiastes, Cântico dos Cânticos, Sabedoria e Eclesiástico). Sua linguagem está repleta de aramaísmos e já se situa na época pós-exílica, quando a obsessão com o destino da nação estava sendo substituída pela preocupação com o destino dos indivíduos. Esse poema didático, considerado uma parábola pelo Talmude judaico, tem sido apresentado como "um dos livros mais difíceis da Bíblia". E por isso mesmo, Jó, em hebraico *Iov* (איוב), tem um recorde de tentativas exegéticas, sempre aquém do alcance de seu mistério indizível. Ele começa como um conto de fadas: "Era uma vez um grande servo de Deus chamado Jó, rico e feliz. E Deus permitiu a satanás de prová-lo, só para ver se ele continuaria fiel no seu infortúnio. Satanás fez de Jó gato e sapato". No fim de tudo, Deus lhe retribui suas perdas em dobro e até mais. Além do Livro de Jó, a teologia da retribuição e da prosperidade está muito presente no Livro das Crônicas e em outros textos bíblicos. Contudo, durante o exílio e a ocupação babilônica, o povo israelita perdeu tudo: família, propriedades, instituições e a própria liberdade, como na parábola de Jó. Isso exigiu uma revisão da teologia da retribuição. Para isso, o autor usou uma antiga lenda sobre a retribuição (1,1–2,13; 42,7-17), omitindo o final (42,7-17) e substituindo-o por uma série de debates que mostram o absurdo da teologia da retribuição, incapaz de atender à nova situação (3,1–42,6).

O tema central do Livro de Jó é a paciência de Jó?

É não. O tema central do Livro de Jó não é o problema do mal, nem o sofrimento do justo e inocente, e muito menos o da "paciência de Jó". Seu foco é a natureza da relação entre o homem e Deus, em oposição à teologia da retribuição. Em sua longa elaboração, para os estudiosos bíblicos e os exegetas, o prólogo (1,1–2,13) e o epílogo (42,7-17) seriam um conto folclórico que originalmente narrava a paciência exemplar de um homem da terra de Hus (talvez em Edom, a sudeste do Mar Morto). A partir dessa conhecida história do infeliz Jó, mencionada em Ezequiel (Ez 14,14.20), um poeta da segunda geração do exílio na Babilônia, aproximadamente em 575 a.C., compôs o poema (3,1–31,40; 38,1–42,6). Os discursos de Elihu (32,1–37,24), que tratam do valor educador do sofrimento, seriam uma adição posterior de outro autor. Muitos pensam que o Elogio da Sabedoria (28,1-28) seria ainda outra adição posterior. Numa versão sem sinal da teologia da retribuição, como ocorre no final, Jó simplesmente perdoaria Deus e satanás por tudo, e deixava-os boquiabertos. Ele pegava na mão de sua esposa, retomava novamente sua existência terrena, apenas com a roupa do corpo, e caminhava em direção ao pôr do sol, para longe dos embates de deuses e titãs.

Havia salmos nos tempos bíblicos do Rei Davi?

Havia não. Etimologicamente falando, só havia *cânticos* e *louvores*, nada de salmos. Os Louvores, em hebraico *Tehilim* (תהילים), são o maior livro da Bíblia e está composto por 150 poemas. A palavra salmos, e em decorrência o nome do livro bíblico homônimo, não é dos tempos do Rei Davi. A versão grega da Septuaginta a denominou *Psaltérion* ou *Psalmoi,* de onde derivou o nome usual do Livro dos Salmos. Na Bíblia hebraica, após o Pentateuco e os profetas, antes do Livro de Jó e dos Provérbios, com os quais forma uma tríade, o Livro dos Salmos abre a seção dos escritos.

Os salmos são sinônimos de cantos e de música?

Sim. Utilizados nas liturgias, muitos títulos dos salmos indicam que sua leitura ou canto deviam ser acompanhados por instrumentos de corda (*mizmor*, 57 vezes), ou de um canto (*shir*, 30 vezes), de um canto de amor (Sl 45). Outras indicações referem-se à execução musical e indicam o mestre de coros (55 vezes) e designam diversos instrumentos de música: flautas (5), instrumentos de cordas (Sl 4; 54; 55; 61; 67; 76), de oito cordas (Sl 6 e 12), cítara de Gat (Sl 8; 81 e 84) e para dar sustentação aos coros utilizavam-se outros instrumentos musicais como a trompa (*shofar*), a trombeta, a harpa, o alaúde, a cítara, os címbalos e os tambores. O Sl 150 enumera os instrumentos da orquestra sacra (1Cr 16,42).

Os salmos resistem ao entendimento, à tradução e à leitura?

Parte dos salmos incluem diversos termos cuja tradução e entendimento é um mistério e perdeu-se no tempo, como tantos hápax de palavras do texto bíblico. Não se sabe o significado das palavras hebraicas *maskil*, presente em muitos salmos (Sl 32, 42; 44; 45; 52–55; 74; 78; 88; 89 e 142) e *shigayon* (sete vezes) traduzidas, com muita hesitação na Tradução Ecumênica da Bíblia, por "instrução" e "confissão". Outras palavras são simplesmente transcritas do hebraico na Tradução Ecumênica da Bíblia, sem arriscar as conjeturas de outros ousados ou "inspirados" tradutores em vários salmos (Sl 16; 56; 57; 58; 59; 60). Existem indicações de melodias nos salmos, mas sua tradução, bem como a de muitas palavras nas suas introduções, já era enigmática para os tradutores da Septuaginta; continuaram difíceis de traduzir ou atualizar para os rabinos massoréticos e, até hoje, seguem um mistério, como em indicações presentes em vários salmos (Sl 9; 46; 53; 56; 60; 80 e 88).

Nos salmos há expressões enigmáticas até hoje?

Sim. Existem expressões cuja tradução é possível, mas cujo entendimento permanece enigmático até hoje. Por exemplo, existem indicações das melodias a serem executadas ou utilizadas para acompanhar os cantos, cujos sentidos e significados concretos são desconhecidos. São melodias intituladas como: a cerva da aurora (Sl 22); os lírios (Sl 45 e 69); não destruas (Sl 57 a 59 e 75) e outras misteriosas indicações de melodias (Sl 9; 46; 53; 56; 60; 80 e 88). Melhor resignar-se face ao desejo de onisciência.

Os salmos inspiraram o nome de um instrumento musical?

O hábito de recitar e cantar os salmos é atestado nas primeiras comunidades cristãs (1Cor 14,26; Ef 5,19; Cl 3,16; Tg 5,13). Incorporados muito cedo como parte das liturgias e ofícios religiosos, tanto nas missas como em orações diárias e posteriormente na Liturgia das Horas, os salmos ganharam instrumentos musicais. O saltério, cujo nome coincide com o do Livro dos Salmos, é um instrumento musical medieval de cordas dedilhadas, pinçadas ou tocadas com um plectro. Ele surgiu na Idade Média, com diferentes formatos. O saltério era utilizado na liturgia, durante a missa, para acompanhar os louvores bíblicos, os salmos.

Levou quanto tempo para escrever o Livro dos Salmos?

Um milênio. A reunião desses louvores levou séculos e Davi não viveu tudo isso. Os poemas foram evoluindo e é muito difícil retraçar a origem de diversos salmos. Contudo é possível identificar diversas coleções de salmos, parciais, independentes e desiguais que indicam claramente a construção progressiva dessa obra. Coleções que se distinguem pelos diferentes nomes atribuídos a Deus ou nos quais emerge claramente a aclamação litúrgica do "aleluia", como no tríplice *Hallel* (Sl 113–118; 136; 146–150). Ou ainda as coleções de cânticos das "subidas" (Sl 120–134) ou do Reino de Deus (Sl 93–99). O certo é que essas coleções só foram reunidas num único rolo ou livro no fim do século II a.C., segundo diversos estudos exegéticos e históricos.

Os salmos apresentam anomalias?

Sim. Ninguém é perfeito. Menos ainda os redatores e editores. A mídia que o diga. No Livro dos Salmos ocorrem duplas recessões do mesmo poema (14 = 53; 40,14-18 = 70; 57,7-12 + 60,7-14 = 108). E fora do livro dos louvores encontram-se salmos isolados, espalhados em outros livros bíblicos, pertencentes a épocas distintas, com discordâncias de redação. Esses salmos errantes muito ajudaram na compreensão da constituição do saltério, assim como no entendimento de diversos outros temas bíblicos, em particular na história da ascensão do Deus *Yavé* entre os hebreus (1Sm 2,1-10; Is 38,10-20; Jn 2,3-10; Na 1,2-11; Hab 3,1-19; Lm 5; Dn 2,20-23; Tb 13,2-10).

Como começa, se estrutura e termina o Livro dos Salmos, hoje?

Os redatores dos salmos inspiraram-se da divisão do Pentateuco para organizar e estruturar o Livro dos Salmos. Assim como o Pentateuco está composto por cinco livros ou cinco partes num único rolo, os salmos também foram divididos em cinco partes: dos salmos 1 a 41; do 42 ao 72; do 73 ao 89; do 90 ao 106 e do 107 ao 150. Cada uma dessas cinco partes do Saltério se encerra com uma bênção ou uma orientação doutrinária. Pode conferir. É claro que em meio a essas divisões ocorrem diversas coleções ou coletâneas de salmos, mais homogêneas e diferenciadas entre si por várias características próprias ou por seus autores, claramente atribuídos. Da mesma forma, os dois salmos iniciais, às vezes contados como um só, como no Livro dos Atos dos Apóstolos (At 13,33) têm uma função de prefácio para o conjunto do livro. E a grande doxologia final do Sl 150 encerra não apenas esse salmo, essa quinta parte do Saltério, mas o livro todo.

Os salmos têm autores?

Numa das fases redacionais do livro, sobretudo no período exílico e pós-exílico, os redatores acharam por bem atribuir a autoria a diversos salmos, vinculando-os a personagens históricos. Davi, o queridinho da Bíblia, recebeu o crédito de 72 salmos, praticamente a metade. E é possível que ele esteja na origem de vários deles. Não é absurdo. A Bíblia o apresenta como poeta e músico, e seu nome é citado em vários salmos. Asafe foi considerado o autor de 12 salmos. Esse grupo levita, dos chamados asafistas, teve um papel ativo na edição do saltério, inclusive na substituição do nome de *Yavé* por *Elohim* em diversos salmos, baseados, entre outras coisas, na métrica do número 42 e no apelo universal e não nacional desse nome de Deus. A Coré ou Corá e seu filhos foi atribuída a autoria de vários salmos. Até Moisés ganhou a autoria de um salmo (Sl 90), escolhido e atribuído de forma muito adequada ao personagem. Não é muito para quem já se atribuiu a autoria redacional de todo o Pentateuco. Essas atribuições não são garantias de nenhuma autenticidade literária. A própria preposição hebraica que antecede o nome dos autores se presta a diversas interpretações podendo ser interpretada como uma referência, uma indicação de pertencer a uma escola literária etc. Cada um dos salmos evoluiu, mudou com o tempo. Cabe lembrar que os salmos eram e são recitados, *re-citados*. E a cada citação, como nos contos, a cada conto se acrescenta um ponto.

As mulheres como autoras dos salmos?

Após a contagem de todos os salmos atribuídos a Davi, Asafe, Salomão, Moisés etc., ainda sobram 51 salmos anônimos. Sua autoria deveria ser atribuída a diversas mulheres bíblicas: Tamar Miriam, a irmã de Moisés e Aarão; Rute Raab; Dalila, a amante de Sansão; Ana, a mãe de Samuel; Mical, a desventurada esposa de Davi, e outras. Também merecem um salmo cada uma das duas prostitutas que compareceram diante do Rei Salomão reivindicando a maternidade de um recém-nascido etc. No mínimo, ia equilibrar o tom e melhorar o coral, com a musicalidade de todas essas vozes femininas.

Existem quantos salmos?

Muitos. Mais de 150. Não é simples numerar os salmos. Nunca existiu no passado um saltério com 150 salmos, como nas bíblias atuais, e um exemplo disso vem dos manuscritos do Mar Morto. Os salmos ocupavam um lugar de honra na comunidade de Qumran. Das grutas de Qumran encontraram-se mais de 30 rolos entre os 900 recuperados, com verdadeiros salmos, muitos deles desconhecidos até então. Em particular, recuperou-se um grande rolo dos salmos provenientes da gruta 11. Em cada um desses rolos encontra-se, em número variável, parte dos salmos sistematizados nas bíblias atuais. A biblioteca de Qumran apresenta os salmos como uma coleção ainda não fixada. Nesse tempo, a coleção dos salmos era variável segundo os locais, as tradições e os personagens na sociedade judaica pré-cristã.

As bíblias não numeram os salmos do mesmo jeito?

Não, mas não tem problema. Tudo começa e acaba igual. A numeração dos louvores adotada pelos rabinos massoréticos, a da atual Bíblia hebraica e dos protestantes, não é exatamente a mesma da Septuaginta e de muitas versões das bíblias católicas, ortodoxas e outras. Por duas vezes a Bíblia rabínica unificou salmos que foram divididos na versão grega (Sl 116 e 147). Inversamente, dois salmos foram divididos na Bíblia rabínica e correspondem a um único louvor na versão grega da Septuaginta (Sl 9 e 10; 113 e 114). As numerações começam (Sl 1 a 8) e terminam (Sl 148 a 150) idênticas em todas as bíblias e as diferenças no caminho decorrem dessas duas divisões e unificações mencionadas.

Os louvores dos salmos são pura poesia?

Sim. A coletânea dos salmos foi inteiramente redigida em versos. Os versos em hebraico não se fixam tanto na métrica e sim nas sílabas tônicas. O ritmo mais frequente tem três acentos em cada membro do verso. Estribilhos também aparecem e se repetem em intervalos regulares (Sl 42; 43; 46; 49; 59; 67; 80; 99 e 107). Além disso, dado seu caráter marcadamente comunitário, muitos salmos são marcados, além dos estribilhos, por aclamações, diálogos, coros e responsórios como Amém e Aleluia. O paralelismo é outra marca característica da poesia hebraica e dos salmos.

Quais são as grandes famílias de salmos?

O livro é grande. Com algumas conjecturas é possível classificar os salmos em três grandes famílias: louvores, orações (de socorro, confiança e ação de graças) e salmos de instrução. As orações individuais ocupam quase um quarto dos salmos. E, como sempre, é mais comum as pessoas queixarem-se do que jubilaram diante de Deus!

Tem um sobe e desce nos salmos?

Existe um grupo de salmos para as subidas ou das subidas, claramente pertencente ao repertório dos peregrinos que “subiam” a Jerusalém. Um pouco como existe hoje um repertório típico de cânticos e canções religiosas próprias dos peregrinos que vão a santuários, como em Aparecida do Norte. Segundo a *Mishná*, os levitas associaram esses cantos aos quinze degraus do Portal de Nicanor. A oriente do templo, segundo a *Mishná*, estava a Porta de Nicanor, com duas câmaras ligadas, uma à sua direita e uma à sua esquerda. Uma era a câmara de Fineias, o guarda das vestes, e outra, a câmara dos que faziam os bolos de farinha de trigo. Para outros, os peregrinos recitavam esses salmos quando "subiam" para Jerusalém. Enfim, como tudo sobe e desce, as descidas também deveriam ser momentos de oração.

O Livro dos Salmos é o mais citado no Novo Testamento?

Com certeza. E de longe. Nada como coisas mensuráveis para eliminar qualquer ambiguidade interpretativa. São 116 citações diretas dos salmos no Novo Testamento. Jesus rezava os salmos e o faz claramente no momento de sua crucifixão. Ele argumenta sobre a grandeza absoluta do Messias a partir do Sl 110, no Evangelho de São Mateus (Mt 22,41-46); Jesus recita com seus discípulos os salmos do *Hallel* que encerravam a liturgia pascal (Mt 26,30); na cruz Ele pronuncia o início do Sl 22 (Mt 27,46) e morre murmurando um versículo do Sl 31 (Lc 23,46). Não é pouco. E é um grande exemplo para os cristãos do lugar que os salmos podem assumir na vida cotidiana e em momentos excepcionais. Na tradição judaica, diz-se que os judeus nascem com o Livro dos Salmos nas entranhas.

O livro é dos Provérbios ou das Parábolas?

Depende da língua. O nome do Livro dos Provérbios, em hebraico, é *Mashali* (משלי) e textualmente significa "parábolas". A denominação *Míshlê Shelomoh* (Provérbios de Salomão) ocorre na Bíblia hebraica, baseado nas palavras do primeiro verso desse livro: "Provérbios de Salomão, filho de Davi, rei de Israel" (Pr 1,1). Esse título também é utilizado em certas bíblias protestantes. Na Septuaginta esse livro se chama *Paroimiai* e significa tanto provérbios como parábolas. Ele faz parte dos escritos (*ketu-*

vim), terceira seção da Bíblia hebraica e é também um dos chamados livros poéticos e sapienciais do Antigo Testamento. Tudo é expresso em forma poética. Os biblistas identificam nesse livro vários provérbios tomados da sabedoria tradicional do Egito, em particular dos "Ditados, Máximas ou Sentenças de Amenemope" e também da literatura aramaica, inspirados no livro *Conselhos de um pai para um filho*, do sábio Ahiqar, um texto acádico de Ugat. Para maiores detalhes ver o capítulo 5: "O que seria da Bíblia sem o Egito e a Babilônia?" Nem Amenemope, nem Ahiqar, nem seus herdeiros, processaram o Rei Salomão por plágio ou com base em leis de direitos autorais e propriedade intelectual. Apesar de toda a sabedoria de Salomão, dado o caráter tão profano do Livro dos Provérbios, ele foi muito discutido entre os rabinos no Sínòdo de Yavne (Jamnia), quase 100 anos depois de Cristo quanto à sua canonicidade, como se verá mais adiante. Prevaleceu a sua manutenção no cânon judaico e a sua exclusão da leitura pública, na sinagoga. Tem tanta coisa que não se pode ler em público. Mesmo se atribuída a um bom rei velho e sábio.

O sábio Salomão escreveu o Livro dos Provérbios de Salomão?

Escreveu não. Os provérbios de Salomão não foram escritos pelo dito cujo, mesmo se isso dá certo *glamour* ao texto. A maioria dos provérbios são ditados nascidos da experiência popular, recolhidos, retrabalhados e editados. Eles foram atribuídos ao Rei Salomão por causa de sua fama de sábio (1Rs 3-5), no que pese a vida que ele levou. É provável que parte desses provérbios tenha sido reunida no período da monarquia. Os vários subtítulos desse livro indicam nove coleções, provindas de tempos e autores diferentes. Aparentemente, o livro se formou em torno de duas coleções principais: os "Provérbios de Salomão" (Pr 10,1-22; 16), com 375 sentenças, e os "Provérbios de Salomão transcritos pelos homens de Ezequias" (caps. 25 a 29), com 128 sentenças, precedidos por uma longa introdução (caps. 1 a 9). Duas pequenas coleções (Pr 22,17 e 24,22-24) foram juntadas como apêndices da primeira coleção principal, assim como três outras pequenas coleções: Palavras de Agur (Pr 30,1-14), provérbios numéricos (Pr 30,15-33) e as palavras de Lemuel (Pr 31,1-9). O livro conclui com um poema alfabético sobre a mulher perfeita para os padrões patriarcais daquele tempo (Pr 31,10-31). É consenso entre os estudiosos da Bíblia que os capítulos de 10 a 29 são anteriores ao exílio na Babilônia e a introdução é posterior ao exílio, provavelmente escrita no século V a.C.

O Rei Salomão é o campeão dos pseudoepígrafos bíblicos?

Sem dúvida, o Rei Salomão, em hebraico *Shlomó* (שלמה), é um personagem a quem redatores e editores de diversos livros sagrados, sapienciais e religiosos atribuíram a autoria de várias obras, canônicas e não canônicas. Isso é particularmente verdade no caso da chamada literatura sapiencial. Dada a reputação de sábio desse rei mítico, nada como associar seu nome à autoria de vários livros sapiências. Assim, Salomão é apresentado como autor de um livro denominado *Salmos de Salomão*. Esse livro foi composto em hebraico no final do século I a.C. O Livro do *Eclesiastes*, os *Provérbios* e o *Cântico dos Cânticos* também são outros três pseudoepígrafos atribuídos a Salomão, cuja edição ocorreu pelo menos cinco séculos depois de Salomão ter passado desta para a melhor. Finalmente, o último livro na ordem cronológica do Antigo Testamento, o Livro da *Sabedoria de Salomão* também lhe foi atribuído. Esse livro sapiencial foi escrito por um judeu alexandrino por volta do ano 50 a.C. e, cronologicamente, dista desse ilustre personagem de um lapso de tempo de quase um milênio. Isso é que é fama imortal!

A sabedoria do Salomão virou livro, estrela e filme de sucesso?

Além de inspirar e até psicografar muitos livros, Salomão terminou por dar nome a um escudo, um selo ou uma estrela de cinco pontas ou pentagrama, diferente da estrela de Davi, de seis pontas, e na qual pode ser inserida. Muito utilizada em certas práticas esotéricas e mágicas, essa estrela de cinco pontas do Rei Salomão serve para dourar o brasão dessas seitas. Não tanto na linha da sabedoria de Salomão, mas no sentido de seu poder espiritual. Esse poder, o quinto elemento, domina os quatro elementos ou pontas deste mundo material. Não há qualquer referência bíblica a tal estrela, a essa *kohbá* (כוכבא) (Nm 24,17). A sabedoria de Salomão também inspirou e muito o movimento da maçonaria. A descrição mítica do templo de Salomão na Bíblia, uma projeção anacrônica e ampliada do segundo templo sobre o primeiro, ocupa uma posição de destaque dentro da simbologia e ensinamentos da maçonaria, uma instituição com mais de 300 anos. Tem até loja, loja mesmo, de venda de artigos maçônicos com o nome de Rei Salomão. Ou seja, não foram apenas os pseudoepígrafos que recorreram à fama de Salomão para valorizar suas obras.

Os cantos do Cântico dos Cânticos foram censurados?

Quase o Cântico dos Cânticos, o *Shir HaShirim* (שיר השירים) quase ficou fora do cânon judaico. Essa pequena coleção de hinos nupciais eróticos deu trabalho aos rabinos. Demorou para o livro ser admitido na Bíblia rabínica. No final, entrou por pressão da erotizada opinião pública. *Vox populi, Vox Dei.* Hoje é lido na liturgia pascal judaica! Que maravilha! Também é chamado de Cânticos ou Cantares de Salomão, em mais uma atribuição fictiva de autoria de um texto bíblico àquele rei sábio e bonzinho. Esse livro é sem dúvida o mais poético de toda a Bíblia. Sua composição final é atribuída a um editor do século IV a.C., que juntou diversos poemas nupciais. Alguns exegetas avançam a hipótese de que esse livro possa ter sido redigido por uma mulher, devido ao destaque dado no livro aos personagens femininos. Seria o único caso na boa e velha Bíblia patriarcal dos judeus e cristãos. Existem muitos paralelismos entre expressões do Cântico dos Cânticos e a literatura do Oriente Médio antigo, especialmente com os poemas de amor egípcios. Mas esses paralelismos com textos egípcios, assírios e babilônicos anteriores na Bíblia não são mais novidade. Para maiores detalhes sobre esse fenômeno bíblico ver o capítulo 5 "O que seria da Bíblia sem o Egito e a Babilônia?"

Quando e onde o nome de Deus se esconde?

No Livro do Cântico dos Cânticos e no Livro de Ester não se encontra a palavra Deus. É um fato interessante: dois livros sagrados e canônicos não falam de Deus. Esse fato já suscitou as mais diversas interpretações sobre como Deus se esconde e por que Ele desaparece nesses textos. Esses dois casos também ilustram, talvez, a possibilidade de se viver, de forma santa e sagrada, sem pronunciar o impronunciável, sem falar de Deus, até como um ateu. Também esses dois casos bíblicos ilustram: é possível escrever livros sagrados inteiros sem pronunciar o nome de Deus. Não é o caso deste livro aqui.

Qoelet: já ouviu falar ou já leu este livro da Bíblia?

Sim, já deve ter ouvido. Ele está nas bíblias judaicas, católicas, ortodoxas, protestantes, e por aí vai. Um sucesso eclesial. Trata-se do nome hebraico do Livro do Eclesiastes. Muitas vezes ele é citado com Qoelet com a abreviação Qo. A palavra *Qoelet* (קוהלת) deriva de uma raiz hebraica (*kuf-hei-lamed*) que significa reunir. *Qoelet* é um "reunidor" de frases, ditados e pensamentos. Ele é aquele que se levanta na assembleia (*ecclesia*) para pregá-las, aquele que se dirige ao povo reunido. Em algumas bíblias, esse livro é intitulado "Pregador". Seu nome latino, *Eclesiastes,* vem da Septuaginta, deriva de *ecclesia*, assembleia, e foi adotado pelas bíblias cristãs, onde fica depois dos Provérbios e antes do Cântico dos Cânticos. O livro começa afirmando a autoridade do pregador: "Palavras do pregador, filho de Davi, em Jerusalém" (Ecl 1,1). Apesar de atribuído por ficção literária ao Rei Salomão, indubitavelmente os estudos bíblicos o apontam como tendo sido escrito bem após o exílio babilônico, por volta do século III a.C. Profundamente crítico e realista sobre a condição do povo, ele descreve com lucidez a situação dos judeus na Palestina sob o domínio macedônico-egípcio dos ptolomeus, a quem pagavam pesados tributos, nada eclesiásticos, arrecadados pela família dos Tobíadas, controladores locais do comércio, da economia e da política naquele tempo. Está explicado? Quanto ao resto: vaidade, tudo é vaidade.

O Livro de Isaías é maior do que o Profeta Isaías?

Muito maior. No caso do Livro de Isaías, em hebraico *Ieshaiahú* (ישעיהו), a obra é bem maior do que seu autor. O livro, em 66 capítulos, é uma coleção de coleções de profecias. Boa parte não é devida a Isaías e narra acontecimentos ocorridos após sua morte, e mesmo seus discursos são relatados por outros. No capítulo 40, por exemplo, sem nenhuma transição, o leitor é transportado do século VIII a.C. para o exílio no século VI a.C. Desaparece o nome de Isaías, a Assíria é substituída por Babilônia, com menções a Ciro, o rei dos persas, e por aí vai.

A vinda do Messias tem lugar de honra no Livro de Isaías?

Tem. O Livro de Isaías é uma coletânea de oráculos proféticos de épocas bem diferentes, cuja redação final deve ter acontecido após 400 a.C. É o livro profético que mais trata da vinda do Messias. Tratou, tratou e até afirmou que o Messias não seria um rei davídico, mas Ciro II, rei da Pérsia, instrumento de Deus para libertar seu povo. Ciro, o ungido de *Yavé* (Is 45,1-2). Felizmente, aqui, Isaías se enganou.

O Livro de Isaías levou séculos para ser escrito?

Sim. Trezentos anos depois da morte de Isaías ainda se atualizavam suas palavras. Seus oráculos foram relidos na perspectiva pós-exílica. O horizonte de leitura do livro completo de Isaías é o da época persa e da comunidade judaica pós-exílica. O livro levou mesmo vários séculos a ser consolidado. Os exegetas o dividem em Primeiro ou Proto-Isaías (Is 1 a 39), Segundo ou Dêutero-Isaías (capítulos 40 a 55) e Terceiro ou Trito-Isaías (capítulos 56 a 66) feito de acréscimos posteriores ao Dêutero-Isaías, na época helenística, envolvendo temas como a polêmica com os samaritanos, a reforma religiosa de Esdras e a esperança da reunião de todos os judeus da diáspora, com cores apocalípticas.

O Profeta Jeremias profetiza mais em grego ou em hebraico?

Em hebraico, naturalmente. Existem dois textos do Livro de Jeremias: o texto grego da Septuaginta e o hebraico massorético. O profeta profetisa mais no texto massorético. O livro atribuído ao Profeta Jeremias existe sob duas formas: uma longa, em hebraico, da qual derivam diversas versões, e uma forma curta, em grego, a da Septuaginta e da qual também derivam diversas versões. O texto da Septuaginta, mesmo se mais reduzido, ainda é bastante diferente do massorético.

Qual a origem dos dois textos de Jeremias?

O texto hebraico de Jeremias apresenta muitos versículos que não estão presentes, nem na Septuaginta, nem nos textos de Qumran. Para os estudiosos, isso implica que o texto hebraico atual foi sem dúvida retrabalhado posteriormente. As descobertas de Qumran ajudaram a elucidar e confirmar essas constatações dos estudiosos. Foram encontrados em Qumran dois tipos de textos hebraicos: um deles, designado como "4QJer b", corresponde ao texto grego da Septuaginta. Já o texto "4QJer a" é mais conforme ao texto massorético. Eles atestam mais uma vez da pluralidade de manuscritos e versões para diversos livros bíblicos nos tempos de Jesus.

O texto da Septuaginta é o mais antigo?

Com certeza. O Livro de Jeremias foi escrito em hebraico, numa forma mais curta do que a existente hoje nas bíblias protestantes e judaicas. Estudos demonstraram que a Septuaginta, cujo texto é mais curto que o da Bíblia hebraica, traduziu uma forma mais antiga do livro do que a que existe hoje em hebraico. Em Qumran foi encontrado um fragmento do Livro de Jeremias que corresponde exatamente a essa forma mais curta do texto em hebraico.

O que foi escrito mesmo por Jeremias no Livro de Jeremias?

Para o conjunto dos estudos epigráficos, literários e exegéticos somente os capítulos 2 a 6,21-22 e 37–43 são atribuídos ao Profeta Jeremias. Esses primeiros textos foram em seguida completados entre os séculos VI e V a.C. para criar a primeira versão desse livro. Após essa etapa, diversas adições foram acrescentadas e edições foram realizadas que modificaram o texto até o século II a.C. É possível identificar passagens na forma mais longa do livro, que provavelmente foram acrescentadas na época dos hasmoneus, ou seja, por volta do ano 140 a.C.

A ordem dos oráculos não é a mesma nas duas versões de Jeremias?

Não. Os oráculos contra as nações que se encontram no meio do livro da Septuaginta, logo após os versículos de Jeremias 25,13-14, que o introduzem. Esses oráculos foram deslocados para o final do texto hebraico massorético. E a ordem dos oráculos contra as nações também é diferente entre os dois livros. A composição do livro na forma curta, a da Septuaginta e de Qumran, é dupla. A primeira parte, dos capítulos 1 ao 20, se apresenta como a retranscrição das palavras inspiradas a Jeremias no tempo do Rei Josias. A segunda parte, dos capítulos 21 a 52, aparece como situada inteiramente no tempo de seus filhos, Joaquim e depois Sedecias. Essa divisão corresponde exatamente ao que é anunciado no título dos livros de Jeremias: "1) Palavras de Jeremias, filho de Helcias, um dos sacerdotes que viviam em Anatot, na terra de Benjamim. 2) A palavra do Senhor foi-lhe dirigida no tempo de Josias, filho de Amon, rei de Judá, no décimo terceiro ano de seu reinado. 3) Foi-lhe ainda dirigida no tempo de Joaquim, filho de Josias, rei de Judá, até o fim do décimo primeiro ano do reinado de Sedecias, filho de Josias, rei de Judá, até a deportação dos habitantes de Jerusalém, no quinto mês" (Jr 1,1-3). O versículo 3 é provavelmente um acréscimo posterior para abarcar o conjunto do ministério atribuído a Jeremias.

A história redacional do Livro de Jeremias é complexa?

É justo falar de história redacional, no caso do Livro de Jeremias. Ela começou com a redação ou o recolhimento, em textos, dos oráculos proferidos no tempo do Profeta Jeremias. Em seguida, veio uma segunda fase na qual os redatores realizaram um trabalho redacional de tipo biográfico, arranjando os oráculos, através de várias edições, nas quais é provável ter havido um papel ativo de Baruque nessa operação. Para os estudiosos, numa terceira fase ocorreram releituras e edições do livro pelos círculos deuteronomistas que respeitaram o estilo de Jeremias, mas nem sempre o seu pensamento. Finalmente, ocorreu uma última edição pós-exílica, nitidamente antibabilônica e na qual são visíveis contatos com a obra do Profeta Ezequiel.

Jeremias é o profeta mais citado no Novo Testamento?

O livro do Profeta Jeremias é citado diversas vezes no Novo Testamento, por pessoas e em contexto diversos, principalmente no Evangelho de São Mateus nos capítulos 2, 16 e 27. O evangelista apontou para o cumprimento de uma das profecias de Jeremias, quando da matança dos recém-nascidos por Herodes, nos dias em que Jesus era uma criança: "Então se cumpriu o que fora dito pelo Profeta Jeremias..." (Mt 2,17-18 confere com Jr 31,15). Jesus ao expulsar os vendedores do templo (Mt 21,13) associou suas palavras às do Profeta Jeremias sobre o santuário transformado num covil de ladrões (Jr 7,11) e às do Profeta Isaías (Is 56,7). A coragem e as palavras de Jesus levaram certas pessoas a associarem sua pessoa com a do Profeta Jeremias (Mt 16,13-14). E a profecia de Jeremias sobre a nova aliança (Jr 31,31-34) foi retomada na Epístola aos Hebreus (Hb 8,8-12). O autor de Hebreus mencionou profetas e homens de que o mundo não era digno deles, e de quem receberam testemunho por intermédio de sua fé (Hb 11,32.38-39).

O Profeta Jeremias não era um homem de visão?

Não muito. O Livro de Jeremias, ao contrário do que ocorre por Ezequiel, contém poucas visões e muitos oráculos. O principal ator do Livro de Jeremias é a Palavra de Deus. Ela se impõe aos ouvintes e ao profeta. Ela é uma palavra de julgamento e de denúncia do mal, mas é também uma palavra de edificação e restauração. Ela é uma palavra eficaz porque Deus cuida da sua realização, como no sentido de sua visão sobre a amendoeira (Jr 1,11-12). Sua palavra não é um simples ato verbal, mas um "acontecimento que acontece", apresentado por Jeremias através de diversos atos simbólicos e teatrais: a visita à casa do oleiro (Jr 18,1-11); o incidente com o cinto estragado (Jr 13,1-11); o rompimento da botija diante dos anciãos de Jerusalém como sinal do destroçamento da cidade (Jr 19,1-12); a compra de volta de um campo de Hanamel, filho de seu tio paterno, como figura da restauração que viria depois do exílio de 70 anos, quando se comprariam novamente campos em Judá (Jr 32,8-15.44).

Jeremias escrevia para quem não queria ler seu livro?

Sim. Ele é o exemplo do autor que insiste e persiste. Ele traz uma palavra que os homens não queriam ler, nem ouvir, nem receber. Como muito autor literário. Seu escrito era vulnerável e podia ser apreendido, como foram tantas edições de livros ao longo da história. E ser destruído e queimado, como tantos livros, e como foi com o de Jeremias por ordem do rei. Sua palavra se impunha aos homens, mesmo se eles não desejavam recebê-la. O livro pode ser queimado, mas sua palavra permanece. E pode sempre servir para escrever um novo livro. E a palavra se impõe definitivamente aos homens pela sua realização. O que ela anunciou, acontece. E os homens, com suas tentativas inúteis, nada podem fazer. Nisso, a palavra do Profeta Jeremias era de esperança, pois anunciava um restabelecimento futuro.

Como a Bíblia hebraica chama o Livro das Lamentações?

Na Bíblia hebraica, o lamento das Lamentações é quase onomatopaico. Em hebraico, o nome desse livro é tomado da primeira palavra, presente nos dois primeiros e no quarto poema: *Eiká* (אֵיכָה). Essa palavra, em português, seria equivalente à expressões: "Como!" ou ainda "Oh!" A *Meguilá Eiká* (מְגִילָה אֵיכָה). Mas o título grego da Septuaginta, Lamentações, se tornou tão tradicional que é utilizado até no Talmude. Esse lamento, como no canto fúnebre (2Sm 1,17), se aplica aqui à catástrofe nacional da tomada de Jerusalém com a destruição do templo por Nabucodonosor em 587 a.C.

Quem escreveu as lamentações das Lamentações?

A Septuaginta e a tradição atribuíram esse livro à pena e ao ofício do Profeta Jeremias, a ponto de ser chamado Livro das Lamentações de Jeremias. Talvez essa afirmação tomou como base o Livro das Crônicas (2Cr 35,25), que atribui a Jeremias um canto fúnebre quando da morte do Rei Josias. O livro apresenta cinco poemas de origens e datas diversas, mas todas antes do fim do exílio em 538 a.C. Foram vários autores. Alguns detalhes do segundo e quarto poema mostram até uma proximidade muito grande com os eventos de 587 a.C. Para alguns, o primeiro poema pode até datar da primeira deportação, em 598 a.C., quando Jerusalém foi sitiada e o jovem rei de Judá, Joaquim, rendeu-se voluntariamente. O Templo de Jerusalém foi parcialmente saqueado e uma grande parte da nobreza, os oficiais militares e artífices, inclusive o rei, foram levados para o exílio em Babilônia.

As Lamentações são um ícone do lamento bíblico?

Sim. A ponto do Livro das Lamentações ser usado na liturgia da Igreja Católica durante a Semana Santa, para lembrar o sofrimento de Jesus. Na procissão da Sexta-feira Santa, no canto da Verônica, surge um trecho das Lamentações: "Vocês todos que passam pelo caminho, olhem e prestem atenção: haverá dor semelhante à minha dor?" (Lm 1,12). Verônica é o nome dado pela tradição popular a uma das santas mulheres que acompanharam Jesus no caminho do Calvário. Em dado momento da *via crucis* ela enxugou o seu rosto ensanguentado. A figura, o rosto de Jesus ficou, gravada no tecido, como uma impressão feita de sangue, suor e lágrimas. Uma fotografia primitiva. Verônica nunca foi nome de mulher. Ao produzir um verdadeiro retrato de Jesus, o pano foi chamado de "véu do vero ícone" (do grego *verum Eikôn*), a verdadeira imagem. A palavra grega ícone evoca o retrato, como uma imagem refletida num espelho. A expressão "vero ícone" evoluiu para nomes como Veronique, Verônica e passou a designar uma mulher. São muitas Verônicas nos dias de hoje, mesmo se ninguém com esse nome se lamentava na *via crucis* de Jesus.

São quantos lamentos nas Lamentações?

Os capítulos 1, 2 e 4 são cantos fúnebres, semelhantes aos do Livro de Samuel (2Sm 1,17). O capítulo 3 é uma lamentação individual e o capítulo 5 é uma lamentação coletiva, conhecida como Oração de Jeremias. Os quatro primeiros poemas são alfabéticos. As primeiras letras dos 22 versículos correspondem às 22 letras do alfabeto hebraico colocadas em ordem.

Há uma pequena diferença na ordem do alfabeto observada no primeiro capítulo (depois da letra *sameh̲*, vem a letra *ain*) e a ordem observada nos três capítulos seguintes (depois da letra *sameh̲*, vem a letra *pê*). No terceiro poema, o alfabetismo é tríplice: a letra correspondente a cada verso é empregada no início das três primeiras palavras de cada verso. São cinco lamentos. Em tom profético, o penúltimo versículo, do último lamento, diz: "Faze-nos voltar a ti, Senhor, e voltaremos" (Lm 5,21), evocando um duplo retorno: o da conversão e o da volta do exílio para Sião.

É fácil entender a composição do livro do visionário Profeta Ezequiel?

É não. A elaboração e transmissão do texto de Ezequiel foi bastante complexa. A tradução grega da Septuaginta apresenta numerosas divergências com a versão do hebraico massorético. A importância do texto da Septuaginta é reconhecida desde o século XIX e tem sido objeto de diversos estudos. Ao contrário do Livro de Jeremias, as pesquisas sobre a composição desses livros enfrentam dois problemas principais: a dificuldade de identificar redações de conjunto e o problema da localização espacial e temporal do profeta. Teoricamente, ele residiria junto aos deportados da Babilônia em Tel Aviv (Ez 1,3; 3,15; 11,24), mas em muitas ocasiões ele se dirige aos habitantes de Jerusalém, como se vivesse por lá (Ez 4–24; 33,21-29).

O Livro de Ezequiel foi composto em etapas?

Foi sim. São muitas as tensões redacionais e as duplicidades no texto do Livro do Profeta Ezequiel que denunciam seu caráter compósito. Contudo, ainda hoje existem estudiosos anglo-saxãos que defendem a autoria em bloco e a autenticidade do Livro de Ezequiel, mas sua posição é minoritária. Os pesquisadores alemães demonstraram, de forma convincente e através de diversos trabalhos, desde o século XIX, a existência de uma primeira etapa redacional, diretamente ligada ao Profeta Ezequiel, dos capítulos 1 a 33. Os oráculos da segunda parte dessa coleção, dos capítulos 33 a 48, seriam a obra de redatores mais tardios, exilados na Babilônia.

Os profetas menores são a maioria?

Provavelmente. São conhecidos como profetas menores os doze últimos livros proféticos do Antigo Testamento. Eles são assim conhecidos apenas por uma divisão didática e não por importância. Eles escreveram um conteúdo menor que os "profetas maiores", com exceção do Livro de Zacarias, cujo conteúdo é maior do que o Livro de Daniel. São os seguintes os profetas menores cujas palavras estão registradas em livros: Oseias, Joel, Amós, Abdias, Jonas, Miqueias, Naum, Habacuque, Sofonias, Ageu, Zacarias e Malaquias. Para mais informações e detalhes sobre eles, consultar mais adiante o capítulo "Estranhos nomes de profetas e inspirados".

Como Deus, na Bíblia os profetas estão em toda parte?

Praticamente, todos os profetas surgem na Bíblia em lugares precisos e em momentos decisivos sempre bem-identificados. Eles estão presentes na origem da realeza, no cisma das tribos, nas sucessões dinásticas em Israel e Judá, durante o sincretismo religioso de Acab, na invasão assíria, na descoberta da Lei sob Josias, na Babilônia enfrentando Nabucodonosor ou com o rei deposto de Israel. Eles estão na Samaria, em Judá, em Silô, em Betel, em Jerusalém, no Egito, na Babilônia, no Monte Carmelo, no Horeb etc. Os profetas falam em situações concretas e únicas. Mas suas palavras ultrapassam as circunstâncias imediatas e merecem ser ouvidas, atualizadas e transmitidas.

Os profetas sempre fizeram parte da Bíblia hebraica?

Não. Durante cerca de dois séculos, somente o Pentateuco, a *Torá*, foi considerado como a Bíblia do Judaísmo. Os samaritanos, os antigos habitantes do extinto Reino de Israel, também adotaram o Pentateuco quando do retorno dos exilados babilônicos. Nesse tempo, ainda não haviam sido incluídas as duas partes finais ao Pentateuco e sua perspectiva era claramente ecumênica com relação aos que haviam ficado nas terras de Judá e Israel durante o tempo da ocupação assíria e babilônica. A cidade de Jerusalém, voluntariamente, não é citada no Pentateuco. Quanto aos profetas, o Pentateuco se encerra com a declaração de que nunca houve em Israel um profeta maior do que Moisés.

Os dirigentes do Judaísmo não apreciavam os profetas?

Vários textos proféticos antecedem a redação do Pentateuco. Muitos movimentos apocalípticos se legitimavam com visões proféticas. Como grande parte de seitas e movimentos religiosos que até hoje ainda surgem e se legitimam a partir de uma visão, de uma revelação, de algum iluminado.

Quando a elite religiosa judaica decretou o fim da profecia inspirada?

Logo após o retorno do exílio babilônico. Para oporem-se a esses movimentos apocalípticos e radicais os dirigentes religiosos e responsáveis pelo Templo de Jerusalém decidiram canonizar os "verdadeiros" livros proféticos e inventaram uma teoria segundo a qual o período persa marca o fim da profecia inspirada. Isso não está escrito em lugar algum na Bíblia.

Quando os profetas passaram a fazer parte da Bíblia?

Mais uma vez, após o retorno dos dirigentes judeanos da Babilônia. A partir da decisão da elite religiosa judaica de acabar por decreto com a profecia divinamente inspirada, a Bíblia hebraica passa a integrar dois corpos ou bibliotecas: o Pentateuco e os profetas.

Qual era a composição da Bíblia hebraica nos tempos de Jesus?

Como já foi dito e será repetido várias vezes: é um anacronismo em falar de Bíblia nos tempos de Jesus e antes dele. Esse termo só será plenamente atestado e utilizado pela Igreja Católica a partir do século III d.C. Na época da composição dos evangelhos, entre 70 e 100 d.C., a Bíblia hebraica, se assim podem ser referenciados os livros canonizados pelos dirigentes judaicos, só comportava duas partes: a lei (o Pentateuco) e os profetas. E é assim que Jesus de Nazaré cita as Escrituras Sagradas do Judaísmo em sua época, durante seu ministério.

Quando os outros escritos bíblicos foram canonizados pelo Judaísmo?

Na canonização da terceira seção da Bíblia hebraica, chamada de Escritos (*ketuvim*) onde os livros nem sempre constaram na mesma ordem. Isso ocorreu efetivamente alguns séculos depois da destruição do Templo de Jerusalém pelos romanos no ano 70 d.C., no âmbito do emergente Judaísmo rabínico. E isso se deveu, em grande parte, à expansão e à influência crescente do Cristianismo.

O cinco rolos ficam juntos nos Escritos?

Nem sempre. O lugar dos famosos cinco rolos (Cântico dos Cânticos, Rute, Lamentações, Eclesiastes e Ester) nas bíblias tem sido instável. Mas os cinco são lidos em festas judaicas, o que os aproximou. O Cântico dos Cânticos é lido na Páscoa. Rute em Pentecostes. Lamentações no aniversário da queda do templo. Eclesiastes na Festa das Tendas e Ester na de Purim. Isso os levou a uma posição justaposta nas bíblias. *Voilá*!

O Talmude judaico concorda com essa ordem dos cinco rolos?

Não totalmente. Na lista fornecida pelo Talmude (*Baba batra* 14b) parece ordená-los seguindo um critério cronológico. A lista começa com o Livro de Rute (que acaba com a genealogia de Davi); seguem os salmos (atribuídos a Davi), Jó (que alguns afirmavam remontar à época da rainha de Sabá – Jó 1,15), Provérbios, Eclesiastes, Cântico dos Cânticos (coletânea salomônica), Lamentações (atribuídas a Jeremias), Daniel (do tempo do exílio) e o conjunto conclui-se com os livros de Ester, Esdras-Neemias e Crônicas (do período persa).

Existem três rolos ou livros bíblicos que sempre andam juntos?

Sim. Apesar das diversas ordens propostas para os livros dos Escritos, tanto nos sistemas de classificação do Judaísmo como da Septuaginta e das bíblias cristãs, os livros Salmos, Jó e Provérbios figuram sempre juntos. Quase sempre na ordem: Salmos, Provérbios e Jó. Só ocorre com eles. Paciência.

2.3 Curiosidades sobre reis e reinados

O livro é dos reis ou dos reinados?

O livro ou os dois livros de Reis dão continuidade aos livros de Samuel, com o qual constituem uma grande unidade literária. Eles cobrem um longo período da historia de Israel da ordem de 400 anos, desde os últimos dias do Rei Davi (1Rs 1,1–2,10) até a reabilitação do Rei Joaquim na Babilônia (2Rs 25,27-30), mas não podem ser considerados livros históricos no sentido do termo. Sua cronologia é confusa e contraditória, assim como são frequentes os erros na atribuição de feitos e acontecimentos entre os diversos reinados. O livro é totalmente desequilibrado na apresentação dos reinados, podendo dedicar poucas linhas a reinados que duraram mais de meio século, enquanto gasta páginas descrevendo um único episódio na vida de um dos monarcas. Escrito por redatores judeanos e numa perspectiva sulista, ele descreve e avalia, de forma anacrônica, os reinados de Judá e de Israel na ótica da teologia deuteronomista. O livro começa com um apogeu do Reino de Israel, idealizado e mítico, sob o comando de Davi e Salomão, que não encontra evidências na arqueologia, nem na história. Até o presente, não há comprovação arqueológica capaz de conferir autenticidade histórica à figura do Rei Salomão, nem que Jerusalém tenha sido, por volta do século X a.C., o centro de um reino amplo e próspero, conforme descrito no Livro dos Reis. A ausência de quaisquer achados arqueológicos referentes a Salomão já virou até um mote em artigos sobre história e arqueologia em Israel: Procura-se Salomão desesperadamente. Os relatos míticos do Livro dos Reis sobre o Rei Salomão são, na verdade, o símbolo de um passado glorioso de Israel, mesmo se legendário, que a maioria dos povos antigos apreciava se atribuir.

Saul, Davi e Salomão bíblicos correspondem à realidade histórica?

Necas. Os relatos bíblicos sobre Saul, Davi e Salomão como reis sucessivos de um grande e poderoso reino unificado de Israel, apresentados nos livros de Samuel e dos Reis, são considerados pelos melhores arqueólogos, inclusive do atual Estado de Israel, como uma "ficção piedosa". Esses reis são o símbolo de um passado legendário e glorioso de Israel que os redatores e a tradição oral se autoatribuíram. Não há qualquer achado arqueológico para confirmar as glórias bíblicas de Davi ou de Salomão. Nos tempos históricos de Davi, Jerusalém era um vilarejo de poucos hectares. E os restos do templo vistos hoje em Jerusalém nada têm a ver com Salomão. Eles foram construídos cerca de oito séculos depois. Datação reiteradamente comprovada por achados arqueológicos.

Como era o Reino de Israel no tempo histórico de Davi e Salomão?

No tempo bíblico de Salomão, o Reino de Israel era insignificante, pobre e fraco demais para possuir um grande exército ou construir grandes obras. Não havia uma burocracia capaz de administrar sequer um pequeno reino, quanto mais um império. A Jerusalém, apontada pela Bíblia como a capital dos reinos de Davi e Salomão, era nesse tempo uma aldeia, cuja extensão era de três a seis hectares, como demonstram os estudos arqueológicos dos israelenses! Por volta do século X a.C. não havia a menor possibilidade da aldeia de Jerusalém ser a capital e o centro do reino amplo e próspero apresentado na Bíblia.

O Reino de Salomão não ia do Rio Eufrates até o riacho do Egito?

Segundo os livros de Samuel, de Reis e de Crônicas, sim. "O domínio do seu reino ia desde o Rio Eufrates até a terra dos filisteus e a fronteira com o Egito" (2Cr 9,26). Essa menção literária tenta realizar no papel uma das jamais cumpridas promessas abraâmicas: "Naquele dia, o Senhor fez aliança com Abrão: Eu dou, disse ele, esta terra aos teus descendentes, desde a torrente do Egito até o grande Rio Eufrates" (Gn 15,18). Essa promessa não era exclusiva para os israelitas, é bom dizer, como bem diz o texto. Já outros textos bíblicos mais realistas falam somente e reiteradamente de um território indo de Dan a Beer Sheva (Jz 20,1; 1Sm 3,20; 2Sm 3,10; 17,11; 24,2; 25,14; 1Rs 4,25 e 2Cr 30,5). O que é bem mais razoável. E ainda assim é superestimado, pois a arqueologia demonstra que demorou muito para Dan pertencer aos israelitas, só lá pelos idos de Jeroboão II, por volta de 770 a.C. Até hoje não se achou um caco de cerâmica ou uma pedra sequer gravada por esse poderoso Rei Salomão. Não restou um óstraco qualquer para atestar as histórias bíblicas. Não há qualquer comprovação histórica extrabíblica para dar autenticidade à existência do Rei Salomão, apesar do esplendor que lhe atribui a Bíblia no Livro dos Reis. O nome de Salomão nunca apareceu ou foi referenciado em qualquer documento ou achado arqueológico nos povos da região, algo improvável para um império que iria do Egito ao Eufrates. Muitos historiadores colocam em dúvida a existência real ou a historicidade de Davi e Salomão. No caso de Davi, vários acreditam que ele possa ter existido, mesmo se não foi, nem fez, tudo o que lhe é atribuído. Quanto ao Rei Salomão, a imensa maioria vota por uma figura legendária e literária. O Rei Salomão não é mencionado em nenhum documento egípcio, mesmo se, segundo a Bíblia, desposou uma filha do faraó. Vai saber qual. Qual faraó e qual filha. Mais essa, além de suas setecentas mulheres e 300 concubinas (1Rs 11,3). Pelo jeito, foi mesmo um péssimo genro.

Ser rei de Israel era um bom negócio?

Era não. Dos poucos reis de Israel, do Reino do Norte, a maioria acabou bem mal, se tomarmos a Bíblia como uma referência para a história desses reis. Eles não constituíram dinastias, segundo os redatores bíblicos. Os redatores judeanos não gostavam, nem um pouco, desse Reino do Norte, cheio de samaritanos. A mais bem-sucedida dinastia foi a de Jeú (*Yehu*), um verdadeiro aiatolá javista, com quatro sucessores. O resto acabou em si mesmo (como Zimri) ou teve, no máximo, duas ou três gerações. E quase todos os reis de Israel morreram de morte violenta. Saul e Zimri suicidaram-se. Ishboshete, Nadabe, Elá, Jeorão, Zacarias, Salum, Pecaías e Faceia foram assassinados. Repetindo: assassinados. Acabe e Acazias morreram de forma violenta, um em batalha e o outro após ferimentos. Oseias, o último rei foi deposto. Ao contrário da Etiópia, do Egito, da Arábia, da Jordânia, da China, da Tailândia, da Inglaterra, do Japão e de tantas outras, em Israel, a monarquia foi um grande fracasso.

E o Rei Omri bíblico corresponde à realidade histórica?

Ninguém nega que não haja história nos relatos bíblicos sobre os reis de Israel. Eles não permitem refazer ou reconstruir essa história, no sentido moderno ou científico do termo. Um exemplo típico é o caso do rei ou da dinastia omri. Os redatores do Antigo Testamento ignoram as façanhas, o poder e as realizações do reinado dos Omri em Israel. Eles apresentam o reinado dessa dinastia como um tempo difícil para o povo, exposto ao politeísmo e aos castigos divinos. Ao contrário das afirmações da Bíblia, o reinado de Omri foi um tempo de grande prosperidade, marcado pelas mais imponentes e belas construções de Israel da Idade do Ferro, perto do início do século IX a.C. Artefatos arqueológicos como a Estela de Tel Dan, a Pedra Moabita, o Obelisco de Salmanasar e os resultados das escavações arqueológicas em diversas localidades mostram os reis omridas dirigindo um pequeno império poderoso, cosmopolita, próspero e rico, cujos limites se estendiam de Damasco até Moab, lá pelos idos de 876 a 842 a.C.

O tempo dos omridas foi de prosperidade ou de decadência?

Prosperidade, como já foi dito. Para os arqueólogos modernos de Israel, os escritores do Antigo Testamento deliberadamente inventaram o império, o poder e a riqueza dos reinos de Saul, Davi e principalmente de Salomão. Pela literatura bíblica, eles acabaram por apropriar-se das façanhas, das realizações e dos resultados das gestões dos omridas. Localizado numa região privilegiada para a agricultura e rota de comércio entre os portos fenícios e os Estados mesopotâmicos, o tempo dos omridas foi de grande desenvolvimento. Eles estenderam as fronteiras com os territórios arameus ao norte da Galileia, instalaram palácios em diversas partes do reino e formaram um poderoso exército. A perspectiva religiosa tolerante e politeísta canaanita e a política de casamentos com mulheres estrangeiras para estabelecer alianças de paz e prosperidade do tempo dos omridas eram inaceitáveis para os redatores e editores do Antigo Testamento. Eles ignoraram e obscureceram o quanto puderam os êxitos dos omridas. Mas foi assim e assim foi sob os omridas. Apesar dos arroubos literários sobre as 700 esposas, os navios de Tarsis, o templo colossal, os pavões e a sabedoria de Salomão. Além de toda esperteza de sua querida mamãe Betsabé.

No que o ecumenismo do Rei Omri ajudou o *baal* de Israel, *IHVH*?

O Rei Omri, em seu projeto de criar um estado moderno, forte e estável, se aliou aos fenícios e casou seu filho Acab com Jezebel, apresentada na Bíblia como filha do rei dos sidonianos (1Rs 16,31). Em outras fontes, Etbaal, seu pai, aparece como rei de Tiro. Os autores do Livro dos Reis acusam Acab de venerar o *baal* (בעל) de Tiro. Para alguns estudiosos esse *baal* seria Milqart, o deus fenício. Nisso não há novidade. Essa divindade tornou-se o deus tutelar dos omridas e muito popular entre os militares e outros membros da corte do Reino de Israel. A introdução do *baal* Milqart na Samaria provocou, segundo a Bíblia, uma revolta nos seguidores do *baal Yavé*. Um *putsh* foi conduzido por Jeú, profetas e sacerdotes javistas contra Omri. Isso levou à vitória do Deus *Yavé*. Ele se tornou, talvez pela primeira vez e definitivamente, o *baal* ou o deus tutelar do Reino de Israel. Como o quê, há sempre males que vêm para bem.

Os redatores judeanos da Bíblia não gostavam dos reis de Israel?

Não. Nem um pouquinho. Os autores do Livro dos Reis são judeanos, do Sul. Eles projetam tardiamente um monte de maldades sobre os reis do Norte, segundo eles, idólatras, sincretistas e progenitores dos futuros samaritanos. Eles até dão uma nota e fazem uma avaliação de cada rei de Israel. E todo mundo é reprovado por fazer "mal aos olhos do Senhor". A única exceção nessa história é o Rei Jeú. O *putsh* de Jeú, uma espécie de aiatolá javista, contra a dinastia omrida, a matança dos servidores de *baal* e a entronização de *Yavé* como deus tutelar do Reino de Israel é bem apreciada pelos redatores bíblicos. Mas, eles quase ficam incomodados com isso. Para muitos estudiosos bíblicos, o núcleo desse relato do *putsh* de Jeú serviu para inspirar a redação dos episódios de Elias em sua confrontação com os sacerdotes de *baal* no Monte Carmelo. A inserção artificial desses episódios de Elias, no meio do Livro dos Reis, funciona como uma espécie de prólogo teológico para a atuação do Rei Jeú (2Rs 9 e 10). O paralelismo textual entre a ação de Jeú e a de Elias é muito grande.

E ser rei de Judá era um bom negócio nos tempos bíblicos?

Também não. Dos poucos reis de Judá, desse pequeno reino vassalo do Sul, a maioria acabou bem mal. O reino também começou e acabou mal. Apesar da avaliação mais clemente dos redatores bíblicos. Conforme os dados da arqueologia moderna israelense, durante os séculos IX e VIII a.C. Judá era uma região atrasada, predominantemente rural, prejudicada pelo isolamento geográfico e com uma população politeísta formada principalmente por pastores seminômades. Ela é mencionada por fontes estrangeiras pela primeira vez apenas em 750 a.C., dois séculos após a formação do Reino de Israel. Logo no sexto ano de seu primeiro Rei Roboão, o Faraó Sheshonq I invadiu o Reino de Judá e o tornou um estado tributário. O relato bíblico evita esse assunto desagradável, mas o fato é comprovado por inscrições egípcias. (Inscrição mural sobre Sheshonq I no templo de Karnak e a estela de Megido.) Devido à sua posição geográfica, o faraó usou o Reino de Judá como um Estado tampão. Assim, ele poupou seu próprio exército de guarnecer esta fronteira. E Judá se prestou a esse serviço. Dos reis de Judá, metade foi assassinada, deposta, morreu em batalha ou no exílio babilônico, como Sedecias ou Zedequias. Aqui também, ao contrário da Etiópia, do Egito, da Arábia, da Jordânia, da China, da Tailândia, da Inglaterra, do Japão e de tantas outras, a monarquia em Judá não deu muito certo. Foi um mau negócio.

O que aconteceu com o Reino de Judá com a invasão assíria?

Ele se deu bem. Quando a Samaria foi tomada pelos assírios em 722 a.C., pondo fim ao Reino de Israel, o marginal Reino de Judá, sob o comando do Rei Ezequias (um dos queridinhos dos redatores bíblicos judeanos), prosseguiu em paz sua vassalagem à Assíria, já iniciada por seu antecessor o Rei Acaz. No Reino de Israel, os assírios também realizaram atos verdadeiramente sanguinários e violentos: mataram e deportaram muitos habitantes, incorporaram outros em seus exércitos e, por fim, trouxeram povos estrangeiros para ocupar e colonizar a Samaria, sobretudo árabes. Foi o fim definitivo desse reino próspero e independente. Nesse contexto, parte da população israelita do Norte buscou abrigo e migrou progressivamente para o Reino de Judá. Entre eles, inclusive, um grupo muito javista que havia liderado a revolta contra Omri em prol do *baal* ou do Deus *Yavé* frente ao *baal* fenício. Nem por isso, o culto a *Yavé* desapareceu no Norte, mas Jerusalém começou a crescer. Surgiram novos bairros. A população rural também buscou refúgio e oportunidades nas cidades de Judá como Lakish, Beersheba e Hebron. A cidade de Jerusalém progressivamente passou de uma extensão inferior a uma dezena de hectares para várias centenas.

Em que momento do reinado de Ezequias essas coisas aconteceram?

Na versão dos redatores bíblicos, foi logo no início. Mas há um problema cronológico no relato bíblico sobre esse início de reinado. Para o Segundo Livro dos Reis, a Samaria foi tomada pelos assírios no sexto ano do reinado de Ezequias. Como essa invasão ocorreu no ano 722 a.C., isso indicaria: ele começou a reinar no ano 728 a.C. (2Rs 18,10). Logo adiante, o sítio de Jerusalém pelos assírios, ocorrido efetivamente no ano 701 a.C., é apresentado no Livro dos Reis como se tivesse acontecido no 13º ano do reinado de Ezequias. Isso significaria que o seu reinado teria iniciado entre 715 e 714 a.C. (2Rs 18,13). Os redatores bíblicos nunca foram fortes em matemática e isso não os impediu de considerar o Rei Ezequias o máximo. "Ezequias fez o que *Yavé* aprova, seguindo em tudo o seu antepassado Davi. [...] Ezequias pôs a sua confiança em *Yavé*, deus de Israel. *Tanto antes como depois não existiu nenhum rei em Judá que pudesse ser comparado a ele*" (2Rs 18,3.5). Nem o futuro Rei Josias. O elogio não é pequeno, heim?

Quando serpentes aladas deixaram de voar no Templo de Jerusalém?

Para o texto bíblico, foi no reinado de Ezequias. Ele reparou e purificou o templo e promoveu uma espécie de reforma religiosa. Ezequias prenunciou o que faria, mais uma vez no futuro, o Rei Josias. Sua reforma, como tantas outras, não deu certo e não perdurou. Mesmo assim, sempre segundo a Bíblia, Ezequias reintegrou os sacerdotes e levitas, restaurou a celebração da Páscoa (2Cr 29,3 e 30,5) e proibiu o culto aos deuses pagãos. "Acabou com os lugares altos (*baamot*, בָּמוֹת), quebrou as estelas da deusa *Asherá* e derrubou os postes sagrados. Despedaçou também a serpente de bronze de Moisés, porque os israelitas ainda queimavam incenso diante dela. Chamavam-lhe No<u>h</u>estã" (2Rs 18,4). Esses relatos pró Ezequias dos escribas bíblicos fornecem interessantes indicações e confirmações, entre outras, sobre a presença de diversas imagens de outros deuses no Templo de Jerusalém e alhures. Imagens como as da deusa *Asherá* identificada aos postes sagrados e estelas, e as das serpentes aladas de bronze, as *uraei* egípcias, entidades protetoras. Para muitos estudiosos a estranha história de Moisés fundindo serpentes de bronze no deserto (vai saber onde ele achou uma mina de metais, bronze e uma fundição) foi introduzida no tardio Livro dos Números e em Deuteronômio (Nm 21,6-9; Dt 8,15) para justificar a presença no Santuário de Jerusalém desses ídolos. Apesar de serem tão egípcios e assimilados aos serafins (Is 6), eles eram venerados pelo povo no templo e provavelmente alhures, ainda sob Ezequias.

No Reino de Judá, com os assírios em volta, o que é bom durou pouco?

Pois é. A submissão aos assírios e a Deus trouxe paz inicialmente ao Reino de Ezequias. Mais tarde, porém, Ezequias "Revoltou-se contra o rei da Assíria e não lhe ficou submisso" (2Rs 18,7). A arqueologia e dados extrabíblicos, como os anais de Senaqueribe (Museu de Londres), atestam essa revolta: uma aparente recusa de Ezequias em pagar tributos à Assíria. Isso levou à invasão do Reino de Judá pelo Rei Senaqueribe. Na realidade, ele retornava de uma campanha militar contra o Egito. Senaqueribe sitiou Jerusalém e saqueou outras cidades como Lakish, na região oeste do reino. Ela foi pilhada e seus moradores assassinados, empalados, deportados, condenados a trabalhos forçados ou escravizados. O fato dos assírios abandonarem o cerco de Jerusalém sem tomar a cidade foi visto como um milagre de *Yavé* pelos redatores bíblicos. E deu nascimento à ideia do "sionismo", pela qual esse resto de Israel jamais seria vencido, mesmo diante de todas as desgraças e tragédias (2Rs 19,33-34).

A derrota de Ezequias foi transformada em uma vitória pela Bíblia?

Foi. Seguindo os conselhos do Profeta Isaías, Ezequias resistiu isolado em Jerusalém ao cerco dos assírios. Literariamente, os redatores da Bíblia transformaram esse desastre militar do Reino de Judá numa espécie de vitória. Com grande liberdade literária, eles fazem intervir um anjo para exterminar cento e oitenta e cinco mil soldados assírios durante a noite (2Rs 19,35). Nada mal! Anjo que, infelizmente, nunca mais deu as caras e fará muita falta no futuro frente aos babilônios, aos gregos, aos romanos, aos otomanos, aos nazistas e outros. Na prática, existem outras razões históricas para a retirada dos assírios e sua decisão de não arrasar Jerusalém, frente a total e renovada submissão de Ezequias (2Rs 18 e 19; Is 38,1-22; 2Cr 30,6-9). Já o prisma com os anais de Senaqueribe, também com grande liberdade literária, afirma sobre o Rei Ezequias: "Eu o prendi em Jerusalém, a sua residência real, como um pássaro numa gaiola. Cerquei-o com aterros, para molestar os que estavam deixando a porta da cidade [...] reduzi seu país, aumentei o tributo e os presentes devidos a mim como soberano, aos quais impus a ele além do antigo tributo a ser entregue anualmente [...] Ezequias enviou-me mais tarde a Nínive [...] trinta talentos de ouro, oitocentos talentos de prata...". É sempre bom, quando possível, ouvir os dois lados.

A derrota de Ezequias foi reconhecida pela Bíblia?

Sim. Apesar dos elogios dos redatores bíblicos, "no ano catorze do reinado de Ezequias, Senaqueribe, rei da Assíria, atacou todas as cidades fortificadas de Judá e apossou-se delas. Então Ezequias, rei de Judá, mandou esta mensagem ao rei da Assíria, que estava em Lakish: 'Cometi um erro. Não me ataques. Eu aceitarei as condições que me impuseres'. O rei da Assíria exigiu que Ezequias, rei de Judá, pagasse uma taxa de dez toneladas de prata e mil quilos de ouro. Então Ezequias entregou toda a prata que havia no templo de *Yavé* e no tesouro do palácio real. Mandou também tirar o ouro com que Ozias, rei de Judá, havia revestido as portas e os batentes do santuário de *Yavé*, e entregou-o ao rei da Assíria" (2Rs 18,13-16). A esse ponto chegou o derrotado Ezequias, num ato de grande sacrilégio, ao despojar o Templo de Jerusalém, mas isso tudo os redatores bíblicos relevam com normalidade. Ai dele se fosse um rei do Norte!

Qual a herança do Rei Ezequias para seu sucessor Manassés?

O saldo da campanha de Senaqueribe para o Reino de Judá foi um desastre: redução de um terço da população e a perda da rica região do Sefelá, produtora de cereais, transferida pelos assírios aos seus vassalos filisteus. O choque depressivo desse resultado desastroso parece presente na enfermidade e no estado psicológico de Ezequias, relatados no Livro de Isaías (Is 38,1-22). Essa é a herança de Ezequias para o Rei Manassés, apesar dos elogios bíblicos. Ciente das consequências e da impossibilidade em enfrentar a potência assíria, Manassés estreitou relações com essa nação e seus vizinhos, e entrou de vez na rota do comércio árabe, fomentado pelos assírios. Ele governou por mais de meio século, exerceu uma eficiente *realpolitik*, sempre em paz, sem guerras com os vizinhos e com tolerância religiosa. Manassés reconstruiu Lakish, diversas novas fortalezas e talvez até o túnel do aqueduto de Siloé, ampliando inclusive o território do Reino de Judá. Evidentemente, os redatores do Livro dos Reis não têm grande estima por Manassés. Dedicam-lhe poucas linhas e muitas de suas obras foram imputadas a Ezequiel pela Bíblia.

Os redatores da Bíblia não gostavam do Rei Manassés?

Não. Nem um pouquinho. Assim fala o Livro dos Reis sobre Manassés: "Fez o que *Yavé* reprova, imitando as abominações das nações que *Yavé* havia expulsado diante dos israelitas. Reconstruiu os lugares altos que seu pai Ezequias havia destruído; ergueu altares a *baal* e levantou um poste sagrado, como havia feito Acab, rei de Israel; prostrou-se diante de todo o exército do céu e adorou-o; construiu altares pagãos no templo de *Yavé*, a respeito do qual *Yavé* havia dito: "Em Jerusalém colocarei o meu Nome"; ergueu também altares a todo o exército do céu nos dois pátios do templo de *Yavé*; sacrificou o seu filho no fogo; praticou adivinhação e magia, estabelecendo necromantes e adivinhos. E multiplicando as ações que *Yavé* reprova, provocou a sua ira. Fez e colocou o ídolo *Asherá* no templo de *Yavé* [...]. Manassés corrompeu-os, a ponto de eles praticarem um mal ainda maior que as nações que *Yavé* havia expulsado diante dos israelitas. [...] Manassés também derramou sangue inocente, a ponto de inundar Jerusalém toda. Isso sem contar os pecados que ele fez cometer a Judá, praticando o que *Yavé* reprova" (2Rs 21,2-16). Diante de tanta impiedade, de tal desrespeito às ordenações do Deuteronômio, os 55 anos de reinado próspero e tranquilo de Manassés incomodaram os redatores da Bíblia. Então, lá no Livro das Crônicas, com sua teologia da retribuição, eles inventaram uma justificativa para um tão longo e próspero reinado, de um rei que "não agradava os olhos de *Yavé*": um arrependimento e um pedido de perdão a *Yavé*. Fácil.

Os redatores da Bíblia gostavam do Rei Josias?

Sim. Muito. Os relatos de desrespeito ao Deuteronômio, atribuídos a Manassés no Livro dos Reis, são como uma preparação literária à apresentação do reinado de Josias. Ele sim cumprirá as determinações de *Yavé*, apresentadas no Livro do Deuteronômio, para os autores bíblicos. Josias começou reinar com oito anos. Com essa idade não deve ter tomado grandes decisões, muito menos segurou em suas mãos as rédeas do reino. Essas, certamente, ficaram nas mãos de conselheiros. Seu reinado coincidiu com o declínio da Assíria, com a independência da Babilônia e a nova expansão do Egito. Na Bíblia, ele é saudado elogiosamente como Ezequias: "Josias fez o que *Yavé* aprova e seguiu em tudo o comportamento do seu antepassado Davi, sem se desviar, nem para a direita, nem para a esquerda" (2Rs 22,2). Beleza. Na prática, a Bíblia relata apenas um episódio principal da vida de Josias: a descoberta de um livro antigo durante a reforma do santuário e a reforma religiosa desencadeada. Ela dedica dois capítulos inteiros a essa aventura (2Rs 22 e 23). Já para os 55 anos do próspero reinado de Manassés, nem meio capítulo. Viu no que dá não ser amado.

No reinado de Josias ocorreu a redação do Livro do Deuteronômio?

Tudo indica. Como todo rei que se preza, Josias fez trabalhos de renovação do Templo de Jerusalém. Durante essas obras, no 18º ano do seu reinado, os operários encontram um rolo, um manuscrito, um livro antigo. Josias, do alto de seus 26 anos, leu o livro. Como se não bastasse, o livro também foi lido à Profetisa Hulda, a toupeira. Depois, o Rei Josias releu o livro diante do povo. Foi muita leitura, uma verdadeira campanha de valorização do livro ou do rolo. Por fim, Josias fez uma aliança com *Yavé* com base no livro: "O rei convocou todos os anciãos de Judá e Jerusalém para uma reunião. Depois subiu ao templo de *Yavé* com todos os homens de Judá e todos os habitantes de Jerusalém: sacerdotes, profetas e todo o povo, adultos e crianças. Leu-lhes as palavras do Livro da Aliança encontrado no templo de *Yavé*. De pé, sobre o estrado, o rei concluiu, diante de *Yavé*, a aliança para seguir a *Yavé*, obedecendo aos seus mandamentos, testemunhos e estatutos, com todo o coração e com toda a alma, cumprindo todas as palavras da aliança, escritas nesse livro. E todo o povo aderiu à aliança" (2Rs 23,1-3). Mais uma vez. *Od pan.*

Que livro era esse encontrado perdido no Templo de Jerusalém?

Era o Livro do Deuteronômio, como logo defenderam os comentadores judeus da Bíblia e os Padres da Igreja. Um milênio e meio depois, o primeiro estudo científico a provar essa tese foi feito num trabalho de doutorado, escrito em latim, de 1805, pelo teólogo alemão Wilhelm Martin Leberecht de Wette (12/01/1780-16/6/1849) (*Dissertatio critica qua prioribus Deuteronomium Pentateuchi libris diversum*). Basta cotejar as passagens do Livro dos Reis sobre Josias e sua reforma religiosa com o texto do Deuteronômio e constatar, versículo por versículo: Josias faz exatamente o que está determinado no Livro do Deuteronômio. Ele fez o contrário de tudo realizado por Manassés, segundo os redatores da Bíblia.

O Deuteronômio foi reencontrado ou escrito no Reino de Josias?

Hoje, os estudiosos da Bíblia concordam: no Reino de Josias teve início a redação ou a primeira edição do Livro do Deuteronômio. Três camadas de redação são encontradas nesse livro. No texto bíblico, o livro é apresentado como "antigo", mas na realidade ele foi escrito para legitimar a reforma de Josias. Frequentemente, na história, para legitimar mudanças religiosas e políticas, os reformadores apoiam-se na descoberta de livros "antigos". Vários exemplos existem desde a Antiguidade: os hititas, no século XIV a.C., encontraram tabuinhas de argila muito antigas para explicar uma situação de doenças etc.; a história de Sanchoniathon, autor fenício, segundo Fílon de Biblos e relatada por Eusébio de Cesareia, sobre o achado dos livros antigos e secretos dos amonitas; o final do Livro dos Mortos, o capítulo 64, também foi encontrado, mas era muito antigo... E mesmo, mais recentemente, no século XIX, há o caso do livro dos mórmons. Joseph Smith também descobriu umas tabuinhas muito antigas (e invisíveis até hoje), graças à revelação do Anjo Moroni. Elas estavam enterradas lá nos Estados Unidos. Acontece. E com isso eles legitimam a emergência de uma variante norte-americana do Cristianismo, baseada num texto muito "antigo".

A vida do Rei Joás inspirou os relatos do Rei Josias?

Tudo indica. O começo do capítulo 22 (3-7) do Segundo Livro dos Reis sobre Josias inspira-se ou tem como motivo literário o capítulo 12 (10-16) do Segundo Livro dos Reis sobre o Rei Joás. Até no fato de Joás tornar-se rei com 7 anos e Josias com 8 encontra-se uma aproximação entre os relatos sobre esses dois personagens. Josias, como fazem os reis desejosos de mostrar fidelidade aos seus deuses, restaurou o santuário de *Yavé* e esse processo é o núcleo central da primeira redação do Deuteronômio. O versículo 8 é uma clara introdução posterior no texto de 2Rs 22: "O sumo sacerdote Helcias informou o secretário Safã: 'Achei o livro da lei no templo de *Yavé*!' Entregou o livro a Safã que o leu" (2Rs 22,8). O texto prossegue na sequência do versículo 7, sem a menor reação imediata à descoberta extraordinária do livro da lei pelo profeta. E assim vai mais uma interpolação no texto bíblico, das quais os livros dos Reis e das Crônicas estão repletos.

O Rei Josias acabou com o ecumenismo do Templo de Jerusalém?

Sim. Para os redatores bíblicos, o rei ordenou ao sumo sacerdote Helcias, aos sacerdotes de segunda ordem e aos guardas da porta, que tirassem do santuário de *Yavé* todos os objetos feitos para o culto de *Baal*, *Asherá* e de todo o exército do céu, a mais bela expressão da astrologia assíria. Os objetos foram queimados fora de Jerusalém, nos campos do Cedron, e as suas cinzas foram levadas para Betel. [...] "Retirou do templo de *Yavé* o ídolo *Asherá*, levando-o para fora de Jerusalém, para o riacho do Cedron. Queimou o ídolo junto ao riacho do Cedron, e reduziu-o a cinzas, que foram lançadas na vala comum" (2Rs 23,4.6). Como já foi dito, a reforma de Josias estava mais para uma demolição do que para a construção de um puxadinho e uma nova pintura.

O Rei Josias acabou com a astrologia?

Pelo jeito, sim. Foi o fim dos esboços de observatórios astronômicos e da astrologia no Templo de Jerusalém e alhures, junto com os cultos ao "exército dos céus" ou aos deuses solares, lunares e estrelares. Perdeu-se esse início de uma geometria e matemática celeste. Foi preciso esperar Albert Einstein para ver os judeus brilharem mesmo no campo científico da astronomia.

Josias não se importou com a arte, nem com o patrimônio histórico?

Nem um pouquinho. E o contrário teria sido muito anacrônico. Para a Bíblia, Josias "Eliminou os cavalos que os reis de Judá haviam instalado em honra do sol, à entrada do templo de *Yavé*, perto do aposento do funcionário Natã Melec, que ficava nas dependências. Queimou também os carros do sol. O rei destruiu os altares que estavam no terraço do aposento superior de Acaz e que tinham sido construídos pelos reis de Judá, e também os altares que Manassés tinha mandado fazer nos dois pátios do templo de *Yavé*; retirou-os daí e mandou lançar as cinzas ao riacho do Cedron" (2Rs 23,11-12). Com isso o riacho do Cedron, intermitente, virou um aterro sanitário ou de santuário.

O Rei Josias cortou os gastos com as outras religiões?

Sim. Eram tempos difíceis. Nada de sustentar outras castas religiosas para manter boas relações com os vizinhos egípcios, assírios, fenícios, filisteus, caldeus e todos os seus deuses. Para a Bíblia, Josias "Depois destituiu os falsos sacerdotes que os reis de Judá haviam estabelecido para queimarem incenso nos lugares altos das cidades de Judá e arredores de Jerusalém. Destituiu também aqueles que queimavam incenso a Baal, ao sol, à lua, às constelações e a todo o exército do céu" (2Rs 23,5). Teria sido o fim de todos esses *baamot* (בָּמוֹת), desses belvederes religiosos, desses santuários ecológicos.

O Rei Josias acabou com o culto fora de Jerusalém?

Sim. Fosse qual fosse. Sua reforma religiosa não reforma tanto, mas eliminou, profanou, desativou, destruiu e aniquilou de forma sistemática os lugares de culto fora do Templo de Jerusalém. O Rei Josias, para a Bíblia, obedeceu ao texto do Deuteronômio. Isso legitimou sua ação: "mandou vir todos os sacerdotes das cidades de Judá e profanou os lugares altos onde esses sacerdotes haviam queimado incenso, desde Gaba até Bersabeia. Destruiu o lugar alto da porta, que ficava à entrada da porta de Josué, governador da cidade, à esquerda de quem entra pela porta da cidade" (2Rs 23,8). A seguir, "Josias profanou o Tofet que existia no Vale de Ben-Enom, para que ninguém sacrificasse no fogo o filho ou a filha em honra do deus Moloc" (2Rs 23,11). Mesmo se textos posteriores atestem a continuidade e o funcionamento do Santuário de Betel, nesse episódio "Josias destruiu também o altar que estava em Betel, lugar alto que Jeroboão, filho de Nabat, havia construído e com o qual havia arrastado Israel ao pecado. Destruiu esse lugar alto, quebrou as suas pedras, reduzindo-as a pó, e queimou o poste sagrado" (2Rs 23,15). Estava estabelecido o monopólio do culto e do recebimento de taxas e impostos religiosos em Jerusalém. *Yavé* será o Deus Um. Só um. Só lá. Nada de franquias espalhadas pelo país. Quanto mais de concorrência. Nada de multiculturalismo religioso. E cuidado com o leão das receitas!

O Rei Josias acabou com outros cultos não javistas em Jerusalém?

Bem que tentou. "O rei profanou os lugares altos que ficavam na frente de Jerusalém, ao sul do monte da Perdição, lugares que Salomão, rei de Israel, tinha construído em honra de Astarte, abominação dos sidônios, em honra de Camos, abominação dos moabitas, e em honra de Melcom, abominação dos amonitas. Quebrou as estelas, derrubou os postes sagrados e encheu o lugar com ossos humanos" (2Rs 23,13-14). Nossa! E mais: "Destruiu as casas dos prostitutos sagrados, os *quedeshim* (קדשים), que havia no templo de *Yavé*, onde as mulheres teciam vestes para *Asherá*" (2Rs 23,7). Também, com a destruição da estátua de *Asherá*, para quem tecer roupinhas? Não chegou a causar uma crise na indústria têxtil artesanal.

O que aconteceu com os sacerdotes das religiões vizinhas em Judá?

Segundo um dos versículos desse capítulo, os sacerdotes não javistas perderam o emprego, apenas foram proibidos de exercer a função. Eles continuaram, graças a uma espécie de direito trabalhista adquirido, a desfrutar de uma aposentadoria, como por vezes ocorre no Brasil. "Os sacerdotes dos lugares altos foram proibidos de subir ao altar de *Yavé* em Jerusalém, mas podiam comer os pães sem fermento no meio dos seus irmãos" (2Rs 23,9). Afinal, mesmo se pagãos e idólatras, eles eram judeanos, conterrâneos, compadres, colegas de profissão, patrícios etc.

O que aconteceu com os sacerdotes das religiões vizinhas na Samaria?

Bem, na Samaria, segundo os relatores bíblicos, o caldo engrossou. Nada de anistia ou aposentadoria. Na sua tradicional inimizade ao Reino do Norte, os redatores de Jerusalém não economizam em crueldade, parece até coisa de asteca ou maia: "Josias fez desaparecer também todos os templos dos lugares altos, que havia na cidade de Samaria. Esses templos tinham sido construídos pelos reis de Israel para irritar a *Yavé*. Josias fez-lhes o mesmo que já havia feito em Betel. Josias *imolou*, sobre os altares, todos os sacerdotes dos lugares altos que aí se encontravam; e, por cima deles, queimou ossos humanos. Depois voltou para Jerusalém" (2Rs 23,19-20). Mais sacrifícios e corpos humanos e não era para Moloc. Na boa.

Como esse flagelo de Deus pode fazer tudo isso e ser aclamado?

Tudo foi justificado no livro da lei e não em profecias, profetas etc. "Josias eliminou também os necromantes, os adivinhos, os deuses domésticos, os ídolos e todas as abominações que se viam no país de Judá e em Jerusalém, para cumprir as palavras da Lei escritas no livro que o sacerdote Helcias encontrou no templo de *Yavé*" (2Rs 23,24). Foi o triunfo deuteronomista. Pelo menos na literatura bíblica. E até hoje quantos não cometem crimes e barbaridades tendo textos sagrados nas mãos como justificativa? E quantos ainda não os cometerão no futuro?

A reforma de Josias restabeleceu as festas judaicas?

Pois é. Foi como se tudo tivesse sido esquecido e o zeloso Josias tudo restabeleceu, no nome de Deus e do Deuteronômio: "O rei ordenou a todo o povo: 'Celebrai a Páscoa em honra de *Yavé*, vosso Deus, conforme está ordenado neste Livro da Aliança'. Nunca tinha sido celebrada uma páscoa como essa, desde o tempo em que os juízes governavam Israel, nem durante todo o tempo dos reis de Israel e de Judá. Foi somente no ano dezoito do Rei Josias que tal páscoa foi celebrada em honra de *Yavé*, em Jerusalém" (2Rs 23,21-23). Foi o triunfo da centralização tributária e religiosa em Jerusalém, da concentração do poder em mãos dos sacerdotes do santuário que agora será o único de um Deus que é um, em Jerusalém e não de muitos alhures. Não havia coelhos, num chocolate, mas que Páscoa!

Teve outro rei mais elogiado na Bíblia do que Josias?

Teve não. Nem Davi, o queridinho dos redatores em oposição ao amaldiçoado Jeroboão, assimilado ao pecado original da monarquia. Os elogios dos redatores do Livro dos Reis a Josias são ditirâmbicos: "Nenhum dos reis anteriores se voltou para *Yavé* como ele se voltou de todo o coração, de toda a alma e com toda a sua força, conforme a Lei de Moisés. Mesmo depois, não surgiu outro como ele" (2Rs 23,25) (*sic*). Em nenhum lugar da Bíblia foi atribuído a alguém essa tríplice qualidade deuteronomista (Dt 6,4) de amar a Deus "de todo o coração, de toda a alma e com toda a força, conforme a Lei de Moisés". Às vezes a pessoa ama com toda sua alma, às vezes com todo seu coração, às vezes com dois desses elementos, mas com os três, coração-alma-força, só o Rei Josias realizou a plenitude do programa do Deuteronômio. Mesmo assim, seu reino não foi de um sucesso estrondoso. Como o do também elogiado Rei Ezequias.

E tudo acabou bem para o reformador Josias?

Pois é. Não. Os redatores do Livro dos Reis preferem baixar um pano rápido sobre esse rei tão teatral. Apesar das declarações bíblicas elogiosas a Josias e das profecias de Hulda tão favoráveis quanto à sua morte em paz em Jerusalém, ele acabou de morte matada, alhures, em Megido, pelas mãos do faraó do Egito, Neco, que reinou de 609 a 594 a.C. "O Rei Josias marchou ao seu encontro, mas o faraó, assim que o viu, o matou em Megido" (2Rs 23,29-30). Os cronistas, muito tempo depois, com sua teologia da retribuição, tentaram mostrar que Josias – no fundo – não foi tão obediente a Deus. Ele erigiu-se contra a vontade de Deus que lhe foi apresentada pelo Faraó Neco! Os mesmos cronistas bíblicos, sempre com sua teologia da retribuição, até tentaram aliviar essa morte. Para eles, Josias levou umas flechadas, só foi ferido e conscientemente pediu para voltar a Jerusalém, onde morreu "em paz", para não contrariar as cegas profecias de Hulda, a toupeira. Esse é o significado do nome dessa profetisa em hebraico. Josias no Livro das Crônicas teve direito a elogio fúnebre, prantos e até às lamentações de Jeremias (2Cr 35,23-27). Apesar de sua morte matada, de sopetão, contrariando os elogios e vaticínios deuteronômicos recebidos.

A reforma do Rei Josias reformou o quê?

Nada no sentido de uma verdadeira reforma religiosa. Josias não reformou especialmente sua religião. Mais do que uma reforma no próprio Judaísmo, Josias fez uma limpeza, uma profanação, uma exclusão de toda presença de outros cultos em Jerusalém e também do próprio culto a *Yavé* fora de Jerusalém. Nada de pluralismo religioso, quanto mais de multiculturalismo. Ele colocou em prática o primeiro mandamento: "Ouve Israel, o Senhor teu Deus é Um" (Dt 6,4). Não se tratava ainda do monoteísmo, do Deus único, mas do Deus Um. Mesmo se muitas traduções bíblicas escrevem único ao invés de um (*ehad*, אחד em hebraico). Um só Deus será cultuado em Jerusalém. Josias buscou implantar o monopólio e a centralização do culto do Deus Um. *Yavé* só se tornará Deus Único, monoteísta *comme il faut*, lá na época do domínio persa, depois da rica experiência judaica do exílio babilônico.

A reforma de Josias aconteceu mesmo?

Como fatos históricos dessa magnitude não são citados ou evocados nos livros de Ezequiel, nem de Jeremias, contemporâneos de tais eventos? Por que nem Ezequiel, nem Jeremias, não mencionam a gesta de Josias? Mesmo assim, alguns estudiosos da Bíblia tomam como históricos os relatos bíblicos da reforma de Josias e aceitam na totalidade esse texto. Para outros estudiosos não passa de uma construção literária tardia dos deuteronomistas, uma mera ficção, dos tempos pós-exílicos. Daria um belo título de livro antigo a ser achado escondido num templo: "A reforma de Josias: fato ou ficção?" Provavelmente, a verdade deve estar numa posição mais intermediária. Certamente, Josias não realizou toda a radical e cruel reforma relatada no texto. Mas ele expressa a memória de uma iniciativa de centralização e reforma do culto. Algo ocorreu no tempo de Josias. Algum evento histórico ligado à prática religiosa aconteceu. Talvez não tão enorme como o descrito no texto bíblico... Mas tudo indica que aconteceu, e a Bíblia tinha razão.

Como foi reformado o texto da reforma de Josias?

Para os exegetas, um pequeno evento histórico está presente no Segundo Livro dos Reis (2Rs 22 e 23). Trata-se de um núcleo textual, de um relato do tempo assírio (2Rs 22,1-7. 9.13 e 2Rs 23,1.3-9.25). Esse relato será em seguida, e por diversas vezes, amplamente trabalhado pelos redatores deuteronomistas no período babilônico e persa. Indicações arqueológicas, como as ruínas do santuário de Arad, reconstruído sob Manassés, indicam sua destruição ou fechamento no século VII, durante a reforma de Josias. Talvez, em muitos casos, Josias mais fechou santuários do que os destruiu.

Com o Rei Josias ocorreu o divórcio do casal *Yavé* e *Asherá*?

Sim. Um Deus Um não precisa de companheira. Até novas descobertas arqueológicas, não há mais evidência da presença de *Asherá* associada a *Yavé* nos santuários de Judá após a reforma de Josias. Um Deus Um é obrigatoriamente celibatário. Mais tarde, quando da invasão e tomada de Jerusalém pelos babilônios, muita gente atribuiu esse evento a um castigo de *Asherá*, da rainha dos céus e outros deuses astrais pela forma como foram maltratados nesse período de Josias (Jr 44,18-19). Já para outros, sempre propensos a atribuir seus infortúnios à cólera divina, foi um castigo do Deus *Yavé*. Enfim, aqui se faz, aqui se paga. E cada um, sempre vê o seu lado, do seu lado. Mas não foi o fim da presença feminina na corte celeste, nem da rainha dos céus, tão popular entre as mulheres daquele tempo, dessa *regina coeli* ou *malkat shamain* (מלכת שמים).

Quem escolheu Jerusalém como santuário?

Taí uma boa pergunta. Quem escolheu Jerusalém como santuário: Deus ou os redatores da Bíblia? Caso tenha sido Deus, Ele demorou muito a se decidir. Mais de mil anos. Quais seriam os critérios de sua escolha? Localização, custos, mercado, topografia, investimentos previstos, valores imobiliários...? Não sabemos. Quanto aos critérios de escolha dos redatores bíblicos em colocar o Santuário de Jerusalém como o único em Israel, aí não pairam muitas dúvidas. Nos tempos de Josias, no final do século VII a.C., altos funcionários da corte de Jerusalém redigiram a primeira versão dos livros do Deuteronômio, de Josué, de Samuel e dos Reis. Para eles, Deus escolheu Jerusalém como o lugar, o único, do seu santuário. E aos poucos acabaram por decreto com todos os outros santuários dedicados ao deus de Israel. Doravante, ele é Um e será honrado em apenas um santuário, o de Jerusalém. Apenas um local também para a coleta de impostos e taxas religiosas.

Com um só Deus, o que fizeram com as deusas os redatores da Bíblia?

Bem, esse Deus celibatário, marcadamente macho, guerreiro e patriarcal, passou a assumir seu lado feminino. Imagens femininas, antes difíceis de imaginar, são aplicadas a um *Yavé* cada vez mais feminino: "Porventura a mulher esquece a sua criança de peito, esquece-se de mostrar sua ternura ao filho da sua carne, do seu ventre? Ainda que elas se esquecessem, eu, eu (*Yavé*) não te esquecerei" (Is 49,15). *Voilà* um *Yavé* mais feminino que uma mãe. Em outra passagem, *Yavé* se identifica com uma mulher em trabalho de parto: "Como mulher em dores de parto eu gemo, eu sufoco e sou oprimido ao mesmo tempo" (Is 42,14). Fertilidade, fecundidade e ternura feminina emergirão em vários textos da fase final monoteísta como atributos do Deus *Yavé*. Ainda bem.

Por que os redatores da Bíblia colocam o santuário em Jerusalém?

Por realismo. Esse tema foi retomado no retorno da Babilônia. Um dos objetivos dos redatores pós-exílicos da Bíblia era o de unificar a nação e mostrar o Templo de Jerusalém como o único santuário escolhido por *IHVH*, por *Yavé*. Esqueçam o grande Reino de Israel! E mais: o Rei Josias havia sido um digno sucessor de Davi, após a destruição das cidades de Judá e das deportações babilônicas. De fato, não havia sobrado muito lugar, fora de Jerusalém, onde fosse possível cultuar-se *Yavé* desde as invasões assírias. Pelo menos com alguma pompa e circunstância, como se diz. Isso facilitou bastante as coisas, talvez mais do que as doutrinas monopolistas de Jerusalém. Quanto ao passado (emergência da monarquia, coexistência dos reinos de Israel e de Judá, invasão assíria, ocupação da Samaria, crescimento do Reino de Judá, sua vassalagem com a Assíria etc.), para os estudiosos da Bíblia, a história geopolítica desses eventos foi radicalmente revisada e modificada pelos deuteronomistas com o objetivo de explicar a queda do Reino de Israel, o exílio na Babilônia e a restauração do reino unificado sob o domínio inquestionável de Judá, com sua sede em Jerusalém. Eles criaram e alimentaram a unidade, tão comum na região, entre um rei e um deus tutelar nacional, no caso o *baal IHVH*, o senhor *Yavé*.

No passado Jerusalém não era o único santuário de Israel?

Era não. E nunca foi. A arqueologia e a história demonstram: a ideia de um grande reino unido sob o comando de Davi e Salomão, em torno do primeiro Templo de Jerusalém, só existiu na imaginação dos autores bíblicos. Nunca houve esse reino unido. Mesmo se partilhavam as mesmas crenças e origens, até 722 a.C. era o Reino de Israel o proeminente. Os redatores bíblicos projetaram, anacronicamente e com ampliações, a situação do segundo templo sobre o primeiro. Se os reinos de Israel e de Judá veneraram o mesmo deus, o *baal IHVH*, essa veneração nacional foi muito diferente e em diversos locais ("altos"), como atestam as inscrições encontradas na região (estelas, óstracos, monumentos...) e os próprios textos bíblicos. E mesmo para chegar-se a essa monolatria javista demorou bastante. Quanto mais ao monoteísmo javista.

As reformas de Josias salvaram Judá da ocupação babilônica?

Não teve jeito. Mesmo com todo esse esforço literário, os babilônicos ocuparam Jerusalém e o Reino de Judá. Pelo jeito seus deuses eram mesmo muito poderosos. Como já foi evocado, com a invasão e a tomada de Jerusalém pelos babilônios, muita gente atribuiu esse evento a um castigo de *Asherá*, da rainha dos céus e outros deuses astrais pela forma como foram tratados nesse período de Josias (Jr 44,18-19), retirados do Templo de Jerusalém, dos santuários abertos etc. Já para outros, sempre propensos a atribuir seus infortúnios à cólera divina, foi mesmo mais um castigo do Deus *Yavé* sobre seu povo em consequência de sua falta de fidelidade à aliança celebrada.

O Reino de Judá foi esvaziado de sua população pelas deportações?

Foi não. De certa forma, para sorte dos judeanos ou judaítas, a política de deportação dos babilônios era bem diferente da dos assírios, aplicada no antigo Reino de Israel. Apenas uma parte da população, principalmente a elite burocrática, administrativa e religiosa foi deportada. Os textos bíblicos não se entendem sobre quantos foram deportados. O Livro dos Reis fala de 7.000 a 10.000 pessoas deportadas na primeira leva (2Rs 24) e depois sugere que toda a população foi para o exílio, deixando o país vazio. Jeremias (Jr 52) fala de três deportações sucessivas de 3.023, 832 e 745 pessoas. As cifras de Jeremias parecem mais plausíveis: 5 a 25%, no máximo, da população teriam sido deportados. O mito do país vazio foi uma invenção dos deportados para provar que o "verdadeiro Israel" estava no exílio e também para garantir direitos fundiários reivindicados na fase pós-exílica pelos retornados.

2.4 Um pouco da história dos últimos livros

Esdras e Neemias eram gêmeos?

Não, Esdras e Neemias não eram gêmeos e é muito provável que eles sequer tenham se conhecido. Contudo, os dois personagens tiveram um papel relevante numa época de mudança e transição na história do povo judeu: a do retorno do exílio babilônico. Pouco se sabe sobre esses dois personagens, seus dados se confundem e são confusos. Toda informação sobre eles provém exclusivamente dos livros que levam seus nomes. Esses livros, mesmo com enormes lacunas temporais, são também uma das principais fontes de informação sobre a história do povo judeu no período persa entre a ocupação da Babilônia por Ciro (539 a.C.), o retorno dos exilados conduzidos por Zorobabel em 538 a.C. até a conquista de Alexandre o Grande (333 a.C.). Originalmente, os livros de Esdras e Neemias formavam um único livro nos manuscritos hebraicos, sob o nome de Esdras, e na Septuaginta. Ele teria sido composto antes de 1 Crônicas e 2 Crônicas, como se verifica na ordem dos livros da Bíblia hebraica e na Septuaginta. Na época cristã eles foram divididos em dois, como havia ocorrido com os livros de Samuel, Reis e Crônicas. Tal uso foi seguido pela Vulgata Latina que adotou essa divisão em 1 Esdras (= Esdras) e 2 Esdras (= Neemias). Essa divisão foi sendo transmitida nas diversas traduções e versões da Bíblia católica e a partir do século XV, ela foi adotada ou assimilada nas edições impressas do texto hebraico massorético do *Tanaẖ* ou do Antigo Testamento, bem como pelos protestantes. A designação dos dois livros, a partir dos respectivos personagens principais Esdras e Neemias, é ainda mais recente.

Qual a diferença entre os livros de Crônicas ou os Paralipômenos?

Nenhuma. Os livros bíblicos Paralipômenos nada mais são que os livros de 1 e 2 Crônicas. Esse palavrão, Paralipômenos, é de origem grega (*paralipomena*) e significa "coisas omitidas ou esquecidas". Os livros de

Crônicas foram chamados assim porque possuem alguns pormenores que não constam nos relatos dos livros de 1 e 2 Samuel e em 1 e 2 Reis. Esse nome foi dado pela Vulgata e pelos autores gregos e hebraicos a esses dois livros históricos da Bíblia que apresentam um relato complementar da história do povo hebreu até o exílio babilônico. Apesar desse termo não ser muito empregado, esta designação ainda pode ser encontrada em algumas bíblias. Por extensão o termo passou a ser usado para designar qualquer suplemento a uma obra literária. Então, em face de tanta omissão e esquecimentos, se encontrar um Paralipômeno, não se assuste.

Como a cana da Bíblia definiu os livros canônicos?

A Bíblia fala umas trinta vezes de cana, mas não está se referindo a mais conhecida das canas no Brasil: a cana-de-açúcar. Ela evoca, com a palavra *canéh* (קָנֶה), um caniço, a chamada cana-do-reino (*Arundo donax*), salvo ocasiões em que o mesmo termo é empregado para o junco. A cana ou cana-do-reino é uma gramínea alta, perene, nativa das águas frescas do Mediterrâneo. Cresce por volta dos 4 a 6m e apresenta ramos ocos de 2 a 3cm de diâmetro. É cultivada e tem mil e uma utilidades. É flexível e forte para ser usada como palheta para instrumentos de sopro como clarinete, gaita de fole, saxofone e oboé. Esse uso é constatado em flautas de mais de 5.000 anos. Serve para confeccionar varas de pesca, bengalas e bastões. E o que isso tem a ver com os livros canônicos? Continue sua leitura.

A cana de medir serve para avaliar os livros canônicos?

Um dos usos da cana em terras bíblicas, por ser bem reta, era o de servir como instrumento de referência e de medida: "cordel de linho e uma cana de medir" (Ez 40,3). Nesse texto de Ezequiel, ele faz várias referências à cana de medir (Ez 30,5-7). Os gomos dessa cana também ajudavam em subdividir as medidas de comprimento. Em razão do caráter retilíneo da cana, usada como medida, a palavra assumiu o sentido figurado de régua, de padrão e de referência. E o que isso tem a ver com os livros canônicos? Continue sua leitura.

A cana canônica era a cana caiana?

Da palavra cana, usada no sentido de referência e padrão, derivou, por metonímia, o termo cânon ou cânone utilizado no século IV pela Igreja Católica para as Sagradas Escrituras e para seus decretos, conceitos e regras concernentes à fé e à disciplina religiosa. O termo “canônico” evoca o conjunto dos livros considerados de inspiração divina e na liturgia católica uma das partes em que se divide a Santa Missa. Está em outras expressões como “direito canônico”, canonizar etc. Quanto à cana caiana, seu nome deriva de Caiena, na Guiana francesa, de onde vieram as primeiras mudas dessa variedade de cana-de-açúcar para o Brasil. Boa para produzir aguardente cujos usos são pouco canônicos.

Os livros canônicos foram canonizados?

De certa forma sim. O Judaísmo e as grandes tradições do Cristianismo ao definirem o cânon de suas bíblias, de certa forma, canonizaram os livros que as compõem. Ou seja, nenhum livro da Bíblia se autointitula inspirado por Deus, nem possui um atestado divino dessa natureza com firma reconhecida em anexo. Os livros canônicos foram medidos, com a cana, a medida, a régua da leitura e do entendimento comunitário, em muitas e longas etapas. E um dos critérios foi seu confronto, literário, com outros escritos, classificados pelos líderes religiosos como não canônicos.

Qual a diferença entre livros canônicos e livros apócrifos?

Os livros canônicos, catalogados ou inspirados por Deus, foram diferenciados na antiga Igreja de outros escritos chamados genericamente de “apócrifos”. Estes, embora tivessem grande semelhança de estilo com as

Escrituras Sagradas, eram obras meramente humanas. Alguns eram edificantes, outros heréticos e outros ainda fantasistas, como os diversos evangelhos da infância de Jesus, surgidos bem tardiamente. A Igreja chamou de apócrifos, do grego *apókryphoi*, isto é, ocultos, diversos livros. Eles não eram lidos no culto público, oficial, embora pudessem ser lidos em caráter particular. Essa categoria incluiu livros como a "Ascensão de Isaías", o "Evangelho de Pedro", o "Evangelho de Nicodemos", os "Atos de Tomé", os "Atos de Paulo com Tecla" etc.

Os livros protocanônicos são canônicos?

No caso da Bíblia católica existe uma classificação ou divisão nos livros canônicos em duas classes: os protocanônicos e os deuterocanônicos. No século XVI introduziu-se entre os teólogos católicos essa distinção, meramente terminológica, entre livros protocanônicos e deuterocanônicos. Ela se deve a Sixto de Sena (1520-1569), um judeu convertido, que após seu batismo se tornou franciscano e depois dominicano. Este autor, em sua *Bibliotheca Sancta*, chamou de protocanônicos, em grego "primeiramente (introduzidos) no cânon", os livros sobre cujo valor inspirado nunca se registraram dúvidas. E chamou de deuterocanônicos, isto é, "em segundo lugar (inseridos) no cânon", aqueles escritos que só depois de hesitações foram oficialmente recenseados no catálogo bíblico. Como explica D. Estêvão Bettencourt OSB, a distinção significa apenas diferença cronológica, de modo nenhum implicando menor autoridade ou menor grau de inspiração para os deuterocanônicos.

Os livros deuterocanônicos são apócrifos ou vice-versa?

Hoje, sob a classificação de deuterocanônicos para os católicos ou de apócrifos para os protestantes encontram-se sete livros bíblicos do Antigo Testamento, cuja integração no cânon da Bíblia foi objeto de discussão no decorrer do tempo, como já foi evocado. Entram nessa categorização os seguintes livros bíblicos: Judite, Tobias, 1 e 2 Macabeus, Sabedoria de Salomão, Sirácida (ou Eclesiástico), Baruc ou Baruque, a Epístola ou Carta de Jeremias (= Br 6) e passagens dos livros de Ester e de Daniel próprias à tradução grega. Esses livros faziam parte da versão grega da Bíblia hebraica, a Septuaginta. Por fim, aqui vai uma cláusula reacional. Hoje, esses livros fazem parte dos deuterocanônicos da Bíblia. Hoje. Quando eles foram escritos não havia livros canônicos, nem deuterocanônicos, nem apócrifos, nem verdadeiros, nem falsos: apenas livros santos.

Há livros deuterocanônicos ou apócrifos no Novo Testamento?

Têm sim. Entre os deuterocanônicos, contam-se os sete seguintes escritos do Novo Testamento: a Epístola aos Hebreus, a de São Tiago, a Segunda de São Pedro, a Segunda e a Terceira de São João, a de São Judas e o Apocalipse. As hesitações sobre o valor de tais livros dos apóstolos se deveram principalmente aos abusos que, desses documentos, faziam os hereges. Esses abusos deram base a heresias que se prolongaram em várias regiões até os séculos IV e V d.C. Em 393, porém, o concílio regional de Hipona (África Setentrional) definiu o catálogo, o cânon dos livros sagrados, incluindo nele tanto os protocanônicos como os deuterocanônicos do Antigo e do Novo testamentos. Esta declaração foi repetidamente reiterada pela Igreja Católica nos séculos subsequentes até os nossos dias. Durante a Reforma Protestante no século XVI, Lutero retomou essa questão. Ele questionou fortemente a canonicidade das cartas de Hebreus, Tiago, Judas e do Livro do Apocalipse e os considerou apócrifos. Inicialmente esses livros foram excluídos do cânon protestante, como se verá mais adiante.

Os termos deuterocanônicos ou apócrifos designam a mesma coisa?

Não exatamente, e depende muito de quem os usa. A terminologia sobre livros canônicos e livros apócrifos tomou no século XVI as suas modalidades ainda hoje vigentes, como foi evocado. Os protestantes, não reconhecendo os livros deuterocanônicos do Antigo Testamento, usam outra nomenclatura e os designam como apócrifos. Assim, para os católicos existem livros protocanônicos, deuterocanônicos e apócrifos. Para os protestantes, existem apenas os livros canônicos e os apócrifos, que neste caso assume um caráter mais amplo e heterogêneo. Portanto, o termo apócrifo requer especial atenção em função de quem o emprega. Quando os protestantes falam de apócrifos, eles se referem em parte a livros considerados inspirados por Deus para os católicos e o mesmo não se dá quando é um católico que usa tal vocábulo.

Os livros bíblicos foram canonizados em etapas?

O Pentateuco foi constituído como cânon, não nos tempos de hoje, mas no sentido de régua, regra e referência para vida dos judeus. Ele, como Lei, reconhecido inclusive pelos persas como sendo a carta que regia a vida dos judeus no império, no tempo de sua fixação e promulgação por Esdras, provavelmente em 398 a.C. (Ne 8). Bem mais tarde, o Judaísmo constituiu uma segunda coleção de livros, os Proféticos (*neviim*). Sem valor normativo, e nesse sentido sem valor canônico, servia de comentário prático da Lei, do Pentateuco, ampliando seu alcance. Depois, a partir da coleção dos salmos, de uso litúrgico, constitui-se uma terceira coleção, a dos Escritos (*ketuvim*). Nela foram integrados os últimos livros da Bíblia hebraica ou do Antigo Testamento. Os limites dessa última coleção não foram claramente demarcados desde o início, nem por autoridade, nem por costume. A cada livro foi reconhecida uma autoridade diferente conforme o seu uso. E, nesse conjunto, a lista dos livros ficou por séculos aberta. Com a expansão e consolidação do uso da língua grega na Palestina e na diáspora, um novo fato interveio de forma decisiva na formação do cânon bíblico: a tradução das Sagradas Escrituras para o grego, a Septuaginta. Mesmo assim, entre o último século da Era Antiga e o primeiro da Era Cristã, é muito difícil estabelecer quais eram os limites das listas dos livros oficialmente reconhecidos e utilizados nos diversos ambientes cristãos como demonstram os dados históricos, as citações das Escrituras no Novo Testamento, a Biblioteca de Qumran etc.

O Livro de Ester é uma parábola?

Era uma vez uma jovem judia deportada que, graças à sua beleza, coragem e inteligência, se tornou a imperatriz da Pérsia ao casar-se com o Imperador Assuero, identificado com Xerxes I. Só isso. Que fábula modesta! Arriscando sua vida, essa heroína, como Judite, salvou o imperador e os judeus exilados de um complô urdido por Haman, por meio de festins e banquetes. Haman, o oficial da corte aquemênida acabou enforcado, duas vezes dependendo das versões do livro, e de quebra enforcaram seus dez filhos, incluindo o caçula (vai saber). Os judeus alternavam a matança com pilhagens e dias de descanso, já que ninguém é de ferro. Eles foram autorizados a fazer esse contrapogrom de persas pelo próprio rei da Pérsia. Eles assassinaram milhares de persas, mortos sem reação, como cordeiros, e essa matança é comemorada pelo Judaísmo na Festa do Purim (Est 9). Apesar dessas larguezas das autoridades, nada de autorização para os judeus retornarem às suas terras de origem. O relato desse livro não tem qualquer fundamento histórico. Nunca ouve rainha da Pérsia judia; a esposa de Xerxes I se chamava Amestris e o decreto contra os judeus apresentado no livro teria sido totalmente incompatível com a política tolerante do Império Aquemênida. Por outro lado, o Livro de Ester retrata e dirige-se às comunidades judaicas da diáspora espalhadas entre nações estrangeiras.

O Livro de Ester foi escrito na Pérsia?

Existem duas versões do Livro de Ester. Uma menor, com 167 versículos, usada na Bíblia hebraica rabínica e outra mais extensa com 260 versículos, usada pelos judeus gregos, a versão da Septuaginta. Esses versículos "adicionais" contêm orações de Mordecai e de Ester, o sonho de Mordecai, os decretos de Assuero e outras passagens que no conjunto dão maior religiosidade ao relato, onde não existe a palavra Deus. Os estudiosos situaram a composição desse livro entre os séculos IV e I a.C. Muitos defendem que a versão hebraica teria sido escrita no final do século II a.C., por um autor vivendo na Mesopotâmia e, mesmo assim, ainda existem adições identificáveis no texto hebraico (Est 9,20; 10,3), anteriores às da versão grega.

O Livro de Ester é canônico?

A canonicidade do Livro de Ester foi questionada antes e depois da fixação do cânon judaico. Razões não faltam. Nem Esdras, nem Neemias, nem Sirácida mencionam a história de Ester. Ele nunca foi mencionado no Novo Testamento. Além de não falar explicitamente de Deus, a *meguilá* de Ester é excessivamente nacionalista (a palavra "judeus" aparece mais de 50 vezes nesse pequeno livro) e seu texto está marcado por um forte espírito de vingança. O livro não consta na lista dos livros canônicos estabelecida pelo Bispo Melitão de Sardes, por Santo Atanásio, São Gregório de Nazianzo e Santo Anfíloco. Ele é citado em último lugar nas listas de Orígenes e de Santo Epifânio. Ester é o único livro do cânon hebraico que não foi encontrado nos manuscritos de Qumran! Ele apresenta a curiosidade de ser o único livro do cânon judaico que não foi aceito, sem problemas, pela Igreja grega. O maior problema, mesmo para os rabinos que fixaram o cânon judaico, é que o Livro de Ester não pode ser atribuído claramente a um profeta, anterior à época persa. E não dá mesmo. E ainda por cima não menciona Deus em lugar algum. O que impôs Ester no cânon judaico foi mesmo sua associação com a Festa do Purim (פּוּרִים), quando é lido. Em outras palavras, um dos objetivos do Livro de Ester é justificar a observância da Festa do Purim. Toda regra, mesmo as estabelecidas pelos santos rabinos de Yavne (Jâmnia), tem suas exceções. Em tempo, uma cláusula reacional: quando o Livro de Ester foi escrito não havia escritos canônicos, nem deuterocanônicos, nem apócrifos, nem verdadeiros, nem falsos: apenas livros santos.

Judite era membro do Mossad?

O Livro de Judite também é uma parábola inserida na história e não contra ela, como ocorre nos livros de Ester e Tobias. Seu ponto de partida são narrativas preexistentes, e não o desejo de fornecer uma indicação pedagógica de uma doutrina. Quando do cerco da aldeia de Betília, cuja posição comandava o acesso ao resto do país e a Jerusalém, Judite age como uma Mata Hari. Essa piedosa viúva sai de sua aldeia, vai para o acampamento inimigo e, por estar muito bem conservada (dieta mediterrânica, exercícios, oração etc.), consegue, graças à sua beleza, atrair o interesse a até a paixão do comandante em chefe Holofernes. Como no Livro de Ester, após um banquete, quando o general está embriagado, Judite corta a sua cabeça e provoca a derrota dos atacantes. O Livro de Judite deu lugar a muitos midraxes no Judaísmo e, como no caso dos Macabeus, está associado à Festa de Hanucá.

O Livro de Judite é feminista?

Sem dúvida. O autor (ou autora?) inspirou-se em diferentes episódios da história de Israel: a astúcia da viúva Tamar, agindo como uma prostituta (Gn 38), o assassinato de Siserá na lanchonete da musculosa Iael (Jz 4–5); o assassinato de Eglon por Ehud (Jz 3,12-30); o combate de Davi com Golias (1Sm 17), a intervenção de Abgail junto a Davi (1Sm 17) e outros. Há diversas expressões e pensamentos no Novo Testamento inspirados no Livro de Judite, o que indica ser um livro bem conhecido pelos primeiros cristãos. Entre esses paralelos estão: Jt 1,11 e Lc 20,11; Jt 8,6 e Lc 2,27; 1Tm 5,5; Jt 8,14 e 1Cor 2,11; Jt 8,25 e Tg 1,2; Jt 13,18 e Lc 1,42; Jt 13,19 e Mt 26,13; Jt 8,24-25 e 1Cor 10,9-10. Judite é uma mulher, uma heroína, a principal artífice de salvação para todo seu povo. Depois de sua façanha não levou uma vida de esposa e de mãe. Nisso, existe nesse livro e em seu personagem um feminismo, no que pese o anacronismo do uso desse termo. Ele ultrapassa nitidamente outras passagens do patriarcalismo do Antigo

Testamento. Não há no Livro de Judite nenhum traço de concepção rigorista ou deuteronomista do Pentateuco. Em tempo, uma cláusula reacional: quando Judite foi escrita não havia livros canônicos, nem deuterocanônicos, nem apócrifos, nem verdadeiros, nem falsos: apenas livros santos.

Macabeus é nome de guerra, filme ou academia de esporte e *fitness*?

Neste mundo profano, Macabea é o nome do principal personagem do romance *A hora da estrela*, de Clarice Lispector (1925-1977), publicado em 1977. E que virou filme. Já na Bíblia, Macabeus, em hebraico *Makabim* (מכבים), é o título atribuído à família que organizou a resistência judaica contra a política de helenização forçada na Palestina. Macabeu é, na origem, um apelido elogioso dado a Judas "Macabeu", o terceiro filho do Sacerdote Matatias. Há duas especulações sobre o significado dessa palavra. Ela viria do aramaico *maqqaba*, o martelo, e seria uma alusão à sua força e ao seu golpear nas batalhas. Em outra proposição, o nome seria o acrônimo MaKaBi formado pelas primeiras letras hebraicas versículo bíblico *Mi Kamokha Baelim Hashem* (מִי־כָמֹכָה בָּאֵלִם יְהוָה) (Ex 15,11) e que significa "Quem é como Tu entre os deuses, Senhor". Hoje em Israel, muitos clubes e academias de esporte utilizam esse nome, pois martelo pode tomar o sentido de movimento, de "O Movimento". E Macabíadas é o nome do principal evento multiesportivo de Israel, uma espécie de olimpíada leiga e monoteísta. Sem deuses gregos, já que gregos e macabeus nunca se deram muito bem.

Do que tratam os livros bíblicos dos Macabeus?

A palavra de ordem desses livros é famosa no Brasil: vai à luta! O tema geral dos 16 capítulos dos dois livros dos Macabeus é sempre o mesmo: as lutas dos judeus conservadores, liderados por Matatias e seus filhos, contra os reis sírios (selêucidas) e seus aliados judeus locais, pela liberdade religiosa e política dos israelitas, opondo-se aos valores do helenismo. A tradição cristã estendeu o nome de macabeus aos sete filhos e sua valorosa mãe, que durante a revolta preferiram o suicídio a comer carne de porco. E não era nenhum *jamon ibérico pata negra.*

O Livro de Tobias é uma parábola?

Sim. Na Bíblia, o livro sapiencial de Tobias relata, como num romance, cheio de suaves cenas domésticas, um pouco como no Livro de Rute, a vida de duas famílias judaicas deportadas. Tobit, o pai, fica cego e envia seu filho Tobias a uma cidade distante cobrar uma dívida. Na viagem, ele é protegido pelo Anjo Rafael, resolve a situação de sua prima, a quem um demônio matara sete noivos na véspera do casamento, e no retorno cura a cegueira de seu pai. Nessa grande parábola, como na de Jonas, Tobias aparece como um judeu fiel. Ele segue a Lei de Deus em qualquer circunstância e Deus nunca abandona. As virtudes domésticas e sociais, sobretudo o exercício de uma generosa bondade, são exaltadas assim como a paternal providência de Deus para seus servos fiéis. Escrito por volta do ano 200 a.C., Tobias inspirou os judeus a preservarem sua identidade e a resistirem à dominação cultural e religiosa dos gregos. Escrito em grego, ele figura no cânon da Igreja desde o Sínodo de Roma de 382, confirmado no Concílio de Cartago em 397 e reconfirmado no Concílio de Trento em 1546. Por estar escrito em grego, assim como os outros livros deuterocanônicos, Tobias não foi incluído na Bíblia hebraica rabínica. Tanto o Livro de Tobias quanto os outros escritos em grego sempre fizeram parte da literatura hebraica, sendo estudados nas sinagogas e valorizados no Judaísmo e na história de Israel. Em Qumran foram encontrados restos de quatro manuscritos em aramaico e um em hebraico do Livro de Tobias. Em tempo, uma cláusula reacional: quando Tobias foi escrito não havia livros canônicos, nem deuterocanônicos, nem apócrifos, nem verdadeiros, nem falsos: apenas livros santos.

Os Macabeus: nome de um romance ou filme de ação?

Ação e devoção a Deus não faltam nesses livros. Depois de uma breve introdução sobre os governos de Alexandre Magno e seus sucessores (1Mc 1,1-9), o primeiro livro mostra como Antíoco Epífanes tentou introduzir à força os costumes gregos na Judeia (1Mc 1,10-63). O autor descreve a revolta de Matatias (1Mc 2,1-70), cuja bandeira da libertação passa primeiro a seu filho Judas Macabeu (3,1–9,22). Depois da morte de Judas Macabeu, no ano 160 a.C., seu irmão Jonatan assumiu a liderança dos revoltosos (1Mc 9,23–12,53). Não há nenhuma informação disponível sobre como e em que condições Jonatan chegou a tomar o controle de Jerusalém, na qual se instalou entre os anos 157 e 152 a.C. Jonatan foi o verdadeiro fundador da dinastia hasmoneana que governou a Judeia até o ano 40 a.C.

Depois dos reis de Judá houve de novo uma monarquia na Judeia?

Houve sim. Essa dinastia começou com Judas e Jonatan (160-143 a.C.), prosseguiu com seu irmão Simão (143-135 a.C.), depois com o filho de Simão, João Hircano (135-104 a.C.), seu filho Aristóbulo (104-103 a.C.), o irmão dele Alexandre Janeu (103-76 a.C.) e sua esposa Salomé (até 67 a.C.), antes que os filhos de Hircano II e Aristóbulo disputassem o poder. Sob o domínio romano, Pompeu, após a tomada de Jerusalém e do templo no ano 63 a.C., deu o poder religioso a Hircano, mas privou-o do título real, enquanto Aristóbulo foi levado a Roma para figurar no triunfo de Pompeu. O último hasmoneu, um filho de Aristóbulo chamado Antígona Matatias, resistiu até 37 a.C. É assim mesmo, as dinastias se destilam por mérito.

Em sua Bíblia, os livros dos Macabeus vêm depois do Livro de Ester?

Sim? Ótimo. Não? Não se assuste. Embora não façam parte da Bíblia hebraica rabínica e das bíblias protestantes, os dois livros dos Macabeus são muito estimados dentro do Judaísmo e de grande valor para a história dos israelitas. Eles também são fontes de consulta para os teólogos protestantes e são considerados uma prova do cumprimento das profecias do Livro de Daniel. Dizem. O Primeiro Livro dos Macabeus foi escrito originalmente em hebraico, no início do século I a.C., mas o original se perdeu. Essa datação tem como base as últimas linhas do livro (1Mc 16,23-24). Elas indicam que o livro não foi escrito antes do final do reinado de João Hircano, mas provavelmente pouco depois de sua morte, por volta de 100 a.C.

O Livro dos Macabeus cheira a sangue, morte, cadáver e ressurreição?

Cheira e transpira. O livro identifica religião e patriotismo. Descreve a revolta judaica como uma verdadeira guerra santa, abençoada por Deus. Ele não abandona os que lutam para ser fiéis a Ele (1Mc 2,61; 4,10). A insistência do Segundo Livro dos Macabeus sobre a morte, o martírio e a ressurreição dos mortos provavelmente deu origem ao sentido derivado da palavra macabeu como cadáver, destino final da Macabea do romance de Clarice Lispector. Hoje, os livros dos Macabeus fazem parte dos deuterocanônicos. Quando eles foram escritos não havia livros canônicos, nem deuterocanônicos, nem apócrifos, nem verdadeiros, nem falsos: apenas livros santos e inspiradores.

Quem foi Baruc ou Baruque?

Difícil saber. Segundo a introdução do Livro de Baruc, na Tradução Ecumênica da Bíblia (TEB), o escritor francês La Fontaine, ao ouvir um trecho do Livro de Baruc durante um ofício das trevas ao qual Louis Racine o levara, exclamou: Notável gênio este Baruc! Quem era ele? A pergunta permanece e é difícil de ser respondida. Uma série de estudos bíblicos demonstra ser impossível atribuir esse livro ao secretário do Profeta Jeremias. Mesmo assim, tem alguns que ainda atribuem o livro ao alto funcionário da corte da Judeia, amigo e secretário do Profeta Jeremias (Jr 36,4). O livro é um pseudoepígrafo, escrito durante a diáspora judaica e convida o povo de Jerusalém a celebrar uma liturgia penitencial. Sob esse pseudônimo de Baruc, o livro está composto de quatro partes: uma introdução histórica sobre as circunstâncias em que o livro foi escrito no exílio da Babilônia, após a destruição de Jerusalém (Br 1,1-14); uma oração penitencial (Br 1,15–3,8); uma meditação sobre a sabedoria (Br 3,9–4,4) e, enfim, uma exortação e consolação de Jerusalém (Br 4,5–5,9). As duas primeiras partes são pouco posteriores aos acontecimentos de 164 a.C. e parecem originárias de uma comunidade judaica que manteve certa distância da revolta dos macabeus. O livro recebeu sua forma definitiva no final do século II ou inícios do I a.C. Na liturgia da Igreja Católica, o Livro de Baruc faz parte das possíveis leituras da vigília pascal (Br 3,9-15; 3,32–4,4). Hoje, o Livro de Baruc faz parte dos deuterocanônicos. Na época em que foi escrito não havia escritos canônicos, deuterocanônicos, apócrifos... apenas livros santos e inspiradores.

A sabedoria do eclesiástico Sirácida é eclesiástica?

Sem dúvida. O Sirácida ou Sabedoria de Jesus Ben Sirá (בן סירא חכמת יהושע) é um dos livros sapienciais da Bíblia e sua composição é atribuída a Jesus, filho de Sirá, em grego Sirácida. O nome Eclesiástico provém do latim *Ecclesiasticus*, dado a esse livro por São Jerônimo na tradução latina da Bíblia, a Vulgata. Eclesiástico, por sua vez, provém da expressão grega *to ekklesiastikón* (το εκκλησιαστικον), textualmente, o livro da igreja, da assembleia ou da congregação. Esse nome lhe foi dado pelo Padre da Igreja São Cipriano de Cartago, que viveu entre os séculos II e III, numa clara referência ao uso amplo que a Igreja fazia desse livro. Ele foi originalmente escrito em hebraico, entre 190 e 124 a.C., possui 51 capítulos e, posteriormente, foi traduzido para o grego por um neto de Jesus filho de Sirá, em 123 a.C. Ele é o único dos livros sapienciais cujo nome do autor é conhecido com segurança: "Jesus, filho de Sirac de Jerusalém, escreveu nesse livro uma doutrina de sabedoria e ciência, e derramou nele a sabedoria de seu coração" (Sr 50,29).

O Livro de Sirácida influenciou o Novo Testamento?

Com certeza. A influência de Sirácida, mesmo se ausente das bíblias protestantes, é notória em todo o Novo Testamento, especialmente na Epístola de São Tiago (Tg 1,2-4.6-9.12-14.19.21; 2,9; 3,1-13.18; 5,4), mas também nos evangelhos de São Mateus (Mt 5,42; 10,10; 11,25; 15,4-6; 20,26-29; 21,28-31), de São Lucas (Lc 7,35; 9,57-59; 10,21; 14,28-37) e de São João (Jo 13,31; 14,10.14.15.21.23.28; 15,1.8.15). Sirácida também está presente nas cartas de São Pedro (1Pd 2,12; 3,20; 4,12 e 2Pd 2,5), nas de São Paulo (Rm 2,21; Fl 16 e 1Tm 6,10) e no Livro do Apocalipse (Ap 3,18). Considerado não canônico pelos rabinos de Yavne, o Livro de Sirácida não faz parte bíblias protestantes, como já foi assinalado. Uma pena. A obra de Sirácida foi encontrada entre os manuscritos da comunidade de Qumran e é citada inclusive no Talmude e na literatura rabínica. O Talmude babilônico (*Baba Qamma* 92b) cita o capítulo 13 de Sirácida como se proveniesse do *Tanaẖ*.

Dá para confundir Eclesiástico com Eclesiastes?

Sim. Mas a identificação é fácil. Na Septuaginta, o Eclesiástico recebeu o nome de Livro da Sabedoria e da Virtude e está presente em todos os códices conhecidos. Vale a pena a leitura, mas não confunda com o Livro do Eclesiastes, nem com os livros eclesiásticos. Hoje, o Livro de Sirácida, o Eclesiástico, faz parte dos deuterocanônicos. Por ocasião de sua redação não havia escritos canônicos, deuterocanônicos, apócrifos, verdadeiros nem falsos: apenas livros santos e inspiradores.

Existe um Livro da Sabedoria de Salomão?

Sim. Existe. Com 19 capítulos, esse livro é conhecido como Livro da Sabedoria de Salomão ou, muitas vezes, é chamado simplesmente de Livro da Sabedoria. Ele foi escrito inteiramente em grego e não faz parte do cânon hebraico rabínico. Mesmo se atribuído ao Rei Salomão, seu autor, segundo os estudiosos bíblicos, foi um judeu helenizado e helenófono de Alexandria, cheio de fé no "Deus dos pais" (Sb 9,1), orgulhoso de pertencer ao "povo santo" e à "raça irrepreensível" (Sb 10,15). A imponente cultura grega, as tradições religiosas egípcias e os poderosos mecanismos de integração econômica da cidade de Alexandria eram uma ameaça à fé a à cultura do povo judaico da diáspora egípcia. O autor, profundamente alimentado pelas Escrituras e pela consciência histórica do seu povo, escreveu esse livro, escondendo-se atrás da figura do Rei Salomão. Ele dirige-se, sem se denominar, a seus colegas na realeza em seu elogio à sabedoria (Sb 1,1; 6,1-11.21) e evoca o tempo em que, ainda jovem, ao assumir o trono, pediu a Deus um coração sábio e inteligente para governar. O autor fala como um monarca (Sb 7,5; 8,9-15) e recorda sua vocação de rei, juiz e construtor do templo (Sb 9,7-8.12). Ele opõe-se à idolatria e à injustiça, proclamando a fidelidade a Deus na prova, o valor da meditação orante do Êxodo (Sb 11,4-19,22) e a felicidade dos justos para além da morte, numa obra solidamente pensada. Hoje, o Livro da Sabedoria de Salomão faz parte dos deuterocanônicos. Quando ele foi escrito não havia escritos canônicos, nem deuterocanônicos, nem apócrifos, nem verdadeiros, nem falsos: apenas livros santos e inspiradores.

2.5 Mais uma história de Deus, a do Deus Yavé

De volta ao passado: *Yavé* ou *IHVH* sempre foi o Deus de Israel?

Foi não. Simplificando bastante, na própria Bíblia, Deus começa como *Elohim*, passa por vários *Els*, como *El Shadai*, *El Elion* etc. para chegar a identificação final de Israel com o Deus *Yavé*. O testemunho bíblico é claro: antes de Moisés, o povo não conhecia *IHVH*, *Yavé* (Ex 3,13-14). Ainda em pleno Egito, Deus antecipou o Sinai, num texto claramente da lavra sacerdotal, e afirmou: "Eu sou *Yavé*, *IHVH*. Para Abraão, Isaque e Jacó era *El Shadai*, mas sob o nome de *IHVH* não me dei a conhecer a eles" (Ex 6,2-3). O próprio nome de Israel (*Ish-ra-El*) é um nome teóforo, com um elemento *El/Ilu* (deus canaanita) e não *Ya/Yo* (deus edomita). A explicação popular adotada na Bíblia para significar a etimologia de Israel, evocando a *luta* de Jacó (Gn 32,29) ou o *lutar* para a raiz hebraica *sar* é estranha. Todos os exegetas estão de acordo sobre isso. O mais adequado seria aproximar o nome Israel da raiz etimológica hebraica *sarr* – reinar, governar, se impor como mestre. Nesse sentido, Israel evocaria o *El* que se impõe e reina. Bem no estilo do sábio e não tão combatente deus *El*, reinante no panteão dos deuses canaanitas. Talvez a etimologia associada a combate se impôs quando *Yavé*, o jovem e tempestuoso deus guerreiro, se tornou o deus nacional de Israel.

Deus foi quantos deuses até chegar a ser "o" Deus na Bíblia?

Não foi fácil. Não se pode confundir a longa história milenar do Deus *Yavé* em sua migração do Sul até chegar a Efraim, entrar e triunfar no santuário único de Jerusalém com os relatos anacrônicos dos textos bíblicos. Nos textos do Pentateuco, essencialmente pela fonte sacerdotal, a revelação divina para a humanidade ocorre em três etapas, todas conciliatórias, como já foi parcialmente evocado: para a humanidade inteira Deus se apresentou como *Elohim*; depois para Abraão Ele se apresentou como *El Shadai*, e finalmente para Moisés como *IHVH*, *Yavé* (Ex 6,2-3). Em *Elohim*, todos os deuses podem ser manifestações de *Yavé*, mesmo quando os povos não se dão conta. Bonito! Até o nome *Shadai*, segundo estudos bem recentes, parece ter sido importado de divindades árabes primitivas, homônimas, como para dizer: esses povos também veneravam uma manifestação de *Yavé*, sem saber plenamente quem Ele era.

Cada deus revelado a Israel tinha o seu tabu?

Sim. Cada deus estabeleceu um comportamento inaceitável ou proibido para seus seguidores. O tabu do deus *Elohim* era o interdito do sangue (Gn 9,4) ou a proibição alimentar da carne com sangue. Já o tabu do deus *El Shadai* de Abraão, conhecido de Ismael e Isaque, tinha como tabu o sinal a circuncisão (Gn 17,9-14), a oblação do prepúcio aceita por judeus, muçulmanos e outros povos. Enfim, o Deus *Yavé*, revelado apenas aos israelitas, teve como grande sinal adicional e diferenciador a Páscoa (Ex 12,43-51), os ritos sacrificiais, as prescrições alimentares e o *Ion Kippur* (יום כיפור), o Dia do Perdão (Lv 1–16). Isso fez dos israelitas uma gente bem diferenciada, como se costuma dizer, lá no Bairro de Higienópolis, em São Paulo.

Onde surgiu a veneração do Deus *Yavé*, *IHVH*?

Foi uma longa história até *Yavé* entrar nos santuários judeus, tornar-se seu deus tutelar, seu *baal* e depois ser objeto de uma verdadeira monolatria até tornar-se o Deus Um e finalmente o Deus Único. Como a própria Bíblia afirma: *Yavé* não foi sempre o Deus de Israel. Somente na pessoa de Moisés, Israel passou a conhecer o Deus *Yavé*. As origens da veneração de *Yavé* se encontram no sul de Israel. O mais antigo registro fora da Bíblia sobre *Yavé* são inscrições egípcias. Elas mencionam os nômades *shasus* e *Yavé* no país dos *shasus* (divindade, montanha...), situado na região do Vale do Timná (Eilat). Aparentemente, os *shasus* exploravam minas de cobre em Timná e vagavam no território de Edom e Aravá. Outra menção está no Papiro Louvre E 32847. Nele, *Yavé* é evocado como um deus violento, desconhecido, que habita sobre o Monte Laban dos *shasus*. O texto bíblico também atesta *Yavé* como originário do sul, de Edom (Dt 33,2; Jz 5,4-5). *Yavé* sai de Seir, do país de Edom e está também associado a Teman-Timná (Sl 68,8-9.18; Hb 3,3.10). Existem vínculos muito fortes, coincidências e recobrimentos na Bíblia entre os povos dessa região denominados madianitas, edomitas e quenitas.

Foi no sul que Moisés conheceu *Yavé*?

Tudo indica que sim. Desde o século XIX os estudiosos da Bíblia formularam a famosa hipótese madiano-quenita, segundo a qual Moisés conheceu o culto de *Yavé* graças aos madianitas ou quenitas. O Deus *Yavé* viria originalmente dessa região e de uma veneração primitiva no país de Edom. É interessante que a Bíblia não fala nunca do deus dos madianitas ou dos edomitas. Ela menciona o nome dos deuses dos amonitas, dos moabitas, dos fenícios etc., mas nunca menciona o nome do deus de Edom.

Havia uma relação privilegiada entre *Yavé*, Israel e Edom?

Aparentemente sim. No Livro do Deuteronômio e também em Josué, *Yavé* dá o país de Edom ao filho de Esaú (Dt 2,5; Js 24,4). Esse tipo de entrega só aparece quando Deus promete Canaã a Abraão. Não é pouco. Mais ainda, no mesmo Livro do Deuteronômio, em meio à condenação de tantos povos, é dito: “Não abominarás o edomeu, pois é teu irmão” (Dt 23,8). Na realidade, eram primos.

Como se expressa a relação entre madianitas, quenitas e hebreus?

Ela se expressa em coisas muito elevadas como: fraternidade, matrimônio, acolhida, culto e rito religioso. Apesar da proibição dos casamentos mistos, apesar de não ser teologicamente correto, Moisés se casa com uma madianita, da região de Timná, aquela onde se explorava o cobre (Ex 18,1-12). E é seu sogro, Jetro, um madianita, quem, diante dos relatos de Moisés, oferece o primeiro sacrifício a *Yavé*. Uma emenda posterior e tardia a esse texto introduziu a presença de Aarão nesse evento (ausente no Pentateuco samaritano). Ficava estranho esse sacerdote madianita oficializar, sozinho, o primeiro sacrifício a *Yavé*, bem antes da instalação do clero sacerdotal e dos ritos de sacrifício em Israel. A história de Moisés e os madianitas não pode ter sido totalmente inventada. Os redatores da Bíblia não eram romancistas. Eles escreviam uma literatura de tradição. Eles transmitiam uma tradição oral e escrita, e podiam transformá-la, sem maiores problemas. Os redatores de tradição não são de grande fidelidade à tradição oral. Atrás desses relatos sobre a coabitação de Moisés com os madianitas devem existir certamente fatos históricos, mesmo se não se pode reconstituí-los atualmente.

O quenitas são reconhecidos positivamente e na Bíblia?

Sim. Em várias passagens bíblicas, esses prováveis descendentes míticos de Caim (qenita = cain-ita), são protegidos e até abençoados. No Livro de Números, Balaão, enviado para abençoar Israel, abençoa também os quenitas (Nm 24,21). O Rei Saul também trata bem os quenitas ou Queneu: "Depois disse (Saul) aos queneus: 'Retirem-se, saiam do meio dos amalequitas para que eu não os destrua com eles; pois vocês foram bondosos com os israelitas, quando eles estavam vindo do Egito'. Então os queneus saíram do meio dos amalequitas" (1Sm 15,6). No Livro de Juízes, Jael, a mulher que mata Sísera, um inimigo de Israel, é a esposa de um quenita (Jz 4,17; 5,24).

Moisés já sabia de *Yavé* antes de *Yavé*, e do Sinai antes do Sinai?

Parece, dá a impressão, em mais um episódio de anacronismo textual bíblico bastante surpreendente e vinculado a uma tradição antiga e independente de outros relatos. O capítulo 18 do Êxodo é muito curioso. Nele, além de Jetro, Moisés já sabe quem é *Yavé*, e age como se já estivesse no Sinai. Ora, isso só ocorrerá no capítulo 19. Em Ex 18,9 já se menciona um altar para os sacrifícios, quando na realidade tal altar só será proposto no capítulo 24,4. E o sacrifício ocorre antes das regras para tanto terem sido dadas (Lv 1–8). Moisés reencontra sua mulher. Ela não havia partido com ele para o Egito, ao contrário do apresentado no texto de Ex 4. E por aí vai, esse capítulo construído em muitas etapas e por muitas mãos. Ao longo do tempo, além das emendas textuais de redatores, muitos rabinos sugeriram deslocar esse capítulo para depois do capítulo 19, bem mais para frente, depois de Ex 34 ou de Nm 10, para dar sentido e coerência cronológica ao relato. Não rolou. Ficou lá mesmo, fora de lugar. E ilustra a história da composição e das reescrituras do texto bíblico.

O sogro de Moisés é uma unanimidade bíblica?

O sogro é. Seu nome não. Ele aparece e é chamado de Rehuel (Ex 2,18), textualmente "amigo de El", como um dos filhos de Esaú (Gn 36). Mais adiante é tratado como Jetro, sacerdote de Madian (Ex 3,1). Também é chamado de Jeter em alguns manuscritos (Ex 4,18). Para complicar mais ainda, esse sogro é evocado como Hobab no Livro dos Números: "Moisés disse a Hobab, filho de Reuel, o madianita, seu sogro" (Nm 10,29). Já no Livro de Juízes (1,16), ele aparece como Queni. Depois, o sogro de Moisés volta a ser chamado de Hobab, mas como um quenita, em Juízes (4,11). Esse nome significaria "amigo", como *habib* em árabe. Esse nome é um hapáx bíblico. Esse é o único personagem com esse nome em toda a Bíblia. Sua raiz evoca as línguas árabes do Sul. Pois é, além da falta de cartórios de registro civil, a múltipla reescritura da Bíblia tem tudo a ver com isso.

Desde quando *Yavé* era o deus das tribos de Israel?

Como já foi evocado, demorou até as tribos de Israel reconhecer em *Yavé* (*IHVH*) o seu deus nacional. Sua apresentação como tal pelos textos do Pentateuco é uma evidente releitura posterior dessa longa história. Além das evidências arqueológicas, é bastante indicador que nenhum dos patriarcas, nenhum dos epônimos tribais, nenhum dos "juízes" e nenhum dos reis da fase formativa tenham um nome javista, um nome composto com *Ya*. Não há *Yavé* nos nomes de Sansão, Abraão, Isaque, Israel, Noé, Lot, Aarão, Levi... Alguns nomes teóforos de *Yavé* existem como o de Josué e o de Jônatas, filho de Saul (o outro tem um nome de *baal*), mas numa proporção muito modesta.

Como *Yavé* se tornou o Deus de Israel?

A história é longa, pouco estudada e até ignorada. Contudo, é possível reconstituir uma história do Deus *Yavé*, suas origens, seus cultos e sua ascensão entre os israelitas diante de outros deuses. Salvo, é claro, para quem postula, teologicamente, que a história de Israel começa com a revelação do monoteísmo, do Deus Único e Uno. De sua origem madianita ou dos shasus, *Yavé* se tornou o deus de um grupo que se entendia como *'am Yavé*, como descendentes, gerados ou criaturas de *Yavé*. Só depois a palavra *'am* assumiu em hebraico o significado de *povo*, povo de *Yavé*. *Yavé* era o progenitor, quem protege, um clã, um *'am* e um povo (Ex 21,8). Esse povo (*'am*) e seu deus tutelar provavelmente se uniram com as tribos e deram origem à federação israelita, como aparece claramente nesta passagem do Livro do Deuteronômio: "quando se reuniram os chefes do povo (*'am*) e ao mesmo tempo as tribos de Israel" (Dt 33,2-5).

Quais eram as feições do Deus *Yavé*?

A etimologia do nome de *Yavé* indica o seu caráter de deus da tempestade e da guerra. Conforme os mais aprofundados estudos filológicos e exegéticos, *Yavé* é aquele "cujo hálito atravessa as nuvens", "o que sopra, o que traz o vento", na análise do exegeta e orientalista alemão Julius Wellhausen (*er fährt durch die Lüft, er veht*). Um bom nome para um deus da tempestade. Nessa etapa inicial de sua história ou de sua revelação progressiva, *Yavé* assumia as feições de um deus guerreiro (Dt 33,2-5), de um deus da tempestade, do tipo Hadad, entre nuvens e trovões, como em suas manifestações no Sinai. Ele se comporta como um *baal*, dominador do mar, de *Iam*. E ainda será assim, no episódio do enfrentamento de *Yavé* com um *baal* no Monte Carmelo. Lá também ele se comporta como um deus do trovão, da tempestade, controlador do fogo e da água, do mar e da guerra (1Rs 18).

Com o tempo *Yavé* passou a ser cultuado apenas em Jerusalém?

Mais ou menos. Após a introdução e a adesão ao Deus *Yavé* em Israel, seu culto passou a existir em diversos santuários locais, muito antes de Ele tornar-se um deus tutelar, um deus nacional. Nas terras de Benjamim, Efraim, Judá etc. eram muitos os *Yavé*s venerados, sob o título de senhor, de *adon*, de *baal* de Israel. Nesse tempo, *baal* era um título e não um substantivo ou um nome próprio, como assumiu tardiamente o sentido no texto bíblico. Hoje, a arqueologia, e não apenas a Bíblia, atesta uma multiplicidade de locais de culto a *Yavé*. E não apenas na Jerusalém dos jebuseus. Os textos antigos, os amuletos e as estatuetas encontrados pelos arqueólogos nas ruínas da cidade cananeia de Kuntillet Ajrud, hoje na Síria, mencionam um *Yavé* da Samaria e um *Yavé* de Teman (os dois em relação com *sua Asherá*, deusa feminina ou ainda sua esposa celeste ou rainha do céu mencionada com o pronome possessivo); a descoberta recente da inscrição de Khirbet Beit Lei fala de um *Yavé*, deus de Jerusalém; no Livro de Samuel (2Sm 15,7) evoca-se um *Yavé* em Hebron; no Deuteronômio, menciona-se o *Yavé* do Monte Param (Dt 32,2); nos salmos (Sl 99,2) evoca-se o *Yavé* de Sião; o Livro do Gênesis (Gn 28,10-22) mostra que *Yavé* era venerado em Betel; santuários a *Yavé* aparecem em Dan e Betel nos livros de Reis e dos Juízes (1Rs 12,26-32; Jz 17–18) e no Profeta Amós (7,13). E a estela do Rei Meshá (Louvre) conta como ele expulsou a dinastia de Omri de Moab e relata a existência de um santuário de *Yavé* na cidade de Nebo, não mencionado pela Bíblia. Eram muitos santuários de *Yavé* a Siquém, a Silo e em outros locais da Cis e da Transjordânia.

Mas não era em Jerusalém que *Yavé* deveria ser cultuado?

Para não falar de politeísmo, havia no mínimo um polijavismo pré-exílico, uma espécie de crescente monolatria de *Yavé*, cultuado em diversos santuários. Como já foi evocado, a redação tardia do Antigo Testamento, e particularmente do Pentateuco, tentou projetar no passado a teologia pós-exílica do monoteísmo e da veneração do Deus *Yavé*, centrada em Jerusalém. Antes não era, nem foi assim. Demorou para o Deus *Yavé* entrar em Jerusalém. Durante muito tempo Ele parece habitar uma caixa, um santuário móvel, conhecido como arca de *Yavé* ou arca divina, repleta de poderes mágicos. Ela comparecia às batalhas como uma espécie de estandarte. Existem muitos indícios de que mesmo quando *Yavé* entrou no primeiro templo, ele coabitou com outra divindade de tipo solar e tinha uma *paredra* feminina ao seu lado. Foi sob Jeroboão que *Yavé* se tornou o deus tutelar e nacional dos israelitas. Sob os omridas, o Deus *Yavé* enfrentou a presença e a concorrência de um *baal* fenício no Reino de Israel. Vencedor, *Yavé* foi consagrado como deus nacional durante o *putsh* javista de Jeú com o massacre dos servidores e sacerdotes de *baal* (2Rs 10,19-28). Mas o triunfo monoteísta de *Yavé* só veio quando os judeanos centralizaram seu poder político e religioso, de forma absoluta, em Jerusalém, após o exílio babilônico.

Quando o culto de *Yavé* se tornou nacional nos reinos de Judá e Israel?

O culto de *Yavé* se tornou "nacional" para o Reino de Judá durante os anos 900 a 850 e para o Reino de Israel nos anos 850 a 800, possivelmente acompanhado de uma *Asherá* e em coabitação, no primeiro templo, com um deus solar do tipo *Shamash* (Sl 19,7; 84,12; 85,14). No período da monarquia, a religião de Israel, com fortes marcas politeístas como indicam todos os achados arqueológicos, mantinha uma estreita relação com as religiões dos reinos vizinhos. É muito provável que existisse, inclusive, uma estátua de *Yavé* no primeiro Templo de Jerusalém, como já foi mencionado. As descrições desse primeiro santuário na Bíblia são uma projeção do primeiro templo, ampliada, sobre o primeiro. Na realidade, a arqueologia indica que o primeiro templo foi a restauração de um antigo santuário, com diversas modificações ao longo do tempo.

Como era venerado *IHVH* no tempo dos omridas?

Sob o reinado dos omridas, e desde muito tempo, existia em Israel uma diversidade de locais e de formas de culto do *baal*, do senhor, do Deus *Yavé*. No tocante ao Reino do Norte, a própria Bíblia revela como *Yavé* foi inicialmente venerado sob a forma de um touro (nos múltiplos episódios dos bezerros ou touros de ouro) ou, de modo antropomórfico, sob a forma de um deus da tempestade na Samaria, Betel, Dan, Siquém, Silo e em diversos santuários da Transjordânia ou sob a forma de um pastor nas regiões mais ao sul. Diversos óstracos encontrados na Samaria atestam o *baal IHVH* como um deus da tempestade, estilo *Hadad* ou *Adad*, o deus assírio do trovão e das tempestades. E atestam também uma progressiva *solarização* ou identificação ao sol na iconografia e no culto a *Yavé* em Jerusalém (Sl 19,7; 84,12; 85,14; 104,2-4; Os 6,3.5; Sf 3,5).

O Deus de Israel era venerado na imagem de um touro?

Para a Bíblia (1Rs 12), Jeroboão construiu dois santuários: um em Betel e o outro em Dan, onde ele erigiu estátuas de bovinos identificadas ao Deus que fez sair Israel do Egito. Com isso, ele identificou o deus nacional do Reino de Israel com aquele do Êxodo. Ou seja, os bezerros de ouro cresceram e viraram touros. A instalação dessas estátuas de bovinos representava a delimitação das fronteiras Norte e Sul do Reino de Jeroboão. Os arqueólogos atualmente não se animam muito com essa menção bíblica de Dan num evento ocorrido no final do século X a.C. Segundo pesquisas da arqueologia israelense, essa localidade só se tornou israelita depois do século VIII a.C., provavelmente sob Jeroboão II. Pode haver uma confusão bíblica voluntária entre esses reis homônimos. A fundação do santuário de Dan é uma retroprojeção ou mais um anacronismo, à época de Jeroboão na qual, efetivamente, *Yavé* se tornou o deus tutelar de Israel.

Como eram as estátuas que representavam o Deus *Yavé* de Israel?

A existência dessas imagens é relatada na Bíblia, principalmente no Reino de Israel. A imagem favorita é a do touro, símbolo da força e da fertilidade. Os autores da Bíblia, por derrisão e sarcasmo, apresentam esses touros como bezerros. Já o Rei Jeroboão apresentou os dois touros de ouro introduzidos um no Santuário de Betel e o outro em Dan, em Israel, deste jeito: "Eis teus deuses Israel, que te fizeram subir da terra do Egito" (1Rs 12,28). Ao retomar a fórmula "fazer subir da terra do Egito", Jeroboão pretendia realmente permanecer fiel ao único Deus *Yavé* que libertou seu povo da servidão. Ele não tinha a intenção de levar seus súditos a adorarem outros deuses. Ele lhes deu, *in loco*, a possibilidade de venerar a estátua e, através dela, o Deus *Yavé*, sem a necessidade de ir até Jerusalém. No Livro do Êxodo, a festa celebrada diante dos touros de ouro, também chamados ironicamente de bezerros, é denominada "festa em honra do Senhor" (Ex 32,1-6). Feitos naquela ocasião, diga-se de passagem, pelo próprio Aarão, o pai dos sacerdotes, para honra e glória de Deus e dos bovinos.

Teve mais estátuas de touros para glória dos bovinos e de Deus?

Teve. Os trabalhos arqueológicos no antigo Santuário de Dan evidenciaram a presença simultânea do culto ao touro ou a *Yavé*, a *Astarte* e a *Baal*. E está na Bíblia. O Livro de Oseias indica claramente e combate a veneração da imagem de um touro na Samaria, sem que fique claro se ele servia de um pedestal para *Yavé* ou se representava o próprio *Yavé* (Os 13,2). Num óstraco da Samaria (Samaria 41) se encontra um nome próprio que pode ser traduzido como "touro de *IHVH*" ou "*IHVH* é um touro". Existe um selo relevante nesse tema, encontrado por arqueólogos em Ebla, atualmente conhecida como Tell Mardikh, e famosa, principalmente, pelas 15.000 tabuinhas cuneiformes ali descobertas e datadas de 2250 a.C. Nesse selo se vê um touro sobre um trono entre o fiel à esquerda e o deus da tempestade à direita, como a indicar que o fiel encontra o deus da tempestade ou da guerra, através do touro.

A entrada de *Yavé* no Templo de Jerusalém foi solitária?

Tudo indica que não. A primeira indicação de que outra(s) divindade(s) já habitava(m) o templo encontra-se na própria Bíblia. No Livro dos Reis, a famosa dedicatória após a renovação de um santuário já existente (mais do que uma construção) por Salomão apresenta indícios interessantes. As bíblias trazem um texto no mínimo estranho e obscuro: "Disse o Senhor que queria habitar na escuridão! Foi realmente para ti que construí uma casa principesca" (1Rs 8,12-13). Esse texto é um dos exemplos do quanto a Septuaginta pode ser útil no estudo bíblico. Os manuscritos hebraicos divergiam dos textos hebraicos massoréticos atuais em alguns casos, e isso ocorre dentro de padrões cada vez mais conhecidos. Na Septuaginta, esse texto encontra-se em outro capítulo (53) e diz assim: "O sol (*Shemesh*) o fez saber desde o céu: *Yavé* disse que desejava habitar na escuridão". Aparentemente, o templo é de uma divindade solar no qual *Yavé* passou a habitar, talvez numa capela lateral.

Em que textos bíblicos o monoteísmo de *Yavé* claramente triunfou?

Com tanto politeísmo, poliatria e henoteísmo, é bom ter referências de textos indubitavelmente monoteístas. Primeiramente, o monoteísmo triunfa em toda história deuteronomista (Dt e 2Rs). Esses textos redigidos por antigos escribas e altos funcionários da corte de Jerusalém no exílio na Babilônia explicam a destruição do santuário e a diáspora (2Rs 24,2). Para eles, *Yavé* não foi derrotado pelos deuses dos assírios e dos babilônicos. Não! Foi Deus mesmo, *Yavé*, quem enviou os assírios e os babilônios. Eles são instrumentos nas mãos de *Yavé* e seus deuses não são nada. Através deles *Yavé* castigou a infidelidade de seu povo.

Quais seriam outros textos bíblicos claramente monoteístas?

A segunda parte do Livro de Isaías foi escrita séculos depois de sua partida desta para a melhor. Nela, o monoteísmo bíblico triunfa completamente. No capítulo 44 de Isaías, em particular, Deus afirma: "Sou eu o primeiro, sou eu o último, fora de mim, não há deus" (Is 44,6). E o redator faz grandes ironias com os falsos deuses, com seus ídolos, em cuja fabricação o redator expressa um verdadeiro *know-how*. "Sou eu que sou o Senhor, não existe outro, fora eu, ninguém é deus! Eu te cingi, sem me conheceres, a fim de que se reconheça do nascente ao pôr do sol que fora de mim: nada!" (Is 45,5-6). Essa parte de Isaías retoma ironias sobre a fabricação e a inação desses deuses e suas estátuas, no mesmo estilo encontrado ou colocado no discurso de Elias diante dos sacerdotes de *baal* no Monte Carmelo.

O Rei Ciro da Pérsia inspirou a Bíblia?

Sim e de montão. O melhor exemplo é o texto já evocado e conhecido como Dêutero ou Segundo Isaías. Ele vai do capítulo 40 de Isaías ao 55. Obra de profetas anônimos, cujos oráculos estendem-se por dois séculos, esse livro celebra a chegada de Ciro na Babilônia no ano 539 a.C. e se inspira de um texto persa sobre o deus Marduk inscrito no famoso cilindro de Ciro, para apresentá-lo como um verdadeiro messias. Há muitos paralelismos entre o cilindro de Ciro e o texto de Isaías. Em Isaías, os povos apresentam-se diante de *Yavé* e não há outro deus além de *Yavé*.

Os persas são os estrangeiros queridinhos da Bíblia?

São. Os persas, os atuais iranianos, são muito bem-vistos e bem-tratados pela Bíblia. Nenhum oráculo contra eles, ao contrário os numerosos oráculos contra tudo e quanto é vizinho de Israel. Mesmo no Livro de Ester, o rei persa não era tão ruim. Ele estava mal-aconselhado e não foi sua culpa os problemas enfrentados pelos israelitas. Esdras e Neemias insistem sobre seu vínculo funcional com os persas e Neemias se apresenta como um funcionário real a Suze (Ne 1,1), daqueles de carreira. E Esdras como sacerdote e escriba a serviço do rei persa. E a influência dos persas sobre o monoteísmo triunfante no retorno do exílio parece bem razoável, graças ao mazdeísmo, culto atestado dos reis persas e por Dário. A noção da corte celeste emerge claramente nos textos bíblicos pós-exílicos. O prólogo do Livro de Jó, a figura de satã e o dualismo persa parecem evocar Yavé como Ahura Mazda ou Zoroastro, estabelecido em seu trono com seu panteão tradicional. Nascido entre os séculos VII e VI a.C, o zoroastrismo é considerado como a primeira manifestação do monoteísmo ético. Historiadores da religião mostram como concepções religiosas do zoroastrismo, como as hierarquias angélicas, a crença no paraíso, na ressurreição dos mortos, no juízo final e na vinda de um messias, influenciaram o Judaísmo, o Cristianismo e o Islamismo, apesar da rejeição dessas religiões ao dualismo da religião mazdeísta.

Os autores bíblicos sabiam tudo sobre os persas?

Quase. Os autores anônimos dos textos pós-exílicos sabem tudo o que Deus quer e o expressam através dos tempos e das épocas, desde as origens até a chegada desse verdadeiro messias, o Rei Ciro da Pérsia, outro instrumento de Deus. Apesar dessa aparente onisciência dos redatores pós-exílicos e deuteronomistas, eles não previram o futuro da Pérsia como Irã, um país xiita, com seus aiatolás. Não havia como. Com esses autores bíblicos dos textos pós-exílicos começava o Judaísmo. Mesmo.

2.6 Curiosas aventuras de uma dezena de bíblias

Qual foi a primeira Bíblia?

Não se assuste, mas a primeira Bíblia não existiu. Ela não se chamava Bíblia e sim "Sagradas Escrituras" ou "Santos Escritos". No máximo. Seria um anacronismo chamar de Bíblia o conjunto da produção literária religiosa do Judaísmo, em hebraico, grego e aramaico, até o advento do Cristianismo. As primeiras sistematizações editoriais e redacionais na história do Judaísmo pós-exílico visaram a *Torá*, a Lei, o Pentateuco. Mas foi justamente a tradução do Pentateuco para o grego, com vistas a atender as comunidades israelitas helenófonas, que deu origem a um primeiro movimento "editorial" mais amplo. Para atender a diáspora, ampliou-se essa iniciativa no sentido de alcançar pela tradução todos os escritos: os proféticos, os históricos e os sapienciais. Disso acabou por resultar uma primeira identificação, extremamente plural e diversa em termos de manuscritos e versões, do que hoje chamamos de Bíblia hebraica, ressaltando que os judeus não utilizam esse nome.

Qual foi a primeira tradução dos textos hebraicos da Bíblia?

No começo, criou Deus uma tradução. A primeira tradução significativa e sistemática dos livros ou rolos das Sagradas Escrituras foi para o grego. Ela ocorreu no final do século III antes da Era Cristã. O hebraico deixava de ser uma língua falada e escrita. Mesmo entre os judeus. Com a conquista de Alexandre Magno, o grego tornou-se a língua dominante na região da Palestina e do Egito, desde o século III a.C., e assim foi até o século II d.C. Essa tradução do Pentateuco e dos outros livros do que hoje se identifica com Antigo Testamento buscou atender à comunidade judaica, de língua grega na diáspora, principalmente a de Alexandria (Egito). A Septuaginta foi a primeira unidade "bíblica" realmente constituída. Essa tradução fez parte da famosa Biblioteca de Alexandria, ao lado das obras de Homero, além de figurar nas prateleiras das sinagogas do Egito à Palestina.

Por que essa tradução é chamada Septuaginta?

Marketing. Septuaginta significa setenta (LXX). Segundo a tradição lendária teriam sido 70 ou 72 estudiosos. Até hoje não houve acordo sobre esse número mítico. Com 72 dá para imaginar seis representantes de cada tribo de Israel, mesmo se em sua maioria elas já tivessem desaparecido. Eles teriam sido enviados pelo sumo sacerdote de Jerusalém, a pedido do Rei Ptolomeu do Egito, para fazer essa tradução. Eles a fizeram a partir de um original hebraico trazido de Jerusalém e cujas letras haviam sido grafadas com ouro (*sic*). Essa versão fabulária da origem da tradução grega da Bíblia deve-se à carta do pseudo-Aristeu. E esses 72 "tradutores juramentados" foram regiamente recomendados por esse rei egípcio e grego Ptolomeu II, que ainda mandou uns presentinhos para Eleazar, o sumo sacerdote em Jerusalém. Ah! Se não fosse o Egito!

Os textos bíblicos foram traduzidos para o grego numa tacada?

Foram não. Em primeiro lugar já existiam traduções parciais ao grego, anteriores à Septuaginta, como a de Hecateu de Abdera, no final do século IV. A primeira tradução visou o Pentateuco, a Lei, a *Torá*, como indica a carta do pseudo-Aristeu, datada, talvez, da primeira metade do século II a.C. e que menciona traduções parciais anteriores do texto bíblico. Progressivamente, outros escritos foram traduzidos para o grego. Esse processo durou um bom tempo... E não foi em 72 dias, como reza a lenda.

Onde foi feita essa tradução da Bíblia?

Foi no Egito, certamente, e, provavelmente em sua maior parte, na cidade de Alexandria. Ah! O Egito! Corroboram com essa tese diversas fontes antigas como Aristeu, Fílon de Alexandria, Flávio Josefo e os dois Talmudes, o babilônico e o de Jerusalém. A tradução do Pentateuco da Septuaginta utiliza termos técnicos da administração egípcia ptolomaica e referenciais geográficos atestadamente em uso sob os ptolomeus no Egito. Até traços de uma influência da teologia egípcia ptolomaica foram encontrados na Septuaginta (Dt 9,26). Quanto aos outros livros bíblicos, outras localidades participaram, até na Palestina.

Quando foi feita essa primeira tradução?

As informações da Antiguidade são muito divergentes nesse tema. Não se sabe exatamente sob qual dos ptolomeus ocorreu ou começou essa tradução. As estimativas podem variar de 285 a 265 a.C. A tradução do Pentateuco com certeza foi realizada antes de 210, provavelmente antes de 260 e talvez mesmo antes de 282 a.C.

Quando foi traduzido para o grego o resto da Bíblia hebraica?

Não há provas que a tradução dos escritos e dos profetas tenha começado antes de 200 a.C. Quase três quartos de século separam os dois empreendimentos de tradução. Isso atesta uma grande evolução do pensamento judaico nesse período. De certa forma, ao traduzir todos os escritos sagrados, eles colocam, ou quase, no mesmo plano, o grego e o hebraico.

Foram 70 ou 72 tradutores?

Sobre a origem dos tradutores todos os registros antigos concordam: eles eram judeus de Jerusalém vindos a Alexandria. Eles eram 72 tradutores segundo Aristeu, Flávio Josefo, Tertuliano, Epifânio, Santo Agostinho, Nicetas de Heracleia e segundo o Talmude Babilônico (*Megilla* 9a e I,8). Mas teriam sido 70 tradutores segundo o próprio Flávio Josefo, Santo Irineu, São Clemente de Alexandria, São João Crisóstomo, Anatólio de Alexandria, Zacarias de Mitilene e outros. A evocação do número 70 tomaria origem nos 70 intermediários entre Israel e a diáspora (Ex 24) e nos 70 anciãos (Nm 11,16-17 e 25). Por razões simbólicas 70 e 72 se fundem e confundem. Basta lembrar que até São Lucas, muito influenciado pela Septuaginta na redação de seu evangelho, no capítulo 10,1.17 também hesitou entre 70 e 72, conforme os manuscritos. Na realidade, essa tradução resultou do trabalho de diversos eruditos ou letrados judeus de Alexandria, como confirmam os trabalhos de filólogos e papirólogos gregos. É muito provável que cada livro teve seu grupo de tradutores, como indicam diversos estudos. E levou muito tempo.

Além do Pentateuco, os outros livros foram traduzidos para o grego?

Sim. Todos os livros da Bíblia hebraica foram traduzidos em grego. Mas a Septuaginta possui livros suplementares, pois o cânon judaico das Escrituras ainda não estava estabelecido. Isso só ocorreu dois a três séculos depois. Por isso, nesse período esse conjunto de textos ainda era passível de enriquecimento. Até complementos aos livros hebraicos, em grego, ocorreram nesse período. Vários desses livros bíblicos possuíam traduções totais ou parciais para o grego, antes mesmo da tradução da Septuaginta, como atestam diversos estudos.

Os tradutores de ontem traduziam como hoje?

A Septuaginta não é uma tradução no sentido moderno desse termo. Essa tradução tentou ficar a mais próxima possível do texto hebraico original no caso do Pentateuco, dadas suas dimensões jurídicas e legais. Mesmo assim, os tradutores trabalharam o sentido do texto, a começar pela expressão *Torá* (sabedoria ou ensinamento revelado), traduzida por Lei (*Nomos*), fizeram transposições semânticas, introduziram elementos de cultura grega no texto e atualizaram, por assim dizer, o pensamento ético dos escritos.

Tudo foi traduzido na Septuaginta?

Foi não. Alguns livros chegaram prontos. Em grego. Nesse período, uma rica produção literária, filosófica, religiosa, teatral e poética ocorria a partir da elite letrada dos judeus helenófonos na Palestina, em Alexandria e na diáspora. Da mesma forma foram sistematizados importantes textos religiosos judaicos, redigidos diretamente em grego, como Sabedoria de Salomão ou Sirácida, incorporados como tais no acervo da Septuaginta e do Antigo Testamento cristão.

A Septuaginta ajuda a entender o Novo Testamento?

Sim. É uma bela tradução e fundamental até para ajudar na interpretação dos textos gregos, bem mais tardios, do Novo Testamento. A Septuaginta é relevante até para o estudo da atual Bíblia hebraica, cujo texto só foi "finalizado" pela escola massorética por volta do ano 1.000 d.C., nem sempre com base nos mesmos manuscritos hebraicos utilizados na versão grega dos LXX. E é amplamente atestado o quanto ela também ajudou os massoretas a entenderem passagens de difícil compreensão nos textos hebraicos.

A Septuaginta foi o começo da civilização ocidental?

Foi. A cada ano, no calendário judaico, na data de 10 Tevet, o Judaísmo relembra esse fato ocorrido cerca de 200 anos antes da Era Cristã: a primeira tradução da Bíblia do hebraico para o grego, a Septuaginta. Muitos consideram esse dia como o do início da civilização ocidental, que florescerá com e graças ao Cristianismo. Com razão. Como disse o pensador judeu Emmanuel Lévinas: "era a Bíblia mais os gregos". O importante lugar que a mitologia grega e Moisés tiveram na alma de Freud são um exemplo da profundidade e da verdade dessa construção civilizatória.

Os manuscritos de Qumran mudaram a percepção da Septuaginta?

A descoberta de manuscritos gregos, além dos hebraicos e aramaicos, nas cavernas de Qumran evidenciou a profusão de variantes hebraicas antes da fixação do atual texto massorético da Bíblia hebraica. Como se disse: o monolitismo da tradução massorética explodiu. Certos fragmentos de Qumran corroboram a versão da Septuaginta com a atual versão hebraica massorética. Isso levou à renúncia da tese da "liberdade de tradução" adotada pelos tradutores da Septuaginta (targumismos) ou no mínimo obriga a uma elaboração muito mais refinada dessa tese. As descobertas de Qumran resolveram um enigma: quando o texto grego da Septuaginta se afasta do atual texto massorético, ele não inventa.

Quantos livros compõem a segunda versão da Bíblia, a Septuaginta?

Considerando-se o conjunto dos primeiros manuscritos em hebraico que constituíam as Sagradas Escrituras como uma espécie de primeira versão da Bíblia ou uma protobíblia, a Septuaginta foi a segunda. Hoje são 46 livros nesse Antigo Testamento, ou 45 quando se conta Jeremias e Lamentações de Jeremias juntos. Vamos considerá-la a segunda versão da Bíblia, sempre hebraica, sempre sem o Novo Testamento, por enquanto. Foi um sucesso editorial e está disponível até hoje. Até na internet.

Havia restrição do Judaísmo sobre traduzir a Bíblia hebraica?

Os tratados rabínicos não são hostis à Septuaginta, nem a outras traduções do texto hebraico. A *Mishná Megilla* (I,8) diz: "A única diferença entre os livros sagrados, os filactérios e as mezzuzot é que os livros sagrados podem ser escritos em qualquer língua, enquanto os filactérios e as mezzuzot devem ser escritos em hebraico". Mas há opiniões divergentes de outros rabinos como rabi Yehudá, por exemplo. Para o *rabban* Simeão ben Gamaliel, se fosse traduzir o texto hebraico, só em grego.

O grego era a língua dos leitores da Bíblia?

Sim. Grande parte da diáspora e a própria população da Palestina era helenófona. E acabou consagrando a Septuaginta, a Bíblia dos LXX. Esta versão teve um papel fundamental para o estudo e divulgação do Antigo Testamento em outras línguas e culturas durante séculos. Os textos hebraicos apresentavam grande dificuldade de compreensão e tradução. A educação na fé judaica era feita com a Septuaginta. Ela foi a primeira reunião unificada dos textos ou rolos bíblicos. As citações de Jesus e dos apóstolos das Sagradas Escrituras referem-se sempre à Septuaginta, ao texto grego e não ao hebraico. Basta conferir.

A Septuaginta serviu na redação do Novo Testamento?

Sim. O vocabulário grego e a gramática do Novo Testamento seguem a Septuaginta. Ela era a Bíblia da Igreja primitiva, mesmo quando discordava da Bíblia hebraica. Exemplos disso estão diversas passagens do Novo Testamento, como na citação pronunciada por Jesus em São Mateus 21,16 que segue a Septuaginta e não a versão hebraica atual do salmo (8,3). O mesmo ocorre numa citação da Carta aos Hebreus (2,7) que fala de anjos, como na Septuaginta, enquanto o salmo (8,6) evoca deuses. E por aí vai. São muitos exemplos.

A Bíblia de Jesus e dos apóstolos era a Septuaginta?

No tempo de Jesus e durante décadas ainda não existiam coleções constituindo um livro santo, nem listas ou catálogos de livros santos. Os textos bíblicos circulavam com denominações genéricas: "A Lei (de Moisés)", "Os livros dos profetas" ou ainda "A lei e os profetas". Essas fórmulas aparecem nos manuscritos de Qunram. Os livros da Septuaginta eram lidos, certamente, por Jesus e seus discípulos. O Novo Testamento ainda não existia. Das cerca de 350 citações do Antigo Testamento presentes nos evangelhos e cartas do Novo Testamento, 300 foram tiradas da Septuaginta. E não do texto massorético da Bíblia hebraica. Nem dava. Ele ainda não existia.

Nos tempos de Jesus existiam duas ou três bíblias?

É um anacronismo falar de Bíblia nos tempos de Jesus. A definição de um cânon judaico e cristão só começou a acontecer dois séculos mais tarde. Quanto aos rolos manuscritos, lidos e estudados, existia naquele tempo pelo menos três versões de bíblias ou antigos testamentos no mundo mediterrânico: a hebraica, a grega da Septuaginta e a samaritana ou o protopentateuco samaritano. Sim, samaritano. Haja rolo. Ou volume.

A terceira versão da Bíblia é a boa samaritana?

De certa forma, sim. Essa terceira Bíblia é parcial e muito antiga. Ela é a Bíblia da comunidade samaritana desde antes do seu cisma com os judeus, ocorrido no século IV antes da Era Cristã. Ela segue a mesma versão até hoje. A Bíblia samaritana resume-se ao Pentateuco e apresenta cerca de 6.000 variantes com a atual versão hebraica, das quais 1.600 concordam com a Septuaginta. Em suas andanças pela Terra Santa, o Imperador D. Pedro II, estudioso da língua hebraica, adquiriu e pagou de seu bolsinho um Pentateuco samaritano, bem antigo. Depois, como fez com múmias, obras de arte, coleções de pedras e madeiras, e tantas outras coisas, D. Pedro II doou esse Pentateuco samaritano ao Museu Nacional. Está lá. Até hoje.

Antigo Testamento é politicamente correto?

É não. Hoje, o nome politicamente correto é Primeiro Testamento. Se Primeiro Testamento designa o Antigo, o Velho, a expressão Segundo Testamento designa o Novo Testamento. Na realidade, os dois testamentos não são antigos, nem novos. São dois testamentos, um do Judaísmo e outro do Cristianismo. De fato, o judaico é uns 300 anos mais velhinho. De onde a designação Antigo Testamento. Mas tradições religiosas não gostam de comentar sua idade, como muita gente.

Antiga Aliança é etimologicamente correto?

É sim. A palavra testamento vem da tradução grega (*diatheke*) da expressão hebraica *berit* (ברית) e significa aliança. A Bíblia cristã reúne duas alianças: a primeira ou antiga aliança tem seu ponto de chegada em Jesus de Nazaré e Ele mesmo é o ponto de partida do Novo Testamento, da nova aliança.

Quando a Septuaginta, obra judaica, tornou-se o Antigo Testamento?

No final do século II d.C., claramente. O texto do Novo Testamento não fala de Antigo nem de Novo testamentos como noção de um *corpus* de livros. Essas expressões surgiram somente no final do século II d.C. em textos dos Padres da Igreja. Quando a palavra *diatheke* aparece no Novo Testamento é sempre no sentido da aliança e não de um conjunto de textos. Ao vir acompanhada do adjetivo nova, ela dá um caráter pejorativo à antiga aliança, no sentido de velha e caduca.

A Septuaginta levou a Bíblia para a humanidade?

Homologada de entrada pelo Cristianismo, adotada pelas primeiras comunidades cristãs e pelos Padres da Igreja, a Septuaginta foi posteriormente rejeitada pelo Judaísmo rabínico. Contudo, durante um milênio e meio, a Septuaginta foi a base para a tradução dos livros santos dos cristãos. Nesse período de quinze séculos, as versões bíblicas cristãs em sua quase totalidade (latinas, coptas, etíopes, góticas, germânicas, eslavas, armênias, georgianas, siríacas e árabes) foram feitas a partir ou diretamente da Septuaginta. O Cristianismo deve algo a esses tradutores judeus helenófonos.

Por que e quando surgiu a quarta versão da Bíblia?

Por culpa dos escritores cristãos. Após a destruição do templo em Jerusalém no ano 70 d.C., o Judaísmo rabínico saiu em defesa de sua identidade. Entre outras coisas, a liderança judaica sobrevivente proibiu a presença de cristãos e de seus livros nas sinagogas. Reunidos num sínodo em Yavne (Jâmnia) na Palestina, lá pelo ano 95 d.C., os rabinos da Terra Santa propuseram a fixação de um cânon judaico, cujos critérios podem ser encontrados no Talmude (TB *Shabbat* 30 b; *Mishná Yadaim* 3:5; TB *Megillah* 7 a; TJ *Megillah* 70 d). Afirma-se com frequência que houve uma definição do cânon judaico das Escrituras no Sínodo de Yavne (Jâmnia), excluindo definitivamente os escritos ditos deuterocanônicos da lista dos livros inspirados. Na realidade, pouco se sabe, efetivamente, a respeito das atividades desse sínodo que se possa dizer com verdade. Mesmo assim, nascia progressivamente uma quarta versão do Antigo Testamento, a Bíblia hebraica ou rabínica.

Essa Bíblia hebraica ou rabínica era anticristã?

Sim. O anticristianismo e a cristofobia nesse tempo e nos dias de hoje não era crime inafiançável. Ao contrário do que ocorre atualmente, em muitos contextos, como o antissemitismo, o racismo, os danos à fauna e à flora etc. Essa lista de livros bíblicos, considerados canônicos pelos rabinos da Palestina, visava eliminar qualquer possibilidade de existência, entre eles, de um livro de origem cristã. Nada. Nadinha. Nem mesmo uma carta ou um bilhetinho apostólico.

A eliminação da Septuaginta se deu por razões linguísticas?

Não. A eliminação oficial da Septuaginta nos anos 90-130 d.C. não se explica por razões linguistas. Podem ficar tranquilos os tradutores e os gregos. Ela resultou das necessidades da polêmica anticristã. Alguns versículos da tradução ao grego causavam grave preocupação na polêmica dos rabinos com a jovem seita cristã (Gn 1,26 e 11,7, por exemplo, no tema da unicidade de Deus e da Trindade). Mesmo assim, o Judaísmo oficial não quis eliminar o uso da língua grega, pois esta era indispensável para manter o vínculo entre a Palestina e a diáspora. Uma nova tradução da Bíblia hebraica para o grego foi elaborada, como se verá mais adiante.

A Bíblia rabínica eliminou a literatura cristã?

Sim, e de propósito. O sínodo rabínico de Yavne, quase 100 anos depois do nascimento de Cristo, definiu que para um livro pertencer ao cânon judaico ele deveria: 1) ter sido escrito em Terra Santa; 2) somente em língua hebraica, nada em aramaico ou grego; 3) ter sido escrito antes de Esdras (455-428 a.C.) e não ter nenhuma contradição com a *Torá* (com o resto pode). Com esses critérios, os livros do Novo Testamento, escritos em grego, boa parte fora da Terra Santa e 450 anos depois de Esdras, não tinham a menor chance de subsistir numa sinagoga. Estava selada a separação literária e das escrituras entre judeus e os que eles chamavam de heréticos, os *nazoreus*, os nazarenos ou cristãos.

Essa Bíblia rabínica opunha-se à Septuaginta?

Sim, ao afirmar que a Bíblia lida pelos cristãos, a Septuaginta, não era aprovada pelo Judaísmo rabínico e, portanto, era não canônica. A Septuaginta não ajudava a afirmar, para os rabinos, a identidade judaica. Demorou muito para o conjunto do Judaísmo da diáspora seguir essas orientações dos rabinos palestinos. Com o tempo, com muito tempo, séculos, a Bíblia dos LXX, a Septuaginta, terminou banida das sinagogas para as quais havia sido traduzida. Um paradoxo.

A Bíblia judaica ou rabínica eliminou a literatura judaica?

Sim, de tabela. Nas sinagogas do tempo de Jesus, e mesmo depois, liam-se muitos textos inspirados, muitos livros, muitos rolos. Principalmente, a versão grega da Bíblia, a Septuaginta ou a Bíblia dos setenta (tradutores). Ficaram de fora do cânon judaico seis livros escritos em grego e trechos gregos de Ester e Daniel. Quase o Livro de Ester ficou inteiramente fora.

Os judeus aceitaram o cânon judaico?

Nem todos. As decisões dos rabinos de Yavne demoraram muito a serem conhecidas, e muito mais até serem aceitas pelas comunidades judaicas mundo afora. Não havia internet, telecomunicações, nem sínodos ou concílios. Isso obrigou a revisões posteriores nesse cânon pelos rabinos, como a reintrodução do Cântico dos Cânticos. E até hoje esse cânon não teve aceitação em certas comunidades judaicas, como o caso dos judeus do Egito. Eles ainda têm um cânon semelhante ao católico e ortodoxo. Ninguém morre por isso. A mensagem, a revelação e a tradição judaica fundamental é a mesma.

Os judeus não chamam a Bíblia de Bíblia?

Chamam não. Eles não usam a palavra Bíblia. Como já foi evocado, a Bíblia judaica rabínica é conhecida entre os judeus como *Tanah*, um acrônimo formado pelas iniciais dos três principais conjuntos de livros da Bíblia hebraica: a *Torá* (Pentateuco), os *neviim* (profetas) e os *ketuvim* (escritos). Ela não corresponde exatamente ao Antigo Testamento da maioria dos cristãos. Quase. A ordem de apresentação dos livros é diferente da Septuaginta. A Bíblia rabínica não termina com Malaquias, mas com o Livro das Crônicas, com Ciro convidando o povo judeu a retornar a Jerusalém.

Quantos livros compõem a Bíblia rabínica ou o *Tanah*?

Hoje, o *Tanah* é composto de 24 livros conforme o jeito da tradição judaica de contar: cinco no Pentateuco ou *Torá*, oito nos primeiros e últimos profetas (os doze profetas menores são contados como um só livro) e onze hagiógrafos (textualmente escritos sagrados). A contagem judaica também conta como um só, os livros divididos em dois nas bíblias cristãs (Samuel, Reis, Crônicas, Esdras-Neemias) e os chamados 12 profetas menores (Oseias, Joel, Amós, Abdias, Onias, Miqueias, Naum, Habacuque, Sofonias, Ageu, Zacarias e Malaquias), como já foi evocado.

A Bíblia rabínica é o livro fundamental e único do Judaísmo?

É não. O Judaísmo não tem no seu cânon um único livro como os cristãos e sua amada Bíblia. Para os judeus, somente a Bíblia lida e interpretada pelo Talmude inscreve o homem numa leitura judaica das Sagradas Escrituras. Mesmo os filósofos modernos de origem judaica seguem sempre essa regra em suas reflexões. Talmude e *Tanah* são inconfundíveis, mas indissociáveis para a tradição judaica.

Conhece o Talmude e a *Mishná*?

Na tradição escrita do Judaísmo, tão importantes como a Bíblia, estão obras fundamentais como a *Mishná* (משנה) e o *Talmud* (תלמוד). A *Mishná* é uma das mais antigas obras remanescentes da literatura rabínica, editada por Judá Ha-Nassi e completada por membros de seu círculo após sua morte, no início do século III da Era Cristã. O Talmude é considerado uma *Torá* oral, um longo comentário em aramaico sobre seções da *Mishná*. A palavra Talmude significa estudo em hebraico. Trata-se de um compêndio que, na realidade e na origem, são dois: o Talmude de Jerusalém, uma versão palestina, escrita por volta de 400 d.C. e uma versão chamada babilônica, escrita cerca de 100 anos mais tarde. O Talmude babilônico é a principal matéria de estudo nas academias, seminários ou escolas do Judaísmo, a *ieshivá*.

O que o Talmude tem a ver com o catolicismo?

Nada e muito, de certa forma. Numa analogia simplista, o Talmude poderia ser comparado ao Magistério Eclesial, constituído por doutrinas, catecismos, cartas, encíclicas e ensinamentos consolidados pelo Papado em Roma. O catolicismo, como o Judaísmo rabínico, possui também uma tradição milenar, cuja duração é análoga. Para os católicos, a Bíblia não pode ser apenas lida livre e subjetivamente por cada um. Sua leitura deve ser iluminada pela doutrina elaborada pela tradição do Magistério Eclesial, por sábios, santos e comentadores ao longo dos séculos. O Talmude é um universo de comentários originais do Antigo Testamento, indissociável da vida religiosa do Judaísmo em sua forma atual. A imensa maioria dos cristãos nem suspeita.

Os judeus são o povo do livro ou dos livros?

Eles são o povo de pelo menos dois livros: a Bíblia rabínica (*Tanah̲*) e o Talmude. O Talmude reúne grande parte da tradição oral judaica e é um dos livros mais lidos e consultados pelos judeus. A maioria dos judeus, ao frequentar as Sagradas Escrituras, dedica-se fundamentalmente à leitura da *Torá* (Pentateuco) e do Talmude. A imensa maioria dos cristãos não tem a menor ideia do conteúdo do Talmude. Essa enciclopédia judaica reúne a doutrina e jurisprudência da lei mosaica, com explicações dos textos jurídicos da *Torá* e a *Mishná*, a jurisprudência elaborada por comentadores e sábios judeus entre os séculos III e VI d.C. O povo judaico não é apenas um povo do livro, mas, sobretudo, um povo da interpretação do livro. Nesse sentido, o povo judeu é mais um povo de leitores do que de crentes.

Como surgiu a quinta versão da Bíblia hebraica, a da águia?

Ao definir a Bíblia rabínica, em hebraico, como a única canônica, o povo do livro, de novo, afastou-se da leitura do livro. Ninguém praticamente lia ou falava hebraico. A diáspora judaica era essencialmente helenófona. Os judeus tentaram então novas traduções para o grego de sua Bíblia. E a Septuaginta continuava lida pela diáspora. Foram várias tentativas. Áquila de Sinope (*Aquila Ponticus*) realizou uma versão ou tradução bastante literal dos textos hebraicos das Escrituras Sagradas para o grego, entre os anos 130 a 150 d.C. A versão de Águia, *Aquila* em latim, ficou muito mais fiel ao texto da Septuaginta do que ao texto atual, o massorético, da Bíblia judaica. Mesmo assim ela foi acolhida com entusiasmo pelos rabinos. Essa tradução consagra a eliminação da Septuaginta do Judaísmo. Ela foi uma das traduções mais utilizadas pelos judeus, após a Septuaginta *pour cause*. Por isso ganha o título de *quinta* nesta contagem.

Áquila, o tradutor da Bíblia hebraica, era cristão?

Parece que foi. Áquila ou Akiles, prosélito judeu, nasceu no Ponto, província romana situada no Mar Negro. De acordo com fontes cristãs, ele era parente do Imperador Adriano. Este o indicou para participar, em 128, da reconstrução de Jerusalém. Converteu-se mais tarde ao Cristianismo e, por fim, ao Judaísmo. Aprendeu hebraico, dotou-se de uma cultura judaica junto aos mestres tanaítas e, em particular, estudou com Rabi Akiva. Dizem. Ainda perduram grandes partes de sua tradução da Bíblia hebraica para o grego. Elas atestam sua fidelidade à tradição hebraica. Sua tradução, contudo, foi tão literal que brutalizava a língua grega e não se impôs com facilidade.

Outras traduções e revisões da Bíblia em grego?

Muitas e diversas. No caso da Septuaginta, que sempre foi objeto de atualizações e revisões, ocorreu uma revisão feita por Teodócio (150 a 185 d.C.). O trabalho de Teodócio ou Teodocião foi amplo e complexo: a tradução dos últimos livros da Septuaginta e a revisão de Teodócio parecem estreitamente imbricadas, segundo os estudiosos. Alguns defendem a existência de um texto chamado proto-Teodocião, conhecido dos apóstolos. A primeira revisão da tradução de Áquila foi a do samaritano Símaco, convertido ao Judaísmo e próximo do Rabi Meir. Sua tradução data de 165 d.C. ou um pouco depois e foi muito atenta ao sentido da tradução e não apenas ao da exatidão textual. Ele buscou ficar dentro da visão do rabinato, mas adaptando o texto a um público de judeus helenófonos. Dada sua qualidade literária, essa tradução funcionou bem nesse sentido e ainda era utilizada pela diáspora egípcia no século IV. São Jerônimo fez uso dessa revisão no processo de composição da *Vulgata*, a versão da Bíblia em latim. Restaram poucos vestígios de sua tradução.

A tradução de Áquila conflitou com o texto hebraico?

Sim. Com o tempo, sim. Na primeira metade do século VI, o conflito entre os judeus pelo uso das duas versões ou línguas chegou ao Imperador Justiniano. Ele punha, na sinagoga, os partidários do uso do hebraico e os partidários do grego. O imperador bizantino atendeu os partidários da tradução grega e através de um ato oficial, *Novilas 146*, autorizou a leitura de Áquila na liturgia das sinagogas.

A Héxapla foi a primeira comparação dos manuscritos bíblicos?

Foi. A Héxapla de Orígenes (240 a 250 d.C.) foi um trabalho monumental e promoveu uma visão comparativa dos textos bíblicos. Ela arranjou sinoticamente o texto hebraico em quatro versões diferentes (!) e em seis colunas paralelas para efeito de estudo comparativo. Na primeira coluna vinha um texto hebraico (não se sabe exatamente qual); na segunda, o texto hebraico em caracteres gregos; na terceira, a versão de Áquila; na quarta, a de Símaco; na quinta, a dos setenta; e na sexta, a revisão de Teodócio. Em virtude destas seis colunas tomou o nome de Héxapla. Ela exemplifica, já naquele tempo, a multiplicidade de bíblias e manuscritos. Foi um trabalho imenso o de Orígenes e, pela primeira vez, uma pesquisa de caráter científico, quase no sentido moderno desse termo. Foi conservada na Biblioteca de Cesareia na Palestina até sua destruição pelos árabes, em 640 d.C. Sobraram apenas dois fragmentos, os palimpsestos do Cairo e Milão.

Quando a Bíblia hebraica transformou-se em Antigo Testamento?

Na prática, isso ocorreu com o surgimento do Cristianismo. Contudo, esse termo só foi registrado a partir do século II d.C. Ou seja, a Bíblia hebraica rabínica massorética demorou a surgir e envelhecer. Esse tema e esses títulos voltarão a ser tratados mais adiante. E a contagem de bíblias também prosseguirá.

Os cristãos fixaram seu cânon do Antigo Testamento?

Sim, após certa gestação, já que a Bíblia não estabelece qual deve ser o seu cânon em nenhum de seus livros. Santo Ireneu, São Justino e Santo Agostinho defendiam o cânon alexandrino, o da Septuaginta, com 46 livros, incluindo os livros chamados de deuterocanônicos (Tobias, Eclesiástico Judite, Baruc, Sabedoria, 1 e 2 Macabeus). No final do século IV, vários concílios ecumênicos reafirmaram o cânon alexandrino. É o caso dos concílios de Roma (382 d.C.), que deu origem ao cânon Damasceno; o de Hipona I (393 d.C.); o de Cartago III (397 d.C.) e o de Cartago IV (417 d.C.). Um documento papal conhecido como Decreto Gelasiano (496 d.C.), do Papa Gelásio I, também optou pelo cânon alexandrino e confirmou uma tradição cuja origem remontava ao Papa Dâmaso I (305-384), apesar das opiniões divergentes.

Roma ou os judeus definiram o cânon cristão do Antigo Testamento?

Foram ambos. Do Judaísmo herdou-se a Septuaginta. O histórico dos primeiros quatro séculos do Cristianismo reflete a prática e a influência romana e papal no desenvolvimento do cânon bíblico. As igrejas orientais também fizeram sua opção pelo cânon alexandrino, e adotaram a Septuaginta como a versão oficial do Antigo Testamento e, além disso, ainda incluem mais livros. Depois do século IV, o cânon alexandrino com os 46 livros do Antigo Testamento havia obtido aceitação ampla em toda Igreja: no Ocidente com as versões da *Vetus Latina* e posteriormente com a *Vulgata*, e no Oriente com a Septuaginta. Bem, isso durou até os idos de 1.500 da Era Cristã.

2.7 O que seria da Bíblia sem o Egito e a Babilônia?

Se para a civilização ocidental a Bíblia foi de grande importância, por outro lado, essa biblioteca deve muito também a outras culturas e sociedades. Para os hebreus e para o texto bíblico do Antigo Testamento foram fundamentais os aportes das civilizações do Egito, da Assíria e da Babilônia, geralmente tratados de forma hostil nas Sagradas Escrituras. Imersos nas ricas culturas e nas sociedades vizinhas, os povos bíblicos aprenderam, absorveram, apropriaram e reelaboraram seus mitos fundadores, suas legislações, seus ritos religiosos, seus costumes, suas tecnologias e suas vidas.

Os hebreus pouco absorveram dos conhecimentos técnicos de seus vizinhos em matéria de astronomia, matemática, hidráulica, náutica e medicina, por exemplo. Observatórios astronômicos e navegação nunca foram o forte dos israelitas. Não há exemplo arqueológico de observatórios astronômicos israelitas. E quase nada restou da boa e saborosa tradição gastronômica do Egito. Apenas a saudades reiterada em tantas passagens bíblicas, daqueles que puderam saborear aquela farta e diversificada culinária.

Para os historiadores, os autores dos livros bíblicos, além da inspiração divina, se inspiraram de temas e estruturas literárias preexistentes em textos egípcios, sumérios, assírios e babilônicos. Ninguém pode imaginar que os autores de uma obra literária como a Bíblia fizessem abstração de seu enraizamento cultural no Oriente Antigo. Quem se limita a ler literalmente o texto do Antigo Testamento chega logo a limites.

O contato com essas culturas e civilizações começou muito cedo, ampliou-se com as migrações, as invasões e finalmente com os exílios promovidos pelos assírios e depois pelos babilônicos. Os empréstimos dos redatores bíblicos à mitologia e literatura de outros povos não se fez apenas como cópia ou mera imitação. Eles retrabalham, editam e interpretam esse material na perspectiva do Judaísmo de seu tempo.

Para muitos historiadores, o que seria então da Bíblia sem o Egito, a Assíria e a Babilônia? Um nada. Provavelmente, ela não existiria. Talvez nem o povo de Israel. Ou, quem sabe, ela seria no máximo uma pequena brochura, sem todas essas histórias fantásticas devidas a *Mitzraim e Babilu*, ao Egito e à Babilônia: criação do mundo, dilúvios, anjos, demônios, prodígios e, sobretudo, o monoteísmo. Livros inteiros foram dedicados à temática da assimilação e incorporação da sabedoria, dos conceitos e mitos religiosos, dos conhecimentos legislativos, administrativos e até bélicos dos povos vizinhos pelos israelitas e de sua integração no texto bíblico.

Segundo dados arqueológicos e históricos, as primeiras colônias judaicas no Egito remontam pelo menos à tomada de Jerusalém por Nabucodonosor, em 587. Vários grupos de judeus, entre os quais o Profeta Jeremias, por volta de 580 a.C. refugiaram-se no Egito. Dentre as colônias de judeus no Egito, a mais conhecida é a de Elefantina, situada numa ilha no Alto Nilo, perto de Assuã. Seus colonos cultivaram e transmitiram para os filhos suas terras e deixaram diversos documentos, conhecidos como os Papiros de Elefantina ou Papiros Elefantinos. Além dos papiros e manuscritos, existem diversos óstracos que associados às escavações arqueológicas iniciadas em 1904 revelaram detalhes da vida cotidiana daquele grupo.

Os papiros estão escritos em aramaico, a *língua franca* do Império Persa dos séculos V e IV a.C. e em parte do Egito e Palestina. O aramaico usado em Esdras e Neemias tem um estilo e uma linguagem similares aos Papiros Elefantinos (Ne 4,1). Esta comunidade judaica possuía seu próprio templo a *Yahô* (*IHVH*), venerado junto com as deusas Anat e Asherá, ecumenicamente situado junto uma capela erigida antigamente para culto ao deus local Khnum.

A diáspora de judeus no Egito se consolidou a partir de Alexandre, que teria instalado os judeus em Alexandria desde a fundação da cidade em 331 a.C. Após a morte de Alexandre, um de seus generais, Ptolemaios, filho de Lagos, recebeu a satrapia do Egito e como Ptolomeu I Sóter deu origem à dinastia dos lágidas. Durante a dominação lágida sobre a Palestina, a imigração de judeus para o Egito prosseguiu sob os lágidas e os selêucidas. Muitas colônias militares judaicas, compostas de mercenários, foram instaladas em guarnições no Baixo e Alto Egito, além da presença de agricultores e artesãos. Cerca de 200.000 judeus viviam nessas colônias, dos quais metade em Alexandria, entre eles havia funcionários, intelectuais, poetas, romancistas, filósofos e historiadores. Esses judeus falavam o grego e, mesmo quando seus nomes eram de origem bíblica, eles eram grecizados. Eles mantinham seus vínculos com Jerusalém (envio de impostos religiosos, peregrinações, associação em festas como a da Dedicação etc.).

Sem a civilização egípcia, nada de circuncisão, nada de Abraão, de José, de Jacó, de Moisés, nada de Sinai, Tábuas da Lei e tantas outras maravilhas agrícolas, arquitetônicas, políticas e históricas. Nada de lendas para inspirar os hebreus, com aspectos pitorescos e quase infantis, na construção de seus míticos personagens como Abraão, José, Moisés e outros. Sem falar da boa cerveja egípcia, de sua gastronomia e de tantas palavras que penetraram a língua hebraica. Para onde teriam migrado os patriarcas Abraão, Jacó e suas famílias? Para onde fugiria a Sagrada Família se não houvesse o Egito? Já *Mitzraim*, o Egito sem os hebreus, certamente seria o mesmo que foi: uma imensa civilização, uma das maiores da história da humanidade. Um império que durou três mil anos.

E sem a civilização babilônica? O Gênesis reescreveu, tardiamente, mitos e cosmogonias babilônicas na perspectiva religiosa monoteísta. Seus capítulos se inspiraram em relatos babilônicos da criação do mundo e do cosmos, de um deus oleiro moldando um homem de barro, de massinha, no estilo das crianças, como os presentes no *Enuma Elish* e, particularmente, na Epopeia de Gilgamesh, considerado como o quinto rei de Uruk, herói da Suméria da primeira metade do terceiro milênio antes de Cristo. A Babilônia instigou as imagens de um paraíso semelhante aos édens irrigados pelos rios babilônicos Eufrates e Tigre, textualmente citados na descrição do paraíso e cujas cheias imensas inspiraram o relato mesopotâmico do dilúvio, com arca, corvo, pomba e arco-íris, bem anterior à aventura de Noé.

As cidades babilônicas, cosmopolitas e poliglotas, com torres e zigurates, são minimizadas e até ridicularizadas, pelos nômades e aldeões hebreus monoglotas, no relato de Babel. A história de um bebê deixado num rio para ser achado e criado pela alta corte faz parte de relatos estrangeiros, como os de Marduk e Gilgamesh, encontrados pela arqueologia em tabuletas e baixos-relevos, bem anteriores ao texto bíblico e ao relato mitológico de Moisés.

Até hoje, o nome dos meses do calendário judaico permanece com denominações de origem babilônica e não hebraica. Relatos e façanhas de diversos personagens do Pentateuco inspiram-se de lendas e mitos babilônicos. Toda escola redacional deuteronomista deve muito a diversos textos assírios e babilônicos.

O exílio de parte da elite judaica na Babilônia durou duas gerações (do ano 586 ao 538 a.C.) e abriu amplos horizontes nacionais para os judeus, tanto em termos de organização política como no conhecimento do funcionamento de uma máquina estatal. Os registros escritos tornaram-se fundamentais e ainda na Babilônia começou a sistematização da Bíblia hebraica, continuada na corte judaica, com os primeiros livros escritos, como Deuteronômio, Crônicas, Reis, Esdras, Neemias etc.

Como já foi dito, a elite judeana tomou o poder político e religioso de Israel já na Babilônia e o afirmou através de seus textos, apresentados como verdadeiras constituições da nação israelita. Da Babilônia, apoiados pelo imperador persa, eles retornaram para as suas montanhas de Judá com tantas lendas, mitos e cosmogonias, com tantos anjos e demônios, que os céus do monoteísmo foram mudados para sempre. E, junto com eles, a história e a política de Israel e sua diáspora.

Para os israelitas, desde quando Deus criou o mundo?

Não foi desde o começo, nem foi desde o princípio. Não há qualquer evidência da criação da Terra, concebida como uma obra divina, antes do exílio babilônico dos judeus. Naquele tempo, as tribos israelitas e seus profetas estavam ocupados com outros assuntos, mais relevantes do que cosmogonias. Essa crença só apareceu em Israel no século VII a.C., num óstraco. De acordo com Herbert Niehr, "a convicção de que o céu e a terra eram criações divinas foi um *insight* da mitologia babilônica, com a qual Judá se familiarizou apenas durante o exílio". Então, tardiamente, os israelitas releram os mitos babilônicos da criação e os reformularam dentro de sua perspectiva teológica monoteísta. Que bom! Graças à Babilônia, a Bíblia passou a ter, logo no Gênesis, um relato explicativo da criação divina dos céus e da terra. Aliás, um não. Dois. *Bereshit bara Elohim haeretz vehashamaim*... No princípio criou Elohim os céus e a terra. Nada de deixar esses direitos autorais para os deuses babilônicos, persas ou egípcios.

Qual a relação entre o mito babilônico *Enuma Elish* e o Gênesis?

O *Enuma Elish* é o mito de criação babilônico. Ele foi descoberto em 1849 nas ruínas da Biblioteca de Assurbanipal em Nínive (Mossul, Iraque), e publicado em 1876, por George Smith. O *Enuma Elish* tem cerca de mil linhas escritas em babilônico antigo sobre sete tábuas de argila, cada uma com 115 a 170 linhas de texto. Este épico é uma das fontes mais importantes para a compreensão da cosmovisão babilônica, centrada na supremacia de Marduk e da criação da humanidade para o serviço dos deuses. O *Enuma Elish* possui várias cópias na Babilônia e Assíria. A versão da Biblioteca de Assurbanipal data do século VII a.C. Depois, versões ainda mais antigas desse relato foram encontradas em tabuletas de argila babilônicas, datadas do século XII a.C. São várias as similaridades entre a história da criação no *Enuma Elish* e no Livro do Gênesis. O Gênesis descreve seis dias de criação, seguido de um dia de descanso. O *Enuma Elish* descreve a criação de seis deuses e um dia de descanso. Em ambos, a criação é feita pela mesma ordem, começa na luz e acaba no homem. A deusa Tiamat é comparável ao Oceano no Gênesis. A palavra hebraica para oceano, águas de baixo, no Gênesis tem a mesma raiz etimológica que Tiamat (תְּהוֹם). Pois é, quando se passa várias gerações morando na Babilônia se aprende cada coisa!

O dilúvio foi inventado na Babilônia?

Foi. A maior chuva de outono que possa ocorrer na Palestina não dá para inspirar um mito dessas proporções. Idem para o minúsculo Rio Jordão. Nem com as mudanças climáticas. Já as cheias dos torrenciais rios babilônicos, como o Tigre e o Eufrates, inundam amplas planícies da Mesopotâmia. Elas certamente inspiraram o relato e mito diluviano da epopeia babilônica de Gilgamesh. A Epopeia de Gilgamesh é um antigo poema épico da Mesopotâmia, uma das primeiras obras conhecidas da literatura mundial compilados no século VII a.C. pelo Rei Assurbanipal. O Gilgamesh histórico, provavelmente, foi um monarca do fim do segundo período dinástico inicial da Suméria (por volta de 2700 a.C.). Esse rei tirânico foi um aventureiro intrépido, filho de uma deusa e de um humano. Ele buscou sair de sua finitude lançando-se em numerosas aventuras, acompanhado por seu fiel e amoroso amigo Enkidu. Esse mito foi descoberto pelos judeus no exílio babilônico. A palavra dilúvio, *mabul* em hebraico (מבול), não é usada em qualquer outra parte no texto bíblico (Gn 6,17), salvo no Sl 29,10. O mito babilônico do dilúvio, conhecido como a Epopeia de Gilgamesh, é anterior ao relato bíblico, e também tem uma arca e um piloto bem hábil.

O relato de um dilúvio primordial não existe em diversas culturas?

É verdade que a ideia de uma catástrofe universal, sob a forma de uma inundação dramática, existe em diversas civilizações. Para alguns fundamentalistas a profunda explicação histórica é que os descendentes de Noé, ao repovoar toda a Terra, transmitiram a memória desse evento a diferentes civilizações. Contudo, a comparação do texto do Gênesis com os relatos míticos babilônicos mostra que não se trata de uma coincidência acidental, mas, no mínimo, de um enorme empréstimo literário, por mais que sejam todos descendentes de Noé.

Qual era o nome do Noé babilônico?

Atrahasis. Avertido da iminência dessa catástrofe pelo deus Ea, Atrahasis teve tempo de construir seu enorme barco. Ao contrário de Noé, cuja arca flutuou ao bel-prazer das ondas e dos ventos indo parar lá no Monte Ararat, o bravo Atrahasis pilotou sua arca. E atracou no Monte Nisir quando as águas refluíram. Quando as águas baixaram, os deuses tomaram consciência que a erradicação da humanidade não tinha sido uma coisa correta.

Noé sabia pilotar grandes embarcações como os babilônicos?

Sabia não. Navegar nunca foi a marca dos hebreus, basta ver os constantes apuros dos pescadores amigos de Jesus no lago, exageradamente chamado de Mar da Galileia. No mito diluviano do Gênesis, Noé construiu a arca, mas na hora de pilotá-la ele deixou a arca à deriva. Ele entregou o leme e o velame, inexistentes, nas mãos de Deus (Gn 7,16). Era o melhor a fazer naquelas circunstâncias. Deus fechou, pelo lado de fora, a porta da arca transportadora da salvação do mundo, talvez devido a um erro de projeto do Noé. Deus mesmo é quem teve de pilotá-la sobre as águas do dilúvio. Os redatores do Gênesis tiveram o realismo de não atribuir a Noé a familiaridade com as técnicas náuticas. Na epopeia babilônica e diluviana de Gilgamesh, o herói e um barqueiro com sua tripulação cumpriram estes papéis (Tabuleta II, 88-90). Eles tinham o *know-how*.

Noé inventou o corvo e pombo-correio?

Nada. Foram os babilônicos. Essa passagem bíblica também se inspirou da Epopeia de Gilgamesh. Na epopeia babilônica de Gilgamesh, a pomba é enviada primeiramente, depois uma andorinha e, finalmente, um corvo. "Quando chegou o sétimo dia, eu retirei uma pomba e a soltei. A pomba partiu e voltou: nenhum lugar para se pousar ela encontrou, e ela deu meia-volta. Eu retirei uma andorinha e a soltei. A andorinha partiu e voltou; nenhum lugar para se pousar ela encontrou, e ela deu meia-volta. Eu retirei um corvo e o soltei: o corvo partiu e viu o refluxo das águas. Ele comeu, volitou, crocitou e não deu meia-volta" (Relato de Atrahasis, versão do século XVII a.C., Tabuleta XI, 147-156). Agora a inspiração e a crítica literária da Bíblia. Primeiro, o Noé *envia o corvo* (Gn 8,7), o último lançado no relato babilônico, que acaba desacreditado por seu fracasso. Trata-se certamente de *Corvus corax*, que, em Nínive e em outras partes, servia a práticas mágicas. Onde o corvo e a magia dos estrangeiros fracassam, a inocente pomba tem sucesso. Trata-se do pombo bravo, *Columbia livia*. Ele faz ninho em montanhas, grutas e fendas rochosas. Com patas curvas, ela possui duas fileiras de plumas negras e, sobre o pescoço, reflexos verdes (Sl 68,14). O recurso a uma ave e a forma como elas são lançadas três vezes para saber se as águas haviam baixado e se as terras estavam de novo emersas da parte de Noé, não deixa dúvida sobre a inspiração babilônica desse relato bíblico.

E o arco-íris apareceu no fim do dilúvio dos hebreus?

Deve ter aparecido sim (Gn 9,12). O arco-íris ocorre no relato babilônico e, em outros, de povos vizinhos. A imagem do arco deposto na nuvem aparece na Babilônia (*Enuma Elish* 6,82-90) e também na *Ilíada* (11,28). Ao depositar seu arco nas nuvens, Deus se desarma e renuncia à guerra contra a humanidade. Como um guerreiro, Ele depõe seu arco nos céus e este gesto deve recordar-lhe, e também ao homem, sua lei de vida, seu novo pacto com a criação inteira (Gn 17,11; 21,30; 31,3-34; Ex 31,17; Js 24,27). O arco, em hebraico como em português, designa ao mesmo tempo o arco do guerreiro e o arco-íris (Hab 3,9). E o arco-íris é um símbolo universal de paz. *Meu arco, à nuvem eu o dei* (Gn 9,13-17): essa forma verbal sublinha o caráter unilateral do desarmamento divino. Como sinaliza André Chouraqui, nessa passagem bíblica, o homem ainda não deu nenhuma prova de sua melhoria e Deus já depôs as armas. Que bom.

A arca de Noé e arca da Aliança eram parecidas?

Qualquer semelhança entre essas duas arcas é mera coincidência. As duas são chamadas de arca apenas nas traduções latinas da Bíblia. Nas escrituras hebraicas, elas não se confundem: nem no nome, nem no tamanho, nem nas funções. Em grego, a palavra arca (*kibotos*) designa um cofre, um baú. Em latim, arca também evoca caixa, cofre. Em Portugal, a palavra arca também designa o *freezer*: um baú para congelar alimentos e impedir sua deterioração. Em hebraico, a palavra arca se diz *tevá* (תיבה). De uso raríssimo, a palavra *tevá* só é empregada na Bíblia em dois episódios: a arca de Noé, lançada às águas do dilúvio e a arca (traduzida por cesto nas bíblias latinas) onde o bebê Moisés é escondido e deixado sobre as águas do Nilo (Ex 2,5). Assim, ninguém fala da arca de Moisés, mas seria o correto. Quando as escrituras falam de arca da aliança ou da arca santa ou divina, usam outro termo hebraico: *aron* (ארון), no sentido de caixa, cofre ou receptáculo e não *tevá*. Mesmo assim, ninguém fala da caixa da aliança, essa espécie de santuário móvel do jovem e guerreiro Deus *Yavé*.

Os querubins da Bíblia voaram da Babilônia para a Palestina?

Voaram. Criaturas mitológicas tomadas de empréstimo à cultura babilônica pelos judeus exilados, os querubins são representados na Bíblia em várias atitudes, típicas dessas divindades pagãs. Eles sustentam o trono de Deus (Sl 80,2; 99,1), puxam seu carro (Ex 25,20) ou servem-lhe de montaria (Sl 18,11). Essas divindades inferiores, sempre híbridas (homem/animal) surgem tranquilamente em visões de profetas e inspirados, e foram colocados, anacronicamente, pelos redatores do Pentateuco, até na tampa da Arca da Aliança, como a protegendo (Ex 25,20). Não é pouco (Gn 3,24). O termo hebraico *querub* (כרוב) deriva do acadiano *karibu*, divindades da interseção, elas ora protegem as portas e entradas, ora carregam ou suportam o trono de divindades maiores. O deus assírio Kirabu é representado de forma antropomórfica com corpo de um touro alado. Em hebraico, a palavra hebraica *querub* (כרוב) acabou por designar também o repolho. Ela enfatiza a ideia do invólucro e do envolver: Deus se acomoda no meio dos querubins. Como aqueles nenês nascidos nos repolhos. Transportados pela Cristandade, os terríveis querubins judeu-babilônicos perderam as suas múltiplas asonas e acabaram na arte barroca como anjinhos de rosto redondo e corado! E com a barriguinha de fora. Uma fofura. Quem diria, até o patrimônio histórico das igrejas barrocas brasileiras deve algo à Babilônia.

E os serafins da Bíblia vieram rastejando ou voando do Egito?

Voando. Na Bíblia, um serafim é um anjo de seis asas. Na realidade é um termo plural, como querubim. Seu singular seria *saraf*, assim como *querub* para querubim. A palavra hebraica *saraf* (שרף) significa "queimar" ou "incendiar". A palavra *serafim* foi traduzida de várias maneiras: *"serpente ardente"* ou *"áspide ardente voadora"*. Ardentes do verbo hebraico *sarof*: incendiar, queimar, consumir pelo fogo. A maior parte dos historiadores bíblicos consideram os serafins bíblicos como derivados dos *uraei* egípcios, cobras dotadas de asas. Elas tinham uma função protetora e foram introduzidas e veneradas no primeiro Templo de Jerusalém. Essas cobras fêmeas aparecem na fronte da touca dos faraós. As primeiras traduções para o grego da Bíblia hebraica traduziram serafins por serpentes. Progressivamente, essa referência foi ocultada, dada a carga negativa da serpente na cultura grega: a Medusa e sua cabeleira de serpentes, por exemplo. E, ainda mais, no texto de Isaías (6,1-2), onde os serafins pareciam voar sobre Deus. Com o tempo, os serafins assumiram forma humana e sempre alada, no imaginário e na iconografia. Mas essa evolução começou em Isaías, para quem as serpentes evoluem e terminam por ganhar asas: "[...] da raiz que é a serpente (*naẖash*) sairá uma víbora (*tzefa*), e desta, um *seraf* com asas ou voador" (Is 14,29). Como numa evolução darwiniana: a serpente vira víbora, a víbora vira áspide e, no fim, um serafim voador de nacionalidade egípcia.

Os anjos da Bíblia também vieram voando da Babilônia?

Também vieram no mesmo voo ou migração dos querubins. Criaturas mitológicas tomadas de empréstimo à cultura babilônica, os anjos (Gn 16,7) nos autorrelevos dos assírios e babilônicos têm cada asão! Um anjo é um mensageiro, *malaẖ,* corretamente traduzido pela Septuaginta através da palavra grega *angelos*, "enviado, encarregado de missão", de onde derivou o latim *angelus*, o português anjo e os termos análogos em línguas latinas e saxônicas. A palavra hebraica vem da raiz *laah*, "seguir à frente, cumprir uma missão, levar uma mensagem, fazer um trabalho", daí *melaha*, "ocupação, obra". Graças à Babilônia, mesmo se o Deus *Yavé* perdeu definitivamente sua companheira *Asherá*, Ele não ficou solitário. No monoteísmo judeano pós-exílico, *Yavé* ganhou outros assistentes, os anjos. Para muitos, é com eles o diálogo de Deus quando o texto bíblico usa o plural majestático, a primeira pessoa do plural, como na expressão: "Façamos o homem..." (Gn 1,26). Por que não? Tanta gente conversa com anjo.

O anjo é mais um *motoboy* ou um representante de um povo?

Ambos. Na Bíblia, como nos dias de hoje, os homens confiavam seus negócios, suas comunicações e suas entregas a mensageiros (Gn 32,4; Is 30,4). Eles as transmitiam após uma caminhada a pé, a cavalo ou viajando de navio. Um pouco como fazem hoje os mensageiros de moto ou bicicleta, nas grandes cidades. Nem sempre chegavam na hora. E nem sempre os mensageiros eram confiáveis. O mensageiro de Deus pode ser o próprio Deus, quando Ele se manifesta visivelmente (Ex 3,2-4). Aí não há risco de deriva. Mesmo nos dias de hoje, quem traz uma notícia ou uma encomenda muito esperada é tratado de anjo e até qualificado de Deus (Os 14,4-5). Na Bíblia, na maioria das vezes, o anjo é um mediador entre o Criador e a criatura, bem no estilo dos intercessores babilônicos (Nm 22,22): ele pode anunciar a desgraça (Sl 78,49), a salvação (Jó 33,23), ou uma após a outra (1Cr 21,16-18). Cada pessoa é observada e, nesse sentido, guardada por um mensageiro (Ecl 5,5) ou anjo da guarda. Crença profundamente ancorada no politeísmo. Um homem pode ser um mensageiro, "um anjo" de Deus: o rei (2Sm 14,17), um inspirado (Ag 1,13), um sacerdote (Mq 2,7) e até todo um povo (Is 42,19). Mesmo sem asas. Os anjos como mensageiros são mesmo confiáveis. Tanto o Arcanjo Gabriel para Maria (Lc 1,31) como um anjo do Senhor para José (Mt 1,21) transmitem a mesma mensagem: o menino que vai nascer deverá chamar-se Jesus. Sem deriva. E assim foi.

Quem inventou a Páscoa?

Todo mundo. Ou melhor, os agricultores do Oriente Médio. A páscoa é uma festa agrícola, ligada à chegada da primavera. Ela emerge a partir da sedentarização de parte dos nômades e do desenvolvimento da agricultura em todo Oriente. E também a Babilônia está associada a essa festa primitiva da primavera, mesmo se biblicamente ela nasce no Egito dos faraós. A palavra hebraica *pessah̲* foi transcrita pelos gregos como *paskha*, daí a palavra latina *pasca* e, em português, páscoa. Em hebraico, o verbo *pessah̲* (פסח) sugere a ideia de passar ao lado ou de saltar sobre alguma coisa ou de faltar alguma coisa. Num estado arcaico da língua, é possível que este verbo significasse simplesmente "atravessar". Um vau do Eufrates, lá na Babilônia, é chamado Tipsah: a passagem. Uma aproximação com o assírio *pasahu*, "apaziguar a divindade", poderia também explicar as origens longínquas e mesopotâmicas do nome da Páscoa de Israel.

Na Babilônia era olho por olho e dente por dente?

Sim. Retaliação, retaliar, vem do princípio do talião e se exprime no célebre: "Olho por olho, dente por dente" (Ex 21,24). Talião não é nome de ninguém e vem do latim: *lex talionis* (*lex*: lei e *talio*, de *talis*: tal, idêntico). A pena de talião se encontra no famoso Código de Hamurabi, um conjunto de 282 leis escritas, um dos exemplos mais bem preservados desse tipo de texto oriundo da Mesopotâmia, escrito por volta de 1700 a.C. É um monumento monolítico, talhado em diorito, com 46 colunas de escrita cuneiforme acádica, em 3.600 linhas. A numeração das leis vai até 282, mas a cláusula 13 foi excluída por superstições da época. No Brasil, excluir o 13 seria politicamente incorreto. O princípio de talião diz: o castigo deve ser proporcional ao dano causado ou ser infligido de forma análoga ao recebido. Apesar de sua aparente severidade, a Lei de Talião mostra um esforço para limitar os excessos da vingança e da desmedida. O Brasil ganharia muito com a aplicação dessa lei. Alguém deve para um traficante e é morto com toda sua família. Era assim entre as tribos de Israel: um estrangeiro fazia sexo com uma israelita e seus irmãos a vingavam e matavam uns 25.000 estrangeiros, pelo menos. Inspirar-se nessa lei foi um grande passo dos israelitas. Com o tempo, até a aplicação da Lei de Talião conheceu flexibilidades. Por exemplo, o *goel*, considerado na origem o "vingador do sangue" (Nm 35,10), se tornou pouco a pouco um protetor. E o valor do perdão progressivamente também fez seu caminho na legislação israelita (Lv 19,17-18). Ainda bem.

O Código de Hamurabi inspirou o Decálogo da Bíblia?

Tudo indica. Em parte. No mínimo serviu de fonte bibliográfica. Partes do Decálogo, como a que tem a ver com o direito de propriedade, têm sua redação muito próxima à do Código de Hamurabi. Existem vários estudos sobre isso, tabelas cotejam a redação dos mesmos artigos no Código de Hamurabi e no Decálogo bíblico etc. Os dois conjuntos diferem muito pouco na redação. Os redatores do Pentateuco economizaram. Só dez mandamentos. Nada da complexidade da elaboração jurídica dos legisladores babilônicos com seu Código de 282 leis. Imaginem todas grafadas na pedra. Moisés teria de alugar uma transportadora para descer do Sinai com esse monólito.

As Tábuas da Lei e os termos da aliança com Deus vieram da Babilônia?

À luz dos textos babilônicos antigos, o Decálogo e as Tábuas da Lei podem ser entendidos não apenas como um catálogo de prescrições morais e éticas, mas como um verdadeiro tratado de aliança que Deus propôs a seu povo, graças aos redatores bíblicos, lá no Sinai. O modelo das leis e da aliança com Deus na *Torá* é o mesmo dos tratados mesopotâmicos chegando alguns ao século XVII a.C. (Mari, Tell Leitan), outros datam do XIV ao XIII séculos a.C. (tratados entre os hititas de Anatólia e seus vassalos na

Síria) e outros ainda da época neoassíria (VII século a.C.). A comparação dos textos bíblicos dos livros do Êxodo (Ex 19 a 24) e do Deuteronômio (Dt 1 a 29) com esses tratados permite compreender sua estrutura tripartite: um prólogo histórico que termina com as maldições e os "mandamentos", a parte central, o coração do texto. A conclusão de tratados de aliança era coisa comum no Oriente antigo do III ao I milênio a.C. A grande novidade bíblica foi transportar essas relações reservadas aos reis e seus vassalos para o relacionamento de Deus e seu povo.

A mãe de Moisés aprendeu como fazer cestos flutuantes na Babilônia?

Pelo jeito sim. Como já foi dito anteriormente, o relato do nascimento de Moisés foi calcado pelos redatores do Pentateuco, ao que tudo indica, sobre a lenda de Sargão de Akkade que data do terceiro milênio a.C. Nesse relato assírio, a infância de Sargão é descrita assim: "Minha mãe, alta sacerdotisa, me concebeu, em segredo me pariu. Colocou-me numa cesta de juncos, e selou-o com betume. Colocou-me no rio, que se elevou sobre mim, e me carregou a Akki, o carregador de água. Akki, o carregador de água, me aceitou como seu filho e me criou. Akki, o carregador de água, me nomeou como seu jardineiro. Enquanto eu era um jardineiro, Ishtar me concedeu seu amor, e por quatro e [...] anos eu exerci o reinado". Ao retomar esse relato, cujas tabuinhas de argila datam do século VIII a.C., os redatores da Bíblia demonstravam aos seus contemporâneos que Moisés era um personagem tão importante quanto o fundador mítico das dinastias mesopotâmicas. A história de Moisés exposto numa cestinha de junco sob as águas e salvo milagrosamente foi amplamente divulgada no folclore popular.

A travessia do Mar Vermelho veio da Babilônia

Veio. A imagem das águas cobrindo e afogando tudo, simbolizava o poder do Egito (Ex 14,27-28) e evocava o dilúvio (*mabul*) ao eliminar a geração de Noé. Outras passagens bíblicas não ligam o relato do mar dividido em dois ao do afogamento dos egípcios. Essa passagem é atribuída, no texto tardio do Êxodo, a um fundo mitológico influenciado pela literatura mesopotâmica. Seu argumento principal se fundamenta na alternância "Moisés estende a mão" armada com um galho e "vento faz ir o mar". O galho que combate e o vento são armas tradicionais da divindade mesopotâmica e associadas aos atributos *baálicos* de *Yavé* no período do primeiro templo.

Os judeus trouxeram a demônia Lilit da Babilônia?

Trouxeram sim. E essa *dema* foi um sucesso. Esse demônio feminino era desconhecido por parte dos judeus, como muitos outros demônios, até o exílio na Babilônia. Seu nome mesopotâmico era Lilitu, era provavelmente ligada ao vento e à tempestade. Na Palestina, Lilit (לילית) tornou-se um demônio noturno, em parte devido à semelhança entre seu nome e a palavra *laila* (לילה), noite em hebraico. Claramente nomeada pelo Profeta Isaías, ela anda esgueirando-se nos textos desérticos e escuros da Bíblia (Is 34,1; Jó 18,14). Lilit já fez correr tanta tinta entre romancistas, sonhadores, mitologistas, talmudistas, cabalistas etc. Ela copulou com Adão antes de Eva, assumiu a figura da serpente do Paraíso, e por aí vai. Para não dar corda a esse arquidemônio feminino, alguns tradutores da Bíblia em inglês tomaram a liberdade de fazer seu nome desaparecer do texto. Eles trocam a palavra Lilit simplesmente por noite. Coisa feia. E dada a influência anglo-saxônica no Brasil e ainda mais em certas igrejas, certas versões os seguiram nessa faina ou faxina de fazer desaparecer com a Lilit do texto bíblico. Na versão Almeida Corrigida, Revisada e Fiel, Lillit vira noite. Versão fiel *ma non troppo*.

Os judeus aprenderam marcar o tempo na Babilônia?

A astronomia sempre foi forte na Babilônia e nunca entre os hebreus. O sistema numérico babilônico em base 12, e não dez, perdura até hoje nas medidas de ângulos e na contagem das horas. O calendário babilônico, um dos mais antigos do mundo, possui 12 meses lunares, de 29 ou 30 dias cada um, cujo início é assinalado pelo aparecimento da lua nova. O ano babilônico tem 354 dias, 11 dias a menos que o solar. Para suprir essa defasagem, acrescenta-se um mês (13º mês) a cada três anos, com o mesmo nome do mês anterior. O calendário judaico é praticamente uma cópia do babilônico. Os outros mecanismos de correção (ciclo de 19 anos) são os mesmos e até os nomes babilônicos dos meses foram adotados pelos judeus. Os nomes hebraicos estão entre parêntesis, a seguir: *tashritu* (*tishrê*), *arakshamna* (*cheshvan*), *kilismu* (*kislev*), *tevetu* (*tevet*), *shavatu* (*shevat*), *adaru* (*adar)*, *nissanu* (*nissan)*, *iaru* (*iyar)*, *simanu* (*sivan)*, *du'uzu* (*tamuz)*, *avu* (*av)* e *ululu* (*elul)*. Na Babilônia, a elite judaica encontrou um sistema novo de marcar o tempo, muito mais perfeito do que o que estava em uso em suas terras. Ele não só foi adotado pelo Judaísmo, como foi utilizado para estabelecer datas em textos que teoricamente referem-se a acontecimentos ocorridos bem antes do exílio e do calendário babilônico.

Haveria Bíblia sem o Egito?

Segundo o biblista Thomas Römer, sem o Egito, não haveria Bíblia. O país dos faraós é onipresente na Bíblia hebraica. E o Egito ocupa esse papel ambivalente, de mãe e de madrasta, ou de pai e de padrasto tão essencial na história bíblica dos hebreus. Essa grande potência política exerceu repulsão e atração sobre os hebreus, em função das circunstâncias históricas. Como terra rica, país acolhedor em caso de seca e fome, o Egito aparece em vários relatos bíblicos. Como potência dominadora, capaz de tornar-se uma terra de servidão, o Egito está na origem do mito fundador de Israel: o Êxodo.

Os patriarcas e o Messias dependeram da ajuda do Egito?

Sim, e muito. No texto bíblico, o Egito é a terra de asilo e refúgio tradicional dos hebreus em dificuldade, em particular em épocas de fome, de guerra e até de perseguição política (Gn 42,1-2; 1Rs 11,40). A designação bíblica do Egito é *Mitzraim*, em hebraico מִצְרַיִם (Gn 12,10). Hoje ainda, o Egito se chama, em árabe, *El Masr*. Em hebraico, o nome é plural e dual: *Mitzraim*. A terminação *im* indica o plural masculino. O nome designa claramente os dois Egitos, o alto e o baixo. Esse nome original, *Mitzraim*, convém a essa estreita faixa de terra fertilizada pelo Nilo em duas cheias, o que garante alimento mesmo em anos de seca. As migrações dos nômades entre Canaã e *Mitzraim* são atestadas por numerosos documentos arqueológicos de todas as épocas. Os patriarcas bíblicos retornaram a essa região diversas vezes (Ex 43,1; 47,4), pelo menos através da literatura bíblica, Até José e Maria, ao fugir da perseguição de Herodes, segundo o Evangelho de São Mateus, foram exilar-se no Egito (Mt 2,13-22).

O Egito acolheu as vítimas das perseguições israelitas?

Também. Aliás, a generosa casa do faraó do Egito, além de abrigar Abraão, Sara, José, Moisés e outros personagens bíblicos e seus agregados, também acolheu Hadad. Esse edonita escapou do massacre perpetrado pelos israelitas comandados por Ioav. Ele ganhou uma casa e casou com uma cunhada do faraó. Apesar dos favores egípcios, Hadad deixou o Egito, entristecendo o faraó, mas ele tinha contas a acertar com o filho de Davi, Salomão, o rei das 700 esposas e mais 300 concubinas. Infelizmente só temos a versão israelita da vida de Hadad (1Rs 14,14-25). Falta o relato edonita sobre esse homem de memória e determinação. Deve ser uma epopeia.

Quando os hebreus chegaram pela primeira vez ao Egito?

Se a chegada dos hebreus ao Egito é controversa entre os historiadores, imagine a data. A maioria, como se sabe, nunca saiu de Canaã. Um fluxo migratório mais consistente poderia ter ocorrido entre 1720 e 1552 a.C., no período da ocupação do Egito pelos hicsos, vindos da Ásia Menor. Esta dinastia estrangeira governou um Egito debilitado e teria favorecido a migração dos hebreus, orientais e semitas como ela. Uma migração mais com ares de invasão dominadora do que de gente em busca de auxílio ou asilo. Muito distante das epopeias bíblicas do ciclo dos patriarcas.

Foi através de José que a descendência de Jacó chegou ao Egito?

Não, não foi. Esse processo foi longo e bem anterior. A chegada de um grupo de nômades, ou de seminômades, unidos por vínculos familiares a um país estrangeiro para reencontrar um membro de sua família é um fato social comum a todas as épocas e a numerosas civilizações. Os relatos míticos de Abraão, de Jacó e de José cristalizam as memórias de um passado distante de nômades que em períodos de seca e penúria buscavam refúgio nas terras úmidas e férteis do vale e do delta do Nilo. Foge para *Mitzraim*, diz o texto bíblico (Mt 2,13). O Egito, como já foi evocado, era a terra de refúgio e asilo tradicional dos hebreus em dificuldade, em particular em épocas de fome e de guerra (Gn 42,1-2; 1Rs 11,40).

Algum grupamento nômade veio do Egito e incorporou-se a Canaã?

Algum, com certeza. Para grande parte dos arqueólogos israelenses, a imensa maioria dos israelitas nunca deixou Canaã. Nem há nada para atestar uma invasão ou a tomada violenta das cidades de Canaã por israelitas vindos do Egito, sob o mando de Josué. Nem em Canaã, nem no Egito. Pelo contrário. Os dados arqueológicos mais recentes mostram o declínio progressivo, o abandono e o fim das cidades-estados cananeias, ao longo de dois séculos. Nesse período, houve uma migração e um adensamento de populações canaanitas ancestrais nas áreas mais elevadas da atual Cisjordânia e nas proximidades da atual Jerusalém, contexto onde o grupamento israelita diferenciou-se. Contudo, outras migrações ocorreram para essa região, vindas do Sul e também do Egito. Por fim, é sempre bom lembrar: o Império Egípcio dominou Canaã por séculos.

O sinal da circuncisão é de origem egípcia?

A circuncisão (Gn 17,10; 21,4; Lv 12,3; Rm 4) ou a oblação do prepúcio é feita, entre os hebreus, no oitavo dia após o nascimento (Gn 17,12; Lv 12,3) e vários indícios mostram uma inspiração egípcia. A prática era bem generalizada no Egito antigo. A imensa maioria das múmias é circuncidada, mesmo se existem algumas incircuncisas. No Egito, a circuncisão é atestada em baixos-relevos do segundo milênio. Antigamente eram usadas facas de sílex (Ex 4,25; Js 5,2-3). Todos os membros dos membros do povo de Israel, senhores e servos, deveriam ser circuncisos. Para estudiosos e historiadores, inicialmente, a circuncisão teria sido um rito de iniciação ao casamento, ou um vestígio dos sacrifícios humanos. Nessa perspectiva, o prepúcio é ofertado à divindade em vez da pessoa inteira. Melhor. A exegese recorre a diversas fontes egípcias, ainda hoje, para compreender os obscuros textos bíblicos sobre a circuncisão (Ex 4,24-26).

Os hebreus aprenderam a proibir a carne de porco com os egípcios?

Parece que sim. Proibições alimentares são sempre difíceis de entender. Mais ainda ao abordar um animal onívoro, coprófago e agressivo como o porco, na complexidade de sua relação com o homem desde a Antiguidade. O porco era conhecido no Egito há mais de 5000 a.C. e entrou na sua mitologia desde 4000 a.C. No Egito está a origem dessa proibição ou aversão ao porco, com dimensões religiosas. Textos de sarcófagos da XII dinastia relatam que o deus Hórus foi ferido em um de seus olhos por um porco. O olho atingido representava a lua, e com esse ferimento o porco atacava a ordem cósmica. Hórus determinou a aversão ao porco, considerado uma ameaça aos deuses e humanos. O porco era sacrificado como um inimigo em altares na Festa de Hórus, na lua cheia, para celebrar o olho do deus recuperado. O porco foi criado e amplamente consumido no Egito, mas esse consumo declinou com o culto a Osíris, pai de Hórus. Pouco a pouco o porco toma uma conotação negativa, associado ao deus mau Seth, às vezes representado sob a forma de um porco negro devorador da lua. Diversos historiadores estabelecem vínculos originais entre a aversão ao porco e às regras e proibições alimentares dos israelitas em relação ao dito cujo. "Também o porco, porque tem unhas fendidas, e a fenda das unhas se divide em duas, mas não rumina; este vos será imundo. Das suas carnes não comereis, nem tocareis nos seus cadáveres; estes vos serão imundos" (Lv 11,7-8).

A história de José é semelhante ao conto egípcio dos dois irmãos?

Existem várias semelhanças e em particular com o episódio da mulher de Putifar. O conto dos Dois Irmãos é uma história egípcia. Ela data do Reino do Faraó Set II, cujo reinado ocorreu entre 1200 e 1194 a.C. Ela está relatada no *Papyrus d'Orbiney* (British Museum) e conta a história mítica dos irmãos Anúbis e Bata. Depois de muitas lutas, mortes, ressurreições, reencarnações em animais etc. eles acabaram em paz e governaram o Egito, por muitos e muitos anos. Como José, na literatura bíblica. Como nos contos de fada.

A história de José tem semelhança com o romance de Ahiqar?

Tem sim. Trata-se de um romance arameu, célebre no Oriente Médio antigo e traduzido em diversas línguas no século VII a.C. Ele conta a história de Ahiqar, caluniado, condenado à morte e que depois retoma um lugar junto ao rei, numa sequência de eventos que lembra vários aspectos da história de José do Egito (Gn 37 a 50). Ahiqar também é mencionado no Livro de Tobias, redigido originalmente em aramaico. Como Ahiqar, Tobias conheceu o favor e depois a desgraça junto ao rei da Assíria.

Onde os hebreus começaram a embalsamar seus mortos?

No Egito, em *Mitzraim*. Tudo indica que sim. Por ocasião da morte de Jacó, "José ordena a seus servos, os médicos, que embalsamem seu pai. Os médicos embalsamam Israel" (Gn 50,2). O embalsamamento, concorrentemente praticado em *Mitzraim* até para os animais, só é mencionado na Bíblia nesta passagem e em Gn 50,26, a propósito do próprio José. Essa prática não pegou. Era muita tecnologia.

Por que não temos múmias dos reis e líderes bíblicos?

O costume de embalsamar só durou enquanto os israelitas estiveram no Egito, segundo o texto bíblico. E, pelo jeito, o serviço de embalsamar era terceirizado. Não era coisa para nômades. Tomava muito tempo e exigia muita tecnologia, como atestam os papiros e os textos de Heródoto. Imagine-se que, ao atravessar o Mar Vermelho rumo à Terra Prometida, os hebreus levassem junto os médicos egípcios e toda a matéria-prima necessária ao procedimento. Imagine-se eles carregando as múmias e os sarcófagos de Jacó, José e outros... Imagine-se que, além de se queixarem da falta das verduras, carnes e outras iguarias do Egito, os hebreus lamentassem a falta de suas múmias, de seus embalsamadores e outras coisas mais. Pois é, esse costume, ao contrário da circuncisão, não foi sacralizado e não pegou, apesar da atestação bíblica do embalsamamento de Jacó e José. Suas múmias desapareceram. Resultado: não sobrou um só túmulo, nem um sarcofagozinho judaico para contar um pouco de todo esse hipotético passado de Israel. Só a versão tardia e pós-exílica dos escribas judeanos.

Quantos são os faraós citados na Bíblia?

Na Bíblia, são citados dez faraós. Esse número convém à métrica decimal egípcia (Ex 1,12): o faraó de Abraão; o faraó de José; o faraó da opressão; o faraó da saída do Egito; o faraó, sogro de Mered (1Cr 4,18); o faraó de Haddad (Adad), o edomita, seu cunhado (1Rs 11,18-20); o faraó, sogro de Salomão (1Rs 6,1); o faraó lançado contra Senaquerибe (Is 36,6); o Faraó Neko (1Rs 23,29; 2Cr 35,20-24) e o Faraó Hofra (Jr 27,5-8; Ez 17,11-18). Não é pouco. Sem eles, nada dessa dezena de histórias edificantes. Haja faraós.

Moisés era egípcio?

Não há dúvida, para a Bíblia. Além de ter nascido por lá, a melhor ilustração dessa ascendência é seu nome: Moisés ou Mesis, o mesmo encontrado em nomes egípcios como Tutmésis, Thut-Mosis, "o filho do deus Thut"; Ra-msés ou Ra-méssés, "o filho do deus Rá". Sigmund Freud publicou seu livro, *Moisés e o monoteísmo*, em 1939, durante um dos períodos mais tenebrosos da história judaica. Esse trabalho difícil e chocante tem sido muitas vezes difamado e menosprezado, pois nele Freud afirma: Moisés não era hebreu, mas egípcio, e mais, os judeus o assassinaram no deserto. Numa de suas cartas a Jung, Freud escreveu: "se eu sou Moisés, você será meu Josué..." Ao defender com muita consistência, sendo ele mesmo um judeu, que Moisés não era hebreu, Freud fez o povo judaico ficar ainda mais órfão ao perder esse pai mítico. E isso em plena perseguição nazista. Ai esses psicanalistas e o princípio de realidade!

Qual a diferença entre Moisés e o faraó?

Aqui vai uma rápida notinha teológica. *Ação!* O combate de faraó contra Moisés é o de um homem-deus contra um homem de Deus, um homem de *Elohim*. Esta luta é também a luta interior de cada um de nós, entre a pretensão de onipotência, de sermos como deuses, homens-deuses, e a de sermos homens de Deus. *Corta!*

O costume de purificar-se depois da menstruação vem do Egito?

Historiadores atestam que somente os antigos egípcios exigiam que a mulher se purificasse no fim de suas menstruações, através de banhos rituais. Depois das estadias de hebreus pelo Egito e, sobretudo, do domínio secular do Império Egípcio sobre Canaã, a tradição bíblica determinou que, uma vez encerradas suas menstruações, a mulher deveria purificar-se. Como? Bem, através da prática da imersão total de seu corpo nu nas águas correntes ou em uma piscina ritual licitamente designada para essa prática.

Em nossos dias, esse costume subsiste apenas entre os judeus ortodoxos praticantes. Piscinas desse gênero (*miquê*) são abertas com essa função junto às sinagogas.

Devemos ao Egito os melhores rascunhos da Bíblia?

Sim. Devemos aos egípcios o *Codex Vaticanus*, o *Codex Alexandrinus*, a tecnologia do papiro, a técnica dos escribas, o Mar Vermelho, o Monte Sinai e todo *making off* de boa parte da Bíblia. A outra parte, devemos a Babel, à Babilônia. Os redatores da Bíblia terminaram por ambientar histórias e mitos babilônicos no Egito, e vice-versa. Foi uma maneira de tornar original algo que tinha direitos autorais.

A invasão dos assírios foi uma boa para o Reino de Judá?

Foi. Os reinos de Israel e Judá travavam disputas. Um queria conquistar o outro. Dizem. Na prática, o único reino digno desse nome era o de Israel. Durante muito tempo quem dominou o cenário regional foi o Reino de Israel, enquanto Judá era uma espécie de cheferia ou de reino vassalo. Até que entre 730-720 a.C., como já foi evocado, o Rei Salmanasar V da Assíria invadiu o Reino de Israel. Quem manda o Rei Oseias ter recusado o pagamento de tributo aos assírios. Salmanasar V conquistou Israel, prendeu Oseias, matou e deportou muitos israelitas e acabou definitivamente com dez tribos de Israel. E deu origem ao mito das chamadas "tribos perdidas". Parte dessa população israelita migrou para Judá. O Reino de Judá, pobre, rural, caidinho, não suscitava a cobiça dos assírios. Ele ficou na dele, vassalo dos assírios, e conseguiu, finalmente, a paz e pôde se desenvolver de forma inédita. Fez inclusive muitos mimos aos deuses assírios, à sua cosmologia, seu exército celeste e tudo mais. O Templo de Jerusalém que o diga. Isso até a invasão babilônica que, de certa forma, não deixou de ser outra "bênção".

A aventura amorosa de Davi e Jonatan começou na Babilônia?

De certa forma, sim. A relação, a amizade e o amor existente entre o pretendente ao trono de Israel, Davi, filho de Jessé, e o herdeiro por direito desse mesmo trono, Jonatan, filho de Saul, constituem um relato único na Bíblia. Ele se insere num longo ciclo sobre a ascensão de Davi ao trono (1Sm 18 até 2Sm 1) e é caracterizado em diversos momentos por nítidas conotações eróticas e provavelmente sexuais, atenuadas pelo esforço dos tradutores. Existem livros dedicados a esse tema: quando os heróis se amam. E graças ao seu heroísmo se permitem coisas no limite do autorizado às pessoas comuns. O relacionamento de absoluta fidelidade de Jonatan a Davi, traindo a fidelidade ainda maior que ele deveria ter para com Saul, seu pai e seu soberano, encontra grande correspondência na fidelidade do servidor Enkidu para com Gilgamesh na epopeia babilônica já evocada. A grande diferença é que Enkidu, o servidor do rei, segue em seu estatuto social. No relato bíblico é o servidor do rei, o pastor Davi, que se substitui ao herdeiro do trono Jonatan, graças à sua ajuda, ao seu amor e à traição ao seu pai e ao seu destino hereditário. Diversos paralelismos indicam o quanto essa conhecida lenda babilônica moldou o relato da relação amorosa e erótica entre Davi e Jonatan. Esse relacionamento segue na pauta de forma anacrônica e até virou uma ópera em cinco atos: Davi et Jonathas, do compositor francês Marc-Antoine Charpentier. Enfim, muito do que aparentemente ocorreu nas montanhas de Gilboé aconteceu mesmo lá na Mesopotâmia.

Os provérbios da Bíblia vieram do Egito?

Uma parte sim. Parte da sabedoria desse livro sapiencial está em saber absorver o saber dos vizinhos. O Livro dos Provérbios, em hebraico *Mashali* (משלי), textualmente "parábolas", faz parte dos Escritos (*Ketuvim*), terceira seção da Bíblia hebraica e é também um dos livros poéticos do Antigo Testamento. Tudo é expresso em forma poética. Os biblistas identificam nesse livro vários provérbios que foram tomados da sabedoria tradicional do Egito, em particular dos Ditados, Máximas ou Sentenças de Amenemope. Essa obra literária foi composta no antigo Egito, cerca de 1300 ou 1075 a.C. Ela tem 30 capítulos de conselhos para uma vida virtuosa e plena escritos pelo escriba Amenemope, filho de Kanakht, como um legado para o seu filho. As Máximas de Amenemope são amplamente aceitas como uma das grandes obras de sabedoria da Antiguidade. Existem várias evidências da influência das Instruções de Amenemope sobre o livro bíblico de Provérbios, de redação posterior. Dois exemplos: "Inclina o teu ouvido e ouve as palavras dos sábios, e aplica o teu coração à minha doutrina, porque é agradável, se tu mantê-los em teu ventre, para que possam ser estabelecidas em conjunto sobre teus lábios" (Pr 22,17-18). "Dá o teu ouvido e ouve o que eu digo, e aplica o teu coração para apreender; é bom para ti para colocá-los no teu coração, deixe-os descansar na caixa do teu ventre, para que eles possam agir como uma estaca sobre a tua língua" (Amenemope, cap. 1) "Não roube os pobres, porque ele é pobre, nem oprima em juízo os humildes" (Pr 22,22). "Acautela-te de roubar os pobres, e oprimir os aflitos" (Amenemope, cap. 2).

Os provérbios da Bíblia vieram da Assíria e da Babilônia?

O livro *Conselhos de um pai para um filho*, texto acádico de Ugat, também teria influenciado os Provérbios bíblicos. Ahiqar foi um sábio, muito conhecido na Antiguidade, mencionado em diversos textos gregos, aramaicos e hebraicos que relatam as tradições literárias mesopotâmicas e siro-arameanas. Ahiqar era ministro dos reis assírios Senaqueribe e Assaradon, e, apesar de todas suas orações, nunca teve um filho. Ele acabou por adotar seu sobrinho Nadin como um filho. E sua educação, em parte, foi expressa em provérbios numerados no livro, dos quais alguns possuem forte paralelismo com o livro bíblico dos Provérbios. Seus provérbios devem ter sido reunidos para servir na educação dos jovens nobres no reino arameano da Síria do Norte. Um dos manuscritos mais antigos desse livro dos provérbios de Ahiqar foi encontrado em Elefantina no Alto Egito e pertencia à antiga comunidade judeu-aramaica ali existente no século IV a.C. Além das influências egípcias e babilônicas, duas pequenas coleções de provérbios são atribuídas a sábios estrangeiros (Pr 30,1-14; 31,1-9).

A história do julgamento de Salomão inspirou-se dos egípcios?

Sim. O papiro *Oxyrhynchos* XLI2944 narra um julgamento idêntico ao do Salomão com as duas prostitutas e o bebê. O mesmo julgamento encontra-se também em um relato de Filisco de Mileto, um discípulo de Isócrates, como uma história conhecida há muito tempo entre os gregos. Na verdade, estudiosos terminaram por esclarecer que vem de muito longe a origem dessa historieta: ela é indiana e também teria influenciado a versão bíblica.

A paciência de Jó começou na Suméria, bem antes da Palestina?

Tudo indica. Em sua longa elaboração, para os estudiosos bíblicos e os exegetas, o prólogo (1,1–2,13) e o epílogo (42,7-17) do Livro de Jó seriam um conto folclórico que originalmente narrava a paciência exemplar de um homem da terra de Hus (talvez em Edom, a sudeste do Mar Morto). Este conto circulava entre os sábios do Oriente Médio de formal oral desde o fim do segundo milênio a.C.; e foi recontado em hebraico na época da monarquia. O famoso assiriólogo judeu Samuel Noah Kramer (1897-1990), ao decifrar placas com escrita cuneiforme, descobriu um texto sumério com muitos e impressionantes paralelismos com o Livro de Jó. Para esse estudioso, o relato hebraico derivou desse conto babilônico ou foi, no mínimo, muito influenciado por esse predecessor sumério, como ocorreu no Gênesis, por exemplo, com o relato do dilúvio. Desde a Suméria, Jó já estava sofrendo. Haja paciência.

Os judeus aprenderam a maldizer com os iranianos arameus?

Talvez. As fórmulas de maldição dos arameus foram amplamente difundidas no antigo Oriente Médio. A estela arameana de Bukân, no Azerbaijão iraniano, tem duas maldições cuja formulação é encontrada de forma quase idêntica na Bíblia. Na estela, linha 8-9, está escrito: "E que desapareça de seu país a fumaça do fogo e o ruído de dois moinhos [...]". Em Jeremias (Jr 25,10b) encontra-se: "Eu fiz desaparecer do meio deles [...] o ruído de dois moinhos e a luz do fogo". Na mesma estela, linha 6-8: "E que sete mulheres cozinhem num único forno e que elas não o preencham". Em Levítico (Lv 26,26) encontra-se: "E dez mulheres cozerão o pão num único forno [...] e vós não sereis saciados".

3
Um século para fazer um Novo Testamento

O advento do Cristianismo deu origem a uma nova literatura sagrada, iniciada pelas cartas entre líderes e comunidades cristãs, no seio das quais se inseriu e teve lugar a redação dos evangelhos. Tudo foi escrito em grego *koiné*, popular, comum, a língua franca da parte oriental do Império Romano. Nada de hebraico ou aramaico. Nada de ler Jesus em sua língua materna, salvo raros trechinhos preservados nesse oceano grego *koiné*.

Os cristãos começaram reunir e definir o seu cânon bíblico, ou a lista dos livros de seu testamento, no mesmo século que os judeus. Dele resultou o Segundo Testamento, mais conhecido como Novo Testamento. Foi rapidinho para o essencial: uns dois séculos. Já os judeus, levaram cerca de 1.000 anos para ajustar seu testamento, mas tiveram reescritas, vocalizações, ajustes, construções de cercas em volta da *Torá* etc.

O Novo Testamento é mais uma coleção de cartas do que verdadeiramente de livros. Ele compõe a segunda parte da Bíblia cristã. Seus evangelhos e suas cartas relatam os acontecimentos da vida, morte e ressurreição de Jesus Cristo e, sobretudo, o sentido dado inicialmente pelos primeiros cristãos a esses eventos.

Nisso estão focados os evangelhos de São Mateus, São Marcos, São Lucas e São João, assim como os Atos dos Apóstolos. Os outros capítulos ou livros do Novo Testamento tratam essencialmente das experiências derivadas da expansão das comunidades cristãs na Palestina e pelo Império Romano. Os textos do Novo Testamento foram escritos em momentos diferentes por vários autores, nem todos identificados.

Para os cristãos, o pacto de Deus com Moisés, a antiga aliança, foi renovado e levado à plenitude por Jesus Cristo. Não há dúvidas sobre a existência histórica de Jesus de Nazaré, atestada em outros documentos, fora das Sagradas Escrituras. Os quatro evangelhos possuem uma razoável fiabilidade histórica. Os três primeiros evangelhos (São Mateus, São Marcos e São Lucas), chamados de *sinóticos*, contêm diversas informações históricas bastante confiáveis sobre o Jesus histórico, um pregador da Galileia. Nem tudo nos evangelhos é considerado pelos estudiosos como historicamente confiável. Entre os assuntos cuja autenticidade histórica é muito debatida estão os dois relatos da natividade de Jesus (Mt 1 e 2; Lc 1 e 2), e certos detalhes da sua crucificação.

Foram necessários dois a três séculos até que todos os livros e cartas fossem agrupados e majoritariamente adotados pela Igreja. A inclusão de alguns livros no Novo Testamento (Tiago, Judas, 2 Pedro, 3 João, Hebreus e Apocalipse de São João) foi contestada inicialmente, como já foi evocado a respeito dos livros deuterocanônicos. Contudo, durante a Reforma Protestante no século XVI, Lutero retomou essa questão. Ele questionou fortemente a canonicidade das cartas de Hebreus, Tiago, Judas e do Livro do Apocalipse.

Apesar da ausência dos textos evangélicos originais, existe um acervo de mais de 5.400 manuscritos gregos completos ou fragmentos, além de 10.000 manuscritos em latim e 9.300 manuscritos em outros idiomas antigos. Alguns foram escritos menos de cem anos após os originais.

A análise desses textos leva a considerar o Evangelho de São Marcos como o mais antigo dos evangelhos, o primeiro redigido. A teoria da primazia de São Marcos é aceita por todos os estudiosos da Bíblia. Sua redação é bem posterior a diversas cartas paulinas. O texto mais antigo do Novo Testamento é a Epístola aos Tessalonicenses, datado do ano 50. Ela foi escrita por Paulo, Silvano e Timóteo em Corinto à Igreja de Tessalônica, capital da Província da Macedônia, apenas 20 anos após a morte de Jesus. E sobre o ocorrido nesses 20 anos, entre a paixão de Jesus Cristo e essa primeira carta paulina, ninguém sabe nada ou quase nada. Somente suposições. É uma pena, pois deve ter sido maravilhoso.

Os evangelhos de São Mateus e São Lucas apresentam várias adições específicas, mas diversos pontos em comum. A maioria dos estudiosos concorda: São Lucas e São Mateus utilizaram, na redação de seus evangelhos, o texto de São Marcos e outro documento ou reunião de textos, conhecido ou designado como *fonte Q* (essa abreviatura da palavra alemã *quelle* significa fonte). Essa hipotética *fonte Q* é definida como um material escrito composto em grego, utilizado por São Mateus e ainda mais por São Lucas, mas inexistente no Evangelho de São Marcos. A comparação dos evangelhos evidencia muitas variantes textuais, como substituição, rearranjo, omissão e ditografias. O quarto Evangelho, o de São João, o mais tardio, difere amplamente dos outros três, tanto do ponto de vista do texto, repleto de imagens e sentidos figurados, quanto de sua perspectiva teológica ao enfatizar a divindade de Jesus.

Os estudos textuais dos evangelhos começaram no século XVII e nunca mais pararam. Hoje se podem identificar nos evangelhos diversas camadas, passíveis de serem atribuídas a Jesus, aos autores e à Igreja Primitiva, bem como às raízes judaicas de Jesus e seus discípulos, à influência do meio social e das tendências políticas da Palestina do século I nessas redações.

No vocabulário atual da teoria da linguagem, como disse Joseph Ratzinger: o Evangelho não é um discurso puramente informativo, mas performativo. Não é simples comunicação, mas ação. Para os cristãos, sua força eficaz entra no mundo para curar e para transformar. No tempo de Jesus, as palavras provenientes do imperador eram chamadas de Evangelho, de Boa-nova. Fossem boas ou ruins, alegres ou desagradáveis. Tudo proveniente do imperador devia ser encarado como uma mensagem redentora, para o bem do mundo.

O Evangelho de Jesus Cristo contrapõe-se a essa visão, na palavra dos evangelistas. Os imperadores não podem salvar o planeta, como diz São Marcos, nem o crescimento do PIB, nem o desenvolvimento sustentável, nem a ONU. Só Deus (Mc 1,14). O deus dos evangelistas é uma palavra-ação, um Deus vivo e encarnado: Jesus Cristo.

O cânon atual do Novo Testamento, com 27 livros, 20% da Bíblia, começou a ser definido por volta de 150 d.C. Ele já foi documentado, como se apresenta hoje, no ano de 367, numa carta de Santo Atanásio, bispo de Alexandria. Ao contrário do que ocorre com o Antigo Testamento, ele é uma unanimidade entre os cristãos. Ainda bem. Só faltava os cristãos divergirem logo de saída sobre os textos constitutivos da base inicial do Cristianismo.

3.1 No princípio era a carta

Como surgiu o Novo Testamento?

Devagar, quase sem querer. A pregação de Jesus deu origem a uma nova literatura. Ela nasceu da matriz judaica, mas foi escrita em grego popular, conhecido como *koiné* (comum). Ela não invalidou os livros das bíblias judaicas, transformados em Antigo Testamento. Essa literatura religiosa cristã levou uns e outros, judeus e cristãos, a começar a fixarem seus escritos definitivos cerca de um século depois.

Como se formou a Bíblia cristã?

Demorou quase quatrocentos anos para a definição do chamado Novo Testamento. Jesus, Maria, Pedro, Paulo e João eram judeus. Jesus não pensou em fundar uma nova religião. Cristãos frequentaram sinagogas, sem maiores distinções, por quase um século. Eram judeus cristãos. O Cristianismo utilizou a rede de sinagogas do Mediterrâneo para expandir-se. Jesus e seus discípulos liam a Septuaginta, a versão grega da Bíblia. Na mesma prateleira, junto com esses rolos do Judaísmo, eles agregaram progressivamente cópias em papiros das cartas apostólicas e depois dos evangelhos. E assim, aos poucos, a sua biblioteca, a sua Bíblia, aumentou de tamanho.

No princípio era a carta?

Sim, na base e no princípio da biblioteca do Novo Testamento estão as cartas e não os livros. As cartas constituem 21 dos 27 livros do Novo Testamento. Poucas merecem ser tratadas de livro ou volume. São curtas demais para tanto. Mas, enfim, o Novo Testamento já é tão magrinho...

Faltou papel para os primeiros cristãos?

Tudo indica. Nos primórdios do Cristianismo faltavam papiros e recursos financeiros. Faltavam também bons escribas nas fileiras cristãs. Sobrava entusiasmo evangélico, como o manifestado na Segunda Carta de São João: "Tenho muita coisa para vos escrever, contudo não quis fazê-lo com papel e tinta. Porque espero ir ter convosco, e falar-vos de viva voz, para que nossa alegria seja completa" (2Jo 12). Esse papel certamente era papiro. Agora, a viva voz não era um viva-voz. Houvesse celular, internet e Skype naqueles idos e o Novo Testamento seria menor ainda, bem tiquitim.

Qual foi o primeiro livro escrito do Novo Testamento?

Foi uma carta, o primeiro escrito sistematizado. A "Epístola aos Tessalonicenses" data do ano 50. Ela foi escrita por São Paulo, Silvano e Timóteo em Corinto à Igreja de Tessalônica, capital da província romana da Macedônia, apenas 20 anos após a morte de Jesus. Nessa data, os evangelhos, na forma que estão hoje na Bíblia, ainda não existiam. Isso não deu direito a essa carta de figurar logo no começo do Novo Testamento. Assim como no Antigo Testamento, os livros não se apresentam em ordem cronológica de escrita ou de composição.

Como era escrita uma carta no século I?

Com papiro e tinta. Na educação greco-romana superior se aprendia escrever na escola e o aprendizado da escrita compreendia o exercício de ditados. No caso dos primeiros cristãos teria sido muito caro a utilização de pergaminhos de couro. As folhas de papiro eram mais acessíveis. O autor geralmente guardava uma cópia das cartas enviadas. Isso explica parte das variantes muito antigas existentes nos textos, devido a diferenças entre o original e a cópia.

Paulo escrevia sozinho as suas cartas?

Não. Ele não escrevia. São Paulo ditava suas cartas. Não é fácil dizer para quem. No papel de seu secretário estão nomes como Tércio, mencionado explicitamente na Carta aos Romanos (Rm 16,22), mas também Timóteo, Sóstenes (1Cor 1,1) e "todos os irmãos que estão comigo" (Gl 1,1). O mesmo ocorre em outras epístolas, como nas de São Pedro, escritas por Silvano (1Pd 5,12).

Paulo era o autor ou o escritor de suas cartas?

Como no caso dos evangelhos, ele será o autor. Quem escrevia suas cartas era um escriba, um secretário. Às vezes, São Paulo intervinha diretamente na carta e chamava a atenção para a mudança na escrita: "Vejam essas letras maiores, que eu vos escrevo de meu próprio punho!" (Gl 6,11), ou ainda "A saudação é da minha própria mão, de mim, Paulo" (1Cor

16,21). Essa seção de autógrafos era usada na Antiguidade na conclusão dos escritos para autenticá-los. Ela garantia: o autor havia lido o trabalho final do redator. Ele aprovava o manuscrito e assumia a responsabilidade pelo texto.

Quem colecionou manuscritos do Novo Testamento?

As igrejas. Os primeiros cristãos reuniram muito cedo, desde os anos 40, coleções de palavras de Jesus, séries de parábolas, ciclos de milagres. Mas os primeiros manuscritos sistematizados do Novo Testamento foram as cartas de São Paulo e de outros apóstolos, destinadas a igrejas particulares em diversas cidades e vilas do Império Romano. As cartas de São Paulo foram recebidas, lidas publicamente e preservadas, pois ajudavam a alicerçar na fé cristã essas novas igrejas.

Quem mandou colecionar as cartas de São Paulo?

O próprio Paulo de Tarso. Ele preconizava a leitura pública de suas cartas, bem como sua circulação pelas igrejas circunvizinhas: "Eu vos conjuro pelo Senhor que esta carta seja lida a todos os irmãos" (1Ts 5,27) ou ainda "Quando tiverdes lido a minha carta, empenhai-vos para que a leiam também na Igreja de Laodiceia. Quanto a vós, lede também a quem vier de Laodiceia" (Cl 4,16). Por isso, esses manuscritos foram copiados e trocados entre as comunidades. E elas passaram a ter coleções de epístolas.

Cartas paulinas se perderam por culpa do correio?

Algumas das cartas apostólicas se perderam como a Epístola de São Paulo aos Laodicenses (Cl 4,16). Não sabemos por culpa de quem. A cidade de Laodiceia era a sede primitiva de uma comunidade cristã associada a Colosso (Cl 2,1; 4,15). Do correio não deve ter sido a culpa. Ele ainda não existia. O primeiro serviço de correios no Ocidente foi organizado pelo

Imperador Augusto, morto no ano 14 da nossa era. Esse correio imperial, com carros especiais e agências, só levava documentos oficiais. Os primeiros cristãos contavam com correligionários de passagem para levarem suas cartas, portadores como Febe, a diaconisa mencionada na Carta aos Romanos (16,1). Como se perdeu a Carta aos Laodicenses não se sabe e muito menos do que tratava.

Qual foi a última carta escrita no Novo Testamento?

A carta mais recente do Novo Testamento é uma epístola redigida por um discípulo de Simão Pedro. Ele a escreveu sob o nome e a autoridade do venerável apóstolo (2Pd 1,1). Pedro é o autor, mesmo se não foi o escritor. E isso vale para muitos livros bíblicos. Essa exortação epistolar tem traços de uma época bastante tardia, posterior à morte de São Pedro, no começo do século II. Ela faz empréstimos e segue os passos da Epístola de Judas. Com o Apocalipse, este foi o documento que mais demorou a ser admitido no cânon da Igreja. A Igreja de Alexandria difundiu esta carta lentamente entre as igrejas. Ela foi citada pela primeira vez por Orígenes (185-254). Ele a apontou como uma carta contestada. Eusébio, falecido em 340, ainda a relacionou como um escrito controverso. Só no século V, as cartas atribuídas a São Pedro foram reconhecidas como canônicas pela maioria das igrejas. Finalmente, no século VI, ela também foi aceita pela Igreja na Síria, que naqueles tempos ainda estava longe de ser predominantemente muçulmana.

Quais são as cartas ou epístolas católicas no Novo Testamento?

São sete. Sim, sete. Elas são chamadas de cartas católicas ou universais, pois não se dirigem a pessoas ou comunidades em particular e sim a toda Igreja. As cartas católicas são: uma de São Tiago, duas de São Pedro, três de São João e uma de São Judas. Essas cartas têm de comum pelo menos quatro temáticas: Cuidados a ter com os falsos mestres (2Pd 2,1-3.10-

22; 3,3-4.16-17; 1Jo 2,18-23.26; 4,1-6; 2Jo 7-11; Jd 4-19); Necessidade de guardar a integridade da fé (Tg 2,14-26; 3,13; 4,3-12; 5,7-11; 1Pd 2,11-12.13-17; 4,1-4; 2Pd 3,1-7.14-18; 1Jo 2,18-29; 4,1-6; 2Jo 7-11); Exortação à fidelidade na perseguição (Tg 1,2-4.12; 4,7; 1Pd 1,6-7; 2,11-17; 3,13-17; 4,12-19; 5,6-10; 1Jo 2,24-28); Proximidade do fim dos tempos (Tg 5,3.7-9; 1Pd 1,5; 4,7; 2Pd 3,3-4.8-10; 1Jo 2,18-19; Jd 18). Essa temática evidencia uma época de redação relativamente tardia, na qual esses problemas já eram mais prementes, com o aparecimento das primeiras heresias cristológicas e algumas perseguições.

As coleções de cartas apostólicas visavam um Novo Testamento?

No princípio não, mas acabou acontecendo, ou rolando. Uns rolinhos para cá, outros para lá. Até o ano 150, os cristãos se deixaram conduzir, quase inconscientemente, ao esboço de uma nova coleção de Sagradas Escrituras. Ao reunir um compêndio das cartas de São Paulo, as igrejas não tinham como objetivo inicial de constituir um suplemento da Bíblia. De fato, isso ocorreu antes mesmo de os evangelhos serem redigidos.

Quando foram redigidos os evangelhos?

Depois da maioria das cartas apostólicas. Os documentos paulinos já estavam redigidos em uma época em que a tradição evangélica só se conservava oralmente ou através de pequenos manuscritos referentes à vida e aos ensinamentos de Jesus. A redação e difusão dos textos dos evangelhos foram posteriores à constituição do compêndio de cartas apostólicas nas igrejas. Os evangelistas não foram, nem testemunhas oculares, nem autores de ficções. Isso não fazia parte de suas preocupações. Eles foram os intérpretes qualificados do tesouro da tradição de que eram os depositários sobre a vida de Jesus de Nazaré.

Os evangelhos deram origem ou foram a base da Igreja?

Não. Pelo contrário. Foram as igrejas, as comunidades cristãs, já constituídas, dezenas de anos após a ressurreição de Jesus Cristo, quem deram origem e redigiram os evangelhos. No princípio foi assim: primeiro a Igreja, depois os evangelhos. Com o tempo, os evangelhos suscitaram, e suscitam ainda, muitas igrejas e seitas, planeta afora.

Quando foram aceitos os quatro evangelhos?

Nas primeiras décadas do século II. Por volta do ano 150, iniciou-se um período decisivo para a formação do cânon cristão do Novo Testamento. São Justino Mártir (*Flavius Iustinus* ou *Iustinus Martir*), teólogo e escritor cristão, nascido em Nablus na Samaria (100-165 d.C.), foi o primeiro a indicar que os cristãos liam os quatro evangelhos em suas celebrações dominicais. Segundo ele, os cristãos atribuíam aos evangelhos uma autoridade análoga à da Bíblia hebraica. Por volta do ano 170, os quatro evangelhos já haviam adquirido o estatuto de literatura canônica ou oficial da Igreja.

Qual o destino dos outros evangelhos?

Evangelhos apócrifos, gnósticos e outros fragmentos sobre a vida e a mensagem de Jesus foram deixados de lado e mantidos apenas em comunidades isoladas. Aos poucos, toda uma série de evangelhos apócrifos, imitações grosseiras dos primeiros, às vezes feitos de pura e saborosa fantasia, perdeu importância face ao peso dos três evangelhos sinóticos e do de São João ou da escola joânica.

Existem apêndices redacionais do Novo Testamento?

Vários. Sem desviar do assunto, nem de testamento, é bom lembrar: agregações tardias e adições justificadoras de redatores, tão comuns no Antigo Testamento, também estão presentes em diversas passagens do Novo Testamento, como nos finais dos evangelhos de São Marcos (16,9-20) e de São João (21). Ou ainda, na expressão doxológica "Porque vosso é o reino, o poder e a glória para sempre. Amém!" comprovadamente introduzida muito tardiamente (posterior ao século V nos manuscritos) após a oração do Pai-nosso, no Evangelho de São Mateus (Mt 6,13). Essa, como muitas outras introduções, estão ausentes em manuscritos mais antigos (Jo 5,3-4; Jo 7,53–8,11) e já eram contestadas pelos Padres da Igreja no século II.

Quando os Atos dos Apóstolos entraram na Bíblia?

Todos são julgados por seus atos. Aparentemente, no início, os Atos dos Apóstolos não eram aprovados por todos. Somente entre o ano 150 e 200 aceitou-se o Atos dos Apóstolos nas Sagradas Escrituras. No final do século II, Santo Irineu de Lião considerava esse livro como um testemunho de São Lucas sobre os apóstolos, uma escritura sagrada. Para o resto dos futuros livros do Novo Testamento o caminho da aceitação por toda a Igreja foi mais complicado.

Havia um Novo Testamento no início do século III?

Como o dos dias de hoje, ainda não, mesmo se a Igreja já tinha um bom começo. Eram consideradas Sagradas Escrituras: os quatro evangelhos, as treze epístolas de São Paulo, os Atos dos Apóstolos e a Primeira Epístola de São Pedro. Havia ainda quase unanimidade sobre o valor da Primeira Epístola de São João. Já era um belo conjunto, mas no início do século III, ou seja, mais de trezentos anos após o nascimento de Jesus, ainda não havia sido fechada a lista de livros do futuro Novo Testamento! Ou você achava que Jesus antes de subir aos céus entregou uma Bíblia ou um Novo Testamento para cada apóstolo? Nem em rolos, nem fechadinha com zíper.

Houve um entra e sai de livros no Novo Testamento?

Sim. Naquele tempo, os Padres da Igreja achavam proveitosa a leitura da Carta aos Hebreus, da Segunda Epístola de São Pedro e das cartas de São Tiago e São Judas. Outros eram de opinião contrária. Da mesma forma, faziam parte dessa lista alguns livros – verdadeiros tesouros – que, posteriormente, foram excluídos do cânon cristão, como a Didaqué (ou ensinamento dos doze apóstolos), a obra de Hermes, intitulada "O Pastor", a Primeira Epístola de Clemente, bispo de Roma, a Epístola de Barnabé e o Apocalipse de Pedro. São documentos preciosos, mas não foram incorporados à lista dos livros do Novo Testamento. E sobre isso opinaram diversos papas e Padres da Igreja.

Como foi fixada a lista de livros do Novo Testamento?

O critério foi o da apostolicidade, ou seja, caíram em desgraça as obras impossíveis de serem vinculadas claramente a um apóstolo. Os casos mais controversos foram: a Carta aos Hebreus e o Livro do Apocalipse. A apostolicidade da primeira foi por longo tempo energicamente negada no Ocidente e o segundo no Oriente. Somente no Concílio de Cartago de 397, o Livro do Apocalipse foi colocado no cânon bíblico. O Apocalipse é tão problemático que até Martim Lutero chegou a tirá-lo da Bíblia protestante. De fato, em sua primeira tradução da Bíblia para o alemão, Lutero não incluiu os livros de Hebreus, Tiago, Judas e Apocalipse.

Quais livros são considerados deuterocanônicos no Novo Testamento?

A canonicidade de sete livros do Novo Testamento foi posta em dúvida no início da Era Cristã: Apocalipse, as cartas aos Hebreus, de São Tiago, São Judas, a Segunda Carta de São Pedro e a Segunda e Terceira de São João. As razões para duvidar eram muitas. A carta de São Judas cita em seu versículo 14 o fantasista livro "de Henoque". Em tempos apocalípticos, isso fazia dessa carta para alguns um documento pouco fidedigno. A Segunda Epístola de São Pedro e a Segunda e a Terceira de São João são documentos muito breves, não apresentam doutrina característica e eram raramente citados, para alguns isso justificaria sua não inclusão nos escritos canônicos. A Epístola aos Hebreus era falsamente utilizada por rigoristas (montanistas e novacianos) nos séculos II e III d.C. para afirmar a existência de pecados não remissíveis (Hb 6,4). Alguns defensores da fé, ao invés de refutar o erro propondo a genuína exegese do texto, preferiam negar a inspiração divina da epístola aos Hebreus. A Epístola de São Tiago evoca a inutilidade da fé, sem as boas obras (Tg 2,14-26), e nisso parece contradizer a Carta aos Romanos (Rm 3,27s. 4,1-5). Por essa razão, alguns cristãos duvidavam da origem divina da Carta de São Tiago. O Livro do Apocalipse também era usado por hereges. No capítulo 20 eles deduziam que, entre a segunda vinda de Cristo e a consumação da história, haveria na Terra um reino glorioso do Senhor, durante mil anos. Ainda tem várias igrejas e seitas defendendo essa tese até hoje. Alguns autores ortodoxos, para tirar a autoridade a um texto mal-interpretado, negavam ser São João o autor do Apocalipse e propunham excluir o livro do catálogo bíblico.

Quais as últimas cartas a integrar o Novo Testamento?

As últimas cartas integradas foram a Segunda e Terceira Epístolas de São João, a segunda de São Pedro, como já foi evocado, e a Epístola de Judas. Elas foram as cartas derradeiras a compor a lista dos livros do Novo Testamento, estabelecida pela Igreja Católica.

Por que estabelecer uma lista única de livros do Novo Testamento?

A busca da unidade eclesial foi o principal motor da unificação dos livros sagrados do Novo Testamento no mundo cristão, além da busca constante da preservação das mensagens apostólicas originais. A precedência do papado e da Igreja de Roma foi decisiva nessa definição da lista oficial ou do cânon do Novo Testamento, hoje é aceito por todos os cristãos.

E a lista final do Novo Testamento ficou estabelecida quando?

Nos finais do século III d.C. No início do século IV, a lista dos livros do Novo Testamento já era a mesma de hoje, só há incerteza quanto à sua ordem de apresentação na Bíblia. Essa canonização dos livros do Novo Testamento resultou da sua aceitação universal na prática da Igreja. A proclamação oficial desse cânon pela Igreja só ocorreu em 1546, no Concílio de Trento.

O Novo Testamento começa pelo começo?

Não, no sentido cronológico. Assim como no Antigo Testamento, o primeiro livro não é o mais antigo e não foi o primeiro escrito. O Evangelho de São Marcos, o segundo na ordem do texto, foi escrito antes do de São Mateus. E a maior parte das cartas ou epístolas, antes dos evangelhos. Já o apocalipse está no lugar razoável: o de um livro bem tardio. Lá no fim dos tempos.

O Evangelho dos romanos ou de Marcos?

O primeiro Evangelho, o de São Marcos, foi escrito em Roma, após a morte de São Pedro (para Irineu de Lião) ou ainda durante sua vida (para Clemente de Alexandria). Esse evangelho parece resultar do trabalho catequético de São Pedro e das comunidades cristãs unidas a ele. Ele mostra quem é Jesus, sobretudo, através de suas ações, e é claro por suas palavras. Ele trata da angústia humana, como nenhum outro. (Por que nos erigimos contra aquilo que mais desejamos?). São Marcos não assinou. Por volta do ano 150, o bispo de Hierápolis, Papias, atestou a atribuição do segundo Evangelho a São Marcos, "intérprete" de São Pedro, em Roma. Ficou carimbado: Evangelho de Jesus Cristo segundo São Marcos. Público-alvo principal: os pagãos.

O Evangelho dos judeus ou de Mateus?

Datado dos anos 80-90, talvez um pouco antes, o Evangelho de São Mateus teria sido escrito em Antioquia (Inácio de Antioquia refere-se a ele no início do século II) ou na Fenícia, onde vivia um grande número de judeus. Ele leva em conta a destruição de Jerusalém em 70 d.C. e o fim da convivência entre judeu-cristãos e judeus, diante da emergência de um novo Judaísmo. Seu texto tem um estilo bem semitizante e é recheado de citações do Antigo Testamento. Jesus, para São Mateus, é o Mestre da Justiça, o Messias, o Cristo, esperado pelo Judaísmo. Compartilha com São Marcos, fontes de textos primitivos hoje desaparecidos. Mas o Evangelho de São Mateus é 50% maior do que o Evangelho de São Marcos. Público-alvo: "os fiéis provenientes do Judaísmo" nas palavras de Orígenes. É o evangelho da "sinagoga cristã".

O Evangelho dos gregos ou de Lucas?

Dedicado a Teófilo, esse evangelho escrito num grego impecável, inicia com um prólogo, como faziam os escritores gregos do seu tempo. O Evangelho de São Lucas gasta tinta ao explicar a geografia da Palestina e os costumes judaicos para que os pagãos de língua grega entendessem melhor o contexto da Boa-nova. Sua redação também é situada entre os anos 80 e 90. São Lucas, companheiro de viagens de Paulo, utilizou no seu evangelho boa quantidade de material comum a São Marcos e São Mateus, mas toma uma maior liberdade do que este com relação ao primeiro texto de São Marcos. Uma nova história da humanidade começa em Jesus claramente no Evangelho de São Lucas. São Lucas escreveu também o Livro dos Atos dos Apóstolos em que se apresenta como companheiro de Paulo. Público-alvo prioritário do Evangelho de São Lucas: os gentios, em parte evangelizados por São Paulo, os cristãos de cultura grega.

O Evangelho helenista ou de São João?

O mais antigo fragmento do Novo Testamento hoje conhecido é um pequeno pedaço de papiro escrito no início do século II d.C. Nele estão contidas algumas palavras de São João (18,31-33), além de outras referentes aos versículos 37 e 38. Atribuído a João, filho de Zebedeu, o "discípulo bem-amado" (Jo 21,24a), esse é o único dos principais apóstolos cujo nome jamais é mencionado nesse evangelho. Essa atribuição é logo acompanhada do seguinte comentário: "e nós sabemos que seu testemunho é verdadeiro" (Jo 21,24b). Ou seja, esse evangelho foi editado por um círculo de pessoas que reconheciam no discípulo bem-amado o inspirador essencial dessa obra. Fruto de uma longa maturação, esse evangelho distingue-se dos outros três sinóticos. Mais reflexivo que os outros evangelhos, ele destaca a radical união entre Jesus e Deus, e mostra-se agressivamente antissinagoga. O objetivo dessa escola joânica: transmitir a tradição e interpretá-la de forma criativa e exigente. Nesse evangelho, a divindade de Jesus aparece claramente.

Quando Jesus fala fora dos evangelhos?

Nos Atos dos Apóstolos, pela pena de São Lucas e na boca do Apóstolo São Paulo: "Tenho-vos mostrado em tudo que, trabalhando assim, é necessário auxiliar os enfermos, *e recordar as palavras do Senhor Jesus, que disse: Mais bem-aventurada coisa é dar do que receber. Melhor dar do que receber*" (At 20,35). Essa fala não tem correspondência nos evangelhos. Jesus fala também na Carta aos Coríntios. Diz Paulo: "Porque eu recebi do Senhor o que também vos ensinei: que o Senhor Jesus, na noite em que foi traído, tomou o pão; e, tendo dado graças, o partiu e disse: Tomai, comei; isto é o meu corpo que é partido por vós; fazei isto em memória de mim. Semelhantemente também, depois de cear, tomou o cálice, dizendo: Este cálice é o novo testamento no meu sangue; fazei isto todas as vezes que beberdes, em memória de mim" (1Cor 11,23-26). Essa fala tem correspondentes nos evangelhos, com suas variantes. *Voilà*!

Os evangelhos contam ou interpretam a história e a vida de Jesus?

Não era intenção dos evangelistas narrar acontecimentos como fariam os jornalistas ou os historiadores. Eles relatam uma história real. Ela realmente aconteceu, mas os evangelistas a relatam à luz da Palavra de Deus. Essa história é interpretada e compreendida com base na Palavra de Deus. Os evangelhos, ao relatar a vida de Jesus, referem-se com frequência às palavras do Antigo Testamento. Ao narrar, os evangelistas ilustram como as palavras anunciadas no Antigo Testamento tornaram-se visíveis em Jesus de Nazaré. Essas menções e narrações não são apenas uma ilustração de palavras antigas, mas *da realidade que essas palavras guardavam*. Como assinalava o Cardeal Joseph Ratzinger, entre a palavra interpretativa de Deus e a história interpretadora existe uma relação recíproca: a Palavra de Deus ensina que os eventos contêm "história da salvação", até hoje. E isso diz respeito a todos e não somente àqueles que viveram tais histórias.

O atual Novo Testamento é cópia da cópia da cópia?

Mais ou menos. Não se dispõe de nenhum texto original da Bíblia. Nem do Novo Testamento. Mesmo os manuscritos gregos mais antigos são cópias, de cópias de cópias. Existem cerca de 5.000 manuscritos gregos do Novo Testamento. Os mais antigos estão redigidos em papiro e os mais recentes em pergaminho. As duas cópias completas mais antigas do Novo Testamento datam do século IV e estão em papiro. São o *Codex Vaticanus* e o *Codex Sinaiticus*. Ao todo são aproximadamente vinte manuscritos do Novo Testamento escritos nos primeiros cinco séculos.

Já ouviu falar do *Codex Vaticanus*?

De origem desconhecida, o Códice Vaticano é o manuscrito mais antigo do Novo Testamento, conservado na Biblioteca da Santa Sé em Roma. Em pergaminho de excelente qualidade, ele perdeu parte da Carta aos Hebreus (9,14 ao 13,25), a Primeira e Segunda Epístola a Timóteo, as epístolas a Tito e Filêmon e o Apocalipse. Talvez elas constituíssem um caderno à parte, desaparecido. Esse códice, de 759 folhas, foi escrito no início do século IV, em três colunas, com letras pequenas, em bela caligrafia chamada de maiúscula ou uncial bíblica. Foi escrito provavelmente no Egito e é considerado pelos críticos e estudiosos uma das mais antigas formas de texto do Novo Testamento. Sofreu poucas revisões e elas deixaram intactas as letras que pareciam incorretas. Ele constitui um dos maiores tesouros da Biblioteca do Vaticano.

Já ouviu falar do *Codex Sinaiticus*?

Esse manuscrito do Novo Testamento é assim denominado por ter sido descoberto no mosteiro de Santa Catarina no Monte Sinai. Também foi escrito no Egito por três escribas diferentes e apresenta vestígios de muitas correções posteriores. O Novo Testamento está completo e inclui a Epístola de Barnabé e parte do Pastor de Hermas. Esses livros não foram conservados no cânon definitivo do atual Novo Testamento. Essas 347 folhas deixaram o monastério da Terra Santa, graças à intervenção do Tzar russo Alexandre II, patrono da Igreja Ortodoxa Grega. Foi vendido por cerca de 500.000 dólares pelo governo comunista soviético no Natal de 1933 e está conservado no Museu Britânico, de Londres. Sorte dos britânicos e azar dos russos. Para alguns, os monges guardaram um exemplar mais antigo ainda, bem-escondidinho, lá no Sinai. E nunca mostraram, nem venderam, nem para russo, nem para inglês ver.

Já ouviu falar do Códice Alexandrino?

Como o nome indica também foi escrito no Egito, um pouco mais tarde do que os anteriores, talvez no início do século V. Suas 773 folhas de um pergaminho muito fino reúnem o Antigo e o Novo testamentos, com algumas lacunas, e mais duas epístolas do Papa Clemente de Roma. Aparentemente foi escrito por cinco escribas e várias correções posteriores ocorreram. É um dos melhores manuscritos disponíveis do Livro do Apocalipse. Segundo uma nota no próprio manuscrito datada do ano 1098, ele foi doado à Biblioteca do Patriarcado de Alexandria, de onde a denominação Códice Alexandrino.

Já ouviu falar do Códice Efraimita?

Um pouquinho de história: Santo Efrém da Síria (306-373 d.C.), padre e doutor da Igreja, foi um prolífico compositor de hinos, poemas, sermões de exegese bíblica e teólogo do século IV d.C. Ele é venerado por cristãos do mundo inteiro, mas especialmente pela Igreja Ortodoxa Síria. Suas obras de teologia visaram à edificação da Igreja em tempos turbulentos. Elas testemunham uma forma mais antiga de Cristianismo, na qual as ideias ocidentais tinham pouca influência. A designação desse códice evoca o fato de seu texto bíblico original ter sido raspado no século XII para servir a uma tradução grega dos tratados de Santo Efraim. As técnicas modernas permitiram reconstituir as escrituras subjacentes. Esse palimpsesto de 64 folhas remanescentes encontra-se na Biblioteca Nacional de Paris. Com exceção de 2 Tessalonicenses e 2 João, todos os livros do Novo Testamento estão representados, porém com muitas perdas textuais.

Já ouviu falar do Códice de Alepo?

O *Codex Aleppo*, em hebraico *Keter Aram Tsova* (כֶּתֶר אֲרָם צוֹבָא), é o mais antigo e completo manuscrito da Bíblia hebraica. Tudo indica ter sido confeccionado pelo massoreta Aaron ben Moses ben Asher. Ele inclui quase toda a *Torá* e é datado de 930 d.C. Ou seja, o mais antigo códice da Bíblia hebraica data de cerca de 1.000 anos atrás e tem sido uma fonte de referência para o texto bíblico e os rituais judaicos rabínicos. Bem mais novinho que as versões mais antigas do Novo Testamento.

Já ouviu falar de *textus receptus*?

Inicialmente o nome *textus receptus* foi dado à compilação de um conjunto de manuscritos de origem bizantina, para compor um texto grego unificado do Novo Testamento. A primeira compilação foi executada pelo teólogo e padre católico Erasmo de Roterdã. O *textus receptus* foi utilizado para a criação de várias outras traduções da Bíblia, como a Bíblia de Lutero em 1522 e a do Rei James em 1611. A tradução ao português de João Ferreira de Almeida foi executada entre 1681 e 1753 com base no *textus receptus*. Diretamente ou através de uma de suas traduções, ele foi aceito pelas igrejas protestantes após a Reforma. Esta posição se manteve no Brasil até meados do século XX. A partir do final do século XIX, com a publicação dos textos de manuscritos mais antigos do Novo Testamento, a maioria das traduções bíblicas usa os chamados textos críticos, isto é, estabelecidos através da crítica textual, e não mais o chamado *textus receptus*. Ele perdeu seus ares míticos, ficou largado num cantinho e nunca rendeu direitos autorais para os bizantinos.

Já ouviu falar de *Peshito* ou *Peshitta*?

A *Peshito* ou *Peshitta* é o nome dado à versão padrão da Bíblia no idioma siríaco. O Velho Testamento da *Peshitta* é a parte mais antiga da literatura siríaca de todos os tempos, com provável origem no século II, quando a Igreja Siríaca o traduziu diretamente do hebraico. O texto hebraico utilizado como cópia mestra para essa tradução deve ter sido relativamente similar ao das bíblias hebraicas medievais e modernas. Entretanto, influências targúmicas isoladas podem ser vistas no texto (especialmente no Pentateuco e nos livros das Crônicas), com a adição de pequenas partes interpretativas. Em certas passagens, os tradutores usaram claramente a Septuaginta (Isaías, p. ex.). Já os antigos evangelhos siríacos foram produzidos provavelmente no século III, a partir de textos gregos. A *Peshitta* é a Bíblia padrão para as igrejas na tradição litúrgica siríaca: a Igreja Ortodoxa Síria, a Igreja Católica Siro-Malankara, a Igreja Católica Siríaca, a Igreja Assíria do Oriente, a Igreja Ortodoxa Indiana, a Igreja Mar Thoma, a Igreja Católica Caldeia e a Igreja Maronita. Muitos manuscritos da *Peshitta* ainda podem ser encontrados, mas o mais valioso deles é um códice do século VI ou VII, conservado na Biblioteca Ambrosiana em Milão, Itália. Um manuscrito do Pentateuco da *Peshitta* de 464 d.C. é o mais antigo manuscrito bíblico datado em qualquer idioma.

Existem outros manuscritos do Novo Testamento?

Muitos. Existe um acervo de mais de 5.000 manuscritos, em muitos museus. Eles contêm parte ou todo o Novo Testamento e são, de fato, seus manuscritos mais antigos. Existem, além dos já citados, muitos códices gregos posteriores (Beza, Claromontano, Laudiano, Washingtoniano, Korideto...) e latinos (Palatino, Fleury, Bobiense, Vercelense...). Existem também cerca de 400 manuscritos siríacos. Trata-se de uma fonte de informação interessante. As primeiras traduções dos textos gregos do Novo Testamento foram para o siríaco, além das versões nos vários dialetos coptas. Além disso, existem outras versões antigas do Novo Testamento em copta, armênio, persa etc. Esse enorme e disperso conjunto de manuscritos, do século III ao século X, está devidamente catalogado e disponível, em grande parte, aos estudiosos bíblicos, mesmo se, em geral, são frações, e muitas vezes bem pequenas, do Novo Testamento.

No Horto das Oliveiras, Jesus sofre mais no Evangelho de São Lucas?

Parece que sim. Sobre o sofrimento de Jesus no Horto das Oliveiras, no Getsêmani, São Lucas relata: "Ele entra em agonia e ora com maior ardor. Seu suor torna-se como gotas de sangue, caindo na terra" (Lc 22,44). A autenticidade desse versículo é questionada, pois está ausente e muitos manuscritos de São Lucas, como o *papyrus 75*, e os Códices *Sinaiticus*, *Alexandrinus*, *Vaticanus* e muitos outros do século V. O assunto foi debatido na sessão de 5 de abril de 1546 do Concílio de Trento. A tradição católica enfatizou que ele faz parte do estilo de São Lucas e o manteve. E, nisso, os protestantes reformados também concordaram com a contrarreforma.

Júlio César ou a Bíblia?

A documentação paleográfica dos textos do Novo Testamento é impressionante. A prova disso é o imperador romano Júlio César. Ninguém questiona a veracidade histórica da conquista da Gália por Júlio César. Apenas 10 manuscritos confirmam esse fato e o mais antigo data de 800 anos após esse evento. Já para o Novo Testamento são mais de 5.000 manuscritos completos em grego e 10.000 em latim. Eles datam de 130 a 350 d.C. Ou seja, uma distância de 30 a 90 anos separa os manuscritos mais antigos e os acontecimentos ali relatados. Pode acreditar e confiar nos evangelhos.

Tem cristão no Novo Testamento?

Tem. A palavra *cristão* aparece pela primeira vez no Novo Testamento, no Livro dos Atos dos Apóstolos. Diz o texto: "e, em Antioquia, foram os discípulos, pela primeira vez, chamados de cristãos" (At 11,26). Nesse contexto, *cristão* poderia ser entendido como "partidário de Cristo" ou ainda "pertencente a Cristo". Foi lá pelos idos do ano 50, na metade do século I, nessa bela capital da província romana da Síria, terceira cidade em importância do Império Romano, depois de Roma e Alexandria.

Você sabe o que quer dizer cristão?

O termo cristão vem do grego *cristós* (Χριστός), o equivalente do hebraico messias, *mashiá* (מָשִׁיחַ). Literalmente, a palavra *mashiá* significa "ungido" ou "aquele que foi ungido". Ungido, destacado, separado para uma missão. Daí decorre a expressão Jesus Cristo, Jesus Messias, Jesus Ungido. A palavra Cristo é um adjetivo e não um nome próprio. Esse termo, messias, foi retomado na língua árabe para designar o Cristianismo: *al-massihiya* (المسيحية).

Tem Cristianismo no Novo Testamento?

Tem não. A mais antiga referência escrita e conhecida do termo *Cristianismo* se encontra na carta do bispo Santo Inácio de Antioquia aos magnesianos, outra vez na Síria, e data do fim do século I. Santo Inácio morreu martirizado, lançado aos leões no Coliseu de Roma. Ele deixou diversas cartas dirigidas às comunidades cristãs e teve um papel fundamental na universalização do Cristianismo. É dele a frase: "Onde está Cristo Jesus, está a Igreja Católica". Ou seja, foram poucos anos para se começar a grafar *cristão* e mais de meio século até se grafar *Cristianismo*.

3.2 O Cristianismo inventou a Bíblia?

A emergência de uma comunidade cristã diferenciada, cuja expansão apoiou-se na rede mediterrânica de sinagogas, bem como a proliferação de seus escritos (cartas, evangelhos...) levaram os judeus a também fixarem os seus escritos, o cânon da Bíblia judaica. De certa forma, o Judaísmo rabínico existente hoje e o Cristianismo têm a mesma idade: dois mil anos.

Durante décadas, os cristãos foram considerados mais uma seita judaica, entre as muitas existentes. Foram chamados de cristãos, de nazarenos e até de iluminados. Demorou até o Cristianismo se separar do Judaísmo.

Os primeiros cristãos pregavam nas sinagogas e buscavam converter os judeus. Paulo ampliou essa pregação aos pagãos. Ele preparou, dessa forma, uma separação definitiva entre Cristianismo e Judaísmo, efetiva a partir do século II.

A biblioteca cristã ou a Bíblia cristã diferiu da judaica tanto pelos livros considerados canônicos no Antigo Testamento como por integrar a totalidade das cartas e livros do Novo Testamento. A escrita da Bíblia foi um processo gradual, dinâmico e, para os cristãos, o ser e o agir de Deus foram sendo descobertos aos poucos, até a revelação total em Jesus Cristo. Para os crentes, essa transmissão e revelação ainda acontecem nos dias de hoje, cada vez que as pessoas procuram na Bíblia a iluminação para suas vidas.

Durante muito tempo, séculos, os cristãos viveram muito bem sem a Bíblia atual. A imprensa não havia sido inventada. A leitura não era considerada um hábito. Não havia nenhuma das facilidades atuais para ler e escrever. Objetivamente, a escrita e a leitura era um privilégio de castas. Liam-se nas igrejas cópias de cartas apostólicas, um ou outro livro bíblico. E transmitia-se a fé oralmente.

As prisões, a clandestinidade, as torturas e o fato de os cristãos serem devorados por feras em arenas não facilitava a leitura, nem a escrita. Mesmo assim, o bispo Santo Inácio de Antioquia, no caminho para ser martirizado em Roma, deixou um belíssimo testemunho por escrito, em diversas cartas, bem anterior a vários livros da Bíblia cristã.

Foram pelos menos 300 anos para a primeira versão de Bíblia cristã entrar mesmo no mercado. E não foi por falta de clientes. Deu certo. O Cristianismo é a religião mais espalhada pelo mundo, presente em todos os continentes. Ele constituiu e marcou diversas civilizações ao longo da história e principalmente a civilização ocidental. Nada mal para quem foi considerada, inicialmente, uma seita judaica.

Como surgiu a sexta versão da Bíblia, a Bíblia cristã?

Com a conversão do Imperador Constantino ao Cristianismo e seu famoso Édito de Milão, no final do século IV, surgiu uma demanda maior por boas cópias de livros do Novo Testamento. Talvez o grande historiador Santo Eusébio, bispo de Cesareia (263–340) tinha conseguido demonstrar ao imperador o quanto os livros dos cristãos já estavam danificados e usados. O Imperador Constantino encomendou cinquenta cópias para igrejas de Constantinopla. Copiar a Bíblia era caríssimo e só mesmo um imperador para bancar cinco dezenas de bíblias. Provavelmente, pela primeira vez, o Antigo Testamento (Septuaginta) e os textos gregos do Novo Testamento foram apresentados em um único volume, agora denominados Bíblia, em sua sexta versão. Retomando a contagem das bíblias desse livro, esta foi sem dúvida a sexta e a mais parecida com as atuais. Ela era o protótipo de todas as atuais bíblias cristãs, folheadas mundo afora. Devia se chamar a Bíblia de Constantino. Não fosse por ele, vai saber.

A primeira Bíblia cristã em latim data de quando?

Dentre as muitas traduções da Bíblia, a mais antiga tradução para o latim foi a *Itala Antiga* ou *Vetus Latina*, realizada entre o ano 200 e 250, na Itália, quando começava a se extinguir o conhecimento da língua grega nas regiões ocidentais do Império Romano. Ela esteve em uso entre os cristãos do Ocidente desde o século III até o século V. Essa versão em latim não será contada por aqui e acabou substituída pela Vulgata Latina de São Jerônimo. A justo título.

A sétima versão da Bíblia foi a Vulgata Latina?

A Vulgata foi e é digna desse nome, desse título. No ano de 382 d.C., o Papa Damásio I designou o Padre Jerônimo de Strídon, São Jerônimo, para fazer uma tradução, a mais fiel possível, dos manuscritos bíblicos existentes para o latim, a língua dominante no Império Romano. São Jerônimo estudou hebraico e dedicou 20 anos da sua vida à tradução dos textos sagrados das línguas originais para o latim. Para o Novo Testamento, ele respeitou o texto latino antigo. Esse texto já se tornara familiar (*Vetus Latina*), mas São Jerônimo corrigiu-o de acordo com bons manuscritos gregos, entre 386 e 389 e com base da Héxapla de Orígenes. Entre 390 e 406, porém, ele elaborou uma nova tradução latina do Antigo Testamento, diretamente do hebraico e do aramaico, após examinar cuidadosamente os manuscritos hebraicos, juntamente com os mais conceituados rabinos judeus, lá na Terra Santa. Pode ser considerada a segunda grande tradução da Bíblia, depois da Septuaginta. E foi mesmo. E é a sétima Bíblia, nesta contagem.

De onde saiu esse São Jerônimo tradutor da Bíblia?

Ele é um exemplo de como eram modernos os antigos. Nasceu por volta de 345 na Itália e morreu em Belém, em 30 de setembro de 420. Foi batizado com 19 anos. Viveu como eremita no Deserto da Caldeia, na Síria. De 378 a 382, esteve em Constantinopla, onde estudou as Escrituras Sagradas sob a direção de São Gregório de Nazianzo. Voltou a Roma. Foi secretário do Papa Damásio. Em 385, São Jerônimo retornou à Terra Santa e fundou dois mosteiros (um para homens e outro para mulheres), uma escola e um hospital. Lá viveu durante trinta e cinco anos, estudou a Bíblia, governou suas fundações e levou uma vida de rigor ascético. E, *en passant*, traduziu a Bíblia inteira para o latim.

Quando a versão de São Jerônimo tornou-se a Vulgata?

No século VIII, a versão definitiva de São Jerônimo suplantou as demais traduções latinas. Somente no século XVI, essa versão recebeu o nome de Vulgata (do latim *vulgatus*, divulgado), devido a sua larga divulgação. Esse termo era antes aplicado à versão dos setenta e à *Itala*.

A Vulgata é a Bíblia popular?

Sim. Textualmente. O nome Vulgata vem da expressão: *versio vulgata*, ou "versão dos vulgares", o equivalente a dizer: "escrito na língua de pessoas comuns" (*vulgus*). Era parte do propósito de São Jerônimo reunir os textos bíblicos e também criar uma versão compreensível pela maioria da população. Por isso, a Vulgata foi escrita em um latim cotidiano, ao contrário dos textos existentes. Deu certo. Nada como um bom editor. A Bíblia Vulgata chegou das regiões do Mediterrâneo até o Norte da Europa e foi a base para a tradução da Bíblia em línguas vernaculares como o português, o francês, o inglês e o alemão. Ainda hoje existem mais de oito mil manuscritos da Vulgata.

Uma oitava versão da Bíblia: a dos massoretas

Em torno do século VI, um grupo de competentes escribas judeus teve por missão reunir os textos bíblicos, utilizados pela comunidade hebraica, em um único escrito. Pois é, entre os judeus também demorou. Uns dois séculos a mais que os cristãos. Este grupo recebeu o nome de Escola de Massorá, escola da tradição. O termo massorá foi tirado do Livro de Ezequiel (Ez 20,37) e significa ligação, cadeia, corrente. E nesse sentido transmissão, tradição. Os rabinos massoretas, de certa forma, substituíram os escribas (*soferim*) desaparecidos como tais com a destruição do Templo de Jerusalém. O massoreta tinha por missão a guarda e preservação da tradição escrita. Ou pelo menos a versão oficial dessa tradição. Foram séculos de trabalho. Na prática, ao invés de apenas manter, os massoretas também estabeleceram uma nova tradição, muito mais teológica do que histórica ou literária. Eles definiram como o texto hebraico deveria ser escrito e vocalizado. O resultado ficou conhecido como texto massorético. E nesta contagem bíblica, assume o oitavo lugar.

Por que houve a necessidade de editar a Bíblia hebraica?

Se os livros já estavam definidos num cânon pelos rabinos desde o século I, qual a razão dessa necessidade de edição? Eram duas razões principais: havia muitos manuscritos hebraicos discordantes e um mesmo manuscrito, feito apenas de letras consonantais, permitia diversas vocalizações e leituras. O Judaísmo rabínico não concordava com toda essa polissemia, nem com as interpretações que os cristãos faziam de forma tão ampla e elaborada desses textos. Chegara o tempo da ortodoxia. Coisas do hebraico e da doutrina farisaica triunfante.

Quando 23 consoantes saem em busca de vogais

Consoante significa textualmente: soa com. Com o quê? Com as vogais. Todo texto hebraico da Bíblia foi escrito sem vogais e isso dava lugar a uma liberdade de interpretação e certa confusão. Uma sequência de letras hipotéticas como esta "VPRSCSMCMPNS" poderia ser lida como "Vou para sua casa em Campinas". Mas também poderia ser lida como: "Vi por seu cisma como pensas". Tome-se, por exemplo, apenas duas consoantes VC em português. Hipoteticamente, elas podem ser vocalizadas como vaca ou você ou vácuo ou vice ou vícia ou vício... O texto massorético deu uma enquadrada geral nos leitores da Bíblia judaica. Ele definiu como deveriam ser lidas as palavras no texto hebraico e no seu contexto, segundo a doutrina e a teologia dominante do rabinato e suas tradições. Foi mais um anacronismo a lapidar a Bíblia. E deram umas boas torcidinhas no texto bíblico. Até na *Torá*. Ao comparar essa Bíblia hebraica com os manuscritos descobertos em Qumran, são muitas divergências.

Quando a Bíblia judaica ganhou as vogais e uma leitura única?

No texto massorético, escrito em hebraico antigo, com letra quadrada, os massoretas definiram a vocalização do texto bíblico até então consonantal. A escrita hebraica praticamente não usa vogais. Para vocalizar o som das consoantes, os massoretas inventaram sistema de pontuação aplicado ao conjunto dos textos bíblicos. Poderiam ter adotado as vogais. Não adotaram. Isso significaria agregar letras, coisa proibida pelo próprio texto. Os massoretas padronizaram a pronúncia das palavras do texto, com símbolos feitos de pontinhos e tracinhos, e tornaram a leitura igual para qualquer pessoa. Até então, em várias passagens bíblicas cabiam diversas leituras. Em certos casos, eles forçaram mesmo as vogais ou a vocalização para alterar tempos verbais e dar o significado adequado à sua visão teológica. Não foi da noite para o dia. Foram várias gerações de massoretas, do século VII ao X até o resultado final. Ele só foi concluído mesmo lá pelo ano 1425. E você achava que a Bíblia hebraica era mais antiga? Pois é... Quinhentos aninhos bem-vividos tem a versão atual.

O que foi feito das versões hebraicas originais, as mais antigas?

Não sabemos. Os massoretas se serviram de cerca de 3.800 manuscritos da Bíblia judaica com variantes. Dizem. Foram unificando o texto e dando um sumiço nesses manuscritos. Aos pouquinhos. Sem querer querendo. Talvez sem destruir. Talvez, eles enterraram ou depositaram esses manuscritos divergentes num armazém, numa *genizá* (גניזה). Essas *guenizot* eram depósitos em sinagogas, cavernas, grutas ou tumbas. Como Guttemberg ainda não havia inventado a imprensa, era proibido jogar fora escritos contendo o nome de Deus. Imagine-se cumprir isso hoje em dia! Esse costume passado incluiu também a coleta solene e periódica do conteúdo da *genizá* de muitas sinagogas. Ele era enterrado, de novo, num cemitério, na fonte (*mekor*). Sinagogas em Jerusalém enterravam o conteúdo de suas *genizot* a cada sétimo ano, bem como durante anos de seca. Isso traria a chuva. Por que não? Nesse processo, os mais antigos manuscritos sumiram. Mas, de vez em quando, uma cabra perdida leva um pastor beduíno a achar uma gruta cheia de manuscritos antigos. Essas descobertas sempre preocupam os descendentes dos massoretas. Vai saber quanto do passado ainda andará enterrado no futuro?

Os manuscritos de Qumran resgataram os textos bíblicos?

Em parte. Durante muito tempo, até o século XX, se considerou o texto massorético como sendo a própria tradição farisaica da Bíblia. As únicas fontes divergentes eram o Pentateuco samaritano e a versão grega dos setenta. Muitos fundamentalistas consideravam o texto massorético como uma espécie de *textus receptus*, monolítico, entregue por Deus a Moisés no Sinai. Graças a uma cabra ou ovelha perdida, seguida por seu bom pastorzinho, em 1947 foram descobertos potes, contendo manuscritos bíblicos bem conservados, numa caverna às margens do Mar Morto. A notícia do achado espalhou-se rapidamente após a venda e aquisição dos primeiros manuscritos. De imediato, a comunidade científica interessou-se pelo achado e com razão. Aproximadamente 930 fragmentos de manuscritos hebraicos, aramaicos e gregos foram encontrados em onze cavernas em Qumran, datando de 250 a.C. ao século I da Era Cristã. Esse tesouro do Mar Morto mudou a percepção tida sobre o texto massorético e confirmou diversas hipóteses da crítica textual moderna sobre a história da redação e da transmissão do texto bíblico.

Os textos massoréticos concordam com os de Qumran?

A análise dos manuscritos encontrados em Qumran logo revelou a inexistência nesses textos da escrupulosa uniformidade textual exigida pela Bíblia hebraica nos últimos séculos. Em primeiro lugar, os rolos de Qumran mostram variantes ortográficas menores entre eles mesmos e com os textos massoréticos, bem posteriores. Por outro lado, os textos de Qumran, apesar de sua grande proximidade com o texto massorético, muitas vezes divergem e coincidem com a Septuaginta. Ora, até então, essas divergências entre a Septuaginta e os textos massoréticos eram consideradas amplificações e desvios textuais da tradução grega. Agora se sabe que não é sempre o caso. Para os pesquisadores bíblicos realmente existiram textos pré-massoréticos divergentes. No caso dos rolos de Qumran, 60% dos textos são considerados como protomassoréticos, 20% como típicos de Qumran (mesmo se com base nos protomassoréticos), 5% como do tipo protossamaritano, 5% do tipo Septuaginta e 10% não classificados.

O que é melhor: Um leão furioso nos pés ou os pés perfurados?

Os textos de Qumran produziram indícios do quanto o Cristianismo influenciou as correções bíblicas dos massoréticos. Por exemplo, o versículo 16 do Sl 22 foi muito utilizado pelos cristãos como uma profecia sobre Jesus e sua crucifixão. Nele, a palavra *kaaru* (furado) foi interpretada e grafada pelos massoréticos como *ka'ari* (leão) na Bíblia hebraica. Com isso, o versículo pode ser lido "como um leão, eles estão em meus pés e minhas mãos" ao invés de "eles perfuraram meus pés e minhas mãos". Nos textos dos salmos de Qumran está escrito *kaaru* e não *ka'ari*. E assim também está na Septuaginta e na *Peshitta* (Bíblia aramaico-siríaca): furado no sentido de ferido, rasgado, transpassado. Essa possível associação do texto com a crucifixão de Jesus parece ter condicionado a revisão massorética. Dizem. Nenhum texto anterior aos massoréticos achou um leão no Sl 22.

Os salmos de Qumran têm mais versículos do que na Bíblia hebraica?

Sim. Mais capítulos e versículos. Um caso interessante é o do Sl 145. O versículo 13 não existe na Bíblia hebraica, nos textos massoréticos. Era para o salmo ter 22 versículos, alinhados com as letras do alfabeto hebraico, mas falta a letra Num e o versículo correspondente nos textos massoréticos. Na Septuaginta e nos manuscritos de Qumran (11Q PS) o versículo está presente e testemunha, nesse caso, contra os textos massoréticos.

O sofredor não vê a luz na Bíblia hebraica?

Em Is 53, nos textos massoréticos, falta a palavra luz no versículo 11. Depois do verbo "verá" falta uma palavra para qualificar o verbo. O que o servo sofredor verá? A palavra "luz" está presente no texto da Septuaginta e nos manuscritos do Mar Morto. Para os cristãos, esse versículo sempre foi entendido como uma referência à ressurreição de Jesus. Os massoretas apagaram essa luz por razões que a razão desconhece. Economia de energia e de papel não foi. A versão massorética de Is 53 tem dez diferenças ortográficas, quatro mudanças de estilo e três letras ausentes (referentes à luz) com relação aos manuscritos do Mar Morto. Acontece. Muita iluminação ofusca.

O Altíssimo deu o mundo aos filhos de Deus ou aos filhos de Israel?

Se depender dos massoretas foi para os filhos de Israel. No Livro do Deuteronômio (Dt 32,8), a Septuaginta, alguns manuscritos antigos e os textos de Qunran grafam que o Altíssimo deu às nações o seu patrimônio, a sua herança, a sua *nahalá*, [...] "segundo o número dos filhos de Deus". Os massoretas, sem considerar que nesse tempo sequer Jacó ou Israel existiam, grafaram "Filhos de Israel". E assim está em grande parte das bíblias. Inclusive na sua. Ah... A ideologia massorética faz maravilhas com o texto hebraico!

O Profeta Jeremias profetiza mais no texto massorético?

Aparentemente sim. Os versículos 6 e 7 de Jr 10 foram incluídos pelos massoretas. Dizem... E devem ter sido. Recuperados em algum outro manuscrito da época persa. Vai saber. Esses versículos não estão presentes, nem na Septuaginta, nem nos textos de Qumran.

Deus nos deu corpo ou ouvidos?

Se depender dos massoretas... No salmo (40,6), tudo indica que a frase original era: "Tu me formaste um corpo", como é retomada no mesmo salmo, citado na Carta aos Hebreus (10,5), num texto que para os cristãos evoca a encarnação do Verbo. Os manuscritos gregos, o texto da Septuaginta e os escritos de Qumran falam de corpo formado, plasmado. Aparentemente, os massoretas mudaram a frase para "Tu abristes em mim ouvidos" ou ainda na tradução do João Ferreira de Almeida, "as minhas orelhas furastes" (*sic*). Bem longe de qualquer alusão possível a encarnação do Jesus dos cristãos. Compare em *sua Bíblia*, o salmo (40,6) e a Carta aos Hebreus (10,5) e decida. Com quem você fica na *sua* Bíblia: com os massoretas ou com a Septuaginta, com seu corpo ou com sua orelha furada, com o Antigo ou com o Novo Testamento?

Os cegos recuperam a vista ou não?

Se depender dos massoretas... Quando Jesus começou sua pregação na Galileia, Ele dirigiu-se a Nazaré, entrou no sábado na sinagoga, levantou-se para fazer a leitura e deram-lhe o rolo de Isaías. O trecho lido por Jesus no Livro de Isaías está em São Lucas (4,18). Mas não está em Isaías (61,1), dependendo da Bíblia. Jesus não sabia ler e leu errado? Compare, em sua Bíblia, São Lucas com Isaías. Provavelmente, ela segue os massoréticos e não a Septuaginta no Antigo Testamento. Se assim for, os textos não batem. Nos textos massoréticos, na profecia de Isaías (61,1) falta a frase sobre os cegos e a recuperação da visão. Neste caso, melhor ficar com Jesus, com a Carta aos Hebreus e com a Septuaginta. Creio.

Falta um pedaço do cântico de Moisés na versão dos massoretas?

Sim, e deve ter dado um problema de sincronia com a música. Lá no finalzinho desse cântico atribuído a Moisés no Livro do Deuteronômio

(32,43) existia a expressão: "Que todos os anjos de Deus o adorem ou se prostem diante dele!" Boa parte desse texto era passível de ser entendido como uma profecia relativa ao filho de Deus, Jesus. E assim o fez a Carta aos Hebreus (1,6): "Ao introduzir o primogênito ao mundo, ele diz: E prostrem-se diante dele todos os anjos dos céus". Nos textos gregos antigos, na Septuaginta, nos manuscritos do Mar Morto e até no aramaico-siríaco da *Peshitta*, os anjos de Deus ou a frase está lá. Essa injunção aparece até nos salmos (97,7). Pois no texto massorético a prostração dos anjos desapareceu. Pode conferir na sua Bíblia e confrontar as diferenças entre os escritos do Deuteronômio (32,43) e a Carta aos Hebreus (1,6). Quem estaria certo? O Novo Testamento ou a fé inabalável do tradutor da sua Bíblia na versão massorética do Antigo Testamento?

Virá um Messias, uma lei, uma semente ou uma fonte de água?

Depende da Bíblia. Na Septuaginta existem versículos com os verbos vir e sair (*érkhestai, exérkhesthai*) que, em grego, acentuam o caráter pessoal da frase e a ideia da vinda de um messias pessoal. É o que ocorre em Isaías (51,4). Para a versão grega, de um manuscrito hebraico hoje indisponível, está escrito: "um homem sairá de sua semente..." Já para a Bíblia hebraica massorética "de mim sairá uma lei..." No Livro dos Números (24,7), num oráculo que parece tratar do messianismo real e visar tanto Saul como Davi, a tradução da Septuaginta diz: "Um herói surge na tua descendência e domina sobre muitos povos". No hebraico massorético essa passagem é completamente diferente e pode traduzir-se como: "A água transborda do seu cântaro e a sua semente está em uma água abundante".

Os pais da gramática hebraica decretaram o fim do texto original?

Por criarem uma base para a interpretação do texto hebraico, os massoretas aperfeiçoaram os símbolos da escrita. E criaram um sistema definido de regras gramaticais, até então inexistente. Os massoretas são considerados os pais da gramática da língua hebraica atual. No seu trabalho de padronização, censura e harmonização, eles não inseriram "vogais" e sim propuseram vocalizações aos textos originais. Isso contribuiu para o desaparecimento dos textos divergentes e levou a uma única leitura possível da Bíblia hebraica. Ainda hoje, o texto massorético tem vários pontos obscuros, mas é o cânon judaico da leitura. Ele acabou com toda aquela polissemia ou liberdade de leitura (e até de escrita) de seus antepassados. Liberdade agora, só para interpretar o sentido, o significado, a mensagem profunda, a intertextualidade etc. E isso, no Judaísmo, nunca faltou. Para o Judaísmo, o Deus infinito se ofereceu aos homens na finitude das letras de um livro. A responsabilidade do homem é a de interpretar, penetrar nas palavras e nas letras, romper seus textos em todos os sentidos para liberar Deus e dar-lhe seu estatuto de infinito. Deus será ou não infinito em função da infinidade de interpretações que os homens farão de suas palavras.

Sua Bíblia tem muitos hápax?

Tem, seja ela qual for. Sabe o que é um hápax? Não? Normal. A palavra hápax vem do grego *hápaks* e significa "uma só vez". O neologismo grego *hapax legomenon* combina "uma só vez" e *legomenon* – particípio passivo do verbo *lego* – dizer. Ela é empregada para designar uma palavra ou expressão única. Para cada hápax só existe uma única abonação, um único caso, em todos os registros escritos de uma língua. A Bíblia tem muitos hápax. Eles são uma dificuldade para quem lê o texto original e um pesadelo para os tradutores. Por exemplo, no Sl 78,47-48, está a palavra *hanamal*. É a única vez. Essa palavra só ocorre aí em toda a Bíblia e não se tem nenhum outro registro em qualquer lugar. Como na maioria dos hápax, ninguém sabe exatamente o que *hanamal* quer dizer. As bíblias a interpretam como um tipo de geada, ou de granizo, ou até gafanhoto! Ninguém sabe ao certo. Só Deus sabe.

Os *hapax legomenon* são uma marca de originalidade da Bíblia?

São. Das cerca de 300.000 palavras e 8.000 vocábulos da Bíblia hebraica, quase 2.000 são hápax. No texto massorético, elas são marcadas com a letra *lamed*, com um ponto sobreposto. Não se sabe se eles são erros de escrita, invenções dos autores ou brincadeiras de Deus. Muitos escritores modernos criam e usam uma única vez, uma única palavra. Esse jogo literário, o escitor combina a técnica de escrita e a originalidade de estilo na busca da heceidade, de ser único. A existência de tantos hápax na Bíblia já basta para se saber o quanto esse texto é um mistério. Fique sempre com um pezinho atrás com sua tradução. Em centenas de palavras de sua Bíblia, você lê hipóteses.

A Bíblia hebraica é um reinado do hápax

O Livro dos Salmos e muitos livros bíblicos estão repletos de versículos cuja compreensão fixada pelos massoréticos é no mínimo obscura. Como foi dito, o texto massorético apresenta muitos hápax. Essas palavras aparecem uma única vez em toda a Bíblia, e só lá. Difícil entender e traduzir o que teria sido dito e escrito uma única vez. E há mais de mil anos atrás. Os escritores da Bíblia hebraica foram inventores de palavras, sem querer querendo. E essas palavras, além do mais, não prosperaram. Ninguém mais as utilizou. Nunca mais. Ficaram ali, sozinhas, guardadinhas no texto bíblico como um artefato arqueológico de osso, pedra ou cerâmica, cujo uso e destino ninguém tem certeza qual seria. Coisas da escrita hebraica.

O primeiro livro impresso foi a Bíblia Vulgata?

A Bíblia Vulgata foi o primeiro livro impresso da história, por Johann Gutenberg, em Mainz, na Alemanha. Foi também o primeiro exemplar a reunir fisicamente todos os manuscritos bíblicos em um único livro, no sentido moderno do termo. Na realidade, foram dois tomos. Até hoje, essa

Vulgata do católico Johann Gutenberg é uma referência para as traduções atuais e o Cristianismo ocidental.

Quanto tempo levou a impressão da primeira Bíblia?

Anos. A produção da Bíblia começou em 1450, através do alemão Johann Gutenberg com sua prensa de tipos móveis. Ele teria terminado em 1455. A edição dessa Bíblia marcou o início da produção em massa de livros no Ocidente. Uma cópia completa possui 1.282 páginas, com texto em duas colunas. A maioria dessas bíblias era encadernada em dois volumes. Cerca de 180 cópias foram produzidas, 45 em pergaminho e 135 em papel. Elas foram impressas, rubricadas e iluminadas a mão em um período de três anos. Um exemplar da Bíblia de Gutenberg encontra-se na Biblioteca Nacional no Rio de Janeiro. Que bom!

Qual Bíblia o Gutenberg imprimiu? A católica ou a protestante?

Gutenberg imprimiu a *Vulgata*, a versão católica da Bíblia em latim (Septuaginta + Novo Testamento). Não foi a Bíblia protestante. Mesmo se tem gente acreditando nisso. *Again*, Gutenberg não imprimiu a Bíblia protestante. Esse é um raciocínio anacrônico. Foi a Bíblia católica. O protestantismo ainda não havia sido inventado nesse tempo, apenas a imprensa moderna. Levou quase um século até a impressão da Bíblia de Lutero em 1522.

A nona versão da Bíblia foi a protestante?

Quando tudo parecia tranquilo com as primeiras edições e impressões da Bíblia católica multiplicando-se rapidamente, mais de 1.500 anos depois de Cristo, as coisas voltaram a agitar-se. Foi o início da longa gestação de uma nova Bíblia. Esse processo durou três séculos e produziu a Bíblia protestante. Essa versão da Bíblia, a utilizada hoje pelas igrejas evangélicas no Brasil, apresenta 66 livros no total: 27 no Novo Testamento, como na Bíblia católica e 39 no Antigo Testamento, ao invés dos 46 da Bíblia católica. São sete livros a menos. Mas não foi sempre assim. No começo, a Bíblia protestante variou bastante: foi ainda menor e até do mesmo tamanho que a católica. Levou mais de 300 anos para a maior parte dos protestantes fixarem o seu cânon. Hoje, a versão protestante é a Bíblia de centenas de milhões de pessoas.

Quais as dúvidas iniciais dos protestantes sobre o Novo Testamento?

Inicialmente, Lutero considerou como não canônicas as cartas dos Hebreus, Tiago, Judas e o Livro do Apocalipse. Lutero chamava a Epístola de Tiago de "carta de palha". Também no século XVI, João Calvino exigiu a retirada do Livro do Apocalipse do cânon bíblico. Em sua tradução da Bíblia para o alemão, Lutero deixou esses quatro livros num apêndice sem numeração de páginas, como fez com os deuterocanônicos do Antigo Testamento. Depois, os demais reformadores decidiram que estes livros – até então chamados de apócrifos do Novo Testamento – deveriam voltar à Bíblia. Eles ignoraram as sugestões de Lutero e Calvino e, simplesmente, seguiram para o Novo Testamento o mesmo cânon da Igreja Católica, usado de forma inequívoca desde 397.

Quais as dúvidas iniciais dos protestantes sobre o Antigo Testamento?

Lutero rejeitou os livros de Tobias, Judite, Sabedoria, Baruc, Eclesiástico (ou Sirácida), 1 e 2 Macabeus, além de Est 10,4-16; Dn 3,24-20; 13–14. Ele terminou por adotar o cânon farisaico ou rabínico como critério. Justamente aquele definido pelos rabinos ortodoxos para excluir da comunidade judaica os seguidores do Cristianismo, entre outras. Um paradoxo. Para Lutero, essa escolha daria um enraizamento, um *label* histórico-judaico a essa sua escolha, mesmo se farisaica. E deu. No que deu. No início não houve consenso entre os protestantes sobre o cânon do Antigo Testamento.

O Rei Jaime I da Inglaterra, responsável pela famosa tradução KJV (King James Version), defendia que os deuterocanônicos, e os protestantes da Inglaterra concordavam, deveriam continuar nas bíblias protestantes. Por mais de três séculos, os deuterocanônicos foram aceitos como inspirados por muitos protestantes. As sociedades bíblicas protestantes, até o século XIX, incluíam os sete livros nas suas edições da Bíblia.

Os livros rejeitados são evocados na Bíblia protestante?

Sim, tanto nos evangelhos como nas epístolas e em todo o Novo Testamento existem citações desses livros. Ou seja, os apóstolos e as comunidades cristãs liam e inspiraram-se desses sete livros que estavam na comunidade há muitos e muitos anos. Com uma Bíblia protestante atual na mão, não será possível verificar alguns exemplos que seguem mais adiante por falta dos benditos sete livros, ditos deuterocanônicos ou apócrifos: Tobias, Judite, Sabedoria, Baruc, Eclesiástico ou Sirácida, 1 e 2 Macabeus, além dos trechos de Ester (Est 10,4-16) e do Livro de Daniel (Dn 3,24-20; 13–14).

Onde Deus é Pai?

Na boca de Jesus e nos livros deuterocanônicos. O termo Pai é muito raramente aplicado a Deus no Antigo Testamento. O tratamento usado por Jesus na oração do Pai-nosso é encontrado na súplica de Sirácida (23,1) e o louvor ao Pai encontrado em São Mateus (11,25) e São Lucas (10,21) é encontrado de forma semelhante em outros deuterocanônicos, como em Tobias (8,5).

Onde pelos frutos se conhece a árvore?

Quando em várias ocasiões no Novo Testamento, Jesus fala como um agrônomo e explica a relação genética existente entre uma árvore e os frutos que ela produz (Mt 7,16; 12,33 e Lc 6,43-44), Ele cita, nos deuterocanônicos, o Livro de Sirácida (27,6).

Onde se lamenta a destruição de Jerusalém?

Quando Jesus evoca e vaticina sobre o templo, "Vossa casa será deixada deserta!", Ele refere-se a citações presentes nos deuterocanônicos, como em Tobias (14,4). Dizem.

Existem outras evocações dos deuterocanônicos no Novo Testamento?

Muitas e muitas. São Mateus (11,29s.) evoca Eclesiástico (51,23-30); São Mateus (27,43) também cita Sabedoria (2,13.18); São João (1,1-3) evoca Eclesiástico (24,3) e Sabedoria (7,21; 8,6; 9,1-19); Atos dos Apóstolos (26,6-8) cita 2 Macabeus (7,9 e 23); Romanos (1,12-13) refere-se à Sabedoria (13,1-9) e também Romanos (13,1) evoca Sabedoria (6,3). Diversas passagens da Carta aos Romanos evocam o Livro da Sabedoria. A carta aos Efésios (6,11-17) refere-se à Sabedoria (5,17-23); Tiago (1,19) cita Eclesiástico (5,11). Por fim, Apocalipse (8,2) refere-se a Tobias (12,15). Dizem.

A Septuaginta influenciou a linguística do Novo Testamento?

Muitos dos semitismos inegáveis existentes no texto grego do Novo Testamento inspiraram-se da versão grega da Septuaginta. Como expressar tal ideia ou palavra de Jesus Cristo em grego? Os autores do Novo Testamento recorreram frequentemente à inspiração da Septuaginta. A ponto de essas expressões serem classificadas pelos estudiosos da Bíblia como "setentismos". Seu número varia de dezenas a 200 expressões conforme os estudiosos bíblicos. O Evangelho de São Lucas, em particular, é um exemplo interessante de mistura do grego *koiné* com muitos setentismos. São Paulo na Carta aos Romanos também recorre a diversos setentismos (Rm 9,10).

O título de Cristo vem da Septuaginta?

Vem. Não fosse a Septuaginta, talvez Ele ficasse conhecido como Jesus Messias. A palavra messias, como transliteração do hebraico-aramaico (*mashiá*, *meshihá*), só se encontra duas vezes em todo o Novo Testamento, as duas no Evangelho de São João: uma na boca do evangelista (Jo 1,41) e outra na da samaritana (Jo 4,25). A Septuaginta emprega o verbo *khríein*, ungir, e o adjetivo *christós*, próprio à unção ou ungido (Jz 9,8; Lv 4,5; Sl 44,7; Dn 9,24...).

As citações do Novo Testamento estão de acordo com a Septuaginta?

Como já foi evocado, estão. A maioria das citações do Antigo Testamento nos livros do Novo Testamento está de acordo com a Septuaginta. No caso das bíblias protestantes isso cria paradoxos: o texto citado no Novo Testamento não concorda com o que se encontra no Antigo. Em Atos (At 14,17), por exemplo, lê-se uma citação do Profeta Amós (Am 9,11-12) que diverge bastante da mesma passagem na versão hebraica dos massoretas e que apresenta pontos comuns com os manuscritos de Qumran. Na Carta aos Hebreus (Hb 10,37-38), a sintaxe dessa citação de Habacuque (Hab 2,3-4) concorda com a Septuaginta e não com o texto hebraico massorético.

Citações do Novo Testamento não concordam com ninguém?

Acontece. Existem citações do Antigo Testamento no Novo que não concordam nem com a Septuaginta, nem com o atual texto hebraico massorético. Às vezes, isso é resultado de retoques estilísticos, de modificações para introduzi-las em expressões compósitas ou talvez por terem sido citadas de "memória". Mas há casos em que elas atestam a existência dessa pluralidade de textos hebraicos do Antigo Testamento no tempo de Jesus, muitos dos quais estão desaparecidos. Como na citação no Livro dos Atos dos Apóstolos (At 3,22-23) referindo-se à vinda de um profeta e citando o

Livro do Deuteronômio (Dt 18–19). A forma complexa utilizada por Lucas não se encontra nem na Septuaginta, nem no texto hebraico massorético.

A Septuaginta, pelo Novo Testamento, mudou a Bíblia hebraica?

Tanto nas novas versões gregas como na revisão dos massoretas. Diante da adoção da palavra *kristós*, Cristo, para Jesus, os novos tradutores da bíblia hebraica para o grego procuraram evitar esse vocábulo. Áquila, por exemplo, escolheu o verbo grego *aleíphein*, de mesmo sentido, e o particípio *éleimménos*. Os dois versículos utilizados pelos cristãos desde o Novo Testamento para demonstrar que Jesus era o messias, o ungido (Is 61,1 e Sl 44,8) foram particularmente incômodos para os judeus. Áquila, simplesmente, o eliminou. Esses são apenas dois exemplos de como a terminologia cristã e do Novo Testamento afetaria a sensibilidade dos judeus. Palavras gregas da Septuaginta tiveram um papel importante no Novo Testamento referindo-se a Jesus como "profeta", "ungido", "enviado", "homem", "salvação" e outras expressões mais pessoais. Quando da revisão final do texto hebraico da Bíblia judaica, elas ficaram ausentes, nessas formas, no texto massorético atual (Gn 3,15 e Ap 12,17; Is 7,14; 11,10 e Rm 15,12; Is 6,9-10 e At 28,28; Lc 2,30-32; Is 49,6 e At 13,47).

Bíblia católica ou Bíblia protestante?

As diferenças entre a Bíblia católica e a Bíblia protestante datam de apenas quatro séculos e não tornam nenhuma verdadeira ou falsa. A Bíblia é única em sua essência e tem o mesmo propósito para os cristãos: apresentar a salvação em Jesus Cristo. Católicos, protestantes e evangélicos submetem-se à mesma palavra. O critério de salvação para um evangélico ou protestante é essencialmente o mesmo para um católico ou um ortodoxo

Qual Bíblia famosa foi traduzida e publicada em alemão?

A Bíblia de Lutero ou Bíblia Luther. Essa é a denominação da tradução alemã da Bíblia, produzida por Martinho Lutero e uma equipe de colaboradores, e impressa pela primeira vez em 1534. Lutero, ao traduzir a Bíblia para o alemão, traduziu também os sete livros (deuterocanônicos) na sua edição de 1534, como já foi evocado. Esta tradução é considerada como responsável, em grande parte, pela evolução da moderna língua alemã. Lutero trabalhou muito e refinou essa tradução até a sua morte em 1546. Antes de Lutero fazer sua tradução germânica, havia dezessete traduções alemãs já impressas da Bíblia católica, doze destas no dialeto do baixo-alemão, para o povo. Todas anteriores a 1518.

A Bíblia de Lutero é obra com fé ou fé com obra?

Na sua tradução da Bíblia, Lutero introduziu a palavra *alleyn,* que não aparece no texto grego original no capítulo 3,28 da Epístola aos Romanos. Isso gerou uma controvérsia histórica. Esse versículo é famoso e trata do homem justificado pela sua fé, independentemente de suas obras. Lutero justificou a manutenção do advérbio como uma necessidade idiomática do alemão e também por ser, segundo ele, a intenção de Paulo Apóstolo. O que quer dizer exatamente *alleyn*? Deixa para lá. Católicos e protestantes já discutiram tanto sobre isso. Hoje mais não. Não vai querer recomeçar.

Vale a pena brigar pela lista dos livros da Bíblia?

Não, mesmo se tem gente disposta a discutir isso até hoje, principalmente em sites da internet. Em nenhum lugar da Bíblia está dito quais livros devem ser parte do seu cânon. Por outro lado, a história demonstra: foram os homens quem decidiram quais livros fariam parte do cânon e a sua ordem. Basta lembrar, por exemplo: o Livro de Macabeus 4 está escrito no *Codex Sinaiticus* e não faz parte, nem da Bíblia católica e nem da protestante.

A décima versão da Bíblia é a ecumênica?

Essa é dez. A Tradução Ecumênica da Bíblia (TEB) contém o texto integral do Antigo Testamento, incluindo os livros deuterocanônicos ou apócrifos, e os do Novo Testamento. Eles foram traduzidos, introduzidos e comentados por uma ampla equipe internacional de estudiosos de diversas confissões cristãs (católicos, ortodoxos e protestantes) e do Judaísmo. A equipe utilizou todos os recursos modernos das ciências bíblicas. E resultou também de acordos entre a Aliança Bíblica Universal, o Secretariado Romano para a Unidade dos Cristãos e a Comissão Teológica Ortodoxa. As sociedades bíblicas protestantes e as editoras católicas publicaram o texto final, indicando, quando era o caso, as opções possíveis de tradução e interpretações divergentes entre católicos ou protestantes ou judeus em determinado texto. A TEB expressa o estado atual do diálogo ecumênico em história, exegese e teologia bíblicas, e também a harmonia da unidade e o respeito da diversidade na leitura fiel do livro acolhido por todos como Palavra de Deus. Um belo trabalho.

Como comprar duas bíblias pelo preço de uma?

É fácil. Quem compra uma Bíblia cristã hoje em dia, independentemente da versão, leva duas pelo preço de uma. É sempre bom relembrar. Na realidade, a Bíblia cristã, católica, ortodoxa ou protestante, reúne duas literaturas, duas bibliotecas, dois testemunhos, duas heranças espirituais: a do Judaísmo, no chamado Antigo Testamento (a Bíblia hebraica, de certa forma), e a do Cristianismo, no Novo Testamento. Grande negócio.

A décima primeira versão da Bíblia é a melhor?

Sim. É a melhor. Ela é a versão que você tem em casa. Ela é a sua Bíblia. A mais importante de todas as bíblias é a versão que o leitor tem e lê. Pode ser a Bíblia de Jerusalém; ou a Bíblia da Ave Maria; ou a Edição

Pastoral; ou uma das muitas versões baseadas na tradução original ao português feita por Joaquim Ferreira de Almeida, seja na Versão Almeida Corrigida Fiel, seja nas demais traduções modernas como a Almeida Revista e Atualizada, a Almeida Revista e Corrigida ou a Almeida Século 21. Pode ser a Tradução Ecumênica da Bíblia; a Bíblia do Peregrino; as clássicas traduções portuguesas, tanto a do Padre Antonio Pereira de Figueiredo como a do Padre Matos Soares; ou ainda a Bíblia hebraica de Gorodovitz e Fridlin; sejam enfim as dezenas de volumes que compõem a tradução magistral da Bíblia de André Chouraqui. Pouco importa. A melhor versão da Bíblia é a que você lê. E se ainda não lê, aproveite e compre uma Bíblia para a sua casa. Coloque na estante, na cabeceira de sua cama e no seu coração. Serve pra cada coisa! Você nem imagina! E o texto bíblico é a maior prova de que Deus quer um povo que pense.

SHEMOT: *NA BÍBLIA TUDO TEM NOME, ATÉ O INOMINÁVEL*

A Bíblia está repleta de nomes (*shemot*), em sua maioria de origem hebraica e aramaica, cujo sentido tornou-se desconhecido. Judaísmo e Cristianismo são religiões do nome (*shem*), do Santo Nome. Os cristãos não dizem: "Em Pai, Filho e Espírito Santo". Dizem sim: "Em *Nome* do Pai, do Filho e do Espírito Santo". No Judaísmo, O Nome, *Ha-Shem*, é sinônimo de Deus.

Se o nome identifica, ele também esconde e confunde. Ao invés de esclarecer, revelar e indicar, muitos nomes bíblicos hoje ocultam e dissimulam seu sentido original. Qual o significado dos nomes bíblicos atribuídos ao Deus de Israel, aos profetas, a Jesus, aos lugares, às pessoas? A grande maioria desses locais e personagens está associada a eventos e episódios dos quais recebe e dá significados.

Há discordância entre os exegetas quanto a se considerar os nomes e episódios com os personagens bíblicos como um fato sempre verdadeiro, uma parábola ou uma alegoria. Para os judeus e mesmo para os cristãos, a Bíblia não é um texto fechado, mas aberto em seus múltiplos significados.

Os rabis classificam os episódios e relatos bíblicos em quatro categorias. Cada texto tem, a seus olhos, um sentido óbvio ou a expressão literal de um versículo, de uma passagem, *peshat* (פְּשָׁט); um sentido alusivo ou alegórico, mais profundo do que o simples significado literal do texto, *remes* (רֶמֶז); um sentido homilético, em que se descobre o significado através de um *midrash*, por comparação palavras e formas e também por ocorrências semelhantes em outras passagens bíblicas, *drash* (דְּרַשׁ), e enfim um sentido místico, oculto ou secreto, determinado através de inspiração ou revelação *sod* (סוֹד). Este método de interpretação – adotado também pelos

Padres da Igreja – permite a cada um encontrar no texto os significados dos nomes e do contexto das nomeações correspondentes a seu nível de consciência, cultura e iluminação.

A união das primeiras letras de cada uma dessas quatro categorias forma a sigla PaRDeS e a palavra *pardes* (פרדס). Em hebraico, ela evoca um jardim, um pomar, um paraíso. É bom e agradável passear por esse jardim da etimologia, da história, da espiritualidade e da mística associada a cada nome.

Nomear é uma forma de conhecer e até de apropriar-se. Até para cargos, os humanos nomeiam. E não basta nomear. Também é preciso grafar, escrever, ler e vocalizar cada nome. Em diversos idiomas. Será que Deus ou qualquer um de seus nomes cabem num texto? Ou num jardim? Vejamos.

Ao percorrer os sentidos e a história de mais de cerca de 700 nomes bíblicos, este guia mostra o quanto eles são essenciais na Bíblia e também para entender a própria Bíblia. O nome faz o personagem ou o personagem faz o nome? Essas perguntas podem e devem ser colocadas para cada ator e autor no texto bíblico, mesmo se somos incapazes de respondê-las todas.

Muitos nomes na Bíblia, no total um milheiro deles, repletos de simbolismo e significados, foram abordados e são apresentados a seguir, sucessivamente, dentro de certa compartimentação substantiva, histórica e até metafísica. Este guia aborda os 72 santos e tantos nomes de Deus; os 20 e tantos nomes dos demônios e consortes; os 20 e tantos nomes de profetas; os 20 e tantos nomes e apelidos de Jesus; os múltiplos nomes dos 12 discípulos; uns 300 curiosos nomes de pessoas e personagens bíblicos e centenas de lugares bíblicos e acidentes geográficos da Terra Santa. É nome que não acaba mais.

4

Os santos e os tantos nomes de Deus

O Santo Nome de Deus não deve ser evocado em vão. Está no Decálogo. Está na Bíblia. Mas qual dos nomes de Deus? Ele tem tantos. Setenta e dois nomes, só para os místicos do Judaísmo. Ora, a maioria dos nomes de Deus foi dada a Ele por seus filhos e devotos. No monoteísmo judaico e cristão é assim mesmo: dezenas de nomes para um mesmo Deus. No politeísmo isso não acontece. São muitos deuses, mas cada um tem um nome só. Ninguém confunde Iemanjá com Xangô, nem Shiva com Ganesh, ou Jaci com Tupã. A tradição monoteísta da multiplicação dos pães e dos nomes vem de longe.

Segundo o Livro do Gênesis, Deus começou essa prática da nomeação com Adão. A culpa seria dele. Foi Ele quem pediu à sua criatura para nomear todos os animais e viventes do Jardim do Éden. Eram milhões de espécies. Era muito nome. Adão nomeou tudo e a humanidade pegou gosto. Daí em diante, os humanos deram nomes aos deuses, aos anjos, aos profetas, aos lugares, aos acidentes geográficos, às plantas e aos animais, aos astros, a tudo, incluindo os próprios nomes dos homens e mulheres, de seus filhos e filhas.

É necessário sempre reiterar: a Bíblia não é um texto fechado, mas aberto em seus múltiplos significados. A multiplicidade dos nomes atribuídos a Deus na Bíblia ilustra a longa construção desse texto, suas diversas fontes e origens. Os nomes de Deus refletem a multiplicidade de crenças entre os israelitas e como o Deus *Yavé*, progressivamente, tornou-se o deus de Israel. Tornou-se porque nem sempre *Yavé* foi o deus de Israel, como a própria Bíblia indica. Quando se trata de examinar os significados do nome de Deus na Bíblia é comum envolver nessa análise a teologia e a religião.

A história, a filologia, a arqueologia e outras ciências oferecem instrumentos para entender as origens dos nomes atribuídos a Deus, seus cultos e principalmente o surgimento, a evolução e o caminho seguido pelo Deus *Yavé* até sua consagração como deus único de Israel. Descoberto, conhecido e adotado talvez através do contato de tribos israelitas com os madianitas, *Yavé* foi introduzido no panteão dos israelitas, como um deus de estilo *baal,* um deus da tempestade, dos trovões, controlador do mar. O Judaísmo não nasceu monoteísta. E ao longo dos séculos X, IX e VII a.C., o Deus *Yavé* coexistiu com outros deuses e absorveu e assumiu várias de suas características.

Yavé tornou-se um deus tutelar da dinastia davídica, foi introduzido no Templo de Jerusalém, onde provavelmente coabitou com outros deuses (como *Asherá* ou *Shamash*) até mostrar-se superior a todos os outros deuses de tipo *baal*. A partir de então, ele parece incorporar tanto as dimensões de *baal*, de deus controlador dos elementos (Jz 5,4-5; Sl 68,8; Hb 3,10...), do deus solar do tipo Shamash (Sl 19,7; 84,12; 85,14; 104,2-4; Os 6,3.5; Sf 3,5), como as de *El*, o deus sábio sentado em seu trono, reinando sobre todos os outros deuses.

Com o crescimento da monolatria ou do henoteísmo de *Yavé* e a centralização do culto em Jerusalém (reforma de Josias), Ele se tornou o Deus Um. Somente após o exílio babilônico, *Yavé* triunfará como Deus Uno e Único. Isso levará a uma reescritura e a uma revisão monoteísta de diversos textos bíblicos. Mas essa "reescrita" não acabou totalmente com os deuses na Bíblia. *El, Elohim, El Shadai* e *El'Elion* ainda resistem literalmente na biblioteca bíblica, apesar das últimas censuras e remanejamentos das edições textuais dos rabinos massoretas.

As diversas denominações divinas deixam pistas e indícios sobre a multiplicidade de locais e cultos em Israel e sobre o primitivo panteão canaanita e israelita. Elas colocam uma pergunta primeira e essencial: O que é um deus? Repetindo: O que é um deus?

Diante de tudo isso, será possível para Deus ou qualquer um de seus nomes caberem num texto? Ou num jardim? Vejamos.

O nome de Deus se escreve com maiúscula?

Em nossas bíblias, sim. Na Bíblia, não. Essa questão é irrelevante. O texto bíblico em hebraico não tem maiúsculas ou minúsculas. Aliás, o texto hebraico original não possuía uma clara separação entre palavras e nem forma alguma de pontuação. Era uma fileira de letrinhas. Uma sopa de letrinhas. No texto da Bíblia hebraica, as letras são todas iguais. Assim, deus e deuses se escrevem ecumenicamente do mesmo jeito ou pelo menos do mesmo tamanho. E cada um com seu nome.

Como Deus é chamado na Bíblia?

A existência de Deus não é problema no Antigo Testamento. Ainda bem. Agora, uma coisa é invocar, chamar Deus, e outra é nomeá-lo. E nome é o que não falta para o Deus ou para os deuses da Bíblia. Os principais termos hebraicos, os mais primitivos, para nomear o ser divino são *El, Elohim, El'Elion, El Shadai* e *Eloha*. Esse último é mais usado na Bíblia em poesias. Mas a coisa não para por aí. Existem outras designações de para Deus na Bíblia hebraica. Para a maioria dos tradutores, todos esses nomes têm o mesmo significado, apesar de suas diversas origens. E assim, alegremente, eles costumam traduzir tudo isso e algo mais por Deus. Mas cada um desses e outros nomes divinos têm o seu significado. Mas eles desaparecem atrás de uma tradução única e monoteísta: Deus. Você sabe qual deus se esconde através de cada palavra Deus escrita em sua Bíblia?

A Bíblia faz uma sopa de letrinhas com o nome de Deus?

Sim, e de letras maiúsculas. Também, pudera. No mínimo, esse Deus invisível, Um, Uno e Único tem nomes que não acabam mais nos livros da Bíblia. É um verdadeiro panteão: *El*, *Eli, El Shadai*, *Elohim*, *Eloha*, *El Berit*, *El'Olam*, *El'Elion*, *El Roí*, *Adonai*, *Sabaot*, *Yah*, *IHVH*, *Hashem*... Todos esses nomes refletem as diversas origens e a já evocada história do Deus de Israel. Pela tradição, com o tempo, até os adjetivos de Deus viraram substantivos e, por extensão, também se tornaram como novos nomes: Senhor, Onipotente, Todo-poderoso, Pai, *Abbá*, Pai-nosso, Pai de Bondade, Deus Infinito, Misericordioso, Santíssimo, Rei da Eternidade, Rei do Universo, Santo de Israel... Não é fácil dar nome a um ente infinito, eterno, sobrenatural e existente por si só. Além do mais, Ele é a causa necessária e o fim último de tudo para a tradição monoteísta judaica, cristã e muçulmana. Jesus Cristo, por exemplo, para simplificar esse assunto, chamava Deus de *Abbá*, Pai. As traduções resumem grande parte dos nomes divinos escritos na Bíblia a apenas dois: Deus e Senhor. Com isso apagam ou, no mínimo, atenuam toda essa riqueza nominal politeísta do Deus da Bíblia.

Vale chamar Deus de *El*?

Vale e é comum. Tem certificado de origem. Essa palavra semítica, comum em diversas línguas e povos do Oriente Médio, evoca a divindade. Originalmente, *El* parece ter designado todo o panteão de divindades semíticas e só depois um deus particular, regente desse panteão. Os cananeus já chamavam de *El* o pai de seus deuses. Babilônios e assírios utilizavam a expressão *Ilu* com a mesma significação geral. Na Bíblia, os hebreus são caudalosos quando se trata de falar de seu *El*. Ele é *El*, *Elohim* de Isra-El (Gn 33,20); o *El* de *Beit-el* ou Betel (Gn 32,13); ele é o *El* do Pacto ou da Aliança: *El Berit*; o *El* da perenidade: *El'Olam* (Gn 21,33); ele é o *El' Elion*: o *El* Supremo (Gn 14,18-20) e o *El* meu vidente: *El Roí* (Gn 16,13-14). Quando se trata do *meu El*, agrega-se o "i" final como em *Eli*, pronunciado por Jesus na cruz ao repetir um conhecido salmo: *El-i*, *El-i* (Deus meu, Deus meu) *lama* (porque) *savachtan-i* (abandonaste-eu) (Sl 22,1). Em tudo isso, nada de presença de *Yavé*, *IHVH*, cuja emergência e triunfo serão bem tardios, mesmo se definitivos, nesse panteão de *El*.

O nome de Deus ou da divindade anda sozinho na Bíblia?

Não. Na Bíblia, quando o nome de Deus, *El*, é aplicado ao Deus de Israel, em geral ele tem um genitivo explicativo: *El* da Eternidade (Gn 21,33), *El* de Betel (Gn 35,7), *El* de nossos pais (Gn 49,25), *El* de Israel (Sl 68,36), *El* de Jacó (Sl 146,5) e até *El* do *Elohim* de Israel (Gn 33,20), algo como Deus do(s) Deus(es) de Israel... Estudiosos da Bíblia encontram nesses diversos nomes atribuídos a Deus os começos de uma história do Deus Um, Único e Uno de Israel. Ele, o deus monoteísta, não lhes foi dado de início e sim descoberto, revelado e construído ao longo dos séculos. Da mesma forma, o Judaísmo também não foi dado de entrada e sim é reconhecido como o resultado de uma longa evolução. Há uma clara tendência na revisão dos redatores da Bíblia em apresentar sempre *Elohim* e quase nunca *El* sozinho, sem um genitivo, por exemplo. *El* fica apenas incorporado aos nomes de pessoas e à toponímia. E mesmo nesses nomes há o esforço redacional tardio de substituição de *El* por *Elohim*, quando a Bíblia troca, por exemplo, Betel por Betil.

Quem foi ou é *El*?

A etimologia não consegue explicar plenamente o significado de *El*, termo usado também por outras línguas semíticas para definir a divindade. Nos textos bíblicos mais antigos, em ambiente claramente politeísta ou henoteísta, é possível identificar *El* como uma espécie de principal ou chefe no panteão dos deuses. Como um monarca, ele reina, preside, senta no trono e dá audiência na assembleia dos deuses (Sl 29,1; 82,1; 89,6-13; Jó 1,6; 2,1), da qual o Deus *Yavé* faz parte, como ocorre com *El* e *baal* em Ugarit: "*Elohim* (*Yavé*) está na assembleia de *El*, e em meio aos deuses, Ele julga" (Sl 82,1). Esse salmo faz parte do chamado Saltério Eloísta (Sl 42 ao 83), onde o nome de *Yavé*, o tetragrama, foi revisado e substituído 42 vezes em 42 salmos, pelo nome de *Elohim*. Isso pode ser verificado ao se comparar com a Septuaginta, com salmos duplicados, com os presentes no Livro das Crônicas etc. Isso ocorreu bem antes da intervenção dos rabinos massoretas, por um grupo de levitas conhecidos como asafitas, aqueles dos salmos atribuídos a Asaf. Quanto à curiosa métrica do 42 na Bíblia e seu significado místico ou oculto, fica para outro dia, para o dia em que os 42 dentes da dentição das ursas (Ursa Menor e Maior) mataram 42 crianças ao debocharem da careca de Eliseu (2Rs 2,23-25). Do 6 ao 6 para o 7, como diriam os cabalistas.

Por que e quando *Elohim* substituiu *Yavé* nos salmos?

O conjunto dos salmos do 42 ao 83 são chamados de eloístas, pois foram objetos de uma harmonização redacional: o nome divino *Yavé* foi substituído pelo epíteto *Elohim*, como foi mencionado anteriormente. Essa harmonização eloísta foi influenciada pela política religiosa do Império

Persa. Essa política visou favorecer os deuses internacionais em detrimento dos deuses nacionais. Ah! Essas multinacionais... Nesse contexto, os redatores bíblicos preferiram falar do Deus dos Céus, do Deus dos deuses, do Deus Supremo ou simplesmente de Deus, de *Elohim*. Os judeus sob o Império Persa buscaram proclamar seu deus nacional *Yavé* como sendo idêntico a esse Deus Supremo e internacional. Nesse contexto, eles não tinham interesse em acentuar o nome próprio de seu deus nacional. O nome *Elohim*, entendido como Deus por excelência, servia melhor que o próprio nome próprio de *Yavé*. Nada pessoal. Só negócios, como se diz.

El é o deus do Livro do Gênesis?

Sem dúvida em nenhum outro Livro da Bíblia o nome de *El* é tão frequente como no Gênesis e em particular na história dos patriarcas (Gn 12 a 50). Ele é o Deus de Israel. "Ali ele erigiu um altar e o chamou de *El*, Deus de Israel" (Gn 33,20). Os filhos de Jacó são claramente adoradores de *El*, e ainda não de *Yavé*. Essa divindade canaanita atestada é muito genérica e ampla. E por isso mesmo logo recebe qualificativos, epítetos para defini-la melhor.

No princípio *El* e *Yavé* eram deuses diferentes?

Tudo indica. Pois é, no começo, aparentemente, *El* e *Yavé* eram dois deuses diferentes. Apesar das revisões e ajustes tardios do texto bíblico, essa diferenciação ainda permaneceu em diversas passagens e é claramente perceptível no hebraico. Nas traduções com a palavra Deus ou Senhor substituindo *El*, *Yavé*, *Elohim*, *Elyon* etc. isso se torna mais difícil. A unificação de *El* e *Yavé* foi precedida pela ascensão do segundo na assembleia dos deuses. Essa ascensão e superioridade de *Yavé* com relação aos outros deuses na assembleia de *El* transparece nos versículos 1 e 6 do Sl 82: *Yavé* está, se posta, na assembleia de *El*, e no meio dos deuses ele julga [...] Eu vos digo: vós sois deuses, vós sois todos filhos de *Elyom*, mas como a humanidade vós morrereis, como príncipes, vós tombareis". Essa passagem está relacionada com o texto antigo ou primitivo de Dt 32,8. Nele *Yavé*, como filho de *El*, recebe como herança, como patrimônio, Israel. Mas não todas as nações. Esse evento só aparece neste Sl 82, bem tardio, no versículo 7. O ambiente ainda não é monoteísta, apenas é *Yavé* quem julgará e dará ordens aos outros deuses, tratados e rebaixados até no nível de humanos.

A unificação de *El* e *Yavé* é um processo tardio?

Não é fácil juntar deuses, pois eles se acham deuses. No Sl 89, ainda com uma assembleia de deuses, proclama-se a ascensão de *Yavé*. Nenhum deus pode igualar-se ou medir-se com Ele (Sl 89,6 e 7). A unificação dos deuses ou ainda uma espécie de cogovernança entre os dois parece presente nos versículos 8, 9 e 10. A unificação de *El*, *Elohim* e *Yavé* foi fruto de uma longa história, com a ajuda da revelação, da compreensão dos divinos desígnios, além da contribuição dos autores e revisores bíblicos, deuteronomistas ou *yavistas*, principalmente. Sem falar da pedagogia divina com sua criatura amada.

Os homens têm nomes com os nomes de Deus?

Muitíssimos. São os famosos nomes teóforos. A lista de nomes humanos com o nome de Deus, com *El*, é enorme: Miguel, Rafael, Daniel, Natanael, Mizael, Gabriel, Eliacim, Elias, Eli, Eliezer, Eliseu, Emanuel, Eliú, Ismael, Israel, Joel e tantos outros. Há também os nomes *yavistas*, com *IHVH*. Eles começam, em geral, em português com um J, com *Yah*, como Jefté, Joaquim, Joaquin, Joaz, João, Joacaz, Joab, Jesus, Josué, Jeremias, Jonatas, José, Josafá, Josias e outros. É bom lembrar: a letra J não existe em hebraico. Os nomes yavistas são mais tardios e foram levados aos primórdios bíblicos pelos redatores, principalmente, os da escola chamada javista e deuteronomista, lá no período pós-exílico.

Elohim é o primeiro nome de Deus?

De certa forma sim. *Elohim* é o primeiro nome divino escrito na Bíblia (Gn 1,1). Trata-se de um nome genérico, utilizado na Bíblia com sentido absoluto, singular e plural: deus, deuses, Deus. O nome *Elohim* soa como um plural de *El*, designação semítica de Deus e frequentemente substitui essa expressão singular. Ele evoca um passado de politeísmo, já que o plural masculino em hebraico se faz com *im*. *Elohim* aparece mais de duzentas vezes na Bíblia hebraica. Nos dois relatos da criação do Gênesis, Ele é *Elohim* num relato, e *IHVH* no outro. Isso foi uma grande pista para os estudiosos descobrirem as fontes, as escolas literárias e as tradições da escrita bíblica. Em outras palavras: quem foram os diversos autores da Bíblia. E os diversos caminhos que levaram a Deus.

Elohim é o primeiro nome de Deus na Bíblia?

Sim e não. *Elohim* é o primeiro nome divino escrito na Bíblia, quando se lê o texto pelo começo, a partir do Livro do Gênesis. *Elohim* é também o nome mais geral. Ele sugere uma ideia de poder e de prioridade, e pode aplicar-se a simples homens e até às divindades das nações no texto bíblico. Ele é o deus dos patriarcas. Para a tradição teológica era assim que Deus se apresentava, até revelar a Moisés sua nova identidade, a de *Yavé* (*IHVH*). Mesmo assim, do Gênesis até a segunda parte de Isaías, o monoteísmo da Bíblia ainda é tímido. Afirma-se: o *Elohim* de Israel é mais poderoso que os outros deuses. Ele ridiculariza os outros deuses como *Baal*, cuja existência é aceita e confirmada. O monoteísmo para valer, para quem só Deus existe e todo o resto é ilusão, demorou em se firmar. E até hoje não convenceu totalmente.

Como traduzir *Elohim* em outras línguas?

O desafio de traduzir *Elohim* começou pelo grego. Os LXX ou a Septuaginta designaram o *Elohim* de Israel pelos termos Deus, *Théos* ou Senhor, *Kurios*. Mas *Elohim* não corresponde ao *Théos*, o Deus greco-latino.

Além disso, naquele tempo, *Théos* designava apenas os deuses do Olimpo. Haja paganismo. Inclusive, os linguistas veem em *Théos* uma longínqua derivação de Zeus. Deus, adeus.

Deus ou Zeus?

A palavra Deus é pagã e evoca, pelo grego das primeiras versões bíblicas, a figura mitológica de Zeus, senhor do céu, filho mais novo de Cronos e Reia. Apesar de ser o deus grego supremo, Zeus nasceu no Monte Ida, na Ilha de Creta. Também é conhecido pelo nome romano de Júpiter. No espírito bíblico, ele tem a marca daqueles *baalim*, deuses-zinhos locais, dos vizinhos pagãos. E Zeus deixou uma literatura, uma arte esculpida e uma arquitetura templária para *Elohim* nenhum botar defeito.

Foi um pecado identificar *Elohim* com Zeus, com Deus?

Nem tanto. Ao traduzir assim, os LXX eram fiéis ao seu propósito de introduzir a Bíblia no mundo helenístico. Eles foram capazes de adaptar, fiéis a esse propósito, os nomes e conceitos da Bíblia às exigências da cultura grega, como afirma André Chouraqui. E tiveram um enorme sucesso. Os manuscritos bíblicos utilizados pelos tradutores da Septuaginta não são exatamente iguais à versão atual, aprovada pelo Judaísmo rabínico. Essas diferenças e divergências, pouco expressivas no Pentateuco, mas bastante significativas nos profetas e nos escritos, são uma preciosa fonte de informação sobre os mecanismos tardios de consolidação do texto bíblico. Quem deseja estudar seriamente a história da Bíblia e do Judaísmo precisa conhecer tanto o hebraico quanto o grego antigo.

Como *Elohim* virou ou voltou a ser um Deus pagão?

Pelas traduções bíblicas advindas da diáspora judaica e da expansão do Cristianismo. Há dois mil e trezentos anos, os leitores da Bíblia nas línguas ocidentais chamam o *Elohim* de Israel pelos nomes com os quais seus ancestrais pagãos denominavam seus ídolos. Mas isso não paganizou *Elohim*. Muito pelo contrário. E, no grego, ele virou e assumiu também o nome de mais um deus pagão, Zeus. Com o tempo, os nomes *Deus* ou *Senhor* encheram-se, na Cristandade, de significações bíblicas.

Como traduzir os nomes de *El Elohim* em português?

Mais um problema. Melhor desistir para quem deseja deixar claro no texto bíblico os diversos nomes de Deus ao invés de escondê-los atrás unicamente dos termos Senhor e Deus. Parece preferível chamar o *Elohim* de Israel em português por seus nomes, transcritos tais quais. Sem tentar aproximar o significado desses nomes com termos de nosso vernáculo. No máximo uma nota de rodapé para explicar a origem e o significado dos nomes: *El, Eli, IHVH, El Sabaot, El Shadai, Elohim, Eloha, El Berit, El'Olam, El'Elion, El Roí*... já ficava de bom tamanho.

Quem é *Elohim*?

Uma rápida especulação cabalística. As reescrituras e leituras tardias do texto bíblico buscaram parte da resposta na própria palavra *Elohim*. Essa palavra אלהים se escreve com as seguintes letras do alfabeto hebraico: *alef-lamed-he-iud-mem*. Ao dividir-se essa palavra hebraica em dois, teria-se uma primeira resposta. Ele é "Aquele", *eile* (*alef-lamed-he*), ou "Quem", *mi* (*mem-iud*), está nas alturas. Ele também fez "o quê" (*mem-he*) embaixo? Ele fez o humano, Adão, *Adam* (*alef-dalet-mem*). Os místicos do Judaísmo contemplam na palavra *Elohim* o "Homem Superior, das Alturas" e em *Adam*, o "homem inferior, de baixo". Coisas do hebraico. *Si no né vero*... Nas traduções, essas dimensões totalmente especulativas desaparecem sem especulação.

Monoteísmo ou henoteísmo?

É um paradoxo: o Deus Um, Único e Uno dos hebreus é designado na Bíblia com um nome plural. Tem uma saidinha exegética ou teológica:

ler o nome plural de *Elohim* como "Deus dos deuses". Mesmo assim, essa fórmula reconhece a existência de outros deuses e afirma apenas que o de Israel é o bambambã. Essa fórmula difere do monoteísmo. Trata-se de um henoteísmo: existem muitos deuses, mas o meu é o maioral, o mais poderoso. Foi assim entre os hebreus até o retorno do exílio babilônico quando as afirmações monoteístas foram introduzidas no templo ou nos relatos atribuídos ao Profeta Elias e nas partes tardias do Livro de Isaías (Dêutero--Isaías). Daí para frente, pelo menos para a liderança religiosa, só teve um Deus. Os outros deuses não existiram mais. Nem eles, nem seus demônios. Ainda assim, o henoteísmo – mesmo com a monolatria de *Yavé* – parece majoritário frente ao estrito monoteísmo, sem deuses, nem demônios. E você, acredita em demônios?

***El Shadai*, é o Deus das divinas tetas ou mamas?**

A Bíblia deixa claro: os antepassados do povo de Deus haviam adorado e servido outros deuses (Js 24,2). Assim como o judaísmo se construiu ao longo dos séculos e não nasceu pronto, também a revelação do Deus uno e único levou um tempinho. Algo desse politeísmo inicial já está presente na palavra *Elohim*, próxima do plural *deuses*, como já foi evocado. O outro nome, o segundo nome do Deus de Israel é *El Shadai* (Gn 17,1; 28,3; 35,11; 43,14; 48,3). A palavra *shad* também evoca a teta, a mama. Textualmente é algo como "Deus nossa teta". Esse é o Deus matriciador. Ele amamenta e faz pensar no úbero de uma vaca, com seus múltiplos mamilos. Ah, esses bovinos tão venerados entre egípcios, mesopotâmicos, israelitas e outros vizinhos.

***El Shadai* é o Deus de Abraão?**

Sim. Abraão não chegou a conhecer *Yavé*, *IHVH*, cuja existência só foi revelada para e por Moisés. A história do Deus Yavé, sua ascensão canaanita, sua adoção pelo Reino de Judá como um deus tutelar, sua entrada em Jerusalém durante o reino davídico onde provavelmente conviveu com outros deuses e sua transformação em Deus Um, a partir da conquista assíria e da ruína do Reino do Norte é totalmente posterior. É na figura de *El*, como um *El Shadai*, todo-poderoso e matriciador, que Deus se revela e firma um pacto, uma aliança, uma *berit*, com Abraão (Gn 28,3; 35,11; 48,3). Mas, com muitas traduções em que todos os nomes divinos ao serem traduzidos como Deus, o monoteísmo é logo implantado pelos tradutores. Nas bíblias é difícil encontrar a expressão *El Shadai*, pois quase sempre ela está traduzida por Todo-poderoso, seguindo a expressão *Pantokrator* da Septuaginta. No Livro de Jó, *Shadai* aparece só, dissociado de *El*. É provável que a escola redacional sacerdotal tenha combinado essa antiga designação divina com *El*.

El Roí é o Deus vidente?

É evidente. Essa denominação de *El*, *El Roí*, está composta por palavras enigmáticas. A vocalização tardia proposta pelos rabinos massoretas a essas letras hebraicas é inabitual. Parece tentar apagar vestígios politeístas. Dá um tema para um mestrado. Parece um título inventado no episódio de Hagar, para explicar talvez o nome teóforo de Ismael. Propôs-se entender esse nome de Deus como sendo o "*El* da visão", textualmente o "*El* meu vidente", por causa da sequência textual (Gn 16,13). Por que não? A visão é mesmo algo divino, maravilhoso.

El'Olam é o Deus da eternidade?

Esse título aparece na boca de Abraão. Ele chama *Yavé* de *El Olan*, o *El* da eternidade. Esse título aparece em outras localidades e tradições como em Ugarit e também surge associado a *Shamash*, o deus solar. O título parece integrar qualidades solares a *El*.

***El'Elion* é o Deus supremo?**

Sim. Mais textualmente: o *El* Altíssimo. E é mais um *El* nesse panteão bíblico? *El* e *Elion* seriam duas divindades diferentes na origem? Para a Bíblia, às vezes, parece mais um título. Até *Yavé* é chamado de *Elion*, como nos salmos: "Pois és Tu, *Yavé*, *Elion* sobre toda a terra, dominando do alto todos os deuses" (Sl 97,9). O *El'Elion* é o *El supremo*, o Altíssimo (Gn 14,18), o *El* criador. Como no Deuteronômio: "Quando *Elion* deu às nações seu patrimônio, quando separou os filhos de Adão, ele fixou os territórios dos povos segundo o número dos filhos de *El*" (Dt 32,8). No Livro dos Números diz o oráculo: "Declaração daquele que ouve as palavras de *El*, daquele que conhece a ciência de *Elion*, daquele que vê o que lhe mostra *Shadai*" (Nm 24,16). O Sl 107,11 fala das palavras de *El* e dos conselhos de *Elion*. O deus *Elion* era o primeiro dos deuses no panteão fenício e ele aparece também em inscrições aramaicas e em textos hititas. Foi adotado pelos cananeus, ancestrais dos israelitas e é encontrado quarenta vezes na Bíblia, em especial nos cantinhos redacionais e textos mais antigos (Nm 24,16; Dt 32,8; Sl 7,18; 57,3). *El'Elion*, um nome ancestral, com sonoridades dinásticas e politeístas, é dado ao Deus de Israel, aqui também tão parecido com os deuses e reis de seus vizinhos. Quem identificou *Elion* com *El* foram os rabinos massoretas em sua releitura e vocalização bíblica. Na Septuaginta, *Elion* é traduzido como *theos hupsistos* termo máximo para a divindade pagã. Para alguns estudiosos, *El'Elion* teria sido venerado inicialmente em Jerusalém, como em Ugarit, e somente depois identificado como o *El Yavé*. O texto de Gn 14 dá indicações dessa transição de *Elion* para *El Elion*.

***Eloha* é nome de Deus no singular?**

Sim. Talvez. Além de ser o nome de algumas mulheres no Brasil, como a esposa do falecido ex-presidente Jânio Quadros. O uso dessa designação divina é limitado nas escrituras e aparece, sobretudo, nos textos mais tardios da Bíblia, em geral em passagens poéticas e, particularmente, no Livro de Jó. Alguns exegetas consideram *Eloha* como a construção de uma forma singular para o nome *Elohim*, por estudiosos ou sábios daqueles tempos distantes. Argumentar que poderia ser a forma primitiva singular do nome de *Elohim* é pouco provável, pois essa expressão só aparece nos textos mais recentes.

O nome de Deus é *IHVH*?

Sim. Também, sobretudo. Esse é, para o Judaísmo rabínico, o nome pessoal de Deus, o tetragrama sagrado. Encontra-se 6.823 vezes na Bíblia hebraica. Pode-se dizer: a Bíblia se tornou o livro do Deus *IHVH*. O que já é uma indicação da importância da escola redacional javista ou deuteronomista, responsável pelo essencial da consolidação dos textos bíblicos. Em muitos textos bíblicos a palavra *Yavé*, o tetragrama sagrado *IHVH*, foi utilizada tardiamente pelos redatores bíblicos em substituição a *Elohim*. É impossível saber exatamente como os hebreus pronunciavam o nome *IHVH* na época bíblica. Mas várias indicações bíblicas e extrabíblicas apontam para uma origem do deus *IHVH* no Sul, no país de Edom, como já foi evocado.

IHVH é impronunciável?

Certamente não era impronunciável no começo, nas origens. Muito provavelmente a pronúncia era *Yahú* ou *Yahô*. Com o tempo, parte do tetragrama ficou buscando vogais e pronúncias. O texto hebraico não possui praticamente vogais, apenas consoantes. A vocalização é hipotetizada a cada palavra e é dada, em parte, pelo contexto. O hebraico desapareceu como língua falada por dois mil anos. Há cerca de um século, apenas, voltou a ser falada. Diante da ordem divina de não pronunciar seu nome em vão, houve o entendimento de manter essa pronúncia secreta. Dizem. Mesmo no tempo em que era permitido ao grande sacerdote, quando celebrava o ofício do dia do perdão (*Ion Kipur*), de pronunciar o nome de *IHVH* no Templo de Jerusalém. Dizem. As razões de o Judaísmo proibir a pronúncia do tetragrama sagrado já renderam muitos livros.

O significado etimológico de *IHVH* é uma recusa de etimologia?

Possivelmente sim. Quando Moisés em seu encontro com Deus perguntou seu nome, para poder revelá-lo ao povo, a resposta divina foi: *IHVH* (Ex 3,13-14). Ele diz: *Eu sou o que sou* ou ainda *Eu serei o que serei*. Essas e outras traduções são possíveis. Serão essas quatro letras a revelação de seu nome ou uma recusa de revelação? Para muitos judeus e rabinos, como Martin Buber, essa resposta deveria ser entendida como: meu nome não te interessa, não te importa. Mais do que uma etimologia, essa explicação do nome de Deus parece uma recusa de etimologia e de reducionismo. O Deus do monoteísmo não cabe num nome, numa palavra.

Como pronunciar o impronunciável?

Hoje, para o Judaísmo rabínico, o nome de Deus é impronunciável. São quatro letrinhas: *IHVH*, em hebraico, יְהוָה. Esse nome, que o próprio Deus teria revelado a Moisés, é chamado de tetragrama sagrado (Ex 3,13-14). Na realidade, dada a confusa e anacrônica estruturação dos livros bíblicos, desde o Gênesis, esse nome já era grafado (Gn 4,26), antes de ser revelado no Êxodo. O redator deuteronomista tardio usou e projetou esse nome no texto bíblico muito antes do Moisés histórico nascer e se interessar pelo nome de Deus, para quem dá crédito à cronologia bíblica. Mas essa grafia é bem tardia. Os judeus não pronunciam esse nome. Sua pronúncia original exata está perdida, ou quase, com a falta de parte das vogais. Especulações fonéticas nesse caso são irrelevantes. O assunto é irrelevante, mas para os tagarelas...

Alguma recomendação para quem insiste em pronunciar *IHVH*?

Há bons indícios arqueológicos no sentido de vocalizar esse nome *IHVH* como *Yehu* ou *Yehô*. A maioria das bíblias o traduz por "Senhor", na linha da grafia *Adonai*, Nosso Senhor, das bíblias rabínicas. Às vezes, as traduções optam por vocalizar o tetragrama como *Yavé* (o termo mais usado entre historiadores, teólogos, exegetas etc.) ou Javé (introduzindo a letra j inexistente em hebraico). Outros escorregam para Jeová e outras esquisitices. *Yavé* é uma pronúncia pouco provável, mas é a mais usual e acabou por conquistar algum direito de cidade. E também neste texto. Vamos de *Yavé*.

Quais as indicações para pronunciar *Yavé*?

A questão é pertinente. De onde vem, qual a origem dessa tradição de pronunciar o tetragrama como *Yavé*, se o Judaísmo há muito tempo não o pronuncia mais? Existem diversas indicações para essa pronúncia nos Padres da Igreja, de como pronunciá-la: São Clemente de Alexandria se pronuncia por essa pronúncia, por volta do ano 220, no terceiro trabalho de sua triologia Miscelânia ou *Stromateis*. Os outros são: "Exortação aos gregos" (*Protreptikos pros Ellenas*) e "Pedagogo" (*Paedagogos*). O assunto também foi retomado por Epifânio de Salamina. Ele retomou o tema e confirmou essa pronúncia no século IV. Teodoreto de Cirro, exegeta e teólogo do século IV, também retomou essa pronúncia como sendo a dos samaritanos. E existem outras.

Quais as indicações para pronunciar *Yahú* (ô)?

A pronúncia do tetragrama como *Yahô* ou *Yahú* tem também seus defensores entre os Padres da Igreja. Sim, a começar por Orígenes (185-253 d.C.), esse primeiro grande crítico textual da Bíblia, autor da Hexapla, como já foi evocado. Normalmente, Orígenes usa o tetragrama ou a pronúncia *Yavé* ou *Yaué*, como em seus comentários ao Sl 2. Em seu livro contra as heresias (Contra Celso), ele diz que os gnósticos, pronunciam o tetragrama como *Yahú*. O mesmo aparece em Santo Irineu de Lyon, no século II, em seus escritos contra os hereges (Contra Heresias) e também em Tertuliano (Contra os Valentinianos), indicando a pronúncia *Yahô*. Fora do testemunho cristão, nos papiros encontrados em Elefantina (495 a 399 a.C.), nunca aparece grafada a forma do tetragrama. Nas fórmulas abreviadas utilizadas o nome é *Yahô*. Para Diodoro Sículo ou da Sicília (90-30 a.C.), em sua "Biblioteca Histórica" Moisés teria recebido as leis do deus chamado *Yaô*. Enfim, entre os manuscritos gregos encontrados em Qumran, no fragmento 20, o tetragrama é apresentado como *Yahô*.

Além de *Yavé*, *Yahú* (*ô*), existe a pronúncia *Yah*?

Sim. A fórmula abreviada do nome de Deus como *Yah* é amplamente atestada na Bíblia, quase exclusivamente em cantos e orações litúrgicas (Ex 15,2; 17,16; Is 12,2; 26,4; Sl 68,19; 77,12; 86,5; 118,17; 122,4). E de todas essas fórmulas, provavelmente abreviadas, a mais conhecida é a exclamação litúrgica aleluia, *haleluYah* (הַלְלוּיָה); louvemos Deus. Até os massoretas, ao propor a vocalização do texto, acabaram por deixar indicações dessa pronúncia do impronunciável.

As fórmulas breves do nome divino habitam nomes humanos?

Sim. Por exemplo, *Yahô*, está presente em *Yahônatan*, Jonatan. *Yahû* esta presente em *Irmiyahû*, Jeremias. E assim em vários nomes hebraicos. Diante dessa banalização do nome divino, talvez a escrita consonantal tentou destacá-lo ao grafar progressivamente o tetragrama. E assim ele evoluiu para o impronunciável.

Por que o Judaísmo abandonou a pronúncia do nome divino?

Se Deus tem um nome, por que não pronunciá-lo? Uma série de razões levou o Judaísmo a abandonar progressivamente a pronúncia do nome divino. Isso não veio de uma hora para outra, nem foi uma decisão de um sinédrio ou o objeto de um decreto de um concílio, num belo dia: daqui para frente não se pronuncia o nome divino. Foi um processo. Tanto que na *Mishná* ainda está escrito: o Sumo Sacerdote, no dia do *Yom Kippur*, no dia do perdão, podia, no Santo dos Santos, pronunciar o nome divino. Várias razões contribuíram para esse abandono da pronunciação. Uma delas certamente está ligada à seguinte pergunta: Para que um deus ou uma pessoa tem um nome próprio? O nome nos identifica e distingue uns dos outros. Quando o Judaísmo passou a confessar que o Deus de Israel não era apenas o Deus de Israel, mas o Deus único, por que distingui-lo com um nome de outros deuses que não existem. Paulatinamente, esse nome foi sacralizado pelo Judaísmo, levado por um entendimento obsessivo e radical do mandamento de não tomar seu nome em vão. Passou a ser grafado de forma diferenciada, e, por fim, tornou-se impronunciável.

Há falsas testemunhas de Jeová?

Quando a recomendação é ficar calado, o pior é falar e errado. É o que acontece com quem tenta pronunciar o impronunciável, o Santo Nome. A expressão Jeová resulta da tentativa de vocalização das consoantes (*ketiv*) do tetragrama *YHVH* com as vogais (*qere*) de *Adonai* (Nosso Senhor), introduzidas tardiamente pelos rabinos massoretas. Tal pronúncia resultou da inclusão da grafia, assim vocalizada, em escritos bíblicos cristãos de caráter popular. Ela foi proposta por um padre dominicano Raimundus Marti no século XIII. E utilizada por muito tempo nas traduções bíblicas, para ser enfim abandonada. A grafia Jeová foi adotada como um ícone pelas testemunhas de Jeová. Os judeus atuais nunca pronunciam Jeová, nem mesmo *Yavé*. Nem os mais fanáticos de hebraico bíblico. Inútil levá-los como testemunhas de Jeová a tribunais sobre a pronúncia do nome de Deus. E *IHVH* virou Javé na famigerada tradução da Edição Pastoral da Bíblia, por exemplo. Para quem não consegue ficar em silêncio, para quem a questão desesperadora é falar e pronunciar o nome sagrado, *IHVH*, só restou uma opção para essa tagarelice: vocalizá-lo através de uma delicada leitura isolada de suas consoantes: *Iud*, *Hei*, *Vav*, *Hei*. Assim, as *con-soantes* não soam com. Ou soam sem nada ou com o vazio.

Sabaot é um sobrenome de *Yavé*?

De certa forma sim. A expressão *Yavé* Sabaot ocorre 284 vezes na Bíblia hebraica. Não é pouco. Especialmente em Jeremias (82 vezes), em Esdras de 1 a 39 (56 vezes), em Zacarias (56 vezes), em Malaquias (24 vezes), nos salmos (15 vezes) e em Ageu (14 vezes). A palavra hebraica *sabaot* é um plural feminino e deriva de exército (*sabá*). Uma etimologia textual seria "*Yavé*, é os exércitos" ou *Yavé*, é o Todo-poderoso, expressão traduzida como *Pantokrator* pela Septuaginta, mas não sistematicamente. Ou simplesmente, *Yavé* é o Deus dos Exércitos, *Yavé* é o *El* dos exércitos. A pergunta é: De quais exércitos Ele é o deus? Os terrestres e celestes.

O Deus *Yavé* é um *baal*?

Sim. E isso não coloca nenhum problema teológico maior. A palavra *baal* evoca o mestre, o proprietário, o senhor e posteriormente tornou-se um nome divino, como mostram os registros arqueológicos de Ugarit. Os próprios israelitas veneraram *Yavé* chamando-o de *baal*, como atestam o nome próprio Baalyah, *Yavé* é *baal* (1Cr 12,6) e em Jeremias quando *Yavé* diz dos israelitas "sou eu que sou o seu *baal*" (Jr 31,32). Havia muitos *baals* ou *baalim* nas terras bíblicas: o *baal* de Tiro, o *baal* da Samaria, o *baal* Milqart etc. Muitos senhores. E, nesse sentido, na maioria dos textos bíblicos, *Yavé* se opõe a *baal*. Com o tempo, os redatores bíblicos transformaram todos esses títulos num nome próprio: *baal*. Juntaram esses deuses num só para ficar mais simples a disputa com *Yavé*, como no combate de Elias no Monte Carmelo (1Rs 18).

O que significa a denominação de Deus como *Adonai*?

Essa é fácil. Talvez, nem tanto. A expressão *Adonai* (אֲדֹנָי) é a substituição proposta pelo Judaísmo massorético para a leitura e vocalização da expressão *IHVH*. *Adon* em hebraico significa Senhor. O "i", *iud*, no final da palavra, evoca um pronome possessivo como em Eli, "Meu Deus" (*El-i*). Na forma "ai", ela evoca o plural, como nessa empregadíssima e bizarra expressão bíblica, *Meus* Senhor, *Adonai*. A origem e o significado desse estranho plural suscita todo um debate entre estudiosos. Essa tradução aponta para o título bíblico de *baal*, senhor, patrão, mas com conotações reais. A designação *Adonai* segue na mesma linha, senhor, mas do lado bom, é claro. Com notas hierárquicas, reais. Ao dá-lo a *Yavé* certamente imagina-se um deus reinando em sua corte. Tudo indica: na Septuaginta, ao designar Deus em grego como *kuriós*, senhor, os tradutores judeus adotavam e pressupunham *Adonai*.

***Adonai* é uma substituição para pronunciar o nome de *Yavé*?**

Sim, mas nem sempre. Foram os revisores massoretas do texto da Bíblia hebraica, os responsáveis pela substituição ou associação da expressão *Adonai* com o tetragrama sagrado. Isso para permitir a leitura sem a vocalização. A expressão *Adonai* existe no texto bíblico dissociada do tetragrama de *Yavé*, como, por exemplo, em Is 6.

O que *Adonai* tem a ver com a Saudosa Maloca?

O nome *Adonai* (assim como o de *baal*) inspirou nomes humanos, como Adonias, filho de Davi e Hagit (2Sm 3,4), ainda comum hoje em dia, e significa "meu Senhor é *Yah*" (*Adon – i – Yah*). *Adonai* deu origem a outros nomes bíblicos, bem raros, como Adonibezec (Meu senhor de Bezec), rei cananeu de Bezec derrotado por Judá (Jz 1,5-7) e Adonisedec (Meu senhor é justiça), rei cananeu derrotado por Josué (Js 10,1). De todos esses nomes, o *Adon* mais famoso entre nós é Adoniram (Meu Deus é exaltado), com variantes bíblicas como Adoram (2Sm 20,24) e Aduram (2Cr 10,18), um superintendente real de trabalhos forçados de Davi (2Sm 20,24), de Salomão (1Rs 4,6 e 5,28) e de Roboão (1Rs 12,18). Quase imortal. Haja trabalho forçado! Já no Brasil, o Adoniram mais famoso é o Barbosa, autor, entre outras obras-primas de ócio criativo, do samba Saudosa Maloca: "*...e hoje nóis pega páia, nas grama dos jardim, e pra esquecê, nóis cantemos assim: saudosa maloca, maloca querida...*"

O que *Adonai* tem a ver com a engenharia genética?

Pausa para uma curiosidade cabalística. O princípio da vida e de todo o ser vivo é o ácido desoxirribonucleico, o ADN. O ADN é base da vida e a informação do vivente no núcleo de toda célula. O ADN é o grande objeto dos estudos genômicos. Essas três letras mágicas, ADN, escrevem em hebraico a palavra ADON (אדון), o Senhor, o revelador dos mistérios da vida e da criação. Moderna a Bíblia, heim?

O que *IHVH* tem a ver com a engenharia genética?

Outra pausa para mais uma curiosidade cabalística. Para outras curiosas leituras biológicas, genéticas e anacrônicas da Bíblia, cada letra do tetragrama *I-H-V-H* corresponde a uma das quatro bases do código genético, do nucleotídeo: timina, guanina, citosina e adenina (T-G-C-A). Como ou exatamente a qual base corresponde cada letra? Não me perguntem. Talvez a ideia seja: *Adonai*, o Senhor, o ADN, é base de tudo.

Será que Moisés não sabia o nome Deus?

Parece. Para muitos o nome de Deus surgiu pela primeira vez no texto bíblico com a revelação a Moisés. Ao perguntar como chamar esse deus, Ele responde *IHVH* (Ex 3,13-14). Na realidade, Moisés andava meio desinformado. Lá no comecinho da Bíblia, o capítulo 4 do Gênesis, no versículo 26, informa: "A partir de então o nome de *IHVH* começou a ser clamado". Ou seja, esse nome ou esse Deus seria conhecido desde os tempos de Adão... E o Moisés não sabia. Ou se esquecera. Os vários escritores da Bíblia deixaram essa incoerência lógica e cronológica, junto com tantas outras, quietinha no texto bíblico. Mas nesse anacronismo, como em outros, se pode ver como a redação tardia da Bíblia, lá no século VI a.C., buscou projetar e implantar no passado, lá no século XI e X a.C., um culto ao Deus *Yavé*. Ele ainda não existia e foi muito lento a estabelecer-se entre os israelitas.

Existe uma certificação de origem geográfica para *IHVH* e *Elohim*?

Tem sim. Uma para cada um, como nos grandes vinhos. Notou-se que as explicações indicadas no texto utilizam o nome *IHVH* mais para as tribos do sul. Já o nome *Elohim* é mais utilizado com as tribos do norte, em relação com as origens das tradições eloístas (Gn 29,32). Nas reescrituras do texto bíblico, seu nome será utilizado tardiamente para substituir o de *Yavé* em diversos blocos redacionais. Como no bloco dos salmos, do 42 ao 89, conhecido como saltério eloísta. Aos interessados sobre esse assunto, recomenda-se ler sobre a escola eloísta.

O nome de Deus aceita adjetivos?

Aceita. Não deveria. Mas aceita. Tanto adjetivos como advérbios, complementos etc. O texto bíblico logo o substantiva. Por exemplo, o Deus altíssimo vira o Altíssimo. Assim, nas Sagradas Escrituras, Deus também é invocado como Nome, Santo, Santo de Israel, Protetor, Criador da Luz, Libertador, Juiz, Altíssimo, Rei da Glória, Zeloso, Rocha e Refúgio, Antigo em Dias, Nosso Pai, Pai Eterno, Criador, Todo-poderoso, Tremendo, Aquele que Tudo Vê, Quem nos Santifica, Deus da Aliança, Nossa Paz, Deus de Graça e Misericórdia Infinita etc.

Quais os 72 nomes de Deus?

Como se não bastassem múltiplas denominações bíblicas de Deus, os místicos acharam os famosos 72 nomes de Deus. Até a cantora Madonna, *maestrina* de cabala, anda a dizer isso por aí. Trata-se de uma fórmula chamada de 72 Nomes de Deus. Não são verdadeiros nomes como José, Pedro ou Maria. São 72 sequências de três letras em hebraico, retiradas ou codificadas na passagem da Bíblia sobre a abertura do Mar Vermelho. No Livro do Êxodo, capítulo 14, dos versículos 19 a 21, cada uma das três frases escritas em hebraico contém exatamente 72 letras. É verdade. Na linha das abobrinhas bíblicas, eu tive a pachorra de contar. Garanto. Elas revelariam a combinação dos 72 Nomes Sagrados, segundo os cabalistas, feitas sempre de três letras, uma espécie de três energias ou dimensões pelas quais Deus se manifesta. Dizem. E se as três letras forem: Pai, Filho e Espírito Santo. Seria uma notável descoberta do que já se sabia. E podia pacificar e arredondar tantas arestas.

O que contém *Elohim* e Adão?

Outra rápida pausa cabalística. Os dois nomes, *Elohim* (אלהים) e *Adam* (אָדָם), em hebraico, estão contidos pelas mesmas duas letras *alef* (no início) e *mem* (no final). Essas duas letras formam em hebraico a palavra mãe, *em* (*alef-mem*) (אם). No Nome, *Elohim*, Deus é Mãe, matriz, e carrega em seu seio as três letras *lamed-he-iud*, cujo valor numérico total é 45 (30+5+10), o mesmo de *Adam* (1+4+40), segundo o valor semântico das letras do alfabeto hebraico. Sobre isso, muito, muito refletiu e reflete ainda a mística judaica. Mas os comuns dos mortais leitores da Bíblia escapam dessas elucubrações. Melhor.

Existe então uma história do Deus *Yavé*?

Sim. Uma longa história. O conhecimento de *Yavé* não foi dado de entrada ou de uma vez ao povo israelita. Acreditar nisso seria postular *a prio-*

ri um fundamento teológico, apologético e não exegético ou científico no estudo da Bíblia. Como o deus *El*, o Deus *Yavé* tem uma história. Muitos indícios na Bíblia e na arqueologia indicam: ele surgiu no sul, no território de Edom, como um deus dos edonitas. Via Moisés, graças a seu sogro Jetro, justifica-se como ele revelou-se a um grupo, a um clã de *IHVH*. Junto dos madianitas Moisés conheceu *Yavé* (Ex 2 a 4). E seu sogro, sacerdote madianita, fez o primeiro sacrifício a *Yavé* (Ex 18). *Yavé* passou a ser venerado em Canaã e com o tempo disputou um lugar privilegiado no panteão de *El*, dos deuses canaanitas. Durante alguns séculos, *Yavé* não esteve só, mesmo no primeiro Templo de Jerusalém, mas acompanhado de uma divindade feminina, uma paredra, *Asherá*, a mulher de *Yavé*. Há indícios até da existência de uma estátua de *Yavé*, no interior da arca da aliança e, depois, no primeiro templo. Essa imagem cuja visualização ou "face" é tão buscada nos salmos é almejada por profetas, num sentido nada simbólico e muito concreto. Mesmo depois de tornar-se um deus tutelar, como um *baal* da guerra e da tempestade, levou um tempo até *Yavé* tornar-se verdadeiramente o deus nacional dos israelitas. Só com a ocupação assíria, será possível a implantação do monopólio do culto de *Yavé* em Jerusalém, como Deus Um. Era o começo do fim dos múltiplos santuários de *Yavé* em Israel e Judá. Finalmente, após a experiência do exílio babilônico, *Yavé* passou a ser entendido como Deus Uno e Único. A ocupação assíria e babilônica não foi uma derrota de *Yavé* diante desses deuses estrangeiros. Os autores deuteronomistas interpretaram essa sucessão de derrotas, deportações e massacres como um castigo de *Yavé* contra a infidelidade de seu povo. *Yavé* usou os babilônicos como um instrumento. Ele comandou e comanda tudo e em todo lugar. Beleza!

Deus cabe num nome?

Para Mestre Eckhart aquele que está acima de todo e qualquer nome não exclui nenhum nome. Pelo contrário, Ele inclui numa indistinção de igualdade (*aequaliter indistincte*) todo e qualquer nome. Assim, nenhum nome que lhe é atribuído é próprio a Deus, com exceção Daquele que lhe é atribuído acima de qualquer nome, em razão de sua imanência a todos os nomes: "Eu Sou o que Sou". O Ser é comum tanto à universalidade dos nomes quanto dos seres. Ser é o nome próprio do Deus Um, Uno e Único. Ainda para Mestre Eckhart, a transcendência Daquele que É, se manifesta na sua presença a tudo que é. Disso, como outros em sua experiência mística, ele concluiu: pelo simples fato de ser, nós somos "em Deus". Thomas Merton traduziu assim o nome de Deus: "Eu sou Aquele que não existe", para lembrar que Deus não é um "existente" qualquer. Se assim fosse, Ele seria mortal como tudo que existe: "Eu não existo – Eu Sou".

Não tomar o nome de Deus em vão

Deus ordenou não tomar seu Santo Nome em vão (Ex 20,7). Como Ele tem pelo menos uns trinta, e até 72 nomes segundo os cabalistas, a qual deles refere-se esse mandamento? A um deles em particular ou a todos? Na dúvida, melhor economizar. Para os cristãos, devotos da Trindade Santa, o problema quase multiplica por três ou é elevado ao cubo. Mesmo assim, o caso dos nomes de seu filho Jesus, nascido Josué, é um pouco mais simples. Só um pouco. Mas antes de descer às realidades terrenas, seria bom evocar (sem invocar) os nomes dos concorrentes de Deus: os anjos maus, os deuses pagãos e toda a biodiversidade dos demônios. Seus nomes podem ser tomados em vão, sem problemas. Creio.

5

Os nomes de deuses e diabos na terra do céu

O diabo é um anjo. Foi um rebelde, como muitos jovens. Tem muito tipo de rebeldia, mas quando anjos querem ser deuses, eles viram demônios. É assim, na visão da tradição judaica e cristã. No politeísmo, os deuses são absolutos e o homem relativo. Com essa relativização do homem, terminou-se por sacrificar seres humanos a eles, em seu nome, em honra deles.

A existência pessoal do diabo ainda é objeto de muita controvérsia teológica e exegética. Charles Baudelaire dizia: a mais perfeita astúcia do diabo está em persuadir-nos de sua inexistência. E o que dizer de seus anjos maus, anjos decaídos? Com lúcifer, o portador da luz, eles foram precipitados no abismo, nas profundezas do inferno (Ap 12,7-10). Quase sempre se usa esse termo, precipitar. Isso faz pensar em reações químicas. Pelas contas do Apocalipse não foi pouco: um terço dos anjos celestes (Ap 12,4). Ainda bem não sabermos exatamente quantos são no total.

Ao longo da Bíblia hebraica, as lideranças religiosas dos hebreus atribuem às espertezas do diabo sua capacidade de assumir a figura de muitos e muitos deuses locais e regionais dos povos vizinhos. Até disputa, estilo programa de auditório, ocorria naqueles tempos entre os profetas de Deus de Israel e os profetas de *baal* e da deusa *Asherá* (1Rs 18,19). Nessas disputas sempre vence o *baal* de Israel, *Yavé*, contra o *baal* dos fenícios, provavelmente Milqart. Aliás, *baal* sempre está destinado a morrer e renascer, como informam os textos arqueológicos de Ugarit.

Os deuses não existem mesmo, para o verdadeiro monoteísmo. Se a elite judaica não tivesse sido exilada na Babilônia e suas terras dominadas pelos persas-iranianos, certamente a Bíblia seria bem menor, menos colorida e, sobretudo, teria muito menos anjos e demônios. De certa forma, afirmar a existência do diabo e de seus demônios questiona a essência do monoteísmo e traz sabores e saberes do politeísmo. Talvez por isso, o diabo não tenha muitos nomes, nem fãs, na Bíblia.

Logo no início de seu ministério, Jesus Cristo é conduzido ao deserto onde é tentado pelo demônio. Para muitos, o demônio apresenta-se como um teólogo. Ele discute e interpreta as Sagradas Escrituras diante de Jesus. O debate teológico entre Jesus e o demônio é uma disputa acerca da correta explicação da Escritura. A questão central desse debate diz respeito à imagem de Deus. Essa disputa ocorre desde o início dos tempos. Em última análise, o demônio e Jesus debatem sobre quem é Deus. Essa questão está sempre colocada para todos: como conhecemos ou não conhecemos Deus, como podemos perdê-lo e, sobretudo, como em nossa altivez pretendemos transformar Deus num objeto, submetê-lo às nossas vontades, colocando-nos acima dele. Sereis como deuses, diz a serpente no paraíso. O demônio propõe o fim do monoteísmo: o homem-deus e são bilhões.

Contra os demônios, intervém o exorcismo. Professar o monoteísmo é o maior de todos os exorcismos. Nas palavras de São Paulo está o mais libertador dos exorcismos. Ele purifica o mundo: "Pretende-se, é verdade, que existam outros deuses, quer no céu quer na terra (e há um bom número desses deuses e senhores). Mas, para nós, há um só Deus, o Pai, do qual procedem todas as coisas e para o qual existimos, e um só Senhor, Jesus Cristo, por quem todas as coisas existem e nós também existimos" (1Cor 8,5-6).

Sobre esse tema e essa passagem paulina, disse o Cardeal Joseph Ratzinger: "Por muito que sejam os deuses pairando em volta deste mundo, apenas um é Deus, e um só é o Senhor. Exorcizar o mundo é colocá-lo na razão, na luz da *ratio*, que tem a sua origem na eterna razão criadora e nos seus bens salutares e a ela se referir. Essa é uma das tarefas permanente e central dos mensageiros de Jesus Cristo".

O povo mesmo, sempre politeísta, nunca levou muito a sério, nem o radicalismo tão elaborado do monoteísmo, como atestam as infinitas estatuetas de deuses e deusas pagãs encontradas nas antigas habitações dos israelitas pela arqueologia moderna, nem as exigências absolutas de fidelidade ao ciumento Deus *Yavé*, propostas pelos autores deuteronomistas e pelas lideranças religiosas e teológicas até os dias de hoje. Assim, esses deuses ou demônios locais sempre deram muito trabalho, e emprego, aos profetas, redatores e pensadores bíblicos. Agora, bem menos.

A Bíblia está repleta de demônios, diabos e outros arrenegados?

Não. Não está. Ela está sim, repleta de Deus. A presença e o nome de Deus dominam o texto bíblico, principalmente o Antigo Testamento. É uma questão de leis de mercado e de propriedade intelectual. Foi Deus quem inspirou a Bíblia. Ele é de certa forma o autor, enquanto o demônio é um ator, secundário. Ele atua principalmente no finzinho do livro, no Novo Testamento e, sobretudo, no Apocalipse, onde tem um papel de destaque. Não fosse pela estadia dos judeus na Babilônia, talvez essa concorrência nem existisse.

Qual a origem dos nomes bíblicos de satanás e do diabo?

Na conquista do mercado das almas, o diabo e satanás são os concorrentes de Deus por excelência. Na Bíblia, os nomes de satanás e do diabo derivam de adjetivos e verbos, e como ocorre com certos atributos de Deus, acabaram transformados em substantivos: tentador, caluniador, enganador, acusador... satanás (*satan*) corresponde na Bíblia hebraica a esses sentidos negativos do que põe à prova (Jó 1,8), do testador, do mentiroso ou do pai da mentira (Jó 8,54). A história tardia de Jó, ambientada num cenário celeste dos persas, é coisa recente. Já o diabo grego (*diabolos*) é aquele adversário semeador da di-visão, da di-cotomia, da dualidade, da desunião. A expressão demônio (*daimon*) é mais neutra.

Existe diabo no Antigo Testamento?

Não. Não existe. A palavra diabo (em grego *diabolos*) só existe ou ocorre no Novo Testamento, escrito em grego. Um problema a menos para se preocupar na leitura do Antigo Testamento. Não é pouco escapar do diabo em todo o Antigo Testamento. Nada de diabo na *Torá*, nem nos escritos, nem nos profetas.

Existe demônio no Antigo Testamento?

Sim. Mas no Antigo Testamento há apenas doze menções de demônios contra mais de 60 no Novo Testamento, um texto bem mais curtinho. Da mesma forma, praticamente ausentes da *Torá*, os demônios de criação recente só pululam mesmo fora da Bíblia, no Talmude judaico.

Satanás é o advogado do diabo advogando em pessoa?

Exatamente. A palavra hebraica *shatan* (שָׂטָן) e o seu derivado latino satanás evocam textualmente o adversário (1Rs 11,14), o acusador, o odioso, o testador, o armador de ciladas. No estilo do advogado de acusação. Ele coloca-se à direita do acusado no tribunal de Deus ou dos anjos e age de forma cínica, hostil, hábil e pessimista. Como um bom advogado ou promotor.

Finalmente, satanás quem é?

Não se sabe direito. Satanás não surge como criado por Deus no Gênesis, nem é sequer mencionado nos primeiros livros da Bíblia. Os patriarcas e profetas tinham já muitos problemas com faraós, dilúvios, deuses pagãos, fome, pragas e outras misérias e dificuldades da vida nômade lidar ainda por cima com satanás. No Antigo Testamento, satanás aparece tardiamente, quando as instituições políticas já estão bem-estabelecidas, quase como um funcionário anônimo dos tribunais celestes. Estilo corte babilônica. Ele não está em guerra declarada com Deus. É um acusador astuto de humanos santos e descuidados. Em Zacarias (3,1-2), nos salmos (109,6) e no Livro de Jó (1,6), a palavra *satan* é precedida por um artigo. Nesses textos, satanás ainda não é um nome próprio. Isso só ocorre no Livro das Crônicas (1Cr 21,1). Com o tempo, com a estadia na Babilônia, com os contatos com a cultura persa e tantas outras, *satan* tomou corpo na Bíblia e terminou identificado com o poder do mal e das trevas, associado – não no texto – até com a serpente do paraíso, na escrita tardia do Gênesis.

Satanás só vira um personagem destacado no Novo Testamento?

Praticamente. Esse personagem, inicialmente, não é deliberadamente hostil a Deus. Ele aparece 18 vezes na Bíblia hebraica, na qualidade de adversário do homem (Jó 1,6; Sr 109,6; Zc 3,1). Ele é cético e invejoso com relação aos homens, busca evidenciar suas imperfeições, deseja achar neles culpa e é capaz de atrair sobre o ser humano várias desgraças e até arrastá-lo para o mal. São quatro *satãs* espirituais veterotestamentários contra quase quarenta no Novo Testamento. Em São Mateus, ele participa pessoalmente da tentação de Jesus no deserto (Mc 1,13 e 3,23-26). Foi uma grande promoção para ele. Em São Lucas, ele encarna o poder diabólico (Lc 10,18) e chega a ser a própria identidade do mal no Livro do Apocalipse (Ap 12,9 e 20,2). Haja ascensão! Ou seja, o diabo já vinha ganhando fama com a Babilônia e durante a ocupação persa e grega. Ele tornou-se onipresente nos tempos da pregação de Jesus. Em cada esquina, em cada enfermo, havia um demônio. Até São Pedro é tratado de satanás por Jesus. E Jesus também foi acusado de demônio. Ou seja, satanás só chegou a pulular e obter mesmo todo esse prestígio com a chegada e a pululação do Cristianismo.

Pedro, a Pedra, foi chamado de satanás?

Foi. O episódio é relatado por São Mateus (16,23). Jesus acabava de elogiar Simão filho de Jonas, o pescador. Ele o havia reconhecido como filho de Deus, do Deus da Vida. E mudara seu nome para Pedro (pedra). Mas Jesus prosseguiu e explicou o caminho que deveria seguir até Jerusalém, para padecer, morrer e ressuscitar ao terceiro dia. Pedro, recém-nomeado, não achava esse fracasso anunciado em Jerusalém como uma boa ideia para um Messias. Jesus deveria triunfar. Sofrer e morrer não parece mesmo uma boa ideia. Jesus o repreendeu: "Afasta-te de mim, *satan*! Tu me és um tropeço (*skandalon*)" (Mt 16,16-23). Escândalo deve ser entendido em seu sentido etimológico: pedra de tropeço. Paradoxo: Pedro acabava de ser nomeado "Pedra" e já era uma pedra no sapato, na sandália ou de tropeço no caminho de Jesus à cruz. Isso acontece muito nas instituições públicas, privadas e religiosas. Basta nomear e está criado um problema.

As menções ao diabo na terra da Bíblia são frequentes?

Do diabo melhor não falar muito. Melhor invocar e evocar Deus. As menções bíblicas dos poucos nomes do concorrente de Deus são quase insignificantes. São no máximo, com muita boa vontade, juntando diabo, satanás, demônio e assemelhados, cerca de 150 menções, das quais mais de 130 no Novo Testamento. Ou seja, diabo é coisa do Novo Testamento. Davi, Moisés e outros personagens têm bem mais menções no Antigo Testamento do que o diabo. Como se vê, o Judaísmo não perdeu muito tempo com o diabo. Para o Cristianismo, ele virou um *hit*.

E as menções de Deus (e do diabo) na terra da Bíblia empatam?

Em matéria de menções bíblicas, com suas 150 citações, o diabo não dá nem para o começo. Deus (*Elohim*, *Eloha* e *Theos*) é citado quase 5.000 vezes na Bíblia e sob a forma de Senhor (*Adon*, *IHVH*, *Kuryos* e formas assemelhadas) mais de 8.000. Se juntar com as outras denominações de Deus chega a quase 15.000 citações. *Hors concours*.

Qual demônio ganha um bode expiatório?

Azazel. Esse nome tem Deus, tem *El*, como Israel, Ismael, Joel, Natanael e outros. Esse nome vem da raiz hebraica *azaz*, "forte, violento", de onde os possíveis significados de "*El*-violento", "poder violento" ou "violência divina". No começo, essa divindade violenta não era um demônio, era provavelmente um baal. Acabou associado a um precipício no deserto, um local para onde um bode designado pela sorte era tocado a pedradas até cair e morrer, expiando os pecados do povo judeu na Festa de Ion Kipur, costume em vigor na época do segundo templo. Azazel é citado no Levítico (16,8). Para alguns autores, o nome Azazel talvez evoque alguma divindade, provavelmente da Caldeia, da boa e velha Babilônia. Os hebreus a tomaram de empréstimo para torná-la um demônio, na forma animal de um bode, de um demônio peludo. Mesmo dando algum trabalho, era fácil de matar.

Azazel ilustra o triste fim de um bode inocente, sorteado e executado?

Sim. A cerimônia religiosa de escolha do bode expiatório na Festa da Expiação e do Perdão era solene. Havia dois bodes e um era escolhido para morrer. Após tirar a sorte, o sumo sacerdote colocava as duas mãos sobre a cabeça do bode e reconhecia as faltas do povo. O bode era então remetido, no momento certo, a um homem escolhido. Ele o perseguia pelos desertos até a beira do precipício onde o fazia cair. Entretanto, a parte essencial do rito consistia na expulsão do bode para o deserto. O sumo sacerdote não esperava a morte desse bode para, no santuário, terminar de maneira satisfatória as cerimônias das absolvições. Para São Jerônimo, Azazel designaria exatamente o bode expiatório, *caper emissarius*. Essa tradição também foi adotada pelos rabis. E o outro bode? Bem, o outro bode era oferecido em sacrifício. Ou seja, os dois morriam.

Legião: triste fim de uma manada de porcos em local desconhecido?

Cansado de expulsar um demônio aqui e outro acolá, um dia Jesus enfrentou logo uma diabada. Os enviou sobre uma manada de porcos que, em seguida, se suicidou. É, suicídio animal e selvagem. Como? Enforcando-se, tomando uma overdose de remédios, pulando embaixo de um bonde ou fazendo haraquiri coletivo? Não. Lançando-se de um precipício no estilo bode expiatório. Era o mais viável para o contexto. O milagre é ainda maior, pois o entorno do Lago da Galileia é bem planinho e não existe nenhum precipício naquela região. Quem lê, ao pé da letra, o episódio evangélico da expulsão de uma legião de demônios por Jesus, imagina as coisas acontecendo assim mesmo, ao pé do abismo, apesar das impossibilidades geomorfológicas desses fatos ocorridos no país dos Gadarim (gerasenos). Desse lugar, aliás, ninguém nunca ouviu falar ou leu em qualquer registro. O local onde supostamente se passou o incidente permanece desconhecido. Está mais para uma parábola, esse relato. As variações entre os evangelistas e os manuscritos quanto ao nome do lugar (gadarenos em São Mateus e gerasenos em São Lucas) mostram, mesmo na época em que os evangelhos foram redigidos, um local difícil de ser identificado. Era como um nome imaginário, inventado para designar uma realidade inatingível ou impronunciável. Inútil procurar no Google.

Legiões romanas, porcos e demônios: a luta continua?

Os suínos unidos, jamais serão vencidos! Ou vendidos. A Palestina estava ocupada pelo Império Romano nos tempos de Jesus. A legião ocupante estava baseada em Damasco e o símbolo de seu estandarte era um porco. Os judeus não comiam, nem criavam porcos, animais impuros. Ninguém sabe onde fica esse país dos gadarenos. Nas proximidades do Lago da Galileia não havia precipícios. Manadas de porcos eram pouco prováveis por ali. Não era o rebanho que os judeus criavam. Ou seja, esse episódio já confundiu legiões de exegetas e leitores. Hoje, a crítica bíblica acredita numa parábola de Jesus, estilo do livro *Fazenda modelo*, escrito pelo Chico Buarque de Holanda durante a censura da ditadura militar. A fazenda é o Brasil, os bois a população e por aí vai, sem nada explícito de política ou da repressão do regime militar. Sem dar nome aos bois ou aos porcos, Jesus evoca nesse episódio a ocupação romana, a opressão, os colaboradores e traidores, a contaminação dos espíritos e chega ao ponto de identificar a legião e os porcos. Mais que isso não daria, sem risco de prisão e repressão. Assim, nada de preocupar-se com o demônio Legião. Ele caiu com a queda do Império Romano. Seu nome ainda é usurpado por legiões de im-pastores televisivos. Eles agitam mulheres em transe, agarram seus cabelos e pedem ao demônio que as possui a revelação de seu nome. Quando alguma coitada diz "legião", esses gadarenos se acham verdadeiros nazarenos. Cruz credo.

Moloque: Esse deus foi rebaixado a demônio?

Sim. Moloque seria o nome de um deus cananeu. Seu nome significa rei (*mólok*), muito parecido com *mélek*, rei em hebraico, título atribuído ao deus de Israel. Para alguns exegetas e historiadores, Moloque, Melek e *Yavé* já foram equivalentes, lá no passado. Para Moloque, os amonitas sacrificavam seus recém-nascidos, segundo versão de seus inimigos israelitas. Sua aparência era de um corpo humano com a cabeça de boi. Lembra o "boi da cara preta pega esse menino que tem medo de careta". Crianças eram jogadas em uma cavidade no ventre da sua estátua e um fogo as consumia. Para outros estudiosos, as crianças só eram colocadas sobre o joelho da estátua e depois recuperadas, sãs e salvas, e abençoadas. Deus proibiu aos hebreus adorar Moloque e sacrificar crianças, crime severamente punido (Lv 18,21; 20,2-5). Ainda bem. Mesmo assim há relatos de sacrifícios humanos ao deus de Israel no texto bíblico (Gn 22; Jz 11). Moloque teve seus dias de glória como deus lá pelos idos de 1500 a.C. Ele também foi associado ao deus Melcom, Milkon, bastante apreciado pelos hebreus. Recebeu distinções religiosas até do Rei Salomão, aquele que era muito sábio e bonzinho, que lhe fez um altar etc. (1Rs 11,7.33; 2Rs 23,10; Jr 32,35), de acordo com os redatores tardios da Bíblia. No Novo Testamento, só há uma menção a Moloque (At 7,43), através de uma clássica citação modificada do Antigo Testamento (Am 5,25-27). Essa citação neotestamentária erra nos deuses e na geografia. Depois, com o triunfo monoteísta, os negócios não andaram bem para Moloque: os amonitas desapareceram e viraram nome de concha fossilizada. Se ainda é venerado por certos pedófilos, abortistas e seitas, o deus Moloque foi rebaixado ao *status* de um demônio na tradição cristã e judaica cabalística. Sem direito a culto, nem a criancinhas. Nem no joelho.

Belzebu: É para ter medo?

Não. Trata-se de um inseto, de uma mosca. As moscas contaminam e é melhor evitá-las. Questão de higiene corporal e mental. Em hebraico *baal zebul* (בעל זבוב) designa textualmente "o senhor das moscas" (2Rs 1,2). Em hebraico, mosca é *zebub* (*zain-beit-vav-beit*) (זבוב) ou *bul* (*beit-vav-lamed*) (בול). A palavra *zebel* (*zain-beit-lamed*) (זבל) designa o esterco, o lixo e o adubo. Nenhuma relação de belzebu com o gado zebu, produtor de esterco e de moscas. A palavra mosca está na origem da homonímia, do trocadilho irônico, feito por Israel ao deus dos pagãos, *belzebu*, através do hebraico *baalzebul*, senhor ou deus das moscas. No Novo Testamento, essa expressão hebraica surge em São Marcos (3,22), em São Mateus (10,25; 12,24) e em São Lucas (11,15) e designa um chefe dos demônios. Grande ironia ou zombaria. Mas até hoje tem gente que leva esse nome e essa gozação a sério. Parece brincadeira.

Dá para colecionar belzebus?

Sim, dá. Em hebraico, a mesma palavra, *bul*, também significa bloco, pedaço, selo ou estampilha. Muita gente coleciona selos. São verdadeiros senhores dos selos e estampilhas. Outros, em locais de magia e negócios ocultos, colecionam belzebus. São uns *baalzebuls*.

Belzebu é explosivo?

Só no Brasil. Belzebu é citado uma vez no Antigo Testamento e era o principal deus de Eqron (Acaron): "Ide consultar *baal* Zebub, deus de Eqron, para saber se ficarei curado das minhas feridas!" (2Rs 1,2). Tardiamente, na tradição de Israel, ele se tornou uma espécie de príncipe dos demônios. Graças à Babilônia, os deuses e demônios alheios tomaram mais consistência e passaram a impor certo respeito nobiliárquico. Os judeus, após o exílio (586-538 antes da Era Cristã), evitavam pronunciar o nome de satã (*Berahot* 60,1); por isto, em seu lugar, usavam o nome *baalzebub*, deformação de *baalzebul* (dono da casa, príncipe da morada infernal). Os sábios fariseus e a literatura rabínica ao escarnecer dos ídolos, modificaram o nome para *baalzebel*, senhor do esterco. Essa palavra também designa o próprio culto aos ídolos. Aqui no Brasil, esse título ganhou também as versões regionais consagradas: berzabu, berzebu e o explosivo berzabum. Bum!

Jesus foi chamado de belzebu?

Sim. O próprio Jesus foi chamado de belzebu pelos fariseus, segundo a versão de São Mateus. A bem da verdade, São Mateus não tinha um especial apreço por essa corrente do Judaísmo: "Este só expulsa os demônios por belzebu, o chefe dos demônios" (Mt 12,24). Ao que Jesus respondeu: "E se é por belzebu que eu expulso os demônios, os vossos discípulos, por quem os expulsam? Eles mesmos, pois, serão vossos juízes" (Mt 12,27). Vai entender. Em passagem anterior de São Mateus, Jesus já aparece às voltas com o senhor das moscas: "Já que trataram de belzebu o dono (*baal*) da casa, com quanto maior razão dirão o mesmo dos de sua casa" (Mt 10,25). O episódio primitivo está em Marcos que, antes de São Mateus usá-lo para atacar os fariseus, narra apenas um diálogo difícil de Jesus com os escribas (Mc 3,22). São Lucas, sempre mais *light*, com o mesmo episódio, não ataca nem escribas, nem fariseus, menciona apenas "alguns" na multidão e amplia a temática da chegada do reino (Lc 11,15.18-19).

Lúcifer: o espírito das trevas das trevas se faz luz?

Sim. Esse é o sentido da palavra lúcifer: ele se faz luz, portador da luz, do latim *lux fero*, em hebraico, seria *heilel ben shahar* (הילל בן שחר) e em grego, na Septuaginta, *heosphoros*. Como nome de um demônio ou diabo, lúcifer não existe na Bíblia. O nome evoca e representa a estrela da manhã, o planeta Vênus, visível antes do alvorecer. É usado como uma metáfora em Isaías num oráculo contra o rei da Babilônia: "Como caíste desde o céu, ó estrela da manhã, filha da alva! Como foste cortado por terra, tu que debilitavas as nações!" (Is 14,12). Essa expressão não se aplicava a uma entidade em si e o texto profético usa imagens possivelmente retiradas de um antigo mito cananeu.

O diabo é resplandecente?

Sim e muito. Põe luz nisso. Se o diabo se escondesse em cantos escuros e assustadores não atraía, nem enganava ninguém. O mal do *mal*-igno, do *mal*-andro, reside na sua capacidade de esconder-se na luz. *Satã* é profissional. Fez MBA, pós-graduação. Não se apresenta mais com uma fantasia vermelha ridícula, com tridente, rabo pontiagudo e cheiro de enxofre. Não. Ele anda sob os holofotes, todo produzido, perfumado, biodiverso, com muitos fãs e seguidores. Por isso, os místicos sempre ensinaram: a luz total cega tanto quanto as trevas. Os melhores caminhos são crepusculares. Muito cuidado com iluminações e arrebatamentos. Em tempo, lúcifer, um dos demônios mais temidos, o maioral de todos eles, curiosamente, como já foi dito, não está na Bíblia.

Abadon é o anjo mau dos serviços sujos?

Já vai longe o tempo em que os anjos eram todos bons. Dentre os maus e demoníacos, no finzinho da Bíblia, num relato parecido aos filmes atuais de ficção sobre monstros e alienígenas, o Livro do Apocalipse apresenta "o anjo do abismo, cujo nome em hebraico é Abadon, e em grego Apolion"

(Ap 9,11). A esse chefe das potências infernais, os exegetas cristãos atribuíram alguns desastres do passado bíblico. Ele serviria como um ministro ou executor da ira divina. Não ficaria tão bem assim de se ver Deus mesmo fazendo e executando essas coisas, como na matança dos inocentes primogênitos do Egito, homens e animais (Ex 12,23). Dessa matança se salvaram apenas aqueles cuja ombreira estava marcada por uma matança anterior, a dos cordeiros degolados, oferecidos em sacrifício pascal pelos hebreus. Coisas da estratégia político-religiosa de Moisés.

Abadá ou abada?

Abadá na Bahia é um camisolão indispensável para participar de blocos carnavalescos. Abadá em hebraico e na Bíblia significa perda, prejuízo. Abdon em hebraico é um substantivo e significa perdição, destruição e prejuízo. E também um demônio corruptor, causador de perdas. Pode até ser na bolsa de valores. Apolion em grego é um particípio ativo e significa destruidor. Essa transposição malfeita do hebraico para o grego pelo autor do texto do Apocalipse, de um substantivo para um verbo, foi só para prejudicar o deus Apolo. E ele não tinha nada a ver com isso. Dizem.

***Asherá* ou Aserá, a esposa de *El*, era uma deusa ecológica?**

Sim, e bem verde, além de popular. Não é fácil para os deuses enfrentarem a concorrência feminina. *Asherá* era uma deusa da Cananeia, citada diversas vezes na Bíblia (Ex 34,13 e Jz 3,7), tanto como poste sagrado como por seu nome *Asherá* (אֲשֵׁרָה). Ela era uma deusa protetora dos bosques e de tudo que neles há. Toda ecológica. A arqueologia, pelos textos de Ugarit, nos revelou *Asherá* como esposa de *El*. Na Bíblia, ela é associada a *baal* como sua consorte e designa, ao mesmo tempo, a deusa, o poste sagrado e a árvore sagrada perto dos santuários. Mas também aparece ao lado de *YHVH*. Diversas evidências arqueológicas apresentam *Yavé* e sua *Asherá*, como uma esposa ou paredra, como as encontradas no sítio arqueológico de Kuntillet Ajrud. Para muitos arqueólogos e teólogos é perfeitamente razoável conceber o Deus *Yavé* em seus começos sobre o modelo dos politeísmos vizinhos, até e inclusive em suas associações divinas. E tudo indica que assim foi até as reformas religiosas realizadas sucessivamente nos reinados de Ezequias e Josias de Judá no século VII a.C. *Asherá*, esposa de Baal, era também uma das três deusas cananeias da fertilidade, junto com *Astarte* e *Anat*. Os escribas judeanos da Bíblia não eram muito ecológicos e fizeram de tudo para apagar seu nome das Sagradas Escrituras. Essa tarefa era mais fácil do que a de apagar suas estelas e postes sagrados, icônicos e anicônicos, nos muitos santuários a céu aberto, os "lugares altos" (*baamot*) existentes em Judá e Israel. Nessa tarefa, alguns tradutores da Bíblia para o português também se aplicaram. Muitas vezes, os redatores judeanos escreviam o nome da deusa num plural masculino *asherim*, para dissociá-lo de suas antigas aventuras como companheira ou acompanhante de *Yavé* etc. O nome dessa deusa pagã em hebraico também foi grafado como *Ashtoret*, com as letras de *boshet*, vergonha ou coisa vergonhosa. E isso é o que deveria ser lido no texto no lugar do nome abominável dessa deusa pagã e verde, estilo Nova Era, *New Age*.

Asherá era uma deusa popular entre os hebreus?

Sim. E admirada. Assimilada e cultuada pelos hebreus na forma de um tronco sagrado, em forma de coluna ou poste (Dt 16,21). Seja estilizada numa árvore, seja representada por um poste sagrados nos "altos" e nos santuários, era sempre a presença da deusa *Asherá*. A popularidade de *Asherá* é inegável no período do primeiro templo. Basta ver o quanto ela aparece no texto bíblico, mais de 40 vezes, apesar de todas as ablações, censuras, revisões, omissões e interdições dos escribas. Muitas vezes seu nome é traduzido simplesmente por tronco, poste ou pau sagrado, mas é da presença de *Asherá* que se trata. Ela estava presente num altar na casa do pai de Gedeão (Jz 6,25), bem como nos reinos de Roboão (1Rs 1,14.23), de

Asa (1Rs 15,13), de Acab (1Rs 16,33), de Jocaz (2Rs 13,6) e de Manassés (2Rs 21,7). Jezabel mantinha quatrocentos profetas de *Asherá* (1Rs 18,19). Haja popularidade.

Tem pau de *Asherá* no Brasil?

Esse símbolo de fertilidade, muitas vezes, é citado na Bíblia no plural, *Asherás, Asherot* (Dt 16,21), tanto no feminino como no masculino *Ashe-rim*. Como já foi evocado, essa forma masculina parece uma cortina de fumaça literária. Segundo alguns estudiosos bíblicos, esse plural masculino foi uma maneira dos escribas de dissociar e apagar da memória o culto de *Yavé* com sua *Asherá*. Esse casal foi muito venerado e certamente perdurou até o primeiro templo. Muito querida, essa rainha dos céus permaneceu sob outros nomes e formas através do tempo, assimilada erroneamente a outras deusas como *Astarte* e *Ishtar*. A coluna ou tronco de *Asherá* faz pensar no pau de São José. Esse tronco de árvore é cortado na mata pelos homens, sobretudo no sertão nordestino, carregado e trazido para ser plantado diante da Igreja. E no qual, as mulheres tocam para casar e ter filhos, num jogo lúdico e erótico com os rapazes solteiros. *Asherá,* com a expansão do desmatamento e dos monoteísmos no Mediterrâneo, acabou sua carreira como deusa e nem teve tempo de virar demônio.

Astarte ou *Astarot* era a parteira das hebreias?

Muitas vezes assimilada a *Asherá* ou a *Ishtar*, a deusa *Astarte* era de origem fenícia. Essa bela libanesa era uma das três deusas cananeias da fecundidade, junto com *Anat* e *Asherá*. Ela teve grande popularidade entre os povos do Oriente Médio, principalmente entre as mulheres. Alguns estudiosos a associam com a lua (Jz 2,13), com a estrela vespertina etc. Várias cidades e acidentes geográficos levam seu nome, como Astarot (Dt 1,4; Js 9,10; 12,4; 13,12.21), Tell Ashtar etc. Ela é mencionada muitas vezes no Antigo Testamento como a deusa de Sidônia (1Rs 11,5.33;

2Rs 23,13), por seu templo filisteu (1Sm 31,10) e, assim como a colega *Asherá*, ela também é citada no plural: *Astartes* ou *Astarot* (Jz 2,13; 10,6; 1Sm 7,3.4; 12,10). Até Salomão, na linha da política de boa vizinhança, prestou-lhe honras (1Rs 11,5). A arqueologia israelense moderna encontra sempre muitos medalhões e imagens de *Astarte* em locais de ocupação hebraica, provavelmente usados como amuletos pelas mulheres durante a gravidez e o parto. Sabe como é: mulher entende de mulher e entre uma deusa parteira e um Deus masculino e patriarcal...

Astarte virou coelhinha da Páscoa?

Mais ou menos. O coelho é uma tradição da Páscoa germânica e do norte da Europa. Ele era o animal emblemático da deusa *Astre*, que os saxões honravam na primavera, e da deusa *Ost* ou *Ester* dos países germânicos. Ainda hoje, páscoa em inglês se diz *Estern*. O coelho ou a lebre também eram o símbolo da deusa mãe em tradições célticas e escandinavas. O coelho é fecundo e pode gerar quatro a oito vezes por ano. Nisso, ele simboliza a abundância, a proliferação e a renovação da vida. Para alguns autores, de fértil imaginação, a fecunda deusa *Astarte* inspirou *Astre*, *Ishtar* e outras. Dizem. Até a Cristo, a lebre já foi associada na iconografia cristã, com orelhas grandes e abertas para escutar a palavra divina. Quem diria...

Asmodeu é o demônio destruidor de lares?

Esse anjo é um problema. Ele é uma espécie de inimigo dos casais e do casamento. A única menção a esse anjo do mal está no Livro de Tobias (3,8). Ele matou os sete maridos de Sara, filha de Raguel, na noite de núpcias (*sic*). Sua etimologia exata é incerta, mas evoca uma palavra hebraica (*samad*) cujo sentido é "aquele que faz morrer, que destrói". Ele opõe-se ao Anjo Rafael (*rufa – el*), cujo nome significa Deus cura, cujas únicas menções inequívocas também estão em Tobias (5,17; 6,8-9.17; 11,7-8). Asmodeu acabou preso pelo Anjo Rafael no Alto Egito (Tb 8,1), bem longe das pirâmides, para não afetar o turismo. Seu nome deriva de AsmaDaeva, um dos sete espíritos maus citados no livro sagrado dos persas, o Avesta, como executor do mal necessário dentro do princípio do dualismo do bem e do mal na doutrina de Zoroastro. Ao contrário do Anjo Rafael, Asmodeu não prosperou, apócrifos a parte. Ninguém mais ouviu falar dele, nem no Alto Egito. Nem no teatro do Apocalipse lhe reservaram um papel, sequer de coadjuvante. Já o divórcio, vai de vento em popa, para alegria dos descendentes de Asmodeu.

Tartak é um chefe dos infernos, lento como tartaruga?

Esse é outro deus, possivelmente heveu, citado em 2 Reis (17,31). Ele teria sido cultuado pelos sincretistas samaritanos, segundo a versão de seus adversários judeus. Eles o execravam, junto com Adramelek, Anamelek e outros deuses pagãos, igualmente desconhecidos. Alguns autores acham vínculos de Tartak com Tártaro, o inspirador do nome da tartar-uga. Seria um demônio, chefe dos infernos, meio lento, banido das hostes celestiais e precipitado no Tártaro, um dos nomes gregos para os infernos (2Pd 2,4), numa inequívoca referência às citações de Gênesis (6,8). Com a emergência da máquina a vapor, do capitalismo moderno e de tanta tecnologia, o vagaroso Tartak desapareceu, esquecido em algum antro do Tártaro. Hoje, o tártaro evoca os sedimentos depositados na forma de sais de cálcio e magnésio nos dentes ou aquele molho à base de maionese e alcaparras utilizado para acompanhar filetes de peixe, carnes frias etc.

Cabeça vazia é oficina de belial?

Belial ou beliar é o nome de um demônio, frequente na literatura apocalíptica dos manuscritos de Qumran e em apócrifos, como os Testamentos dos Doze Patriarcas. Em hebraico, a palavra significa coisa-à-toa, o nada por excelência, sinônimo daquele que não serve para nada, do inútil e do sem valor, mas na origem tem-se o famoso Baal. “Que acordo entre

Cristo e belial?", interroga o Apóstolo São Paulo (2Cor 6,15). Assim, a expressão bíblica "homens filhos de belial" tornou-se sinônimo de gente sem valor, de seres abjetos, homens perversos. Muito tradutores já vão direto para o sentido da expressão e omitem belial (Dt 13,14; 1Sm 10,27). Quem vive à toa, de cuca fresca e vazia, prepara uma oficina para belial. Nos agitados dias de hoje, com tanta gente conectada o tempo todo, com tantos compromissos e afazeres, o homem moderno com a cabeça cheia de tanta coisa dá pouca chance à instalação da oficina de belial.

Os sátiros são peludinhos?

Sim. A palavra hebraica para esses demoniozinhos é um plural de cabelo, de pelo, *sehirim*. Textualmente os *sehirim* significam seres cabeludos, peludos como bodes (Lv 16,5.10). Eles eram considerados e entendidos como encarnações de espíritos maléficos (Lv 17,7) ou gênios. Eles habitavam desertos ou lugares ermos, às vezes em formas animalescas desconhecidas, como os citados hirsutos. Os sátiros em Isaías (13,21) são dançadores e gritadores (Is 34,14). E eles servem até à vingança de Deus, como em Baruc (4,35). Esses animais desconhecidos, peludos, de aparências indefinidas, foram cultuados (2Cr 11,15), uma impiedade para a fé israelita amadurecida (2Rs 23,8). No texto bíblico, o aparecimento dos sátiros ilustra a passagem da zoologia à demonologia, paralela à passagem do histórico para o cósmico. Uma evolução não darwiniana.

Baal, qual a origem?

Baal (בַּעַל), senhor, é um dos grandes concorrentes de *Elohim* e *Yavé* no Antigo Testamento. Na verdade, foi o Deus dos israelitas que emergiu, com muita dificuldade, como um concorrente de todos os *baal* existentes em Canaã. Ele mesmo começou como o *baal* dos israelitas, o senhor *Yavé*, o *baal IHVH*. E está citado mais de 80 vezes no texto bíblico. *Baal* é uma palavra semítica que assume o sentido de senhor, lorde, marido ou dono (dom). *Baal* é representado em grego como *belos* e em latim como *belus*. Bel tem o mesmo significado (Is 46,1; Jr 50,2). A forma feminina de *baal* é *baalat*, *balaot* no plural. O masculino plural em hebraico é *baalim*. Em hebraico, *baal* não tem conotação exclusivamente religiosa. Ela é empregada em relações esposo e esposa, pai e filhos, dono da casa etc. sem conotação hierárquica obrigatória. Nas Sagradas Escrituras, *baal* era a designação inicial de diversos deuses e senhores. Só muito mais tarde, pelas mãos dos redatores javistas da Bíblia, assumiu o caráter de designação genérica como um único e grande deus pagão, o grande senhor de Canaã. Isso acabou com o politeísmo dos *baalim*. Um progresso.

Baal, o Melcarte, é o rei da cidade?

Melcarte significa "Rei (*melc*) da Cidade (*arth*)". Esse deus também é conhecido pelas transliterações *Melqart*, *Melkart*, *Melkarth* ou *Melgart*, *Milk-Qart* e *Milqartu*. Ele era o deus tutelar da cidade fenícia de Tiro. O senhor Melcarte, principal deus fenício, bem ecológico, foi absorvido pelos cananeus, como o trovejante *baal* (1Rs 16,31), a versão meteorológica mais conhecida biblicamente. Com o tempo e a convivência cananita, *baal* se tornou a representatividade do mal para os hebreus (2Rs 23,5). Mas o próprio *IHVH* tomou características de *baal*, ao se fazer trovejante no Sinai e em outras ocasiões. Na mesma linha do Deus de Israel, também o deus *baal* dos fenícios e cananeus assumiu vários nomes, conforme a ocasião e contexto. Isso leva até hoje a uma confusão relativa na identificação dos deuses regionais. Cada lugar adorava a mesma divindade, mas com um nome diferente. Tudo indica: o *baal* introduzido em Israel por Acabe foi Baal-Melcarte (1Rs 16,31-33). Caso isso sirva para alguma coisa.

Os baalim são duendes protetores?

Para os cartagineses, que também o adotaram, *baal* acabou sendo um deus excelente e plural: *Baalim*. A concorrência foi acirrada com o Deus de Israel. A ponto dos hebreus "deixarem o Senhor, servirem e renderem culto aos *baalins*". Esses fatos são amplamente citados em Juízes (2,11; 3,7; 8,33; 10,6; 10,10). Às vezes, os baalins evocavam deuses menores do panteão fenício. Com o tempo foram identificados como espíritos protetores, como os duendes, trols e outros, no estilo de certas criaturas dos filmes *O senhor dos anéis*, *Nárnia* etc. Os baalins foram bastante populares e cultuados inclusive pelos hebreus (Jz 2,12-13), a quem eles levantaram altares (2Cr 33,3), fundiram imagens (2Cr 28,2), sacrificaram e queimaram incenso (Os 11,2), seguiram (1Rs 18,18) e serviram (1Sm12,10), quase sempre junto com a deusa Ashrot, Astarore, o lado feminino da força. Nada como um casal celeste.

Baal Berit é o deus da aliança?

Esse deus da aliança, de origem siquemita, deu trabalho ao Deus da Aliança de origem israelita. "Após a morte de Gideon, os filhos de Israel recomeçaram a se prostituir aos baalim, adotando Baal-Berit como deus", para tristeza do redator deuteronomista (Jz 8,33). E não foi um começar, era um recomeçar. Vinha de longe. Nos tempos em que Abimelek julgou Israel, *baal* Berit recebeu muita prata em seu templo (Jz 9,4), integrado a uma caverna nas encostas do Monte Ebal (Jz 9,46).

Baal Meon é terrível e poderoso?

Baal Meon ou *Beon* foi outra divindade protetora da Palestina, cujo nome fora proibido de ser pronunciado pelo povo de Israel. Como ele estava associado à toponímia de muitos locais, os hebreus viram-se constrangidos a mudar ou tentar mudar esses nomes consagrados (Nm 32,3 e 38). Uma pedra moabita, feita por volta do ano 830 a.C., hoje está no Museu do Louvre e sua inscrição confirma o nome de locais e de cidades moabitas mencionados no texto bíblico, entre os quais: Bamote-Baal e Bet-Baal-Meon. Essa pedra completa a versão bíblica de alguns fatos bíblicos (2Rs 3,4-27).

Para alguns estudiosos, o *baal Beon* também foi adotado pelos babilônios, provavelmente no deus Sucot-Benot. O primeiro designativo *Sucot* (tendas) foi transformado em *baal* e Benot transformou-se em Beon, o poderoso. Ou vice-versa. Vai saber. *Baal* Meon também deu muito trabalho aos homens de Deus (Ez 25,9).

Baltesassar é protetor da vida e das beldades?

Baltazar, além de ser nome de rei mago, jogador de futebol e de um destrambelhado juiz espanhol, era na origem o nome de um deus lá na Babilônia do Nabucodonosor. Seu nome, mais propriamente, era Beltesassar, *Balat-su-usur*, textualmente "Deus Protetor da Vida". Essa divindade acadiana, citada no Livro de Daniel (1,7), teve seu nome dado ao próprio Profeta Daniel. Baltesassar é visto como o deus Bel, principal divindade babilônica. Isaías (46,1) já o coloca numa posição inferior a um deus e, com o tempo, sem templo, acabou nas condições de gênio ou agente do mal em Jeremias (50,2).

Marduk-Merodaque é o deus da Babilônia?

Marduque, Marduk ou Merodaque era um deus protetor da Babilônia, pertencente a uma geração tardia de deuses da antiga Mesopotâmia. Era filho de uma relação incestuosa entre Enki e Ninhursag. Marduque é chamado de Merodaque pelos hebreus (Is 39,1; Jr 50,2; 2Rs 25,27). Suas epopeias épicas e cosmogônicas inspiraram os escritores do livro do Pentateuco em diversas passagens, em que ele, o autor, foi esquecido, vitimado por plágios bíblicos.

A besta e a fera são a besta-fera?

Para muitos não se trata verdadeiramente de um demônio, apenas a identificação bíblica profética do próprio diabo ou satanás, nos tempos do fim. Especificamente, em Ap 3, São João descreve: viu subir do mar uma besta de sete cabeças e dez chifres, semelhante ao leopardo, como pés de urso e a cabeça de leão. Haja transgenia. Na Primeira Epístola de São João, alguns estudiosos entendem a besta como o anticristo (1Jo 2,18). Existe uma relação entre esta profecia e a profecia de Daniel (7 e 8). E besta não falta neste mundo afora. Quanto a grande besta, em geral, ninguém se preocupa com ela. A razão é simples. Das duas uma: ou ela já apareceu e ruiu com o Império Romano ou terá sua *grand première* no fim dos tempos, lá no fim do mundo. E não será, nem foi em 2012.

Mamonas, assassinas?

Mamon é seu nome, em grego *mamonas*, transcrição do aramaico *mamona*, "dinheiro, moeda". Mamon significa riqueza, e a riqueza é designada três vezes e personificada por Jesus no Evangelho de São Mateus (6,24) como um demônio, uma entidade mítica e até assassina. Ela põe a perder e escraviza os filhos de Deus pelo desejo de bens materiais e do luxo que o mundo oferece, mas cujo lucro é a morte. O dinheiro, apesar de iníquo, também pode servir aos filhos da luz para trabalharem para o reino, por isso Mamon ou o dinheiro da iniquidade não cessa de interpelar os exegetas e os moralistas, e inquietá-los.

Quando os anjos viraram demônios?

Demorou. Os demônios têm significação bíblica para divindades pagãs que se tornaram espíritos impuros. Mas para os hebreus, eles nunca foram entendidos como anjos no Antigo Testamento. Já no Novo Testamento, em uma passagem obscura, São Pedro trata dos demônios como os bíblicos anjos rebeldes (2Pd 2,4). Também Judas (1,6) se refere aos demônios como anjos: "E aos anjos que não guardaram o seu principado (sua posição), mas eles deixaram a sua própria habitação, ele os mantém eternamente acorrentados nas trevas para o julgamento do grande Dia". Esse texto, interpolado e confuso, mantém correspondente com o Livro de Henoque (6-10), com Apocalipse (20,10) e com a já evocada Carta de São Pedro. E insere-se na tradição judaica de interpretar Gênesis (6,1-4) como o pecado de anjos, sedutores de mulheres humanas, seu adequado castigo e outras altas especulações metafísicas e escatológicas.

Os demônios iranianos de Jesus são os mesmos de Israel?

No Irã atual, os Estados Unidos e Israel são tratados de grandes satãs. Desde Zoroastro, os persas são mestres em matéria demoníaca e de propaganda. Toda a demonologia judaica é o resultado de contaminações e integrações de influências mesopotâmicas (exílio e ocupação assíria) e iranianas, durante a biblicamente elogiada dominação persa, começando por Ciro. Nos tempos de Jesus, sobretudo nas camadas populares, vivia-se um verdadeiro dualismo religioso, de origem não judaica, entre as trevas e a luz. Sua fonte era o mazdeísmo zoroastriano. Essa religião do Irã antigo, revelada ao Profeta Zoroastro, admitia dois princípios: um, bom, deus da luz, criador, e o outro, mau, deus das trevas e da morte. Eles travam um combate decisivo para o destino da humanidade. Ainda hoje, Israel se preocupa muito com os demônios iranianos e vice-versa.

São muitas as menções do diabo na terra do sol, o Brasil?

Na Bíblia, o diabo perde longe de Deus em termos de evocações, mas em português e no Brasil, talvez como prêmio de consolação, ele ganha disparado, pelo menos nos apelidos. São quase 150 nomes ou designações, segundo o *Dicionário Houaiss*: anhanga ou anhangá, anhanguera, arrenegado, azucrim, barzabu, barzabum, beiçudo, belzebu, berzabu, berzabum, berzebu, bicho-preto, bode-preto, brazabum, bute, cafuçu, cafute, caneco, caneta, canheta, canhim, canhoto, cão, cão-miúdo, cão-tinhoso, capa-verde, capeta, capete, capiroto, careca, carocho, chavelhudo, cifé, coisa, coisa-à-

-toa, coisa-má, coisa-ruim, condenado, coxo, cramulhano, cujo, debo, decho, demo, demonho, demônio, demontre, diá, diabinho, diabrete, diabro, diacho, diale, dialho, diangas, diangras, dianho, diasco, diogo, dragão, droga, dubá, éblis, ele, excomungado, farrapeiro, fate, feio, figura, fioto, fute, futrico, galhardo, gato-preto, grão-tinhoso, guedelha, indivíduo, inimigo, jeropari, jurupari, labrego, lá-de-baixo, lúcifer, macacão, macaco, mafarrico, maioral, má-jeira, maldito, mal-encarado, maligno, malino, malvado, manfarrico, mau, mico, mofento, mofino, moleque, moleque-do-surrão, não-sei-que-diga, nico, pé-cascudo, pé-de-cabra, pé-de-gancho, pé-de-pato, pé-de-peia, pêro-botelho, pedro-botelho, peneireiro, porco, porco-sujo, provinco, que-diga, rabão, rabudo, rapaz, romãozinho, sapucaio, sarnento, satã, satanás, satânico, serpente, sujo, taneco, temba, tendeiro, tentação, tentador, tição, tinhoso, tisnado e zarapelho. Cruz credo!

Finalmente, os demônios existem ou não?

Certa vez interrogaram o Rabi Moisés Ben-Nachman, o Ramban, mais conhecido como Nachmânides (Gerona, Espanha 1194; Haifa, Eretz Israel, em 1270): os demônios existem ou não? O Talmude está repleto de menções aos demônios. O grande pensador Maimônides diz que eles não existem. Acreditar em demônios atenta contra o monoteísmo etc. O filósofo aristotélico, médico e pensador judaico Moisés Maimônides nasceu em Córdoba em 1135 e morreu em 1204 no Cairo. Sua grande popularidade lhe rendeu a frase elogiosa: “De Moisés (o Legislador) a Moisés (ben Maimon) não houve outro Moisés”. Quem estaria certo? O Talmude ou o grande Maimônides? A resposta de Nachmânides foi: “Os dois. Até Maimônides havia demônios. Depois dele, mais não”.

6

Estranhos nomes de profetas e inspirados

Aqui se comentam os significados e a origem dos nomes e um pouquinho da curiosa existência de uns vinte profetas bíblicos, apresentados em ordem alfabética para evitar problemas entre os maiores e os menores.

Há outros profetas na Bíblia, além destes aqui citados, mas estes aqui escreveram textos, tiveram suas palavras e atos recolhidos por discípulos, enfrentaram poderosos, realizaram prodígios, foram detidos, engolidos por grandes peixes, fizeram descer fogo dos céus, exilaram-se e até perderam a cabeça por seu zelo com as coisas de Deus.

A palavra profeta vem da tradução grega da Bíblia, a Septuaginta. Sempre ela. Sempre os gregos. Em grego, a palavra *prophetas*, divide-se em *pro*, "antes" ou "em nome de", e *phemi*, "eu falo". O profeta bíblico é aquele que fala (antes) em nome de Deus.

Na Bíblia hebraica, esse título varia. Inicialmente, eles eram chamados de videntes, inspirados, homens de Deus (título dado a Elias e Eliseu). Depois surgiu o termo *navi* (נביא) de etimologia discutida: "o que proclama" ou "o que é chamado". Na Bíblia hebraica há dois profetas por excelência: Moisés. "E nunca mais se levantou em Israel profeta algum como Moisés, ele a quem o Senhor conhecera face a face" (Dt 34,10-12). E Elias, talvez o maior de todos. Ele não morreu (ao contrário de Moisés), seu retorno ainda é esperado no Judaísmo e sua fama nunca parou de crescer. Ele é chamado de O Profeta, *Ha-Navi*.

Hoje, vive-se distante desses profetas e desse profetismo. A palavra profeta no mundo atual evoca quem prediz o futuro. Adivinhar o futuro, praticar augúrios e adivinhações é coisa abominável na Bíblia (Dt 18,9-12). Mesmo assim, o próprio Rei Saul foi condenado por Deus pois consultou uma vidente em Endor e invocou o espírito de Samuel para ter uma visão do futuro, do amanhã (1Sm 28). A Bíblia opõe os verdadeiros profetas aos adivinhos. Nos próprios livros proféticos são criticados repetidas vezes os falsos profetas. Eles assumiam o papel de adivinhos, de anunciadores do futuro, faziam previsões (como muitos nos dias de hoje ao invocar o espírito de profecia) e assumiam funções que a autêntica missão do profeta seria justamente a de impedir.

Na Bíblia, o profeta é aquele que vê claramente o presente, suas consequências e aponta a opção correta a seguir, segundo a vontade de Deus. No máximo, pensa no futuro. O profeta se situa no presente. Situar-se plenamente no presente não é pra qualquer um. Psicólogos e psicanalistas que o digam. Não é, nem foi, nem para Nostradamus.

Nem todos os profetas bíblicos escreveram. E nem todos escritos atribuídos a um determinado profeta foram grafados por ele mesmo. Parte de seus oráculos foi reunida e editada por discípulos; parte de outros oráculos foram escritos por outros personagens e atribuídos (e valorizados) à lavra de um determinado profeta. Esses e outros mecanismos levaram a um acúmulo de literatura sob a autoridade de determinados profetas. No caso de Isaías, por exemplo, seu texto cobre praticamente três séculos, dos quais dois terços ele nunca conheceu.

A literatura profética da Bíblia costuma ser dividida em profetas maiores e profetas menores. Eles são menores ou maiores, não pela estatura corporal ou pela grandeza de seus feitos, mas pela extensão de seus escritos. Os profetas maiores são quatro: Isaías, Jeremias (que também escreveu Lamentações), Ezequiel e Daniel. Os menores são doze: Oseias, Joel, Amós, Obadias, Jonas, Miqueias, Naum, Habacuc, Sofonias, Ageu, Zacarias e Malaquias.

Além desses, existem muitos outros profetas na Bíblia, como já foi evocado: Baruc, Natã, Balaão, Moisés, João Batista, Barnabé, Ágabo (At 11,27-28) etc. A Bíblia hebraica organiza e agrupa os livros bíblicos entre os profetas posteriores (Isaías, Jeremias, Ezequiel e os dos doze profetas) e os profetas anteriores (Josué, Juízes, Samuel e Reis). A Bíblia hebraica não inclui os livros de Lamentações e Daniel entre os profetas posteriores, mas entre os escritos (*Ketuvim*).

É sempre bom lembrar: os profetas são importantes em grande parte das religiões, como na Fé Bahá'í, por exemplo. O fundador do Islamismo, por exemplo, é chamado de o Profeta Maomé (*Mohamed*), o profeta de Alá.

Ainda sobre profetas, no caso do Brasil, uma Bíblia de pedra merece ser vista, lida e meditada: o conjunto de esculturas em pedra sabão dos doze profetas, feito entre 1795 a 1805, pelo artista Antônio Francisco Lisboa, conhecido como *Aleijadinho*. Esses doze profetas aguardam em silêncio leitores e visitantes no adro do Santuário do Bom Jesus de Matosinhos, no município de Congonhas do Campo, em Minas Gerais.

Deixando a pedra e a arte, e voltando ao papel, a seguir é possível conhecer um pouco sobre o significado do nome, a origem e as profecias de 22 desses escolhidos do Judaísmo e do Cristianismo "que falam" e não têm medo de falar. Incluindo os que estão em Congonhas do Campo.

1 Abdias (ou Obadias), em hebraico *Abadiah* (עובדיה)

Seu nome significa escravo, servo (*ebed*) de Deus (*Yah*). É o quarto dos doze profetas bíblicos clássicos. Muitos analistas acham que esse livro breve, o mais curto dos livros proféticos, vingativo e nacionalista não é digno de inspiração divina, nem de figurar no cânon dos livros sagrados. Com apenas um capítulo, ele vem depois do Livro de Amós e antes do Livro de Jonas. Ele é posterior à deportação dos judeus à Babilônia. Seus vinte e um versículos defendem a necessária solidariedade entre os mais fracos diante de um opressor. O país de Judá estava sendo pilhado e destruído pelos babilônios. Abdias denuncia que Edom, país-irmão (Gn 25,19-28; 36,1), ao invés de ajudar o mais fraco, passou para o lado do mais forte, conquistava terras, participava da pilhagem, matava e perseguia os escondidos ou que pediam proteção (11–14). Edom não perdoava as brigas passadas e Abdias ou Obadias está muito chateado. É curioso: o Reino de Judá não prestou nunca essa solidariedade aos seus vizinhos em outras ocasiões, salvo em raras alianças políticas, e nem sequer com seus irmãos do Reino de Israel, invadido e destruído pelos assírios. O texto de Abdias é uma coletânea de fragmentos proféticos, um tanto desconexos e anacrônicos, de diversas e obscuras origens. Para muitos exegetas não vale a pena gastar altas reflexões teológicas com ele. Se continuarmos estas considerações, logo este capítulo será maior que o livro propriamente dito e em questão. Para encerrar: os versículos 2-6 de Abdias, por exemplo, encontram-se também no Livro de Jeremias (49,7-16). Quem copiou quem?

2 Ageu, em hebraico *Haggai* (חגי)

Esse nome talvez derive de festa, em hebraico *hag*. O tempo era de festa, os hebreus retornavam do exílio, graças ao rei persa Dario I. Seu autor é considerado o "profeta do templo", pois investe toda sua profecia na obra de restauração do templo. Provavelmente, Ageu nasceu durante os setenta anos de exílio na Babilônia e regressou a Jerusalém com Zorobabel. Foi contemporâneo de Esdras, Neemias e Zacarias. Critica com fortes repreensões o descaso na reconstrução do templo nesse tempo de festa e alegria. Os dois únicos capítulos do Livro de Ageu trazem alguns elementos sobre um período obscuro da história bíblica. Mesmo se ele é um desses profetas do qual não se sabe quase nada, sua obra é mencionada em Esdras (5,1; 6,14). Seu texto nos chegou um pouco embaralhado. Para os estudiosos da Bíblia, principalmente os exegetas, o trecho dos versículos 15-23 do capítulo 2 do Livro de Ageu está fora de lugar. Deveria seguir 1,13. Mas sabe como é... Depois de uma boa festa acontece tanta coisa.

3 Amós, em hebraico *Amos* (עמוס)

Foi o primeiro entre os profetas a ter seus gestos e palavras recolhidos numa coleção de escritos que levam o nome de seus autores. Talvez esse nome venha de uma forma hebraica resumida de "*Amossiá*", significando "Deus trouxe", do verbo hebraico "levar". Em outra hipótese seu nome significaria "encarregado", como ele era dos rebanhos. Já a Wikipedia afirma pesadamente: seu nome significa fardo em hebraico, sem explicar por quê. E se o seu nome significasse o encarregado trazido por Deus para levar o pesado fardo? O Livro de Amós é o terceiro na ordem dos doze proféticos. Pecuarista da Judeia (Am 1,1), plantador e explorador de sicômoros, um tipo de figo (*Ficus sycomorus*), Amós não era um profeta por definição, nem irmão de profeta, como ele mesmo disse (Am 7,14). Ele era um especialista de integração lavoura-pecuária-floresta, tão em moda nos dias de hoje. Vivia em Teqoa, perto de *Beit Lehem* (Belém). Arrancava folhas dos sicômoros para alimentar o gado e isso provocava uma boa maturação dos frutos. A técnica é cientificamente comprovada. E lá – entre bois, ovelhas e figueiras – tinha suas visões, num tempo de grande paz e prosperidade, durante os reinados de Jeroboão em Israel (787-747 a.C.) e de Josias em Judá (781-740 a.C.). Mesmo assim, o pecuarista Amós lançou muitos oráculos ameaçadores contra os povos vizinhos, além de Israel, onde a religião oficial vivia no fasto e os pobres morriam de fome. Ele precedeu o Profeta Oseias de uns dez anos. E se cansou de chamar ou encarregar o povo ao arrependimento.

4 Baruc, em hebraico *Baruch* (ברוך)

O nome desse abençoado profeta e escrivão de Jeremias significa em hebraico: bendito, abençoado. Sobre isso não há dúvidas. Só sobre isso. No ano 605 a.C., ele redigiu os discursos ditados pelo Profeta Jeremias. Dizem. Leu para o autor, para o povo, para os oficiais da corte e para o Rei Joaquim. Ele não gostou e mandou destruir esse rolo. Jeremias ditou tudo de novo, com alguns acréscimos (Jr 36,1) e Baruc escreveu e escreveu os ditados de Jeremias. E até profetizou um belo futuro para ele, apesar dos problemas enfrentados (Jr 45,1). Até onde se sabe, a coisa acabou mal para Baruc. Ele terminou exilado no Egito, junto com o Profeta Jeremias. Filho de Nerias, irmão de Seraías, amigo e secretário do Profeta Jeremias (Jr 36,4), Baruc era um homem erudito, de nobre família (Jr 51,59) e, segundo a Bíblia, serviu fielmente ao Profeta Jeremias. Seus livros são compostos de textos com gêneros literários diferentes. Eles não são nem do mesmo autor, nem da mesma época. Existem três livros atribuídos a Baruc, um canônico e dois deuterocanônicos. Mesmo tendo escrito tanto durante sua vida sabe-se, a partir de estudos científicos, que nenhum dos três livros foi mesmo escrito por ele. Acontece cada uma.

5 Daniel, em hebraico *Danyyel* (דניאל)

Textualmente significa Juiz (*Dan*)-meu (*i*)-Deus (*El*), Deus é meu juiz. Foi um visionário descendente do Rei Davi, meio tradutor, capaz de ler línguas estranhas, conviver com leões etc. (Dn 1,10). No livro homônimo, ele é apresentado como um jovem judeu, de família nobre, deportado para a corte de Nabucodonosor. Lá foi instruído na sabedoria dos caldeus e ficou nessa sua pós-graduação até o terceiro ano do reinado de Ciro (537 a.C.). Uma coisa é certa: o autor, o escritor do Livro de Daniel andava longe da Babilônia e até meio esquecido de como eram mesmo as coisas por lá. Ele viveu depois do período persa e já sobre influência grega, no tempo dos Macabeus. Há várias incoerências entre relatos do Livro de Daniel e os fatos históricos: não houve uma deportação em 605 a.C.; Baltasar era filho de Nabônides e não de Nabucodonosor; não há qualquer referência histórica de uma suposta loucura de Nabucodonosor; Dário é persa e não medo, e foi um dos sucessores de Ciro e não seu predecessor; o ambiente babilônico é descrito com termos de origem persa; os instrumentos da orquestra de Nabucodonosor trazem nomes transcritos do grego; Daniel não é mencionado no Eclesiástico, que relaciona os profetas de Israel em 48,22 e 49,7-8.10. Por isso tudo, na Bíblia hebraica esse profeta não faz parte dos livros proféticos (*sic*) e sim dos Escritos, entre Ester e Esdras. Provavelmente, esse texto ainda não existia quando os livros proféticos compuseram o cânon hebraico, tendo passado por umas três etapas antes de ser incluído. O texto está escrito em hebraico e aramaico, com termos gregos. O livro é citado no Novo Testamento, no discurso apocalíptico de Jesus (Mt 24,15; Mc 13,14). Mas dele provém a expressão tão importante: Filho do Homem (Dn 7,13). Seu estilo apocalíptico serviu de forte inspiração na redação do Livro do Apocalipse.

6 Elias, em hebraico *Eliahú ou Eliyah* (אליהו)

O nome desse profeta é uma repetição do nome de Deus sob duas formas: *El* e *Yahú*. Significa: "Deus é Deus" ou ainda "Meu deus é Deus". Sua pregação é profundamente monoteísta, insiste sobre o tema e repudia qualquer culto a outros deuses. Profeta teria vivido na Samaria nos reinados de Acab e Ocozias de Israel. O nome é atribuído a três outras pessoas no Antigo Testamento. A vida do Profeta Elias é narrada no Livro de Reis (1Rs 17-19-21; 2Rs 1,1-2,18). Muitos estudiosos acreditam: existia um texto anterior, uma biografia de Elias ou quem sabe mesmo de Eliseu e ela serviu de base aos relatos do Livro dos Reis (1Rs 17,19-21; 2Rs 1,1–2,18), assim como outros relatos independentes sobre sua vida. A ênfase do relato é dada ao aspecto miraculoso. No fundo, trata-se de destacar a resistências de Elias, quase sozinho (1Rs 19,18), contra o culto de Melcarte, o *baal* de Tiro, introduzido no Reino de Israel por Jezabel e Acab. Defensor da moralidade de Israel, crítico dos tiranos e poderosos, sua vida foi relatada ou editada para dar-lhe características mosaicas que provavelmente nunca teve (ascensão ao Monte Horeb, manifestações de Deus com terremoto, vento e fogo...). Sua grandeza é atestada pelas numerosas menções à sua pessoa no Antigo e no Novo Testamentos. Elias não morreu. Ascendeu aos céus. Por isso, pode voltar. Até cartas, ele escreveu depois de morto ou assumpto (2Cr 21,22). Sem que a crença na reencarnação seja explícita, o tema da reaparição de heróis mortos era frequente no pensamento hebraico (Mt 14,2; Mc 15,13): Elias retornaria antes do Dia do Senhor. Tal crença é mencionada diversas vezes nos evangelhos (Mt 11,14; 17,10s.; Mc 9,11). Pra alguns, o próprio Jesus era Elias (Mt 16,14; Mc 6,15; 8,28; Lc 9,18.19). Também a São João Batista foi perguntado se ele era Elias (Jo 1,21.25). Para Jesus, São João Batista era o Elias que deveria vir (Mt 11,14; 17,11s.; Mc 9,12). Nos lares judaicos, na celebração da Páscoa, como parte do ritual, do *seder*, serve-se com destaque na mesa, um copo de vinho para Elias, *HaNavi*, o Profeta. Mesmo se ele raramente aparece.

7 Eliseu, em hebraico *Elishah* (אלישע)

Seu nome significa "Deus salvou" (*El – iasha*). Foi profeta de Israel durante vários reinados de Ocozias a Joacaz. Agricultor, Eliseu arava a terra, com doze juntas de bois (Haja boi! Ou haja simbolismo!) de seus pais fazendeiros, quando foi chamado por Elias. Acompanhou Elias até o momento de sua ascensão, recebeu seu manto e a dupla porção de seu espírito profético (2Rs 1,17; 2,1-9 e 11-12). Fez muitos milagres ou coisas consideradas como tais. Abriu as águas do Jordão (2Rs 2,14); purificou uma fonte de água má em água potável utilizando sal, sem recorrer a osmose reversa (2Rs 2,19-22); multiplicou o óleo de uma viúva (2Rs 4,1-7), curou o capitão da Síria, Naamã, de lepra (2Rs 5,1-19); fez um machado que havia caído num rio flutuar (2Rs 6,1-7); alimentou cem homens com vinte pães e algumas espigas (2Rs 4,42-44); ressuscitou um menino (2Rs 4,8-37) e também matou 42 crianças! Eliseu era careca, vaidoso e muito bravo. Certa vez, crianças zombaram de sua careca. Pra quê. Muito zeloso de sua autoimagem, Eliseu orou para que Deus mandasse ursos para matar as crianças. E aí Deus disse: "Calma. Eliseu, não há lei no mundo para justificar tal matança infantil, por um motivo de vaidade tão torpe"? Nada disso. Segundo a Bíblia, duas ursas saíram do mato e mataram os quarenta e dois meninos. Cada uma vinte e um (2Rs 2,23-24). Eis um texto bem desagradável para quem lê a Bíblia ao pé da letra ou da pata da ursa. Para quem busca entender para além da letra, um lembrete: as 42 crianças são simbólicas, como as duas ursas. Existe uma ampla simbologia bíblica, vinculada a um ciclo de tempo completo, associada ao número quarenta e dois (6 x 7), aos 42 meses e aos 1.260 dias (Dn 7,25; 12,7; 2Rs 2,23-25; Lc 4,25; Tg 5,17; Ap 11,3; 12,6; 13,5). No Apocalipse (13,2), a besta que emerge do mar, e cujas "patas eram como as do urso", recebe o poder de agir durante 42 meses (13,5). E o urso, ao contrário de tantos mamíferos, tem 42 dentes. Em tempo, os evangelistas, especialmente São Lucas, sentiram-se na obrigação de fazer Jesus repetir, com mais brilho e efeito, a maioria dos milagres atribuídos a Eliseu. Conseguiram?

8 Ezequiel, em hebraico *Ichezkel* (יחזקאל)

Esse nome significa "Deus fortifica" (*Yeh' azeq*). Contemporâneo da queda de Jerusalém (587 a.C.), tem-se a impressão de que Ezequiel começou sua pregação na Palestina. Na realidade, toda sua exortação ocorreu em terras babilônicas, junto à cidade de Tel-Abib, para onde fora levado, com outros deportados, por volta de 598 a.C. Ele era um sacerdote e até o fim da vida conservou sua postura de um perito em cultos, liturgia, rubricas e sacristias. No exílio tornou-se profeta e, de pregador de condenação, transformou-se em pregador de salvação. Um exemplo a ser seguido. Seu texto era rico, denso, variado, complexo e bastante ordenado. Seus discípulos, ao consolidarem a redação, introduziram uma série de desordens, fragmentaram oráculos, aproximaram indevidamente oráculos independentes, geraram repetições e provocaram diversas incoerências gramaticais. Como se diz, o castigo dos mestres são seus discípulos. Ezequiel deu origem à corrente apocalíptica nos escritos bíblicos, suas grandiosas visões antecipam as de Daniel e as do Apocalipse.

9 Habacuque, em hebraico *Habakuk* (חבקוק)

Seu nome é atestadamente acadiano e vem da denominação de uma planta aromática lianescente, de onde seu significado "abraçado", "enlaçado" do verbo hebraico *lehabek*. É difícil datar esse livro. Os exegetas o situam entre 615 e 597 a.C. Esse profeta foi contemporâneo de Sofonias e escreveu alguns anos após ele, sob o reinado de Josias na Judeia. Habacuque é único entre os profetas que, abertamente, questiona a Deus (1,3-13). Na primeira parte do primeiro capítulo, o profeta vê a injustiça entre o seu povo e pergunta por que Deus não age. Ele bem avisou: o Nabucodonosor vem por aí... Diante disso, o que fazer? Migrar?

10 Isaías, em hebraico *Ieshaiahú* (ישעיהו)

Esse nome é uma combinação de *Iesha* (a salvação) e *Yahú* (um dos nomes de Deus). Significa "Salvação de Deus". A forma Isaías vem da Septuaginta, via Vulgata, e foi mantida ecumenicamente pelos evangélicos. Esse profeta era filho de *Amots*, cujo nome significa energia. Para quem gosta de cabala, a somas das letras hebraicas de *Ieshaiahú* tem o mesmo valor semântico da palavra "alma divina", *neshamá*: 395. O Profeta Isaías andou nu durante três anos no tempo de Ezequias para chamar a atenção sobre a radicalidade de sua mensagem profética. Seus primeiros escritos foram tão importantes que mesmo depois de morto seu livro continuou sendo atualizado, incorporando novos textos até o retorno da Pérsia, no século VI a.C., quando tomou ares irônicos e absolutamente monoteístas.

11 Jeremias, em hebraico *Irmeyahú* (ירמיהו)

Esse nome significa "Deus levantará", de *iarim* (Ele levantará) e *Yahú*, um dos nomes de Deus. A forma Jeremias, ao invés de Irmiaú, vem da Septuaginta, via Vulgata e também é mantida ecumenicamente pelos evangélicos. Que bom! Esse profeta foi um marginal solitário, humilde, mas de palavras severas. Não frequentava as rodas sociais e ele mesmo assim se define: "Eu fico à margem" da sociedade (Jr 15,17). Nenhum profeta narra a Palavra de Deus e seu modo de agir de forma tão dolorosa e, por vezes, devastadora: "Todos os meus membros estremecem, torno-me como um bêbado, um homem tomado pelo vinho, por causa de tuas palavras" (Jr 23,9). Quando Nabucodonosor venceu o Faraó Necao II e ameaçou Judá, o Profeta Jeremias foi ao pátio do templo e anunciou a destruição de Jerusalém (Jr 19,14-20). Foi preso por Fassur, chefe da guarda do templo, surrado e colocado no tronco por uma noite. Depois, foi-lhe proibida (Jr 36,5), a entrada no templo. Jeremias continuou denunciando o esquecimento de Deus, o culto falso, as idolatrias e as injustiças sociais. Para ele, os principais responsáveis eram os detentores do poder em Jerusalém (rei, ministros, falsos profetas, sacerdotes). A atuação de Jeremias ocorreu por volta do ano 605 a.C., mas o livro atribuído a Jeremias, para muitos, é obra de Baruc, seu secretário. A atribuição a Jeremias da autoria do Livro das Lamentações também é muito questionada. Conhecido por suas profecias tão autênticas como imaginar que ele tenha dito e escrito que a inspiração profética tinha se esgotado? (Lm 2,9). Ele não louvaria o Rei Sedecias (Lm 4,20 x Jr 24,8), nem esperaria auxílio do Egito (Lm 4,17 x Jr 37,5-7) e nem apoiaria a doutrina da dívida pelos pecados dos pais (Lm 5,7 x Jr 31,29-30; 5,6 x Jr 2,18). Para encerrar: o gênio literário espontâneo de Jeremias é incompatível com o estilo erudito dos poemas hebraicos do Livro das Lamentações. Há até quem sustente: as Lamentações foram escritas por adversários de Jeremias. Lamentável.

12 João Batista, em hebraico *Yohanan* (יוחנן)

Desconhecido dos judeus, ele é o único profeta do Novo Testamento, apelidado de Imersor, Batizador, Batista. Seu nome em hebraico significa "Deus (*Yo*) perdoa, agracia (*hanan*)". Sobre a vida de São João Batista só temos as versões dos discípulos de seu primo Jesus. A simpatia não reinava entre os discípulos de Jesus e os de São João. O clima era mais de concorrência. São João possuía muitos mais discípulos do que Jesus durante seu ministério. A violência trágica abateu-se sobre esses dois primos. Com o tempo, os seguidores de Jesus Cristo cresceram muito e os de São João diminuíram. Os estudiosos da Bíblia mostram como as histórias desses dois primos foram relatadas tardiamente nos evangelhos, de forma a conciliar, e até reconciliar, essa grande família. Ao contrário dos outros profetas ninguém escreveu seu livro. Ou vai ver foi imerso sem querer e seus escritos perderam-se em águas batismais.

13 Joel, em hebraico *Yoél* (יואל)

O nome desse profeta é uma repetição do nome de Deus em hebraico sob duas formas: *Yo* e *El*. Significa Deus é Deus. A pessoa desse profeta é desconhecida. A época de suas profecias também. Para a maioria dos exegetas esse livro foi escrito após o exílio na Babilônia e após a reconstrução do segundo templo, aproximadamente em 400 a.C. O Livro de Joel não se refere a nenhum rei, nem ao exílio, e é de grande profundidade religiosa e beleza poética. Quem leu não esquece sua descrição de uma praga de gafanhotos ou sua visão escatológica apoteótica de Jerusalém. O texto o introduz como "filho de Petuel" e é só. Para alguns exegetas, Joel era um profeta adido ao santuário. A primeira parte de seu texto imita ou reproduz uma liturgia utilizada no templo. Outros, dadas as incoerências do texto, atribuem-no a um grupo de profetas. O Apóstolo São Pedro no sermão de Pentecostes em Jerusalém (At 2,17-21) citou o profeta Joel e converteu três milhares de pessoas, sem televisão, rádio ou jatinhos. Impressionante.

14 Jonas, em hebraico *Ioná* (יוֹנָה)

Seu nome em hebraico evoca a pomba, a rolinha (*ioná*). Sua vida certamente inspirou esse livro-parábola do Antigo Testamento. Quanto a ter sobrevivido dias no ventre de um grande peixe, devia tratar-se de uma espécie aquática hoje extinta. Não há um nadador capaz de tal façanha nos mares do planeta. Seu livro está mais para um conto, uma parábola, do que para uma coleção de oráculos proféticos. Inclusive, ele não se dirige aos judeus e é profeta do alheio. Mesmo assim, Jonas está inserido entre os livros proféticos. Trata-se de uma história maravilhosa, remanejada por diversos escritores, com um humor acre e único. Ela segue um estilo literário bem posterior à época pós-exílica. Jonas prega o arrependimento a Nínive, capital da Assíria. E depois protesta contra a clemência de Deus ao perdoar os habitantes de Nínive arrependidos. Pode? Esse estilo metafórico do Livro de Jonas (engolido por um grande peixe e deixado sequinho numa praia bem distante, por exemplo) lembra os sábios que, logo depois, escreverão os livros de Tobias, Ester e Daniel.

15 Malaquias, em hebraico *Malaki* (מלאכי)

O nome desse profeta, em hebraico, evoca um anjo ou um enviado (*malak*), um mensageiro celeste. Textualmente significa "Meu Mensageiro". E marca o caráter da pregação desse profeta. Situado como um anjo, ele anuncia as exigências que antecedem a chegada do Messias. Ele viveu por volta dos anos 480 e 460 antes da Era Cristã e teria sido contemporâneo de Esdras e Neemias. Naquele tempo, parte do povo acabava de retornar do exílio. O templo estava sendo reconstruído e os cultos haviam sido retomados. A grande reforma iniciada por Esdras, principalmente contra os casamentos mistos, ainda não começara. Mesmo assim, eram tempos de descrença, relaxamento e ceticismo, como sempre. Suas pregações foram duras. Malaquias criticou e ameaçou os religiosos e os leigos de seu tempo, com matizes claramente messiânicos. Malaquias teve grande influência na configuração do Judaísmo pós-exílico. Ele é o último na lista dos profetas, e fecha a Bíblia hebraica. E o faz com uma belíssima promessa: "Deus verterá o coração dos pais no coração dos filhos e o dos filhos no dos pais" (Ml 3,24).

16 Miqueias, em hebraico *Miká* (מיכה)

Seu nome é a contração de *Mikaiehú* e significa "Quem (*mi*) é como (*ka*) Deus (*Yeú*). No Ocidente, foi transformado em Micael, Micaela, Michel, Miguel, Miguela, Miguelim e Michelin. O Profeta Miqueias era originário de Moréshet-Gat, perto de Laquish, no Reino de Judá. Jovem, ele foi contemporâneo de Isaías, testemunhou a queda da Samaria e o exílio imposto ao Reino do Norte (722 a.C.). É um livro profético "típico" com advertências, julgamentos, requisitórios, repreensões, promessas de salvação, fragmentos litúrgicos e processos de aliança. O autor recorre a muitos jogos de palavras, o tempo todo, e é um martírio para os tradutores, além de anunciar a destruição da Samaria e de Jerusalém.

17 Natan, em hebraico *Nathane* (נתן)

Seu nome significa "Ele (Deus) deu". Natã foi profeta da corte nos tempos do Rei Davi. Esse régulo lhe deu muito trabalho e também lhe causou muitos transtornos. Natã surge no texto bíblico ao encorajar Davi a construir um templo. Depois de uns sonhos, ele mudou de ideia (2Sm 7,1-17 e 1Cr 17,1-15) e acabou recomendando a Davi edificar uma família, uma dinastia. O texto bíblico brinca com a palavra *bayit*. Ela tanto pode significar casa como família e ilustra também muitos sinais de reelaboração redacional. O nome Natanael segue a mesma linha "Deus deu" ou "Presente de Deus". Natã reaparece no texto bíblico repreendendo severamente Davi por ter ordenado a morte de um de seus mais fiéis servidores, Urias, por haver adulterado com sua esposa e o ameaça de morte (2Sm 12,1-25). Capaz de intrigas puramente políticas, Natã é o mais antigo profeta de corte na Bíblia. Nada se sabe sobre sua origem, genealogia. Alguns estudiosos o veem como um jebusita, os pré-israelitas habitantes de Canaã, de Jerusalém. Quem sabe cuidava do pequeno santuário reformado por Davi?

18 Naum, em hebraico *Nahum* (נחום)

Seu nome evoca o Consolado ou o Reconfortado, pois deriva da raiz hebraica *nahum* (Ele consola). Esse nome evoca o reconforto, do verbo *le-nah'em*. É praticamente o único Naum da Bíblia. Outro Naum aparece apenas na genealogia de Jesus (Lc 3,25). Como Jonas, Naum também levou um apelo de conversão a Nínive. Sua atividade literária é posterior a 663 a.C., ano da tomada de Tebas por Assurbanipal. O título de seu livro é Visão de Naum, ou seja, ele vê e faz ver. Fez até ver outros profetas, como Joel, pois este certamente inspirou-se de seu texto em suas profecias. Seu livro começa com um hino ao Senhor Terrível e Bom. Foi um dos últimos profetas.

19 Oseias, em hebraico *Hoshea* (הושע)

O nome desse profeta significa em hebraico "Deus salva". Oseias era um homem dos reinos do Norte de Israel, talvez pertencente à tribo de Benjamin. De Efraim, ele dirige suas diatribes, sem concessão. Seus escritos estão entre os mais antigos dos chamados profetas menores, apenas um pouco mais recente que Amós e datam de 750 a 725 a.C. Denunciou com veemência a existência de inaceitáveis imagens e esculturas bovinas para representar o Deus Yavé, em diversos santuários javistas. Ele viveu um período de turbulência política antes da tomada de Israel pelos babilônios. Ele denunciou as instituições corrompidas, a imoralidade e a prostituição. Os textos atribuídos a Oseias, assim como os de outros profetas, sofreram muitas adições e remanejamentos posteriores a partir de um núcleo inicial. Seu livro cresceu com o passar dos séculos. O capítulo final de Oseias, o 14, é um texto *light* com os samaritanos. Ele avisa o povo da Samaria: cairão pela espada, "as crianças de peito serão esmagadas e as mulheres grávidas terão os ventres rasgados". Todos estudiosos estão de acordo em datá-lo da época persa, ou seja, uns quatro séculos mais velhinho que o resto. Como afirma o comentário da TEB sobre o Livro de Oseias, trata-se de livro difícil e profundo, para compreendê-lo é preciso ter inteligência e muito discernimento. O aviso está dado.

20 Samuel, em hebraico *Shemuel* (שמואל)

Os livros de Samuel ocupam um lugar central na Bíblia hebraica e marcam – após um período de anarquia, idolatria e desastres – a instauração de um poder central em Israel. Em hebraico, *Shemuel* significa "Seu Nome é Deus" (*Shem-u-El*). Samuel foi o primeiro grande profeta (1Sm 1,20). Na Bíblia, sua mãe, Ana, diz *equivocadamente*: seu nome significa "eu o pedi para Deus" (1Sm 1,20). Essa explicação seria correta se o nome dele fosse Shaul, Saul, Saulo. Coisas da emoção de ser mãe pela primeira vez. Samuel começou sua carreira no antigo santuário de Siló em Efraim. Depois, Siló cairá em desgraça para os redatores bíblicos sulistas. As histórias dos livros de Samuel são compiladas de diversas tradições e, mesmo dentro dessas compilações, foram usados materiais de diversas origens, como já foi dito. Sua morte é introduzida, como se nada fosse, no versículo primeiro do capítulo 25 de 1 Samuel. Ele morre assim, na boa, de repente, sem alarde, e tudo segue como dantes no texto ou no quartel de Abrantes. Há tantas adições nesse texto que a morte de Samuel, entre as peleas míticas de Saul e Davi e antes da história de Nabal e Abigail, quase nem se nota. Mas sob sua autoridade páginas e páginas ainda foram escritas.

21 Sofonias, em hebraico *Tzefania* (צפניה)

O nome *Tsefania* significa "Deus escondido" ou "Deus protegido". *Tsefan* (Ele esconde) e *Yah* (Deus). É da mesma raiz a palavra *Tsafún*, presente na *Hagadá* de *Pêssah̲*. Ela indica o momento no qual, um pouco antes do final da ceia pascal, os judeus consomem um pedaço de pão ázimo, escondido desde o começo da leitura da *Hagadá*. Em seu tempo, os hebreus haviam adotado os hábitos dos assírios, seus ídolos e outras coisinhas mais. Até então, desde Miqueias (772 a.C.), nenhuma outra voz profética havia se levantado. Nesse contexto, denunciando as ameaças internas e externas, profetizou o inspirado Sofonias. Inspirado fortemente (ele e seus redatores) nos profetas Isaías e Amós (o Dia do Senhor, *Dies irae*).

22 Zacarias, em hebraico *Zekhariá* (זכריה)

O nome desse profeta significa "Deus se lembra", Deus memoriza e não esquece (*zekhar* + *Yah*). Este é o nome usado por cerca de trinta personagens na Bíblia hebraica. Quanto ao Profeta Zacarias, propriamente dito, ele foi contemporâneo de Ageu, apenas um pouco posterior em seus relatos iniciais. Ele profetizou a restauração após o exílio na Babilônia. Os oito primeiros capítulos do seu livro cobrem o período do ano 520 a 518 a.C. A datação da segunda parte de seu livro é objeto de muita discussão. Ninguém lembra direito.

7

Os muitos nomes do Filho Unigênito de Deus

Nos dias atuais, de tanta cristofobia, falar sobre os nomes bíblicos de Jesus Cristo pede muita cautela, prudência e caldo de galinha. A origem do primeiro nome, javista, não causa dúvida ou discussão. Para a tradição cristã, o nome do filho de Deus foi definido e determinado por um anjo, em sonho, ao seu pai adotivo José: "Tu o chamarás com o nome de Josué (Jesus), pois ele salvará o seu povo dos seus pecados" (Mt 1,21). O mesmo ocorreu com Maria. Mas dessa vez o anjo se apresentou ao vivo (Lc 1,32).

O anjo não foi lá muito criativo, mesmo se o nome já sintetizava a missão de quem iria portá-lo. O nome Josué, *Iehoshuá*, era comuníssimo naquele tempo. Seu pai José, *Iossef*, não teve escolha. É sempre bom lembrar: não existe a letra J em hebraico. Por isso, Jesus e José, assim como Jonas, João, Joaquim, Josué e Joel soam bem distante dos nomes bíblicos originais, iniciados com *Yoh* e *Yah*.

Como o nome Josué ou Jesus era muito difundido, para não confundir um personagem tão especial e diferente com outros de vida tão banal, o povo logo colocou apelidos, codinomes, títulos e outros apêndices onomásticos retomados nos textos do Novo Testamento. Daí deu no que deu. Até sobrenome, Jesus ganhou: Cristo. Algo inédito naqueles tempos.

É tanta denominação no Novo Testamento para esse Galileu, para esse Nazareno. Daria quase para escrever uma bíblia. Sem falar nos títulos posteriores recebidos ao longo da história do Cristianismo.

Quando os judeus perguntam a Jesus: "Quem és tu? Jesus respondeu: Exatamente o que eu vos declaro" (Jo 8,25). Eu Sou. Em diversas ocasiões Jesus dirá simplesmente: Eu Sou. *Ego Eimi* em grego. E com frequência essa expressão traz um complemento. Ele também se autoafirmou como sendo o Filho, o Filho do Homem, o Bom Pastor, a Luz do Mundo, a Ressurreição e a Vida, a Videira Verdadeira, a Porta das Ovelhas, o Pão da Vida, a Fonte da Água Viva... E, sobretudo, o Messias.

Muitos exegetas e teólogos cristãos, desde a Antiguidade, chamaram atenção para o sentido único de todas essas autodenominações ou imagens complementares de Jesus. Elas são variações de um único tema: Jesus veio para que o homem tenha vida e a tenha em abundância (Jo 10,10). Para os cristãos, em Jesus está presente na plenitude o dom da vida mais original e inesgotável. Só Ele pode dá-lo. Querer e desejar a vida são para o Cristianismo a mesma coisa que querer e desejar Deus, na pessoa de Jesus, seu único Filho. Ele traz a vida possível entre os homens, como irmãos, pelo amor. Para quem se interroga sobre quem foi ou é Jesus, os cristão em comunidade, em Igreja, respondem sempre com São Pedro: "Tu és o Cristo, o Filho do Deus vivo" (Mt 16,16).

Seu nome é Jesus ou Josué?

Os dois. No momento da sua circuncisão, o menino do presépio recebeu o nome próprio de Jesus, em hebraico *Iehoshuá*, Josué (Lc 2,21). O Josué virou Jesus pela redação grega do Novo Testamento, *Iesu*. De novo, os gregos. Em termos de originalidade, o nome Jesus não foi lá grande coisa. Esse nome próprio é muito frequente na Bíblia e nos tempos de Jesus andava na moda. Como nunca.

Qual o significado do nome de um salvador salvo por Deus?

Veja se pode tanta ironia. Parece brincadeira de anjo. O nome Jesus, Josué, *Iehoshuá* significa "Deus salva". Como indicou o anjo em seu diálogo com Maria, *Miriam*: *Iehoshuá* "*Yah* salva" será o nome do Messias, *Mashiah*, filho do Supremo e do trono de Davi (Lc 1,32). Esse título de *Mashiah* faz, em hebraico, um jogo de palavras com *Iehoshuá* (Is 43,3; 45,5; Lc 1,47). É quase um paradoxo: Deus salva o salvador. Talvez para lembrar: Deus é por excelência o *Mashiah*, o "messias-salvador".

Cristo é nome ou sobrenome de Jesus?

Nenhum dos dois. Cristo é o título principal de Jesus, repetido mais de 500 vezes no Novo Testamento. Esse título surge pela primeira vez no Evangelho de São Mateus (Mt 1,1) e pela última vez no final do Livro do Apocalipse (Ap 20,6). Está tão associado ao nome de Jesus, a ponto de parecer seu sobrenome: Jesus Cristo, em grego *Iesu Christos*, de *Kurios*, o ungido de Deus (Is 61,1, citado por Lc 4,18), como tradução da expressão hebraica *mashiah*, "messiado", ungido, consagrado por uma unção. O primeiro capítulo de São Marcos fala de Jesus Cristo, *Iesu Christu*, em grego. Esta última palavra não tem artigo. Isso faz dela um nome próprio, juntamente com o primeiro. Também a palavra *Sheol*, na Bíblia, sempre anda sem artigo, e lembra talvez uma antiga divindade do mundo inferior e dos mortos. Assim ficou na tradição cristã: Jesus Cristo, como se fosse um nome com sobrenome. Jesus é seu nome e *Mashiah*, Cristo ou Messias sua função.

Os evangelhos chamam Jesus de Jesus Cristo?

Por incrível que pareça, quase não. Nos evangelhos, a designação de Jesus Cristo só aparece duas vezes: uma em São Mateus (Mt 1,1.18) e outra em São João (17,13). Nem São Marcos nem São Lucas nunca chamaram Jesus de Jesus Cristo. Eles o chamam simplesmente de Cristo ou de Cristo Senhor. O título desandou a ser usado a partir dos Atos dos Apóstolos para atingir várias centenas de vezes. Já nos dias de hoje, essa designação está consagrada, tanto quanto seu detentor: Jesus Cristo é o Senhor!

Qual a diferença entre Jesus "messiado" e Jesus messias?

A diferença é grande. No Antigo Testamento, reis e sumos sacerdotes recebiam a unção e eram revestidos de uma autoridade provinda de Deus. Eram ungidos, consagrados, *messiados* por Deus para serem reis, soberanos, sacerdotes... Com muitos direitos e deveres exclusivos. No Novo Testamento, a palavra *Christos* é empregada unicamente a Jesus: ou como adjetivo ou como nome. A diferença está entre um Jesus Cristo, um Jesus ungido, *messiado* e Jesus o Cristo, o ungido de Deus, o Messias, o Cristo Senhor, aquele que os judeus identificam como o Rei de Israel, *messiado* por Deus para libertar o seu povo de toda servidão. Deus já havia *messiado* e ungido muita gente ao longo da história dos hebreus, mas nada disso passava perto da missão messiânica do Nazareno.

Jesus foi messiado?

O verbo *mashah*, "ungir, messiar" no Antigo Testamento é empregado indiferentemente para o templo, corpo da construção onde Deus reside, e para o corpo do sacerdote ou do rei em que Ele também habita. Além dos céus, é claro. O óleo da messianidade conferia à morada e ao corpo a sacralidade necessária para Deus habitá-los. Esse ato de consagração conferia à morada e ao homem as suas finalidades sagradas, messiânicas (Ex 30,22-33). O sumo sacerdote era chamado o "sacerdote messias", *ha-kohen ha-mashiah*. Os simples sacerdotes eram apenas aspergidos e não messiados com o óleo da messianidade (Ex 29,7). Jesus foi messiado por si e em si mesmo.

Jesus, um messias substantivo ou adjetivado?

O substantivo Messias raramente é empregado nos evangelhos. O próprio Jesus recomenda a seus discípulos a não dizer a ninguém que Ele é o

Cristo, o Messias. Jesus temia que os judeus quisessem fazer dele seu rei e o líder de um movimento político de libertação nacional. Mesmo assim, essa era a expectativa, inclusive, de boa parte de seus discípulos. Já quando Jesus era adjetivado somente de messias, aí tudo bem. Era mais *light*. Ungidos têm tantos. Vai saber para o quê... Agora o Ungido, o Messias, era um só. Para os judeus, até hoje, ainda não veio.

Jesus é o Messias de Israel?

Antes de sua Paixão, o sumo sacerdote pergunta a Jesus se Ele é o Cristo, o Messias, o Filho do Deus Bendito. Jesus responde: "Eu Sou" (Mc 14,61-62). Daí em diante, o nome de "Cristo" será aplicado a Jesus. Desde a primeira frase da narrativa do Evangelho de São Mateus, Jesus é proclamado *Mashiah*, Messias, rei de Israel: "Livro das origens de Jesus, Cristo (Messias), filho de Davi, filho de Abraão" (Mt 1,1). Nos Atos dos Apóstolos, o título é associado à sua glória de ressuscitado: "Deus o constituiu Senhor e Cristo, este Jesus a quem vós crucificastes" (At 2,36). O mesmo título será utilizado por Paulo em suas cartas e no Apocalipse.

Jesus é o único Messias?

Não. Tem muito Messias por aí, por causa dele. Como já foi evocado, a palavra messias vem do hebraico *mashiah*, e deriva do radical *mashah*, ungir. Ela implicava uma unção. Ela consagrava e substantivava o rei ou o sacerdote. Jesus era o Messias messiado. Hoje tem muita gente com o nome Messias, assim, na boa, como se nada fosse. Se foram batizados na Igreja Católica, esses Messias receberam a unção perfumada do crisma na cabeça e, de certa forma, foram messiados, com o óleo da messianidade cristã. Eh... Cristianismo abusado.

Jesus se chamava “o Filho do Homem”?

Sim. Essa expressão era usada por Jesus para designar-se, faz parte de suas autoafirmações É o título mais usado por Jesus para falar de si mesmo: 14 vezes. Essa expressão só se encontra nos evangelhos na boca de Jesus. Como um paradoxo, ela servia para ocultá-lo e ao mesmo tempo o tornava acessível. Ao chamar-se de Filho do Homem, em hebraico *ben Adam*, pelo uso corrente em aramaico e hebraico, a expressão significava, simplesmente “homem”. Aplicado a Jesus por Jesus, esse título parece um enigma, cujo significado é discutido. Ele não existia como título no tempo de Jesus. Ele aparece com frequência no Evangelho de São Marcos (Mc 2,28; 8,31; 8,38; 9,9; 12,31; 10,33-45; 13,26; 14,21.41.62), mas também em São Mateus no anúncio da paixão (Mt 16 e 17), em São Lucas (Lc 5,24; 6,5; 12,10; 17,22-30) e São João. Esse título aplica-se a Jesus e somente ou apenas a Jesus. Faz parte das autoafirmações de Jesus. No Evangelho de São João, Jesus em seu diálogo com Natanael evoca os anjos de Deus descendo e subindo sobre o Filho do Homem. No Novo Testamento, ela designa particularmente um Jesus conhecido em sua humanidade, em seu sofrimento e, finalmente, em sua glória, na hora da parusia, em alusão a Daniel (Dn 7,13-14). Ela aparece ainda 12 vezes em São João, mais frequentemente ligada à glória futura do Messias triunfante (Mt 26,64). Nos evangelhos, Jesus se designa de preferência como “o Filho do Homem”. Um belo título. Poucos reconhecem e proclamam.

Jesus era chamado de Filho de Deus?

Sim. Ainda em vida, Jesus foi chamado de Filho de Deus. O título convinha ao rei de Israel. O título “Filho de Deus”, em hebraico, *ben Elohim*, e em grego, *Huios Theou*, implica, geralmente, uma filiação divina real e única. Essa expressão tem origem na teologia política do Oriente, pois tanto no Egito como na Babilônia o rei recebia o título de “Filho de Deus” e o rito de entronização dos reis era como a *geração* de um Filho de Deus.

Essas representações foram assumidas pela tradição religiosa israelita e pelos redatores da Bíblia. Virou até nome comum em hebraico: Benaia (*ben*, filho de *Ya*, Deus). Moisés apresenta a nação de Israel como filho primogênito de *Yavé* (Ex 4,22). Se os povos são a grande família de Deus, Israel era seu filho primogênito, com tudo o que a primogenitura representava no Oriente. O ritual de entronização dos reis de Israel assumiu essa perspectiva da filiação divina (2Sm 7,12; Sl 89,27) como é claramente dito no Sl 2,7: "Tu és meu Filho, eu hoje te gerei". O imperador de Roma também era "Filho de Deus" e disso decorria o culto ou a adoração divina ao imperador. Para os cristãos, Jesus realizou plenamente essa condição na sua ressurreição. Como proclama São Paulo em sua apresentação da história da salvação aos judeus reunidos na sinagoga de Antioquia, nos Atos dos Apóstolos (At 13,32-33): "Nós vos anunciamos: a promessa feita a nossos pais, Deus a tem cumprido diante de nós, seus filhos, suscitando Jesus, como também está escrito no Sl 2: Tu és meu Filho, eu hoje te gerei". Na pessoa de Jesus, o título de Filho de Deus é único e alcança uma dimensão inexistente no Antigo Testamento. Deus o nomeou seu filho e seu rei. Deus lhe concede todos os povos em herança. O primeiro versículo de São Marcos resume todo o seu Evangelho e lhe serve de introdução: Princípio do Evangelho de Jesus Cristo, Filho de Deus. Quando se diz: todo mundo é filho de Deus, evoca-se, simplesmente, o papel paterno que o Deus, o Criador do universo, desempenha em relação a todos os homens. Isso não pode ser confundido com o significado título de Filho de Deus, aplicado a Jesus.

Jesus se chamou simplesmente de Filho, sem aditamentos?

Sim. A expressão simples "o Filho" como autoafirmação só se encontra na boca de Jesus nos evangelhos. Fora dos evangelhos ela aparece cinco vezes na Carta aos Hebreus (Hb 1,2.8;3,6; 5,8; 7,28) e também nas epístolas joaninas. No Evangelho de São João, Jesus refere-se 18 vezes esse título e também em São Mateus e São Lucas (Lc 10,21). Seu significado aparece especialmente na passagem do Evangelho de São Mateus: "Todas as coisas me foram dadas por meu Pai; ninguém conhece o Filho, senão o Pai, e ninguém conhece o Pai, senão o Filho e aquele a quem o Filho quiser revelá-lo" (Mt 11,27). Para o Cardeal Joseph Ratzinger, só "o Filho" conhece o Pai, e todo o conhecimento real do Pai é participação no conhecimento do Filho. Essa revelação Ele oferece e quis revelar. A quem? Aos simples. "Tu revelastes estas coisas aos simples, aos pequeninos." A vontade do Filho constitui uma unidade com a vontade do Pai. "Deus amou de tal modo o mundo, que lhe deu o Seu único Filho" (Jo 3,16). Marca trinitária, esse título de Jesus é um dos mais proclamados: Em nome do Pai, do *Filho* e do Espírito Santo.

Jesus era filho de muita gente?

Aparentemente sim, mas tudo simbólico para não gerar aqui nenhum conflito unigênito. Os evangelistas, apóstolos e discípulos verão nele o filho do carpinteiro, o filho de José, o filho de Maria, o Filho de Davi, o Filho de Abraão, o Filho do Homem, o Filho de Deus, o Filho do Altíssimo ou simplesmente o Filho.

Jesus também era filho de Deus, o Sublime, o Altíssimo?

Devia ser, pois assim foi chamado: *ben Elohims Élion*, Filho de Deus, o Sublime ou Altíssimo, o *Qadosh* de *Yavé*, pelo homem de espírito contaminado, no país dos Gadarenos (Mc 5,7). Essa expressão é de uso raro, mas ocorre no Antigo Testamento (Gn 14,18.22; Nm 24,16; Dt 32,8; Sl 7,18; 57,3).

Jesus é filho de Maria?

Ao ensinar na sinagoga de Nazaré, Jesus impressionou a todos. Eles se interrogaram dizendo: "Não é ele o carpinteiro, filho de Maria...?" (Mc 6,3). Ele era chamado de Filho de Miriam (Maria) e mais uma vez, como em tantas outras, seu pai não é mencionado, como em São Marcos (3,33-34) e em São Mateus (15,53). Apenas a sua mãe: Maria. Seu nascimento não foi o resultado de um contato físico entre um deus e um humano, como em tantos relatos mitológicos, cercados de sinais cósmicos. A narração da concepção de Jesus por Maria é caracterizada por uma extrema humildade, e nisso reside sua grandeza. A obediência de Maria, a serva do Senhor, abriu a porta para Deus. A Palavra de Deus, o seu Espírito, foi quem criou nela o menino, através de sua porta de obediência. Jesus é o Novo Adão. Para os cristãos, aconteceu ali uma nova criação, ligada à aceitação, ao "sim" livre da pessoa humana de Maria. Numa realidade como só Deus poderia criar. Isso é reiterado e repetido na oração do Credo: "Creio [...] em Jesus Cristo, (de Deus) único Filho, nosso Senhor, que foi concebido pelo poder do Espírito Santo, nasceu da Virgem Maria..."

Jesus é filho de Adão e o novo Adão?

Sim. E mais que isso. A expressão Filho de Adão é a mesma coisa que Filho do Homem, no sentido comum da expressão. Há uma mudança muito significativa quando os escritores dos evangelhos mudam o tratamento de Jesus para *ben Adam* ao invés de *ben Elohim*, de Filho do Homem ao invés de Filho de Deus. Como foi sinalizado anteriormente, Jesus é o Novo Adão. Para os cristãos, aconteceu ali uma nova criação, ligada à aceitação, ao "sim" livre da pessoa humana de Maria. Para os cristãos, Deus interveio diretamente duas vezes neste mundo material durante a vida de Jesus: no seu nascimento da Virgem e na sua ressurreição do sepulcro, de onde Jesus saiu sem sofrer a corrupção de seu corpo. Com o nascimento e a ressurreição de Jesus, Deus inaugurou uma nova criação, como Criador.

Jesus Cristo é o Senhor?

É sim e faz tempo. Desde que começou escrever-se sobre Ele, surgiu esse tratamento: Jesus Cristo é o Senhor, bem antes da televisão. Jesus recebeu por parte dos evangelistas, apóstolos e discípulos esse nome divino de Senhor (em grego *Kyrios*). Está na Bíblia e na mais costumeira expressão dos cristãos: Nosso Senhor Jesus Cristo.

Jesus é o Emanuel?

Também. A origem dessa expressão ou título é o hebraico *immanuel*. Cortando em pedacinhos: *im* (com) – *nu* (nós) – *el* (Deus). Significa: *El* está conosco (Dt 2,7). São Mateus (1,23) também identificou Jesus com o Emanuel (Deus conosco) de uma profecia de Isaías (7,14). Era um título inimaginável de ser transformado em nome naqueles tempos. Mas com o Cristianismo, sabe como é: Manuel virou nome. E acabou escolhido como o nome de muitos portugueses, espanhóis e brasileiros, cristãos, ateus e até de muitos judeus (*sic*). E tem feminino: Manuela. Em francês, esses nomes são assim mesmo: *Emmanuel* e *Emmanuelle*, bem parecidos com o original hebraico.

Jesus foi chamado de Cordeiro de Deus?

Sim, no Evangelho de São João, Ele é chamado por seu primo João Batista de "*amnos tu Theou*": o Cordeiro de Deus, de *Elohim* (Jo 1,29). Talvez João pensasse no cordeiro pascal, cuja imolação celebrava a saída do Egito (Ex 12,3; Jr 11,19); ou quem sabe no cordeiro oferecido diariamente em sacrifício no templo (Ex 29,38-42) ou quem sabe ainda, pensaria naquele cordeiro sacrificado num rito de expiação pelos judeus (Lv 4,32-35). Talvez ele nem pensasse em nada disso. Talvez ele nem tenha dito nada disso. Foi coisa escrita e relatada mais de meio século depois.

Jesus, o cordeiro, virou peixe?

Virou na tradição cristã. E até hoje. Alguns cristãos, ao invés do símbolo da cruz, usam o do peixe para marcar a traseira de seu carro novo com um sinal da fé cristã. A identificação do nome de Jesus com o peixe vem do grego. Cada uma das suas cinco letras da palavra peixe, *ictus* em grego, é vista como a inicial de outras, como num acrônimo. Elas traduzem Jesus Cristo, Filho de Deus, Salvador: *I* de *Iesus*, Jesus; *k* de *Kristos*, Cristo; *T* de *Theu*, Deus; *U* de *Uios*, Filho; *S* de *Soter*, Salvador.

Jesus foi chamado de "O consagrado de Deus"?

Foi. O possuído no Evangelho de São Marcos (1,24), num reconhecimento demoníaco, chama Jesus de *Qadosh* de *Elohim*, isto é, o "homem consagrado a Deus", em sua transcendente luz. E era mesmo.

Jesus foi chamado de "Cristo de Deus"?

Sim. Duas vezes. Todas no Evangelho de São Lucas. Uma vez por São Pedro, naquele local afastado. Ele reconhece e declara Jesus como o Messias. "Então lhes perguntou: Mas vós, quem dizeis que eu sou? Respondendo São Pedro, disse: O Cristo de Deus" (Lc 9,20). São Lucas repetirá esse título no Gólgota, num contexto de proclamação envolto em ironia e insulto: "Salve-se a si mesmo se é o Cristo de Deus, o Eleito" (Lc 23,35).

Jesus é filho de Davi?

Sim, no sentido genealógico e figurado, segundo os evangelhos. O título Filho de Davi, em hebraico *ben Davi*, sublinha a descendência real de Jesus, proclamado rei de Israel a duplo título: sacerdotal como messias e real enquanto descendente do Rei Davi. Seu pai adotivo, José, era da linhagem de Davi, de acordo com o Evangelho de São Mateus. E Ele nasceu em Belém, como o Rei Davi. A tragédia da cruz começa aí, logo no início do Evangelho de São Mateus. Na época, o imperador se encontrava em Roma. Ele era o único a poder portar o título de rei da Judeia e dos judeus. Não cabia mais nenhum.

Jesus teve muitos apelidos?

Muitos. O nome banal de Jesus não pegou. Para diferenciá-lo (naquele tempo não havia sobrenomes), arranjaram-lhe muitos apelidos, alcunhas e títulos. Jesus era tratado Jesus de Nazaré, Nazareno, Nazoreu ou Nazireu, Nazir, Galileu, Rabi, Raboni e Mestre. Os evangelistas, apóstolos e discípulos verão nele o novo Adão, o novo Moisés, o novo Elias, o Homem celeste, o Cordeiro de Deus, o Bom Pastor, o Eleito, o Pão da Vida, o Servo de Deus, o Verbo Divino, o Alfa e o Ômega etc. Não é por falta de nome adequado ou apelido ou título conveniente que muita gente não se comunica com Jesus.

Jesus era de Nazaré?

Sim e não. E essa é uma de suas denominações bem usuais: Jesus de Nazaré. Ela não deixa dúvidas. Mas Jesus nasceu em Belém, teoricamente. Ele devia nascer em Belém, pois esse era o lugar de nascimento do Rei Davi. Belém era uma indicação geográfica, mas também uma interpretação teológica do lugar e do nascimento de Jesus. Teria vivido em Nazaré (*Nasèrèt*), um vilarejo situado a uns 30km a oeste da extremidade sul do Lago de Tiberíades (Mt 2,23; 4,13; Mc 1,9). A expressão Jesus de Nazaré evoca claramente seu local de criação, sua origem geográfica. Uma identidade como Carlinhos da Portela, Zezinho da Mangueira ou Martinho da Vila Isabel. Jesus abandonou a região de Nazaré, após a prisão de João Batista, para viver em Cafarnaum (Mt 4,12), *lungo mare*. Até aí tudo bem. Já a expressão Jesus Nazareno ou Nazireu, traz mais uma controvérsia identitária do filho de Deus.

Jesus foi chamado de Nazareno ou Nazareu?

A expressão grega Jesus *nazôraios* pode ser traduzida como nazareno ou nazareu. Num primeiro sentido evocaria a geografia: de Nazaré. Num segundo sentido evocaria sua qualidade de *nazir*, nazireu de Deus (Jz 13,5-7), um homem piedoso, cuja vida está consagrada a Deus, desde o ventre materno, como proclamado no caso de Sansão. Jesus era proveniente de Nazaré (Mt 21,11; Mc 1,9; Jo 1,45 e At 10,33). Ele é chamado de nazareno quatro vezes em São Marcos e duas vezes em São Lucas. De nazareu, Ele é chamado duas vezes em São Mateus, oito vezes em São Lucas e nos Atos e, finalmente, três vezes no relato da paixão de São João (Jo 18,7 e 19,19). O sentido desse título é controvertido. Em At 24,5 ele foi aplicado aos seus discípulos.

Jesus era nazareu?

Com certeza, por sua consagração a Deus desde o ventre de Maria. O nazireato era uma instituição muito antiga em Israel, resultado do chamado espiritual que leva pessoas religiosas ao ascetismo, à renúncia e à abstinência de bebidas, de sexo etc. No Novo Testamento encontram-se várias vezes a menção do nazireato, como nos Atos dos Apóstolos (At 18,18; 21,23-26). O voto de *nazir*, facultativo e voluntário, permitia a busca do absoluto em condições de disponibilidade e consagração a Deus. Na época ou no texto dos Juízes encontra-se a menção de nazires célebres, em particular Sansão (*Shimshôn*). Mesmo se ele não foi assim um exemplo de abstinência sexual. O Profeta Samuel (*Shemuel*) foi consagrado a Deus à maneira dos *nezirims* (plural de *nazir*), mas essa palavra não é citada no texto. Talvez porque seu santuário, o de Siló, não era lá muito "católico" frente ao culto centralizado em Jerusalém. O mesmo acontece em relação a São João Batista, o primo de Jesus, também passível de ser chamado de *nazir*.

Jesus brotou como nazareno?

Para alguns autores, os nazareus pertenciam a um movimento messiânico ligado ao Rebento de Isaías (Jo 18,5). Talvez o Evangelista São Mateus, ao chamar Jesus de nazareu também tenha em mente os escritos de Isaías (11,1), onde o renovo, *netzer*, surgirá da árvore de Jessé (*Ishai*). Para o Evangelista São Mateus, na mesma genealogia, Jesus não é apenas o resultado de um gerar humano. Ele alude ao cumprimento de uma das promessas de Deus a Israel. São Mateus, hebraizante, é o único a usar o termo de Nazara para referir-se a Nazaré. Em São Marcos encontra-se apenas o termo *Nazôraios* e em São Lucas as duas formas. Ou seja, na linha da reconciliação e da riqueza semântica daria para dizer: Jesus é o renovo (*netzer*) ou o broto nazireu de Nazaré. Assunto encerrado.

Jesus morreu como nazoreu?

No letreiro da cruz, Jesus foi designado de Nazoreu (*ho Nazoraios*) no Evangelho de São João (Jo 19,19). Essa plaquinha deveria apenas indicar sua proveniência geográfica. Ele não era de Jerusalém, mas ela adquire seu pleno significado quando relacionada às afirmações da genealogia de São Mateus. Ela alude à profunda identidade de Jesus: Ele é o rebento, o renovo, o *netzer*, aquele totalmente consagrado a Deus, desde o seio materno até a morte.

Jesus foi chamado de Galileu?

Foi. Quase sempre com um toque de desprezo, ironia e desmérito. Da mesma forma que, sobretudo em capitais e locais mais desenvolvidos, alguns brasileiros tratam seus conterrâneos de outros estados e regiões mais pobres ou atrasadas. Assim fala uma criada da capital com o interiorano Apóstolo São Pedro no Evangelho de São Mateus: "Tu também estavas com Jesus, o Galileu!" (Mt 26,69). No Evangelho de São Marcos a criada muda o tratamento: "Tu também estavas com Jesus, o Nazareno!" (Mc 14,67). O Evangelho de São Lucas conta a negação de São Pedro antes do comparecimento de Jesus ao Sinédrio, ao contrário dos outros evangelistas. Essa contradição de títulos entre criadas e evangelistas também poderia merecer um capítulo neste livro. Ao falar de Jesus, após um diálogo persistente com São Pedro por mais de uma hora, a criada diz de Jesus: "Aliás, Ele é galileu" (Lc 22,59). Em tempo, para os fundamentalistas não há contradição entre os três evangelhos: eram três criadas diferentes. Haja vassalagem.

Jesus era cristão ou jesuíta?

Nem um nem outro. Após sua morte e ressurreição, o termo Cristo se tornou comum entre os cristãos para designar Jesus. A própria designação de "cristão" vem de Cristo. Ela apareceu por volta de 40 d.C. em Antioquia, primeiro como apelido, para designar os discípulos de Jesus (At 11,26). Ou seja, os seguidores de Jesus já formavam uma comunidade diferenciada do Judaísmo, poucos anos após sua morte e ressurreição. Os membros dessas comunidades nunca foram designados como jesuítas. Levou cerca de 1.500 para Santo Inácio de Loyola, um basco, fundar a Companhia de Jesus e inventar os jesuítas. E mais 500 anos para um deles virar papa com o nome inédito de Francisco.

Jesus tinha mestrado?

Nos evangelhos, muitos se dirigem a Jesus e o chamam de Meu Mestre, *Rabi*, de *rab*, em hebraico, "grande, abundante": "meu grande", "meu abundante", aquele em quem abunda a *Torá*. Ele a torna acessível a seus aprendizes, como um bom mestre. A tradução do Evangelho de São João para *rabi* é o termo grego *didascalos*, "mestre"; como em São Mateus (Mt 23,8). Ela não dá o verdadeiro sentido do termo hebraico, *rabi*, estendido nos dias de hoje aos rabinos e ao Judaísmo rabínico, o atual. São João emprega frequentemente a palavra hebraica *rabi*. São Lucas nunca a utiliza, enquanto no Evangelho de São Mateus só Jesus mesmo a emprega.

Jesus tinha título de doutor?

Sim. Em diversas ocasiões seus seguidores e até opositores o tratam de *rabi*. Os evangelistas grafaram essa palavra hebraica em seus textos gregos, com exceção de São Lucas. Essa era a maneira respeitosa de se dirigir aos doutores da lei naquele tempo: *rabi*, em aramaico, *rabbuni* (Jo 20,16). Hoje, o certo seria colocar o termo na frente do nome como doutor: doutor Jesus, Dr. Jesus, *Rav* Jesus ou *Rabi* Jesus Cristo. O Rabi Moisés Ben-Nachman, o Ramban, mais conhecido como Nachmânides (Gerona, Espanha, 1194; Haifa, Eretz Israel, em 1270), discípulo de Maimônides, foi tão erudito e seu conhecimento tão inigualável, que em sua época referiam-se a ele como *Ha-Rav* (O Rabi). O máximo dos doutores da lei de Deus.

O que significava o doutorado de Jesus?

A palavra *rabi* vem do hebraico *rav* e significa textualmente "grande, abundante, maioria" e *rabi* "meu grande", "meu abundante", como já foi evocado. E não diretamente "mestre", como se traduz costumeiramente. A expressão tem o sentido de aclamar aquele em quem abunda o conhecimento da Palavra de Deus, da *Torá*. Trata-se de um doutor da lei, da *Torá*. Ele transmite essa abundância de conhecimentos espirituais aos seus discípulos. Ainda hoje, o rabino é o chefe religioso de uma comunidade judaica e preside a oração. O ensinamento de Jesus, como doutor da lei, assustava os estudiosos de seu tempo pela autoridade com que falava. Não mais como intérprete da lei, como os escribas de seu tempo, mas como Senhor da Lei (Mc 1,22).

Jesus era um bom rabi?

Mais que isso. Ele era entre os rabis "o bom", *rabi ha-tov*, em hebraico. Esta forma de tratamento não é corrente nos evangelhos. Ela aparece no episódio conhecido como do chamamento do rico (Mc 10,17; Lc 18,18) e demonstra certa falta de simplicidade no trato desse jovem que, com um gesto teatral, cai de joelhos aos pés de Jesus.

Você sabe o que quer dizer *Raboni*?

Raboni é uma forma enfática de *rabi* ou *rabân*, reservada aos maiores dentre os mestres. É o termo que tanto o cego Bartimeu (Mc 10,46-52) utiliza quando encontra Jesus como Maria da Torre, a de Magdalá, ou Madalena, quando reconhece seu *rabi*, seu Jesus ressuscitado (Jo 20,16).

Por que Jesus se autointitula *Adon*?

Ao falar de si próprio Jesus não se chama de *rabi*, mas de *Adôn*, Senhor, *Kurios* em grego. Esse é um termo mais simples, mas conserva sua ambivalência de humildade e senhorio.

INRI também é nome de Jesus?

A expressão INRI é comum sobre os crucifixos, como uma placa ou faixa de aviso. Esse acrônimo ou tetragrama resume as iniciais do título latino que o prefeito romano Pôncio Pilatos mandou pôr sobre a cruz de Jesus Cristo: *Iesus Nazarenus Rex Iudeorum*. Esse escárnio "Jesus Nazareno Rei dos Judeus" foi inscrito juntamente com sua tradução em hebraico (aramaico) e grego (Jo 19,9; Mt 27,37). Aparentemente, Pilatos manifestava com essa plaquinha sua irritação e seu sarcasmo contra a elite dos judeus daquele tempo. Eles o impeliram, talvez contra a sua vontade, a sentenciar Jesus Cristo à morte de cruz (Jo 19,21-22). Essa caçoada em várias línguas era para todos ficarem sabendo. Como nos pequenos crucifixos as letrinhas ficaram minúsculas, adotaram-se apenas as iniciais do título em latim. O sacrilégio foi sacralizado. Paradoxo. Daqueles que o psicólogo Carl Jung adorava.

Jesus se chamava *Eu Sou*?

Sim. Ele se autoafirma muitas vezes como *Eu Sou*, sem complementos, principalmente no Evangelho de São João. Por quê? Bem, antes é necessária uma rápida volta ao passado. Nos capítulos relativos ao Antigo Testamento e aos nomes de Deus foram apresentados alguns elementos sobre a história do Deus *Yavé*, sobre suas origens e de como Ele se apresentou a Moisés na sarça ardente: "*Eu Sou o que Sou. [...] Assim dirás aos filhos de Israel: Eu Sou me enviou a Vós*" (Ex 3,14). Quando o povo de Israel perdeu suas terras, seu templo e viveu no exílio, *Yavé* estava eliminado da concorrência de outras divindades, sem território nem local para ser venerado. Paradoxalmente, justamente nesse período, os israelitas se dão conta que seu deus não é apenas um deus a mais, de um povo ou de um território. Ele é Deus, simplesmente. Deus do Universo, ao qual toda a terra e territórios pertencem. Deus tudo dispõe. O Deus único. Quando Jesus diz: *Eu Sou*, Ele assume essa história e refere-se a si. Nele está pessoalmente presente o mistério do Deus único. "Eu e o Pai somos um só" (Jo 10,30). *Eu Sou* não aparece ao lado do Pai, mas remete ao Pai. Sua elevação e morte na cruz é sua revelação. A cruz foi sua sarça ardente. "Jesus então lhes disse: Quando tiverdes levantado o Filho do Homem, então conhecereis quem *Eu Sou*" (Jo 8,28). O entendimento de *Eu Sou* passa pela cruz. Sobre os diversos títulos cristológicos associados a *Eu Sou* existe uma imensa literatura. Ao apresentar a seguir alguns desses títulos cristológicos, não há como não tecer algumas necessárias considerações à luz da cruz e da ressurreição de Jesus.

***Eu Sou* a luz do mundo?**

Sim. "Falou-lhes outra vez Jesus: Eu sou a luz do mundo; aquele que me segue não andará em trevas, mas terá a luz da vida" (Jo 8,12). A luz da vida não é um holofote ou um sol. Isso pode cegar tanto quanto as trevas totais. É uma luz crepuscular. Ela elucida, ilumina e também produz sombras. Essa luz permite caminhar, ver o suficiente e avançar. *Eu Sou*, é uma luz de humanidade, crepuscular. A luz de uma vela é suficiente, na mais obscura das trevas, para ver e caminhar. Trata-se de uma chama vacilante, na medida da fé de cada um. Numa bela expressão Paul Claudel disse: "Deus não veio suprimir o sofrimento. Ele sequer veio para explicá-lo. Mas Ele veio para preenchê-lo da sua presença, de sua luz. Deus nunca apaga a chama vacilante, como diz o Profeta Isaías, *Calamum quassatum non conteret, linum fumigans non extinguet*... Ele não rompe a palha quebradiça, Ele não apaga a chama vacilante..." (Is 42,3). A chama de cada um, por menor que seja, representa muito para o caminho do outro. Todos vieram ao mundo como chamas e por nossas vidas podem acender, ou melhor, reacender o fogo vital uns dos outros. A luz, apesar de sua fragilidade, sempre triunfa sobre as trevas e o bom pastor nunca abandona suas ovelhas (Is 40,11). Os romanos debochavam dos cristãos e os chamavam ironicamente de iluminados. Os cristãos viam nisso um elogio e diziam nas palavras de Santo Ireneu: "Sejamos a alma do mundo!"

***Eu Sou* a água viva?**

Sim. A água com o símbolo da vida percorre o Evangelho de São João. Jesus identificou-se com a água e seus fluidos caminhos entre a terra e os céus. Da fonte até o mar. Do mar às nuvens dos céus. Sua vida lembra a mobilidade dos ciclos da água e espelha-se na via aquática. Começa no seu batismo no Rio Jordão, passa pela sede junto ao poço de Jacó no encontro com a samaritana. Jesus promete a essa mulher outra água. Quem dela beber nunca mais terá sede (Jo 4,14). A sede humana, finita e ao mesmo tempo insaciável, pois sempre retorna, em Jesus poderá ser definitivamente saciada com a água viva. Se o antepassado Jacó oferecera ao povo esse poço com a água como elemento essencial à vida, Jesus oferece a água viva, para uma vida além da esfera biológica. Próximo do final de sua missão, Ele exprime sua sede do alto da cruz. Essa água viva também tem sede, tem sede de nós. Como muitos peixes na piracema, quando no final de suas vidas, quase ao chegar no mar, rio abaixo, dão meia-volta, nadam contra a corrente e voltam às águas cristalinas de sua origem, Jesus volta ao Pai. Quando tudo parecia consumado, morto e paralisado, seu flanco ainda secreta e verte sangue e água (Jo 19,34). Símbolos para os cristãos do sangue da redenção e da água do batismo. Mas de todas as secreções humanas (saliva, lágrimas, urina, esperma...), o suor, uma das mais santas das águas interiores. O suor será sempre fruto de dons pessoais e entregas corporais. Mas nunca houve entrega igual à deste judeu galileu. No cumprimento final de sua divina missão, Jesus suou tanto, mas tanto, que com suas águas corporais marcou um lençol para toda eternidade. Um santo sudário. No Gólgota nasceu um rio de águas vivas. Ele atravessa os desertos e chega até cada um de nós. Nenhum tipo de morte ou secura pode mais nos ameaçar.

Eu Sou **a videira verdadeira?**

Sim. A imagem e o simbolismo da videira percorrem o texto bíblico, desde Noé, ao plantar seu vinhedo após o dilúvio, até as imagens da vinha como noiva (Ct 2,15; 7,13), presente nos salmos (Sl 80,16-20, p. ex.), e no belo cântico do Profeta Isaías à videira (Is 5,1-7). A videira era o símbolo de Israel (Sl 80,9-13). Presente nas parábolas de Jesus, ele desloca Israel da posição da vinha. Israel torna-se o rendeiro da vinha (Mc 12,1-9). Eu sou a videira verdadeira, disse Jesus (Jo 15,1). Nessa frase, o qualitativo *verdadeira* é fundamental. O próprio filho se tornou a videira. Ele se deixou plantar na terra. Ele se tornou a videira pelo mistério da encarnação. Nessa passagem do Evangelho de São João, o tema do seu prólogo é retomado. Essa videira nunca mais será abandonada, arrancada ou saqueada, por intermédio do Filho, o próprio Deus vive nela. Uma unidade indestrutível e um cumprimento irrevogável das promessas de Deus. "O Filho de Deus, Jesus Cristo [...], não foi sim e depois não". Nele realizou-se o sim. Jesus é o sim a todas as promessas que Deus prometeu (2Cor 1,19-20). *Eu Sou* a videira verdadeira tem um pano de fundo plenamente eucarístico.

***Eu Sou* o pão da vida?**

Sim. Esse pão descido dos céus nasceu na casa do pão, em Belém, *Beit Lehém*, textualmente em hebraico: a casa do pão. *Eu Sou* compartilhou o pão com seus discípulos, multiplicou os pães para alimentar uma multidão (Jo 6,22-40). E em sua última páscoa, numa santa ceia, Ele identificou o pão à sua carne, ao seu corpo. Ele não diz: tomem e comam, pois depois de minha morte isso será para vocês o meu corpo. Não. Ele afirma: isto é meu corpo! Ele é o verdadeiro maná, o pão descido dos céus, a palavra viva. Ela alimenta. O quarto pedido da oração do Pai-nosso evoca "o pão nosso de cada dia nos dai hoje". Ao pedir a Deus o nosso alimento, Jesus ensinou a transpor para Deus as nossas preocupações. Se os pais terrenos dão boas coisas e pão para seus filhos, o que não dará o Pai celeste (Lc 11,9-13). Deus conhece as necessidades de cada um: "Não vos preocupeis com a vossa vida nem com o que haveis de comer" (Mt 6,25). Mas o pedido da oração do Pai-nosso é também eucarístico. Para os cristãos, esse pão também "desce" dos céus na celebração eucarística. Ao evocar o pão *nosso*, e não o *meu* pão, evoca-se o coletivo, o plural, a diversidade, a caridade, o partilhar do pão entre irmãos, o permanecer e viver em Cristo, como comunidade de fé. O maná, o pão descido dos céus, era um pão da terra. Um alimento de substituição para o povo conseguir atravessar o deserto e chegar à terra prometida. Jesus, o pão da vida, é um alimento de outra natureza. "Eu sou o pão da vida; quem vem a mim nunca mais terá fome e quem acredita em mim nunca mais terá sede" (Jo 6,35). Esse alimento nos alimenta de Deus. Deus tornou-se pão na encarnação de Jesus, do Verbo, do Logos. A palavra tomou carne. Nesta terra nos alimentamos e voltamos a ter fome. Para os cristãos, Jesus, o pão da vida, pode saciar a fome e a sede infinitas em cada ser humano por ser Infinito. "O pão de Deus é aquele que desceu dos céus e que dá vida ao mundo" (Jo 6,33).

Eu Sou a porta das ovelhas?

Sim. São João Batista apresentou Jesus, *Eu Sou*, como o cordeiro de Deus quando de seu batismo no Rio Jordão. Jesus, o cordeiro, se autoapresentou como o pastor dos cordeiros e ovelhas, como a porta das ovelhas. Essa autoafirmação de Jesus, no Evangelho de São João, é antecedida por outra imagem do universo da pecuária: "Em verdade, em verdade vos digo: quem não entra pela porta no aprisco das ovelhas, mas sobe por outra parte, é ladrão e salteador. Mas quem entra pela porta é o pastor das ovelhas. A este o porteiro abre, e as ovelhas ouvem a sua voz. Ele chama as ovelhas pelo nome e as conduz à pastagem. Depois de conduzir todas as suas ovelhas para fora, vai adiante delas; e as ovelhas seguem-no, pois lhe conhecem a voz. Mas não seguem o estranho; antes fogem dele, porque não conhecem a voz dos estranhos. Jesus disse-lhes essa parábola, mas não entendiam do que Ele queria falar. Jesus tornou a dizer-lhes: Em verdade, em verdade vos digo: eu sou a porta das ovelhas. Todos quantos vieram antes de mim foram ladrões e salteadores, mas as ovelhas não os ouviram" (Jo 10,1-8). Nessa parábola Jesus deixou um critério para os pretensos pastores, de almas, para guiá-los depois de sua subida para o Pai: o verdadeiro pastor no aprisco age através de Jesus, a porta. E deve lembrar-se: a Jesus pertence o rebanho. Imensa responsabilidade. Não é para viver da gordura das ovelhas, fazer fortunas e manipular a fé alheia, como já denunciava em seu tempo o Profeta Ezequiel (Ez 34,2-4), sem programa de rádio, nem de televisão.

Eu Sou o bom pastor?

Sim. *Eu Sou*, Jesus se apresentou como o bom pastor. Não como aqueles pastores, tão comum nos dias de hoje, exploradores das ovelhas, já denunciados no tempo do Profeta Ezequiel: "Ai dos pastores de Israel que só cuidam do seu próprio pasto. Não é seu rebanho que devem pastorear os pastores? Vós bebeis o leite, vestis-vos de lã, matais as reses mais gordas e sacrificais, tudo isso sem nutrir o rebanho. Vós não fortaleceis as ovelhas fracas; a doente, não a tratais; a ferida, não a curais; a transviada, não a reconduzis; a perdida, não a procurais; a todas tratais com violência e dureza. Assim, por falta de pastor, dispersaram-se minhas ovelhas, e em sua dispersão foram expostas a tornarem-se presa de todas as feras" (Ez 34,2-4). Jesus purifica e leva ao pleno sentido a imagem do pastor: "Eu sou o bom pastor. O bom pastor expõe a sua vida pelas ovelhas. O mercenário, porém, que não é pastor, a quem não pertencem as ovelhas, quando vê que o lobo vem vindo, abandona as ovelhas e foge; o lobo rouba e dispersa as ovelhas. O mercenário, porém, foge, porque é mercenário e não se importa com as ovelhas. Eu sou o bom pastor. Conheço as minhas ovelhas e as minhas ovelhas conhecem a mim, como meu Pai me conhece e eu conheço o Pai. Dou a minha vida pelas minhas ovelhas" (Jo 10,11,14).

***Eu Sou* a porta?**

Sim. No Evangelho de São João, *Eu Sou*, Jesus afirma-se como a porta. Não apenas como uma passagem para dar acesso às realidades celestes e misteriosas, tão comum em seitas esotéricas e gnósticas com seus portais, umbrais e arcanos. Jesus afirma e se autoproclama a porta, mas dessas que abrem para os dois lados: "Eu sou a porta. Se alguém entrar por mim será salvo; tanto entrará como sairá e encontrará alimento. O ladrão não vem senão para furtar, matar e destruir. Eu vim para que as ovelhas tenham vida e para que a tenham em abundância" (Jo 10,9-10). Não se trata de entrar por essa porta como por uma via sem retorno: "entrará como sairá e encontrará alimento". Para os cristãos, particularmente no ritual do batismo, o iniciado pode passar pela porta da Igreja que é Cristo (*Christus ianua vera*), e atravessar o pórtico da vida no Espírito (*vitae spiritualis ianua*), assumir seu papel na comunidade, na vida e no mundo. Essa porta se abre e permite ver, viver e integrar opostos nesta vida, os "dois lados": o interior e o exterior, o imanente e o transcendente, o positivo e o negativo, a ação e a contemplação, o feminino e o masculino, a saúde e a doença... O alimento oferecido por Jesus a quem "passa" por Ele é a vida. Ele é a vida (Jo 1,4; 3,36; 11,25).

Eu Sou a ressurreição e a vida?

Essas palavras de Jesus, *Eu Sou*, foram ditas a Marta no episódio da revificação de Lázaro: "Eu sou a ressurreição e a vida. Aquele que crê em mim, ainda que esteja morto, viverá. E todo aquele que vive e crê em mim, jamais morrerá" (Jo 11,25). Essa questão é central e decisiva para os cristãos. Jesus existiu no passado e para também existir no presente, depende da sua ressurreição. Se a ressurreição de Cristo fosse uma revificação igual à de Lázaro (Jo 11,1-44), ou igual à do jovem de Naim (Lc 7,11-17) ou à da filha de Jairo (Mc 5,22-24.35-43), nada teria mudado. Os testemunhos neotestamentários deixam claro: a ressurreição do Filho do Homem foi a evasão para um gênero de vida totalmente novo. Uma vida não mais sujeita à lei da morte, situada numa nova dimensão de ser homem. Jesus foi o primogênito desse novo gênero futuro para todos os homens. A ressurreição de Jesus Cristo é um acontecimento universal ou não existe, disse São Paulo.

Eu Sou o caminho, a verdade e a vida?

Em resposta a uma indagação de São Tomé, Jesus afirmou essas palavras no Evangelho de São João: *Eu Sou* o caminho, a verdade e a vida (Jo 14,16). E Ele é tudo isso para os cristãos porque em Jesus eles descobrem Deus. A representação espontânea de Deus é uma ideia grosseira, algo pagã. Deus é o todo-poderoso. Qual o significado de ser todo-poderoso quando se sabe tudo o que acontece neste mundo, neste planeta? Nas representações grosseiras de Deus, Ele é extrínseco, exterior, em concorrência com o homem. Para o cristão é necessário, se ele quer, graças a Jesus, entrar na sua perspectiva, adotar uma concepção na qual o ato livre do humano já é um ato divino. Na vida espiritual, Deus não está em concorrência com o homem, nem este com Deus, mas vive-se uma comunhão. Essa comunhão faz com que Deus cresça no humano, na medida em que o homem torna-se ele mesmo. Esse é o significado da experiência espiritual e interior dos primeiros cristãos para quem Jesus passou a ser o caminho, a verdade e a vida. Eles passaram de uma religião do templo a uma religião do homem. E ela continua válida nos dias de hoje. Não faça coisa alguma, nem diga palavra alguma que Cristo não faria ou não diria se encontrasse as mesmas circunstâncias, dizia o grande místico espanhol São João da Cruz.

Eu Sou lá de cima? Eu sou o pão que desceu dos céus?

Nos dias de hoje, muita gente duvida que Jesus seja o Filho de Deus. Teria Ele descido dos céus e se encarnado no seio de Maria? Já era assim no tempo de Jesus, mesmo ao estarem diante dele, do seu anúncio e dos prodígios realizados. "Pois desci dos céus não para fazer a minha vontade, mas a vontade daquele que me enviou. Ora, esta é a vontade daquele que me enviou: que eu não deixe perecer nenhum daqueles que me deu, mas que os ressuscite no último dia. Esta é a vontade de meu Pai: que todo aquele que vê o Filho e nele crê, tenha a vida eterna; e eu o ressuscitarei no último dia. Murmuravam então dele os judeus, porque dissera: Eu sou o pão que desceu do céu. E perguntavam: Porventura não é ele Jesus, o filho de José, cujo pai e mãe conhecemos? Como, pois, diz Ele: Desci do céu?" (Jo 6,38-42). Para os cristãos, a resposta é simples: Jesus vem de Deus, Jesus é Deus. E precisamente por isso, Jesus traz a verdadeira humanidade. Jesus é lá de cima porque Ele é Deus. Todo o seu ser é relacional com o Pai. Nele está pessoalmente presente o mistério do único Deus. O "Eu Sou" de Jesus não aparece ao lado do Eu do Pai, mas remete ao Pai, como dizem os teólogos. E precisamente assim, para si mesmo: "Quem me vê, vê ao Pai" (Jo 14,9). "Ele lhes disse: Vós sois daqui de baixo, *eu sou* lá de cima. Vós sois deste mundo, eu não sou deste mundo. Por isso vos disse: morrereis no vosso pecado; porque, se não crerdes o que *Eu Sou*, morrereis no vosso pecado. Quem és tu?, perguntaram-lhe eles então. Jesus respondeu: Exatamente o que eu vos declaro" (Jo 8,23-25).

Eu Sou o Messias?

A afirmação, a dúvida ou o reconhecimento da messianidade de Jesus começa pela boca do velho Simeão, no templo. Ele disse a respeito do Menino Jesus: Ele é "o ungido (Cristo) do Senhor" (Lc 2,26). Do outro extremo, debaixo da cruz, os chefes do povo escarneceram de Jesus e disseram: "Ajudou os outros, agora que se ajude a si mesmo, se é o Messias (Cristo) de Deus, o eleito" (Lc 23,35). No centro desse arco sobre a messianidade de Jesus está a confissão de Pedro em Cesareia de Filipe: "Tu és o Messias (Cristo), o Filho do Deus vivo" (Mt 16,16). Jesus mesmo nunca se autoproclamou como o Messias. O único episódio em que essa proclamação é quase explícita encontra-se na parábola do encontro de Jesus com a samaritana, junto ao poço de Jacó, no Evangelho de São João: "Respondeu a mulher: Sei que deve vir o Messias (que se chama Cristo); quando, pois, vier, Ele nos fará conhecer todas as coisas. Disse-lhe Jesus: Sou eu, quem fala contigo" (Jo 4,25-26). Jesus afirma a plenitude divina do "Eu Sou". A messianidade de Jesus decepcionou seus seguidores e frustra muitos até hoje. Jesus estava plenamente inscrido no Judaísmo de seu tempo e no Antigo Testamento. Quando Jesus diz *Eu Sou* Ele assume toda a história do povo de Israel, todas as Sagradas Escrituras, todas as esperanças. Ele mostra a sua unicidade. E sua enorme novidade. Nele está presente pessoalmente o mistério do único Deus. Isso ultrapassava, em muito, a visão do Messias dos homens de seu tempo.

Eu Sou antes de Abraão?

Apenas o capítulo 8 do Evangelho de São João, coloca teologicamente cinco vezes a expressão "Eu Sou", *Ego eimi*, na boca de Jesus. Esse capítulo apresenta Jesus dirigindo-se "aos judeus que haviam acreditado nele" (Jo 8,31), em tese. Imediatamente o texto joânico apresenta um debate polêmico entre Jesus e esses judeus. "E Jesus dizia aos judeus que nele creram: Se permanecerdes na minha palavra, sereis meus verdadeiros discípulos; conhecereis a verdade e a verdade vos livrará. Replicaram-lhe: Somos descendentes de Abraão e jamais fomos escravos de alguém. Como dizes tu: Sereis livres?" (Jo 8,31-33). Os "Eu Sou" de Jesus são acompanhados por qualitativos (Eu sou a videira verdadeira, a porta das ovelhas, o pão da vida...), como já foi comentado. Nesta passagem, como em algumas outras, a expressão autodeclarada aparece de forma abrupta, sem qualitativo. Após polemizar com esses judeus, "Respondeu Jesus: Eu lhes afirmo que antes de Abraão nascer, Eu Sou!" (Jo 8,58). Essa afirmação explícita da preexistência do Filho eterno com relação a esse simples homem que foi Abraão aparece também de forma muito expressiva (Jo 13,19) e remete ao prólogo do Evangelho de João (Jo 1,1-3). Estudiosos antigos e modernos da Bíblia reconhecem nessa expressão joânica colocada na boca de Jesus o reconhecimento do Nome de Deus, revelado a Moisés na sarça ardente. Isso causará um verdadeiro terror nos guardas que virão prendê-lo no Jardim das Oliveiras, fazendo-os recuar e cair (Jo 18,6-7). Esse choque diante de uma epifania divina leva à prostração. O *Ego eimi* nunca levara em todo o Evangelho de São João a tal reação. Esse recuo e essa queda expressam a impotência dos maus diante de Deus (Sl 35,4 e 27,2). Uma potência desse Nome, desse Tetragrama Sagrado, que os romanos ignoravam e que se dirige claramente aos crentes, aos que haviam acreditado nele, aos judeus. Essa "blasfêmia" provoca a cólera dos judeus: "A essas palavras, pegaram então em pedras para lhas atirar. Jesus, porém, se ocultou e saiu do templo" (Jo 8,59).

8

DIZ-ME COM QUEM ANDAS...

Os nomes dos doze

Jesus teve muitos discípulos, centenas e milhares. Ele não dispunha de nenhum serviço de *headhunters*, nem de um banco de currículos para buscar e selecionar seus futuros gerentes e dirigentes. Dessas centenas, Ele escolheu e chamou pessoalmente doze homens, uma equipe, para estarem particularmente junto a Ele. Jesus escalou a sua seleção de craques. Eram onze para valer e mais um reserva, traidor, na seleção de Jesus.

Eles não foram procurados como um empreiteiro busca pessoal para uma obra. Eles foram escolhidos por Deus para esse serviço. "Ele chamou a si os que quis" (Mc 3,13). Usando a terminologia do Antigo Testamento para a instituição no sacerdócio (1Rs 12,31; 13,33), Jesus os "faz" doze: "E Ele fez doze, que chamou de apóstolos, para estarem com Ele e os enviar..." (Mc 3,14). Estarem com Ele para conhecê-lo. Esse conhecimento, gente de fora não podia obter. Eles caminharam da mais exterior até a mais interior comunicação com Jesus.

Como nos chamados divinos dos profetas de Israel, Jesus chama cada um por seu nome. Doze era o número simbólico de Israel, o número dos filhos de Jacó, das doze tribos de Israel, das quais, depois do exílio, só restou a tribo de Judá. Com o número doze, com os doze, Jesus envia uma mensagem de esperança: as tribos serão reconstituídas, Israel será unificado e o mundo será restabelecido.

Esses doze apóstolos, do grego *apostellein* (enviar), tiveram conhecimento pessoal de Jesus, do Verbo encarnado. Eles viveram com ele. Olharam em seus olhos, ouviram suas palavras e compartilharam o pão de cada dia. Os doze foram testemunhas da sua ressurreição (At 4,33). E logo se espalharam pela terra inteira anunciando a Boa-nova, o Evangelho de Jesus.

Após a morte, a ressurreição e a migração de Jesus para a casa de seu Pai, esses homens selecionados foram destinados a ocuparem uma posição mais elevada na comunidade eclesial primitiva (At 2,42), ensinando e governando. São Lucas situa o relato da vocação dos primeiros discípulos num contexto de pesca milagrosa (Jo 21,4-14), o que não fazem nem São Marcos (1,16-20), nem São Mateus (4,18-22). Em mais um daqueles desentendimentos bíblicos de redatores.

Rapidamente, os doze foram designados para assumir as maiores responsabilidades: presidiam a distribuição dos bens na comunidade (At 4,34-37); realizavam milagres e prodígios em nome do seu Senhor Jesus (At 5,12); falavam com autoridade em seu nome (At 5,40) e formaram progressivamente o corpo legislativo da nova Igreja (At 15,2-4.6; 16,4).

As doze pedras fundamentais da nova Jerusalém, no relato do Apocalipse, levam o nome dos doze apóstolos (Ap 21,14), assimilados às novas doze tribos de Israel, a humanidade. Essa imagem esplendorosa ajuda o povo de Deus peregrino a compreender o seu presente a partir do seu futuro e a iluminá-lo com o espírito da esperança: passado, presente e futuro implicam-se mutuamente a partir da figura dos 12, nos dizeres do Cardeal Joseph Ratzinger. Doze apóstolos. A maioria deles morreu como mártir. Que turminha, heim? Vale conferir.

A seleção de Jesus: o time titular e o reserva

Jesus selecionou e chamou pessoalmente cada um dos seus doze apóstolos. Todos sabem a dificuldade de um treinador ou técnico para escalar os onze jogadores de uma seleção nacional de futebol, por exemplo. Jesus escalou doze, um número sagrado, relacionado às tribos de Israel. As mesmas tribos, eles deveriam julgar (Mt 19,28; Lc 22,30). A lista de sua seleção começa com dois pares de irmãos: Pedro e André, filhos de Jonas, e Tiago Maior e João, filhos de Zebedeu, filhos do Trovão. Os outros oito foram: Tiago Menor, Mateus, Felipe, Tomé, Judas Tadeu, Bartolomeu, Simão Zelote e Judas Iscariote. Essa lista está nos evangelhos e nos Atos dos Apóstolos. Judas Iscariote foi substituído por Matias (At 1,21-22) após sua traição e morte. Tiago foi executado uns dez anos após a morte de Jesus. Não consta que tenha sido substituído.

O primeiro convocado é sempre Pedro?

Sim. Sempre. Todos os evangelistas, sem exceção, ao falar dos doze apóstolos, ao apresentar a lista de seus nomes, dão a São Pedro o primeiro lugar, um lugar de honra e de primaz, enquanto isso, Judas Iscariotes, fica sempre com o último. Essa ordem não é obra do acaso. É assim em São Mateus (10,2-4), em São Marcos (3,16-19), em São Lucas (6,13-16) e nos Atos dos Apóstolos (1,13). O termo grego *protos* foi traduzido como primeiro. "O primeiro (*protos*) é Simão, que se chama Pedro" (Mt 10,2). Primeiro em posição, honra e dignidade. O termo também designa o príncipe, de onde a expressão da tradição cristã "príncipe dos apóstolos", atribuída a São Pedro, como nos Atos (28,7): "Naqueles lugares havia umas terras do príncipe (*protos*) da ilha, chamado Públio..."

1 Simão Pedro, a rocha

Em hebraico *Shimon Petros*. Em aramaico *Kepha*. Em grego por *Petros* e em português, Pedro. *Shimon* vem do radical hebraico *shama*, ouvir.

Aquele que será, para os católicos, o primeiro dos papas, *Shimon Petros*, é o ouvinte ouvido, na bela expressão de André Chouraqui. Os nomes desse apóstolo ilustram a complexidade do povoamento da Galileia naqueles tempos: *Shimon* em hebraico, *Kepha* em aramaico e *Petros* em grego. Pedro aparece 124 vezes no Novo Testamento, Simão 17 vezes com duas ortografias diferentes e *Kepha* nove vezes. Os dois nomes juntos, Simão Pedro, aparecem 27 vezes. Esse pescador de Cafarnaum, casado, com um filho, mais conhecido como o Apóstolo Pedro, foi o primeiro discípulo a ser chamado (Mt 4,18). No meio do seu discipulado, Jesus mudou seu nome de *Shimon* para *Kepha*, Cefas em português, como em Gálatas (2,11). Em aramaico *Kepha* significa "pedra", "rocha", nome traduzido para o grego como *Petros*, através da palavra *petra*, e posteriormente passou para o latim como *Petrus*. Em termos geológicos, essa rocha petrina não era sedimentar, nem metamórfica. Estava mais para vulcânica. Em nenhum lugar do texto bíblico, os nomes impostos por Deus são palavras vazias ou gratuitas, ou sombras sem realidade. Na organização social da Igreja nascente, São Pedro teve um papel de fundamento. Isso fica claro no Evangelho de São Mateus, quando Jesus diz a Simão Pedro: "E eu te declaro: tu és *Kepha* e sobre esta *kepha* edificarei a minha Igreja e as portas do inferno não prevalecerão nunca contra ela" (Mt 16,18). São Pedro foi o fundador, junto com São Paulo, da Igreja de Roma. A tradição cristã concedeu-lhe o título de Príncipe dos Apóstolos. Todos os evangelistas, sem exceção, ao falar dos doze, ao apresentar a lista de seus nomes, dão São Pedro em primeiro lugar, um lugar de honra e de primaz, enquanto Judas *Ish Hariot* fica sempre com o último. É assim em São Mateus (10,2-4), São Marcos (3,16-19), São Lucas (6,13-16) e nos Atos dos Apóstolos (1,13). Nos Atos dos Apóstolos e na Segunda Epístola de Pedro aparece ainda uma variante do seu nome original, Simeão.

2 André, irmão de Pedro

Esse nome é de origem grega, *Andréas*, deriva de *aner*, “o homem” e significa “o viril”. Era pescador e foi o primeiro dos doze a ser chamado (Mt 4,18), junto com seu irmão Simão Pedro. São Mateus, São Marcos, São Lucas e São João confirmam: eles eram irmãos (Mt 10,2; Mc 1,16; Lc 6,14; Jo 1,40). O nome Andreas, assim como Petros, sublinha a profundidade da influência grega nos tempos de Jesus, após uma ocupação helênica de quatro séculos. Aparentemente, André, como seu irmão Simão Pedro, era discípulo de São João Batista (Jo 1,40), antes seguir Jesus. Vivia na cidade de Cafarnaum, na beira do Mar da Galileia, mas era nascido em Betsaida (Jo 1,44). Junto com Pedro, Tiago e João, André foi convidado por Jesus a participar de eventos exclusivos. Teria morrido crucificado, numa cruz em forma de X, na Grécia. Depois seus restos mortais foram levados para Constantinopla, onde é o padroeiro dessa cidade muçulmana. Nos evangelhos, André resolve problemas práticos e cotidianos, como uma espécie de secretário de Jesus. Através dele, os outros se dirigiam a Jesus, a quem ele, André, também trazia problemas e situações e pedia sua decisão ou orientação (Jo 6,8; 12,22). Pelo que se saiba não escreveu cartas, nem evangelho. Sua vida bastou. Virou Santo André. E é nome de cidade, de time de futebol e de muita coisa mundo afora.

3 João, filho de Zebedeu

Seu nome em hebraico seria *Yoẖanan ben Zabdi*. *Yoẖanan* significa “Deus (*Ya*) perdoa, agracia (*ẖanan*)” e *Zabdi* é o diminutivo de *Zabdiel* (presente de El). São João Evangelista ou o Apóstolo São João, além de um evangelho, também escreveu as três epístolas e, quem sabe, o Livro do Apocalipse. Esse jovem, filho de Zebedeu, irmão de Tiago dito o Maior, ficou conhecido como discípulo amado de Jesus. Ele tinha um enorme afeto pelo Senhor, e vice-versa. Com seu irmão Tiago e com Simão Pedro, ele participou do círculo mais íntimo junto a Jesus. São João seguiu com Jesus, na noite em que foi preso, e acompanhou-o até à morte na cruz. São João esteve presente, e ao alcance de Jesus, até a última hora. São João esteve com Maria, ao seu lado, junto à cruz de Cristo. Na cruz, Jesus lhe entregou a missão de cuidar de Maria, a mãe do Senhor. Mais tarde, São João esteve fortemente ligado a São Pedro nas atividades iniciais do movimento cristão e tornou-se um dos principais sustentáculos da Igreja de Jerusalém. Foi o principal apoio de São Pedro, no Dia de Pentecostes. Pregou na Ásia Menor, especialmente em Éfeso, onde teria encerrado o ministério com morte natural em idade muito avançada (94 anos). O tardio evangelho atribuído a São João é fruto da escola joânica, difere muito dos três sinóticos, assim como o Livro do Apocalipse, o último da Bíblia cristã. Dos doze apóstolos, São João Zebedeu tornou-se o mais destacado teólogo. Bem velhinho.

4 Tiago Maior, filho de Zebedeu

Em hebraico *Yakov Ben Zabid*. O diminutivo *Zabdiel* (presente de El) acabou, com alguma deformação, escrito como Zebedeu (Js 7,1-7; 1Cr 8,19; 27,27). Irmão de João Evangelista, ambos receberam de Jesus o apelido de Boanerges, em grego *Boanergés*, em hebraico *Benei Raash*, filhos do Trovão. Esse apelido só aparece no Evangelho de São Marcos (Mc 3,17). Pelo jeito não pegou. Suas origens semíticas fazem com que ele, geralmente, conserve palavras aramaicas (5,41; 7,11; 14,36; 15,22; 15,34), em seus escritos, traduzindo-as em seguida para o grego, em consideração a seus leitores. Tiago era um pescador (Mt 4,21-22 e Lc 5,10), abandonou tudo para seguir Jesus (Mt 17,1 e 26,37; Lc 8,51) e fez parte do círculo mais íntimo de Jesus: presente em eventos como a transfiguração do Senhor, na ressurreição da filha de Jairo e na agonia de Jesus no Monte das Oliveiras. Após a morte de Jesus, Tiago permaneceu em Jerusalém, junto a São Pedro. Ele também é conhecido como Santiago Maior; Santiago o Grande; Santiago Filho do Trovão; Santiago de Compostela e São Tiago

Apóstolo, o Maior. É o único apóstolo cuja morte está narrada na Bíblia, logo após a morte de Estêvão: "Ele (Herodes) fez perecer pelo fio da espada Tiago, irmão de João" (At 12,1-2). Felizmente, antes disso, ele teve tempo de fazer, como bom peregrino, o caminho de Santiago, até a Galícia, lá no norte da Espanha. Voltou para a Judeia onde morreu. Segundo a tradição cristã, seus discípulos recuperaram seu corpo e o embarcaram no Porto de Jope (Jaffa), o mesmo de onde Jonas, *Ioná*, saiu para terminar no ventre do grande peixe. Após sete dias – sim sete, nem oito, nem seis – o barco chegou ao Porto de Iria Flavia (atual Padrón), na Galícia, lá na Península Ibérica, graças a correntes e ventos favoráveis, soprados por anjos. Foi uma viagem mais extraordinária do que a de Ulisses, Vasco da Gama, Simbad, Colombo e outros. Em terras galegas, depositaram o corpo do apóstolo numa rocha. Ela cedeu, transformou-se, até converter-se no sarcófago do santo. Haja energia! Quase oito séculos mais tarde, por volta do ano 813, uns pastores observaram uma estrela de estranha luminosidade sobre o Monte Libredón. Por ordem do Bispo Teodomiro, o local foi limpo e transformou-se no campo da estrela, *Campo Stellae*, Compostela, local da futura Santiago de Compostela. O sarcófago foi encontrado e uma revelação divina assegurou ao bispo tratar-se dos restos de São Tiago. Ponto-final. Nada de arqueólogos, de advogados do diabo etc. Uma igreja foi erguida e o local tornou-se objeto de peregrinações. Por fim, logo depois, em 844, durante a Batalha de Clavijo entre castelhanos cristãos e mouros muçulmanos, Santiago apareceu e ajudou muito, sendo desde então apelidado de *Matamoros*. "*Santiago y cierra España!*" é o grito de guerra dos exércitos de Espanha *desde entonces*. E o nome da capital do Chile. *Arriba!*

5 Tiago Menor, filho de Alfeu

Em hebraico *Yakov ben Alfai*. *Alfai* vem do nabateu *halaf-ilahaí* e significa "Deus o substituiu", referindo-se a uma criança morta, anteriormente. O nome era pronunciado em grego *Halphaios*. Conhecido também como Zebeu, Tiago tornou-se um membro respeitado da recém-nascida comunidade cristã em Jerusalém. Foi um observador das normas judaicas. Para ele, estas normas judaicas deveriam fazer parte do Cristianismo. Nesse sentido, ele olhou mais para o passado que para o futuro. Tornou-se assim, de certa forma, um adversário de Paulo de Tarso nesta questão. Logo de quem. Mas também foi conciliador e um pregador fervoroso dos ensinamentos de Jesus. Morreu matirizado. Atacado por se recusar a denunciar os cristãos, Tiago foi apedrejado até a morte, por ordem do sumo sacerdote Ananias. Dizem.

6 Mateus, o publicano

Em hebraico *Matatyah*, *Matanyah* (diminutivo *Matyah*), em aramaico *Mati* ou *Mataí*, virou Mateus através do grego *Matthaíos*. Esse nome significa "presente de Deus" (*Matan* + *Yah*). Os três primeiros evangelhos citam esse apóstolo. São Mateus cita Mateus (9,9) como coletor de impostos para os romanos em Cafarnaum (Mt 10,3). Sem a menção de sua profissão anterior, ele é citado entre os doze em São Marcos (3,18), São Lucas (6,15) e Atos (1,13). Seu chamado teria ocorrido no segundo ano do ministério público de Jesus. Também é identificado como sendo Levi, filho de Alfeu, também coletor de impostos, citado em São Marcos (2,14) e São Lucas (5,27). Esse evangelho foi escrito por volta dos anos 60 d.C., em língua siro-caldaica, antes da destruição do templo e foi atribuído a São Mateus pelos Padres da Igreja. Ele refere-se muito à Bíblia hebraica. Para muitos estudiosos, o Evangelho de São Mateus foi escrito em grego. Seu autor não foi testemunha ocular dos fatos e seu nome é desconhecido. Esse autor dependia de fontes como o Evangelho de São Marcos e a famosa e hipotética fonte Q. Pela tradição, São Mateus teria evangelizado a Pérsia e a Etiópia, apesar da distância entre as duas, em dois continentes diferentes e em oposição à Terra Santa. Vai saber... Para Deus nada é impossível. São Mateus é venerado como mártir, mas ninguém sabe as causas, nem o lugar de sua morte. Esses “detalhes” não impediram os cristãos, no ano de 930, de transportarem seus restos mortais de *Paestum* na Magna Grécia (Sul da Itália) para Salermo (Itália). É padroeiro dos contadores, para os católicos. Nada como um bom contador para lidar com os coletores de impostos. Ou vice-versa.

7 Felipe, o grego

O nome grego *Philippos* significa aquele que “ama os cavalos” (*philo hyppos*). Ele foi compatriota de Pedro e André (Mc 3,18; Lc 6,14; At 1,13). Chamado por Jesus para ser seu seguidor, ele apresentou Natanael a Jesus (Jo 1,43). Felipe foi o traço de união entre Jesus e os homens de cultura grega, um verdadeiro mediador. O Evangelho de São João relata como entre os peregrinos vindos a Jerusalém para a Páscoa havia gregos. Esses gregos aproximam-se de “Filipe que era de Betsaida da Galileia” e pedem-lhe: “Queremos ver Jesus” (Jo 12,20-22). Felipe leva o assunto a André e juntos eles apresentam o pedido a Jesus. Esse Felipe aparece rapidamente nos evangelhos, também desaparece a galope, sem deixar muitas informações sobre si mesmo. Teria evangelizado na Itureia, reuniu-se a André no Mar Negro, e foi morto na Frígia, para onde seguira. Diz-se. Morreu crucificado e, a seguir, apedrejado no ano 80 d.C. em Hierápolis, onde ressuscitara um morto. Diz-se. Não deve ser confundido com Filipe, o evangelista, missionário citado no Livro dos Atos dos Apóstolos (At 8).

8 Tomé, o homem livre

Do aramaico *Toma*, significa gêmeo. Também chamado em grego Dídimo (*Didymos*), Tomé era o terceiro apóstolo em idade depois de São Pedro. Era chamado de Gêmeo, segundo uma velha tradição, porque se parecia impressionantemente com Jesus. Como não se tem o retrato de nenhum dos dois, é impossível verificar. Acabou como sinônimo de incredulidade, mas muito deve o Cristianismo a São Tomé. Foi ele quem disse aos apóstolos sob a necessidade de seguir Jesus: “Vamos, também nós, e morramos com Ele”

(Jo 11,16). E é esse mesmo Tomé, sempre preocupado em seguir Jesus, quem indaga antes de sua paixão: "Senhor, nós nem sabemos para onde vais, como poderíamos saber o caminho? E Jesus lhe diz: Eu sou o Caminho, a Verdade e a Vida" (Jo 14,5-6). Essa frase tão absoluta e conhecida chegou a nós graças a pergunta de Tomé. As mulheres viram o Ressuscitado, mas os apóstolos consideraram sua palavra um delírio e não acreditaram nelas. Precisavam ver para crer. Apesar das portas trancadas, Jesus se apresentou no meio deles. Eles viram e ouviram o Senhor. O prezado Tomé não ficara nesse esconderijo. Seus pulmões recebiam outro ar. Ele tinha saído. E voltou. Como o vento, ele penetrou pelas frestas abertas no muro de medo dos discípulos acovardados. Com a chegada de Tomé, eles destrancaram as portas. Ele era incapaz de atravessar paredes, como o Ressuscitado. Eles testemunham sua visão e afirmam para Tomé: nós vimos o Senhor! Tomé duvida desses irmãos aterrados (Jo 20,24-25). Como não duvidar dos que não duvidam? Mas oito dias depois, com a comunidade reunida, o Cristo se faz presente. Convida Tomé a pôr o dedo em suas chagas, a mão em seu flanco. Ele o fará. Ao convite do Cristo para deixar de ser incrédulo no testemunho dos que viram, Tomé torna-se um homem de fé ao responder liturgicamente: *Meu Senhor e meu Deus!* É a última aclamação de fé do Evangelho de São João. E essa fórmula foi retomada e é repetida durante as celebrações da Eucaristia católica, até hoje. Para Eusébio, um dos grandes historiadores da Antiguidade, Tomé teria evangelizado os partos, no Irã. Segundo outra tradição, ele chegou à Índia, onde foi martirizado. Antes, teria dado uma passadinha pelo Brasil, como São Sumé, entre os índios. Ele deixou a marca de seus pés em várias pedras do litoral e inspirou até os comentários jesuíticos do Padre José de Anchieta e os sermões do Padre Antonio Vieira.

9 Bartolomeu, o Natanael

Bartolomeu, do aramaico *Bar-Talmai*, é um nome de origem árabe e nabateu, traduzido em grego por Ptolomeu. *Bar-Talmai* significa filho de

Ptolomeu. Também é chamado de Natanael (Presente de Deus) no Evangelho de São João (Jo 1,46-47; 2,1-11). Bartolomeu, para a tradição eclesial, evangelizou na Armênia, junto ao Mar Negro. Segundo uma lenda posterior, foi esfolado vivo em Albanópolis, hoje Derbent, na província russa do Daguestão. Nossa! Essa região não é fácil! Quanto à hipótese que identifica Bartolomeu e Natanael, ela parece bastante verossímil na comparação dos quatro evangelhos. Na Capela Sistina, Bartolomeu foi pintado por Michelangelo segurando a própria pele, na mão esquerda. É o santo padroeiro dos padeiros, alfaiates e sapateiros para os católicos.

10 Judas, Tadeu

Tadeu vem do aramaico *Tadai*, e significa corajoso. Para alguns, o nome Tadeu viria do grego *Theodotos* (dado por Deus), mas há controvérsia. Também chamado Lebeu, ele é um dos doze citados nominalmente por São Mateus e São Marcos. Para a tradição eclesial, São Judas Tadeu evangelizou a Mesopotâmia e a Pérsia. Mas deve ter levado um apostolado muito discreto. Pouco se sabe sobre ele, citado apenas duas vezes nos evangelhos, na listagem dos discípulos de Jesus (Mt 10,3; Mc 3,18). A epístola, bem tardia, atribuída a Judas Tadeu, não é dele. Mas isso é um detalhe. Mesmo assim, ele é muito venerado pelos católicos, esse discreto São Judas Tadeu.

11 Simão Canaíta ou o Zelote

Simão é referido como o cananeu em São Mateus e como o zelote em São Lucas e nos Atos dos Apóstolos. A palavra grega cananeu e a palavra zelote, derivada do aramaico, significam a mesma coisa: "zeloso". Supõe-se, por esse apelido, que Simão seria um zelote (*qanait*) e não um cananeu ou cananita (Lc 6,15; At 1,13; Mc 3,18). A maior parte dos exegetas apresenta esses ativistas da resistência aos romanos como criminosos. Esses patriotas eram ao mesmo tempo violentos e zelosos da *Torá* (Lc 6,15;

At 1,13; Mc 3,18). Os zelotes eram um dos grandes partidos ou seitas do povo israelita nos tempos de Jesus. Os outros três principais eram os fariseus, os saduceus e os essênios. Os zelotes exprimiam o sentimento de uma boa parte do povo ao proclamar sua convicção: obedecer aos romanos era violar a Lei divina, *IHVH* sendo o único mestre de Israel. Os sacerdotes, os funcionários do templo, os notáveis, de uma maneira ou de outra, eram constrangidos a colaborar com o ocupante romano. Não era o caso do povo, no qual os zelotes recrutavam seus membros (1Mc 2,22-26). Segundo Flávio Josefo, os *qanaims* eram os *ardentes* ou *ciumentos*, cuja intransigente oposição a Roma se manifestava pela luta aberta, denunciada pelos romanos como banditismo. Simão permaneceu na Palestina, onde pregou o Evangelho. Não há informação sobre sua morte. Algumas tradições o colocam como grande auxiliador no estabelecimento do Cristianismo no Egito, juntamente com São Marcos e São Felipe na Síria. Sua pregação era bem parecida com a dos outros quatro apóstolos que foram para o Oriente. Ela é tida por alguns como ascética e judaica, tal como aquelas preservadas na epístola canônica de Judas. Encontrou o martírio na cruz ou, para outras tradições menos seguras, foi na fogueira, lá na Armênia, do Monte Ararat. Para a tradição católica Simão foi cortado ao meio, vivo, por um serrote. Uma coisa parece certa: martirizado, pelo jeito, ele foi.

12 Judas, Iscariote

É uma variante, em português e em diversas línguas, do nome hebraico Judá, *Yehudah* e significa "eu agradecerei (a Deus)". Judas para todos é o discípulo traidor de Jesus. Com o papel desse discípulo na traição e entrega de Jesus Cristo a seus algozes, por trinta moedas de prata, seu nome assumiu noções muito pejorativas na tradição cristã, sendo sinônimo de traidor. Não é muito honroso quando de alguém se diz: "ele é um Judas, um Calabar". Judas foi um dos doze apóstolos de Jesus e era filho de Simão de Queriote (Jo 6,71; 13,26). É o nome de apóstolo que mais vezes aparece nos evangelhos (vinte vezes) depois do de Simão Pedro, *hors concours*. A palavra Iscariote é tão contraditória quanto o personagem de Judas. Ela nos chegou pelo grego *iskariotes* ou *iskarioth*.

Como os vinhos de qualidade têm uma denominação de origem geográfica, naquele tempo também era assim para distinguir pessoas: Jesus de Nazaré, José de Arimateia, Simão de Cirene, Paulo de Tarso etc. Como agrônomo e ecólogo, acredito nessa etimologia hebraica, nessa designação de origem: Judas *Ish Kariot*, o homem (*ish*) de Kariot, vila judaica, sua terra natal. Já os colegas da sociologia política apostam em outra interpretação. A palavra derivaria do grego *sikarios* (homem com adaga, assassino), nome dado no tempo de Jesus para os marginalizados de movimentos políticos, um misto de patriotismo e banditismo. Dado o caráter ignominioso do título, ele cairia bem em Judas por sua traição. Daí, um perfil novo de Judas emergiu nas releituras hollywoodianas e literárias dos evangelhos: o militante político, o único dos doze com cultura diferenciada para estabelecer outro tipo de diálogo com Jesus. E o mesmo Judas o entregou com um beijo. A ponto dessa história imaginária do personagem acabar por explicar seu nome.

Matias, reserva do time

Com a perda de Judas Iscariotes e o arrrebatamento de Jesus aos céus, São Pedro se levantou no meio dos apóstolos para sugerir a substituição do único substituível: Judas. O Livro dos Atos dos Apóstolos traz um relato bastante detalhado da intervenção de São Pedro sobre o destino de Judas, com várias citações bíblicas etc. Como líder dessa Igreja nascente, São Pedro defende que entre os seguidores fiéis um deveria ser escolhido para tornar-se com os onze restante "testemunha de sua ressurreição" (At 1,22). Apresentaram-se dois: José chamado Barsabás e Matias. O grupo de cerca de cento e vinte pessoas rezou a Deus. Como o Espírito Santo ainda não havia sido derramado, eles não tiveram nenhuma luz sobre qual dos dois optar. Partiram então para o cara ou coroa. Tiram sortes "e a sorte caiu sobre Matias, que foi desde então incluído entre os onze apóstolos" (At 1,26). Agora de novo, doze. Nunca mais se soube dele no texto bíblico. Talvez o peso do antecessor o tenha inibido.

9

TRÊS CENTENAS DE CURIOSOS NOMES BÍBLICOS

Uma das grandes alegrias dos pais é a de poder escolher e dar um nome a seus filhos: João, Maria, Daniel, Marta, Tiago, Ana, José, Felipe, Marcos, Cristina... Mais de uma centena de nomes comuns em português tem sua origem na Bíblia. Os pais escolhem esses nomes por razões familiares, sociais, poéticas, místicas, sociológicas, ideológicas e religiosas. Desconhecem muitas vezes sua origem bíblica. Quanto mais sua etimologia e seu significado. Muitos nomes representam um projeto paterno, uma projeção de seu desejo legítimo e ilusório quanto ao futuro dos filhos, como ocorre com muitas pessoas na Bíblia.

Ninguém deveria ficar indiferente à origem e ao significado de seu nome. A maioria dos nomes dos personagens bíblicos tem significado preciso em hebraico, grego e em latim. Dado os anacronismos do texto bíblico, muitos nomes foram atribuídos *a posteriori* aos personagens pelos redatores, como nos romances. Assim, nome e vocação caminham juntos em muitos homens e mulheres na Bíblia. Em certos casos, eles apresentam uma evolução curiosa como Tiago, que é o mesmo que Jacques, o mesmo que James, o mesmo que Jaqueline, o mesmo que Akiva, o mesmo que

Jacó e significa "aquele que agarra o calcanhar, o *equev*, de seu irmão". Larga do meu pé, sô!

A cultura hebraica gosta de declinar temas em nomes. Um exemplo está na palavra paz, *shalom*, usada para dizer bom dia e adeus. *Shalom* em si já é um nome presente em Imashalom (mãe da paz), Amishalom (povo da paz), Salmão ou Salman (homem da paz), Salmana (mulher da paz), Absalão (*Ab-shalom* – pai da paz), Salomão (*Shalom-ó* – sua paz), Selomi (*Shalom-i* – minha paz), Selomite (*Shalom-it* – pequena paz), Selomote (*Shalom-ot* – pazes), Selumiel (*Shalom-El* – paz de Deus), Selomia (*Shaloni-Yah* – paz de Deus), Salomé (*Shalom-Tsione* – paz de Sião) e por aí vai. Para quem vive em guerra é essencial nomear, convocar e evocar a paz.

Os nomes ditos teóforos são frequentes no texto bíblico. Em outras palavras o nome de Deus faz parte dos nomes humanos. Eles evocam o Deus *El*, como em Israel, Elias, Eli, Manuel, Joel, Daniel, Gabriel, Otoniel, Natanael, Ezequiel, Samuel e tantos outros. Ou evocam e incorporam o Deus *Yavé*, *Yah* ou *Yahu* como em Jonatam, Josias, Ezequias, Joaquim, Jeremias, Urias, Jonas, Zacarias, Abadias, Isaías etc. Atrás de grande parte desses nomes bíblicos existem objetivos teológicos. Ninguém carrega esses nomes divinos impunemente.

Outros nomes bíblicos evocam flores, árvores, animais, grandes personagens, pedras preciosas, qualidades humanas, atributos divinos, relações de parentesco ou familiares etc. O convite é para um passeio nesse jardim dos curiosos nomes masculinos e femininos da Bíblia e dos seus personagens. Muitos carregaram esses nomes como peso, condenação, vocação, indiferença, alegria e glória. Agora, se seu nome não estiver escrito na Bíblia, não se preocupe. Não é nenhum demérito. O importante é estar escrito no livro da vida.

Aarão

Esse nome não é muito comum, salvo entre descendentes de judeus e árabes, e assume variantes como Aron, Arão, Araão. Na Bíblia, é o nome do primeiro sumo sacerdote hebreu, o irmão mais velho de Moisés (Ex 4,14). Moisés o designou e compartilhou várias funções com ele. E ninguém nunca os acusou de nepotismo. Aarão poderia ser um bom nome para artistas, além de lojistas, pois significa "Eu cantarei", do hebraico *ron*, canto. Para alguns estudiosos, esse nome significaria "progenitor de mártires!" relacionado com o egípcio "*Aha Rw*" (Leão Guerreiro). Dizem. Esse contraditório artista bíblico era religioso, pacifista, conciliador e fez interpretações teatrais diante do faraó, estátuas de bezerros ou touros de ouro para seu povo, grandiosos atos litúrgicos... Enfim, era um artista completo. É bom lembrar que o Alcorão também admira Aarão e conta sua história. Ao contrário da Bíblia, o texto muçulmano isenta Aarão de qualquer participação na feitura dos bovinos de ouro. A Bíblia apresenta duas versões contraditórias, no mínimo na geografia, para sua morte, com 123 anos (Nm 20,24-29; 33,39 e Dt 10,6). Como Moisés, ele não entrou em Canaã. Pelo jeito, o povo chorou e lamentou mais sua morte do que a Moisés. Todo o povo de Israel pranteando, cantarolando e ronronando um mês lunar inteirinho e mais um pouquinho. Tá na Bíblia.

Ab

Ver Av, neste capítulo.

Abbá

Ver Av, neste capítulo.

Abadias, Abdias, Obadias

Em hebraico, o nome *Abadiah* significa escravo, servo (*ebed*) de Deus (*Yah*). Para mais detalhes, ver esse nome no capítulo "Estranhos nomes de profetas e inspirados".

Abdá

Adoniram, ilustre personagem da corte de Salomão, era filho de Abdá (1Rs 4, 6). O nome evoca o escravo, o servo (*ebed*) de Deus (*Yah*). Como seu fardo é leve e seu jugo suave, dá para levar esse nome. Para alguns autores, esse nome pode ser uma abreviação de Abdias.

Abdão

Ver Abdon, neste capítulo.

Abdias

Ver Abadias, neste capítulo. Para mais detalhes, ver esse nome no capítulo "Estranhos nomes de profetas e inspirados".

Abdon, Abdão

Esse nome, como o precedente, também evoca o servo de Deus. Abdão ou Abdon foi o décimo juiz de Israel na ordem cronológica de juízes. Pertencia à tribo de Efraim. Era filho de Hillel. Exerceu o cargo de juiz durante oito anos, de 1165 a 1157 a.C., dizem. Teve como sucessor Sansão, aquele fanfarrão, forte e cabeludo.

Abel

Em hebraico *Hebel*. Esse nome quer dizer "fumaça" (Ecl 1,1), embaçar e por extensão, "inconsistência, fraqueza, vaidade" (Ecl 1,1). Abel aplica-se a algo considerádo perecível. É o nome dado ao mítico personagem do Gênesis, filho de Adão e Eva. Seu nome é um pré-aviso de seu destino, dramaticamente assassinado por seu irmão (Gn 4,1-16). Abel irá se esvair sem deixar marcas, nem progenitura. *Hebel* desaparece bem jovem, virgem e sem descendência, e é o oposto de *Caim*, marcado por Deus e com imensa progenitura. Abel foi o primeiro a matar ovelhinhas para agradecer a seu

Deus, através de um sacrifício que não consta no texto ter sido solicitado pelo Criador. Como muitos humanos, ele se achava devedor e talvez não acreditasse no amor gratuito. Para os estudiosos da Bíblia, a inclusão deste detalhe na narrativa mítica de Gênesis serviu de justificativa para as práticas tradicionais dos sacrifícios judaicos e fazia deles uma tradição inviolável. Até os romanos acabarem com o Templo de Jerusalém.

Abigail

É um nome feminino raro entre nós, mas comum entre norte-americanos. Significa "Meu Pai é Valoroso" (*avi – hail*) e também pode ter o sentido de "Meu Pai da Alegria" (*Avi – ail*). Era o nome do pai da Rainha Ester (Esd 2,15), de um dos filhos de Merari (Nm 3,35) e de uma das 18 esposas (*sic*) do Rei Davi. Hoje, a alegria e o valor são monógamos.

Abrão, Avram

Assim curtinho *Avrâm*, em hebraico, significa Pai Elevado (*Av – ram*; pai – elevação, montanha) (Gn 11,29). Abrão é o "pai erguido". Mas seu nome evoca também o passante, o passado (*avar*), o que passou fronteiras, rios... Esse foi o primeiro nome dado ao mítico patriarca bíblico. Como viajante passante (*avar*) Abrão não foi muito elevado: era polígamo, casou com sua meia-irmã, entregou a bela esposa Sarai ao harém do faraó numa boa, assim como entregou-a a um de outro rei vizinho. Seu casamento era estéril. Pudera. Levou um século, mas depois ele aprumou. Teve uma verdadeira experiência de Deus. Quase sacrificou um de seus filhos. Depois do susto, ficou hospitaleiro, fértil e compassivo, intercedeu por seus parentes de Sodoma e Gomorra junto a Deus e até deu nome a um famoso presidente dos Estados Unidos, Abraham Lincoln. É honrado por judeus, cristãos e islâmicos. Uma unanimidade ecumênica, o nosso pai Abrão.

Abrahão

Foi o segundo nome do Patriarca, depois de aprumar. Em sua primeira aliança com Deus, o nome do patriarca *Avrâm* foi transformado com a agregação da letra H ou *Hé* em hebraico: Abraham, *Avrahâm* ou Abraão. Seu significado é dado no texto do Gênesis: *Av*, pai e *raham*, contração de *rav ham*, muitos povos (Gn 17,5-6). De onde a tradução: Pai de multidões ou de numerosos povos ou Pai fecundo (Gn 18,19). Nesse mesmo episódio, Deus mudou o nome de Saraí para Sarah. Os escribas machos não acharam necessário explicar o alcance e o significado dessa mudança no nome de Sarai (Gn 17,15). Uma pena. Sobre isso, ver neste capítulo o nome Sara.

Absalão

Belo e paradoxal nome para um belicoso personagem bíblico: *Avishalom* ou Absalão significa "Pai da paz". Era o nome do terceiro filho do Rei Davi (1Rs 15,6 e 2Sm 3,3), filho de Maaca, filha de Talmai, rei de Gueschur. Quando ele quis afirmar sua posse hereditária do trono de Davi, logo tomou posse do harém do pai "diante de todo Israel" (2Sm 16,22). Meio desagradável. E eram muitas mulheres. Nem deu tempo de aproveitar. Após ser derrotado numa batalha, ele fugiu. Não foi muito longe. Seus longos cabelos enroscaram na galhada de uma árvore. Sua mula prosseguiu aliviada pelo caminho. Ele ficou "suspenso entre o céu e a terra", como os enforcados, e foi varado por lanças (2Sm 18,9). Morreu. As versões bíblicas sobre os fatos da vida desregrada de Absalão e de seus irmãos Amnon e Adonias devem ser lidas com alguma cautela. Talvez as coisas não ocorreram bem assim, se é que ocorreram, se é que Absalão existiu. Os escribas tardios desses acontecimentos buscaram suavizar e legitimar a usurpação de linhagem praticada por Betsabé, a outra esposa de Davi e mãe de Salomão, fruto de um adultério real.

Ada

Ada ou Adá é o nome da esposa de Esaú (Gn 36) e de uma das duas esposas de Lameque, o pai de Noé (Gn 4,23), cinco gerações após Caim. Ada significa adorno, enfeite. Ela deve ter tido muitas filhas e filhos, pois seu esposo "viveu ao todo setecentos e setenta e seis anos e morreu" (Gn 5,31). *Aconticido*... como se diz em Minas Gerais.

Adão

Deriva do hebraico *adamá*, terra, terra vermelha (*dam,* vermelho, sangue), de onde ser possível chamar o primeiro humano de "ruivoso", arruivado ou terroso. Em latim, as palavras humano, humanidade e homem também evocam o húmus, o chão e a terra. Adão e humanidade convocam à humildade, ao curvar-se, ao rebaixar-se e aproximar-se do chão, da terra mãe. O Adão bíblico teria vivido mais de novecentos aninhos para gerar toda uma humanidade clonada (Gn 3 a 5). Não foi pouco. Ele é muito citado no Novo Testamento, tanto nas genealogias (Lc 3,38) como nas analogias com Jesus Cristo (Rm 5; 1Cor 15; 1Tm 2). É sem dúvida o personagem mais antigo e mais velho entre todos os famosos.

Adna

Adna ou Adina significa em hebraico "a delicada". Designa um homem na Bíblia: o filho de Siza, rubenita (1Cr 11,42). Delicado.

Adonias

Era o nome de um dos filhos do Rei Davi (2Sm 3,4) e significa "Meu Senhor (*Adon-i*) é Deus (*Yah*)". Sua história é um drama e uma tragédia pessoal. Adonias tinha dois irmãos mais velhos, Amnon e Absalão. Eles deveriam herdar o trono. Não foi assim, segundo a história contada pelos redatores bíblicos. Primeiro, Absalão enviou seus servos para matar Amnom, seu irmão, pelo estupro de sua meia-irmã Tamar, filha de Davi e Maaca (2Sm 13). Depois, Davi enviou seus servos para matar Absalão, seu próprio filho, por ter se apropriado de seu harém (2Sm 18, 9). Após a morte dos dois irmãos, Adonias seria o herdeiro legítimo ao trono em Jerusalém. Após uma intriga familiar *machbetiana*, Davi decidiu ouvir sua esposa Betsabé, Bat-Sheba, e optou por escolher Salomão, o filho dela, para ser seu sucessor ao trono. Na sequência, a morte de Adonias foi decretada por Salomão, aquele reputado como de grande sabedoria. Esse nome de um personagem bíblico destituído de seus direitos dinásticos e assassinado tem se tornado mais comum entre nós. Pois é.

Adoniram, Adonirão

Seu significado é "Meu Senhor é elevado" ou "Meu Senhor elevou": *Adon* (Senhor) – *i* (meu) – *ram* (montanha, elevação). Esse Adoniram era filho de Abdá (1Rs 4,6) e estava entre os grandes da administração de Salomão. Era o chefe das corveias às quais o bondoso e sábio Rei Salomão condenara 30.000 homens: buscar, cortar e trazer madeiras de cedro e cipreste do Líbano (1Rs 5,27), repetindo o estilo dos faraós com os hebreus. Na mesma linha, Adoniram terminou como cobrador de impostos, uma espécie de secretário da Receita Federal daqueles tempos. O Rei Roboão, filho de Salomão, o enviou cobrar impostos. Ao contrário dos dias de hoje, em que se aceita passivamente enorme carga tributária, o povo se revoltou e "todo Israel o apedrejou e ele morreu; então o Rei Roboão subiu depressa a seu carro, a fim de fugir para Jerusalém" (1Rs 12,18). No Brasil, o Adoniram mais famoso é o Barbosa, sambista paulista, nascido João Rubinato, autor do *Trem das onze* e da *Saudosa maloca*, entre outros. Não morreu apedrejado, pagou seus impostos como pôde, pouco recebeu de direitos autorais e foi muito querido.

Adonirão

Ver Adoniram, neste capítulo.

Agar, Hagar

Às vezes grafado como Hagar, este nome é o da escrava (mais uma) que deu o primeiro filho a Abraão (Gn 16,1-16): Ismael. Sua etimologia está ligada, talvez, aos nômades *Agrims* (Cr 19,20; Sl 73,17). Se esse nome deriva do árabe, ele evocaria a ideia de fuga, de emigração: *hadjira*, hégira. O Apóstolo Paulo fez uma acrobática construção alegórica com a história e a geografia de Hagar em sua Carta aos Gálatas (Gl 4,22-27). Liberdades paulinas com as Sagradas Escrituras.

Ageu

Ageu é um dos profetas do Antigo Testamento. O nome Ageu, *Haggai*, talvez derive de festa, em hebraico *hag*. Para mais detalhes, ver esse nome no capítulo "Estranhos nomes de profetas e inspirados".

Agripa

Esse nome curioso vem do latim *Agrippa* e é composto por *aegritudo* (doença) e *pes* (pés). Era o nome dado às crianças que num parto anormal nasciam apresentando primeiro os pés. Nos Atos dos Apóstolos, ele aparece nos capítulos 25 e 26. É ao Rei Agrippa a quem recorre o Apóstolo Paulo. Trata-se de Marcos Júlio Agripa II, filho de Herodes Agripa. Ele se tornou rei de Cálcis, no Líbano, por volta do ano 50. Vivia com ele sua irmã Berenice, citada nos Atos quando de sua chegada a Cesareia (At 25,13). Tito se apaixonou por essa Berenice, mas isso são outras histórias ou outros nomes.

Alexandre

São muitos Alexandres na Bíblia, sem falar da cidade de Alexandria: Alexandre, filho de Felipe (1Mc 1,1); Alexandre, filho de Antiocus (1Mc 10,1); o condenado por Paulo, Alexandre o fundidor (1Tm 1,20; 2Tm 4,14)... O Evangelista São Marcos faz questão de bem identificar Simão de Cirene. Ele ajudou Jesus a carregar a cruz. Marcos deixa claro: ele era o pai de Alexandre e Rufus, pessoas aparentemente conhecidas da comunidade cristã. Outro judeu chamado Alexandre também aparece nos Atos dos Apóstolos e tenta convencer, sem sucesso, gregos e troianos, em motim provocado pela doutrinação do Apóstolo Paulo e os interesses dos artesãos e ourives no Teatro de Éfeso (At 19,33). Faltou dizer: esse nome grego significa "que resiste (*aléxo*) aos homens (*andros*)" ou o "que se defende ou defende os homens". Há controvérsias.

Alfeu

Alfeu, *Alfai*, vem do nabateu *halaf-ilahaí* e significa "Deus o substituiu". Nome dado a um segundo filho referindo-se a uma criança morta. O nome era pronunciado em grego *Halphaios*. Entre os discípulos de Jesus estavam pelo menos dois ou três filhos de Alfeu. Não dá para afirmar se é um único ou se são vários Alfeus: Tiago Menor, filho de Alfeu, em hebraico *Yakov ben Alfai* (Mt 10,3; Mc 3,18; Lc 6,15); Levi, filho de Alfeu (Mc 2,14) e "E, entrando, subiram ao cenáculo, onde habitavam Pedro e Tiago, João e André, Filipe e Tomé, Bartolomeu e Mateus, Tiago, filho de Alfeu, Simão, o Zelote, e Judas, irmão de Tiago" (At 1,13). E se Judas era irmão de Tiago, segundo essa passagem de Atos, então Alfeu também era o nome do pai de Judas.

Amós

Amós foi um pecuarista. Contra sua vontade, ele acabou como profeta do Altíssimo no Antigo Testamento. Talvez esse nome venha de uma forma hebraica resumida de "*Amossiá*". Significa "Deus Trouxe", do verbo hebraico "levar". Para mais detalhes, ver esse nome no capítulo "Estranhos nomes de profetas e inspirados".

Ana, Anna, Anah, Hanah, Haná, Haanna

Ana significa "graça". Ela obteve graça diante de Deus, graças às suas orações. Ana, mulher estéril, esposa de Elqana, obteve um filho, Samuel, colocado desde a idade de três anos a serviço do Templo de Siló, em Efraim, junto ao sacerdote-juiz Elias. Na ocasião, Ana compôs um belo cântico no estilo dos salmos (1Sm 1,2). São várias Anas na Bíblia e o nome dá origem a outros como: Anaí, Anaís, Annie, Anita e Aninha. A graça se alimenta do pecado, diz a liturgia pascal. A Ana do Samuel ainda teve três filhos e duas filhas. Ela foi a última mulher declarada estéril do Antigo Testamento. Já estava bom da conta de tanta esterilidade feminina e nunca masculina. Existe outra Ana, célebre no Livro dos Macabeus (2Mc 7). Para não desobedecer a lei, ela se mata com seus sete filhos. Ana é também o nome da esposa de Tobit e mãe de Tobias (Tb 2,1).

Anah, Hanah

Ver Ana, neste capítulo.

Anaia

É um nome feminino e de um bairro em São Gonçalo no Rio de Janeiro e de outro em São Paulo (Jardim Anaia). Em hebraico bíblico também é masculino e era o nome de um ministro do tempo de Esdras (Ne 8,4). Significa: "Deus respondeu". O quê? Não sabemos. Depende de cada Anaia, de cada lugar, de cada bairro. Depende da pergunta.

Ananias, Hananias

Esse nome vem do hebraico e significa "Deus é gracioso" ou "Deus teve piedade". Esse nome corresponde a diversos personagens na Bíblia como: o pai de Maasias. Ele participou da restauração das muralhas de Jerusalém (Ne 3,8); o jovem Ananias, cujo nome os babilônios mudaram para Sadraque ou Shadrak, amigo do Profeta Daniel. Ele saiu intacto de uma fornalha "ardente"; o esposo de Safira, membro da primeira comunidade cristã. Ele foi ferido de morte por ter mentido a Deus (At 5,1-7); o Ananias de Damasco, o batizador Paulo de Tarso (At 9,10-19); ou ainda Ananias, filho de Nedebaios, o sumo sacerdote. Ele presidiu o julgamento de São Paulo diante do Sinédrio (At 23,2; 24,1). Esse nome encontra-se incorporado em Betânia (Beit Anania) e também pode ser lida como "casa (*beit*) da graça (*hen*) de Deus (*Yah*)".

André

Nome de origem grega, *Andréas*, deriva de *aner*, *andrós*, "o homem" e significa o viril. Era pescador e foi o primeiro dos doze a ser chamado, junto com seu irmão de Simão Pedro (Mt 10,2 e Lc 6,14). O nome desses irmãos *Petros* e *Andreas* (Mt 10,2; Lc 6,14 e Jo 1,40) sublinha a profundidade da influência grega nos tempos de Jesus, após uma ocupação de quatro séculos. Ver maiores detalhes sobre esse nome de apóstolo no capítulo "Diz-me com quem andas... os nomes dos doze de Jesus".

Apolo

Do grego *Apóllos*, o anunciador, o declarador, o noticiador, o profeta. Esse deus olímpico só perdia para Zeus em poderes e devoção. Era cheio dos atributos e símbolos. Até o Cristianismo primitivo se apropriou de vários de seus atributos para adornar seus próprios personagens sagrados, como o Arcanjo São Miguel e até Jesus. É o nome de um judeu líder e atuante na comunidade primitiva (At 18,24 e 19,1; 1 Cor 1,12; 3,4; 3,22 e 4,6), leal colaborador de Paulo. Como muita gente nos dias de hoje, ele vivia sem tempo e muito ocupado (1Cor 16,12). É citado também na Epístola a Tito (3,13).

Araão

Ver Aarão, neste capítulo.

Arão

Ver Aarão, neste capítulo.

Arão, Aron, Araão

Ver Aarão, neste capítulo.

Ari e Ariel

São nomes bastante comuns. São idênticos a Leonardo, Leontino e Leonel. A razão é simples: Ari significa, em hebraico, leão e Ariel, leão de Deus. Era o nome de um chefe político da época de Esdras (Esd 8,16). Para alguns é nome de um anjo, daqueles leoninos. Finalmente, o Profeta Isaías chama a cidade de Jerusalém de Ariel: "Ai de ti, Ariel, Ariel, a cidade em que Davi assentou o seu arraial!" (Is 29,1). Pois é, quem diria.

Ariel

Ver Ari, neste capítulo.

Arimateia

José de Arimateia foi um destacado fariseu, amigo de Nicodemos. Quando da morte de Jesus, ele reclamou o seu corpo junto a Pilatos e lhe ofereceu uma sepultura. Sua coragem e compaixão lhe valeram menção unânime (fato raro) em todos os evangelhos (Mt 27,57-59; Mc 15,43-45;

Lc 23,50; Jn 19,38). Ele era do vilarejo de Ramataim, em grego *Arimathaia*, de localização incerta. Supôs-se estar situado a noroeste de Jerusalém, a leste de Jope (a Nablus de hoje). Numa outra hipótese seria a cidade hoje chamada de Rentis. Em hebraico, a palavra Ramataim designa a altura (*ram*) dupla (*staim*), os dois níveis ou a dupla elevação. Designava provavelmente uma cidade com dois bairros ou setores situados em colinas vizinhas. No Nordeste, Arimateia é comum como nome, sem o José.

Aron

Ver Aarão, neste capítulo.

Arquelau

Nome de origem grega, *Archélaos*, significa guia (*archós*) do povo (*laos*). Esse nome só é mencionado uma vez na Bíblia. Quando José retornava de sua fuga no Egito com Maria, ao ouvir que Arquelau reinava na Judeia no lugar de seu pai Herodes, teve medo. Avisado divinamente em sonho retirou-se para o sertão da Galileia (Mt 2,22). Essa terra de um inconfundível sotaque marcará a fala de seu filho e de seus futuros discípulos.

Assueiro

Ver Assuero, neste capítulo.

Assuero, Assueiro, Assuerus

Do hebraico *Ahashuerosh* ou *Ah'ashverosh*, Assuero corresponde ao nome persa Xérxes ou Ataxérxes segundo historiadores. Assuero é o rei do conto de fadas da Rainha Ester e se encontra no livro bíblico homônimo. Muito citado, Assuero reina principalmente nos capítulos de 1 a 3 e também do 8 ao 10. Não era um rei mau, só um pouco desinformado. O Livro de Ester é lido na Festa de Purim pelos judeus, uma comemoração meio carnavalesca. Ao atribuir esse nome ao esposo de Ester, essa parábola a valoriza muito. Vale lembrar: Xerxes se considerava um Deus-Rei. Durante seu reinado como imperador da Pérsia e faraó do Egito, ele era tido como o governador do mundo.

Assuerus

Ver Assuero, neste capítulo.

Augusto

Esse belo nome deriva do latim polissêmico *Augustus* e significa "consagrado, sagrado, sublime, venerado" de onde derivou o título imperial "o maior, o máximo (do império)". O imperador romano, o César dos evangelhos, era Augusto (Lc 2,1), aliás, Caio Júlio César Otaviano Augusto (em latim *Gaius Iulius Caesar Octavianus Augustus*; 23 de setembro de 63 a.C.-19 de agosto de 14 d.C.). Ele foi um patrício, de família ilustre. Herdeiro adotivo de Júlio César, Augusto chegou ao poder através do segundo triunvirato, formado com Marco Antônio e Lépido, e se tornou o único soberano de Roma. Foi o soberano com maior tempo de mandato de Roma, com 44 anos. A qualificação do "nome augusto e cheio de majestade" referindo-se a Deus aparece no Livro dos Macabeus (2Mc 8,15). A expressão também é usada para referir-se à Coorte Augusta, uma unidade militar especialmente ligada ao imperador romano, a que pertencia um centurião chamado Júlio a quem o Apóstolo Paulo, prisioneiro, foi entregue (At 27,1). Deixou como marca quase indelével para história o seu nome atribuído a um mês do calendário, agosto, Augusto. Ao qual agregou um dia. Assim, agosto ficou com o mesmo número de dias que julho, de Júlio, Júlio César. Nem mais nem menos. Quem ficou ainda menor foi o mês de fevereiro, de onde tiraram esse dia, até hoje.

Av, Ab, Abbá

Esses nomes e prefixos hebraicos significam pai. Deles derivam Avi: *meu pai*, nome de uma mulher no Livro de Reis (2Rs 18,2); Avia: *pai de Deus*, nome do filho do Profeta Samuel (1Sm 8,2); Aviassaf: *meu pai reuniu*, filho de Coré (Ex 6,24); Avishalom ou Absalão: *pai da paz*, nome do terceiro filho do Rei Davi (1Rs 15,6 e 2Sm 3,3); Avida: *meu pai sabe*, neto de Abraão (Gn 25,4); Abimelec: *pai do rei*, filho do juiz Gideão (Jz 9,1); Avital: *pai do orvalho*, nome de mulher (2Sm 3,4). Além desses, pelo mais uns vinte a trinta nomes na Bíblia começam com *Av*, pai. Haja patriarcado!

Avram

Ver Abrão, neste capítulo.

Azaria

Ver Azarias, neste capítulo.

Azarias, Azaria

Do hebraico *Azareyah*, Azarias significa "Deus (*Yah*) ajudou (*azar*)" ou "Deus é meu auxílio". São muitos Azarias e Azaria na Bíblia, citados nos livros de Jeremias (42,1; 43,2), de Daniel (1,6), além dos livros de Esdras, Neemias, Tobias, 1 Crônicas e 1 Macabeus. O jovem cativo Azaria, no Livro de Daniel, teve seu nome trocado pelos babilônios para Abede-Negô, Abedenego para alguns tradutores pouco empenhados, significaria "Servo de Nabu". Mas ele foi mesmo muito ajudado pelo Deus de Israel, principalmente quando frequentou uma fornalha "ardente". Como Deus, com seu anjo presente no local, protegeu Shadrak ou Sadraque, Mechak ou Mesaque e Abede-Negô das chamas. O Rei Nabucodonosor assistiu ao espetáculo, perdoou-os e disse mais: "Por mim, pois, é feito um decreto, pelo qual todo o povo, nação e língua que disser blasfêmia contra o Deus de Sadraque, Mesaque e Abednego, seja despedaçado, e as suas casas sejam feitas um monturo; porquanto não há outro Deus que possa livrar como este. Então o rei fez prosperar a Sadraque, Mesaque e Abednego, na Província de Babilônia" (Dn 3,29-30). Só faltou deixá-los retornar do exílio, livres do cativeiro. Também não vamos exagerar. Ninguém nunca mais ouviu falar desse decreto ou achou cópia ou menção. Ah! Esses redatores bíblicos.

Barac

Ver Baraque, neste capítulo.

Barak

Ver Baraque, neste capítulo.

Baraque, Barac, Barak, Baruc, Baruque

Como o presidente dos Estados Unidos, *Barack* Obama, esses nomes significam bendito, abençoado. Na Bíblia, esse é o nome do filho de Neria, o escriba do Profeta Jeremias (Jr 32,12-16; 36,3-32; 43,3-6; 45,1-2). Baruc ou Baruque ou Baruk ben Neriá, além do personagem bíblico, é também o nome de um dos livros deuterocanônicos do Antigo Testamento da Bíblia. Sua autoria é atribuída ao próprio Baruque. Ele não era um simples escriba, mas um *sofer*, um alto funcionário da administração babilônica na Judeia. O nome Baruque também aparece no Livro de Neemias entre os abençoados restauradores das muralhas de Jerusalém, após o retorno dos judeus da Babilônia (Ne 3,20; 10,6; 11,5). Esse nome é raro entre nós, apesar de se estar num país "abençoado por Deus". País onde não falta gente deixando trocados, dízimos e outras ofertas em igrejas para "tomar posse da bênção". Benza Deus.

Barnabé

Esse nome parece originar-se do aramaico *Bar Navih*, textualmente "filho do profeta". Barnabé é um dos primeiros cristãos mencionados no

Novo Testamento. Seus pais eram judeus helênicos e ele nasceu em Chipre. Seu nome original era José, mas quando ele vendeu seu campo e seus bens e colocou o dinheiro aos pés dos apóstolos em Jerusalém, eles lhe deram esse novo nome (At 4,37). São Lucas, nos Atos dos Apóstolos (4,36), explica o seu nome com o significado de "filho da exortação/consolação". Nesse caso, o semitismo "filho de" tem o sentido de "estar hábil para". E ele estava hábil para profetizar, exortar e consolar. Foi um grande companheiro de Paulo. Amplamente citado nos Atos dos Apóstolos e em epístolas (Coríntios, Gálatas e Colossenses). São assim os barnabés. No Brasil, o nome virou marchinha de carnaval, sinônimo do solitário funcionário ou operário que anda a pé.

Barrabás

Significa filho (*bar* em aramaico) do pai (*Abba*). Esse "Filho do Pai", *Barabba*, uma espécie de figura messiânica, é apresentado nos evangelhos como um bandido, em grego *lestes*, um líder político, um combatente da resistência. Esse mesmo termo é empregado por Flávio Josefo (Guerra dos Judeus II, XIII. 2,3) para designar os que resistiam, conduziam a guerra contra o invasor romano e mantinham a região em estado de insurreição política. São Marcos (15,7) e São Lucas (23,19) confirmam esta identificação: aquele homem havia sido preso por ter cometido um assassinato durante uma sedição. Para São Mateus (27,16) ele era muito conhecido. Segundo alguns manuscritos do Evangelho de São Mateus (Mt 27,16-17), seu primeiro nome seria Jesus, uma coincidência curiosa. Embora o evangelista coloque na boca do governador romano a frase: "Tendes o costume de que eu vos livre um homem por ocasião da páscoa" (Jo 18,39), a confirmação dessa prática não é encontrada, nem no Antigo Testamento nem no Talmude. Nessa proposta de anistia, duas interpretações messiânicas aparecem frente a frente: Jesus e Barrabás. Pela lei romana eram dois criminosos, acusados do mesmo delito: sedição contra a *pax romana*. Pilatos preferia soltar o exaltado não violento, Jesus. As autoridades do templo e a turba preferem renunciar a esperança messiânica de Israel. Barrabás foi solto, mas esse nome não vingou. A cena da opção entre Jesus e Barrabás é reeditada até hoje. Só a conversão e a transformação no modo de viver e pensar podem levar à opção por Jesus (At 2,37-38).

Bartimeu

Significa filho (*bar* em aramaico) de Timai ou do contaminado (em aramaico timai). É o nome do cego, "filho de um pai contaminado", curado por Jesus quando deixava Jericó, a caminho da sua Paixão, num belo episódio messiânico relatado apenas por São Marcos (Mc 10,46-52), o único que o viu. É um dos raros miraculados por Jesus, cujo nome é conhecido. E ele aclama Jesus de forma messiânica como "Filho de Davi". O papa Bento XVI comparou a Igreja Católica ao cego Bartimeu.

Bartolomeu

Nome de origem aramaica. É uma referência patronímica e significa "filho de Tolmay", análogo ao Bartimeu. É o nome de um dos doze apóstolos, citado em três evangelhos (Mt 10,3; Mc 3,18; Lc 6,14) e nos Atos (At 1,13). Nenhuma narração do Novo Testamento enfoca o seu nome. Ver maiores detalhes sobre esse apóstolo no capítulo "Diz-me com quem andas... os nomes dos doze de Jesus".

Baruc

Ver Baraque, neste capítulo. Para mais detalhes, ver esse nome no capítulo "Estranhos nomes de profetas e inspirados".

Baruque

Ver Baraque, neste capítulo. Para mais detalhes, ver esse nome no capítulo "Estranhos nomes de profetas e inspirados".

Ben

O "filho", em hebraico, como Levi (1Cr 15,18). Dele derivam nomes bíblicos curiosos como Benami (*filho do meu povo*, filho de Lot em Gn 19,38); Benail (*filho da coragem*, ministro de Josafat em 2Cr 17,7); Benaia (*filho de Deus*, guerreiro de Davi em 1Cr 11,31) e mais uma meia dúzia de nomes com esse prefixo. A palavra *ben*, "filho", é empregada tanto para o homem e para o animal. Indiferentemente. Se o tradutor respeitar a estrutura do pensamento semita escreverá *filho de bovino* e não bezerro. A Bíblia ou o hebraico também não fala de bezerros, não usa esse termo ou um equivalente, nem de ouro. Em hebraico se diz: o filho de bovino ou o filho do bovino. A palavra *eguel*, um bezerro, designa, segundo os rabis, um animal de um ano e um "bezerro, filho de bovino", um animal de dois anos. Coisas de pecuaristas.

Benjamin

Significa filho (*ben*) da direita (*yamin*). Nada político. Também poderia significar filho de dias (*iamin*), pois foi o último filho do Patriarca Jacó, cheio de dias, com Raquel (Gn 35,18). Por ser filho da direita, foi querido e honrado. A mão direita sendo a boa mão para todos os orientais ainda hoje (Gn 48,13-14; 17,19). Há uma assoância entre os nomes desse menino e um jogo sobre os significados possíveis, exprimindo a ideia de potência (Gn 49,3; Dt 21,17; Is 4–26; Sl 78,51; 105,36). Muito difícil de traduzir ao português. Dele deriva o diminutivo Ben, como o personagem Ben 10 do desenho animado.

Betsabé

Do hebraico *Batsheva*, *Bate Sheba*, "Filha (*bat*) do juramento" ou ainda "Sétima filha" (*sheva*). Ela foi uma das muitas mulheres do Rei Davi. Ele ficou impressionado com a beleza de Betsabé ao vê-la banhar-se e a seduziu. Davi obteve sucesso facinho na sua sedução, pois provavelmente ela já se deixara ver nua de forma proposital. Ou seja, fora ela quem o seduziu, como parte do início de seu projeto de poder. Enfim, essa transgressão perante a lei mosaica e esse pecado aos olhos do Deus de Israel só foi o começo de uma série de crimes e crueldades. Davi expôs o leal esposo de Betsabé, Urias, à morte em uma batalha, ao reduzir deliberadamente suas chances de sobreviver (2Sm 11). Betsabé grávida de Davi, após a morte de seu marido Urias, tornou-se uma de suas muitas esposas. Não era uma santa, mas era linda e muito inteligente. Dizem. Betsabé terminou por forjar uma nova dinastia, eliminou todos e todas concorrentes. Muitos de morte matada, começando por seu marido. Foi a mãe do Rei Salomão (2Sm 12,24). Ele teria herdado sua inteligência e nele culminou talvez o seu projeto *macbethiano* de poder: o de fundar uma nova dinastia. Conseguiu.

Bila, Bilá

Esse nome em hebraico, *Bilhah,* significa "a boa mistura" e para alguns autores "hesitante, tímida". Não é simples. Serva da matriarca Raquel, Bilá foi concubina de Jacó e mãe de Dan e Naftali (Gn 29,29), cujos descendentes formaram duas das doze tribos de Israel (Gn 30,3-8; 35,25; 1Cr 7,13). Quando Jacó voltou à terra de Canaã, Bilá, junto com seus filhos, foi pessoalmente apresentada a Esaú, irmão gêmeo de Jacó. Após a morte de Raquel, Ruben então despertou desejos por Bilá, esposa mais nova e mais formosa de seu pai, depois de Raquel. Passando-se por Jacó, Ruben se deitou com ela. Ela nem notou. Sabe como é. Seu pai descobriu a farsa e Ruben perdeu o direito de ter uma herança em dobro, acusado de adultério com Bilá (Gn 35,22; 49,3-4; Dt 21,17). No patriarcado, com poligamia, acontece cada coisa.

Boaz

Era o nome do marido resgatador de Rute, citado no Livro de Rute e em 1 Crônicas como pertencente à tribo de Judá, filho de Salmom, vindo a ser bisavô do Rei Davi. Ele consta da genealogia de Jesus, assim como seu filho Obed, tanto no Evangelho de São Mateus (1,5), como no de São Lucas (3,32). Seu nome lembra o desenho animado He-Man, e significa "nele tem a força". Seu nome foi dado à coluna esquerda do Templo de Jerusalém (1Rs 7,21) e tem seu lugar nos templos maçônicos até hoje. Boaz foi um rico ruralista, criou muitos empregos na zona rural, através do agronegócio. Os jantares e, sobretudo, as noites em sua eira, em tempo de colheita, eram bem animados. Rute que o diga.

Caifás

Caifás era o nome do sumo sacerdote judaico, apontado pelos romanos para o cargo. Ele o exerceu entre 18 e 37 d.C. É difícil saber o significado exato desse nome. Para alguns, ele deriva do hebraico *kuf*, como a primeira letra de seu nome e significaria forçar e também garrotear, de onde a conotação de tirano. Já a *Mishná* (Parah 3:5) se refere a ele como *Ha-Koph* (O Macaco), um trocadilho com seu nome, por ter se oposto ao *Mishnat Ha-Hasidim* e por ser um macaco (*kof*) na mão dos romanos. Caifás participou do julgamento de Jesus no Sinédrio, após sua prisão no Jardim de Getsêmani. Sobre ele e sua família ficaram registros históricos como sendo pessoas capazes de toda sorte de intrigas, maquinações e pressões para obter e manter os cargos mais rentáveis no templo. Bem no estilo de muita gente em Brasília, nos dias de hoje. Há pouco se encontrou, em escavações arqueológicas, a tumba de sua família. Parece.

Caim, Cain

Caim, o nome obriga, dizem os rabis. Conforme as etimologias possíveis de seu nome, ele é o homem da posse, ou, conforme o árabe, um operário do metal. Primeiro a nascer, ele foi aquele que seus pais "adquiriram" de Deus. Eu comprei um filho com Deus, diz Eva (Gn 4,1), do verbo *qana*: cujo sentido comum é "comprar, adquirir, conseguir". As versões bíblicas costumam traduzir *qana*, como o das bodas no Evangelho de São João, por "ter, possuir" (Dt 32,6; Sl 139,13; Pr 8,22). As mulheres dizem ter filhos, mas elas os fizeram. Caim era lavrador e cometeu o primeiro assassinato da história, ao matar seu irmão Abel. No final, amaldiçoado, ele deu início ao famoso processo de êxodo rural. Segundo a Bíblia, ele virou um misto de arquiteto, urbanista e engenheiro civil: edificou casas e cidades. As primeiras da humanidade (Gn 4,17-24). Nossa! Como muitos oriundos da zona rural, ele se deu bem nas cidades. E benza Deus! Como sua descendência se multiplicou rápido a ponto de constituir cidades! A descendência de Caim, suas cidades e seus bens imobiliários terminaram com o grande dilúvio dos dias de Noé e não se tratou de especulação imobiliária.

Cain

Ver Caim, neste capítulo.

Cefas

Em aramaico *cefas* significa pedra, rocha e foi o novo nome atribuído ao Apóstolo São Pedro por Jesus num episódio mencionado unicamente no Evangelho de São João (1,42). Em português, a diferença entre Pedro e pedra não acentua a força do original aramaico e grego em que a mesma palavra designa a materialidade da rocha e o novo nome daquele que será o cabeça do colégio apostólico (Mt 16,18). O nome Cefas é muito evocado pelo Apóstolo Paulo (1Cor 1,12; 3,22; 9,5; 15,5; Cl 1,18; Gl 2,9; 2,11; 2,14). Apesar de toda fama de São Pedro, o manda-chuva, o codinome Cefas desapareceu entre os cristãos. Conhece alguém chamado Cefas?

César

O nome latino *Caesar* é de origem etrusca e de significado incerto. Mas tornou-se um título de todos os imperadores romanos. Dele deriva o título germânico Kaiser, o russo Tzar ou Czar, bem como os nomes Cesário, Cesarina, Cesareia (Mt 16,13; Mc 8,27; At 8,40; 9,30; 10,1 etc.). As querelas tributárias entre Jesus e os fariseus (Mt 22,17-21; Mc 12,14-17) deram origem a famigerada expressão "dai a César o que é de César e a Deus o que é de Deus" (Mc 12,17). No caso de César, isso assume uma materialidade muito grande.

Ciro

O nome deriva do grego *Kyros, Kyrios*: "o poderoso senhor". O Rei Ciro da Pérsia venceu os babilônicos em 539 a.C. e deu liberdade aos judeus para retornarem à sua terra e reconstruírem o templo através de um édito publicado por volta de 537 a.C. (2Cr 36,22-23; Esd 1,2-4). Para estabilizar seu poder, Ciro buscou a colaboração das elites nacionais de cada país de seu imenso império. Muitos judeus possuíam florescentes negócios na Babilônia, outros estavam envolvidos com o comércio e até com o surgimento do esboço dos primeiros bancos internacionais. Preferiram não voltar e deram início à grande tradição comercial e bancária de parte da diáspora judaica.

Cláudio

Esse é o nome de muitos personagens da história romana, de muitos santos e santas cristãs. Ele deriva do latim *Claudius*, coxo, da mesma raiz que claudicar cujo significado é mancar, coxear e, no sentido figurativo, cometer faltas e ter imperfeições. Nos Atos dos Apóstolos, o nome é mencionado duas vezes (At 11,28; 18,2) ao referir-se ao reinado do Imperador Cláudio (41-54). Há também uma menção a Cláudia, saudada pelo Apóstolo Paulo no final de sua Segunda Epístola a Timóteo (2Tm 4,21).

Cleofas, Cleopas, Cleópatra

Diminutivo do grego *Cleopatros*, de onde deriva igualmente, sob forma feminina, Cleópatra. Maria de Clopas permanecia perto da cruz em

Jo 19,25. Em São Lucas (24,18), no episódio dos discípulos de Emaús, o nome aparece como Klépas, Clopas ou Cléofas e significa "de Palmira".

Cleopas

Ver Cleofas, neste capítulo.

Cleópatra

Ver Cleofas, neste capítulo.

Cornélio

Esse nome de origem latina *Cornelius* deriva de *cornu*, corno ou chifre, símbolo de abundância, de força e um amuleto mágico contra o mau e a desgraça. É o nome de diversos santos, bispos e do Papa São Cornélio, martirizado em Roma sob Décio. Há uma Santa Cornélia, mártir na África. No Novo Testamento, Cornélio é o nome de um centurião romano piedoso e temente a Deus, cuja conversão São Lucas relata emblematicamente nos Atos dos Apóstolos para demonstrar a aceitação dos gentios na Igreja, inclusive para São Pedro, chamado a aceitar a hospitalidade de um incircunciso (At 10,1-36).

Dã, Dan

Em hebraico significa "ele julga", "ele faz justiça (Deus)". Era o nome de um dos filhos de Jacó (Gn 30,6). Desse nome deriva Daniel e o diminutivo Dani, bem como suas formas femininas Daniela, Daniele, Dania, Dana, como a Lady Di e Daiana.

Dalila

Nome de origem hebraica, *Delilah*, significa e evoca: diluída, esbelta, pobre e até mesmo miserável. É o nome de uma bela prostituta filisteia, segundo a Bíblia. Ela seduziu e traiu Sansão, o animado juiz de Israel (Jz 28,4). Não foi difícil. Ele, entre um e outro prodígio, também frequentava prostitutas em Gaza (Jz 16,1).

Dan

Ver Dã, neste capítulo.

Daniel

O nome significa "Deus é meu juiz" ou "aquele que é julgado por Deus". Existem diversos personagens chamados Daniel no Antigo Testamento. O mais famoso é o Profeta Daniel, levado ao cativeiro babilônico e educado no pensamento caldeu. Pela sabedoria divina e sem ter estudado psicanálise, ele interpretou sonhos e visões de reis, tornou-se figura proeminente na corte da Babilônia. Sua vida, profecias, visões e revelações apocalípticas estão reunidas no Livro de Daniel, de redação recente, escrito em hebraico, aramaico e grego. O Livro de Daniel e seu estilo apocalíptico servem de estrutura e inspiração ao Livro do Apocalipse, lá no final do Novo Testamento. Para mais detalhes, ver esse nome no capítulo "Estranhos nomes de profetas e inspirados" e ver também o nome Dan neste capítulo.

Dario

Nome de origem grega *Dareios* e significa poderoso. Para Heródoto, o nome seria a transcrição do sânscrito *Dhavi*, "o que segura". O Rei Dario I foi rei da Pérsia em 521 a.C. Seu reinado é amplamente citado nos capítulos 4, 5 e 6 do Livro de Esdras, bem como no Livro de Neemias (12,22). O Rei Dario teve um relacionamento contraditório com a elite judaica no exílio (Ag 1,1; 2,1-10; Zc 1,1-7; 7,1). Foi ele, por exemplo, quem lançou Daniel na cova dos leões e depois terminou por exaltar o Deus de Daniel (Dn 6,26-29). *Mutatis mutantis*.

David, Davi

Textualmente, o querido, o bem-amado. Filho de Isahi e rei de Israel (1Sm 16,13), tinha seis ou sete irmãos mais velhos. Personagem controvertido. Os redatores da Bíblia editaram muito seus feitos, ampliaram os positivos, minimizaram os negativos. E lhe atribuíram muitas realizações e glórias que nunca fez ou mereceu. Era pastor dos rebanhos de seu pai, como Saul. Ou seja, as dinastias de Israel estão mais para os pecuaristas do que para os agricultores. Essa opção preferencial pelos pecuaristas já começou na história de Caim e Abel. Davi teve dezoito esposas, além de concubinas e outras mulheres. E teve muitos filhos e filhas. Nome predestinado ao amor. Idealizado, ele é "o" queridinho da Bíblia, *malgré lui*.

Davi

Ver David, neste capítulo.

Débora, Deborah, Dora, Dvorah

Esse nome tem sua raiz na expressão hebraica *davar* e significa palavra. O nome é análogo a Dora e Dvorah e significa "Palavra de Deus" (*Devar He*) ou ainda abelha, aquela cujo trabalho é alegria. Na Bíblia, é o nome da ama de leite de *Rivka*, Rebeca, ou sua enfermeira (Gn 35,8). Débora foi também uma juíza descrita no Livro dos Juízes e liderou os israelitas, por volta do século XII a.C. Era de origem simples e foi a única mulher na Bíblia a alcançar um cargo político pelo seu próprio povo. Ela é uma demonstração de que a coragem independe de sexo e de força física.

Deborah

Ver Débora, neste capítulo.

Dora

Ver Débora, neste capítulo.
cânon

Dvorah

Ver Débora, neste capítulo.

Eli

Nome de origem hebraica e significa "meu Deus". Dependendo da grafia pode ser também um diminutivo de Elias. Eli foi um sacerdote e um dos juízes de Israel por 40 anos (1Sm 1,3; 2,11-36 e 4,1-22). Teve muitos problemas com seus filhos perversos, Hofni e Fineias. A destruição da sua casa (1Sm 3,11-13) abriu caminho para o Profeta Samuel. A expressão "Eli, Eli... Meu Deus, meu Deus..." é pronunciada por Jesus na cruz (Mt 27,46; Mc 15,34) e retoma um salmo de Davi (Sl 22,1).

Eliabe

Do hebraico *Eliav*, significa "Deus é um pai". Existem muitos Eliabes na Bíblia: o chefe da tribo de Zebulom (Nm 1,9; 2,7; 7,24-29); o irmão primogênito do Rei Davi (1Sm 16,6; 17,13-28) e um de seus primeiros seguidores e combatentes (1Cr 12,9; 15,18-20). Já, entre nós, não existem muitos Eliabes andando por aí. Nem combatendo.

Eliaquim

Do hebraico *Eliakum* e significa: "Deus se levanta ou se ergue". Ver neste capítulo: Joaquim.

Elias

Considerado pelo Judaísmo como "o" profeta, o nome de Elias *Ha-Navi*, vem do hebraico *Eliahu* e significa "Deus é Deus" ou ainda "*El* é *Yavé*". Para mais detalhes, ver esse nome no capítulo "Estranhos nomes de profetas e inspirados".

Eliezer

Significa "Deus é minha ajuda" ou "meu Deus é uma ajuda". É o nome de um fiel servidor de Abraão, enviado pelo seu mestre para encontrar uma esposa para seu filho Isaque (Gn 15,2). Ou seja, um servo casamenteiro. Esses homens e mulheres casamenteiros tornaram-se uma espécie em extinção. Até o casamento anda ameaçado.

Elifaz

Em hebraico, este nome significa "Deus é como ouro puro". Existem pelo menos dois Elifaz na Bíblia: o filho primogênito de Esaú com Ada (Gn 36,4-14) e um dos três companheiros de Jó, Elifaz de Temã (Jó 2,11; 4,1; 15,1; 22,1; 42,7-9), originário de uma região considerada em Israel como uma das pátrias da sabedoria (1Rs 5,10-11; 10,1-3; Pr 30,1; Jr 49,7; Ab 8; Br 3,22-23). Um belo nome. Dourado.

Eliseu

Foi também um grande profeta e sucedeu a Elias, a quem os relatos bíblicos aparentemente transferiram parte de seus feitos. Esse nome vem do hebraico *Elishá* e significa "Deus habita" ou "Deus fica conosco". Para mais detalhes, ver esse nome no capítulo "Estranhos nomes de profetas e inspirados".

Elisabete

Do hebraico, *Elisheva*, "Deus fez um juramento" (*El* jurou ou *El* é meu juramento). A mulher de *Aharon* (Aarão), irmão de Moisés, tinha este nome (Ex 6,23). É o nome da prima de Maria, mãe de João Batista e esposa do Sacerdote Zacarias (Lc 1,36). O episódio da visita de Maria a Elisabete ou Isabel (Lc 1,39-56) relata o encontro dos dois filhos, a cujas missões elas servem. Nome com muitos equivalentes como: Babette, Bess, Bettina, Bety, Bel, Elisa, Liza, Elsa, Ilse, Lisette, Isabel, Isabele, Isa, Isabela, Lillah... Ou seja, para todas elas, Deus fez um juramento. Qual? Bom, aí já é querer saber muito. E pelo jeito, para cada Bebel foi um.

Enoch

Ver Enoque, neste capítulo.

Enoque, Enoch

Do hebraico *Hanokh*, esse nome significa "educador" ou ainda "iniciado, dedicado, disciplinado". Na Bíblia pode referir-se a: Enoque, descendente de Caim (Gn 4,17-18); a Enoque, antepassado de Noé, aquele que *andou com Deus* (Gn 5,21-23); a um dos filhos de Midiã (Gn 25,4) e a um filho de Ruben (Gn 46,9; Ex 6,14; Nm 26,5). Enoque é mencionado por São Lucas (Lc 3,37) como filho de Matusalém na genealogia de Jesus. Na Carta aos Hebreus, ele é aquele que "foi arrebatado, a fim de escapar da morte" (Gn 5,22-24). É considerado o inspirador do Primeiro Livro de Enoque, escrito não canônico, em versões etíopes e gregas, e ao qual existem várias referências possíveis no Novo Testamento como na Epístola de Judas (v. 4.6.14.). Seu nome não foi arrebatado e ainda nomeia muita gente boa por aí.

Esaú

Em hebraico significa "peludo". Era o nome do filho primogênito de Isaque e Rebeca, irmão gêmeo de Jacó. Teve esse nome por ter nascido ruivo e peludo (Gn 25,25). Também foi chamado de Edom, que significa vermelho. Foi um grande caçador, amado de seu pai, mas vendeu a Jacó seu direito à primogenitura por um prato de lentilhas (Gn 25,29-34). Dizem. O penúltimo romance de Machado de Assis intitulou-se *Esaú e Jacó*. E a história desses gêmeos já fez a alegria dos psicanalistas.

Estefânio

Ver Estêvão, neste capítulo.

Estefânia

Ver Estêvão, neste capítulo.

Estéfano

Ver Estêvão, neste capítulo.

Ester

Na versão persa ou dos iranianos, esse nome deriva de Ishtar, a deusa do amor e da guerra. Simples. Já na versão dos judeus, esse nome vem do verbo hebraico *lehastir* e significa esconder. Ester significa "eu esconderei". *Lama ló*, por que não? Na Bíblia, Ester é o nome de um livro e de sua principal protagonista. A versão hebraica do nome corresponde bem ao personagem: Ester escondia seu nascimento e seu povo. E também seu nome verdadeiro: Hadassah Bat Abigail. A palavra Deus não aparece no Livro de Ester. Deus também estaria escondido. Talvez uma alusão à história de Ester já estivesse no Deuteronômio quando Deus anuncia (Dt 31,18): "E eu, naquele dia, esconderei bem (*haster astir*) a minha face..." O Livro de Ester é como um conto de fadas ou da carochinha. Sobre os fatos narrados não se encontra nenhum registro histórico, nem na Pérsia, nem sequer no próprio texto bíblico onde Ester também é completamente desconhecida, afora no seu livro. A hisória é maravilhosa, carnavalesca e tem final feliz, até para o rei da Pérsia.

Estêvão, Estéfano, Stefanes, Estefânio, Estefânia, Stéfane, Etiene

Estêvão dá origem a diversos nomes em português, citados acima. O nome deriva do grego *Stéfanos* e significa "coroa ou diadema". Nos Atos dos Apóstolos é o nome de um protomártir, homem cheio de fé e sabedoria. Ele terminou martirizado por apedrejamento, a mando ou sob as ordens do perseguidor de cristãos, o judeu-romano Saulo, futuro Apóstolo Paulo (At 7,1-60).

Etiene

Ver Estêvão, neste capítulo.

Eva, Hava

Do hebraico *Hava* significa vivente. Nome mítico da mulher do primeiro homem: Adão (Gn 3,20). Ele toma origem na palavra hebraica *Haí*, e também é a base de nomes como Hai, Haim e Chaim. *Hava* é "a vivente", pois ela foi a mãe de todos os viventes. A função materna é destacada nesse nome e evoca a humanidade. Foi uma senhora mulher. Conversava com serpentes e provocou mudanças cósmicas, assim na terra, como nos céus.

Ezequias

Do hebraico *Hezequiah*, esse nome significa "minha força (*Hezqi*) é Deus (*Yah*)". Ezequias foi o décimo terceiro rei de Judá. Homem de muita fé, ele reparou e purificou o templo, reintegrou sacerdotes e levitas e restaurou a celebração da Páscoa (2Cr 29,3; 30,5). Os redatores bíblicos o adoram. Combateu a idolatria e ao enfrentar o rei da Assíria, Senaqueribe (*o deus da lua multiplicou seus irmãos*), teve uma ajudinha de um anjo, que apenas numa noite exterminou 185 mil soldados assírios. Isso é que é arma de destruição de massa: um terço do atual exército dos Estados Unidos da América. Exageros bíblico-militares à parte, Deus acresceu quinze anos a sua vida e como prova dessa palavra atrasou dez graus a sombra de um relógio solar (2Rs 18,1-37; Is 38,1-22; 2Cr 30,1-24; 32,2-33). Fácil.

Ezequiel

Do hebraico *Iehezk El* significa "Deus fortifica ou força de Deus". Para mais detalhes, ver esse nome no capítulo "Estranhos nomes de profetas e inspirados".

Felipe, Filipe

Do grego *Philippos*, "amigo (*philos*) de cavalos (*hippos*)". Felipe, Filipe e Felipo são equivalentes. O nome aparece em diversos contextos no Novo Testamento. Designa localidades como Cesareia de Felipe (Mt 16,13; Mc 8,27) e Filipos, cidade da Macedônia (At 16,12; 20,6), a quem se dirige a Epístola de São Paulo aos Filipenses. É também o nome de um dos discípulos de Jesus, associado a Bartolomeu (Natanael) e a Tomé (Mt 10,3; Mc 3,18; Lc 6,14; Jo 1,43-48; 6,5-7; 12,21-22; 14,8-9; At 1,13). Há também Filipe o evangelista ou diácono, eleito pelos apóstolos (At 6,5; 8,5-40; 21,8). Finalmente, esse também é o nome do irmão de Herodes, o tetrarca Felipe, cuja esposa era Herodíades, mãe de Salomé (Mt 14,3; Mc 6,17; Lc 3,1). Salomé, aquela cuja dança, cobrou a cabeça de João, o Batista. Ver maiores detalhes sobre esse apóstolo no capítulo "Diz-me com quem andas... os nomes dos doze de Jesus".

Filipe

Ver Felipe, neste capítulo.

Gabriel

Em hebraico, esse nome significa "Minha força está em *El*", ou "Homem de *El*". Na Bíblia, é o nome do mensageiro de Deus. Ele explicou a Daniel suas visões (Dn 8,16; 9,21). Gabriel é também o enviado por Deus para anunciar a Maria, em Nazaré, a encarnação do Verbo (Lc 1,26). Foi esse "homem forte de Deus" quem apareceu a Zacarias para anunciar-lhe que ia ter por filho João, o Batista ou Batizador ou Imersor: "Eu sou Gabriel, o que está na presença de Deus" (Lc 1,19). Também é conhecido como São Gabriel Arcanjo, nome de bairros, cidades e até municípios no Brasil como São Gabriel no Rio Grande do Sul e o da Cachoeira, lá no noroeste do Estado do Amazonas, na Cabeça do Cachorro.

Gamaliel, Gameliel, Ganliel

Em hebraico o nome significa "Deus é minha recompensa" ou ainda "Deus foi generoso comigo". O primeiro Gamaliel citado na Bíblia é o de um encarregado do recenseamento dos israelitas organizado por Moisés. Esse Gamaliel era descendente de José (Nm 1,10; 2,20; 7,54-59). Dizem. Outro Gamaliel aparece no Livro dos Atos dos Apóstolos. Trata-se de um doutor da lei, fariseu, membro do Sinédrio e respeitado por todo o povo (At 5,34). Gamaliel I foi mestre de São Paulo (At 22,3), era herdeiro do pensamento de Hillel e defendia uma interpretação humanizada da lei.

Gameliel

Ver Gamaliel, neste capítulo.

Ganliel

Ver Gamaliel, neste capítulo.

Gastão

Ver Gérson, neste capítulo.

Gedeão

Ver Gideão, neste capítulo.

Gérson, Gastão

Nome do primeiro filho de Moisés com Séfora, *Guershon*. Significa "Estrangeiro ali" (*guer – sham*), "peregrino", "hóspede de passagem", talvez numa referência à migração de Moisés do Egito. É equivalente a Gastão, Gaston. O nome é listado, pelo Livro das Crônicas, como o do fundador de uma das principais facções levitas. A passagem em Êxodo em que Moisés e Séfora alcançam uma espécie de estalagem contém quatro das frases mais ambíguas e estranhas no texto bíblico. Esse texto parece sugerir que algo, talvez Deus ou um anjo, ataca Gérson ou Moisés, até uma circuncisão ser realizada por Séfora em qualquer dos dois homens atacados. O texto ilustra, claramente e no mínimo, como esse Deus *Yavé* era perigoso. No Brasil, há até a lei de Gérson, a da vantagem fora do campo, criada pelo jogador homônimo.

Gideão, Gedeão

Vencedor bíblico dos madianitas, seu nome significa "Estação da Sorte ou Tempo de Boa Sorte" (Jz 6,7 e 8). Teve muita sorte e muitas mulheres, algumas provavelmente madianitas, e setenta filhos! Nada mal. Um verdadeiro Adão. Seu nome sobrevive entre nós, ora nomeia organizações dedicadas à difusão do texto evangélico em hotéis, ora serve de nome para o bode de algum agricultor, e por aí vai. Muito eclético.

Golias

Era o nome de um grande guerreiro filisteu, nascido na cidade de Gate (prensa de lagar). Esse nome semítico significa "passagem, mudança, exílio, transmigração". Segundo a narrativa do Livro de Samuel (1Sm 17,4-

23; 21,9; 22,10; 21,19), esse campeão dos filisteus – cujo tamanho nunca parou de ser aumentado nas mãos de escribas e narradores bíblicos até atingir 3,10m de altura – era um mercenário bem treinado e armado. O jovem Davi o abateu com uma pedra da sua funda e o decapitou com sua espada. Esse episódio idealizado parece inspirar-se de uma passagem da lenda babilônica de *Enuma Elish* em que Gilgamesh mata o gigante Humbaba. No final, como sempre, todos os filisteus fogem, são perseguidos e dizimados. E também, como sempre, nunca acabaram. Até hoje.

Haanna

Ver Ana, neste capítulo.

Habacuque

Esse nome é raro e significa "enlaçado" ou "abraçado" do verbo hebraico *lehabek*. Para mais detalhes, ver esse nome no capítulo "Estranhos nomes de profetas e inspirados".

Hagar

Ver Agar, neste capítulo.

Haná, Haanna

Ver Ana, neste capítulo.

Hananias

Ver Ananias, neste capítulo.

Hava

Ver Eva, neste capítulo.

Herodes, Herodias

Em grego *Heroidés*, *Héros*, herói, semideus. O Rei Herodes era filho de um idumeu, Antípater, e de Ciper, uma princesa árabe ou nabateana. O Senado romano o nomeou rei da Judeia no ano 40 antes da Era Cristã. Ele assumiu Jerusalém durante o verão de 37 a.C. e ali reinou até sua morte, no ano 4 antes da Era Cristã (ano 750 de Roma). Sua crueldade e sua colaboração incondicional com o ocupante romano fizeram com que seus súditos o detestassem. Herodes foi um grande empreendedor e é conhecido por seus colossais projetos de construção, em especial a reconstrução do segundo templo, por vezes chamado de Templo de Herodes. Alguns detalhes de sua biografia são conhecidos pelas obras do historiador romano-judaico Flávio Josefo. Seu filho, Herodes Arquelau, tornou-se etnarca da Samaria, Judeia e Edom de 4 a 6 d.C., e foi considerado um incompetente pelo imperador romano Augusto. Ele fez do outro filho de Herodes, Herodes Antipas, o soberano da Galileia (de 6 a 39 d.C.).

Herodias

Ver Herodes, neste capítulo.

Hosaias

Ver Oseias, neste capítulo.

Ioná

Ver Jonas, neste capítulo.

Isac

Ver Isaque, neste capítulo.

Isabel

Ver Elisabete, neste capítulo.

Isaías

Esse nome vem do hebraico *Ishaiah*, *Yeshayahu* e significa "salvação de Deus". Para mais detalhes, ver esse nome no capítulo "Estranhos nomes de profetas e inspirados".

Isaque, Isac, Itzac

O nome deriva do hebraico *Yitshaq* e significa "ele rirá", derivado do verbo *sahaq*, rir-se. Esse nome é uma alusão ao riso de Sara, já velha, ao ser-lhe preanunciado o nascimento de Isaque (Gn 18,10-13). É, portanto, o nome do segundo filho do Patriarca Abraão (Gn 25,19). Integrado a um conjunto literário do Gênesis, conhecido como ciclo de Abraão, Isaque viveu muitas e muitas aventuras com sua amada Rebeca e seus filhos Esaú e Jacó. Todas relatadas no Livro do Gênesis desde o capítulo 21 até o 50. Seu nome faz parte dessa tríade e qualifica o deus dos judeus, ainda pouco conhecido naqueles tempos, como sendo o deus pessoal dos patriarcas, o Deus de Abraão, de Isaque e de Jacó (Ex 6,3).

Ismael

Em hebraico *Yishmael*, significa "Deus (*El*) ouve (*Ishma*)" ou "Deus escutou". Uma criança assim chamada foi considerada como cumprimento de um pedido a Deus. Ismael foi o primeiro filho de Abraão com sua segunda esposa, a escrava Agar (Gn 16,2-16). O nascimento de Ismael foi uma fonte de conflitos no triângulo amoroso entre Abraão-Saraí-Agar (Gn 21,9-10). Adulto, Ismael tornou-se arqueiro, casou-se com uma mulher egípcia, teve pelo menos treze filhos e viveu até os 137 anos de idade (Gn 25,12-17). Haveria muito a dizer e ouvir sobre ele e os ismaelitas. Vale um livro. E uma escuta.

Israel

Significaria em hebraico “Deus (*El*) luta ou combaterá (*Isra*)”. Essa interpretação desse nome hebraico é um tanto forçada, mas está na Bíblia. E faz pensar no Deus Yavé, jovem e combatente. Mas a palavra evoca *El* e não *Yavé*. A explicação popular adotada na Bíblia para explicar a etimologia de Israel, evoca a luta de Jacó (Gn 32,29) ou o lutar para a raiz hebraica *sar* é estranha. Os exegetas estão de acordo sobre isso. O mais adequado seria aproximar o nome da raiz etimológica hebraica *sarr* – reinar, governar, se impor como mestre. Nesse sentido, Israel evocaria *El*, o deus adulto. Ele se impõe e reina no panteão celeste e terrestre. Talvez a etimologia associada a combate se impôs quando *Yavé* se tornou o deus nacional de Israel, para alguns estudiosos. Foi o segundo nome dado a Jacó após ter lutado e combatido com um anjo (Gn 23,9). O nome “Deus combaterá” deveria lembrar o episódio do combate e da vitória de Jacó, graças a um deus combatente. Como nome substituto de Jacó, Israel não pegou, nem na Bíblia. Hoje é o nome oficial do estado de Israel, *pour cause*.

Itzac

Ver Isaque, neste capítulo.

Jacó, James, Jaime, Tiago, Akiva, Santiago

Esse nome vem do hebraico, *Iaacov,* sobre a raiz *aqav*: O sentido arcaico dessa palavra parece ser “vigiar”, daí o nome teóforo de Iaacovél, “El vigia!”, “Deus vigia!” Em hebraico bíblico, o verbo ganhou sentidos diversos: “ir sobre as pegadas, nos calcanhares de alguém, segui-lo de perto” ao atribuir-se que o nome venha de *equev*, o calcanhar. Isso porque, no seu nascimento, Jacó segurava o calcanhar de seu irmão gêmeo. Daí, enfim, o sentido de “dar uma rasteira” e “servir-se de ardis”. Desse modo, Jacó compensou o fato de ter vindo em segundo e a sua fraqueza de coxo (Gn 25,26), para obter o direito de primogenitura de seu irmão Esaú, muitas ovelhas e esposas, a bênção de seu pai Isaque moribundo e *otras cositas más*. Até para condicionar ovelhas a fim de produzirem filhotes com cores predefinidas, o Jacó foi capaz, coisa que nem a engenharia genética atual consegue (Gn 30,37-43). Ficou rico, graças à sua capacidade de manipular pessoas e genótipos. Seus dez filhos viraram doze e lhe deram muito trabalho e preocupações, como sói acontecer. É sempre bom lembrar: Jacó é o mesmo que Jacques, o mesmo que James, o mesmo que Jaime, o mesmo que Jaqueline, o mesmo que Yago, o mesmo que Tiago, o mesmo que Akiva e o mesmo que Yaaqov. E a letra J não existe em hebraico.

Jafé, Jefté, Jafet

É o mesmo que Jafet, nome mais comum no Brasil. Jafet é o nome de uma importante família de origem libanesa em nosso país, precursores da indústria têxtil nacional e criadores de belos tecidos. Em hebraico *Iefeth*, *Yiftah*, Jefté, significa "que se dilata". É o nome de um dos filhos de Noé (Gn 5,32; 9,27). Mas o mais famoso na Bíblia foi outro: Jefté, o galaadita, um guerreiro valente, juiz de Israel e filho de uma prostituta (Jz 11,1). Defendeu Israel contra os amonitas, mas assim como o Patriarca Abraão, envolveu-se com sacrifícios humanos, no seu caso, com o da sua própria filha. Não deve ter sido o único a fazer sacrifícios humanos ao deus de Israel. Como numa tragédia grega, o voto de Jefté a Deus, inspirado por Deus (*sic*) para obter vitória na batalha termina por levá-lo a imolar sua própria filha (Jz 11,29-40). O narrador bíblico relata essa história sem censura. Ele dá a impressão que a fidelidade a um voto pronunciado a Deus é mais importante do que uma vida humana! É um texto pouco citado e muito pouco frequentado pelas homilias nas igrejas. Mas evoca e evidencia, como em outros relatos, a presença de sacrifícios, inclusive humanos, nos primórdios da religião da Bíblia e possivelmente para o Deus *Yavé*, o Rei *Melek* dos céus. Esse termo *Melek* evoluiria para *Molok* nas revisões e remanejamentos bíblicos, livrando *Yavé* desse passado sombrio.

Jafet

Ver Jafé, neste capítulo.

Jaime

Ver Jacó, neste capítulo.

Jair, Jairo

O nome hebraico *Iair*, significa: "Deus (*Yah*) ilumina (*or*)". É mais uma das muitas variações de nomes hebraicos com base na palavra luz. Este nome reaparece 13 vezes na Bíblia hebraica, em vários personagens. No grego do Novo Testamento, Jairo está grafado como *Iariros*. Os evangelistas São Marcos (Mc 5,22) e São Lucas (Lc 8,41) são os únicos a mencionar o nome desse *parnas* ou administrador de sinagoga, provavelmente uma das encontradas em Cafarnaum, *Kephar-Nahum*. Ele é o protagonista de um episódio emblemático: o da cura, ou do despertar ou da revificação de sua filha adolescente por Jesus. Esse Jairo, sem temer o ridículo, coloca-se ao serviço de sua filha enferma e, com muita fé, recorre a Jesus.

Jairo

Ver Jair, neste capítulo.

James

Ver Jacó, neste capítulo.

Jaquim

Ver Joaquim, neste capítulo.

Jefté

Ver Jafé, neste capítulo.

Jeoaquim

Ver Joaquim, neste capítulo.

Jeová

Esse nome deriva de uma leitura hipotética e anacrônica do tetragrama sagrado *IHVH*. Ver o capítulo sobre os nomes de Deus.

Jeremias

Do hebraico *Iirmeiahu* e significa "Deus constituiu, exaltou, lançou..." Para mais detalhes, ver esse nome no capítulo "Estranhos nomes de profetas e inspirados".

Jeroboão

Jeroboão I foi o primeiro rei de Israel, após a divisão do anterior Reino de Israel. Dizem. Não há qualquer confirmação histórica ou arqueológica disso. Em hebraico significa "povo (*am*) de multidão" ou "se tornou numeroso (*iaroba*)". Com a morte do Rei Salomão, seu reino acabou dividido. Seu filho Roboão reinou unicamente sobre as tribos de Judá e Benjamin (Reino de Judá), enquanto Jeroboão, que não era descendente de Salomão, reinou sobre as outras dez tribos (Reino de Israel), durante vinte e dois anos. Isso segundo a reconstrução mítica dos escribas para fazer logo de cara de Israel um reino de enjeitados rejeitados. Mas como se diz: ele se deu bem. E foi sucedido por seu filho.

Jó

Em hebraico *Yov, Yob*, significa "o que geme, o perseguido, o molestado, o atribulado". Para outros, o nome significa "voltado sempre para Deus". Dizem. Tudo isso para três letrinhas. É o nome de um dos livros sapienciais tardios da Bíblia e como tal se parece muito com obras análogas de outros povos do Antigo Oriente, de onde provavelmente tirou muita inspiração. No Livro de Jó, ele emerge como modelo de resignação e capacidade de suportar a adversidade e a desventura pela fé e pela força da alma de natureza imortal. Trata-se de uma grande parábola, de uma *mashaal*, e não de um personagem histórico. O tema central do livro não é o sofrimento do justo ou do inocente, nem a origem do mal. O livro não engrandece a famosa "paciência de Jó". Ele trata da natureza da relação entre o homem e Deus, em oposição à chamada teologia da retribuição e da prosperidade, tão em voga em seitas televisivas e em outros livros bíblicos. Suas venturas e desventuras ocorreram na terra de Uz onde se encontra o atual Iraque, região onde Deus e satã, há muito tempo, gostam de se encontrar e digladiar.

Joabe

Em hebraico *Yoav* significa "Deus (*Yo*) é o pai (*Av, Ab*) (dele)". Foi um sobrinho e general do exército do Rei Davi (1Sm 26,6) com muitas histórias relatadas nos livros de Samuel, Reis e Crônicas. Tinha um temperamento explosivo e violento. Foi fidelíssimo a Davi e morreu assassinado a mando do Rei Salomão, aquele que era cheio de sabedoria etc.

João

Esse nome vem do hebraico, *Yoẖanan*, "Deus (*Yah*) agracia (*ẖanan*)". É sempre bom lembrar e relembrar: não existe J em hebraico, nem em italiano. O grego *Ioannés* se transformou em João nas línguas latinas. Os LXX transliteram a palavra *Yohanan*, pois as guturais não existem em grego. Este é o nome de cerca de vinte personagens da Bíblia hebraica, assim como de vários outros heróis do Novo Testamento (Jo 1,42; 21,15-17; At 4,6; 12,12; 13,5; 15,37), desde o primo de Jesus, João o batizador, até o Evangelista São João. Sobre o Profeta João Batista, o último para a tradição cristã, para mais detalhes, ver esse nome no capítulo "Estranhos nomes de profetas e inspirados". Quanto ao discípulo e Apóstolo São João ver mais detalhes no capítulo "Diz-me com quem andas... os nomes dos doze de Jesus". Anda!

Joaquim, Jaquim, Jeoaquim

Em hebraico, o nome Joaquim pode esconder dois nomes muito parecidos cuja diferença repousa na presença ou ausência de um *H*, e na grafia de um *N* ou um *M*: *Yehoyakim* (Deus levantará, Deus se levanta) *e Yehoyakhin* (Deus preparará). Os tradutores costumam grafar o primeiro nome como Jeoaquim e o segundo como Joaquim. Esse nome também pode ser grafado como Eliaquim, o que muda é a forma de evocar Deus (*El* ao invés de *Yah*), como nesta passagem: "O Faraó Neko constituiu como rei a Eliaquim [...] e mudou o seu nome para Jeoaquim" (2Rs 23,34). Jeoaquim foi rei de Judá por 11 anos (609-598 a.C.) e apoiou-se no Egito. Com a progressão de Nabucodonosor, ao derrotar o faraó, as coisas se complicaram para ele. Ao falecer, as tropas babilônicas já estavam no horizonte de Judá. O nome Joaquim é bastante comum, principalmente nas pessoas de origem lusitana. Contudo, isso se deve aos evangelhos apócrifos. Eles atribuem esse nome ao pai de Nossa Senhora. São Joaquim é identificado com Heli, através da variação do nome: Joaquim – Eliaquim – Eli – Heli, citado na genealogia de Jesus. *Why not*?

Joel

Em hebraico, seu nome significa "Deus está querendo". Joel foi um dos doze profetas menores. Deus está querendo o quê? Para mais detalhes ver esse nome no capítulo "Estranhos nomes de profetas e inspirados".

Jonas, Ioná

Em hebraico *Yonah* significa pomba. Foi um profeta israelita da tribo de Zebulão, filho de Amitai, natural Gete-Héfer. Profetizou durante o reinado de Jeroboão II, rei de Israel Setentrional (2Rs 14,25; Jn 1,1). Era também o nome do pai do Apóstolo São Pedro (Mt 16,16). Ioná ou Yoná, por aqui virou nome de mulher e até de atriz de cinema e televisão. Para mais detalhes ver esse nome no capítulo "Estranhos nomes de profetas e inspirados".

Jonatan, Jônatas

Em hebraico *Yonatan*, "Presente de Deus" ou ainda "*Yoh* deu". Era filho de Saul e tornou-se amigo inseparável de Davi (1Sm 18,1-4; 20,1-43). Tão inseparável a ponto de muitos estudos identificarem uma relação homoafetiva entre os dois. Termos de caráter erótico inequívocos existem no texto com relação à amizade ou ao amor dos dois. Quando da morte matada de Jonatan, Davi proclamou: "quão amabilíssimo me eras! O teu amor me era mais maravilhoso do que o amor das mulheres" (1Sm 1,26). E Davi era capaz de tanta coisa. Como os filhos são sempre um presente de Deus, existem muitos *Jônatas* na Bíblia: o Macabeu; o filho de Joiada, um levita (Ne 12,10); o filho de Jada, um descendente do pai de Calebe (1Cr 2,32); da família sacerdotal (1Cr 15,27); um hararita e comandante do exército de Davi (1Cr 11,34); um sobrinho de Davi; o filho de Asael que opôs-se às medidas de Esdras, que tentava separar os casais entre israelitas e mulheres estrangeiras (Esd 10,15); o mencionado como pai de Ebede, líder dos cinquenta homens da família de Adim retornados do exílio babilônico (Esd 8,6) e, um dos líderes dos judeus que ficaram em Judá após o exílio babilônico de seus conterrâneos (Jr 40,8).

Jônatas

Ver Jonatan, neste capítulo.

Josafá, Josafat

O nome Josafá ou Josafat, em hebraico *Yehoshafat*, significa "Deus (*Yah*) é Juiz (*Sofet*)" ou "Deus julgou". Josafá foi o quarto rei de Judá e reinou durante 25 anos. Durante o seu reinado, combateu a idolatria, destruiu os altares, quebrou estelas e estátuas... Como muitos antes e depois dele. Mas o politeísmo é tão relaxante... Que o digam milhares de imagens de um enorme panteão politeísta que os arqueólogos não cessam de encontrar enterradas em antigas áreas residenciais de judeus na Palestina. Josafá fez reformas militares, políticas e religiosas. Foi um reformador. Também por reformas no Brasil, um frei dominicano, jornalista e escritor, chamado Josafá muito militou, sem ser monarquista. Não confundir Josafá com Josefa, a versão feminina do nome José.

José

Esse nome é citado mais de 250 vezes na Bíblia e vem do hebraico *Iossef*. O significado seria "Deus acrescenta", pelo menos esse foi o sentido dado a José pela matriarca Raquel ao nomear o futuro filho preferido de Jacó, apesar de não ser o seu primogênito. Sua vida, cheia de aventuras, é objeto dos capítulos 37 ao 50 do Livro do Gênesis. O outro José famoso é o esposo de Maria, no Novo Testamento. Ele era um homem com quem Deus só falava por sonhos! Um pouco como o José do Egito, ele também sonhava e interpretava. São pelo menos quatro falas divinas em quatro sonhos (Mt 1,20; 2,13; 2,19 e 2,22) relatados no Evangelho de São Mateus. José vivia atento, em harmonia e diálogo com seu ser profundo, um exemplo de desapego. O Evangelho de São Mateus o chama de *vir justus*, homem justo, força justa, virtude justa (Mt 1,19). Era carpinteiro e os evangelhos não registram uma só palavra de José. Esse nome hebraico José também pode ser entendido como "Deus limita" (*Yah sof*) e relembra a regra ontológica de que só cresce quem aceita limites. O José de Maria soube limitar-se, soube retirar-se diante da esposa, do filho, para lhes ceder espaço para crescer, por amor. José foi pai dedicado e esposo diligente. José foi justo e bom. Jesus nunca precisou ir à Índia ou ao Egito para aprender sobre vida espiritual. Ele recebeu tudo em casa, de sua mãe e de seu pai, de Maria e José, fazendo bancos, mesas e cadeiras. Merece ainda destaque, o José de Arimateia. Ele retirou Jesus da cruz e lhe deu uma sepultura, e dele São Lucas disse "homem bom e justo" (Lc 23,50).

Josué

Sucessor de Moisés, primeiro conquistador mítico das terras de Israel, seu nome *Yehoshuá*, significa em hebraico Deus é libertação ou salvação, ou ainda Deus salva. Entre outros milagres, o Josué da Bíblia parou o sol nos céus de Gibeom (ou a Terra parou de girar), além da lua, durante trinta e seis horas. Os relógios solares não pararam e por isso deu para contar, ou talvez seja um milagre ainda maior. Isso aconteceu (Js 10,12-27), sem nenhum cataclismo ambiental. O maior dos milagres é o dos que creem textualmente nessa história. A exegese indica essa passagem como uma vitória simbólica sobre o deus solar *Shamash*, um inquilino do primeiro Templo de Jerusalém, junto com o recém-chegado Deus *Yavé*. Desse Josué, fala-se na Bíblia desde o Livro de Êxodo (17,9) até a Carta aos Hebreus (4,8), quase 250 vezes. Não é pouco para alguém que provavelmente não existiu.

Josias

Nome comum no Brasil. Em hebraico, *Yochia*, Yoshihu, significa: "Deus cura". Josias foi o 16º rei de Judá, de duas tribos, em Jerusalém, parte da nação de Israel. Reinou durante o período de 640 a 609 a.C. A principal fonte de informações sobre este rei é a Bíblia. Ele era filho do Rei Amon, assassinado por conspiradores após um reinado de dois anos. O próprio povo eliminou os conspiradores e restaurou a autoridade régia e Josias no trono.

Ele tinha só oito aninhos de idade (2Rs 22,1). No começo não deve ter governado muito. Morreu de morte matada. Amigo do templo, Josias fez reformas religiosas, combateu a idolatria, unificou e consagrou a celebração da Páscoa, "achou" manuscritos bíblicos, doou milhares de animais para sacrifícios etc. Perto do fim de seu reinado, o Faraó Neko II foi lutar contra os medos e babilônios e atravessou o território israelita. A briga não era com Israel, mas como a guerra era o grande esporte da época, Josias interceptou a marcha egípcia e procurou rechaçá-los em Megido, apesar de ser alertado pelo faraó a não tentar isso. Na batalha, Josias foi mortalmente ferido. O faraó Neko, nunca deu um carneirinho para ser sacrificado no templo, e viveu muitos e muitos anos, além de interferir pesado na história de Israel. Ainda por cima é apresentado como instrumento de Deus (2Cr 35,20-24). Uma morte tão ignóbil para um rei tão justo ainda aguarda explicações. Ou não.

Judá

Análogo a *Yehudá* e *Yehud*, esse é o nome do quarto dos sete filhos de Jacó com Léa e significa em hebraico "Louvarei ao Senhor" (*Yah hu Dah*) (Gn 29,35). Na realidade, louvar em hebraico pode ser dito como *yadah* e isso permite o trocadilho com *Yehudah*. Judá teve participação na trama para desaparecer com seu meio-irmão mais novo José e quase mataram o coitado. Seus primeiros filhos foram mortos por Deus, por conduta sexual desviante. Nada de respeito à diversidade de orientações sexuais nesse tempo. Aí, Judá teve um filho com sua nora Tamar, tomando-a por uma prostituta, numa bela história bíblica (Gn 38). É dele de quem descenderá a futura tribo real de Judá. O termo judeu origina-se da tribo de Judá, a tribo de Israel mais preservada da descaracterização depois da invasão dos assírios, segundo eles mesmos. As demais tribos teriam sido forçadamente miscigenadas com os povos pagãos, enquanto os descendentes de Judá preservaram suas tradições durante o exílio babilônico, segundo a versão dos redatores judeus da Bíblia. Eles edificaram muitas dessas histórias anacrônicas e legitimadoras de sua tomada de poder pós-exílica. Assim, não confunda judeu, judeano, hebreu e israelita. Nem todos hebreus ou israelitas primitivos deram judeus, no sentido étnico do termo. E nem todo judeu nasceu na Judeia ou no Reino de Judá. Mas cada um promete: "Louvarei ao Senhor" (*Yah hu Dah*).

Judas

É uma variante, em português e em diversas línguas, do nome hebraico Judá, *Yehudah* e significa também "Louvarei ao Senhor" (*Yah hu Dah*). Judá foi o filho de Jacó e Léa, mas Judas para todos é o discípulo de Jesus. Com o papel desse discípulo na traição e entrega de Jesus Cristo a seus algozes, por trinta moedas de prata, seu nome assumiu noções muito pejorativas na tradição cristã, sendo sinônimo de traidor. Não é muito honroso quando de alguém se diz: "ele é um Judas, um Calabar". Mas, ele foi um dos 12 apóstolos de Jesus e era filho de Simão de Queriote (Jo 6,71; 13,26). É o nome de discípulo mais citado nos evangelhos (vinte vezes) depois do de Simão Pedro, *hors concours*. Ver maiores detalhes sobre esse discípulo no capítulo "Diz-me com quem andas... os nomes dos doze de Jesus".

Judite

É o feminino de Judá e também significa "Eu agradecerei ou louvarei a Deus". Judite é o nome de uma das duas esposas hititas de Esaú (Gn 26,34). Essas duas esposas de Esaú seriam um grande incômodo para seus pais, Isaque e Rebeca. Tal como acontece com os sogros na contemporaneidade, é frequente algumas famílias ficarem tristes ou incomodadas pelas esposas de seus filhos. Ou vice-versa, vai saber. A versão do relator bíblico é só num sentido: esse sogro e essa sogra eram uns amores, já as noras... Está escrito: quando Esaú tinha quarenta anos, tomou Judite, uma hitita, filha de Beeri, como sua esposa, juntamente com Basemate, outra hitita, filha de Elom. As duas mulheres foram um motivo de desgosto para Isaque e Rebeca, como está escrito (Gn 26,35). *Why*? Não sabemos direito.

Júpiter, Jupter

Ocupadíssimo com *baal* e outros deuses caananitas, o Deus de Israel não perde muito tempo com Júpiter, o deus dos romanos, ao longo do texto bíblico. Seria até um anacronismo. Júpiter (em latim, *Iuppiter*) era o deus romano do dia, comumente identificado com o deus grego Zeus. Tudo isso tem a ver com a palavra Zeus, digo Deus, e dia, *dies*, deus. A menção desse deus maior de Roma ocorre apenas duas ou três vezes nos Atos dos Apóstolos, por culpa do apóstolo e cidadão romano Paulo. Acompanhado de Barnabé, ele cura um paralítico de nascença em Icônio. Para a multidão, deuses em forma de humanos haviam descido até eles e logo assimilam Barnabé a Júpiter ou Zeus, depende do tradutor da Bíblia (At 14,10-13). Um imbróglio parecido ocorrerá com o apóstolo em Éfeso (At 19,35). Júpiter teve muitos filhos, tanto de deusas como de mulheres. E muitos ainda andam por aqui, mesmo se claudicam, a começar por Europa.

Jupter

Ver Júpiter, neste capítulo.

Labão

Essa palavra, em hebraico, significa “branco”, *laban*. Tem algo dessa raiz no termo albino. Quem sabe ele era albino, ou sarará, como se diz. Uma coisa é certa: esse nome devia evocar a cor de sua pele, bem clara. Esse chefe dos arameus, lá dos tempos dos patriarcas, foi irmão de Rebeca (Gn 24,29) a esposa de Isaque. Portanto, ele foi tio e sogro de Jacó, ao casar sucessivamente com suas filhas Léa e Raquel. Astuto, casamenteiro, Labão cobrou bem e muitos serviços pelos dotes de sua irmã e de suas filhas. Jacó que o diga (Gn 29 e 30).

Lael

Esse nome é citado uma única vez na Bíblia (Nm 3,24). Foi o pai de Eliasaf, um dos príncipes da casa patriarcal de Gérson. Entre nós o nome não é tão raro. Entre os vários Laéis brasileiros estão um cineasta, um deputado, vários advogados, empresários etc. Esse nome em hebraico significa "Para Deus".

Lázaro

O nome vem do hebraico Eleazar e significa "Deus ajudou". No Evangelho de São João, Lázaro de Betânia, irmão de Marta e Maria, foi o protagonista de um dos milagres mais impressionantes de Jesus: a sua ressurreição após quatro dias sepultado (Jo 11). Apesar desse relato, existe uma parábola de grande significado relatada por Jesus com outro Lázaro, no Evangelho de São Lucas: "Havia um homem rico que se vestia de púrpura e linho finíssimo, e que todos os dias se banqueteava e se regalava. Havia também um mendigo, por nome Lázaro, todo coberto de chagas, que estava deitado à porta do rico. Ele avidamente desejava matar a fome com as migalhas que caíam da mesa do rico... Até os cães iam lamber-lhe as chagas..." (Lc 16,19-31). Quanto ao Lázaro ressuscitado, sua vida não foi mais a mesma. Nem podia. "Mas os principais sacerdotes deliberaram matar também a Lázaro" (Jo 12,10). O Lázaro fugiu com suas irmãs para não morrer de novo. Segundo registros históricos, para escapar da perseguição, Lázaro teria se dirigido para o Chipre. Ele se estabeleceu então na bela cidade de Cítio, hoje Larnaca. Lá foi nomeado bispo pelo Apóstolo Paulo. Viveu por ali de 45 a 63 d.C., junto ao mar, desfrutando da dieta mediterrânica. E na paz, talvez com alguma saudade de sua Betânia, Lázaro morreu por lá, pela segunda e definitiva vez. Sua tumba original está onde é hoje a Igreja de São Lázaro, *pour cause*.

Léa, Leia ou Lia

Foi a quarta matriarca e em hebraico seu nome significa textualmente "cansada" ou "fatigada". Do quê? Bem... Leia era filha mais velha de Labão, sobrinha de Rebeca e irmã de Raquel, e foi a primeira esposa de Jacó, graças a uma trama montada por seu pai. Leia gerou sete dos filhos de Jacó (mãe de seis das doze tribos de Israel), seis filhos homens, Rúben, Simeão, Levi, Judá, Issacar e Zebulom, e uma filha, Diná (Gn 29,32-35; 30,16-21). Lea é descrita como tendo um "olhar terno" (*recot*) (Gn 29,16-17). Para alguns o olhar "terno" pode significar que Leia possuía olhos azuis ou claros, para outros seu olhar era "delicado e suave" ou ainda "fraco". Vai ver ela cansou de tanta indecisão de Jacó e de tantos filhos.

Leia

Ver Léa, neste capítulo.

Lemoel

Ver Lemuel, neste capítulo.

Lemuel, Lemoel

Não sei se alguém já conheceu algum Lemuel... Em todo caso, Lemuel foi o rei de Massá, a quem se atribui a autoria do capítulo 31 do Livro dos Provérbios. O nome Lemuel é de origem hebraica e significa "consagrado, separado ou dedicado a Deus". Seus provérbios trazem recomendações éticas e morais, ensinadas por sua mãe. Do versículo 10 ao 31 está o chamado epílogo da mulher virtuosa. Ele descreve um padrão perfeito de comportamento da mulher-esposa, para os padrões daquele tempo, bastante empreendedora. Isso foi antes do feminismo, dos direitos da mulher e dos tempos modernos. E num contexto patriarcal. É claro. Não vamos exagerar.

Levi

Esse nome, em hebraico, evoca *aquele que vincula e une*. É nome do terceiro filho da mal-amada Léa, no ciclo mítico de Jacó. O nome Levi traduz sua esperança de que esse terceiro filho a vincule a seu esposo Jacó. Mas ele seguirá amoroso de Raquel, sua irmã (Gn 29,34). A etimologia de Levi é interpretada assim em razão do verbo hebraico *lawah*. Esse verbo significa apegar, vincular, aderir. Levi nasceu na Mesopotâmia, participou da conspiração de seus irmãos contra José e esteve presente em sua reconciliação. Seu pai, antes de morrer, abençoou Levi juntamente com Simeão, e prometeu que sua casa seria espalhada pela Terra Prometida, condenando seu furor e sua ira. Levi teve três filhos: Gérson, Coate e Merari. Da linhagem de Coate nasceram Moisés e Arão. O Evangelista São Mateus era conhecido como Levi, antes de seu encontro com Jesus. Levi é o nome de um dos ancestrais da linhagem de Jesus. E também de outros personagens menores listados em diversas linhagens bíblicas.

Lia

Ver Léa, neste capítulo.

Ló

Ver Lot, neste capítulo.

Lot, Ló

A palavra *Lot*, em hebraico, pode ser verbo e substantivo, e significa cobrir, coberto, envolver, envolto e coberto. Era o nome do sobrinho de Abraão, da linhagem de Sem, *Shem*, neto de Terá, filho de Harã (Gn 11,27; 12,4-5; 13,1-13; 14,1-16). A história mítica desse homem foi movimentada: dividiu sua riqueza com Abraão, que ficou em Canaã, enquanto ele foi para Sodoma (Gn 13). Sequestrado e levado cativo, Lot, suas mulheres e criados foram libertados por Abraão, que, com 318 homens, derrotou esses inimigos (Gn 14,12-16). Quando Deus decidiu destruir Sodoma, mais uma vez pela intercessão de Abraão, anjos mensageiros foram enviados para salvar esse único justo (Gn 19). Justo *ma non troppo*. Por fim, Lot teve relações incestuosas com suas duas filhas. Elas pariram Moab e Ben-ami, origem dos povos moabitas e aos amonitas (Gn 19,36-37), segundo a profunda antropologia étnica dos redatores do Gênesis. Acredite se quiser. Não há notícia de outro Lot ou de outro pai e filhas incestuosas na Bíblia. Como seu nome indica, tudo ficou meio encoberto. Mesmo assim, Lot foi citado como justo por Jesus no Evangelho de São Lucas (Lc 17,28-32) e também na Carta de São Pedro (2Pd 2,7).

Lucas

No Novo Testamento, São Lucas é o autor de um evangelho que leva seu nome e dos Atos dos Apóstolos. Esse evangelho é o livro mais longo do Novo Testamento. E o estilo de São Lucas é o mais literário de todos os evangelhos. São Lucas foi um médico (Cl 4,14). Era culto e viveu na cidade grega de Antioquia. Há controvérsias sobre o significado etimológico desse nome. Certos estudiosos creditam o nome *Lucas* à raiz luz, *lux – luc-s*. Seu nome significaria luminoso, iluminado, reluzente, como o nome Lúcio. Já para outros se trata de um topônimo. Ele se referia a uma abreviação de *Lucanus*, da Lucânia, província meridional da Itália. São Lucas foi companheiro de Paulo e é mencionado três vezes pelo seu nome em suas cartas (Cl 4,14; 2Tm 4,11; Fm 24). Não parece ter sido de nascimento judaico (Cl 4,11). Para a tradição cristã, São Lucas foi o primeiro iconógrafo e pintou a Virgem Maria, Pedro e Paulo. Por essas e outras é considerado padroeiro dos médicos e pintores. Não sobrou nenhum vestígio de suas obras de arte, nem das receitas aviadas a seus pacientes. Ficaram seus textos. Se um médico for também pintor e chamar-se Lucas é uma verdadeira trindade.

Madalena, Magdalá, Magda, Magdalena

O nome Madalena, em hebraico, significa torre (*migdal*). A Miriam de Magdalá, a Maria Madalena era a Maria da Torre, aquela de quem saíram sete demônios (Lc 8,2). Foi uma discípula dedicada de Jesus em quem reconhecia o Messias. Suas companhias ficam muito confusas, durante a morte e ressurreição de Jesus. Para São João, ela vem sozinha ao sepulcro de Jesus (Jo 19,25), enquanto para São Mateus (28,1), ela está acompanhada de outra Miriam. Para São Marcos (16,1), ela vem acompanhada de Miriam, mãe de Tiago e de certa Shelomit (Salomé). Para São Marcos, ainda, e São Lucas (24,1), se elas vêm ao túmulo é para levar novos aromatizantes. Enfim, essas mulheres descobrem o sepulcro vazio e anunciarão aos outros discípulos, incrédulos, a ressurreição de Jesus. De onde a afirmação de muitos autores racionalistas e ateus: o Cristianismo é uma invenção de mulheres, seduzidas por um Cristo feminista.

Magda

Ver Madalena, neste capítulo.

Magdalá

Ver Madalena, neste capítulo.

Magdalena

Ver Madalena, neste capítulo.

Malaquias

O nome desse profeta, *Malaki* em hebraico, evoca um anjo ou um enviado (*malak*), um mensageiro celeste. Textualmente o nome significa "Meu mensageiro". Para mais detalhes, ver esse nome no capítulo "Estranhos nomes de profetas e inspirados".

Malka

Ver Milca, neste capítulo.

Manassés

Do hebraico *Manashé*, "ele faz esquecer". O nome se explica pela situação pessoal de José do Egito. Manassés foi o primeiro filho de José com Asenet (Gn 41,50-52), uma egípcia filha de Potífera, sacerdote de On. Manassés nasceu no Egito antes da chegada dos filhos de Israel, vindos de Canaã (Gn 48,5). A tradução deveria ser diferente de esquecer, mas infelizmente esquecer não tem praticamente outros sinônimos em português. Como diz André Chouraqui, é mais uma palavra que faz falta nas traduções da Bíblia!

Manuel

A origem dessa palavra é o hebraico *Immanuel*. Significa: Deus está conosco (*im*-com – *anu*-nós – *El*-Deus) (Dt 2,7). Em francês, o nome é assim mesmo: *Emmanuel* e *Emmanuelle*. No texto das Sagradas Escrituras ninguém nunca imaginou, nem teve a pretensão, de chamar alguém com esse nome. Uma boa explicação pode ser encontrada no Profeta Isaías e nas preocupações do Rei Ahaz (Is 7,14). Foi um longo caminho até o nome Manuel chegar às certidões de nascimento. Começou com os cristãos. Eles designaram Jesus como sendo *ImmanuEl*. E assim como existem pessoas chamadas Cristo, Jesus, Cristina, Cristiano etc., logo surgiram os denominados Manuel, carinhosamente chamados de Mané. Até os judeus adotaram esse ambicioso nome.

Mara

Depois de atravessarem o Mar dos Juncos, os filhos de Israel (*Benei Israel*) penetraram no deserto e tiveram sede. Durante três dias não encontraram água. Finalmente surgiu água amarga, *mara*, e não puderam beber. Eles chamaram o lugar de Mara. Pior do que a sede eram os clamores desse povo atormentando Moisés: O que beberemos? Moisés vocifera a *IHVH*. E *IHVH* lhe mostra uma madeira, um espinheiro. Feito uma esponja, ele pode absorver o sal e adoçar a água. Moisés lança a madeira sobre as águas amargas (*marim*) e elas ficam doces. Foi o primeiro registro de dessalinização de água por processo osmótico. Ninguém sabe até hoje a espécie ou a origem dessa madeira milagrosa. Esse processo de dessalinização não foi patenteado, infelizmente.

Marcos

É o nome atribuído ao autor do primeiro evangelho escrito. Foi um dos setenta discípulos e é considerado o fundador da Igreja de Alexandria, uma das importantes sedes do início do Cristianismo e, por isso mesmo, o evangelizador da África. Esse nome é de origem latina, e deriva de *Marcus*, o grande martelo do ferreiro, sendo cognato de *Martis*, *Mars*, o deus da guerra. A partir do Novo Testamento foi criada muita confusão por conta de mistura de três Marcos: o evangelista (2Tm 4,11), o Marcos de João (At 12,12-25; 13,5 13; 15,37) e o Marcos, primo de Barnabé (Cl 4,10 e Fl 24,1). São Marcos acompanhou São Pedro, anotou seus sermões e pregações e compôs assim o Evangelho segundo São Marcos. Nele abundam as referências a São Pedro, antes de partir para Alexandria no terceiro ano de Cláudio (43 d.C.). Seu evangelho é um texto muito próximo ainda dos acontecimentos e centrado sobre o tema da angústia humana: Por que nos erigimos contra aquilo que mais desejamos e necessitamos? Por que o Messias tão desejado, tão esperado, tão reclamado, ao comparecer é assassinado? Vale lembrar: Marcelo e Marcela são diminutivos de Marcos. Marcelinho, então, é o diminutivo do diminutivo.

Maria

No Novo Testamento são pelo menos umas cinco Marias: a mãe de Jesus (mencionada 19 vezes, das quais doze em São Lucas); a mãe de Marcos (At 12,12); a irmã de Marta (mencionada onze vezes, sendo nove em São João); a Maria de Magdalá (mencionada doze vezes, pelo conjunto dos evangelistas) e a diaconisa de Roma (Rm 16,6). Sobre esse nome, ver Miriam neste capítulo.

Marta

Esse nome feminino é de origem aramaica ou siríaca e significa "senhora". Ela era irmã de Maria e de Lázaro, da aldeia de Betânia (Jo 11,1-45 e 12,2). Marta é o primeiro exemplo bíblico de alguém *workaholic* e *fast-food*, sendo repreendida por Jesus. Ele defende o exemplo de Maria, mais na linha do ócio criativo e do *slowfood*. Esse episódio da vida de Jesus aparece apenas em São Lucas (10,38-42): "Quando iam de caminho, entrou Ele em uma aldeia; e uma mulher chamada Marta hospedou-o. Esta tinha uma irmã chamada Maria, a qual, sentada aos pés do Senhor, ouvia o seu ensino. Marta, porém, andava preocupada com muito serviço; e chegando-se, disse: Senhor, a ti não se te dá que minha irmã me tenha deixado só a servir? Manda-lhe, pois, que me ajude. Mas respondeu-lhe o Senhor: Marta, Marta, estás ansiosa e te ocupas com muitas coisas. Entretanto poucas são necessárias ou, antes, uma só. Maria escolheu a boa parte, que não lhe será tirada". Diligente, Marta acompanhou Jesus no calvário e na ressurreição. Sim senhora.

Matanias

Em hebraico, *Matanya* significa "Presente (*Matan*) de Deus (*Yah*)". Existiram milhares de Matanias entre o povo hebreu, mas a Bíblia com seu pendente monarquista só registra para valer o nome de gente nobre. Este é o caso. Ezequias ou Zedequias ou Sedecias ou Matanias foi o 20º e último rei de Judá. Fim de linha. Fim do reino. Ele foi deposto e levado para o exílio babilônico. Matanias era o terceiro filho de Josias e sua mãe era Hamutal. Quando foi constituído em rei vassalo, o rei babilônio Nabucodonosor mudou-lhe o nome de Matanias para Zedequias. Durante os 11 anos do seu reinado, Zedequias, talvez sem muitas opções, "fazia o que era mau aos olhos de Deus" (2Rs 24,17-19; 2Cr 36,10-12; Jr 37,1; 52,1). Depois de presenciar a morte dos filhos, Zedequias foi cegado, preso com grilhões e levado à Babilônia, onde morreu na prisão. Deve ter ido para o céu, depois de tudo isso. É raro achar um Matanias por aí.

Matatias, Matias

Em hebraico, *Matitiyahu* significa "Presente (*Matan*) de nosso Deus (*Yahu*)". São pelo menos dois Matatias na Bíblia: um Matenai retornado da Babilônia (Esd 10,33) e o chefe da revolta hasmoneana: Matitiyahu ben Yohanan HaCohen, um grande sacerdote. Sua história está nos Livros dos Macabeus. Ele foi o pai do líder Judas Macabeu. Em 170 a.C., quando o governo selêucida do Rei Antíoco IV ordenou sacrifícios aos deuses gregos, ele não apenas recusou, mas matou com as suas próprias mãos alguém que avançou para o matar. Para escapar da prisão, refugiou-se no deserto da Judeia com seus cinco filhos, seguido por muitos compatriotas. Foi o primeiro episódio da guerra dos macabeus contra o Império Selêucida. Ele resultou na independência dos judeus após 400 anos de domínio estrangeiro. Esses eventos são lembrados anualmente na festa judaica de Hanucá. Hoje festejada, num belo sincretismo, junto com o Natal dos cristãos. Um tempo de presentes, de *mataná*, e de Matias, Matatias, Mateus e outros.

Mateus

Em hebraico, *Mattay* ou *Mattiyahu* significam "Dom ou presente de Deus". O Mateus dos evangelhos era da Receita Federal de seu tempo: cobrador de impostos em Cafarnaum. Fazia parte dos doze, como ele mesmo atesta em seu evangelho (Mt 9,9 e 10,3). Ele é identificado com Levi, filho de Alfeu, também coletor de impostos, citado em São Marcos (2,14) e São Lucas (5,27). Ver maiores detalhes sobre esse apóstolo no capítulo "Diz-me com quem andas... os nomes dos doze de Jesus".

Matias

Ver Matatias, neste capítulo.

Melquíades

Ver Melquisedeque, neste capítulo.

Melquias

Ver Melquisedeque, neste capítulo.

Melquisedeque, Melquias, Melquíades

Em hebraico, *Malkiy-Tzadeq*, significa "Rei meu (*Malkiy*) é Justiça (*Tzedeq*)". Esse nome poderoso evoca um personagem contemporâneo de Abraão (Gn 14,18) e cuja evocação resumida está na Carta aos Hebreus: "Porque este Melquisedeque, que era rei de Salém e sacerdote do Deus Altíssimo, e que saiu ao encontro de Abraão quando ele regressava da matança dos reis, e o abençoou; a quem Abraão deu o dízimo de tudo, e primeiramente é, por interpretação, rei de justiça e depois também é rei de Salém, que é rei de paz; sem pai, sem mãe, sem genealogia, não tendo princípio de dias nem fim de vida, mas, sendo semelhante ao filho de Deus, permanece sacerdote para sempre" (Hb 7,1-3). Alguns o consideram uma manifestação de Cristo antes de seu nascimento, análoga às do "Anjo do Senhor", mencionado diversas vezes nas Sagradas Escrituras. O sacerdócio de Jesus é considerado no Novo Testamento como "da ordem de Melquisedeque".

Micael

Ver Miguel, neste capítulo.

Micaías

Ver Miqueias, neste capítulo.

Mical

Ver Miguel, neste capítulo.

Michel

Ver Miguel, neste capítulo.

Miguel, Mical, Micael, Michel, Miguela, Miguilim, Mihael, Misael

Talvez um dos nomes mais poderosos que exista. Em hebraico, *Mihael,* significa: "Quem como Deus?" (*mi* – quem; *ca* – como; *El* – Deus). Essa pergunta retórica (em latim: *Quis ut Deus?*) induz a uma resposta negativa: "ninguém é como Deus". Assim, o Arcanjo Miguel, São Miguel Arcanjo, chefe das milícias celestes, é entendido como um símbolo de humildade perante Deus. Miguel é mencionado três vezes no Livro de Daniel, como o "grande príncipe que defende as crianças do seu povo" (Dn 10,13; 10,21; 12,1). Neste mesmo livro tem-se o jovem Misael, cujo nome os babilônios, respeitando a etimologia original, mudaram para Mesaque (Quem como Aku?, o deus da lua). No Novo Testamento, Miguel lidera os exércitos de Deus contra as forças de satã e o derrota no Apocalipse (Ap 12,7). Na Epístola de Judas, Miguel é citado claramente como "arcanjo" (Jd 9). São muitos nomes derivados de Miguel. O plural hebraico de Miguel é Miguelin ou Miguilim (personagem de Guimarães Rosa) ou Michelin (nome conhecido de uma multinacional francesa no ramo dos pneus).

Miguela

Ver Miguel, neste capítulo.

Miguilim

Ver Miguel, neste capítulo.

Mihael

Ver Miguel e Misael, neste capítulo.

Milca, Malka

Antes de virar marca internacional consagrada de chocolate suíço, Milca é um nome feminino hebraico. É bíblico e *Milka* significa "Pequena Rainha (*Malka*)". Nada a ver com leite mais cacau (*milch* + *cacao*). Milca era o nome de uma sobrinha de Abraão (Gn 11,27-29). Ela nasceu na Babilônia (Ur) e se casou com seu tio Naor, irmão de Harã, seu pai. Foi a avó de Rebeca, a esposa de Isaque. É também o nome de uma das cinco filhas de Tselofead (Nm 26,33). Esse nome pode evocar ainda Milkom, o deus dos amonitas (Jr 49,1).

Miqueias, Micaías

Esse nome é a contração de *Mikaiehú* e significa "Quem (*mi*) é como (*ka*) Deus (*Yeú*). No Ocidente, foi transformado em Micael, Micaela, Michel, Miguel, Miguela, Miguilim e Michelin. Para mais detalhes, ver esse nome no capítulo "Estranhos nomes de profetas e inspirados".

Miriam, Maria

Um livro inteiro poderia ser escrito sobre esse nome: Miriam ou Maria, ele principia na palma da mão. Dentre as cerca de setenta diferentes etimologias propostas para o nome Maria, destaca-se aquela que vê nele um derivado aramaico de *mara*, palavra encontrada também em árabe e significa "mulher", "dama". Ele também foi associado ao radical *ra'a* e traduzido por "aquela que foi vista". O nome *aramaico hopit Marai am* equivaleria "Nobre Dama". O nome poderia, igualmente, ser de origem egípcia, e significaria *Bem-amada do Deus Iam*, ou de origem ugarítica: *Abençoada do Deus Iam*. Em hebraico, Miriam evoca aquela que cria, eleva e faz crescer (*merim*). Pode ser lido como *Mi-ram* e traz uma pergunta de identidade no mais alto nível: "Que altura?" Maria é um nome ligado ao nascimento, à matriz, às águas e ao mar. Apenas uma letra, em hebraico, diferencia a palavra águas (*maim*) e Maria (*Miriam*): um *reish*. Esse nome pode ser lido ainda como *Mar-Iam* (Mar amargo) ou como *Mor Iam* (Mirra do mar). O nome Miriam guarda o mistério de sua etimologia: São Jerônimo propunha o significado "estrela do mar", outros autores, "sabor de amargor". Na Bíblia hebraica, esse nome é usado pela irmã de Moisés e Araão (Ex 15,20; Nm 26,59) e por uma filha (ou um filho?) do faraó (1Cr 4,17). No Novo Testamento, ele é usado por Miriam de Magdalá (Lc 8,2), Miriam, irmã de Elazar (Lázaro) (Jo 11,1-5), Miriam, mãe de Jacó (Mt 27,56), Miriam, tia de Jesus (Jo 19,25), Miriam, mãe de Marcos (At 12,12-17), por Miriam de Roma (Rm 16,6) e pela mãe de Jesus, a Maria por excelência (Lc 1). No Islã, uma das esposas do Profeta Muhammad é Miriam, uma cristã cuja memória é venerada pelos muçulmanos.

Misael, Mihael

Misael é mais uma forma hebraica de *Mihael* e significa: "Quem como Deus?" (*mi* – quem; *ca* – como; *El* – Deus). Algumas traduções apresentam o nome Misael pela derivação do nome Miguel, o arcanjo (Jd 9; Ap 12,7; Dn 10,13; 10,21; 12,1). Dá na mesma. A primeira referência ao nome está no Livro do Êxodo (6,22). Outras referências aparecem no Levítico (10,04) e em Neemias (8,4). Misael é nome de vários personagens bíblicos, mas um dos mais significativos e conhecidos tem sua história narrada no primeiro capítulo do Livro de Daniel. Misael e um grupo de colegas são apresentados diante do Rei Nabucodonosor. Como os outros, ele é um filho de Israel, de linhagem real, de boa aparência, instruído, douto em ciência e entendido em conhecimento. Esses jovens assumem e dirigem uma espécie de MOBRAL, um curso de alfabetização para o rei (*sic*), passam por uma espécie desses programas de auditório em que respondem perguntas difíceis, degustam pratos variados como gastrônomos e terminam numa fornalha sem se queimarem. No final, tudo acaba bem. O texto bíblico não economiza elogios: eles eram dez vezes mais doutos do que todos os magos e astrólogos caldeus ou babilônicos. Quanta modéstia! Mesmo assim, foram os hebreus quem aprenderam e adotaram o sistema duodecimal dos caldeus para registrar as horas do dia e os graus, e assumiram até os nomes babilônicos dos meses em seu calendário, entre muitas outras *cositas más* da astronomia e da matemática desses atrasados babilônicos. Sem falar de seus mitos, anjos e deuses alados e oleiros.

Moisés

O nome desse personagem mítico, em hebraico, *Moshé*, é explicado na Bíblia como "salvo das águas", em referência às circunstâncias de sua adoção narradas no texto (Ex 2,10): Moisés foi adotado pela filha do faraó. Ela o encontrou enquanto se banhava no Rio Nilo e o educou na corte como o príncipe do Egito. Menino de sorte, estilo acádico-babilônico. O relato do nascimento de Moisés é calcado sobre a lenda de Sargão de Akkade, datada do terceiro milênio. Nesse relato neoassírio tem cestinho com betume, abandono sobre as águas, recepção e criação na casa do monarca etc. A maioria dos exegetas considera a etimologia hebraica apresentada pelo texto bíblico como popular. Ela testemunha a ideia que se tinha de *Moshé* à época da redação do texto. *Moshé*, provavelmente, é na verdade o diminutivo de um prenome egípcio. Ele se encontra, geralmente, anexado a um nome divino, com diversas pronúncias: Thut-Mesis ou Mosis, "o filho do deus Thut"; Ramsés ou Raméssés, "o filho do deus Rá". Assim, Mosis-Moshé seria o filho daquele (Deus) que ainda não tem nome. E Deus o escolhe para revelar a essência de seu ser, seu tetragrama sagrado, *IHVH*. Para alguns estudiosos, Moisés ilustra como os hebreus aprenderam com os egípcios o conceito de monoteísmo, criado por Akhenaton, um faraó revolucionário. No personagem mítico Moisés são unificados tardiamente os mais diversos fatos e lendas da experiência de várias tribos nômades semíticas. Eles terminam por dar um sentido histórico, unificado e sacralizado, a um povo emergente. Para arrematar, atribuiu-se também a Moisés a autoria do Pentateuco. Ou seja, ele também teria escrito e descrito toda essa história e algo mais ao relatar muitos fatos posteriores à sua morte, como foi o seu enterro e a sua sucessão. Isso que é profeta. Não teve outro igual.

Naamã

Esse nome em hebraico significa "agradável". Agradabilidade não era bem a marca desse chefe dos exércitos de Ben-Hadade II, no tempo de Jorão, rei de Israel (2Rs 5). Além de comandante militar, ele era leproso. É bom saber e dizer: a lepra bíblica, *tzaraat* (*tzaraas, tsaraas*), não tinha nada a ver com a atual hanseníase. Era coisa bem mais *light*. Em geral, *tzaraat* era o nome bíblico dado a várias afecções cutâneas. Isso era coisa muito comum naqueles tempos em que os chuveiros e banheiras não estavam ao alcance de todos. Além disso, essa deterioração, essa lepra bíblica, também pegava em vestimentas e em objetos inanimados. A hanseníase só chegou no Oriente Médio depois que Alexandre o Grande retornou de sua viagem iniciática à Índia, por volta de 300 a.C. Foi mais um aporte da milenar civilização hindu ao Ocidente. Naamã buscou a cura com o Profeta Eliseu, quase arrumou uma crise de Estado com seu pedido, quase desistiu, mas no fim aceitou o conselho do profeta. Deu sete mergulhos no Rio Jordão, onde, pasmem, existiram crocodilos no passado. Como em muitas afecções de pele, uma boa higiene e uns sete banhos é sempre recomendável. Naamã ficou curado. E essa lepra, com as regras básicas de higiene, deixou de ser uma epidemia por lá. A lepra atual é mais ambiental. Hoje, os rios de Gaza e de boa parte do Jordão estão bem sequinhos ou poluídos. E os crocodilos desapareceram, como a lepra de Naamã.

Nabuco

Ver Nabucodonosor, neste capítulo.

Nabucodonosor, Nabuco

É o nome do mais conhecido governador do Império Babilônico. Nabucodonosor ou Nebucadrezar, em acadiano *Nabucudurriutsur*, significa: "O deus Nabu ou Nébo a minha coroa (reino ou fronteiras) protege". E protegeu mesmo. O Rei Nabucodonosor governou com sucesso o império por 43 anos entre 604 e 562 a.C. Foi um imperador excepcional. Ele ampliou o Império Babilônico, tomou Jerusalém e levou grande parte da elite judaica para o chamado cativeiro babilônico (2Rs 25 e Dn 1). Derrotou o exército egípcio sob Faraó Neko II. Incorporou em sua expansão territorial a Cilícia, Síria, Fenícia, Judeia, Arábia, Filístia, Edom, Moabe, Amom e o Egito. Desenvolveu a irrigação e entre os rios Tigre e o Eufrates, organizou a capital de seu império, construiu muralhas, zigurates e os jardins suspensos, uma das sete maravilhas do mundo antigo. Boa parte dos testemunhos de seu esplendor perdeu-se em mãos de saqueadores de museus durante a recente invasão norte-americana do Iraque. É citado 117 vezes no Antigo Testamento e nenhuma no Novo. Uma injustiça. O Judaísmo e o Cristianismo devem tanto à cultura babilônica. Ver sobre esse tema o capítulo "O que seria da Bíblia sem a Babilônia?" Em tempo: *Nabucco* é uma ópera de Giuseppe Verdi e conta a história do Rei Nabucodonosor da Babilônia. Escrita durante a ocupação austríaca do norte da Itália, ela suscitou o sentimento nacionalista italiano.

Naor

Em hebraico *Nahor* significa luminoso (luz – *hor*). Naor, Nahor, Naur ou Nacor é o nome de um personagem bíblico essencialmente genealógico. Ele aparece apenas nas genealogias dos livros do Gênesis (Gn 11,22-29), de Josué (Js 24,2), de Crônicas (1Cr 1,26) e de São Lucas (Lc 3,34-35) na genealogia de Jesus. Essas genealogias são confusas e não combinam e a culpa é do Gênesis. Lá, Nahor surge ao mesmo tempo como filho de Serug (Gn 11,22) e como seu neto (Gn 11,26). Vai ver o pai deste último Nahor, Térah, quis homenagear o pai no neto. Mas não é nada comum nas genealogias. Esse último Nahor era irmão de Abraão, mas este foi bem mais luminoso.

Natan, Natã

Seu nome, em hebraico *Natane*, significa "Ele (Deus) deu". Natan foi profeta da corte nos tempos do Rei Davi, e esse dito cujo lhe deu bastante trabalho. Para mais detalhes, ver esse nome no capítulo "Estranhos nomes de profetas e inspirados" e abaixo.

Natanael, Netanel, Netaniel, Natanias

Homólogo de Natan, esse(s) nome(s), em hebraico *Natane* e *Natanel* significam "El (Deus) deu". O primeiro Netanel ou Natanael citado na Bíblia está no Livro dos Números e era um principal da tribo de Issakar (Nm 1,8). Outro Natanael conhecido era irmão de Davi e filho de Jessé (1Cr 2,14). Outro ainda era sacerdote e tocava "a trombeta diante da arca de Deus" (1Cr 15,24). Existem vários Natanaéis na Bíblia. Para o Cristianismo, o mais famoso é o discípulo de Jesus, mencionado apenas no Evangelho de São João e assimilado, por algumas tradições pouco fiáveis, a Bartolomeu. Quando Filipe comunica a esse Natanael de Caná (Jo 21,2) seu encontro com o messias, ele duvida desse curandeiro ou taumaturgo galileu e responde duramente: “De Nazaré pode vir alguma coisa boa?” (Jo 1,46a). Jesus não correspondia mesmo às expectativas judaicas quanto à vinda do messias. Em seu primeiro encontro com Jesus, Natanael recebe um elogio: “Aqui está um verdadeiro israelita, em quem não há fingimento” (Jo 1,47). A adesão de Natanael se fez com esta profissão de fé: “Rabi, tu és o filho de Deus, tu és o Rei de Israel” (Jo 1,49).

Natanias

Ver Natanael, neste capítulo.

Naum

Esse nome evoca o Consolado, pois deriva da raiz hebraica *naḫum* (Ele consola) e evoca o reconforto, do verbo *lenah'em*. Foi um dos últimos profetas. Para mais detalhes, ver esse nome no capítulo “Estranhos nomes de profetas e inspirados”.

Neemias

O nome hebraico *Nehemya* significa “Deus consola” ou “Consolado por Deus”. Neemias foi um personagem importante na história pós-exílica dos judeus. Ele teria sido o autor primordial do Livro de Neemias redigido pouco antes dos 300 anos a.C., juntamente com os livros de Crônicas e Esdras. Todos relatam a obra de restauração de Neemias em Jerusalém. Era filho de Hacalias (Ne 2,3), e provavelmente pertencia à tribo de Judá; seus ancestrais residiam em Jerusalém antes de seu serviço na Pérsia (Ne 2,3). Era eunuco, sofreu discriminação e fez parte de uma minoria sexual humilhada. Foi um grande prefeito para os critérios modernos. Com o apoio do rei da Pérsia erigiu os muros de Jerusalém, revitalizou a cidade e realizou importantes reformas religiosas. Neemias foi o último dos governadores enviados pela corte persa à Judeia. Permaneceu por 12 anos em Jerusalém e depois retornou para Pérsia, para servir seu rei, onde viveu feliz para sempre até morrer. Sem casar.

Netanel

Ver Natanael, neste capítulo.

Netaniel

Ver Natanael, neste capítulo.

Nicodemos

Em hebraico *Naqdimôn*, transcrito em grego *Nikodèmos*, "povo (*demos*) vencedor (*niko*)" ou "vencedor do povo". No Novo Testamento, Nicodemos foi um fariseu, membro do Sinédrio, mestre da lei, e mostrou-se favorável a Jesus. Ele aparece três vezes nesse evangelho: na primeira, ele visita Jesus uma noite para ouvir seus ensinamentos (Jo 3,1-21); na segunda, afirma a lei relativa à detenção de Jesus durante a Festa dos Tabernáculos (Jo 7,45-51); e na terceira, após a crucificação, ajuda José de Arimateia a sepultar Jesus. Não há nenhuma fonte de informação clara sobre Nicodemos fora do Evangelho de São João. Muitos historiadores identificam no com o Nicodemos citado no Talmude (*Ta'anit*, 20,1, *Abôt* de *rabbi Nathân* C 7) que acrescenta "ben Guriôn", filho de Gurion. Ele é mencionado no Talmude como um homem rico, figura respeitada, generosa e popular, com a reputação de ter tido poder milagroso. Para a tradição cristã ele foi martirizado no século I. A Igreja Católica venera-o como São Nicodemos. A Ordem Franciscana ergueu uma igreja com o seu nome e o de São José de Arimateia em Ramla, Israel.

Nicolas

Ver Nicolau, neste capítulo.

Nicolau, Nicolas, Nicolino

Esse nome é homônimo de Nicodemos. *Nikólaus*, em grego, significa também "vencedor (*niko*) do povo (*laos*)" ou "povo vencedor". Nos Atos dos Apóstolos é o nome de um dos sete (discípulos) instituídos pelos doze (discípulos) para atender ao crescimento e aos reclamos da comunidade grega (At 6,1). Ele é apresentado por último nessa lista: "Nicolau, prosélito de Antioquia" (At 6,5). Nunca mais se leu nada na Bíblia sobre esse Nicolau, neoconvertido. Três séculos depois, um bispo católico, São Nicolau de Mira, ficará famoso por sua caridade e dará origem à universal e comercial figura do Papai Noel.

Nicolino

Ver Nicolau, neste capítulo.

Noé

Noé, Noá ou *Noach*, em hebraico evoca "descanso, alívio, conforto". Esse é o nome do mítico herói bíblico. Ele recebeu ordens de Deus para a construção de uma arca e salvar a criação do dilúvio (Gn 5,28–10,32). Tempo não faltou a Noé. Ele teve o primeiro filho com 500 anos e morreu com 950 aninhos. Não se sabe como, nem onde. Os relatos míticos do dilúvio fazem parte de diversas culturas e não são uma exclusividade da Bíblia. O mito do dilúvio bíblico (*mabul*) delata a importância dos direitos autorais e de propriedade intelectual, inexistente naqueles idos. Existem registros sumérios e babilônicos anteriores ao Livro do Gênesis sobre dilúvios, bem detalhados na Epopeia de Gilgamesh. É grande e surpreendente a semelhança do relato bíblico com esse texto anterior. Quem sabe Noé gastou uns 200 anos de sua vida estudando os textos sumérios ou babilônicos do dilúvio em sua revisão bibliográfica, antes de construir a arca? Quem sabe esses textos foram aspirados, levados pelas águas do dilúvio babilônico até a Palestina e inspiraram os redatores do Gênesis? Mais provável. Ver sobre esse tema o capítulo “O que seria da Bíblia sem a Babilônia?”

Noêmia

Em hebraico, *Naomie* significa “Agradável”. Esse nome foi mantido quase idêntico em vários idiomas. Ele deu origem ao masculino Noam, bastante comum em países saxônicos e de gente famosa como Noam Chomsky ou Naomie Campbell. A Noêmia bíblica era de Belém, viúva de Elimeleque (Meu Deus é Rei), parente de Boaz, no polissêmico Livro de Rute. A *meguilá* de Rute é lida pelos judeus na Festa das Colheitas, das Semanas (*Shavuot* ou Pentecostes), 49/50 dias depois da Páscoa. Esse nome é comum entre portugueses e seus descendentes no Brasil.

Num

Em hebraico, a palavra *num* significa tanto “perpetuação” como a décima quarta letra do alfabeto e corresponde à letra **n** no alfabeto latino. Num era o nome do pai de Josué (Ex 33,11). Esse nome é citado cerca de 30 vezes na Bíblia, mas sempre se referindo a Josué, filho de Num. Eram muitos Josués naqueles tempos e essa paternidade, como um sobrenome, ajudava a identificá-lo. E foi assim que o Num se perpetuou, como pai de Josué. Só isso.

Obadias

Esse nome é análogo a Abadias e significa escravo, servo (*ebed*) de Deus (*Yah*). É considerado o quarto dos doze profetas. Para mais detalhes, ver esse nome no capítulo “Estranhos nomes de profetas e inspirados”.

Omri, Onri

Esse nome vem do hebraico *Omriyya* e significaria para alguns “Deus é minha vida”. O significado mais certo, segundo o rabinato, é “meu buquê, meu aroma". Ele foi o sexto rei de Israel e fundador de uma nova dinastia, a de Omri. Sua dinastia é muito injustiçada na Bíblia e é uma das provas gritantes de que as Sagradas Escrituras não são mesmo um bom livro de história. Era o comandante-chefe do exército quando Zimri assassinou o Rei Elá e tornou-se rei, por volta de 885 a.C., no 27º ano de Asa, rei de Judá. Seu reinado foi de desenvolvimento, amealhou muito ouro e prata, construiu a bela e fortificada cidade de Samaria, onde instalou a capital definitiva de Israel. E assim foi, por muitos e muitos anos. A Bíblia não lhe faz justiça por razões religiosas. Seu reinado foi um dos mais prósperos para Israel, muito mais importante do que o de Davi e Salomão. Foi tolerante com os cananitas e promoveu alianças, via casamentos, que ampliaram a paz, o comércio e a convivência entre os povos. Isso tudo desagradou a elite religiosa nacionalista e monoteísta. Para os redatores judeanos, como a imensa maioria dos reis de Israel, também "Omri fez o mal aos olhos do Senhor e agiu pior que todos os seus antecessores" (1Rs 116,25). Acabou mal como sói acontecer nesses casos, na versão dos redatores bíblicos, mas sua dinastia foi um grande êxito.

Onri

Ver Omri, neste capítulo.

Oseias

O nome desse profeta, *Hoshea*, significa em hebraico "Deus salva". Para mais detalhes sobre esse profeta cujo nome lembra o de Jesus, *Yehoshua*, ver o capítulo "Estranhos nomes de profetas e inspirados".

Otoniel

O nome, em hebraico *Otniel*, significa "Deus me reconfortou". Ele foi o primeiro dos doze juízes de Israel e um chefe militar (Js 15,17-18). Era filho de Quenaz (Jz 3,9-11). No relato mítico da ocupação de Canaã pelos israelitas, ele marca a transição entre os que conquistaram militarmente o país e os que lutaram para manter-se na terra de Canaã. Foi juiz e garantiu a paz bélica durante quarenta anos (1Cr 4,13 e 27,15). Segundo a Bíblia.

Paulo

Do latim *Paulus*, pequeno. Paulo de Tarso, também chamado de Apóstolo Paulo, Saulo de Tarso e São Paulo foi um dos mais influentes escritores do Cristianismo primitivo. Esse fariseu rebelde, discípulo do fariseu Gamaliel, de língua grega, teria sido o verdadeiro fundador do Cristianismo? Esta pergunta provocante e provocadora não é estúpida, nem nova. Muitos historiadores, há mais de um século e meio, colocam-na. E ela continua sendo debatida pelos historiadores contemporâneos. No sentido de um sistema, de um "ismo" (Cristianismo), Paulo certamente teve uma paternidade ideológica muito maior do que a de Jesus. Sob a pena de Paulo surgiram conceitos teológicos como: redenção, justificação, liberdade, consciência etc., abundantes nas epístolas paulinas e ausentes nos evangelhos. Se ele refere-se sempre a Jesus como Senhor, suas considerações não levam facilmente ao reconhecimento daquele profeta itinerante da Galileia, tal qual Ele é apresentado nos evangelhos. Raras são as alusões à vida terrena de Jesus; nenhuma alusão aos seus milagres, parábolas e outros episódios de sua vida, salvo o único relato da ceia (1Cor 11,23-25) e a lembrança de alguns ensinamentos de Jesus (1Cor 7,10-11; 9,14). A existência de Paulo é uma das mais extraordinárias. No Brasil, São Paulo dá nome a um estado e à sua capital. Paulo foi talvez um dos homens que mais se aproximou do conhecimento de Deus, aos poucos, *paula*tinamente.

Pedro

O nome original desse pescador, casado, com um filho e mais conhecido como o Apóstolo Pedro, era Simão. No meio do seu discipulado, Jesus mudou seu nome para *Kepha*, Cefas em português, como em Gálatas (2,9). Em aramaico, Cefas significa "pedra", "rocha". Esse nome foi traduzido para o grego como *Petros*, através da palavra *petra*, e posteriormente passou para o latim como *Petrus*. Em nenhum lugar do texto bíblico os nomes impostos por Deus são palavras vazias ou gratuitas, ou sombras sem realidade. Na organização social da Igreja nascente, Pedro teve um papel de fundamento. Sobre isso, Jesus disse: "E eu te declaro: tu és *Kepha* e sobre esta *kepha* edificarei a minha Igreja e as portas do inferno não prevalecerão nunca contra ela" (Mt 16,18). Pedro foi o fundador, junto com São Paulo, da Igreja de Roma. Como já foi evocado, a tradição cristã concedeu a Pedro o título de Príncipe dos Apóstolos. Todos os evangelistas, sem exceção, ao falar dos doze, ao apresentar a lista de seus nomes, dão Pedro em primeiro lugar, um lugar de honra e de primaz, enquanto Judas *Ish Hariot* fica sempre com o último. É assim em São Mateus (10,2-4), São Marcos (3,16-19), São Lucas (6,13-16) e nos Atos dos Apóstolos (1,13). O termo grego *prótos*, traduzido como primeiro: "O primeiro é Simão que se chama Pedro" (Mt 10,2), quer dizer primeiro em posição, em honra e dignidade. Como em São Mateus (20,27): "O que entre vós quiser ser o primeiro, seja este vosso servo" ou em São Marcos (12,28): "Qual era o primeiro de todos os mandamentos?" para logo agregar: "Nenhum outro mandamento há que seja maior do que estes" (Mc 12,31). O termo *prótos* também designa o "príncipe", de onde a expressão da tradição "Príncipe dos Apóstolos", atribuída a Pedro. Nos Atos dos Apóstolos e na Segunda Epístola de Pedro, aparece ainda uma variante de seu nome original, Simeão. Ver maiores detalhes sobre esse nome de apóstolo no capítulo "Diz-me com quem andas... os nomes dos doze de Jesus".

Pilatos

Pôncio Pilatos, também conhecido simplesmente como Pilatos, em latim: *Pontius Pilatus*; foi prefeito (*praefectus*) da província romana da Judeia entre os anos 26 e 36 d.C. O nome Pôncio, *Pontius*, deriva do osco e significa “o quinto filho”. *Pilatus* vem do latim *pilum* “dardo” e evoca “o (armado com) dardo”. Foi ele, como autoridade, quem condenou Jesus a morrer na cruz, apesar de não ter nele encontrado nenhuma culpa. Coisa de político.

Prisca

Ver Priscila, neste capítulo.

Priscila, Prisca

O nome Prisca deriva do latim *priscus*, e significa prisco, antigo, velho. Priscila significa “velhinha”. A forma mais curta desse nome é encontrada nos escritos de São Paulo, e a forma mais longa nos de São Lucas. Estes tipos de variações eram comuns nos nomes romanos. Na linguagem poética, dos tempos romanos, o nome tinha um matiz de respeito e veneração. Esse nome latino é citado seis vezes no Novo Testamento em referência à esposa de Áquila (At 18,2.18.26; Rm 16,3; 2Tm 4,19 e 1Cor 16,19). Este casal estava entre os amigos mais caros de São Paulo, pois salvaram a sua vida (Rm 16,4), em circunstâncias desconhecidas. Prisca e Áquila são elogiados na Bíblia por mostrarem excelentes obras cristãs e hospitalidade, não só para com as pessoas em geral, mas também para com a comunidade cristã onde moravam. E por realizarem as reuniões cristãs em sua casa, tanto em Roma como em Éfeso. Sem cobrar nada.

Raab

Ver Raabe, neste capítulo.

Raabe, Rahabe, Raab

A história mítica dessa prostituta cananita de Jericó está no Livro de Josué. A palavra *rahab*, em hebraico, evoca espaço, extensão, ao contrário do que afirma a Wikipedia. Para os cananitas, a moça em questão traiu seu povo, mentiu para o seu rei e aderiu aos hebreus invasores. Um Calabar de saias. Raabe morava nos muros da cidade de Jericó e, de acordo com a versão bíblica dos fatos, ajudou os espiões israelitas, hospedou-os em sua casa e teve sua vida preservada durante o massacre e a destruição de Jericó (Js 2). Foi um dos primeiros exemplos de "quinta coluna", bem antes da Guerra Civil espanhola. "Tudo que se achava na cidade, tanto homem como mulher, jovem como ancião, touro, ovelha e jumento" os israelitas passaram ao fio da espada (Js 6,21). Também, quem mandou os cananitas morarem naquela cidade e não serem da mesma religião dos israelitas. Raabe passou a conviver com os israelitas e casou-se com Salmom, cujo nome evoca a paz. Com isso, ficaram justificados os muitos casamentos mistos realizados com a progressiva chegada dos hebreus em Canaã. Pelo jeito, muitas lindas jovens escaparam do fio da espada. E mais: como atesta a moderna arqueologia, de Canaã a maioria dos hebreus nunca saiu mesmo. Nem para uma visitinha às pirâmides do Egito. Raabe deu à luz Boaz, que foi bisavô de Davi. Raabe tornou-se, assim, a segunda meretriz ou mulher a prostituir-se, estrangeira, das quatro citadas explicitamente na genealogia de Jesus (Mt 1,5). O evangelho da vida dessas mulheres mostra como a história santa não anda sempre por caminhos tão santos. O exemplo de Raabe é exaltado na Carta aos Hebreus (11,31) e na Epístola de Tiago (2,25).

Rafael, Rafaela, Rafa

Esse nome, em hebraico, significa "Deus curou ou cura" ou ainda "Curado por Deus". A crença em São Rafael Arcanjo é comum às religiões judaica, cristã e islâmica. Na tradição bíblica, o Arcanjo Rafael é responsável por executar todos os tipos de cura em nome de Deus e atua claramente na vida de Tobias (Tb 1 a 12). Em hebraico, a palavra correspondente a médico é *Rophe*. E no Livro de Tobias, o Arcanjo Rafael faz uma autoapresentação e se dá a conhecer no contexto celeste: "Eu sou Rafael, um dos sete anjos que assistem diante da glória do Senhor e têm acesso à sua presença" (Tb 12,15). A crença nesses sete anjos também está expressa nos livros de Zacarias (Zc 4,10) e do Apocalipse (1,4; 3,1; 4,5; 5,6; 8,2). O arcanjo Rafael, junto com os arcanjos Miguel e Gabriel são figuras proeminentes das três tradições monoteístas. São mais de 300 referências aos anjos na Bíblia. Desde que os anjos foram descobertos pelos judeus na Babilônia, eles têm voado muito e trabalho não falta.

Rafaela

Ver Rafael, neste capítulo.

Rahabe

Ver Raabe, neste capítulo.

Rahel

Ver Raquel, neste capítulo.

Raquel, Rahel

O nome hebraico *Rahel* significa ovelha, ao contrário do que afirma a Wikipedia. À Raquel bíblica, futura esposa do Patriarca Jacó, foi atribuído um nome bem adequado pelos escribas, pois era pastora de ovelhas e muito bela "de se ver e de se olhar" (Gn 29,6-17). Imagine-se tocar. Ela era filha de Labão, sobrinha de Rebeca, irmã mais nova de Léa, esposa favorita de Jacó e foi mãe de José e Benjamim. Mais situada, não dá. De família politeísta, Raquel era estéril e não pôde conceber por muitos anos, apesar da frequência de Jacó em seu leito ao detrimento de Léa. Morreu dando à luz Benjamim.

Rebeca, Rivka

Esse nome, em hebraico *Rivka*, significa a satisfeita, no sentido de saciada, de farta (com relação à fome). Nada sexual. A Rebeca bíblica foi esposa de Isaque (Gn 24,15). Ela era filha de Betuel, irmã de Labão, mulher de Isaque e mãe de Jacó e Esaú. Era também a sobrinha de Sara. Haja genealogia. Para os redatores do Gênesis, Raquel aconselhou seu filho predileto Jacó a se passar pelo seu primogênito Esaú, aquele do prato de lentilhas (Gn 25,34). Ela ajudou Jacó a enganar seu pai Isaque (que até o fim da vida não entendera direito as profecias celestes) e a receber as bênçãos de Deus (Gn 27,6-17). Na boa. Coisa de mãe judia. E como toda matriarca bíblica, segundo os redatores, tinha muitos dons: era uma moça prendada e muito bonita, tal qual Sara, Raquel... Foi Débora, a operosa abelhinha, quem cuidou de Rebeca até sua morte, quando retornava de um exílio temporário em terras de Labão, seu irmão.

Reoboão

Ver Roboão, neste capítulo.

Roboão, Reoboão

Em hebraico, o nome *Rehaveam* significa "Povo amplo, largo". Roboão ou Reoboão era o nome do filho do Rei Salomão e seu sucessor no trono (1Rs 11,43). Ao contrário do que seu nome indicaria, seu povo foi reduzido, por sua culpa e cobiça, durante seu reinado. Existem duas certezas na vida, duas coisas de que ninguém escapa: a morte e os impostos. Apesar de ter a maturidade dos 41 anos ao subir ao trono, Roboão não abria mão dos impostos. E como o nome indica são "impostos" e não "voluntários". Mal foi proclamado rei e lá se foi Roboão a Siquém para que as tribos do Norte o reconhecessem como o rei de Israel e pagassem seus impostos. Esmagadas pelas tributações salomônicas, elas colocaram uma condição fiscal: aceitariam o seu governo se fossem retirados os pesados tributos impostos ao povo por Salomão, aquele que era sábio, bonzinho etc. A assessoria de Roboão sugeriu aceitar. Sabe como é: início de mandato etc. Depois, ele aumentaria as alíquotas. Que nada. Roboão era da linha do

Príncipe João do Robin Hood e da Receita Federal brasileira, não aceitou reduzir os impostos. Resultado: houve um cisma, uma divisão do seu reino (1Rs 12,3-11). Dizem. O povo amplo de seu nome dividiu-se em dois. Roboão ficou como rei de Israel Meridional, composto pelas tribos de Judá e Benjamin, o chamado Reino de Judá. Reinou por 17 anos, teve vários problemas com os egípcios, para variar, e foi sucedido por seu filho Abijão ou Abias, como sói suceder na monarquia. Hoje, raros Roboões andam por aí e pagam seus impostos diretos e indiretos, republicanamente, como todos. E têm saudades da monarquia, da Coroa portuguesa quando o único imposto existente era de 20%, o quinto. O chamado quinto dos infernos. E não atingia trabalhadores, nem militares, nem professores, nem profissionais liberais, nem escritores, nem tanoeiros, nem agricultores etc. *Et coetera*.

Rubem, Ruben, Rubens

Rubem vem do hebraico *Réuben*. Seu significado não é evidente. O sentido original do nome *Réuben* poderia ser uma exclamação, *réu ben*: "Vejam! Um filho!" (Gn 29,32). O narrador do Gênesis faz disso um ato de fé em Deus. Sua mãe era Léa, a esposa menos favorecida de Jacó (Gn 29,30-32; 35,23; 46,8; Ex 1,1-2; 1Cr 2,1). Rubem e seus cinco irmãos (Simeão, Levi, Judá, Issacar e Zebulão) constituíram metade dos cabeças tribais originais de Israel; os outros seis (José, Benjamim, Dã, Naftali, Gade e Aser) eram meio-irmãos de Rubem (Gn 35,23-26). Como primogênito, Rubem deveria ter recebido a bênção mais importante de seu pai Jacó. Não recebeu. Ele "contaminou" o leito de seu pai quando "dormiu com Bila, concubina de seu pai" (Gn 35,22). Rubem (e sua descendência) perdeu os direitos de primogenitura. Também perdeu Bilá e tornou-se pastor de ovelhas, a leste do Rio Jordão (Nm 32,1-33), lá pras bandas da hoje conturbada Cisjordânia.

Ruben

Ver Rubem, neste capítulo.

Rubens

Ver Rubem, neste capítulo.

Rute, Ruth

Em hebraico, o nome evoca a "indulgente". Na Bíblia, Rute é o nome da heroína do livro homônimo, uma viúva moabita que, no desespero do desamparo e da fome, ofereceu seu corpo a Boaz. A maior humilhação desse prostituir-se feminino talvez nem esteja no ato em si, tantas vezes repetidos por tantas mulheres ao longo da história, mas na possibilidade de ser recusada pelo homem. A esse risco de profundo desprezo, Rute se expôs. Boaz, bisavô do Rei Davi, aceitou a oferta sexual. O capítulo 3 do Livro de Rute descreve essa trama feminina entre ela e sua sogra Noêmia e o que acontece nessa famosa "noite na eira". O livro ou a *meguilá* de Rute é lido pelos judeus na Festa das Colheitas, das Semanas (*Shavuot*) ou Pentecostes, 50 dias após a Páscoa. Isso ocorre no momento do início da colheita da cevada, talvez porque Rute respigasse os campos de cereais. Ela é um modelo de prosélito para o Judaísmo, como aquela que "veio sob as asas do Senhor" (Rt 2,2). E como veio. Veio lavada, perfumada, levantou as cobertas, deitou-se ao lado de Boaz e no meio da noite quando ele sentiu frio...

Ruth

Ver Rute, neste capítulo.

Sadoc

Ver Zadoque, neste capítulo.

Sadoque

Ver Zadoque, neste capítulo.

Sadraque

Sadraque, *Shadrak*, é um nome de origem babilônica e significaria "Ordem de Aku", um deus sumeriano. Esse nome faz pensar no mágico Mandrake. Mas esse personagem bíblico deu um *show* maior do que muito mágico e ilusionista. Sadraque era o nome dado pelos babilônicos a Hananias, um dos três jovens israelitas cativos, amigos do Profeta Daniel. Os outros eram Meshak ou Mesaque e Abede-Negô. Por recusarem-se a adorar uma estátua de ouro, o Rei Nabucodonosor da Babilônia ordenou jogá-los na fornalha ardente. Se estivesse desligada não teria sentido, mas a fornalha sempre vem com o adjetivo ardente. Eles sobreviveram, graças à presença de um anjo (Dn 3), daqueles bem babilônicos. Ao serem envoltos pelas chamas, suas vidas foram milagrosamente poupadas pela presença desse ser celestial, com eles na fornalha. Essa presença Nabucodonosor também viu e chamou de "Um semelhante aos filhos dos deuses" (Dn 3,25). Coisa para deixar qualquer Houdini ou David Copperfield impressionados. Foram muitos aplausos, felicitações e garantias de uma vida futura bem próspera e tranquila.

Salomão, Salomon

Em hebraico, *Shlomó*, significa "Sua paz". Todo mundo sabe: Salomão era filho de Davi com Betsabé. Essa mulher, graças à sua beleza e muitos ardis, fundou uma nova dinastia com o monarca. Tudo começou num final de tarde de muito calor. Davi saiu em sua sacada para tomar um arzinho e – por acaso – a viu toda nua no seu banhinho. Isso deu início a uma relação com ares de prostituição e adultério, e incluiu o covarde assassinato de seu esposo fiel a ambos, por ordens de Davi. Como rei, Salomão se consagrou a obras pacíficas, ao contrário de seus antecessores. Dizem. Pelo menos segundo a versão bíblica, já que a arqueologia israelense não as confirma. Nunca se encontrou qualquer vestígio desse poderoso reino imaginário. Das supostas obras de Salomão, até hoje se busca um vestígio desesperadamente. Salomão teria reinado quarenta anos (número simbólico) e é o centro de muitas lendas. Construiu um Templo de Jerusalém que ainda ninguém achou, só o de Herodes. A ele atribui-se, além de muita sabedoria, a autoria dos livros dos Provérbios, do Cântico dos Cânticos e do Eclesiastes. Virou idólatra, oprimiu o povo com muitos impostos e teve mulheres para lá da conta, tanto quanto cavalos. Foi sua ruína. O cisma teórico do país ou do reino unido em dois reinos, o de Roboão e o de Jeroboão, marcou sua sucessão e sua herança política, segundo a Bíblia, além das revoltas populares. E mesmo assim o mítico Salomão manteve sua fama de sábio. Isso é que é *marketing*.

Salomé, Shelomit

O nome original em hebraico é *Shlomtsione*, e significa “Paz em Sião”. É comum, em hebraico, o uso da expressão resumida: Shelomit. Não confundir Shelomit com Sulamita. Seu nome é mais um exemplo das declinações da palavra paz, *shalom*, em hebraico. É sempre bom relembrar: *shalom* se escreve com **m** no final, e não com **n** como aparece em tanta lojinha, quitanda, armarinho, cabelereiro, funerária etc. por aí. Na belicosa Bíblia, a paz, *shalom*, está presente em nomes como: Absalão, Salmão (Rt 4,21; Mt 1,4-5), Salomão, Selomi (Nm 34,24), Selomite (Lv 24,11; 1Cr 3; 23; 26 e Esd 8), Selomote (1Cr 23; 24 e 26), Selumiel (Nm 1; 7 e 10) e outros. A Salomé mais conhecida foi a neta de Herodes o Grande. Era filha de Herodes Filipe e Herodias. De pacífica ela não tinha nada e dançava muito. Criada na corte do tio, Herodes Antipas, nos relatos de São Mateus (14,1-11) e São Marcos (6,17-28), ela é apontada como responsável pela execução de João Batista. Ele denunciava publicamente a vida adulterina de sua mamãezinha. Sua vida de dançarina, seu corpo imaginário e o episódio da cabeça de João Batista numa bandeja de prata, após ter virado a cabeça de Herodes, inspiraram pintores, escritores, vários filmes e óperas.

Outra Salomé importante foi esposa do Rei Alexandre Janeu, rei de Judá, no período do segundo templo. Essa, um tanto quanto mais pacífica.

Salomon

Ver Salomão, neste capítulo.

Samuel

Em hebraico, *Shemuel* significa "Seu Nome é Deus" (*Shem-u-El*). Samuel foi o primeiro grande profeta. Saul e Davi lhe deram muito trabalho. Para mais detalhes, ver esse nome no capítulo "Estranhos nomes de profetas e inspirados".

Sansão

Seu nome em hebraico é *Shimshon* e significa "Pequeno Sol". Trata-se de um personagem mítico ou mitificado no Livro dos Juízes. Ele foi consagrado a Deus desde o seu nascimento, sendo filho de uma mãe estéril, até então. Como são de certa forma todas as mães antes e até o nascimento do primeiro filho (Jz 13,12). Ele era um nazir ou nazireu. Não confundir com nazareno, passível também ser considerado nazireu, como no caso de Jesus Cristo. O nazir era consagrado a Deus. Não cortava o cabelo e não bebia vinho. Também foi só isso, pois levou uma vidinha bem desregrada. Sua existência é um drama contraditório. Usou e abusou de sua força sobre-humana, assim como de sua potência sexual. Partiu leões ao meio. Quase foi multado e preso pelo Ibama por caçar sem autorização trezentas raposas (nada menos), amarrar tochas acesas em seus rabos (crime ambiental inafiançável hoje em dia), duas a duas (isso exige exímia maestria e sincronicidade) e soltá-las (depois de tê-las treinado, supõe-se) para incendiar as maduras colheitas de cereais dos filisteus, além de seus vinhedos e olivais (isso exigiria raposas com lança-chamas, dada a baixa comburência desses vegetais). Enfim, essa é uma de suas fábulas. Julgou Israel durante vinte anos, tendo sido o sucessor de Abdon e o antecessor de Eli. Todos conhecem sua história com Dalila, com as belas mulheres filisteias, com prostitutas de Gaza, mulheres casadas etc. com uma vida dessas tinha de acabar mal (Jz 13; 14; 15 e 16). E acabou: tosquiado, sem sua força, cegado, escravo e suicida. Sua história inspirou muitos artistas e cineastas. Agora saiu de moda. *Hard* demais e politicamente incorreto.

Sara, Sarah, Saraí, Sarai

Nome da matriarca e esposa de Abraão. Era sua meia-irmã. Terá, seu pai, a tivera com uma mulher diferente da mãe de Abraão (Gn 20,12). Só mais tarde as relações incestuosas foram proibidas, apenas no Livro do Levítico (18,9). Essa história aconteceu ainda nos tempos do Gênesis. O nome hebraico *Sara* indica uma mulher de alta hierarquia, pois significa princesa e *Sarai*, "minha princesa". Ela era "sua" princesa, a grande posse de Abrão. Mulher linda e extremamente conservada. Abrão, ora oportunista, ora covarde, age como um proxeneta e dispôs várias vezes dessa mulher muda, conservada e estéril. Ofereceu-a de forma mentirosa ao harém do faraó (Sarai tinha uns 75 anos) e depois, mais uma vez, ao Rei Abimelek (Sarai tinha uns noventinha). Eles a aceitaram em seus haréns. Devia estar conservadinha. Nesse contexto de mulher objeto, nada de fecundidade. Depois de muitas venturas e aventuras, leitos e leituras, Deus fez maravilhas com leite e a moça. Mudou seu nome. O agora Abraão passou a chamá-la apenas de Sara, princesa. Desapareceu o "minha", o sufixo "i" indicativo de posse. Aí sua bela e centenária esposa começou a dar uns sorrisos, passou a falar no texto bíblico pela primeira vez e até engravidou, deu à luz ao seu primogênito, Isaque, se o nascimento de Ismael não for considerado. Quem for chamar uma filha de Sarah recomenda se não esquecer do *h* no final para ela não virar propriedade de ninguém.

Sarah

Ver Sara, neste capítulo.

Saraí, Sarai

Ver Sara, neste capítulo.

Saul, Shaul, Saulo

Esse nome vem de longe e significa "O solicitado", o clamado, o chamado. Um dos mais antigos personagens bíblicos com esse nome foi um filho de Simeão (Gn 46,10; Ex 6,15; Nm 26,13). Ele era um dos 70 hebreus emigrados para o Egito, com o Patriarca Jacó e seus filhos. Outro famoso foi Saul o rei de Israel por vinte anos. Começou como pastor das jumentas de seu pai. Mais um pecuarista de sucesso. Foi um rei guerreiro. Teve muitos e muitos filhos: sete com sua mulher Ahinoam (Irmão do Agradável) e mais uns tantos com sua concubina Ritspa (Brasa). Nenhum virou rei. Saul teve um final de vida atribulado, terminou de morte matada com diversas versões para esse desenlace. Sobre ele, Deus disse: "Arrependo-me de ter feito Saul rei..." (1Sm 15,10-11). O outro Saul famoso foi Saulo, o São Paulo Apóstolo. Depois de tanto viajar, evangelizar judeus, escrever, pregar em sinagogas e templos pagãos, também morreu de morte matada em Roma, junto com São Pedro.

Saulo

Ver Saul, neste capítulo.

Séfora, Sífora, Sípora, Tsipora, Zípora

O nome de origem em hebraico é *Tsipora* ou *Tziporá*, e significa passarinha. No masculino, é *Tsipor*, pássaro, como no Livro dos Números (22,2). Era o nome dado à alada esposa madianita de Moisés. Ele a conheceu ao lado de um poço quando ela dessedentava o rebanho de seu pai, o sacerdote Jetro dos madianitas (Ex 2,21), no mesmo estilo das matriarcas. Seu primeiro filho se chamou Gerson. Ela era craque no manejo da tesoura, pedras e outros instrumentos afiados, tendo circuncidado seu filho e lançado seu prepúcio aos pés de seu esposo, num dos textos mais obscuros da Bíblia, em que o Deus *Yavé* busca matar um silencioso e ausente Moisés (Ex 4,24-26). Aparentemente. Fica claro nessa passagem, como já foi dito, que *Yavé* era um deus perigoso.

Shaul

Ver Saul, neste capítulo.

Shelomit

Ver Salomé, neste capítulo.

Sífora

Ver Séfora, neste capítulo.

Silas

É o nome do companheiro de aventuras do Apóstolo Paulo, de Timóteo e Judas (At 15; 16; 17; 18). Foi um dos apóstolos contados entre os setenta e de grande proeminência na Igreja primitiva. É celebrado como São Silvano ou São Silas na Igreja Católica. Por que dois nomes? Não há dúvida que nos Atos dos Apóstolos ele é chamado de Silas. Etimologicamente, esse nome vem do latim *Silvanus* e significa "da floresta", como o sobrenome Silva (floresta) tão comum entre nós. Assim ele é saudado por Paulo (2Cor 1,19; 1Ts 1,1 e 2Ts 1,1) e na Primeira Epístola de Pedro (1Pd 5,12). Mas talvez, de tanto andar com São Paulo, o Saul de Tarso, houve tal osmose entre esses evangelizadores que alguns hipotetizam: o nome Silas seria a versão grega do aramaico *Seila*, uma versão do hebreu Shaul. *Quod erat demonstrandum*.

Simão, Simeão

Simeão vem do hebraico *Shimeone*, derivado de Simão, *Shimon*. Os dois nomes análogos, citados quase 200 vezes na Bíblia, tomam sua origem na palavra *shama*: ele ouviu (o sofrimento). Ele ouviu o sofrimento, o sofrimento de não ser amada. Léa, a mal-amada de Jacó, atribui esse nome ao seu segundo filho. Como é notório, Jacó não a amava e sim sua irmã Raquel (Gn 29,33). O nome Simeão é citado 52 vezes na Bíblia, essencialmente no Antigo Testamento. A primeira citação é a da nomeação do filho de Léa e a última está no Apocalipse (Ap 7,7). Desse nome e personagem derivam os simeonitas (Nm 26,14; 1Cr 27,16). Já o nome Simão é muito mais frequente no texto bíblico: é citado 135 vezes. Essas citações referem-se essencialmente a dois personagens: o irmão de Judas Macabeu e o Apóstolo Pedro. Simão Macabeu ou Simão Thassi foi o segundo filho de Matatias, da família dos hasmoneus. Participou com seus irmãos Judas e Jônatas da revolta dos judeus durante o Império Selêucida. Ele tornou-se o primeiro príncipe dos hebreus na dinastia dos hasmoneus e reinou entre 142 a 135 a.C. Sobre o Apóstolo Simão Pedro, amplamente presente em todo o Novo Testamento, cabe lembrar: Jesus repete três vezes consecutivas o seu nome na conclusão ou no apêndice do Evangelho de São João: "Simão, filho de João, tu me amas mais do que estes?" (Jo 21,15-17). Antes, Jesus achava que o pai de Pedro se chamava Jonas, como no Evangelho de São Mateus: "Feliz és tu, Simão, filho de Jonas..." (Mt 16,17). Ver maiores detalhes sobre esse nome de apóstolo no capítulo "Diz-me com quem andas... os nomes dos doze de Jesus".

Simeão

Ver Simão, neste capítulo.

Simão Cireneu, Simão de Cirene

Esse personagem da paixão de Cristo, *Shimon de Cirene* distingue-se por seu gesto e seu nome de origem: Cirene, em grego *Kyréne* (2Mc 2,23; Mc 15–21; Lc 23–26; At 2,10; 6,9; 11,20; 13,1). Kyréné era uma cidade da África do Norte, na Líbia, a 800km a oeste de Alexandria. Conquistada pelos gregos, tinha se tornado, desde 75 a.C., uma colônia romana, habitada por muitos hebreus. Eles mantinham contatos estreitos com Jerusalém por razões religiosas e comerciais. Os soldados, ao ver Jesus desfalecer sob o peso do *patibulum* ou da *furca*, logo de saída ou no meio do caminho, fazem um gesto de graça. Eles permitem e convocam um passante, Simão, para ajudá-lo até o local do suplício. Ele viera de tão longe, lá da Líbia, e convocado, aceita a tarefa. Esse gesto impactará os cristãos que farão dele um símbolo, um verdadeiro arquétipo da mística e da caridade.

Simão de Cirene

Ver Simão Cireneu, neste capítulo.

Sípora

Ver Séfora, neste capítulo.

Sofonias

O nome hebraico *Tsefania* significa "Deus escondido" ou "Deus protegido". *Tsefan* (Ele esconde) e *Yah* (Deus). Profeta inspirado que se inspirou tanto em Isaías e Amós. E muito. Para mais detalhes, ver esse nome no capítulo "Estranhos nomes de profetas e inspirados".

Sóstenes

O único Sóstenes citado na Bíblia entra e sai do texto apanhando. O nome Sóstenes é de origem grega e significa "salvo na força" ou "o forte".

O nome é muito adequado para o Sóstenes do Novo Testamento, um judeu de cultura grega e líder da sinagoga em Corinto. O Apóstolo Paulo, fariseu educado, era pregador, falador, gostava de fazer prosélitos e de contendas dialéticas. Especialmente entre os judeus da diáspora. Vivia pulando de galho em galho, de cidade em cidade, de sinagoga em sinagoga. Sua base eram sempre as sinagogas. A lista é enorme: Tessalônica, Bereia, Atenas, Roma, Éfeso, Antioquia, Derbe, Listra, Icônio, Selêucia, Salamina, Trôade, Mileto, Malta, Filipos e Corinto. Paulo ficou uns dois anos em Corinto. Tempo suficiente para fazer muitos prosélitos, amigos e inimigos. Em Corinto, Paulo despertava um sentimento unânime de hostilidade por parte dos judeus (At 5,12). Um belo dia Paulo foi capturado e levado à presença do Procônsul Galião ou Gálio, irmão de Sêneca. Seus adversários o apresentam no tribunal como instigador de uma religião ilegal e diferente do Judaísmo, reconhecido legalmente, e de ser seu introdutor no Império Romano, algo passível de pena capital. Galião não aceita a tese da turba. Para ele, isso é coisa da conta dos judeus. Para Galião, o Cristianismo era uma variedade a mais das muitas do Judaísmo. Ele recusa-se a ser juiz dessa matéria (At 18,15) e põe todos para fora do tribunal. "Todos então se apoderaram de Sóstenes, chefe da sinagoga, e o moíam de pancadas diante do tribunal; mas Galião absolutamente não ligou para isso" (At 18,17). *Tadinho* do Sóstenes. Até hoje, os exegetas discutem quem eram esses "todos", a moer o Sóstenes de pancadas. Seriam gregos (num ato de hostilidade contra os judeus) ou judeus (num ato de hostilidade ao chefe da sinagoga favorável a Paulo)? Uma coisa é certa: quem apanhou muito foi o Sóstenes, o forte.

Stéfane

Ver Estêvão, neste capítulo.

Stefanes

Ver Estêvão, neste capítulo.

Sula

Ver Sulamita, neste capítulo.

Sulamita, Sula

Em hebraico, a palavra *Sulamit* evoca "A pacificada" ou a "A perfeita". Mas poderia ser também uma palavra evocando uma mulher originária de Jerusalém. É o nome da bela jovem glorificada no Cântico dos Cânticos (Ct 7,1), a preferida entre as centenas de concubinas do harém de Salomão. Dizem. De fato, esses hinos nupciais datam de uns 600 anos depois de Salomão e a Sulamita já estaria bem para lá da terceira idade. Ela é a noiva do superlativo "Cântico dos Cânticos", o "*Shir HaShirim*" que é todo ecológico, erótico e de uma poética popular. A Palestina que nos perdoe, mas essa morena sulamita no "Cântico dos Cânticos" exalta e inspira o Líbano: "Vem comigo do Líbano, minha esposa, vem comigo do Líbano; olha desde o cume de Amana, desde o cume de Senir e de Hermom, desde as moradas dos leões, desde os montes dos leopardos" (Ct 4,8); "O Rei Salomão fez para si um palanquim de madeira do Líbano" (Ct 3,9); "Favos de mel manam dos teus lábios, minha esposa! Mel e leite estão debaixo da tua língua, e o cheiro das tuas vestes é como o cheiro do Líbano. És a fonte dos jardins, poço das águas vivas, que correm do Líbano!" (Ct 4,8.11.15). Sula é uma forma diminutiva de Sulamita. O nome Sulamita ainda anda muito presente entre artistas e ciganos.

Susana, Suzana

Do hebraico, *Shoshana*, em grego, *Susanna,* e em português, Susana. O nome em hebraico deriva de uma palavra egípcia e designa o lótus, flor divina, flor real. A história de Susana está no Livro de Daniel (Dn 13). Essa bela esposa judia, como Betsabé, se banha no jardim, tendo mandado embora suas damas de companhia. Dois dos anciãos escondidos a observam, depois a pressionam e ameaçam alegar que ela se encontrava com um jovem no jardim, caso ela não concordasse em entregar-se a eles. Ela recusou a chantagem, foi presa e, quando estava para ser executada por promiscuidade, um jovem chamado Daniel interrompeu o julgamento. Ele exigiu o questionamento em separado dos dois anciãos para prevenir a morte de uma inocente. Separados, os dois homens ao serem questionados sobre detalhes do que viram, acabaram discordando sobre qual a árvore sob cuja sombra Susana teria se encontrado com seu amante. Ela foi inocentada e eles executados. Assédio sexual sempre foi crime. Calúnia então, nem se fale.

Suzana

Ver Susana, neste capítulo.

Tadeu

Esse nome *Tadaios* vem do aramaico *Tadai*, "corajoso". Para alguns, o nome Tadeu viria do grego *Theodotos* (dado por Deus). Era o nome de um dos discípulos de Jesus, citado apenas duas vezes nos evangelhos, na listagem dos discípulos de Jesus (Mt 10,3; Mc 3,18). Ver maiores detalhes sobre esse apóstolo no capítulo "Diz-me com quem andas... os nomes dos doze de Jesus".

Talita, Talitha ou Thalita

Não se trata de um nome e sim de uma expressão hebraica e evoca uma ovelhinha (*talil*). A expressão era usada carinhosamente para adolescentes. Ele derivou como nome feminino a partir de um evento conhecido como "a cura da filha de Jairo", um dos milagres de Jesus, relatado em três evangelhos (Mt 9,18-26; Lc 8,40-56 e Mc 5,21-43). No relato em São Marcos, a frase em aramaico pronunciada por Jesus: *Talitha qum* (*Garota, eu te ordeno: Levanta!*), deu origem a esse nome. Virou nome da filha de Jairo e de tanta mocinha por aí.

Talitha

Ver Talita, neste capítulo.

Tamar, Tamara

Tamar significa manter-se ereta e, por derivação, "palma", "palmeira", "tâmara". Tamar é o nome de uma personagem do Gênesis, mencionada como nora do Patriarca Judá, o filho de Jacó. Após casar sucessivamente com dois de seus filhos, pervertidos sexuais, a Tamar fica viúva e fica para tia. O Patriarca Judá, o pai dos judeus e dos dois esposos falecidos de Tamar, fez sexo com sua nora, sem querer querendo. Quase a condenou a morrer queimada, com o bebê nas entranhas. Mas a força e a determinação de Tamar triunfaram. Esse episódio deveria interessar, e muito, as feministas: essa mulher luta por seu direito à vida num contexto de homens fracassados e opressores (Gn 38,6). Já se apontou a similitude de caráter entre Tamar e Rebeca, mulheres decididas e dispostas à utilização de estratagemas sofisticados para alcançar seus objetivos, envolvendo a atração sexual. Está também citada na genealogia de Jesus (Mt 1,3): mais uma mulher estrangeira e que se prostituiu.

Teófilo

Este nome grego, *Théophilos*, era usado pelos hebreus helenizados e significa "Amigo de Deus". Era uma forma análoga ao nome hebraico de *Iedidyah*, e significa "Amado de Yah". Teófilo era um nome comum entre gregos e romanos. E Téofilo é o nome a quem São Lucas se dirige no seu

Evangelho e no Livro dos Atos, um personagem importante para ajudar na difusão de sua obra.

Tércio

Na Bíblia, esse nome está citado uma única vez, em grego *Tertios*, em latim *Tertius* e significa "Terceiro". Citado não, melhor: autocitado. Tércio era o secretário de São Paulo Apóstolo, a quem ele ditava suas cartas. "Eu vos saúdo, eu, Tércio, que escrevi esta carta no Senhor" (Rm 16,22). Assim, se houver algo de errado ou incongruente nas muitas cartas de São Paulo, deve ser atribuído ao escritor (Tércio) e não ao autor (Paulo). Este era um santo. Esse escriba é chamado de Tércio de Icônio, um dos setenta discípulos, pois foi consagrado bispo de Icônio após Sosípatro, outro dos discípulos. Segundo a tradição cristã, ele morreu como um mártir.

Thalita

Ver Talita, neste capítulo.

Tiago

São muitos Tiagos na Bíblia, sem falar dos homônimos Jacós, em particular no Novo Testamento: Tiago filho de Alfeu, Tiago filho de Zebedeu, Tiago irmão de Jesus e Tiago pai de Judas. Ver maiores detalhes sobre esse nome de apóstolo no capítulo "Diz-me com quem andas... os nomes dos doze de Jesus".

Timóteo

Os personagens bíblicos parecem que não tiveram avós. A palavra avó só aparece uma vez no texto bíblico inteiro. Quem foi essa boa mulher escolhida para essa única menção? Foi Loide, a avó de Timóteo. E ela é mencionada por seu papel na educação religiosa do neto Timóteo. Ela fez como faziam e fizeram as avós durante séculos. Ultimamente, as avós andam ocupadas com universidade da terceira idade, *personal trainers*, cursos de dança, *lian-gong* e outras atividades e, às vezes, não acham tempo para tanto. Nem para ensinar o Pai-nosso a um netinho ou netinha. Assim fala o autor da epístola (talvez Paulo, há controvérsias) a Timóteo, "lembrando-me daquela fé não fingida que há em ti, a qual habitou primeiro em tua avó Loide e em tua mãe Eunice, e estou persuadido que também em ti" (2Tm 1,5) "e que desde a infância sabes as sagradas letras que te podem instruir para a salvação pela fé que é em Cristo Jesus" (2Tm 3,15). Assim dirige-se o missivista a esse discípulo, "filho de uma judia crente, mas de pai grego (At 16,1-2)". O Apóstolo Paulo circuncidou Timóteo com suas próprias mãos, para garantir sua aceitação pelos judeus, e o tomou como companheiro de viagem. Foram muitas aventuras através da Frígia, Galácia, Mísia, Tróas, Filipos, Véria e Corinto. Em tempo: o nome grego *Timótheos*, significa "honrando a Deus" ou "honrado por Deus". E foi.

Tito

Esse nome é citado 13 vezes no Novo Testamento e sempre refere-se a *Titus*, em latim "pombo bravo", companheiro de São Paulo. São Tito esteve com São Paulo e São Barnabé em Antioquia e os acompanhou no Concílio de Jerusalém. Ele é muito citado na Segunda Carta aos Coríntios nos capítulos 2, 7, 8 e 12. São Paulo demonstra seu particular afeto a Tito, lamenta sua ausência e trata-o de "irmão" (2Cor 2,13). Seu nome não é citado nos Atos dos Apóstolos, mas ele está incluído na lista dos setenta discípulos. Paulo o teria ordenado bispo de Gortina em Creta. Ele teria morrido em 107 d.C., com 95 anos. Nada mal para um pombo bravio. É certo: ele evangelizou a Ilha de Creta. De suas hipotéticas relíquias resta apenas um crânio, venerado na Igreja de São Tito, em Iráclio em Creta, para onde retornou em 1966 após ter sido levada para Veneza durante a ocupação turca. *Noblesse oblige*.

Tobias, Tobit

Esse nome vem do hebraico *Tobhyah* e significa "Bondade (*tov*) de Deus (*Yah*)". É homólogo de Toviel (Bondade de El), Tobi (Meu gentil, meu bondoso) e Tobit, um diminutivo. Na Bíblia, o livro sapiencial de Tobias relata, como num romance, cheio de suaves cenas domésticas, um pouco como no Livro de Rute, a vida de duas famílias judaicas deportadas. Em Qumrã foram encontrados restos de quatro manuscritos em aramaico e um em hebraico do Livro de Tobias.

Tobit

Ver Tobias, neste capítulo.

Tomás

Ver Tomé, neste capítulo.

Tomé, Tomás

São Tomé ou Tomás foi um dos doze apóstolos originalmente escolhidos por Jesus, segundo os evangelhos sinóticos e os Atos dos Apóstolos (Mt 10,3; Mc 3,18; Lc 6,15). O nome vem do aramaico *Tomu* e significa "gêmeo". Encontra-se somente no Novo Testamento, onde é citado onze vezes. Ver maiores detalhes sobre esse apóstolo no capítulo "Diz-me com quem andas... os nomes dos doze de Jesus".

Tsipora

Ver Séfora, neste capítulo.

Urias, Uriel

O significado desse nome em hebraico é "Luz (*Ur, or*) de Deus (*Yah, El*)". Existem vários personagens com esse nome na Bíblia. Urias, o sacerdote (2Rs 16,10-16; Ne 3,4-21; Is 8,2); Urias, o profeta (Jr 26) e o militar de Davi (2Sm 11 e 12). Esse simples soldado, um valoroso hitita, herói do exército, foi infortunado e traído marido, honesto e fiel ao Rei Davi que fazia sexo com sua esposa. Logo ele, um hitita com um nome teóforo e bem hebraico: *Yavé* é minha luz. Como se não bastasse, Davi ordenou sua morte e tomou definitivamente sua mulher, a bela e ávida de poder, Betsabé (*Batsheva*). Ela gostava de tomar banhos no ângulo de visada do terraço real. E foi a fundadora de uma nova dinastia e descartou todas as possíveis linhagens concorrentes. Dela nasceu Salomão, seu filho preferido, cuja ascensão ao trono foi o coroamento de um enredo macbethiano. Quanto ao infeliz Urias, nem se sabe onde foi enterrado. Se é que foi. O nome Urias e outros que evocam *Yavé* associado ao sol e à luz têm sido associados temporalmente com o período da "solarização" de *Yavé*, quando ele assume as características de um deus solar, quando de sua entrada no primeiro Templo de Jerusalém.

Uriel

Ver Urias, neste capítulo.

Uz, Uzá, Uzi, Uziá, Uzias, Uziel

Existem quase trinta personagens bíblicos com esses nomes quase homônimos. Em hebraico, *Uz* significa "força, bravura"; *Uzi* "Minha força" (nome de uma famosa metralhadora israelense) e *Uzia, Uzias e Uziel* "Força (*Uz*) de Deus (*Yah, El*)". É força que não acaba mais nos nomes bíblicos, todos no Antigo Testamento: tem Uzá o levita; tem Uzá o filho de Manassés e o de Simei; tem Uzi o filho de Buqui, o de Tola, o de Bela, o de Micri, o de Bani e o de Jeda; tem Uzia, o herói dos exércitos; tem Uzias, o filho de Azarias (rei), o de Uriel, o de Jônatas, o de Harim, o de Jorão, o de Coate, o de Elsafã, o de Isi, o de Bela, o de Hemã e o de Haraías. Ou seja: todos esses pais quiseram mesmo dar uma "força" a seus filhos.

Uzá

Ver Uz, neste capítulo.

Uzi

Ver Uz, neste capítulo.

Uziá

Ver Uz, neste capítulo.

Uzias

Ver Uz, neste capítulo.

Uziel

Ver Uz, neste capítulo.

Vasti, Vashti

É o nome de uma rainha imaginária e injustiçada do Reino da Pérsia, relatada como um conto de fadas ou uma história da carochinha no Livro de Ester. Era uma vez um rei da Pérsia chamado Assuero ou Xerxes ou Ataxerxes, por volta de 465 anos a.C. Ele deu uma festa durante meio ano. Isso é que é festa e banquete, lá na cidade de Susã, uma das três capitais do seu império. Depois de consumir, com seus convidados, todos masculinos, grandes quantidades de bebidas alcoólicas, o rei, bêbado, decidiu mostrar aos amigos a beleza de sua mulher, a Rainha Vashti. Ele ordenou à sua rainha comparecer diante deles portando sua coroa e nua. O Livro de Ester não traz esse detalhe. Mas tudo indica que ela recusou essa exposição em público. Se fosse só para mostrar o seu belo rostinho, a rainha teria ido. Ao saber de sua recusa, o rei fica furioso, decide puni-la severamente: ela perde o título de rainha e é expulsa do reino e do texto do Livro de Ester. Daí em diante não há mais menção dessa pobre e honrada ex-Rainha Vashti. Xerxes faz desfilar um monte de virgens em seus aposentos e no final fica com a bela judia Ester. Uma cativa vira rainha da Pérsia. Nem Esdras, nem Neemias, nem ninguém registrou essa história, muito menos essa Ester. E menos ainda o infortúnio da rainha Vashti. A coisa só existiu mesmo no conto de fadas de Ester, nunca mencionado em lugar algum da Bíblia, nem por ninguém. Salvo em seu próprio livro.

Vashti

Ver Vasti, neste capítulo.

Zacai

Ver Zaqueu, neste capítulo.

Zacarias

Do hebraico, *Zekharyah*, "Deus (*Yah*) se lembra": Este é o nome usado por cerca de trinta personagens na Bíblia hebraica. Para mais detalhes, ver esse nome no capítulo "Estranhos nomes de profetas e inspirados".

Zadoc

Ver Zadoque, neste capítulo.

Zadoque, Sadoque, Sadoc, Zadoc, Zadok

Todas as grafias acima são equivalentes. A palavra hebraica *Tsadoq* evoca "o justo". Zadoque foi um importante sumo sacerdote, nos tempos do Rei Davi, com fama de vidente (2Sm 15,24-30). Ele levou a arca da aliança para Jerusalém, tendo sucedido a Abiatar, filho de Abimeleque, exilado por Salomão. O próprio Rei Davi o escolheu, junto com o Profeta Natã, para ungir Salomão como seu sucessor (1Rs 1,32-40). O nome de Sadoque está na origem da palavra saduceu.

Zakai

Ver Zaqueu, neste capítulo.

Zaqueu

O nome *Zakai* evoca em hebraico, o "puro", ou o "merecedor"; em grego, *zakchaios*. Esse nome já se encontrava em Esdras (10,40), Neemias (7,14) e em 2 Macabeus (10,19). No Evangelho de São Lucas, o nome Zaqueu ressurge como sendo o do responsável pela coleta de impostos em Jericó (Lc 19,1-10). A produção e a comercialização de bálsamo eram concentradas em Jericó. Corria muito dinheiro e Zaqueu devia lucrar muito com isso. Jesus passava por Jericó a caminho de Jerusalém. Zaqueu, de baixa estatura, sobe em um sicômoro, um tipo de figueira, para ver Jesus. Para sua surpresa, Jesus o interpela por seu nome e pede para ser recebido em sua casa. No banquete, Zaqueu anuncia publicamente seu arrependimento e seu compromisso em realizar as restituições de imposto de renda das pessoas retidas e indevidamente embolsadas. Não só com correções. Ele decide aplicar multas a si mesmo. Pena que seu exemplo não é seguido pelos atuais cobradores de impostos. Com essa conversão, ele voltou a fazer juz ao seu nome. Ou era apenas uma parábola de São Lucas e por isso ele escolheu um nome adequado a seu personagem?

Zebedeu

A origem desse nome é o hebraico *Zabdi*, diminutivo de *Zabdiel*, "presente de El", presente de Deus. Na versão grega, o nome sofreu uma deformação e transformou-se em Zebedeu (Js 7,1-7; 1Cr 8,19; 27,27). Zebedeu é um personagem do Novo Testamento, citado como o pai de João e de Tiago (Mt 4,21 e 10,2; Mc 1,19-20). Aparentemente, Zebedeu era um judeu próspero, dono de barcos de pesca e com muitos empregados. Ele é mencionado doze vezes nos evangelhos.

Zebulão, Zebulon

Em hebraico esse nome significa “Cativante”. São muitos personagens com esse nome em toda a Bíblia. Desde o Livro do Gênesis (30,20) até o Apocalipse (7,8) são mais de cinquenta citações. Existe até o clã dos zebulonitas (Nm 26,27). Hoje, o Zebulão já não cativa tanto.

Zípora

Ver Séfora, neste capítulo.

Zoroastro

Ver Zorobabel, neste capítulo.

Zorobabel, Zoroastro

Esse nome é de origem acadiana e significaria “Semente de Babel”. Zorobabel foi um líder israelita. Depois da libertação do exílio babilônico, Zorobabel, em 537 a.C., liderou um restante judeu na volta a Jerusalém e Judá (Esd 2,1,2; Ne 7,6-7; 12,1). Foi nomeado governador por Ciro, rei da Pérsia (Ag 2,21) e a ele confiaram-se os vasos sagrados e outros objetos de ouro e de prata retirados do Templo de Jerusalém por Nabucodonosor (Esd 5,14). Nessas viagens, aparentemente, perderam-se alfaias. Nem foi criada uma comissão de inquérito. Apesar do sumiço de ouro e prata, no fim, tudo acabou em pizza ou falafel. Empreendedor e empreiteiro, Zorobabel trabalhou na reconstrução do Templo de Jerusalém e completou a obra em torno do ano 515 a.C. Seu nome é citado na genealogia de Jesus Cristo nos versos 12 e 13 do capítulo 1 do Evangelho de São Mateus e no verso 27 do capítulo 3 do Evangelho de São Lucas, mencionado como filho de Selatiel, neto do Rei Jeoaquim, da descendência de Davi. Sua história está no Livro de Esdras e é mencionado ainda em 2 Crônicas, Neemias, Ageu e Zacarias.

10

Pequeno guia de nomes de lugares bíblicos

Na Bíblia, os rios têm nome, além de ter lábios e braços, assim como as montanhas, os vales, as cidades, as nações, e por aí vai. Uma boa parte desses locais ainda existe na Terra Santa e em seus arredores. Como se não bastasse, muitos desses nomes foram replicados em locais distantes das terras bíblicas com a expansão geográfica do Cristianismo. Basta imaginar quantas Novas Canaãs existem mundo afora, assim como Novas Jerusaléns. O Brasil também não escapou dessa.

Ao longo da história, personagens e locais bíblicos denominaram bairros, cidades, capitais e até estados brasileiros: Parque São Lucas, São Mateus, Jardim São Marcos, São Judas, Santo André, Monte Carmelo, Getsêmani, Belém, Nazaré das Farinhas, Campos do Jordão, Cafarnaum, Águas de São Pedro, Nova Jerusalém, São Salvador, Espírito Santo, São Paulo etc.

Alguns nomes dos santificados pais de Jesus foram retomados em diversas localidades: São José dos Campos, São José do Paraitinga, São José dos Ausentes, São José do Ribamar, São José dos Pinhais... Ou ainda Santa Maria, Santa Maria da Serra, Santa Maria da Vitória, Nossa Senhora Aparecida, Nossa Senhora do Amparo... Se por aqui já é assim, imagine na Terra Santa!

Qual o significado original desses nomes bíblicos? Eles denominam aldeias, vilarejos e cidades, e designam acidentes geográficos como montanhas, rios, vales e mares aleatoriamente? Às vezes, diante do sentido tão surpreendente do nome original de um lugar, os tradutores e escritores da Bíblia decidiram não traduzir. Foi o caso do Monte Tabor, por exemplo. Outras vezes, o nome vertido para outras línguas, e especialmente ao grego, acabou por se tornar um lugar obscuro, impossível de ter correspondência com algum local geograficamente conhecido. E tem cada lugarzinho. Melhor nem saber.

Em outros casos também ocorre o contrário. O escriba do livro bíblico insiste e faz questão de explicar o significado de determinado nome. Em geral, ele introduz esse esclarecimento com um "que quer dizer". O pior: a explicação nem sempre corresponde realmente ao nome, apoia-se numa visão popular ou a tradução é incorreta, abusiva etc. Os autores bíblicos se permitiram numerosos trocadilhos com diversos nomes de pessoas, locais e cidades, e por aí vai. Não há como traduzir. Ao ler a Bíblia é sempre necessária uma boa dose de cautela: o nome de um lugar pode esconder outro e mais outro.

A toponímia bíblica e suas derivações revelam muito sobre o mundo religioso, geográfico e cultural da Terra Santa. Deixe suas certezas de lado. Ou você acha que o nome verdadeiro de Jerusalém é Jerusalém e o de Babel, Babel? Siga este pequeno guia das toponímias do Oriente Médio bíblico com a certeza de perder-se. O guia não é uma lista exaustiva das localidades e acidentes geográficos citados na Bíblia. Foram selecionados aqueles cujos nomes são surpreendentes, misteriosos, enriquecedores e plenos de significados históricos, culturais e cultuais.

Qual o significado original de Getsêmani, Gólgota ou Belém? Existem muitos nomes intrigantes. Eles dão, como esses três, um sentido adicional ou arquetípico ao evento ali acontecido. A visita a muitas dessas vilas, aldeias e locais nem sempre é possível. Algumas nunca existiram, outras estão debaixo da terra em algum lugar e ainda não foram achadas pelos arqueólogos. Outras jazem no fundo do inconsciente coletivo.

O entendimento do significado desses nomes de lugares pode enriquecer, e muito, a leitura da Bíblia e o entendimento dos fatos ali relatados. A arqueologia moderna brinca de negar e confirmar diversos registros bíblicos. Tributário dos vizinhos, este álbum começa pelo Iraque, por Babel, pela Babilônia, a quem a Bíblia e a tradição judaica e cristã devem tanto.

Babel (cidade)

Babel foi a transliteração aplicada pelos redatores da Bíblia ao nome da capital do Império Babilônico. Num universo bíblico essencialmente rural, feito de aldeias esparsas e cidades acanhadas, a capital da Babilônia era uma cidade-estado muito rica e poderosa. Era a Nova York ou a Paris daqueles tempos: um dos principais centros político, militar, cultural e econômico do mundo antigo. Imigrantes das mais diversas origens e nacionalidades, cada um falava sua língua e eram atraídos por Babel. Esse nome surge apenas duas vezes na Bíblia, logo no começo no Livro do Gênesis (Gn 10,10; 11,9): "Por isso se chamou o seu nome Babel, porquanto ali confundiu o Senhor a língua de toda a terra..." (Gn 11,9). Não é verdade. *Babél*, em acadiano *Bab-Ilu*, significa a Porta de El, a porta de Deus, de El. Como o *El* de Israel. O redator conhecia o sentido desse nome, mas ele o deformou. Ele fez um jogo de palavras, uma paranomásia como se diz em linguagem erudita ou um trocadilho em linguagem corrente, com o verbo hebraico *balal*, que significa "misturar, confundir", no sentido de bagunça (*balagan*). Além de seu urbanismo arrojado, Babel era pontuada por grandes torres-templos, os zigurates. Enormes, quadrados e com escadas, esses templos monumentos eram vistos como portões para os deuses virem à terra, como escadas literais para o céu, análogas a rampa vista por Jacó em sonho, apenas ligeiramente maiores e reais.

Berseba, Bersheba, Beer-Sheba (poço, aldeia)

Em hebraico, *ber* significa poço. *Sheva* é o número sete. E em Berseba, há um poço. E esse poço é uma grande confusão e está citado mais de 30 vezes na Bíblia. Mas apenas no Antigo Testamento. Como em outros casos de anacronismos bíblicos, os relatores tardios escreveram esse nome, Berseba, antes mesmo que ele tivesse sido criado. No Livro do Gênesis, Agar é expulsa do convívio com Abrão "e vaga no Deserto de Beer Sheba" (Gn 21,14). Prestes a morrer de sede com seu filho, Agar vê um poço, revelado por Deus. Eles bebem água e enchem o cantil (Gn 21,19). Era o começo da história desse poço. Mais adiante no relato, Abrão confirma seu poder político e estabelece uma aliança com Abimeleque. "Abrão postou sete ovelhas à parte" (Gn 21,29) e as cedeu a Abimeleque como testemunho de que ele cavara um poço, sua posse, e "por isso ele chamou o local Beer *Sheba*, poço do Juramento, pois ali juraram (ele e Abimeleque)" (Gn 21,21,31). Quer dizer, o lugar já tinha nome, mas Abrão lhe dá um nome e prefere repetir o já conhecido: Beer Sheva. Para o redator: Poço do Juramento. Juramento? Não seria por causa das sete (*sheba*) ovelhas? Como se não bastasse, a esse relato de tradição eloísta, corresponde mais adiante outro, de tradição javista (Gn 26,26). Nesse terceiro relato é a vez de Isaque de ser reconhecido por Abimeleque. E mais um pacto é firmado. Os servos de Isaque cavam um poço e, segundo a Bíblia, "ele chama de *Sheba*, sete, daí o nome da cidade de Beer Sheba, o Poço de Sete, até hoje" (Gn 26,26-33). Haja justificativas e relatos multiplicados para o nome e a posse de um poço! Coisa de nômades pecuaristas. Ainda hoje tem um poço por lá, mas é o do Abraão ou do Isaque? Pouco provável. Ele tem estruturas metálicas e está cercado de tamargueiras, à sombra das quais os beduínos muçulmanos descansam seus rebanhos, principalmente nas quintas-feiras, dia de mercado. Já os hebreus... Bem, atualmente, a maioria vive de outros negócios, mais tecnológicos, bem mais rentáveis do que a pecuária nômade. Na Bíblia, a expressão "Desde Dã até Bersheba" significa do Norte ao Sul da Palestina (Jz 20,1).

Betânia (aldeia)

Ver esta expressão no capítulo seguinte "Minha casa, minha vida".

Betel (aldeia)

Ver está expressão no capítulo seguinte "Minha casa, minha vida".

Betesda (local)

Ver está expressão no capítulo seguinte "Minha casa, minha vida".

Betsaida (aldeia)

Ver está expressão no capítulo seguinte "Minha casa, minha vida".

Cafarnaum 1 (vila do Naum)

Hoje em português, Cafarnaum significa um lugar de tumulto e confusão. Esse substantivo também é usado para designar um amontoado desordenado de objetos ou para qualificar uma coisa velha, antiga. Pelo interior do Brasil, a palavra é usada para indicar um lugar isolado, perdido no mapa, um cafundó. E no ordeiro sertão nordestino é sinônimo do demônio. Esse era o nome do tumultuoso vilarejo onde Jesus passou parte de sua vida, talvez exercendo a profissão de carpinteiro como ou com seu pai. Por ali, ele protagonizou alguns episódios messiânicos memoráveis, relatados pelos evangelistas. A etimologia hebraica é simples: Cafar vem de *kfar*, vilarejo, aldeia. Naum é nome próprio. Por aqui é um apelido típico do turco vendedor de armarinhos, do libanês regatão dos igarapés: "seu" Naum. Como o turco apaixonado do romance *Gabriela, cravo e canela*. Cafarnaum é isso. Aldeia do Naum. Só isso. Nada de messiânico nem de diabólico. Quanto a Naum... O que quer dizer? Dê uma olhada nesse nome no capítulo "Estranhos nomes de profetas e inspirados".

Cafarnaum 2 (vila e porto)

A Vila de Naḫum, a Cafarnaum, é um pequeno porto na margem noroeste do Lago da Galileia, a 4km a oeste da foz do Jordão. Lá, e não em Nazaré, Jesus estabeleceu a base de suas atividades na Galileia (Mt 9,1). Cafarnaum foi o centro geográfico do ministério de Jesus Cristo (Mt 4,13). Pensa-se hoje em Tel Houm, um porto de pesca e centro administrativo (Mt 9,9-11; 17,24). Talvez existisse por lá uma guarnição romana, como sugere a presença do centurião (Mt 5,13; Lc 7,1-10). As escavações arqueológicas revelaram as ruínas de uma das mais elegantes sinagogas de Israel, do século III da Era Cristã. Era voltada, como as outras sinagogas, para Jerusalém. Neste mesmo local foram descobertas fundações de uma sinagoga do século I, uma daquelas onde Jesus provavelmente pregou. Além disso, em Cafarnaum tem a casa de Pedro, restaurantes, comércio e muita coisa para se visitar. E sonhar.

Caldeia (região)

Os pacotes turísticos andam bem baratinhos, mas o Iraque é pouco visitado no momento atual e muito perigoso. A Caldeia era uma região no sul da Mesopotâmia, localizada mais à margem oriental do Rio Eufrates. No princípio designava apenas um pequeno grupo de vilas. Com o tempo, passou a representar todo o vasto território compreendido pelo Tigre e Eufrates, tendo Nínive e Babel como cidades principais. Ou seja, a Caldeia cabe no atual Iraque e em parte do Irã. No texto bíblico, o termo Caldeia aparece apenas sete vezes. Três vezes na boca do Profeta Jeremias (Jr 50,10; 51,24-35) e quatro em Ezequiel (Ez 11,24; 16,29; 23,15.16). Já os caldeus aparecem em dezenas de citações desde o Livro do Gênesis até o de Atos dos Apóstolos (At 7,4). O termo Caldeia às vezes é usado para se referir a toda a planície mesopotâmica e chegou ao português pelo latim *Chaldaeus*, e provém do acádio *kaldû*. Em hebraico é *Kashdim*. Era a terra natal de Abraão (Gn 11,28). De lá saiu o patriarca Abraão, da cidade de

Ur, rumo à Terra Prometida. O povo da Caldeia, sob o comando de Nabucodonosor II conquistou um amplo inpério, ocupou Jerusalém e levou parte da elite e do povo judeu para o cativeiro babilônico. Os caldeus foram finalmente vencidos pelos persas e a Babilônia dominada por Ciro. Hoje, os descendentes dos caldeus estão dominados por potências ocidentais. Até israelenses atuam por lá. Além do Estado Islâmico.

Calvário (local)

Calvário, *Calvaria* em latim, *Kraniou Topos* em grego e *Gûlgalta* (Gólgota) em aramaico, é o nome dado à colina onde Jesus foi crucificado fora da cidade de Jerusalém, naqueles idos. O termo significa “caveira”, refere-se ao crânio, à calva, a que esse acidente geográfico se assemelhava: uma rocha arredondada e relativamente lisa. Hoje, a palavra caveira afastou-se de seu sentido original e tende a ser entendida como esqueleto. O *locus* do Calvário é mencionado em todos os quatro evangelhos, no relato da crucificação de Jesus (Mt 27,33; Mc 15,22; Lc 23,33 e Jo 19,17). Naquele tempo, o Calvário ficava perto de Jerusalém (Jo 19,20), e fora das muralhas da cidade (Hb 13,12). Hoje está cercado de casas, lojas e igrejas, em plena malha urbana.

Caná, *Qaná* (aldeia)

A palavra Caná tem a mesma raiz do nome Caim e evoca a aquisição, a compra, a obtenção. Quem sabe do terreno ou dos direitos para edificação de um vilarejo. É difícil saber com certeza onde ficava a Caná da Galileia, aquela das bodas em que Jesus transformou água em vinho. Se essa tecnologia de transmutação fosse patenteada e comercializada poderia acabar com toda a profissão da vitivinicultura e com a cadeia do vinho. Felizmente era uma parábola de João. Há menos que já tivesse pinga por lá, pois tem site na internet, de grande profundidade teológica e botânica, afirmando que o nome vem de “cana” (*sic*), como a cana-de-açúcar. Esse local poderia ser Khirbèt-Qana, onde se encontram as ruínas de um antigo vilarejo, aproximadamente a 15km ao norte de Nazaré. Mais distante, pois, que a atual Qana, Kefar Kenna, a 1km a nordeste de Jericó e com a diferença de se situar provavelmente no cume de uma colina (Jo 4,46-54). Caná, no Antigo Testamento, é também o nome de uma aldeia no território de Aser (Js 19,18) e de um riacho (Js 16,8). É também o nome de uma localidade próxima de Tiro. Como o Oriente Médio é um lugar de muito comércio, negociações e aquisições, não faltam Canás.

Canaã (região)

Esse nome da Terra Prometida tem uma origem amaldiçoada. Para a Bíblia, o nome Canaã é alusivo ao neto de Noé, filho de Cã e patriarca dos cananeus (Gn 10). Depois do dilúvio, tudo aconteceu muito rápido: Noé plantou um vinhedo, as videiras cresceram a jato, ele colheu as uvas, fez vinho, embebedou-se e dormiu nu, descoberto. Seu filho Cã viu o pai naquela exposição vexatória e, ao invés de tomar as devidas providências, chamou seus irmãos para constatarem o fato. Acabou amaldiçoado, ele e seus descendentes, ou seja, seu filho Canaã. Talvez a terra que lhe foi dada na repartição fosse parte dessa maldição, a Terra do Canaã, um complexo e disputado deserto. E para alguns essa maldição estava codificada no DNA dos cananeus. Eles não tinham como se livrar de tal sina. Perderiam parte dessas terras. Essa mesma terra foi prometida a Abraão, habitante da cidade Caldeia de Ur, no sul da Mesopotâmia, atual Iraque. E também para uma parte de seus descendentes, de certa forma, quando ele ainda vivia bem longe de Canaã (Gn 12,5-7). Existe um vínculo estreito entre a religião dos primeiros hebreus e seus antepassados imediatos, os cananeus. Após a descoberta de documentos escritos em Ugarit, uma civilização antiga anterior a Israel, foi possível entender melhor a Bíblia. Os hebreus "emprestaram" o nome de sua deidade nacional, *El*, dos antigos habitantes de Canaã. Mesmo alguns salmos e outros temas da literatura hebraica parecem ter sido assimilados pelos hebreus a partir da cultura cananeia. Os atributos do *El* hebraico são exatamente os mesmos que os do deus *El* de Ugarit. A literatura bíblica associa com frequência *Yavé* a *El* (Gn 14,18-20; 33,20; Ex 6,3 etc.). Alguns deuses como *Baal* e *Ashera*, de origem cananeia, eram louvados pelos hebreus antigos e seu culto foi visto como igualmente legítimo. A geografia do que seria o território da Canaã bíblica é apresentada hoje com fortes cores geopolíticas. Isso faz parte da legitimação do Estado de Israel, apesar da delimitação bíblica ser muito ampla. A região foi ocupada originalmente, de forma mais urbana e organizada, por fenícios. Muito do conhecimento atual sobre os cananeus que antecederam e dos quais grupos se diferenciaram e deram origem aos hebreus vem dos trabalhos arqueológicos realizados na cidade-estado canaanita de Ugarit, onde se encontrou o primeiro alfabeto que se tenha notícia. Apesar dos povos antecedentes e originários da região, segundo a Bíblia, Canaã era a terra prometida. Foi escolhida, em bases étnicas e religiosas, por Deus para o seu povo, desde o chamado de Abraão. Nada de consulta, plebiscito, referendo ou direito de autodeterminação dos povos locais. Nem intervenção da ONU. A terra é de Deus. Ele dá a quem quer, dizem alguns. Ou merecer, dizem outros. Se não merecer, perde.

Carmelo (monte)

Esse monte resulta de um grupamento calcário e forma um promontório de 500m de altura. Ele protege a parte sul da Baía de São João de Acre do assoreamento, a sudoeste da planície de Esdrelon. Ali os arqueólogos encontraram um "homem do Carmelo", da época paleolítica, bem conservadinho. O lugar revestia-se de sacralidade. *Baal* recebia sobre o monte um culto ao ar livre. Foi lá, contra os sacerdotes de Baal, que o Profeta Elias fez uma espécie de apelo ao milagre para provar que seu Deus era o Deus realmente poderoso, o verdadeiro *baal* ou senhor (1Rs 18,19-73). Os profetas reconheceram a majestade e a fertilidade desta montanha, indicadas pelo próprio nome Carmelo, cuja etimologia evoca a vinha do El (רכם) e cujo significado é "pomar" e, por extensão, um lugar aprazível, um jardim (Is 35,2; Jr 46,18; 50,19). A bela moça do Cântico dos Cânticos compara a cabeça de seu bem-amado ao topo do Monte Carmelo (Ct 7,6). O Monte Carmelo está citado cerca de vinte vezes na Bíblia, sempre no Antigo Testamento. Jesus não teve tempo de conhecer esse aprazível pomar, ou, se foi, os evangelistas não notaram, nem anotaram. Os ascetas cristãos foram viver no Monte Carmelo na época das cruzadas e deram origem à Ordem do Carmelo, do Carmo, os carmelitas.

Cirene (cidade)

Cirene ou Cirena, em grego *Kyréne*, era, nos tempos de Jesus, uma cidade da África do Norte, localizada na Líbia, a 800km de Alexandria. Ela deu o nome, sempre atual, à região oriental da Líbia: a Cirenaica. Cirene foi inicialmente a capital da Província da Cirenaica. Situada em um vale fértil, quase defronte da Ilha de Creta e a uns 16km do litoral, estava implantada num planalto de 550m nas terras altas do Jebel Akhdar. Hoje, a antiga Cirene está reduzida a ruínas desabitadas perto da moderna cidade de Shahhat. Na mitologia grega, Cirene era a bela filha de Hipseu, rei dos lápitas. Ela foi raptada por Apolo e mãe de Aristeu, o apicultor. Colônia romana nos idos evangélicos, Cirene era habitada por muitos hebreus. Eles mantinham fortes relações comerciais e religiosas com Jerusalém. É citada três vezes no Livro do Atos dos Apóstolos (At 2,10; 11,20; 13,1). Era o distante local de origem de Simão, o Cireneu. Ele veio bem de longe, lá da Cirenaica, para ajudar Jesus a carregar sua cruz (Mt 27,32; Mc 15,21; Lc 23,26).

Corazin (aldeia)

Jesus denunciou a falta de conversão da cidade de Corazin (*Karzayim*), juntamente com Cafarnaum (*Kfar Naẖum*) e Betsaida (*Beit Zaida*), apesar de terem testemunhado seus milagres e ouvido seus sermões (Mt 11,21-24;

Lc 10,13). Corazin, nome de origem grega e de obscuro significado, era uma aldeia do norte da Galileia, situada num vale na direção do Mar da Galileia. Tem sido identificada com a atual Khirbet Kerâzeh, cerca de 3km a norte de Tell Hûm (Cafarnaum). Ela não é mencionada no Antigo Testamento, mas é provavelmente a Karzayim do Talmude (Menachoth 85a). Suas ruínas incluem as de uma antiga sinagoga de pedra basáltica preta local. Lá foi encontrada uma cadeira esculpida e com algumas inscrições, um exemplo da cadeira ou cátedra de Moisés referida em São Mateus (Mt 23,2).

Damasco (cidade)

Damasco situa-se no sopé do Monte Hermon – com cerca de 3.000m e coroado por neves perenes – e da cadeia de montanhas do Antilíbano. Tratava-se inicialmente de um oásis de excepcional beleza, na orla do Deserto da Síria, banhado pelas águas abundantes do Rio Barada, cuja nascente está nas neves das montanhas. Damasco evoca uma grande riqueza de situações no texto bíblico. Nas proximidades de Damasco, Paulo teve a visão do Cristo ressuscitado e mudou toda a sua vida (At 9,1-22). Próspero centro de comércio e artesanato, Damasco sempre teve uma importante comunidade judaica. Os cristãos eram tão numerosos na cidade, a ponto de Paulo obter uma autorização do sumo sacerdote para prender todo cristão que pudesse achar. Damasco distava uma semana de viagem de Jerusalém. A rua chamada "Direita" (At 9,11) era larga, com pórticos, na qual se encontrava a casa de Judas. Essa rua, ainda hoje, atravessa a cidade de leste para oeste. É a atual Suk Midhat Pashá ou Suk-et-tawil. Com mais de sessenta citações no texto bíblico, a palavra Damasco faz sonhar. Recorda de imediato a lembrança dessa cidade-oásis, encantada, hoje capital da Síria e considerada uma das mais antigas cidades do mundo. Já é citada nas escrituras no tempo de Abraão (Gn 14,15), bem antes de Jerusalém. A última referência a ela encontra-se na Carta aos Gálatas (Gl 1,17). Ela foi a cidade real do opulento e poderoso Reino de Aram, nos séculos VIII-VI a.C. Damasco também designa uma fruta refinada, o abricó ou damasco, o fruto do damasqueiro: carnoso, aromático, aveludado e de cor amarelo-avermelhada. Lembra também um tipo de tecido requintado, o damasco, damasquim ou adamascado, feito de seda, com desenhos lavrados. Fabricado em Damasco, ele imitava o damasco na feição dos lavrados e ornatos.

Decápolis, Decápole (cidades e aldeias)

Essa palavra significa "as dez cidades". Eram mesmo dez cidades ou aldeias naquelas bandas ou província: na margem ocidental do Jordão, Béit-Shéan (Citópolis); na margem oriental Pela, Dion, Kanatah, Raphana, Hippos, Gadara, Filadélfia (Rabat-Amôn), Damasco e Gerasa. Várias delas foram fundadas por Alexandre o Grande, e seus generais, daí a influência preponderante exercida pela cultura grega na região. As cidades helenísticas eram por volta de dezoito na época em que Jesus visitou algumas delas (Mt 4,25; Mc 5,20 e 7,21). Essa área havia sido separada por Pompeu Magno, em 64 a.C. e tornou-se independente do território judeu.

Éden (jardim)

O Jardim do Éden, *Gan Éden* em hebraico, evoca um lugar de prazeres. Esse jardim não chega ao texto do Novo Testamento. Nem como nome de gente. São 19 citações na Bíblia e todas no Antigo Testamento. Na origem acádica e suméria, o termo Éden significa *planície* ou *estepe*. A Septuaginta traduziu o hebraico *gan*, "jardim", para palavra grega *parádeisos*, *paraíso*. Daí a associação da palavra portuguesa *paraíso* com o *Jardim do Éden*. O Jardim do Éden não ficava na Terra Santa, nem cabia no Grande Israel. Estaria mais para o Oriente, dos lados do atual Iraque. O Livro do Gênesis, em seu relato mítico, aproxima-se do real quando fala do Jardim do Éden. Ele aparece localizado sobre a terra (Gn 2,8-15). Do Jardim do Éden partiam quatro rios: os dois Nilos (ou o Ganges), o Tigre e o Eufrates. Nesses tempos do paraíso, eles nasciam em uma fonte comum, situada em algum lugar do Golfo Pérsico. Isso faz sentido para a Bíblia: o Éden é colocado na fonte das grandes culturas de países como Egito e Babilônia, a quem a Bíblia deve tanto.

Edon (região)

Esse nome em hebraico significa "vermelho". A mesma raiz de Edom está na palavra sangue, *dam* (Gn 4,10), e Adão, *Adan*, o ruivoso (Gn 3,17). Esse nome é dado a Esaú, o ruivo, *admoni* (Gn 25,25), um nome e uma cor de mau agouro, assim como à turbulenta nação descendente dele. Edon (Idumeia) é o nome bíblico de um reino no sul da Jordânia, numa região onde ocorre muito arenito avermelhado. Ele pode ter dado origem ao nome. Os edomitas foram um grupo tribal vizinho e conflituoso de Judá ao sul, no Deserto de Negev e no Vale de Arabá. Pesquisas arqueológicas indicam: a nação de Edom existiu desde 1.100 anos a.C. e só desapareceu com as guerras judaico-romanas, no início da Era Cristã. Esse nome, Edom, aparece 97 vezes na Bíblia, todas no Antigo Testamento. Talvez a Boa-nova do Novo Testamento não alcançou esse território, nem seu povo, a tempo.

Efraim (região)

O nome Efraim parece ser de origem egípcia, como o filho homônimo de José e Asenet (Gn 41,45), e significa "dupla fertilidade". O território ocupado pela tribo de Efraim estava no centro de Canaã, a oeste da atual Jordânia, a sul do território de Manassés, e a norte da tribo de Benjamim. Essa região foi chamada posteriormente de Samaria, para distingui-la da Judeia e da Galileia, e consistia em sua maior parte o território da tribo de Efraim, segundo a Bíblia. A área era montanhosa e isso lhe dava proteção. Também era extremamente fértil e isso lhe trouxe prosperidade. E continha os centros mais antigos da religião israelita – Siquém (ver neste capítulo) e Silo, a capital religiosa de Israel, durante 300 anos antes de Jerusalém (Gn 49,22; Dt 33,13-16; Is 28,1; Os 9,13). Efraim foi a mais dominante das tribos do Reino de Israel e seu nome tornou-se sinônimo de todo esse pequeno reino e de seu território.

Efrata (aldeia)

Tem gente por aí na internet afirmando que a palavra Efrata, em hebraico, significa "Terra frutífera". Quase rima fruta com *frata*, mas está difícil. Nem em hebraico, nem em marciano. Esse antigo nome da cidade de Belém (Rt 11,4) parece ter sua origem no nome da tribo de Efraim. Os efratas eram os membros da tribo israelita de Efraim, tidos como fundadores de Belém, essa antiga aldeia na área rural de Judá. Belém, a Beit Lehém, pertenceu a Jerusalém antes dos israelitas terem invadido ou dominado o país, como indica uma referência a Beit-Lahmi nas Cartas de Amarna, correspondência diplomática do tempo do Faraó Akhenaton. O nome Efraim parece ser de origem egípcia, como o filho homônimo de José e Asenet (Gn 41,45), e significa "dupla fertilidade" (ver neste capítulo "Efraim"). A primeira menção de Efrata ocorre no Livro do Gênesis, em referência ao local onde Raquel morreu ao dar à luz a Benjamim (Gn 35,16-19). No tempo do Rei Davi, ela era uma cidade murada e foi ocupada pelos filisteus (2Sm 23,14-15). Roboão voltou a fortificá-la (2Cr 11,6). Depois do exílio babilônico, os judeus reocuparam-na (Esd 2,1-21; Ne 7,26). O nascimento de Jesus em Belém sempre foi considerado pelos cristãos como o cumprimento da profecia de Miqueias: "E tu, Belém Efrata, posto que pequena entre os milhares de Judá, de ti me sairá o que governará em Israel, e cujas saídas são desde os tempos antigos, desde os dias da eternidade" (Mq 5,2). Ver também "Belém" no capítulo "Minha casa, minha vida".

Egito (região)

Ver neste capítulo a palavra "Misraim".

Emaús

Esse nome é mais um hápax bíblico. Ele não aparece em nenhum outro lugar na Bíblia, salvo no Evangelho de São Lucas (Lc 24,13-32). Em função da distância citada com relação a Jerusalém, especula-se sobre quatro localidades passíveis de ser Emaús, sem ter-se certeza de nenhuma. Quanto ao significado dessa palavra, sua etimologia é tão incerta quanto sua localização geográfica. Mesmo assim, há quem arrisque dizer que Emaús viria do hebraico *Hammat* (חמת) e significaria "riacho quente". De acordo com as escrituras cristãs, no caminho de Emaús Jesus apareceu perante dois de seus discípulos após a sua ressurreição (Lc 24,13-35).

Eufrates (rio)

Do Gênesis (2,14) ao Apocalipse (Ap 16,12), em mais de 20 citações bíblicas, o Rio Eufrates, em hebraico e em aramaico *frat*, serpenteia seus 2.780km de extensão. Como o Jordão, ele desce por entre *canyons* e gargantas, desde os mais de 3.500m de altitude de sua nascente nas montanhas da Turquia, até a Síria e depois o Iraque. Um pouco antes do litoral, após Bassora, ele se junta ao Rio Tigre e forma o Rio Shatt al-Arab. Com frequência, o texto bíblico o chama de "grande" (Gn 15,18; Dt 1,7; Js 1,4; Ap 9,14...). Ele serve de limite ao mundo no Oriente, enquanto o Nilo o faz no Ocidente. Esse rio está na Bíblia, desde o paraíso, ajudava a irrigar o Jardim do Éden. "E saía um rio do Éden para regar o jardim; e dali se dividia e se tornava em quatro braços. [...] e o quarto rio é o Eufrates" (Gn 2,10-14), até o fim do mundo, com seus acontecimentos antiedênicos: "O sexto anjo derramou a sua taça sobre o grande Rio Eufrates; e a sua água secou-se, para que se preparasse o caminho dos reis que vêm do Oriente" (Ap 16,2). Que belo caminho! Ainda bem que não foram anunciados reis vindos do Ocidente, como tem ocorrido ultimamente naquele vale.

Galileia (região)

Galil em hebraico. Essa palavra evoca círculo, circunscrição, distrito. Essa região fica no norte da Palestina e tem cerca de 80km por 40. A parte norte é montanhosa e o sul é uma planície fértil. Sempre foi um cruzamento de caminhos, raças e nações. O Profeta Isaías chama essa encruzilhada de "distrito das nações" (Is 8,23). A maior parte da vida de Jesus e de sua pregação foi na Galileia. E Ele é tratado como "galileu" (Mc 26,9), assim como seus discípulos (Mc 14,70; Lc 22,59). Era uma região pobre e marginalizada, um pouco como é o sertão nordestino no Brasil. A atitude dos judeus de Jerusalém e da Judeia era arrogante com relação à Galileia (Jo 1,46; 7,52). Um pouco como a dos sulistas em relação ao Nordeste. Fora dos evangelhos, no Novo Testamento, ela só é citada uma única vez (At 9,31). E como os nordestinos, os galileus tinham um sotaque, um jeito de falar, bem característico, além de pormenores de gramática. Esse sotaque identificou a origem de Pedro durante a paixão de Jesus: "o teu sotaque (galileu) te denuncia" (Mt 26,73).

Gate (cidade)

Gat ou Gate, em hebraico significa lagar ou a prensa do lagar de azeite. Gate era uma das cinco principais cidades dos filisteus (Js 13,3). Essa cidade é mencionada nas Cartas de Amarna, as 400 tabuinhas de barro com inscrições cuneiformes contendo a correspondência diplomática do tempo do Faraó Akhenaton do século XIV a.C. Apesar de ser uma cidade dos filisteus, seu nome semítico parece indicar que foi fundada pelos semitas. No tempo mítico de Josué, ela era habitada pelo remanescente dos anaquins, homens de grande estatura (Js 11,22). Não confundir com o personagem do filme *Guerra nas estrelas*. O gigante Golias era de Gate (1Sm 17,4; 17,23) e deve ter herdado algo dessa genética avantajada (Nm 13,33; Js 11,22). Gate tornou-se capital da confederação filisteia de cinco cidades principais (Js 13,3; 1Sm 5,7-10; 1Sm 6,17). À Gate pertenciam as cidades subordinadas de Ziclague (1Sm 27,6); Jabné (2Cr 26,6) e Moresete-Gate literalmente, "possessão de Gate" (Mq 1,14). Durante o reinado de Saul, Gate era governada por um rei chamado Áquis (1Sm 27,2-11). Ele concedeu refúgio a Davi, apesar da morte de Golias etc. Nada de guardar rancor. Depois que Davi subiu ao trono, em agradecimento, ele conquistou Gate! (1Cr 18,1). O seu neto Roboão fortificou-a (2Cr 11,8). Dizem. A maior parte dos estudiosos têm considerado Tell Araq el-Menshiyeh, situada cerca de 10,5km a oeste de Beit Jibrin (Eleuterópolis), como sendo a localização de Gate. Mas Tell es-Safi (habitualmente considerada como tendo sido Libna), Beit Jibrin e Tell esh-Sheriah, cerca de 25,5km a este-sudeste de Gaza, foram também sugeridas. Certeza ninguém tem. E hoje a estatura de seus habitantes não ajuda.

Gaza (cidade)

Hoje ela é uma faixa, uma faixinha de terra, uma tirinha. Cheia de gente forte, com muita miséria, isolamento, sofrimentos e problemas. A palavra Gaza em hebraico significa forte. No Antigo Testamento era o nome de uma das cinco principais cidades dos filisteus ou *philistim*, ou palestinos (Js 13,3), à qual estava associado um território, como fica claro no texto bíblico diversas vezes (Jz 1,18; 2Rs 18,8). A história de Gaza é uma cadeia de ocupações e invasões. Ela fica bem no caminho – ao longo do Mar Mediterrâneo – entre o Egito e a Palestina. A arqueologia tem indícios de habitações humanas no local de mais de 4.000 anos. Gaza foi na origem um assentamento cananeu. Foi conquistada e controlada pelos antigos egípcios por 350 anos. No século XII a.C. os filisteus controlaram Gaza. Em seguida, ela caiu sob o domínio do Império Assírio; passou para o Império Sassânido-persa e depois foi conquistada por Alexandre o Grande. Ele sitiou a cidade por cinco meses antes de capturá-la em 332 a.C. Não foi fácil. A maior parte de seus habitantes foi assassinada nesse assalto à cidade. Repovoada por árabes beduínos, foi assimilada pela cultura greco-helenística e sitiada, em 96 a.C., pelos hasmoneus. Sua incorporação ao Império Romano ocorreu no ano de 63 a.C. Foi reconstruída por Cneu Pompeu Magno e essas obras que foram concluídas por Herodes I o Grande, trinta anos mais tarde. Sua conversão ao Cristianismo se deu sob o governo de

Porfírio de Gaza. Ele destruiu seus oito templos pagãos por volta do ano 400 d.C. Uma pena. Gaza é citada 25 vezes no Antigo Testamento e apenas uma no Novo, mas pela boca de um anjo, o Anjo do Senhor. Ele surge assim do nada, como sói acontecer aos anjos, e anuncia ao Apóstolo Filipe: "Dirigi-te para o sul à estrada que vai de Jerusalém para Gaza; ela está deserta" (At 8,26). Hoje, a estrada não está mais deserta e sim congestionada de gente e de problemas. Gaza é a maior cidade dos territórios palestinos, com cerca de 700.000 habitantes.

Geena (local)

Esta palavra deriva do hebraico antigo *Guéi-ben Hinôm* ou *Guéi-Hinôm*, e designava um vale ao sul de Jerusalém, o Vale do Filho de Hinon. Ali, segundo a versão dos israelitas, os jebuseus (os fundadores de Jerusalém) ofereciam a Moloc o sacrifício de recém-nascidos, um pouco no estilo do que Abraão entendeu que Deus lhe pedia em relação a seu filho Isaque. Esse vale ficou escalado para certas demonstrações religiosas. Disse dele, o Profeta Jeremias: "E sai ao Vale do Filho de Hinom, que está à entrada da porta do sol, e apregoa ali as palavras que eu te disser" (Jr 19,2). "Porque edificaram os altos de baal, para queimarem seus filhos no fogo em holocaustos a baal; o que nunca lhes ordenei, nem falei, nem me veio ao pensamento. Por isso eis que dias vêm, diz o Senhor, em que este lugar não se chamará mais Tofete, nem o Vale do Filho de Hinom, mas o Vale da Matança" (Jr 19,5-6). O importante é que esses ritos foram violentamente condenados pela Bíblia (Lv 18,21; 2Rs 16,3; 21,6 etc.). Este vale era usado como depósito de lixo, onde se lançavam os cadáveres de pessoas consideradas indignas, restos de animais e toda espécie de imundície. Usava-se enxofre para manter o fogo aceso e queimar o lixo. Com esse astral, os romanos também acharam por bem de crucificarem ali os seus condenados. Em consequência disso, o nome Geena virou sinônimo de "lugar de sofrimento", de "antessala da morte", e por consequência de "morada dos mortos", e até de "inferno", no sentido mais grego do termo (*hades*), com enxofre e tudo. Enfim, o nome "Geena" ganhou ares escatológicos e passou a designar um estado espiritual de tortura na outra dimensão e a própria tortura dos pecadores após a morte: "Serpentes! Raça de víboras! Como haveis de escapar ao julgamento da geena?", disse o próprio Jesus, num discurso mais no estilo de seu primo João Batista do que seu (Mt 23,33). Esse vale estende-se para o sul de Jerusalém desde as imediações do atual Portão de Jaffa. Depois de umas tantas voltinhas, vai ao encontro dos vales de Tiropeom e do Cedron, num ponto perto do canto sudeste da cidade. Um pouco acima dessa convergência dos três vales existe uma área mais larga identificada com o Tofete, mencionado em 2 Reis (23,10) e alhures. Perto da sua extremidade oriental encontra-se o lugar tradicional de Hacéldama, o Campo de Sangue, o campo do oleiro comprado com as 30 moedas de prata de Judas (Mt 27,3-10; At 1,18-19). Acima, o vale é bastante estreito e fundo, com muitas câmaras sepulcrais em seus penhascos. Esse vale é agora conhecido como uádi er-Rababi. E é visitável, sem maiores riscos. E boa parte pode ser de carro. É bonitinho, ajardinado em várias pontes. Parece um local com ares paradisíacos, graças ao empenho dos serviços municipais. Quem te viu, quem te vê! No caso dos católicos é bom confessar-se antes de ir. Vai que.

Genesaré, Kineret (Lago)

Para os gregos se trata de um lago, o Lago de Genesaré (em grego, Gennèsaret). Para os hebreus era um verdadeiro mar, *iam* (ים), tal a imensidão de terras que irriga (Mc 6,53; Lc 5,1). Esse Mar da Lira, em hebraico *Iam Kineret*, lembra a forma desse instrumento musical (Js 12,3). O lago situa-se 209m abaixo do nível do mar. Ele tem um comprimento de 21km e uma largura de 12km. Esse Mar da Galileia, sua outra denominação, se situa 227m abaixo do nível do mar, com profundidade máxima de cerca de

60m. O seu perímetro é de 52km e a sua superfície de 212km^2. Em suas margens, a leste elevam-se montanhas de 700m de altitude. O desnível total de 1.000m contribui para o caráter surpreendente da paisagem. O lago era rodeado de cidades agradáveis, Kephar-Nahoum (Mt 4,13; Jo 6,17); Betsaida (Mc 6,45); Corazim (Lc 10,13); Magdalá (Mt 15,39); Gadara (Mc 5,1). Tenabris e Tariqueia, não mencionadas no Novo Testamento, também possuíam um grande papel na economia da Galileia. As virtudes terapêuticas das águas sulfurosas da região foram célebres em todos os tempos. Barcos de pesca ou de transportes singravam o lago. Não está excluída a possibilidade de Jesus ter se estabelecido às margens do lago para encontrar trabalho como carpinteiro. Ele estava familiarizado com barcos (Mc 4,38), navegação (Mc 4,35) e pesca (Jo 21,6). Ver também neste capítulo "Tiberíades".

Garizim (monte)

O Monte Gerizim ou Garizim fica na Cisjordânia. Com 881m acima do nível do mar é uma das maiores elevações da região, uns 150m mais alto que o Corcovado do Rio de Janeiro, por exemplo. O nome Garizim indica um plural masculino (*im*), mas seu significado etimológico é incerto. Uma certeza: não vem do germânico *Gerard* como afirmam alguns sites de internet (*sic*). Nem no diminutivo, nem no plural. Talvez a palavra Garizim tenha alguma relação com a raiz hebraica cortar, talhar ou raspar (*guimel-reish-zaim*). Ele fica ao sul do Monte Ebal, do qual está separado por um vale estreito. "Ora, quando o Senhor teu Deus te introduzir na terra a que vais para possuí-la, pronunciarás a bênção sobre o Monte Garizim e a maldição sobre o Monte Ebal" (Dt 11,29). Na saída ocidental deste vale está a cidade bíblica de Siquém, atualmente Nablus. Por volta do ano 330 a.C., a população samaritana construiu um templo sobre o Monte Garizim. Ele se tornou um centro religioso samaritano análogo ao do Templo de Jerusalém para o Judaísmo. Este culto foi mencionado pela mulher samaritana na conversa com Jesus junto ao poço de Jacó (Jo 4,21-21). O templo foi cercado de fortificações (Macabeus). O rei hasmoneu João Hircano I por volta de 108 a.C. destruiu esse templo. O templo no Monte Garizim voltou a ser reconstruído após a revolta de Bar Kohbá (132-135 d.C.) e destruído, definitivamente, por volta do ano 484 pelo imperador bizantino Zenon. Quando o Cristianismo se tornou a religião dominante do Império Romano, os samaritanos foram privados de acesso ao Monte Garizim. A construção de uma igreja cristã no local foi motivo de uma revolta samaritana, sob a liderança de Julianus ben Sabar no século VI. Ela foi duramente reprimida. Isso contribuiu mais uma vez ao declínio da população samaritana. Apesar da destruição do templo, o Monte Garizim é o centro religioso dos samaritanos até hoje e o sumo sacerdote samaritano deve morar nas suas imediações. O Rei Hussein da Jordânia comprou terras em sua vizinhança e construiu o vilarejo de Kiryat Luza, um centro de vida samaritana. Os samaritanos falam árabe na vida cotidiana. Eles utilizam uma forma particular de hebraico em suas cerimônias religiosas, o hebraico samaritano. Como em todo lugar, tem bons e maus samaritanos.

Getsêmani (jardim)

Em hebraico, *Gat-Shemaním* (גת שמנים), textualmente o lagar do azeite. A palavra de origem aramaica é *gat schmanê*. O original hebraico é *gat shemenim* (*gat*, lagar; *shemenim*, azeites), o lagar dos azeites (*shemen*, azeite no singular). O lagar é o lugar onde as azeitonas são prensadas, esmagadas por uma imensa mó de pedra. Ali, o esmagamento do fruto da oliveira dá lugar ao azeite, uma espécie de suor dourado, resultado da entrega solar e definitiva da frutificação. Basta espremer progressivamente uma azeitona preta entre os dedos para verem-se gotas de água e azeite saírem através dos poros da fruta. Getsêmani é o nome do local onde Jesus e seus discípulos foram morar depois da Última Ceia: "foram a um lugar chamado Getsêmani" (Mt 26,36; Mc 14,32). São Lucas informa que eles foram para o Monte das Oliveiras (Lc 22,39-44). Era um jardim às margens orientais do Cedron. O local foi identificado pela Rainha Helena em 326. Esmagado como uma azeitona, nesse jardim, ao lado de um lagar, talvez no sopé do Monte das Oliveiras, Jesus verteu gotas, coágulos de sangue pelos poros, como pérolas rubeificadas (Jo 18,1). Ainda estão por lá.

Golã (local)

Geograficamente, as colinas de Golã são limitadas a oeste por uma escarpa de rocha que desce 500m até o Mar da Galileia, em Israel. Como se diz, lá de cima joga-se uma pedrinha e ela acerta alguém em Israel. Das colinas de Golã também se desce a oeste até o Rio Jordão, a fronteira natural entre Israel, Jordânia e a Cisjordânia; ao sul, pelo Rio Jarmuque, na Jordânia; ao norte, pela fronteira internacional com o Líbano, e a leste, pelo planalto de Hauran, no sudoeste da Síria. Ou seja, hoje essas colinas são um ponto muito estratégico para o controle e o monitoramento dessas múltiplas fronteiras. Elas estão atualmente ocupadas militarmente pelo Estado de Israel desde 1967. Em negociações, Israel está disposto a ceder outras partes de seu território, mas estas colinas... Difícil. Golã é pouco citado na Bíblia, apenas no Antigo Testamento. E sempre como uma referência geográfica, sem maiores reflexões paisagísticas, teológicas ou nacionais (Dt 4,43; Js 20,8 e 21,17; 1Cr 6,71). Os redatores na Bíblia não imaginavam sua importância futura. Caso contrário, eles teriam criado um Garizim, uma Betel ou uma Jerusalém naquelas colinas. No mínimo.

Gólgota (local)

Ver neste capítulo a palavra "Calvário".

Gomorra (cidade)

Ver neste capítulo a palavra "Sodoma".

Hebron (cidade)

Quase nenhum roteiro turístico inclui Hebron na visita à Terra Santa. Mesmo com a pronúncia Hevron. O lugar, em plenas montanhas de Judá, nos dias de hoje é mais perigoso que muita favela dominada pelo tráfico de drogas no Rio de Janeiro. A divisão reina em Hebron, ocupada militarmente por Israel quando, em hebraico, seu nome significa união, *heveron* (חברון). É uma das antigas cidades da Terra Santa, fundada pelos cananitas como Queriate-Arba, onde teriam habitado Abraão, Isaque e Jacó, (Gn 13,18; 35,27 e 37,14). Prova ninguém tem, mas Hebron abriga os seus cenotáfios ou memoriais funerários. E não seus túmulos como dizem alguns. Não há nenhum ossinho ali para contar a história. Ela teria sido conquistada por Josué (Js 10,3) e dada aos filhos de Coate. Passou a ter este nome por causa de Hebron (Js 21,10-11 e 1Cr 6,54-55). A arqueologia não confirma essa conquista, muito pelo contrário. Historicamente foi uma cidade de refúgio para aqueles que cometiam crimes de sangue involuntariamente (Js 21,13). Quando um homicida involuntário fugia para uma dessas cidades, expunha a sua causa aos anciãos e era acolhido. E crime de sangue, opressão e vida de gueto não falta até hoje na região. Hebron é citada 76 vezes na Bíblia, nenhuma no Novo Testamento. Ele ignora soberbamente sua existência, como os guias turísticos. Nem Judas cogitou de refugiar-se por lá.

Hermon (monte)

A Terra Santa, como o Brasil, culmina lá pelos 3.000m de altura. Não passa disso. Aqui é o Pico da Neblina, lá o Monte Hermon, em hebraico *Har Hermon* (חרמון), a montanha sagrada. Esse monte é amplamente evocado na Bíblia: a beleza de seu cume coberto de neve, sua umidade ambiente, seu orvalho sagrado e os rios por ele alimentados são fonte de vida nos desertos vizinhos. Ele embeleza o quadro natural de toda região e, em particular, da cidade síria de Damasco. Também é conhecido como *Baal*-Hermon (Jz 3,3 e 1Cr 5,23). Glória do Líbano, o Monte Hermon aparece na poesia hebraica (Sl 89,12; 133,3; Ct 4,8) e é talvez o "alto monte" evocado nos evangelhos (Mt 17,1; Mc 9,2 e Lc 9,28). No passado, o Monte Hermon foi recoberto de magníficas florestas de cedro e ciprestes, cujos fustes enormes serviram como matéria-prima nos estaleiros de barcos fenícios. A madeira desses cedros foi amplamente comercializada pelo Mediterrâneo e utilizada em construções de grande porte, como o Templo de Jerusalém. A Bíblia relata os verdadeiros exércitos humanos empregados no corte, transporte e no trabalho da madeira desses troncos. Bondoso, sábio e escravocrata, o Rei Salomão condenou 30.000 homens a buscar, cortar e trazer madeiras de cedro e cipreste do Líbano (1Rs 5,27). Ele repete o estilo dos faraós com os hebreus. Um exagero textual. Com tanto desmatamento, poucos cedros restaram, além dos que ainda tremulam na bandeira do Líbano. O Estado de Israel capturou e ocupou esse território sírio, e decretou sua anexação unilateral. Além das instalações militares, organizou por lá a única estação de esqui da Terra Santa, mas suas pistas não são lá grande coisa.

Horeb (monte)

Sua raiz hebraica é *harab* "ser árido". Etimologicamente, Horeb (חורב) evoca um lugar desolado, uma ruína e, por conseguinte, um deserto. Na tradição eloísta esse será o nome dado à misteriosa montanha das teofanias e das alianças (Ex 17,6; 33,6 etc.), visitada mais tarde por Elias (1Rs 19,8). Nessa tradição, o Monte Horeb é sinônimo de Monte Sinai (também conhecido como Musa e significa "Monte de Moisés" em árabe). Como era necessário encontrar esse monte, ele foi identificado com um pico de granito, de 2.288m, situado no sul da Península do Sinai, no Egito. Ou seja, as Tábuas da Lei seriam de pedra de granito, polido provavelmente. Bem pesadinhas. Se tivessem sido feitas de calcário ou de argila o peso seria bem menor. O local chamado atualmente de Monte Sinai é considerado sagrado pelas três religiões monoteístas, embora não haja qualquer evidência ou indício arqueológico que Moisés, Aarão, Elias ou mesmo Maomé tivessem passado por ali. Se eles passaram, não deixaram placas, inscrições ou tábuas de pedra. Não há nenhum *sinal no Sinai* de nômades israelitas. Hoje é a terra de belicosos beduínos. Tudo que há de religioso por lá foi construído séculos depois de todos esses relatos bíblicos, desde a toponímia até o Mosteiro de Santa Catarina. Mas o fluxo de peregrinos prossegue... Desde os tempos da visita da Rainha Helena de Bizâncio no século IV. No fundo, como o Monte Sinai, ninguém sabe ao certo onde fica o verdadeiro Monte Horeb.

Israel

Esse nome merece muita atenção. Muita gente o coloca alegremente em um filho. Como se nada fosse. É bom lembrar a mítica história bíblica de sua origem. Diante do rio ou riacho do Jaboq, de instigante toponímia, o patriarca Jacó fez durante a noite, duas vezes a passagem desse vau com seus bens e familiares. Anoiteceu. É a noite escura, a noite da alma. "Um homem luta com ele até elevar-se a aurora" (Gn 32,25). A tradição oral viu nesse homem um anjo, um mensageiro de Deus. Para Rashi, ao citar "os nossos sábios, de abençoada memória", era o anjo de Esaú. Pelo verbo hebraico, esse homem o abraça, até reduzi-lo a pó. Quando indaga pelo seu nome, o homem responde: Por que me perguntas? Em realidade a resposta já havia sido dada. Jacó havia combatido com Israel para se tornar Israel. "Teu nome não será mais dito Jacó, mas Israel – lutador de *El*: sim, lutaste (*saro*) com Deus (*El*) e com os homens (*Ish*), e prevaleceste" (Gn 32,29). Poucos estudiosos concordam com essa interpretação popular e forçada para o termo Israel (ישראל). Esse lado combatente parece anunciar o jovem Deus *Yavé* e não um deus *El* mais sábio e adulto. O nome poderia ter sido *IsraYa*, assumindo *Yavé* como deus. Mas foi não. Daí em diante, são mais de 2.720 citações da palavra Israel na Bíblia. Haja Israel. Sem esquecer:

o Egito tem direito a mais de 6.000 citações bíblicas. A primeira menção a Israel surge no Gênesis (32,29) e a última na Carta aos Hebreus (8,10). Como nome de pessoa, Israel não colou. Jacó continua sendo chamado de Jacó. Ninguém fala do deus de Abraão, Isaque e Israel. Com o tempo virou nome de um reino, depois – não se sabe bem como e quando – foi apropriado com um forte conteúdo teológico pelo povo de Judá. O nome virou o de uma nação, os israelitas, assimilados a uma religião, autoproclamado modestamente: o povo de Deus, de *El*. Depois, Israel se tornou a designação de um território. Hoje é o nome de um Estado e deu origem aos israelenses. Eles não se confundem mais com os israelitas, nem com os judeus. O moderno Estado de Israel tem as suas raízes históricas e religiosas na bíblica Terra de Israel (*Eretz Israel*), um conceito central para o Judaísmo e para o sionismo, desde os tempos antigos. Estamos bem distantes do Riacho do Jaboq. Quanto ao significado etimológico de Israel, ninguém sabe direito, mesmo os maiores estudiosos, e seguem as discussões. Talvez isso tenha a ver com a ascensão do Deus *Yavé* e o declínio do deus *El*...

Jaboque (rio)

O Rio Jaboque ou Rio Zarqa é um dos dois principais tributários do Rio Jordão, à margem leste, na Jordânia. Deságua no Jordão entre o Mar da Galileia e o Mar Morto. É um lugar bom para rituais de passagem. Ele é mencionado na Bíblia sete vezes. A primeira quando Jacó, o *Yakov*, atravessa o vau do *Yaboc*, em conexão com sua misteriosa "luta" com um estranho "anjo" de Deus, antes de enfrentar seu irmão Esaú (Gn 32,22). Diante do Rio Yaboq, Jacó fez, durante a noite, duas vezes a passagem desse vau com seus bens e familiares. No texto, a palavra hebraica *ever*, o nome dos hebreus, homens da passagem, é repetida duas vezes. Ou seja, Jacó realiza a plenitude do seu nome, tanto como hebreu como no jogo homônimo de palavras com o Rio Yaboq, que também mimetiza o verbo hebraico lutar, *yeavoq*, cuja raiz significa abraçar, apertar e pulverizar. A última citação do Jaboque está no Livro dos Juízes, num episódio de guerra em que Jefté conquista a terra dos amorreus e o Rio Jaboque sinaliza uma das fronteiras (Jz 11,22). Depois disso, o Jaboque saiu da moda. Nunca mais apareceu no texto bíblico. Sem remorços, anjos ou queixas, ele segue, prossegue e oferece suas águas ao Jordão até hoje. Atualmente, é conhecido em árabe como *Nahr ez-Zarqa*.

Jericó (cidade)

O nome de Jericó, em hebraico *Ieriho* (יריחו), é citado 72 vezes na Bíblia, das quais sete apenas no Novo Testamento. Ela é considerada uma das cidades mais antigas, para variar, da Terra Santa e fica às margens do Rio Jordão, no caminho das serranias de Judá e a uns 8km da costa setentrional do Mar Morto. Jericó dista uns 27km de Jerusalém. Para a Bíblia, ela é um ponto de referência no Jordão e o texto repete muitas vezes a seguinte expressão: "no Jordão, na altura de Jericó" (Nm 26,3; 31,12; 33,48; 33,50; 35,1; 36,13). Descrita no Antigo Testamento como a Cidade das Palmeiras, as campinas de Jericó são mais evocadas do que suas supostas muralhas (Dt 34,3; Js 4,13; 5,10; 2Rs 25,5; Jr 39,5; 52,8). Era um belo lugar para se viver e assim foi por milhares de anos. Por isso, talvez, a conquista militar de Canaã pelos israelitas começa miticamente por Jericó, em torno da qual eles acamparam (Nm 22,1), marcharam e derrubaram as muralhas com o som de suas trombetas (*sic*). Historicamente isso nunca ocorreu, como reiteram os arqueólogos de Tel Aviv, de Israel. Os arqueólogos israelenses têm estudado os remanescentes dos últimos vinte e sucessivos assentamentos em Jericó. O mais antigo data de 11.000 anos atrás. Dizem. A palavra Jericó tem duas teses em termos de etimologia, uma mais religiosa e outra mais ecológica. Para alguns, ela deriva de lua, *Yareah* em cananeu. E a cidade foi mesmo um antigo centro de adoração a deuses lunares. Para outros, naquele local aprazível, refúgio de inverno da elite de Jerusalém, seu nome significa "perfumado" e deriva da palavra cananeia *reah*. Jesus, por várias vezes, subiu e desceu a Jericó, curou cegos e fez outros milagres (Mt 20,289; Mc 10,46; Lc 10,30; 18,35; 19,1), sem nunca derrubar muralhas ou tocar trombetas (Hb 11,30). Suas promessas de demolição e reconstrução voltavam-se ao Templo de Jerusalém.

Jerusalém (cidade)

O nome dessa cidade, em hebraico *Ieroushalaim* (ירושלים), significa textualmente "visão (*ieru*) das pazes (*shalaim*)". Mas há evidências que talvez esse nome não seja de origem hebraica. Esse nome foi transcrito no texto grego do Evangelho de São João por *Hierosolyma*, pois as chiantes não existem no grego. Daí a deformação deste substantivo, traduzido nas línguas ocidentais por Jerusalém. No Apocalipse, ela foi transcrita como *Hieroushalem*. Alguns comentaristas adotaram uma etimologia truncada, supondo derivar o substantivo do grego *hieros*, "a santa", e não do hebraico. A cidade cumpre um papel fundamental nas três religiões monoteístas. Lugar de santidade por excelência, Jerusalém é hoje reivindicada como capital de dois Estados, Israel e a Palestina. Ainda bem que o reino cristão de Acra e outros acabaram. Seriam três interessados em sua posse. Em cada rua, em cada calçada, em cada esquina, em cada monumento, em cada pedra, a história dos homens da Terra Santa encontra testemunhas. Para os cristãos, em particular, Jerusalém está marcada pelas passagens e ensinamentos de Jesus e, sobretudo, pelo registro de sua paixão, morte e ressurreição. E como dizem os judeus: *HaShana, habaá, be Ierushalaim*, O ano que vem, em Jerusalém. Paz mesmo, só em visões muito visionárias.

Jordão (rio)

Famosíssimo, o Rio Jordão percorre a Terra Santa de Norte a Sul. Ele é mais conhecido e há muito mais tempo que o Amazonas e o Paraná. Suas nascentes estão lá nos altos do Monte Hermon e, após um percurso de 109km, ele deságua no Mar Morto. O Jordão (ירדן), em hebraico *nehar hayarden*, significa "aquele que desce" ou também "lugar onde se desce" (para matar a própria sede e a dos rebanhos). E ele desce mesmo. Na maior parte de seu curso, o Rio Jordão se encontra abaixo do nível do mar. E desce até atingir mais de 390m "negativos" no Mar Morto. A salinidade e poluição de suas águas aumentam à medida que ele avança para o Mar Morto. Ele ainda chega com água bastante limpa e doce no Lago de Tiberíades. A perda de água por evaporação concentra os sais ao longo do seu curso. Essa salinidade, à qual muito contribuem as atividades humanas e a poluição, aumenta até atingir um máximo no Mar Morto, 25% mais salino que os oceanos. O Rio Jordão é rasinho e tem profundidade média de 1 a 3m e largura de 30m. Existem muitos vaus em que é possível atravessar o rio a pé sem dificuldade. Em muitos pontos, ele mergulha em barreiras de rochas e seixos acumulados, por onde é possível para homens e rebanhos cruzar facilmente o rio. Assim, Josué e o povo atravessaram o rio a seco (Js 3,17). Elias dividiu as águas do Jordão "milagrosamente" e também passou a seco (2Rs 2,8). Eliseu as dividiu novamente (2Rs 2,14) e não molhou seus pezinhos, além de fazer flutuar um machado em suas águas, *en passant* (2Rs 6,6). Tivessem esses homens de Deus dividido as águas do Rio Paraná ou atravessado o Amazonas a seco, bem, aí seria um milagre portentoso. Já o Jordão... Tudo bem. Naamã foi curado da lepra quando mergulhou sete vezes nas águas do Jordão e, aparentemente, não contaminou o rio com sua enfermidade (2Rs 5,14). João batizou no Jordão (Mt 3,5) e foi lá, e com ele, o batismo de seu primo Jesus (Mt 3,16). Hoje, o intensivo uso de suas águas para consumo humano e nas atividades agrícolas irrigadas reduziu muito a vazão original do Jordão. Suas margens foram descaracterizadas com plantios de eucaliptos e muitas espécies exóticas da América, da Austrália e da Ásia. Seu vale foi transformado com grandes projetos de irrigação na Galileia etc. Em sua santa ignorância botânica, os turistas acham tudo bonito e imaginam que seria mais ou menos assim nos tempos de Jesus, com eucaliptos australianos, arbustos de origem mexicana e tudo mais. Só faltam os coalas. Para quem deseja reviver seu batismo nas águas do Jordão é bom escolher bem o lugar, a poluição e salinidade podem até dificultar a imersão. Esse bom Rio Jordão aceita e suporta tudo. Desmatamentos, derramamentos de esgotos e de sangue, machados flutuantes, micróbios da lepra, espécies exóticas, turistas coloridos, batizados etc. É um rio de santidade.

Judeia (deserto)

O Deserto da Judeia fica entre Jericó (*Ieriho*) e Jerusalém (*Ierousha-laím*). Ele se estende entre o oeste do Mar Morto e o Mar Mediterrâneo. O nome vem de Judá, análogo a *Yehudá* e *Yehud*. Esse é o nome do quarto dos sete filhos de Jacó com Léa e significa em hebraico "Louvarei ao Senhor" (*Yah hu Dah*) (Gn 29,35). Na realidade, louvar em hebraico pode ser dito como *yadah* e isso permite o trocadilho com *Yehudah*, como já foi evocado. Mais um trocadilho bíblico. A palavra Judeia, apesar disso tudo, é rara na Bíblia hebraica e só aparece uma vez (1Rs 15,22). Já no Novo Testamento, é uma festa. Aparece mais de 40 vezes, sobretudo no Livro dos Atos dos Apóstolos. Como Moisés no Sinai, Jesus escolheu o deserto como o local mais propício a um encontro prolongado com Deus (Os 2,16). No deserto da Judeia, o "diabo", *diabolos* no texto grego, veio pô-lo à prova, como havia feito com Jó (*Iov*) (Jó 1,6-12; 2,1-7; 1Cr 21,1; Zc 3,1). O diabo vem conferir como Jesus vive o processo de encarnação do Verbo. O Deserto da Judeia, para onde o sopro sagrado, o Espírito Santo, levou Jesus, chama-se, em grego, *erémos*. Nesse ermo, os eremitas ainda se retiram para enfrentar a sua própria natureza e a do mundo, na esperança de "vencer o diabo", com a única ajuda: Deus. Muitos místicos do Cristianismo buscaram o deserto, de São Pacômio a Charles de Foucauld. No deserto, por trás de sua aparente esterilidade, escondem-se as fontes murmurantes da vida real. Se você puder escolher seu deserto, vá para a Judeia, ou para o Sahara, ou para o Atacama, ou para o Raso da Catarina... O importante é ir à busca de si mesmo.

Líbano (região)

O Líbano é o contrário da Judeia. Esta só é citada praticamente no Novo Testamento. Já o Líbano, só existe no Antigo Testamento. Nenhuma menção a essa terra iluminada, verdejante e acidentada no Novo Testamento. Nem uminha. Do Deuteronômio (Dt 1,7) ao Livro de Zacarias (Zc 11,1), o Líbano é uma constante referência geográfica. Suas riquezas e belezas naturais (fragrâncias, florestas, sândalo, resinas, animais, neve, ciprestes, torrentes...) são glorificadas. Entre elas, o cedro reina de forma imponente em quase metade das cerca de setenta referências. Em hebraico, a palavra Líbano, *laban*, significa branco, talvez em referência a alvura das neves no topo do Monte Hermom na cadeia do Líbano e nas montanhas do Antilíbano. As cidades do Líbano estão entre as mais antigas do mundo e foram fundadas há mais de 5.000 anos, como Beirute, Byblos, Sidon, Tiro e Trípoli. Os fenícios foram grandes navegadores e circunavegaram a África para o Faraó Neko, conforme o relato de Heródoto. Saindo do Mar da Arábia, desceram em direção à África Austral e teriam subido pela fachada africana ocidental, onde, como afirma o historiador grego, "tinham o sol a mão direita". Na época do Império Romano, o Líbano era um de seus celeiros, devido principalmente à produção de cereais na planície de Bekaa, entre as cadeias montanhosas do Líbano e do Antilíbano. Nos tempos de Jesus, a fama do Líbano não devia ser tão grande. Ninguém se lembra dele. Nem nos evangelhos, nem nas cartas paulinas.

Magdalá, Magda

Mágdala é uma cidade no noroeste do Lago de Tiberíades, cerca de 12km a sudoeste de Cafarnaum, Kefar-Naẖum. O nome da cidade Magdalá (talvez *Tarichae*) deriva de *migdal* (מגדל), a "torre". Nos evangelhos há uma mulher nascida por lá, uma Maria da Torre, dita Maria de Magdalá, dita Magadan, dita Madalena (Mt 15,39). Ninguém sabe exatamente onde ficava essa aldeia. Existem pelo menos três hipóteses inverificáveis. É um pouco como o aquecimento global, deve ter existido, mas ninguém pode provar.

Mar Morto

O Mar Morto é um lago salgado compartilhado hoje entre a Jordânia, Israel e a Cisjordânia. A expressão Mar Morto é meio moderninha. Não existe na Bíblia. Ela só passou a ser utilizada a partir do século II da Era Cristã. Na Bíblia, esse fim de linha para as águas do Jordão, bem abaixo do nível do mar, é chamado de Mar Salgado (*Yam ha-Melah*). Mas essa não é sua única designação, nas cerca de dez vezes que aparece no texto bíblico. Nos livros do Gênesis (14,3) e Josué (3,16), ele aparece com o nome de Mar Salgado, mas o nome Mar de Aravá (*Yam ha-Arava*) aparece em Deuteronômio (3,17) e em 2 Reis (14,25). Já em Joel (2,20) e Zacarias (14,8), ele é chamado de Mar Oriental (*Yam ha-Mizrahi)*. Fora da Bíblia, Flávio Josefo denominou-o Lago de Asfalto e o Talmude o chama de Mar de Sodoma e Mar de Lot, entre outros nomes. Ele já secou completamente há 120.000 anos. Um pouco abaixo da soleira ou da base do Mar Morto existe uma camada de sal acumulada de mais de 45m de espessura. Como o Mar de Aral e o Lago Chade, o Mar Morto perdeu um terço de sua superfície nos últimos 50 anos. Hoje, uma grande faixa de terra seca e rachada o divide em dois. Dá para atravessá-lo a pé nesse local e não é nenhum milagre bíblico. Ele diminuiu muito de tamanho devido ao uso intensivo que Jordânia e Israel fazem das águas do Rio Jordão, principalmente para irrigação. Só as usinas de produção de sal do Mar Morto respondem por uma evaporação de mais de 300 milhões de metros cúbicos de água por ano. A redução do Mar Morto prossegue ano a ano. Ele baixa cerca de 1m por ano e anda 440 abaixo do nível do mar. Isso traz um risco ecológico, econômico e geoestratégico na região. Mas não se veem muitos ambientalistas defendendo o Mar Morto. Talvez porque seja uma região muito quente. E assim vai. Cada vez menor e cada vez mais baixo. Com dez vezes mais sal em suas águas que nos oceanos, e a má vontade imperando em sua gestão hídrica, ele é mesmo um mar morto.

Mar Vermelho

Nem o mar, nem o seu nome bíblico, *Yam Suf*, têm algo de vermelho. O chamado Mar Vermelho é azul e límpido. Suas águas são ideais para a prática do mergulho, graças à variedade de peixes, às suas magníficas 200 espécies de corais e à visibilidade de 200m. Ele é um braço do Oceano Índico entre a costa da África e a Península Arábica. Devido o clima semiárido e árido regional, nenhum rio lança suas águas e sedimentos nesse mar. Um paraíso para o mergulho subaquático. O Mar Vermelho tem um comprimento de aproximadamente 1.900km, por uma largura máxima de 300km e uma profundidade de 2.500m na fossa central e média de 500m. A superfície do Mar Vermelho é de aproximadamente 450.000km². Em hebraico, seu nome significa Mar dos Limites ou dos Juncos. O Mar dos Juncos é de fato o Mar dos Limites, o Mar do Fim (*sof*). O *junco* é uma planta que cresce no limite do seco e do úmido. Ela simboliza a um tempo limite e integração. Para quem vem da água, o junco anuncia a terra seca. Para quem vem da terra, ele anuncia a umidade. O junco é também o que *junta* (o seco e o úmido). No Mar dos Limites ou do Fim culminou a experiência de um lento e doloroso parto dos hebreus. Geograficamente, esse "mar" bíblico evocaria os grandes alagados nas proximidades do delta do Rio Nilo. Ameaçados por si mesmos e pelos egípcios, após o extraordinário prodígio da passagem do Mar dos Juncos com pés enxutos, os hebreus só serão ameaçados por si mesmos. Apesar de todos os prodígios reais e imaginários realizados por Deus, eles pediam mais prodígios a Moisés. O desejo de assujeitação humano não tem limites. E nem ficam vermelhos.

Mar da Galileia

Ver neste capítulo "Genesaré, Kineret (Lago)".

Megido (monte)

Há milhares de anos, nessa colina com pretensões de montanha, Armagedom, os homens montam e desmotam fortalezas. Um pouco como num jogo de Lego: com as mesmas pedras são feitas coisas bem diferentes. O nome desse local está associado à expressão Armagedon, do hebraico *Har Megido*, Monte de Megido, e evoca uma apocalíptica batalha escatológica. Coisa de fim de mundo. O nome Megido tem sido interpretado como lugar de multidão, das tropas (*gedud*, sulcos, marcas que distinguiam as tropas inimigas) no sentido de invasão, intrusão. Em termos de batalhas, os israelitas venceram o exército de Sísera em Megido (Jz 5,19). Já o Rei Josias, morreu na batalha contra o Faraó Neko em Megido (2Rs 23,29). No filme de catástrofes *Independence Day*, o presidente dos Estados Unidos logo chama a batalha que a humanidade irá travar contra os alienígenas de Armagedon e cita a Bíblia. Enfim, contra extraterrestres, ou contra os exércitos de satã, para muitos, em Megido ocorrerá a última e decisiva rebelião contra Deus. Essa espécie de guerra mundial findará na batalha de Armagedom (Ap 16,16). É bom monitorar sempre esse pesquisado sítio arqueológico. Vai que começa a batalha e ninguém fica sabendo. Contudo, conheço gente extremamente pacífica, trabalhando com o agronegócio, com Megido no sobrenome.

Mênfis

A história dos gregos e egípcios é muito misturada, incluindo homens e deuses. Na mitologia grega, Mênfis é o nome de uma deusa, filha do Nilo, outro deus. Mênfis foi esposa de Épafo, rei do Egito, ele mesmo filho de Zeus e Io. Mênfis foi a mãe de Líbia, que hoje fica logo ali, no lado ocidental do Egito. A própria palavra Egito tem tudo a ver com Mênfis. Ela era a capital do Baixo Egito, localizada no começo do Delta do Nilo. Após Mênfis, o rio se divide em numerosos braços. De acordo com Mâneton, sacerdote e historiador da era ptolomeica (século III a.C.), a cidade teria sido fundada pelo Faraó Menés, por volta de 3100 a.C. Esse mesmo faraó unificou o Egito. Seu principal porto, *Peru-nefer*, abrigava artesãos, armazéns, oficinas e manufaturas. Grande centro religioso e comercial, Mênfis distribuía comida e mercadorias por todo o Egito. Mênfis estava sob a proteção do deus Ptah, padroeiro dos artesãos. Seu grande templo, *Hut-ka-Ptah* (Recinto do *ka* de Ptah) foi transliterado para o grego por Mâneton como *Ai-gy-ptos*. Essa seria a etimologia grega do nome atual desse país nos idiomas ocidentais. Mênfis aparece oito vezes no texto bíblico, lembrada em geral pelos profetas. Ora, profetas como Jeremias, a utilizam para ameaçar e fazer sofrer o povo israelita infiel, cujo crânio é rachado ou tosado por Mênfis (Jr 2,16). O Profeta Oseias segue a mesma linha e destina Mênfis como o túmulo dos israelitas infiéis na vingança de Deus (Os 9,6). Ora, Mênfis é ameaçada de destruição e desolação pelo profeta. Os israelitas não tinham dimensão para isso, mas o profeta evoca um castigo confuso. Nele, a espada de Deus e de Nabucodonosor se confunde (Jr 46,19). Isso sem falar das catilinárias do Profeta Isaías contra Mênfis (Is 19,13). O Profeta Ezequiel também é só ameaças sobre Mênfis, cujos templos serão arrasados, suas imagens e esculturas destruídas e os adversários a atacarão em pleno dia (Ez 30,13.16). Bom, com tanta ameaça e anúncio de destruição, deu no que deu. Hoje só sobraram ruínas, templos aos pedaços e estátuas pelo chão. Um grande e maravilhoso museu a céu aberto. Não é na Terra Santa, mas vale a visita junto com as pirâmides de Giza, bem ao lado. Sua queda deveu-se à ascensão econômica de Alexandria no litoral e ao abandono da religião egípcia antiga, ocorrida após o Édito de Tessalônica, também conhecido como *De Fide Catolica*, decretado pelo imperador romano Teodósio. Ele aboliu o politeísmo, fechou os templos e fez do catolicismo religião de estado. Golpe fatal para o Santuário de Mênfis.

Misraim (região)

O Egito reina no texto bíblico. Ele é objeto de 6.676 citações diretas, além das palavras derivadas. A Bíblia chama essa terra de *Misraim* e de *Ai-*

guptos. O Egito é três vezes mais citado na Bíblia do que Israel. Verdade! Quase ganha das citações de Deus na Bíblia. Quem muito fala, fala demais. Os tardios relatos bíblicos transformaram o Egito na terra da escravidão e das lágrimas, de onde, pela liderança de Moisés, os hebreus foram libertados pela força de seu Deus. O êxodo do Egito é considerado um evento central na história hebraica e é anualmente comemorado pelos judeus (páscoa). Não existe nenhuma evidência extrabíblica para este episódio de saída dos hebreus do Egito. Nada, nadinha. Historiadores e exegetas são categóricos ao negar qualquer historicidade a esses relatos. Para tentar harmonizar as fontes arqueológicas com as Sagradas Escrituras, alguns historiadores defendem: apenas algumas tribos ou fragmentos saíram do Egito, em contextos muito variados, e teriam se juntado a outros grupos seminômades em Canaã, para formar a nação israelita. Seja. No entanto, os egiptólogos estão de acordo de que a imagem de um Egito escravista não é coerente com o Egito da época do êxodo, onde não havia esse tipo de escravidão! Isso sem falar nos números tão exagerados de judeus envolvidos no êxodo, apontados pela Bíblia. Mas todos sabem: datas e números não são o forte dos redatores bíblicos. As escavações intensivas realizadas nas regiões pelas quais os hebreus teriam passado em seu trajeto de migração não forneceram até hoje nenhum dado, nenhum sinal arqueológico de assentamentos humanos na época do êxodo. Nem uma pedrinha. Por fim, o relato bíblico é anacrônico. Ele cita cidades ainda inexistentes naquele tempo. Elas não haviam sido fundadas naquela época e só existiriam muito tempo, mas muito tempo mais tarde. O Egito, esse berço de civilização, teve realmente um peso enorme na história da humanidade e, particularmente, para os povos da Terra Santa. Cerca de 3150 a.C., o Faraó Menés fundou um reino unificado e estabeleceu a primeira de uma sequência de dinastias. Elas governariam o Egito pelos três milênios seguintes. Os egípcios referiram-se a seu país unificado com o termo *tawy*, "duas terras" e, em seguida, *kemet* (*kīmi*, em copta), "terra negra". A cultura egípcia floresceu durante este longo período e manteve traços diferenciados na religião, arte, língua e costumes. Misraim era um filho de Cam, filho de Noé (Gn 12,10) e o mesmo nome designa o Egito, também conhecido como "terra de Ham" (Sl 105,23). O Egito também era conhecido na Antiguidade como Musuru, Musru, Misir ou Masri em outras línguas. Hoje ainda, o nome do país é Misr. Em sua transliteração fonética para o hebraico, o plural (*im*) talvez seja uma forma de acentuar a existência de dois Egitos, o Alto/Superior e Baixo/Inferior. Significaria dupla angústia, dupla fortaleza ou baluarte. O *masor*, um apelido poético para o Egito, é raro na Bíblia e usado em apenas três ocasiões (Is 19,6; 2Rs 19,24 = Is 37,25; Mq 7,12). O *masor* substantivo significa entrincheiramento, cerco e deriva do verbo *swr* (*sur*), sitiar. Etimológica e historicamente, o Egito foi mesmo uma fortaleza uma *mesora*. Uma não, várias. E *sar* significa adversário, derivando do verbo hebraico *sarar*. Pois é, a etimologia de *misraim* já foi objeto de muitas especulações. O Egito é mesmo tudo isso. E muito mais.

Naftali (terra de)

Esse nome enfeita o texto bíblico do Gênesis (Gn 30,8) ao Apocalipse (Ap 7,6). É o nome do segundo filho de Jacó com Bilá (Gn 30,7-8). Na repartição mítica das terras de Canaã entre a confederação israelita de tribos, a sexta sorte tirada destinou ao clã de Naftali dezenove cidades e um vasto e fértil território: o lado oriental da Galileia, o lado ocidental do Mar da Galileia, a planície de Genesaré, caracterizada como *ambição da natureza, paraíso na Terra*. Essa terra de Naftali fazia fronteira a oeste com a tribo de Aser, ao norte com a tribo de Dã, no sul com a tribo de Zebulão e com o Rio Jordão no leste. Sua cidade principal era Hazor. Muitas estradas principais, como as de Damasco a Tiro e Acre, passavam por ali. A prosperidade que essa situação trouxe a Naftali parece a realização do profetizado na bênção de Moisés. Os críticos textuais veem isso como um caso de *predição posterior* ao acontecimento, e datam esse poema num tempo posterior à tribo ter se estabelecido nessa terra. Até a opção dos redatores em chamar essa tribo de Naftali também é vista como mais uma pós-dicção. Ela fornece uma etiologia da conexão da tribo às outras na confederação israelita. Para quem anda interessado em investimentos imobiliários, esse território é uma certeza de um retorno garantido, uma terra abençoada. Mas o hectare anda caro por lá.

Nain, Naim (aldeia)

Nos tempos de Jesus, Nain era um vilarejo "encantador", como diz seu nome, situado a 7km do Monte Tabor, no sopé de uma colina. Ele ainda existe nos dias de hoje, com o mesmo nome. Depois de tanta guerra, perdeu seu charme e hoje é uma vila, muito pobre, habitada por árabes muçulmanos. Completamente fora dos roteiros turísticos. No Antigo Testamento são raros os milagres de ressuscitar mortos, coisa a qual se atreveu apenas o Profeta Elias, *HaNavi* e seu pupilo Eliseu (1Rs 17,10). Pois, em Nain, Jesus cruzou com um enterro e ressuscitou um jovem, filho de uma viúva, num milagre impressionante e comovente. Mesmo assim, só São Lucas soube e relatou em seu evangelho (Lc 7,11-17). E o relatou numa construção e com traços muito parecidos ao milagre de Elias, que também ressuscitou o filho de uma viúva. Coincidência literária. Acontece.

Nazaré (vila)

Apesar de todos os chutes na internet sobre o significado dessa palavra, na realidade, ignora-se a etimologia exata do nome desta cidade. Aliás, ela não é citada na Bíblia hebraica. Ou seja, o Antigo Testamento não previu nada de messiânico com essa cidade onde Jesus foi criado por sua família. Apesar dos esforços em buscar citações sobre Jesus no Antigo Testamento por parte dos evangelistas, no tocante a Nazaré, eles não acharam nada. Sua localização não gera dúvidas. Situada na baixa Galileia, não longe dos contrafortes do Líbano e da planície de Israel, a 30km da extremidade sul do Lago de Tiberíades, no entroncamento das estradas que ligavam a Síria e Damasco ao Mediterrâneo,

Nazaré dependia de Sirópolis (Mt 2,23; 4,13; Mc 1,9). Jesus cresceu entre paisagens inspiradas de colinas floridas e plantadas de oliveiras. Jesus é chamado de Nazareno (*Nazôraios*), mas a significação deste título está sujeita a controvérsia, tanto que se encontra em Marcos o termo *Nazarènos* e em São Lucas as duas formas (*Nazôraios* e *Nazarènos*). Talvez sejam simples sinônimos e signifiquem "de Naseret". Talvez São Mateus tenha tido em mente Isaías (Is 11,1), onde o renovo (*nesser*) surgirá da árvore de Jessé (*Ishai*). Também se aproximou esse título do nome de *nazir*, o homem dedicado ou consagrado a Deus (Jz 13,5-7; 16,7). Bem, Jesus foi tudo isso.

Nilo, *Ieor* (rio)

O nome "Nilo" não aparece, nem existe nos textos bíblicos. Se estiver escrito em sua Bíblia, é resultado da licença poética dos tradutores. O Rio de *Misraim*, do Egito, é sempre denominado *Ieor* nas Sagradas Escrituras. Essa mesma palavra pode designar também um canal ou um afluente. Até hoje a cheia do *Ieor* começa no solstício de verão (final de junho) e dois meses depois chegam às inundações que podem durar três meses. A força das águas da cheia deposita o fértil limo nas margens. De lá, os egípcios e *Misraim* retiram toda sua subsistência. Lá, a beira de rio não é considerada uma área de preservação permanente em que a agricultura está proibida, como no Brasil. Os agricultores não são multados, nem perseguidos pelos fiscais ambientais. Essa produção de alimentos contribuiu para transformar este rio num deus aos olhos do Egito Antigo.

Nilo, o lábio e a mão do *Ieor*

Na fábula de José do Egito, quando o faraó começa a contar seu sonho, ele diz: "Eu estava sonhando e me via de pé à margem do Nilo" (Gn 41,17). Assim rezam as traduções. Na realidade, em hebraico, o faraó diz que estava no "*lábio do Ieor*". Esse hebraísmo foi justamente conservado na tradução dos LXX, a Septuaginta. Os hebreus diziam "o lábio do rio", como dizemos "o pé da montanha", "o braço de mar" ou "a boca da mata". Essas expressões são vestígios evidentes de uma visão do universo e de Deus (a quem na Bíblia se atribuem olhos, mãos, braços, ouvidos, coração etc.), sob aparências antropomórficas. Esse lábio do Ieor volta a sorrir no nascimento de Moisés. O faraó ordenara de matar e jogar no Ieor todo recém-nascido macho dos hebreus. Mas "toda menina, deixai-a viver" (Gn 1,22). Era o contrário da política demográfica da China comunista. Moisés nasce. Sua mãe o esconde. E passados três meses lunares, ela faz uma caixa de papiro e betume, "coloca a criança dentro, e a deixa nos juncos, sobre o lábio de *Ieor*" (Ex 2,3). Moisés não é lançado na água, mas a ela é confiado! E o *Ieor*, um rio considerado como um deus, revela-se assim uma água mediadora, matricial e salvadora. Logo adiante, "A filha do faraó desce para banhar-se no Ieor. Suas adolescentes vão sobre a mão do Ieor" (Gn 2,5). Esse antropomorfismo "a mão do *Ieor*", raramente aparece nas versões em língua portuguesa. Essa expressão ressurge no Livro dos Juízes ao falar-se das margens do Rio Arnon (Jz 11,26). Em tempo, não há egiptólogo que acredite na possibilidade das filhas do faraó ir banhar-se no rio. Mas aqui não se trata de história, e sim de meta-história. E se não fosse assim, as mulheres egípcias e israelitas não teriam salvo Moisés, como no conto neoassírio inspirador dos autores desse relato.

Nínive (cidade)

Fica no Iraque, na boa e velha Babilônia. Na Bíblia, Nínive é primeiramente mencionada no Livro do Gênesis (10,11): "Ashur deixou aquela terra e construiu Nínive". Estudiosos consideram Ashur, no hebraico deste verso, como uma personificação do país "Assíria" e não como sendo uma pessoa. Nínive foi a maior e mais florescente capital da Assíria (2Rs 19,36). Dois profetas se preocuparam bastante com essa cidade: Jonas e Naum. A parábola de Jonas é centrada na sua missão de pregar e converter de Nínive. Essa "cidade excessivamente grande", como é chamada no Livro de Jonas (Jn 3,3; 4,11), demandava "três dias de jornada", provavelmente para ser contornada em circuito, numa circunferência de aproximadamente 100km. Esse espaço extensivo é hoje uma imensa área de ruínas à qual se sobrepõem os novos subúrbios da cidade iraquiana de Mossul. Os montículos antigos de Nínive estão localizados num nível da planície perto da confluência do Rio Tigre e Khosr. A área é da ordem de 750ha, circunscrita por uma muralha de tijolos de 12km. O livro do Profeta Naum começa assim: "Oráculo sobre Nínive" (Na 1,1) e as previsões são as piores possíveis. Diante dos pesados bombardeios sofridos por essa área durante a invasão do Iraque pelos Estados Unidos, Naum pareceu antever um ciclo infindável de sangue e morte: "multidão de feridos, mortos em massa, cadáveres sem fim, tropeça-se em seus cadáveres!" (Na 3,3). Após a Guerra do Golfo, as esculturas dos palácios que estavam sendo escavados foram pilhadas. Todas as equipes de pesquisa europeias deixaram o Iraque durante a invasão pelos Estados Unidos, e suspenderam por tempo indeterminado as escavações ao longo dos rios Tigre e Eufrates, em lugares como Nínive. Ela está hoje na lista dos 100 sítios históricos mundiais mais ameaçados, elaborada pelo movimento Observatório dos Monumentos Mundiais (*World Monuments Watch*). É tão arriscado que não dá nem para ir visitar antes que as ruínas acabem em ruínas.

Oliveiras (Monte)

O Monte das Oliveiras fica bem perto de Jerusalém. Todo mundo visita. Graças ao turismo religioso, até algumas oliveiras estão preservadas do crescimento imobiliário. E recebem alguns séculos a mais do que realmente têm nos relatos dos guias turísticos. Este nome aparece três ou quatro vezes em cada evangelho sinótico. São Lucas (21,37) enfatiza: Jesus habitava ali nos últimos dias de sua vida. Durante o dia, Ele descia e ensinava no templo, e à noite Ele subia e voltava para o seu monte. São João só menciona este monte uma vez em seu texto. Aparentemente, ele não viu ou não julgou relevante registrar esses deslocamentos finais de Jesus. O Monte das Oliveiras domina a esplanada do templo, em direção ao leste, a uma altitude de 818m acima do nível do Mediterrâneo. O Profeta Zacarias (14,4) havia designado o Monte das Oliveiras como o local sobre o qual Deus se deterá no momento de seu retorno em glória a Jerusalém. Esse *pit stop* terá consequências geológicas: "o Monte das Oliveiras será fendido pelo meio, para o oriente e para o ocidente" (Zc 14,4). O Profeta Ezequiel (1 e 2) também situava por ali, antes do exílio de 586, a primeira etapa de repouso de Deus traído pelos hebreus. Ele retorna aos céus e abandona a cidade à sua triste sorte. O Monte das Oliveiras segue por lá. E como já viu de tudo, segue pronto para tudo.

Pérgamo (cidade)

A cidade de Pérgamo é citada apenas duas vezes na Bíblia, no Livro do Apocalipse, como uma das sete igrejas (Ap 1,11; 2,12). Já o pergaminho, como livro, aparece várias vezes, no Apocalipse (6,14), no Profeta Isaías "os céus se enrolaram como um pergaminho" (Is 34,4) e por aí vai. Nos textos gregos do Novo Testamento, a palavra pergaminho, *membrana*, ocorre uma única vez. No fim da segunda Carta a Timóteo, o Apóstolo Paulo, ocupado com tanta coisa e meio esquecido de outras pede: "Quando vieres, traze a capa que deixei em Trôade, em casa de Carpo, e os livros, principalmente os pergaminhos (2Tm 4,13). Pérgamo é uma antiga cidade grega situada na Anatólia, atualmente chamada de Bergama. Acredita-se que o pergaminho tenha se originado e distribuído a partir de Pérgamo. De onde o nome. Quando a pele do animal, preparada para nela se escrever, vem de cabra, carneiro ou ovelha, o nome é mesmo pergaminho. Quando feitos de peles delicadas de bezerros ou cordeiros, esses suportes eram chamados de velino. Velinos e pergaminhos eram um material de escrita fino, macio e claro, usado para documentos e obras importantes. E assim foi até a Idade Média, até a descoberta e difusão do papel. Ou seja, não fosse Pérgamo e nada de pergaminho, nem de livros, nem de bíblias. Não sabemos se Paulo recebeu seus livros pergaminhos. Nem a capa.

Samaria (região)

A Samaria, a terra dos bons samaritanos, em hebraico é *Shomron* (שומרון). Inicialmente era o nome de uma vila fundada pelo Rei Onri, aquele grande empreendedor, em 870 a.C., numa colina a 10km a noroeste de Siquém, para servir de capital ao seu Reino do Norte (1Rs 16,24). Nos tempos do Profeta Amós, a cidade estava bem-estabelecida sobre sua colina, nas montanhas, e assim é evocada (Am 3,12; 4,1; 6,1; 8,14). Quando os assírios tomaram a cidade em 721 a.C., eles estenderam o seu nome a toda a província. E assim o nome persistiu (Jo 4,4; At 1,8). Herodes mandou reedificá-la após um período de decadência. A vila retomou seu esplendor com fortificações, templos etc. e recebeu o nome de Sebasta, que quer dizer Augusta, segundo o nome do imperador romano. Jesus gostava de passar por lá, em seus deslocamentos entre a Judeia e a Galileia (Lc 17,11) e evitava os atalhos refrescantes do Vale do Jordão (Jo 4,4 a 43). Quando sentia sede, Ele parava e conversava com viúvas à beira do poço de Jacó e sempre relembrava a história de um bom samaritano (Lc 10,25-37). Após a ressurreição de Jesus, logo o pessoal partiu para evangelizar ou ser evangelizado pelos samaritanos (At 8,5-25). Pouco restou desses cristãos e dos samaritanos. Mesmo assim, o lugar vale a visita. Comece por Sebastieh, pelo Monte Garizin, passe por Nablus e Holon. Dá quase para conversar e conhecer todos os samaritanos, estimados, pouco mais de 200 pessoas por ali.

Saron (planície)

As planícies de Saron ou Sharon (שרון) são citadas seis vezes na Bíblia: duas no Livro das Crônicas (1Cr 5,16; 27,29), três no Livro de Isaías (Is 33,9; 35,2; 65,10) e, uma vez, a mais famosa e enigmática, no Cântico dos Cânticos (Ct 2,1): “Eu sou a rosa de Saron, o lírio dos vales”. Saron é a metade norte da planície costeira de Israel e sua maior cidade é Netanya entre o Mar Mediterrâneo a oeste e as colinas de Samaria, a 15km a leste. Ela se estende a partir de Haifa e do Monte Carmelo, no norte até o Rio Yarkon no sul, nas proximidades da cidade de Tel Aviv. A rosa de Saron segue famosa e foi dado como nome à flor símbolo da Coreia do Sul e que não é uma rosa e sim um belo hibisco ornamental (*Hibiscus syriacus*), originário da China. Esse é também o nome de uma banda brasileira católica de *rock*, *white metal*, bem famosa. Quanto à rosa, a rosa de Saron, não se sabe exatamente o que seja, talvez um crataegus (*Crataegus aronia* L.) ou uma delicada e perfumada rosa-canina (*Rosa canina* L.), entre as muitas rosáceas da Terra Santa. Até para confeccionar coroas de espinhos elas servem. Em tempo: atenção lojistas e outros que usam estas palavras como nome de produtos e empreendimentos: *saron* é assim, com **n** no fim, enquanto *shalom* é assim, com **m** no fim.

Sefarad (região)

Esse local aparece no livro do Profeta Abadias "Os filhos de Israel exilados – verdadeiro exército – ocuparão as terras dos cananeus até Sarepta. Os deportados de Jerusalém em Sefarad possuirão as cidades do Neguev" (Ab 20). Talvez se trate da cidade de Sardes na Líbia, mas muitos acreditam tratar-se das Hespérides, hoje Bengazi, também na Líbia. Os judeus terminaram por derivar dessa palavra a expressão serfardim, aplicada aos judeus da Espanha e do Maghreb. No hebraico medieval, Sefarad referia-se à região de Al-Andalu, ou seja, aos estados do Califado de Córdoba. A região foi um baluarte de resistência aos ensinamentos místicos da Cabala, trazidos pelos judeus franco-alemães e teve figuras proeminentes como Maimônides. Os sábios desta região, assim como seus habitantes, ao assinar colocavam *sefardi*, depois de seus respectivos nomes. Após a Reconquista Castelhana, a unificação espanhola e a expulsão dos judeus ibéricos, o termo Sefarad passou a ser usado para todas as regiões da península.

Sheol

A palavra hebraica *sheol* (שאול) nunca aparece grafada na Bíblia com um artigo. Sheol evoca um nome próprio e essa mansão dos mortos, indubitavelmente, em sua etimologia, designa um deus da morte ou sua personificação. A tradução como de *sheol* como o inferno ou o *hades* em grego, deve ser lida com prudência. A origem do termo *sheol* é obscura. Uma teoria conecta *sheol* a *shaal*, no sentido de chamar, como no nome Shaul. Ela evoca a possibilidade de chamar, convocar, os mortos. Para outros, a raiz hebraica de *sheol* significaria enterrar, relacionada a *shual*, raposa ou enterrador. No texto bíblico os mortos são referenciados, recebem libações e são até consultados. Para Jesus de Nazaré, como para todos os hebreus, o *sheol* era a morada ou mansão dos mortos, o lugar onde se encontram as "almas ou os espíritos", a *nefesh*, dos que passaram desta vida para a outra dimensão, no pós-morte. Jesus, após sua ressurreição, fez uma visitinha à mansão dos mortos. Assim, ela acabou e foi colocada à venda. A Enciclopédia Judaica considera provável, em *sheol*, uma visão originada em conceitos animistas. O corpo no túmulo permaneceria conectado à alma e os mortos enterrados em covas familiares continuariam em comunhão (Jr 31,15). O *sheol* é como uma sepultura familiar em larga escala. Local de purificação espiritual ou de punição para os mortos, o *sheol*, para a tradição judaica, é o local o mais distante possível dos céus. De acordo com essa tradição, o período da purificação ou punição é limitado a apenas doze meses. Uma espécie de purgatório com prazo definido. E cada sábado é excluído da punição. Ninguém é de ferro. Ou seja, a dimensão temporal ainda existiria no *sheol*. Após esse período, a alma acenderia ao *Olam Habá*, o mundo por vir, ou seria destruída. Vai saber. Seria o fim, enfim, da dimensão espacial e temporal. O *sheol* confunde-se com a expressão *geena* ou *gehinnom* (ver neste capítulo), mas não é a mesma coisa. A palavra *hades* (submundo) substituiu o *sheol* nas escrituras hebraicas vertidas para o grego. Daí, o *hades* foi traduzido por inferno em diversas línguas. E assim ficamos, cada vez mais longe do *sheol*, da *geena*, do *hades* e até do inferno, com uma escala possível no purgatório em ambiente grego. Tudo parece indicar que o *sheol*, *geena* etc. nunca existiram como lugares escatológicos e sim como um estado no pós-morte. Fora do tempo e do espaço. E, em sendo assim, acabou a folga do sábado.

Sidom (cidade)

A antiga *Sedom*, Sidom, é hoje a moderna Saida, a 35km ao sul de Beirute, provavelmente uma das mais antigas cidades fenícias (Gn 10,15; 19,23; 1Cr 1,13). É hoje a terceira maior cidade do Líbano. O nome de origem fenícia dessa cidade litorânea evoca a pesca, a atividade pesqueira. Paulo, prisioneiro dos romanos, foi autorizado a visitar amigos ali (At 27,3). Sidom conheceu um período de prosperidade durante a dominação helênica (330-64 a.C.) e romana (até 300 d.C.). A censura de Jesus nos evangelhos contra *Sor e Sedom*, Tiro e Sidônia, fez eco à visita que ele fez a estas cidades. O exemplo é convincente para os ouvintes de Jesus e lembra Babel que, após ter sido elevado aos céus, foi precipitada ao *sheol* (Is 14,12).

Siloé (local)

Siloé é um local, nos limites da antiga Jerusalém, citado na Bíblia tanto por sua fonte ou reservatório de água como pelo desabamento de sua torre. Siloé fica a oeste do Vale do Cédron, na parte inferior da inclinação sul de Ofel, e está hoje na parte externa das paredes da antiga cidade. Vale a visita. Esse reservatório era um receptáculo para as águas da fonte de Giom, levadas para lá por dois aquedutos e utilizadas por mais de 1.000 anos. Ezequias teria protegido esse local, com uma muralha externa para que o reservatório ficasse dentro da cidade (Is 22,11; 2Cr 32,2-5). Siloé, em hebraico *Selá*, significa Enviado ou Remetente. Isaías menciona as águas deste reservatório (Is 8,6) e faz referências à construção do túnel de Ezequias (Is 22,9). A menção mais notável do reservatório se encontra no

Evangelho de São João: “Ora, quando Jesus ia passando, viu um homem cego de nascença [...]. Depois de dizer estas coisas, cuspiu no chão e fez barro com a saliva, e pôs este barro sobre os olhos [do homem] e lhe disse: Vai lavar-te no reservatório de água de Siloé (que é traduzido ‘Enviado’). E ele foi então e lavou-se, e voltou vendo” (Jo 9,1-7). Jesus, o Enviado (do Pai), envia um enviado cego à fonte do Enviado. Quanto à torre, próxima ao reservatório, um belo dia, vai saber-se por que, ela desabou. “E aqueles dezoito, sobre os quais caiu a torre de Siloé e os matou, cuidais que foram mais culpados do que todos quantos homens habitam em Jerusalém? Não, vos digo; antes, se não vos arrependerdes, todos de igual modo perecereis” (Lc 13,1-5). Foi o que Jesus disse sobre esse desabamento. O que não diria sobre os mortíferos desmoronamentos nas regiões serranas do Brasil?

Sinai, Shinai (monte)

Onde se encontra o Monte Sinai? Ninguém sabe ao certo. O Sinai dos peregrinos do século IV e o que é visitado atualmente situam-se num maciço central da península do mesmo nome, onde se encontra o convento de Santa Catarina. Essa localização levanta dúvidas entre muitos autores. Nada indica que esses lugares tenham sido frequentados pelos nômades mais de mil anos atrás. Os egípcios vinham buscar a turquesa um pouco mais ao norte no Uádi Maghara e em Sarabit El Khadim, mas não deixaram ali nenhum vestígio de sua presença. Segundo outra hipótese, o Sinai se situaria em Madiã. Para os geógrafos gregos, a região de Madiã se achava a leste do atual Golfo de Aqaba, na província noroeste da Arábia Saudita. O Apóstolo Paulo (Gl 4,25) e o historiador judeu romano Flávio Josefo situavam o Sinai nessa direção. Outros pesquisadores localizam o Sinai ao sul da Judeia, perto da fonte de Qadèsh. Certos fenômenos da teofania podem sugerir uma erupção vulcânica e algumas raras erupções vulcânicas se produziram na época histórica em montanhas situadas a cerca de 220km do Mar Vermelho, a leste. Os biblistas não veem problema na existência de muitos Sinais. Para eles, o itinerário mítico de Moisés teria sido composto de vários percursos, seguidos por diferentes tribos ou grupos nômades. Eles tinham contatos entre si, mas com tradições e domínios diferentes. Os redatores da Bíblia unificaram numa grande narrativa épica esses diversos dados e locais, mas não têm clareza quanto às localizações. Para os autores do Livro dos Juízes (Jz 5), o Sinai é localizado em algum lugar no país de Edom, fora e do outro lado da atual Península do Sinai. A palavra Sinai evoca em hebraico o "ódio". Alguns rabinos interpretavam anacronicamente: Deus já avisava que, devido à experiência do Sinai, aquele povo seria doravante odiado entre as nações. Haja otimismo!

Sion, Sião (colina)

Sião é o nome de uma das colinas de Jerusalém. Muitas vezes, a colina de Sião é apresentada nos textos bíblicos como a própria Jerusalém. Sião, em hebraico *Tzion*, significa "cume". Originalmente, esse nome era dado especificamente a uma fortaleza jebusita, situada numa colina a sudeste, na parte mais bem guarnecida de Jerusalém. Era um ponto-chave na defesa da cidade e Davi teria conquistado essa fortaleza. Ele fez negócios imobiliários com os jebusitas, como seus antepassados, e montou um grande plano urbanístico para Jerusalém. Ela passou a ser denominada "Cidade de Davi". Mas apesar do esforço urbanístico e arquitetural do Rei Davi, esse nome não pegou. Após sua morte, com o passar do tempo, o termo Sião sofreu um ligeiro deslocamento geográfico e passou a se referir ao monte onde se encontrava o templo, o chamado Monte Sião, em Jerusalém. Mais tarde, Sião passou a se referir ao próprio templo e aos terrenos do templo. Depois disso, Sião foi usado para simbolizar Jerusalém, a terra prometida e até a cidade celeste. Talvez por isso, o termo Sião, como ocorre com Jerusalém, não aparece uma única vez sequer em todo o Pentateuco. E o movimento pela criação do Estado de Israel e pelo restabelecimento do povo judeu na Terra Santa, em final do século XIX e início do XX, assumiu o nome de sionismo. O monte chamado Sion nos dias de hoje e visitado pelos turistas não tem qualquer relação com o Sião da Bíblia. Por uma série de problemas políticos e ideológicos, por repetidas violações de direitos humanos, o sionismo acabou sendo considerado pela ONU como uma forma de racismo. Para alguns, principalmente árabes e palestinos, iranianos e certos muçulmanos, sionismo é um palavrão. Talvez, mas Tzion segue sendo um cume inatingível.

Siquém (cidade)

Siquém é uma antiquíssima cidade cananeia mencionada nas Cartas de Amarna, aquelas 400 tabuinhas de barro com inscrições cuneiformes com a correspondência diplomática do Faraó Akhenaton. Localizada num planalto, entre o Monte Garizim e o Ebal (Samaria), ela é como uma cabeça entre dois ombros. Em hebraico, a palavra ombro, *shekem*, significa também término, objetivo. *Sheken* evoca, enfim, o verbo bíblico "acordar de manhã cedo" e o nascer do sol. "O sol que aparece proclama, ao nascer (*shakam*)..." (Sr 43,2). As ruínas de Siquém estão associadas à atual cidade de Nablus, antiga Neápolis, fundada pelo imperador romano Tito. Por ali, o itinerante e nômade Abraão teria residido antes de migrar para o Egito. Em Siquém, Abraão teve a experiência da teofonia do carvalho de Moré e Jacó estabeleceu-se no seu regresso da Mesopotâmia (Gn 33,18 20). Ali também, ele teria sido enterrado ou sua múmia. Siquém foi transformada em uma cidade israelita e em um centro político da poderosa tribo de Manassés. Foi a primeira capital do Reino de Israel e, até hoje, Nablus, é considerada um lugar santo. Evidências arqueológicas indicam: a cidade primitiva foi destruída e reconstruída até 22 vezes antes de seu desaparecimento final em 200 d.C. Dentro das ruínas da cidade original ainda restam muros e portões de defesa, uma casa do governo, um bairro residencial e os restos de um templo de Zeus, levantado pelo imperador romano Adriano no século II d.C. Nablus é outra cidade da Terra Santa que merece a visita.

Síria (região)

Nos tempos do Novo Testamento, a Síria era bem maior do que nos dias de hoje. Ela não era apenas a província romana contígua, em sua parte meridional, à Galileia, e da qual Antioquia era a capital. Ela era também um conjunto de países vizinhos e incluía Damasco, onde estava estacionado o poderio militar romano, e chegava à Mesopotâmia. Heródoto (*História*, VII, 63) afirma: os gregos davam aos assírios o nome de sírios, o que faz muitos derivarem Síria (*Suría*) de Assíria (*Assuría*). Outras fontes registram como origem o topônimo *Suri*, distrito da Mesopotâmia. Em inscrições babilônicas aparece o nome *Asur*, *Axur*, de uma raiz que significa liso, plano, planície. Segundo os evangelhos, durante a missão de Jesus, sua fama já havia chegado a esses países, mas Ele nunca os visitaria.

Sodoma e Gomorra (cidades)

Em hebraico *Sedôm e Amora*. Essas cidades quase sempre andam de mãos dadas pelo texto bíblico: Sodoma e Gomorra (Gn 18,20). Nelas se multiplicaram e se agravaram muito os pecados. As notícias subiram aos céus. Deus decidiu mandar uns anjos disfarçados de homens para conferir *in loco* a situação (Gn 18,22 e 19). Esses peritos do Ministério Público Celeste, antes mesmo de elaborarem seus laudos, acabaram sendo fonte de muita confusão na casa de Lot. No fim, tudo acabou mal. Deus fez chover o enxofre e o fogo de uma erupção vulcânica vesuviana sobre esses Herculanos e Pompeias do Oriente Médio (Gn 19,24). Ainda não se achou qualquer rastro ou sinal de ruínas dessas cidades, se é que existiram, depois de tanta invenção, imaginação mítica e destruição. Tanto no Novo Testamento quanto na tradição dos rabis, estas duas cidades são exemplos típicos do castigo reservado àqueles que resistem à vontade de Deus (Mt 1,23-24; Lc 10,12; 17,29; Rm 9,29; 2Pd 2,6; Jd 7). Hoje, erupções vulcânicas não são mais creditadas ao castigo de pecados e sim a processos geológicos, placas tectônicas, fraturas, *hot points* e outras coisas sem graça e mistério.

Sobe e desce

O texto bíblico está repleto de subidas e descidas. O relevo da Terra Santa impõe. Das colinas da Galileia, a estrada desce em declive abrupto até a margem do Lago de Tiberíades, onde se situava Cafarnaum. Kephar-Nahoum se encontra a 225m abaixo do nível do mar. A estrada percorre, assim, mais de 750m de desnível numa distância de apenas alguns quilômetros. Subida e descida não faltam mesmo dentro de uma cidade, como Jerusalém, Tel Aviv e tantas outras. E haja montes, morros, colinas, vales, falésias e despenhadeiros. Em nenhum lugar do planeta é possível descer tanto: até 400m abaixo do nível do mar no Vale do Jordão. Que baixaria! Em nenhum lugar se pode subir tanto. Quanta assunção, ascensão, arrebatamento e elevação! Essa Terra Santa é como uma base de lançamento de foguetes. De lá, Enoque, Elias, Jesus, Maria, Maomé e tantos outros ascenderam diretamente aos céus. Subiram tanto que nunca mais desceram.

Tabor (monte)

A palavra *tabor* (טבור) evoca "umbigo" em hebraico e também o poço, a cisterna e, nesse sentido, purificação. Os tradutores ficaram talvez incomodados e preferiram manter o hebraico original. O umbigo é uma marca indelével no centro de todo ser humano. Ele evoca o vínculo com a placenta matriciadora. O umbigo é o lugar do primeiro ferimento formal, do primeiro corte, da primeira cisão com a fonte de vida materna. Com relação ao corpo, a famosa representação do arquiteto romano Marcos Vitrúvio Polião, retomada por Leonardo da Vinci, da figura humana perfeitamente inserida num círculo e num quadrado, tem como centro exato do conjunto o umbigo. Foi talvez no Monte Tabor, umbigo ou eixo da roda em hebraico, que Jesus manifestou pela transfiguração sua origem divina e sua união matricial e íntima com o Pai. Se o Monte de Hermon deixar. Nesse evento, Moisés, homem da Lei, também brilha com Jesus como quando desceu do Sinai. Junto com Elias, eles cercam o Cristo transfigurado ou metamorfoseado. São testemunhas da Luz Incriada, dessa nova sarça ardente: Pedro (homem da lei), João (homem do profetismo) e Tiago, *Yaakov*, raiz da árvore. Ninguém sabe com certeza onde fica o alto monte, o Tabor da Transfiguração de Jesus, mas deve ser lá pelos lados do coração de Deus. No Monte Tabor havia um grande carvalho, bem famoso (1Sm 10,3). Tabor foi também o nome de uma aldeia de localização desconhecida nas terras de Zebulon (Jz 8,18; 1Cr 6,77).

Tarshish, Tarsis (cidade-porto)

A palavra pode ser desmembrada em Tar Shish (*tav-reish; shin-iud--shin*). *Shish* (שיש) é o número seis em hebraico. *Tar* (תאר) é uma raiz de muitos significados. Ela evoca cultura, civilização, tradução, exercícios, proteção... Ela está presente em hebraico na palavra Turquia e seus derivados, como o peru, o pavão dos índios da América. "Pois o rei tinha no mar os navios de Tarshish, Tarsis, que navegavam com os de Hiram e, a cada três anos, voltavam carregados de ouro, prata, marfim, macacos e pavões" (1Rs 10,22). Um texto idêntico encontra-se em 2Cr 9,21. O retorno dos bandos de pombas ao pombal é um tema presente no Judaísmo bíblico e talmúdico como uma imagem da volta dos convertidos para Deus, do regresso da diáspora para Jerusalém, do retorno dos exilados à casa de Israel (*Eretz Israel*). "Quem são estes? Eles voam como uma nuvem, como pombas para os seus pombais; sim, as ilhas tendem para mim, navios de Tarshish à frente, para reconduzir teus filhos de longe e com eles sua prata e seu ouro, em homenagem ao nome do Senhor..." (Is 60,8-9). O lugar geográfico de Tarsis segue maldeterminado. Ele poderia ser tanto Tartessos (Cádix) na Espanha ou o norte do Marrocos, para além das colunas de Gibraltar, como uma região no Mar Negro, uma espécie de extremidade do mundo conhecido. Ninguém sabe exatamente onde ficava *Tarshish*, Tarsis, mas era bem longe. Visitar Cadix e apreciar um cálice de Jerez pode ser uma espécie de teofania.

Tarso (cidade)

O Apóstolo Paulo era turco. Como o Papai Noel. Paulo nasceu na cidade de Tarso, capital da então província romana de Cilícia. Daí o apóstolo ser chamado de Paulo de Tarso. Essa cidade fica hoje na Turquia, na atual Província de Mersin, próxima da foz do Rio Tarso (*Berdan Çayı*), que deságua no Mar Mediterrâneo. O personagem do Papai Noel também é turco na origem. Ele foi inspirado em São Nicolau Taumaturgo, arcebispo de Mira, no século IV. São Nicolau nasceu em 280 em Patara, na atual Turquia. A cidade de Tarso tem uma história de milhares de anos, e, ao lado de Mersin, é um ponto de passagem da estrada litorânea entre a Península Turca e o Oriente Médio, tanto em direção à Palestina como da Síria e do Iraque. Situada quase em frente à Ilha de Chipre, tendo ao norte as montanhas de Ala Daglar, Tarso teria sido o local do primeiro encontro entre Marco Aurélio e Cleópatra. Nesse tempo, Paulo já tinha passado desta para a melhor, na qual ele tanto confiou e anunciou.

Tiberíades (lago)

O nome evoca o imperador romano Tibério. *Tiberias* era o nome de uma cidade fundada por Herodes Antipas. Ele fez dela sua capital, após Sitópolis. Adulador de primeira, Herodes chamou-a assim em homenagem ao imperador romano Tibério. Ela se situava nas escarpas a oeste do lago homônimo. São João é o único a dar este nome de Tiberíades ao Mar ou Lago da Galileia (Jo 6,1), chamado também Lago de Genesaré (*Kinèrèt*, lira, em hebraico). São Marcos e São Mateus falam do Mar de *Galil*, da Galileia (Mt 4,18; 15,29; Mc 1,16; 7,31) e São Lucas (5,1) o chama de Lago de Genesaré. São João cita novamente a cidade de *Tiberias* em 21,1.

Tiro (cidade)

A origem de Tiro é a palavra *Sor-Tyr*. Ela designava no princípio um rochedo, em hebraico e árabe, assim como em outras línguas semíticas.

Sor-Tyr, o principal porto dos fenícios, situada a 40km ao sul de Sidon, era uma das grandes cidades de comércio do Mediterrâneo. Ela fundou a partir de seus navegadores comerciantes diversas feitorias, das quais a mais importante foi a de Cartago na atual Tunísia. Jesus fez eco aos discursos violentos dos profetas de Israel contra esta cidade transgressora (Ez 27,25; 28,6; Am 1,9; Zc 9,3). Jesus visitou a região de Tiro e Sidon, onde foi bem recebido (Mc 7,24-31; Lc 3,8). Dessa visita nos foi transmitido um discurso aparentemente xenofóbico e cinofóbico de Jesus dirigido a uma corajosa e proativa mulher grega, de origem siro-fenícia (Mc 7,27).

Ur (cidade)

Não se sabe bem o que quer dizer esse nome tão curtinho. Essa cidade da Mesopotâmia ficava a uns 320km a sudeste de Bagdá e a poucos quilômetros da foz do Rio Eufrates. Hoje, nesse lugar está a cidade de Tell Mugheir. Foi de lá que o pai de Abraão, Taré, teria migrado para Harã no ciclo mítico do Gênesis (Gn 11,28.31; 15,7; Ne 9,7). As escavações arqueológicas nessa cidade, no começo do século XX, trouxeram imensas contribuições à compreensão da história e da cultura da Mesopotâmia: centros urbanos, zigurates, sepulturas individuais e coletivas, uma imensidão de objetos de prata e ouro, armas, vasos, joias... Ninguém ainda achou por lá sinais da casa de Harã. Também, depois de tanto tempo.

Vale das Acácias

A localização do Vale das Acácias, ou dos *Shitim*, é muito discutida. Vales e acácias não faltam em Israel. Os estudiosos propõem o Wadi-em-Nar, na parte inferior do Vale do Cedron, ou o Wadi-es-Sant, a oeste de Bet-Lehem, ou ainda o “Wadi das Acácias” (Nm 25,1; Js 2,1) na terra de Moab. Todos merecem uma visita ecológica.

Vale de Akor

"Eu restituirei as suas vinhas e farei do Vale de Akor uma porta de esperança" (Os 2,17). O Profeta Oseias fala em linguagem sedutora desse vale. Infelizmente, ele não pode ser identificado com precisão, situado na região de Jericó. Essa porta da esperança não é um programa de auditório e sim a entrada para a Terra Prometida. Isso dá um novo significado e está em oposição com a tradição. Ela via neste vale um lugar de desgraça, o teatro do apedrejamento de Akan: "Então Josué, junto com todo o Israel, levou Acã, bisneto de Zerá, e a prata, a capa, a barra de ouro, seus filhos e filhas, seus bois, seus jumentos, suas ovelhas, sua tenda e tudo o que lhe pertencia, ao Vale de Acor. Disse Josué: Por que você nos causou esta desgraça? Hoje o Senhor lhe causará desgraça. E todo o Israel o apedrejou, e depois apedrejou também os seus, e os queimou no fogo. Sobre Acã ergueram um grande monte de pedras, que existe até hoje. Então o Senhor se afastou do fogo da sua ira. Por isso foi dado àquele lugar o nome de Vale de Acor, nome que permanece até hoje" (Js 7,24-26). Tadinhos dos filhos e filhas de Acã, de seus bois, jumentos e ovelhas. Tudo queimado vivo e apedrejado morto, ou apedrejado vivo e queimado morto. Quanta desesperança.

Vale do Biqueat Aven

O pecuarista Amós começa sua profecia contra Israel ao anunciar um Deus que ruge, seca o cume do Carmelo, incendeia lares e prossegue: "Quebrarei o ferrolho de Damasco, e exterminarei o morador do Vale de Ávem e de Beite Éden aquele que tem o cetro; e o povo da Síria será levado em cativeiro a Quir, diz o Senhor" (Am 1,5). Bom, o nome do vale dá ensejo a essa vingança de Deus na profecia: esse vale ou planície (*biqueat*) da iniquidade, da perversidade, do engano (*aven*). Lamentavelmente, isso vai aplicar-se também à paradisíaca casa da delícia e do prazer, a Beit Éden.

Hoje, com a globalização e a política local de assentamentos ilegais em territórios ocupados militarmente, com as vítimas inocentes de atentados e bombardeios terroristas, esse vale da iniquidade se estendeu por toda Terra Santa e alhures.

Vale do Cedron

Esse vale é um valezinho. Bem sinalizado no texto bíblico, ao lado de Jerusalém: "tendo dito isto, Jesus foi, com seus discípulos, para o outro lado da torrente do Cedron" (Jo 18,1). O vale cavado do *Qidron* ou Cedron está situado a leste de Jerusalém e a separa do Monte das Oliveiras (2Sm 15,23). Na verdade, só há água corrente no Cedron após chuvas fortes, em geral no outono. Ele só é mencionado no Evangelho de São João, em todo Novo Testamento. Na época da realeza, as águas do Qidron corriam livremente pelo vale. Depois, com o desmatamento, a exploração das terras, o uso irregular das áreas de preservação permanente e o assoreamento, o riacho secou. Os escritos de Jeremias (31,40) têm servido para a identificação do Riacho do Qidron como sendo Vale de *Iehoshaphat* (Josafát) ou Vale de Baskha (Is 28,1), com todas as implicações escatológicas (juízo final) dessa identificação. Jesus retirou-se da cidade de Jerusalém para passar a noite num jardim das redondezas do Cedron, nas escarpas do Monte das Oliveiras (Mt 26,47-56; Mc 14,43-52; Lc 22,47-53). O Vale do Cedron é o local de muitos túmulos judaicos, inclusive o Pilar de Absalão, a tumba de Bene Hezir, e o túmulo de Zacarias, além de outros túmulos venerados por cristãos e muçulmanos. Hoje em dia, com tantas intervenções urbanísticas, água não corre mais por lá. Nem no inverno. Está bem ajardinado.

Vale da Decisão

Poderíamos também traduzir por *Vale do Debulhar*, pois a palavra hebraica pode designar o instrumento para debulhar o trigo (Am 1,3; Jó 41,22). Este sentido se coadunaria bem com a imagem da messe (v. 13).

Pode-se também supor que o Profeta Joel jogue com as duas acepções do termo (Jl 3,12-17). Não adianta procurar esse vale nos mapas e pode excluí--lo do roteiro de visita à Terra Santa. É um vale imaginário, apocalíptico. Decidir nunca foi fácil, nem evidente, sobretudo em determinadas situações, como na separação ou no debulhar do joio e do trigo.

Vale de Josafat

Josafat, em hebraico *Yehoshafat*, significa "Deus julgou". Além de ser o nome do quarto rei de Israel (2Cr 17), esse é o nome de um vale evocado em diversas passagens do texto bíblico. Aqui também, não adianta procurar esse vale nos mapas e pode excluí-lo do roteiro de visita à Terra Santa. É um vale imaginário, apocalíptico, e significa o lugar onde Deus exerce o seu julgamento: "Assim fala o Senhor: Levantem-se e ponham-se em marcha os povos rumo ao Vale de Josafat; ali me sentarei como juiz para julgar todas as nações em redor" (Jl 4,12). Mesmo assim, alguns o associam ao Vale do Cedron. Ver neste capítulo "Vale do Cedron". Em tempo, o Padre Antonio Vieira em seu célebre Sermão da Primeira Dominga do Advento, faz um belo exercício de retórica contra as leis da física. Ele explica como caberão todos, incluindo toda a humanidade que já terá existido, no Vale de Josafat, no dia do julgamento final.

Vale dos vales

Os vales representam locais privilegiados para a vida em regiões áridas e semiáridas. Eles concentram a água, os solos mais profundos, uma maior biodiversidade vegetal e animal e, sobretudo, são vias naturais de comunicação e até de travessia dos desertos. Enquanto as montanhas isolam e singularizam-se na paisagem, os vales são um traço de união, uma via de comunicação e aproximação. Além de todos já citados, vale não falta no texto bíblico e na Terra Santa: Vale do Nilo, Vale das Hienas, Vale de Amon-Gog, Vale de Ben Henom, Vale do Jordão, Vale de Ela, Vale de Escol, Vale do Tigre, Vale de Jezrael, Vale de Rafaim, Vale de Setim, Vale do Cacho, Vale do Rei, Vale do Sal, Vale do Salém, Vale do Sidim e muitos outros. Valeu.

Zabulon (região)

"A terra de Zabulon e a terra de Naftali" andam juntas no Livro de Isaías (Is 8,23). No começo, Zabulon era o nome de um dos filhos de Jacó com Lia, um irmão de Naftali. O clã de Zabulon deu origem a uma das tribos de Israel (Gn 30,20), assim como seu irmão Naftali. O nome Zabulon evoca em hebraico arcaico "dar à luz" ou "tolerar" e não ocorre mais no texto bíblico. O nome não pegou. É como um hápax. E parece abrigar também um jogo de palavras com o termo "honra". As cidades levíticas de Zabulon estão listadas em diversos livros bíblicos (1Cr 6,48.62; Js 21,34; Is 8,23). A terra de Zabulon parecia manter boa relação com as cidades cananitas costeiras para ter acesso ao mar. Nada como ir à praia, pescar, nadar, relaxar, negociar, meditar e até guerrear *lungo mare*.

11

Minha casa, minha vida

Era uma casa muito engraçada. Não tinha teto, não tinha nada. A letra b, a segunda do nosso alfabeto e do alfabeto hebraico (*beit*), evoca a casa, *bait* (בַּיִת). *Beit* é a primeira letra da primeira palavra da Bíblia hebraica: "No princípio" (*Bereshit*). É a primeira letra da segunda palavra da Bíblia: "criou" (*bará*). É a primeira letra da bênção, do bendizer (*baruch*). A letra *beit* é um símbolo de receptividade, como a casa, na sua forma e no seu destino, é um local de acolhida.

Os nomes de muitos locais bíblicos associados a Jesus e à história sagrada evocam a casa (*Bet*). No Evangelho de São Marcos a casa é um local arquetípico, tão importante quanto o mar e a montanha. É sempre na casa que Jesus revela o sentido mais profundo de seus gestos e de suas parábolas, para um círculo menor e mais próximo de adeptos. A palavra casa toma o sentido de morada na Bíblia e, assim, o de localidade, templo, aldeia, vila e cidade.

Quem visita a Terra Santa ou o texto bíblico descobre casas muito estranhas. E engraçadas. São muitas casas, templos, aldeias e vilas na Terra Santa e alhures. Quanto ao material e à técnica de construção, os nomes de algumas casas bíblicas indicam terem sido feitas de pó, de uma só parede, de pedra ou ainda de intimação ou desgraça. Quanto à localização, os nomes de certas casas indicam estarem situadas num jardim, num vale, num vinhedo, numa colina, numa área de preservação permanente, num deserto, numa passagem a vau e até entre dois lugares. Quanto à função, certos nomes de casas bíblicas deixam claro tratar-se de um templo, de um tribunal, de uma fortificação, de um entreposto de pesca etc.

Há casas com nomes gastronômicos: casa do pão, dos bolos de figo, das macieiras, dos pistaches etc. Por fim, um bom número de nomes dessas casas bíblicas indica quem é o dono, o *baal* dessas casas e templos: quase tudo pertence à oposição, ao enorme Olimpo de deuses canaanitas, amoritas, fenícios, assírios, egípcios etc. Ainda sobram algumas para o deus, o *El* de Israel, sem ter-se a certeza absoluta que nesse *El*, seja sempre dele que se trata.

Não será possível visitar todas essas casas e templos bíblicos. São mais de uma centena de locais precedidos da palavra *beit*, *bait*, *bet*, *bete*, casa. Em algumas os donos não deixam entrar, nem os recenseadores do IBGE, quanto mais escritores sul-americanos errantes. Outras *beits* eram templos cujas ruínas são impossíveis de localizar, estão soterradas ou foram transferidas para outros planetas. Muitas *beits* bíblicas são locais cuja entrada é proibida a estranhos, leigos, gente de outra raça, credo ou religião etc. Outras ainda mudaram de nome e endereço e acabaram perdidas ou esquecidas para sempre. Outras enfim, sofreram tantas reformas, alterações de projeto, com ou sem autorização da prefeitura. Elas estão irreconhecíveis no texto bíblico, quanto mais *in loco*. Mesmo assim deu para encontrar e descrever mais de 100 "casas" bíblicas.

Muitas casas, muitas vidas. É como se diria em hebraico: Minha casa, *meus vidas*. Sim, *meus vidas*. A palavra vida não existe no singular nessa língua e é sempre plural, masculino. Minha *beit*, meus *hayim*. Vamos fazer a visita por ordem mais ou menos alfabética. Ela começa pela casa vizinha, a mais próxima, Beit Ezel, a Beit Aesel de muitos tradutores.

Beit Aesel, Bete Ezel, Bet Êsel, Bet Ezel

Existem muitas transliterações para o nome hebraico dessa casa, citada uma única vez na Bíblia, pelo Profeta Miqueias: "Não mais sairá habitante de Saanan. Lamento em Beit Aesel! Todo apoio vos é tirado" (Mq 1,11). *Beit Ezel* em hebraico significaria "casa do lado, próxima, vizinha". Localizava-se provavelmente em Sefelá ou nas terras montanhosas baixas de Judá, próximo a Zaanã (Js 15,37). Apesar de Bete-Ezel significar "a casa do lado", isto é, próxima a Zaanã, ela não teve o consolo dos habitantes de Zaanã em sua lamentação (Mq 1,11). Tadinha. Foi vítima de uma falta de solidariedade. Existiu uma terra chamada Azel, próxima de Jerusalém (Zc 14,5). Esse lugar é desconhecido e poderia até ser um nome comum. Como na "Vulgata", esse nome é traduzido como "a casa vizinha ou próxima", então essa casa tem em todo lado. É a casa vizinha. Onde quer que você more sempre existe ao lado uma Beit Ezel. Fique atento para perceber se não há algum choro ou lamento por lá. E seja solidário.

Beit Agan

Ver neste capítulo "Beit Hagan".

Beit Anat, Bete-Anate

Bem, a Terra Santa até hoje é partilhada, compartilhada e disputada em novas partilhas. Numa dessas partilhas, dos tempos míticos de Josué, eis que surge pela primeira vez Beit Anat, uma localidade situada a leste de Aco, no norte da Palestina: "Suas fortalezas eram: Assedim, Ser, Emat, Recat, Ceneret, Edema, Arama, Asor, Cedes, Edrai, En-Hasor, Jeron, Magdalel, Horem, Bet-Anat e Bet-Sames: dezenove cidades com suas aldeias. Esta foi a parte da tribo dos filhos de Neftali, segundo suas famílias e tais são suas cidades e suas aldeias" (Js 19,35). Depois dessa desapropriação belicosa de Josué da terra alheia, para a Bíblia as coisas correram amigavelmente em Beit-Anat: "Neftali não desapossou os habitantes de Beit-Shemesh, nem os de Beit-Anat, e habitou entre os cananitas que habitavam a região, mas os habitantes de Beit-Shemesh e os de Beit-Anat foram submetidos à corveia" (Jz 1,33). Os seja, a um trabalhinho semiescravo no estilo do que os egípcios deram a esses hebreus recém-libertos, segundo a Bíblia. Em tempo: Anat era uma deusa egípcia, representada como uma mulher, tendo na cabeça a coroa do Alto Egito com duas penas de avestruz; uma clava numa das mãos e na outra uma lança e um escudo. Beit-Anat evoca um local com um templo ou altar dedicado a essa deusa. Dados arqueológicos mostram que, junto com *Yavé*, essa deusa era venerada pela colônia judaica de Elefantina no Egito, como aparece nos papiros ali encontrados datando de 495 a 399 a.C. Mais uma deusa.

Beit Anot, Bete Anote

Mais um templo pagão e seu vilarejo Beit Anote, em hebraico "a casa da (deusa cananeia) Anate", assemelhada a Anat egípcia (Js 15, 59). Algumas das referências dos egípcios a Bete-Anate poderiam aplicar-se a esta cidade ou aldeia, identificada com Beit Ainum, 5km a nordeste de Hebron, a sudoeste de Beit Sur, na região de montanhas, no território da tribo de Judá. Para outros autores, Anot evoca as terras baixas, os locais situados no vale, no sentido hebraico de *anatot*. Aqui, mais uma vez, o local evoca a casa (templo) ou o altar dedicado a uma deusa. Mais uma. Haja e ajam deuses na Terra Santa.

Beit Arã, Beit Aram, Bete Harã,

Ver neste capítulo "Beit Harã".

Beit Arabá, Beit Aravá, Beit HaAravá

Aravá, em hebraico, evoca uma área desolada e seca. A raiz *rv* ou *rb* evoca em hebraico seco, queimado e terra vazia e é bastante usada para descrever as estepes da Terra Santa (Jó 24,5; 39,6; Is 33,9; 35,1.6; Jr 51,43) ou áreas selvagens ou desérticas. Com o artigo definido *Ha*, HaAravá, o nome é usado na Bíblia para designar o *rift valley* entre o Mar de Tiberíades e o Golfo de Acaba. Enfim, essa era a casa de uma área desértica, a Beit Aravá. Na menção bíblica, o local surge na repartição de Canaã, como atribuído ao território da tribo de Judá, em região desértica, na fronteira com o território da tribo de Benjamim (Js 15,6; 15,61; 18,22). Talvez esse local esteja relacionado com a atual Ain El-Gharba, junto ao "Uadi" (ribeirão temporário) El Keit. Lugar bom para ver estrelas à noite e ouvir o silêncio. Não confundir com o atual e verdejante kibutz Beit HaAravá, de um assentamento ilegal na Cisjordânia.

Beit-Arbel

Essa *beit* é mencionada apenas pelo Profeta Oseias. E como: "[...] todas as cidades fortificadas serão devastadas, como Shalman devastou Beit-Arbel no dia do combate em que a mãe era esmagada sobre os seus próprios filhos" (Os 10,14). Beit-Arbel significa "casa do tribunal dos deuses". O morticínio de mulheres e crianças era prática usual dos hebreus e de seus vizinhos quando da destruição de aldeias e cidades (Sl 137,9; 2Rs 8,12; Is 13,18; Na 3,10). A Convenção de Genebra ainda não havia sido promulgada e muito menos o Estatuto do Menor e do Adolescente. Essa paganíssima casa do "tribunal dos deuses" evoca uma aldeia ou cidade fortificada da Galileia, situada no território de Galaad, em relação com a atual Irbid, a uns 32km a sudeste do Lago de Genesaré ou Tiberíades. Nas cercanias de Arbel existem as ruínas de uma antiga sinagoga, considerada uma das mais antigas do mundo, situada no limite oeste do atual *moshav ovdim* existente no local e fundado por soldados desmobilizados após a guerra de 1949. Moshav é um tipo de kibutz, mas com muita ênfase no trabalho comunitário e cooperativo em sua organização. Também nas vizinhanças está o Monte Arbel do alto do qual se tem uma visão excepcional do Lago Tiberíades. Vale a visita.

Beit Asbea, Bete Asbeia

O nome dessa localidade, em hebraico *Beth-Zashbêaz*, evoca a "casa da abundância ou da plenitude". Essa localidade está citada no Livro das Crônicas como o domicílio das famílias manufatureiras, que trabalhavam com linho fino (1Cr 4,21), descendentes de Sela, filho de Judá. Não se sabe sua localização exata e assim não dá para visitar. Uma pena. Vai que ainda exista essa casa da abundância, com seus engenhosos teares e suas maravilhosas peças de linho, sem ter para quem vender.

Beit Aven, Bete-Áven

Ao contrário da casa anterior, Beit Aven significa "casa da vaidade, da iniquidade, da desgraça"; é uma deformação proposital dos redatores da Bíblia do nome Betel, que significa "Casa de Deus". Esse epíteto pejorativo ocorreu quando Jeroboão instituiu ali o culto pagão ao "bezerro ou touro de ouro" (Js 7,2; 1Sm 13,5; Os 5,8). Pelo menos, os redatores judeanos da Bíblia atribuíram a ele essa dourada ousadia. Em lingotes tudo bem, mas em forma de bezerro ou touro, não. Até hoje não se sabe onde ficava essa casa da desgraça, situada em algum lugar na região desértica, próxima a Hai ou Aí, ao norte de Jerusalém. Essa área coube à tribo de Benjamin quando ocorreu a mítica partilha das terras conquistadas em Canaã pelos hebreus. Alguns, porém, acreditam que era apenas o outro nome de Betel. E ponto. Ver neste capítulo "Betel dos profetas".

Beit Azmot, Bete Azmavet

Essa localidade teria sido o berço de um grupo de hebreus, levitas cantores do templo (Ne 12,29) ao retornarem do exílio babilônico (Ne 7,28). A pontuação de vocalização proposta pelo texto massorético sugere ler esse nome como Azmauel. Não há referências sobre a sua posição, nem sobre a linhagem de seus habitantes. Talvez eles cantassem muito mal e o pessoal resolveu esquecer. Também, em hebraico, o nome dessa *beit* significa "casa da força da morte". Talvez esteja relacionada a El Hizma, uma localidade a 7km ao norte de Jerusalém. Azmot é também o nome de vários personagens da linhagem de Saul (1Cr 8,36) e de um importante funcionário administrador dos tesouros urbanos do Rei Davi. Em hebraico esse nome significa "casa da palavra forte" (*azmawet*).

Beit *baal* Maon, Bet *baal* Meon

Eis-nos em mais uma casa de *baal*, do senhor. Beth-*Baal*-Meon (Js 13,17), Beth Meon (Jr 48,23) e aparentemente Beon (Nm 32,3) é uma localidade situada a cerca de 8km a sudeste de Mádaba, no país de Amon, na Transjordânia. Atualmente é chamada de Má'in. Beit Baal-Mehon é mencionada naquela famosa repartição da Canaã, ainda por conquistar, pelo Profeta Moisés. Ele anacronicamente dá cidades ainda inexistentes aos filhos de Ruben, "Heshbon e todas as cidades que estão no planalto: Dibon, Baamot-Baal, Bet-Baal-Meon, Iahás, Quedemot, Mefáat" (Js 13,17), entre outras. Beit *baal* Meon significa "a casa fortaleza (ou abrigo) de *Baal*". Mais pagã, difícil.

Beit Bara, Bet Bera, Bete Bara, Beth Barah

Muita gente anuncia que a água será rara e muito disputada no século XXI. Talvez não imaginam como a água já era escassa na Terra Santa no tempo dos Juízes. Naqueles idos, Gedeão fazia guerra aos madianitas. Após organizar um espetáculo de som e luz, com rompimento de cântaros, trombetas e tochas, esse comandante militar mítico ordena controlar, em prioridade, os pontos de água da região: "Descei ao encontro de Madiã e ocupai antes deles as fontes de água até Bete Bara e o Jordão" (Jz 7,24). Bet Bara é evocada essa única vez em toda Bíblia e de localização incerta. Talvez seja *Bet Habara* e significaria: "Lugar de Passagem" ou "Casa do Vau". Possivelmente situava-se em frente a Abel-Meúla, quem sabe o lugar de origem do Profeta Eliseu. Mais um local de passagem a vau no generoso Rio Jordão. Esse rio é assim mesmo: nunca seca e sempre oferece lugares milagrosos para ser pisoteado e atravessado a pé.

Beit Basi, Beit Bassi

Provavelmente era uma localidade situada a sudeste de Belém, fortificada por Jônatas e Simão Macabeu onde os ataques dos baquidas foram rechaçados. Tem sido identificada com Kirbet, a 5km a sudeste de Belém. Atualmente, são conhecidas as ruínas de Beit-Bassa e o Uadi (ribeirão temporário) Bassa. O nome evoca a "casa do pântano, do brejo" (1Mc 9,62). Fora das proximidades do Vale do Jordão, brejo é coisa rara na Terra Santa e, assim, raramente as vacas ou cabras vão para o brejo.

Beit Berai, Bete Biri

O nome dessa casa evoca a autoria. Tem gente que diz: "esta casa tem dono". Aqui a Bíblia diz: "esta casa tem autor". Textualmente, em hebraico, Beit Bera-i significa "casa (*beit*) da minha (*i*) criação (*bera*) ou do meu criador". Citada apenas uma vez no texto bíblico, Beit Berai evoca uma localidade no território de Canaã atribuído, na já evocada e famosa repartição, à tribo de Simeão no Neguev em meio a outras *beit*. "E em Bete-Marcabote, e em Hazar-Susim, e em Beit-Berai, e em Saaraim; estas foram as suas cidades, até que Davi reinou" (1Cr 4,31). Não existe identificação de sua localização. Muito menos do seu autor ou criador. Ver neste capítulo "Beit Lebahot".

Beit Car, Bet Kar

Quem já não ouviu falar em Ebenezer? Virou nome de gente, mas era de um lugar, perto da refrigerada Bet Kar ou a "casa do frio (ou fria)" ou seria Beit Car, "casa do cordeiro cevado, do pasto"? O texto hebraico mostra um *car* (pasto, prado) com a letra *caf* e não um *kar* (frio) com a letra *kuf*. O contexto: era mais uma guerra entre hebreus e filisteus. Desta vez, o Profeta Samuel intercedeu pelos israelitas e sacrificou um cordeiro (*car*). Deus, *Yavé*, com traços de um *baal* da tempestade, "trovejou estrondosamente contra os filisteus. Ele os encheu de pânico, e foram derrotados diante de Israel" (1Sm 7,9-10). Mais uma vez. E foram combatidos "até abaixo de Bet-Car" (1Sm 7,11). No final, Samuel erigiu uma pedra, uma estela, no local e "a chamou de Eben-Ezer, isto é Pedra do Socorro, porque disse ele, até aqui o Senhor nos socorreu" (1Sm 7,12). Não foi um pedregulho. Foi uma pedra, uma *eben, uma estela,* uma *matezbá*. Vai ver até já estava por lá. Essa prática generalizada de erguer estelas, *matzebot*, icônicas ou anicônicas, ao deus dos israelitas. Essas pedras, depois, serão condenadas na Bíblia quando do monopólio do culto e dos tributos centrados em Jerusalém. Homenagear Deus com pedras e morte de cordeiros saiu de moda. Hoje, só os católicos erigem e elegem pedras e rochas para Deus, marcando-as com cruzes, velas e capelinhas. Além dos cultos politeístas de afrodescendentes, é claro. Eles às vezes sacrificam uma cabrita ou um bode na pedra, em geral de pelagem negra. Cordeiro, raramente.

Beit Dagon, Bete Dagom

Não era a casa do dragão. Apesar da semelhança falta um *reish*, um erre. Esta localidade se situava no sudeste de Azor e de Jafa, nas proximidades do litoral do Mediterrâneo, e esgueira-se no texto bíblico numa lista de dezesseis cidades e aldeias (Js 15,37), entregues como parte do quinhão e patrimônio dos filhos da tribo de Judá e de seus clãs (Js 15,20). Poderia ser um local de pesca, uma das grandes dádivas do Mar Mediterrâneo, se o nome evocasse a "casa dos peixes (*dag*)". Mas não. Hoje é atestado: Beit Dagon significa o "Templo do (deus) Dagon", muito venerado pelos cananitas. Essa casa talvez esteja associada com a atual Beit Dejan, a 8km a oeste de Nablus, onde tem até as ruínas de uma antiga sinagoga samaritana. Outras localizações são possíveis (Beth Jenn, Libnah...). O deus Dagon era muito popular. Santuários e templos para ele não faltavam.

Beit Diblataim, Beit Diviataim, Bete Diblatem

Enfim a gastronomia. Uma casa onde valia a pena parar para um cafezinho. A casa de *dibla staim*, ou ainda "dos dois bolos (de figos)". Seria análoga a Almond-Diblataim (Nm 33,36). Essa localidade, situada no país de Moab na Transjordânia, foi local onde os israelitas fizeram um *pit stop*, durante o Êxodo, entre Ribom-Gade e o Nebo, para um lanchinho, talvez com direito a bolo de figo (Nm 33,46.47). Alguns identificam esse local com Khirbet Deleilât esh-Sherqiyeh, a meio-caminho entre Dibom e Medeba. Outros consideram que poderá tratar-se da Bete-Diblaten (Jr 48,22), mencionada na linha 30 da famosa Pedra Moabita. A sua posição geográfica exata segue desconhecida. Uma pena. Não há como incluí-la nos roteiros gastronômicos.

Beit Ecel, Beit Ezel, Bet HaEzel

Não se trata de uma planilha e sim de um templo, uma habitação, um marco. Em hebraico significa, textualmente, "casa adjunta", ou "ao lado, um lugar vizinho", em grego "*oikos ecúmenos autes*". Era uma cidade de Judá (Mq 1,11) e tem sido identificada com Deir el Asal, cerca de 3km a leste de Tell Beit Mirsim ou 16km a sudoeste de Hebron. A vizinhança hoje por ali é muito violenta. Se for visitar use o GPS para achar o local e use de preferência um carro blindado.

Beit Éden, Bete Éden

Quem não gostaria de viver num Éden, num jardim de encantamentos e delícias? Amós menciona Beit Éden, essa casa das delícias, ao profetizar contra Damasco (Am 1,5). Essa localidade estaria situada ao norte de Bikat-Aven, às margens do Rio Eufrates, no norte da Mesopotâmia. Toda essa região era habitada pelos arameus e chamada de Bit Adini, nome grafado em inscrições acadianas. A capital de Bit Adini era Til Barsip, a atual

Tell el-Ahmar, a 25,5km ao sul de Carquemis, na margem oriental do Eufrates, na fronteira atual da Síria com a Turquia. Ela é referida juntamente com Gazã, Herã, Resefe e Telassar como sido conquistada pelos assírios no tempo de Ezequias (2Rs 19,12; Is 37,12). Ezequiel fala dos mercadores de Éden, entre outros, como fornecedores de Tiro no seu auge (Ez 27,23). O local segue em meio a conflitos e longe de ser um Éden.

Beit Eked, Beit Equed, Bete Equede dos Pastores

Essa casa está ligada a pecuaristas. O nome evoca em hebraico a casa da tosquia (das ovelhas), *Beth-Eqed Haroim*. Seria uma localidade, Beit Qad, situada a 4 ou 5km a nordeste de Jenim, perto de Légio, nas proximidades da antiga Magedo. Atualmente existe uma aldeia chamada de Beit Kad. Numa localidade situada entre Jezreel e Samaria (2Rs 10,12.14). Alguns identificam essa casa da tosquia com Kufr Rai, mas ambas as identificações são conjecturas. Se tentar visitar, cuidado para não sair tosquiado e perder sua lã e seu elã.

Beit Emec, Beit Emeq

Essa localidade integrava a área destinada à tribo de Aser quando ocorreu a partilha das terras de Canaã conquistadas, só no texto bíblico, pelos hebreus (Js 19,27). Em hebraico, *Beth-HaEmeq*, significa a "casa do vale". Talvez esteja relacionada a Tell Mimas, cerca de 9,5km a nordeste de Acre, numa colina e não num vale. Mas isso é detalhe geomorfológico.

Beit Fegor, Beit Pegor, Beit Peor

Mais um templo moabita, dedicado ao deus Peor, *baal* Peor. Essa localidade talvez seja a atual Khirbet esh-Sheikh Jayel, situada a 10km a oeste de Hesbom, nos montes Abarim, na Transjordânia. Mas é tudo por ali. E foi ali, perto do Monte Pisga, onde os israelitas teriam acampado antes de passarem o Jordão (Dt 3,29; 4,46). Ali também, Moisés teria morrido. Isso após ter avistado a "Terra Prometida" e relatado tudo isso e profeticamente muito mais do que aconteceria uns tantos anos para frente, lá no futuro, no texto da *Torá* ou no Pentateuco, segundo creem alguns crentes. Moisés acabou enterrado ali perto, mas ninguém sabe exatamente onde (Dt 34,6). No repartimento de terras ocupadas para assentamento dos hebreus, essa região foi atribuída a Rúben (Js 13,20). O deus moabita *baal* Peor era um dos mais populares em Canaã, representado por um touro, como *Yavé*, símbolo de força, sexo e fertilidade. Ele era considerado o deus das chuvas, das colheitas e das montanhas (Nm 23,28). Devia ser cativante. "Juntando-se, pois, Israel a baal Peor, a ira do Senhor se acendeu contra Israel" (Nm 25,3). Recentemente, para alguns fundamentalistas bíblicos, uma propaganda de uísque no Brasil prestou culto a baal Peor. Num vídeo, ele aparece escondido no Pão de Açúcar e desperta para a Nova Era. Quem diria... Ainda bem que não foi no Corcovado.

Beit Félet, Bete Palet, Bete Pelete

Essa localidade foi atribuída ao território da tribo de Judá e situava-se no extremo sul, rumo à fronteira de Edom, no Neguev (Js 15,27; Ne 11,26). Seu nome, *Beit Pelet*, transcrito de muitas formas, incluindo as trocas de *p* por *f*, significa "casa da fuga, da evasão". Não se sabe quem fugiu ou foi expelido. Esse também é um sentido da palavra hebraica *pelet*, presente em cuspir e vomitar. Situava-se, sem dúvida, perto de Beer-Sheba, aquele poço de tantos nomes. Sua localização exata ninguém sabe. Existem muitas conjecturas, sem confirmação. Como seus habitantes fugiram, evadiram-se, foram expelidos, ninguém ficou para contar a história de Beit Pelet ou mostrar onde ficava.

Beit Gã, Beit Gan

Ver neste capítulo "Beit Agan".

Beit Gader, Bete-Gader

Em hebraico, *Bait Gai Der*, evoca uma "casa de uma parede" ou "de um muro de pedra". Era uma vila em Judá (1Cr 2,51), talvez a Geser citada no Livro de Josué (Js 12,13). A sua localização é desconhecida. Dizem que essa aldeia é mencionada num texto cuneiforme como Gidiraya. Como só tinha uma parede, mesmo de pedra, com o tempo, ruiu e sumiu.

Beit Gamul

Essa localidade estaria situada no país de Moab, na Transjordânia, mas sua posição geográfica exata também é desconhecida. Era uma cidade livre, sem muros e foi denunciada pelo Profeta Jeremias (Jr 48,23). Beit Gamul não aparece naquelas primeiras listas de cidades e vilas no Livro de Josué, nem no Livro dos Números. Em hebraico, Beit Gamul, evoca a "casa ou o templo das recompensas". Outros veem em *gamul*, camelos (*gamal*), talvez entregues em recompensa. Talvez fosse um santuário, um local de ex-votos, adequado para deixar o pagamento de promessas ou recompensas aos deuses. De vasos a camelos. Vai saber. Alguns a identificam com Khirbet ej-Jumeil, 13km a este de Dibom. Prossegue a busca, mas não há recompensa para quem encontrá-la.

Beit Gibrin, Beit Jibrin, Beit Guvrin, Beit Gubrin

Nasceu o Profeta Miqueias numa obscura aldeia a sudoeste da Judeia, a atual Bet-Gibrin e na mesma região desenvolveu o seu ministério profético (Mq 1,10-12). Localidade ainda existente e se situa nas proximidades de Maresha (Mq 1,15). Também foi chamada de Eleuterópolis (cidade dos livres), a uns 50km a sudoeste de Jerusalém, na antiga estrada para Gaza.

Na divisão da despossuída Canaã entre os hebreus, a região de Maresha, Mereshet, ficou para o clã de Caleb, o cachorro (Js 15,44). O local Beit Guvrin ou Bet Gubrin vem do antigo aramaico *guvrin* e significa "homens". Beit Guvrin é "a Casa dos Homens". Hoje está inserida no Parque Nacional de Beit Guvrin. Vale a visita pela rica arqueologia, romana, grega, bizantina etc. Até anfiteatro tem. E homens também.

Beit Gilgal

Em hebraico, *beit Ha Gihl Gal*, significa "o lugar, a casa da roda ou do círculo". Esse era o nome de uma localidade próxima de Jerusalém. Ela é citada no Livro de Neemias, como o domicílio pós-exílico dos levitas "Cantores" do templo (Ne 12,29). Mas eram muitas localidades com nome de Gilgal, principalmente nas vizinhanças de Jericó. Poderia ser, por exemplo, a Gilgal situada a leste de Jericó e que na repartição das terras cananeias coube à tribo de Benjamim (Js 14,19) ou, quem sabe, a Gilgal situada na repartição de Judá (Js 15,7). São muitas voltas e círculos. Numa outra passagem paralela ou elíptica, o local é chamado de Gelilot (Js 18,17). Enfim, como não faltaram Gilgals para construir-se uma *beit*, a localização da Beit Gilgal é tão incerta como o ângulo de um círculo.

Beit Hacarém, Beit Haquerém, Bet Hakerem

Essa casa, *beit*, é uma graça. No Livro de Neemias, ela surge pela primeira vez como parte de uma divisão territorial de Judá (Ne 3), como nome de um distrito. Esses "distritos" eram unidades territoriais (*pelech*), comandadas por um líder. Ali, os hebreus estabeleceriam suas tendas ou casinhas. Judá foi dividida em cinco distritos: Queila, Bete-Sur, Jerusalém, Bet Hakerem e Mispá (Ne 3,14). A localidade de Bet Hakerem provavelmente situava-se entre Jerusalém e Tece. Ela é evocada pelo Profeta Jeremias (Jr 6,1). Seu nome em hebraico significa "casa do vinhedo" (*krem*). Que beleza! Ninguém sabe exatamente onde ficavam esses vinhedos, nem a qualidade de seus vinhos. Não confundir com Beit HaKerem, o bairro rico, chique, verde, *snob* e ecológico localizado no sudoeste de Jerusalém. *Gangnam style*. Uma *beit* nesse bairro custa muitos milhões. Mas o bairro vale a visita. Nada como ser rico, muito rico, em Jerusalém. Uma bênção.

Beit HaGan, Bete HaGan, Bet HaGan

Em hebraico Beit HaGan significa "casa do jardim (*gan*)". Provavelmente é o mesmo que En-Ganim (fonte dos jardins), situada no território da tribo de Issacar, a 10km ao sul de Jezrael, na estrada que leva à Samaria. Atualmente, essa casa é chamada de Genim. Beit HaGan é evocada no Livro das Crônicas e dos Reis sobre o mesmo episódio quando Jeú mata Acazias ou Ocozias, rei de Judá: "Vendo isto, Acazias, rei de Judá, fugiu pelo caminho de Bet HaGan" (2Cr 22,8-9; 2Rs 9,27). Nada como uma casa do jardim, nem que seja para morrer.

Beit Hanan, Bete Hanã

Essa localidade devia ter lá sua capacidade produtiva e de gerar riquezas, além de gestores respeitados e eficientes. Isso pode ser deduzido do Livro dos Reis. Essa Beit Hanan provinha, durante um mês por ano, as necessidades do Rei Salomão, que não eram poucas dado o seu estilo de vida perdulário e de ostentação: "E tinha Salomão doze oficiais sobre todo o Israel, que proviam ao rei e à sua casa; e cada um tinha que abastecê-lo por um mês no ano. E estes são os seus nomes: Ben-Hur, nas montanhas de Efraim; Ben-Dequer em Macaz, e em Saalbim, e em Bete-Semes, e em Elom, e em Bete-Hanã" (1Rs 4,7-10).

Beit Harã, Beit Haran

Em primeiro lugar nada de confundir os endereços: Bete Harã é uma casa, Bete Hanã é outra, em outro lugar. Esse nome, cujo belo significado em hebraico seria "a casa do que canta (*ranan*)", estava localizado no Vale do Jordão, entre o Arnon e o Jaboc superior, cheio de belas e ricas pastagens. O local é mencionado naquela repartição do bem alheio feita por Moisés dos reinos de Sihon e Og para as tribos de Ruben e Gade (Nm 32,33). A Beit Harã teria sido reconstruída pela tribo de Gade (Nm 32,36). Numa das muitas inconsistências aparentes do texto bíblico, ou talvez ao buscar reparar alguma justiça entre vencedores, o Livro de Josué apresenta outra repartição dessas terras entre os hebreus (Js 13,15-28). Nos tempos do Novo Testamento, essa aldeia da Transjordânia era conhecida como Bete-Aramfta, local onde Herodes tinha um palácio. O lugar tinha lá seu charme. Herodes Antipas, o bajulador, renomeou essa *beit* de Lívia, em honra da lívida esposa do Imperador Augusto, conforme informação de Eusébio no *Onomasticon* (48,14-15), reiterada por São Jerônimo (49,12-13). Beit Haran tem sido identificada com Tell al Ramah, cerca de 11km a nordeste do ponto onde o Jordão encontra o Mar Morto, a noroeste do Monte Nebo, diante de Jericó. Trata-se de uma bela colina, coroada pela ruína de duas torres de uma antiga igreja, mesquita, tumba ou templo, ou tudo, vai saber. Vale a visita. O vento ainda canta por lá.

Beit Hoglah, Beit Hagla, Beit Hegla, Beit Hogia

Esse nome em hebraico significa a "casa da perdiz (*hogla*)". Essa localidade da tribo de Benjamim se situava a sudeste de Jericó e fazia limite ao norte com o repartimento da tribo de Judá. Não dá para saber onde ficava exatamente. Não sobrou uma pedra e ainda menos uma pena. Que pena. O nome desse local está parcialmente preservado em Ain Agla, Aim Hagla, a fonte da perdiz, entre Jericó e o Jordão. Existem pelo menos duas perdizes na Palestina: a perdiz da areia (*Ammoperdix heyi*) e a perdiz dos rochedos (*Alectoris chukar*). Qual das duas habitaria essa casa? Ambas devem beber nessa fonte. O Profeta Jeremias, com seu estilingue verbal, diz: "Uma perdiz choca os ovos que não botou assim como aquele que obtém riquezas injustas" (Jr 17,11).

Beit Horon

Seu nome pode significar "casa da intimação ou da passagem, da abertura". Localidade situada a noroeste de Gabaão, sobre uma estreita garganta em declive, ela oferecia uma rápida passagem da planície ocidental à montanha central. Eram, e ainda são duas aldeias com esse nome, a Inferior (Js 16,3) e a Superior (Js 16,5), nos dois pontos extremos da passagem. O desnível é significativo: a Beit Horon inferior está a 369m de altitude e a superior a 616m, bem menos que a altura de um Pão de Açúcar e um pouco mais que a do Morro da Urca. Atualmente é chamada de Beit Ur. Pela importância do controle dessa passagem, essas aldeias sempre foram fortificadas, durante séculos. Na repartição mítica e anacrônica da terra de Canaã, essas terras foram atribuídas a Efraim (Js 15,6). Ambas as aldeias foram fortificadas por Sheerá, a quem o animado relator do Livro das Crônicas atribui a criação (1Cr 7,24) e por Salomão (2Cr 8,5). Nessas imediações Josué travou a "grande" batalha contra os amoritas. Não temos a versão dos amoritas. Só a dos hebreus, no Livro de Josué, fortemente inspirada dos relatos de guerra dos assírios e de um deles em particular. "Josué, tendo passado toda a noite a subir de Gálgala, caiu de repente sobre eles. O Senhor semeou no meio deles o terror diante de Israel, e este lhes infligiu uma terrível derrota diante de Gabaon, e perseguiu-os pelo caminho que sobe a Beit Horon, batendo-os até Azeca e Maceda. Enquanto fugiam diante de Israel, na descida de Betoron, o Senhor mandou sobre eles do céu uma tempestade de granizo até Azeca; e foram mais numerosos os que morreram sob essa chuva de pedras do que os que pereceram pela espada dos israelitas" (Js 10–12). Haja gelo! E nunca mais faltaram batalhas nesses locais. Só gelo. Os filisteus subiram por este estreito desfiladeiro para lutarem contra Saul (1Sm 13,18). Nas guerras macabeias, deram-se ali duas grandes batalhas (1Mc 3,15.16; 7,39-40) e foi também em Beit Horon que os judeus, em 66 d.C., quase derrotaram o exército romano de Cestius Gallus, emissário da Síria. Quase. No final, os romanos sempre ganharam todas.

Beit Jesimot, Beit Jeshimot, Beit Yeshimot

É o nome de um dos pontos-finais de parada dos hebreus, após a longa, cansativa e mítica caminhada do Êxodo, lá no sul das planícies de Moab e o limite sul do acampamento israelita em Abel-Sitim (Nm 33,49). Esse local, nas proximidades do Mar Morto e a oeste do Monte Nebo, foi repartido para Rúben, na já famosa divisão das terras de Canaã (Js 13,20). Em hebraico, Beith HaYeshimoth, evoca a "casa da assolação". Talvez relacionada com Tell el-Azeimeh, cerca de 16km a sudeste de Jericó, a leste do Jordão. O local é também mencionado em Js 12,3; 13,20 e Ez 25,9.

Beit Kerem

Ver neste capítulo "Beit Hacarém".

Beit Knesset

Sinagoga diz-se em hebraico *Beit Knesset*, "casa da comunidade". Esse não é bem o nome de uma aldeia, mas muitas aldeias e cidades tinham esse local. Era um lugar público de adoração e de ensinamento cuja existência é pela primeira vez nitidamente atestada no Egito no século III e em Israel no século II antes da Era Cristã (Eclo 51,23). A origem da instituição é provavelmente mais antiga, sem que se possa determinar a data. A sinagoga nasceu, provavelmente, do exílio na Babilônia. As sinagogas eram centros de instrução religiosa, instituições de espírito democrático onde todo judeu de passagem podia pedir e obter a palavra para comentar as Sagradas Escrituras. O personagem central era o rabi. Jesus frequentava as sinagogas, como bom judeu e como o fizeram, por um bom tempo, os bons cristãos. Até serem expulsos.

Beit Lahm

Ver neste capítulo "Belém".

Beit Leafra, Beit LeAfrah

Esse nome, *Beit LeAfrah*, significa textualmente "a casa do pó". Aquele pó a quem Deus lembrou o homem que ele é feito e a ele deve se tornar, contemplar e considerar (Gn 3,19). Quem evoca essa casa do pó, essa casa tão frágil, é o grande Profeta Miqueias em suas diatribes contra os pecadores e os filisteus, ou *pilistinos* ou palestinos. A citação começa um pouco antes para dar o clima e o contexto: "Por isso prantearei, gritarei, andarei descalço e nu, soltarei gemidos como o chacal, e lamentações como o avestruz. Porque o golpe em Samaria é incurável, e atinge também Judá; feriu até a porta de meu povo, até Jerusalém. Não o anuncieis em Get, não choreis em Aco! Revolve-te no pó em Bet-Leafra" (Mq 10,8-10). Ele faz um jogo intraduzível de palavras em hebraico com o pó e com o verbo revolver-se, *hitpalasiti,* com *palestim* ou com *philistins.* Aqueles que sempre perdem e sempre estão por lá.

Beit Lebaot, Lebaot

Em hebraico, o nome dessa *beit* significa "o lugar das leoas". Sua localização é confusa e urra. Talvez por causa das leoas, ninguém nunca quis se aproximar. Esse povoado estaria situado na parte sul da Palestina e foi dedicado à tribo de Judá, na famosa repartição de bens conquistados (Js 15,32) e é provavelmente idêntico ao local chamado de Bet-leba-ot (Js 19,6), localizada na repartição de Simeão (Js 19,6). Vai ver nem Judá nem Simeão quiseram ficar com a casa das leoas. No Livro das Crônicas (1Cr 4,31) esse local é chamado de Beit Biri.

Beit Lehém

Ver neste capítulo "Belém".

Beit Maon

Ver neste capítulo "Beit Meon".

Beit Markavot, Beit Merkavot, Beit Marcabot

Esse nome, Beit Markavot, faz pensar numa estalagem, num estábulo, numa garagem. Essa era a casa dos carros, vagões ou coches, não dos automóveis, nem dos tanques de guerra. Merkavot é o plural de *merkava*, carro, uma palavra feminina em hebraico. *Merkava* é também, nos dias de hoje, o nome do principal e enorme tanque de guerra do Estado de Israel. Essa casa dos carros, carroças e charretes foi destinada à tribo de Simeão quando ocorreu a hipotética partilha das terras conquistadas pelos hebreus (Js 19,5), mesmo se provavelmente de lá nunca haviam saído. Apesar de circularem muito, os descendentes de Simeão eram pouco numerosos, a terra não era tão boa, e com a vizinhança da poderosa Judá desapareceram historicamente, absorvidos pelos descendentes dessa tribo (1Cr 4,31). Com seus carros e carroças.

Beit Meon, Bete Meon

Ver neste capítulo "Beit *baal* Maon".

Beit Milo, Beit Melo, Bet Milo

Nada a ver com a Vênus de Milo. Obras de arte desse porte não fazem parte do legado do povo israelita, bastante avesso a fazer estátuas. Beit Milo é o nome de uma localidade citada no Livro dos Reis como o lugar onde o Rei Joás foi morto por seus oficiais traidores (2Rs 12,21). Seu nome significa "casa ou lugar da morte" *pour cause*. Sua posição geográfica é incerta (1Rs 9,15; 2Sm 5,9). Vai ver ganhou esse nome com esses fatos trágicos, mas qual seria o seu nome anterior? Ninguém sabe. Esta cidade aparece nas aventuras e desventuras de Abimeleque, o sanguinário. Ele matou seus 70 irmãos (haja irmão!) e acabou com a cabeça esmagada por uma pedra de mó, lançada de uma torre por uma mulher, para sua grande vergonha, quando sitiou a cidade de Tebes (Jz 9,6-20). Essa mulher, com seus bracinhos capazes de arremessar uma mó, sempre me fez pensar na padeira de Aljubarrota, em Portugal. Mas isso é outra história. Ou seja, morte é o que não falta no "lugar da morte".

Beit Nimra, Beit Nimrah, Nemra, Ninrim

Beit Nimra significa "casa da água cristalina". Ela surge cristalina no Livro de Josué: "E no Vale Bete-Arã, e Bete-Nimra, e Sucote, Zafom, que ficara do restante do Reino de Siom, em Hesbom, o Jordão e o seu termo, até a extremidade do Mar de Quinerete além do Jordão para o Oriente" (Js 13,27). Essa aldeia, situada na Transjordânia, foi atribuída à tribo de Gade e reconstruída por esta tribo (Nm 32,3; 36). Ela ressurge nas diatribes de Isaías e de Jeremias contra Moab: "Porque as águas de Ninrim serão pura assolação; porque já secou o feno, acabou a erva, e não há verdura alguma" (Is 15,6). "Por causa do grito de Hesbom até Eleale e até Jaaz se ouviu a sua voz desde Zoar até Horonaim, como bezerra de três anos; porque até as águas do Ninrim se tornarão em assolação" (Jr 48,34). Essa associação com Zoar e Horonaim ajudaram a situar Beit Ninrim a sudeste do Mar Morto, num local identificado com Tell el-Bleibil ou Tell Ninrim no Wâdi Shaib. As águas ainda são mais ou menos cristalinas e, às vezes, ouvem-se bezerras de três anos berrarem. Não se assuste.

Beit Oron

Ver neste capítulo "Beit Horon".

Beit Paces, Bete-Patzez

Não tem nada a ver com pazes ou paz. Em hebraico esse nome, Beit Patzez evoca a explosão, a destruição, a detonação. Essa é uma "casa da devastação, destruição". Na Bíblia, esse local faz parte do quarto lote recebido pelo clã de Issacar (Js 19,21). Até hoje é um local não identificado.

Como já era detonada, uma ruína naqueles tempos, imagine-se como estará agora esse resíduo de casa, depois de tanta guerra e devastação. Não sobrou nada, pelo jeito. Descansa em paz.

Beit-Paguéi

Ver neste capítulo "Betfagé".

Beit Peor

Ver neste capítulo "Beit *baal* Peor".

Beit Rafa, Bete Rafa

Essa casa não é um lugar, mas uma pessoa. Ela aparece uma única vez no texto bíblico, no Livro das Crônicas, numa descrição genealógica das tribos meridionais. Entre os descendentes de Caleb ("cachorro"), "Eshton gerou Bet Rafa", textualmente "casa da cura" (1Cr 4,12). Quem sabe esse filho representou uma cura para essa casa, ou sua mãe havia adoecido durante a gestação e sarou, ou essa casa onde nasceu era um lugar de cura. Ou seja, casa também é gente. Já não teve ministro dizendo que cachorro também é gente?

Beit Rehov, Beit Reob, Bete Reobe, Bet Roob

A palavra *rehov* ou *rehob* em hebraico significa largura, latitude, amplitude. Beit Rehov evoca uma "casa ampla, um lugar espaçoso". Provavelmente era o antigo nome da localidade, posteriormente chamada de Panion. Atualmente, ela é conhecida como Banians. Era a principal cidade da planície que vai do Monte Hermon até o Lago de Hule. Na época do Império Romano era chamada de "Cesárea de Felipe". O sítio arqueológico de Rehov, a 3km a oeste do Rio Jordão, representa o maior conjunto de ruínas de uma cidade antiga cananita com mais de 120.000m^2. Entre os muitos achados arqueológicos estão os sinais de uma ampla e tecnificada exploração de abelhas e de mel. A primeira Beit Rehov da Bíblia surge no Livro dos Juízes, num texto cheio de interpolações, idolatria e repetições. Além da violência. Em sua ocupação com mandato divino das terras cananitas, o clã de Dã marchou com violência. "Os danitas avançaram com Lais, um povo tranquilo e confiante. Passaram todos a fio de espada e deixaram a cidade em chamas. [...] Ela se situava no vale que se extende em direção a Beit Rehov" (Jz 18,27). E lá se foram os habitantes de Lais, homens, velhos, mulheres e crianças. Não se sabe se foram enterrados ou se serviram de comida aos abutres e chacais. Beit Rehov ainda aparece outra vez, no Livro de Samuel, com toda a sua largura, em mais uma guerra perdida de saída por arameus e amonitas contra os homens valentes de Davi (1Sm 10,6-8). Sempre perdendo e sempre por lá. Talvez não perdessem tanto, nem de forma tão ampla, nem desse jeito, em Beit Rehov.

Beit Sames, Beit Shemesh, Bete Semes

O nome é claro e luminoso em hebraico, *Beit Shemesh* é a "casa do sol", ou melhor, "o Templo do deus Sol". Cidades, vilas, templos e aldeias com este nome eram, em geral, locais de adoração do sol, cujo culto estava solidamente implantado na Terra Santa e, sobretudo, no Egito. Assim são muitas Beit Shemesh na Bíblia, mas três ou quatro merecem menção. A primeira é uma aldeia no território de Naftali, perto de Bete-Anate (Js 19,38; Jz 1,33) de difícil identificação. Há uma segunda, mais famosa: uma antiga cidade cananeia a 24km a oeste de Jerusalém, no Vale de Soreque, no caminho para Asdode. Essa cidade foi atribuída a Judá (Js 15,10) na famosa divisão do território alheio e foi considerada como uma cidade destinada aos sacerdotes (Js 21,16), certamente devido ao deus sol. Situava-se na fronteira entre Judá e Dã e foi chamada Irsemes (Js 19,41). As "montanhas de Heres" ("montanhas do sol") de Juízes (1,35) são, muitas vezes, identificadas com este local. A arca da aliança, que os filisteus tinham capturado, voltou para Bete Semes, onde ficou até ser levada para Quiriate-Jearim (1Sm 6). Sempre os filisteus, ao capturá-la, a preservavam e garantiam sua integridade para a história poder seguir adiante. Essa Bete Semes, do deus Shemesh, foi o palco da batalha em que Joás, de Israel, capturou Amazias, de Judá (2Rs 14,1-14). Os filisteus ocuparam-na no tempo de Acaz (2Cr 28,18). O local é identificado com Tell er-Rumeileh, perto de Ain Shems, ou seja, fonte do (deus) sol ou do sol, seu antigo nome. Há ainda outra cidade, mencionada como Beit Shemesh situada a oriente da planície de Esdraelon (Js 19,22). Sol não falta na Terra Santa. Ela foi identificada com El Abeidiyeh, perto de Bete-Seã. E por fim, está o centro de adoração do sol no Egito, provavelmente Heliópolis, nome grego da cidade egípcia de On (Gn 41,45; Ez 30,17), construída ao redor de um imponente templo ao deus sol. Essa Beit Shemesh é evocada pelo irado Profeta Jeremias: "Virá e ferirá a terra do Egito; quem é para a morte, para a morte; quem é para o cativeiro, para o cativeiro; e quem é para a espada, para a espada. Lançará fogo às casas dos deuses do Egito e as queimará; levará cativos os ídolos e despiolhará a terra do Egito, como o pastor despiolha a sua própria veste; e sairá dali em paz. Quebrará as colunas (obeliscos) de Bete-Semes na terra do Egito e queimará as casas dos deuses do Egito" (Jr 43,11-13). Ainda bem que não rolou. Ainda vale uma visita a Heliópolis. E o deus *Shemesh* ou *Shamash* merece todo respeito. Ele coabitou ecumenicamente com *Yavé* no primeiro Templo de Jerusalém, obedeceu a ordens de Josué, atrasou seus ponteiros quando solicitado etc.

Beit San, Bet Sã

Ver neste capítulo "Beit Shéan".

Beit Seta

Termo hebraico *seta* significa: "acácia". Provavelmente seja a atual Satta, Sutta, localidade situada ao Sul da Terra Santa, nas proximidades de Betsã. É citada na Bíblia por sua posição no caminho dos madianitas quando iam combater Josué em Gideão. E por estar associada com Zererá, tudo indica sua localização no Vale do Jordão (Jz 7,22). Essa casa ou lugar da acácia parece fazer referência a uma bela e bem-vivida acácia, daquelas que podem ficar muito grandes com o passar dos séculos. Essa formosa acácia poderia estar em muitos locais. Essa árvore tropical chega até a região mediterrânica e pode ser encontrada em diversos locais na Terra Santa. É mais comum encontrar-se o termo *sitim*, acácias, já que são bem prolíficas e vivem em bandos coalescentes.

Beit Shéan, Bete Seã, Beisan, Bet Sã

Em hebraico, Beit Shéan significa "casa, lugar da tranquilidade". É uma cidade israelita do distrito Norte. Essa *beit* tem desempenhado um papel historicamente importante, devido à sua localização geográfica no cruzamento do Vale do Rio Jordão e do Vale de Jizreel, 25km ao sul do Lago de Genesaré. Nas Cartas de Amarna, o nome aparece como Bit-Sâni e em textos egípcios como Bt-Shr. Foi uma antiga fortaleza cananita no estreito oriental da planície de Esdraelon, junto ao Rio Jalud, perto do Jordão. Era uma posição estratégica na principal estrada para Damasco. Os egípcios consideraram-na, durante séculos, como uma cidade-chave do seu império. Ela está mencionada em muitos livros bíblicos. Beit-Shean não foi ocupada pelos hebreus no tempo de Josué. "Manassés não desapossou nem Bet Shean e seus arredores..." (Jz 1,27). Por quê? Vai ver que não deu. Mas na divisão da terra, essa vila ficou atribuída a Manassés, embora se situasse no território de Issacar e Aser (Js 17,11). Acontece. Na época helenista foi chamada Citópolis (*Scythopoli*) e atualmente é denominada Beisan. Essa importantíssima ocupação humana desde o Calcolítico, com muitas fontes e poços, é um verdadeiro oásis subtropical, de onde uma interpretação de que seu nome significaria "casa, local de descanso". O certo: seu nome significa "Templo do deus Shean". Mais um deus. O local é repleto de atrações arqueológicas e vale a visita, há quase cinco mil anos.

Beit Shemesh

Ver neste capítulo "Beit Sames".

Beit Shit, Bete Sita, Baashit

Este vilarejo está localizado a uns 16km a sudoeste de Ramla, nas proximidades do Uédi Bashshit. Seu nome significa, textualmente, o "Templo do deus Seth". Sim, mais um deus. O deus egípcio Seth era famoso por causar violência, desordem, ciúme, inveja, guerra etc. Ou seja, bem adequado ao belicoso clima da Terra Santa, onde teve direito a templos e veneração. Para os egípcios, ele era a encarnação do espírito do mal ao contrário de seu civilizado irmão Osíris, aquele que trouxe a civilização ao Egito. Há um papiro egípcio que assimila o Deus *Yavé* a Seth e o apresenta como um deus muito violento. Seth também era ecológico, associado aos animais e serpentes, e até às tempestades. Quem sabe, o Deus dos hebreus utilizou Seth para exacerbar o medo e a violência, a ponto de os soldados matarem-se entre si, como relata a ensanguentada passagem bíblica onde surge Beit Shit: "Tocando, pois, os trezentos as buzinas, o Senhor tornou a espada de um contra o outro, e isto em todo o arraial, que fugiu para Zererá, até Beit Shit, até aos limites de Abel-Meolá, acima de Tabate" (Jz 7,22). Haja desordem.

Beit Sur, Sur (porta de), Betsura

Cidade antiga e fortificada. Seu nome hebraico significa a "casa do muro (fortificado)", mais textualmente "casa da rocha (*tzur*)". Ela se situava na regiao de montanhas, a 7km a leste de Ain Jalud, a noroeste de Hebron, próxima de Halul e cerca de 16km ao sul de Jerusalém. O Livro de Josué menciona essa vila como de Judá (Js 15,58). Já o Livro das Crônicas a atribui aos descendentes de Caleb (1Cr 2,45). Já vimos essas duplas e triplas atribuições e confusões bíblicas em outros locais. Teria sido fortificada por Roboão, mas a arqueologia não encontrou nenhum resto ou rastro dessa obra (2Cr 11,7). Betsura foi uma fortaleza importante no período persa, entre Hebron e Jerusalém. As escavações feitas em 1931, nas ruínas de Et-Tubeika, revelaram essa cidade, também conhecida como Betsura (2Rs 11,6). Foi fortificada pelo sírio Baquides, tomada e também fortificada pelos macabeus (1Mc 11,65), que ali instalaram uma guarnição. Teve importância comercial, mas Betsura acabou abandonada nos primeiros séculos da Era Cristã. Apesar de ter sido fortificada tantas vezes, não se fortaleceu. Só ficou pedra sobre pedra ou rocha sobre rocha.

Beit Tafuá, Beit Tapuá

Em hebraico, *Beit Tapuach* significa "o local, a casa das maçãs ou das (árvores) frutíferas". O radical hebraico *tapuah* serve para designar frutas, desde maçã, laranja e chega a entrar até no nome da batata, nos dias de hoje. Esse lugar ficava nas colinas de Judá (Js 15,53), situado a 15km a oeste de Hebron, de quem era considerado como um filho (1Cr 2,43). Até hoje existe na região muitos pomares. No texto bíblico, a Beit Tapuá é diferente de Tapuá, localizada em outro lugar, sem Beit. Atualmente, a localidade é chamada de Tafuh. Como já foi dito, o som *p* e o som *f* vivem se alternando sem problema sob a grafia de uma única letra em hebraico, o *pei*. *Ein baiot*. Um pouco como antigamente em português entre o *p* e o *ph*. Assim, entre Tapuá e Tafuá, coma as duas frutas.

Beit Togarma, Beit Togarmah

Togarma era o terceiro filho de Gomer, neto de Jafé e irmão de Asquenaz e Rifate (Gn 10,3). Ele é considerado o ancestral dos povos do Cáucaso do Sul (georgianos e armênios). Por que não? Em diversas fontes literárias do Oriente Médio, o nome Togarma é traduzido e transcrito como "os filhos de Gomer que vivem nas montanhas". E haja montanha no Cáucaso. *Beit Togarma* significaria: *bet*: casa, *to*: a colina, o morro e até, figurativamente, o reino (como em árabe, *tell* e *túr*) e *garma*: Gomer em aramaico significa lenha queimada (*gumra*). Togarma é mencionada como uma nação do Extremo Norte, por duas vezes na Bíblia, sempre pelo Profeta Ezequiel. Em uma de suas milhares de profecias contra Tiro, Ezequiel acaba por exaltar a capacidade comercial e de negócios internacionais dos globalizados fenícios: "Você (Tiro) fazia negócios na Espanha e em troca das suas muitas mercadorias você recebia prata, ferro, estanho e chumbo. Você fazia negócios na Grécia, Tubal e Meseque e trocava as suas mercadorias por escravos e objetos de bronze. Você trocava as suas mercadorias por cavalos comuns, por cavalos de guerra e por mulas de Bete-Togarma (Ez 27,12-14). Pelo que se pode deduzir, na região de Togarma criavam-se e adestravam-se cavalos e mulas, para o serviço no campo e na guerra. Além de soldados de guerra, mercenários talvez, como afirmado também em Ezequiel: "Gomer e todas as suas tropas; a casa de Togarma, do Extremo Norte, e todas as suas tropas, muitos povos contigo" (Ez 38,6). E todos viajavam em barcos fenícios, homens, equinos e muares, sem dar coices, nem causar problemas maiores.

Beit Zachariá, Beit Zacarias

Essa localidade, conhecida como "casa Zacarias", não vende pneus e fica situada cerca de 18km ao sul de Jerusalém e a 10km ao norte de Betsura. Sobre o significado de Zacarias, consultar o capítulo sobre os nomes dos profetas e inspirados. Suas ruínas ainda existem, com o mesmo nome. Durante a guerra dos macabeus, ali Judas Macabeu e seu irmão Eleazar travaram e perderam uma grande batalha contra Antiocus Eupator. "Saiu então Judas da Cidadela e tomou posição em Beit Zacarias" (1Mc 6,32). Ali Eleazar atacou e matou um elefante para "dar-se a si mesmo" e morrer esmagado sob ele (1Mc 6,46). Todos esses eventos, atos heroicos e disputas dos macabeus inspiram hoje as Macabíadas, jogos regionais que ocorrem a cada quatro anos, no Estado de Israel. Sem mortos. Nem humanos, nem elefantes. As condições de segurança são rígidas. As Macabíadas não são realizadas em Beit Zacarias.

Beit Zatá, Bet Zatá, Betesda

Citada pelo Evangelista São João (5,2), essa Betzata é o mesmo que Betesda, nome de um bairro de Jerusalém situado a nordeste do templo. Ali as escavações arqueológicas revelaram a existência de uma piscina, mas sem os cinco pórticos evocados por São João, além de ter sido o lugar de um santuário do deus Serápis, uma divindade curadora. Trata-se da cura de um paralítico, um milagre de síntese, que São João imaginou nesse local, num texto pleno de interpolações e impossibilidades éticas. Ele reúne trechos de episódios análogos relatados por São Mateus (8,18; 9,6; 12,1-8), São Marcos (2,11; 4,36) e São Lucas (5,24; 8,29; 13,14). Sobre o significado possível desse nome, ver neste capítulo "Betesda".

Beit Zeita, Bet Zet

Esse nome significa "a casa, o local da oliveira" ou da *azeit*ona, e o local, ainda hoje, é conhecido como Khirbet Beit Zait. No local, as pesquisas arqueológicas encontraram um poço com uma escadaria. Não acharam esqueletos no fundo do poço, mas pode ter havido. Durante a campanha dos gregos, liderada por Báquides e Alcimo contra os macabeus, eles devastaram a Judeia. "Báquides partiu de Jerusalém e foi acampar em Beit Zeita. Mandou prender grande número de homens, que haviam passado para o seu lado, bem como alguns do povo; fê-los degolar e lançou-os num grande poço" (1Mc 7,19-20). Ou seja, passar para o lado do inimigo costuma ser um mau negócio, Calabar que o diga. Às vezes não, Joaquim Silvério dos Reis e Ernest von Braun que o digam.

Belém, *Beit Lehem*

"Bate o sino pequenino, sino de Belém..." Belém, Belém parece mesmo som de sino. Em hebraico *Beit Lehem* significa "Casa do pão". A 6km ao sul de Jerusalém, Belém situa-se a 800m de altitude, nos montes da Judeia, na estrada de Hebron e do Egito. Foi a cidade natal de Davi (1Sm 17,12). E ela foi vocacionada para ser a cidade natal do Messias (Mq 5,2; Mt 2,6; Jo 7,42). Razão pela qual, graças ao recurso a uma peripécia de censo demográfico, um evangelista pelo menos consegue colocar o nascimento de Jesus de Nazaré em Belém, bem longe de casa (Lc 2,4). Devastada no século II pelo Imperador Adriano, assim como Jerusalém, *Beit Lehem* reencontrou a prosperidade quando, no século IV, o Imperador Constantino o Grande ali construiu a Igreja da Natividade, basílica octogonal edificada sobre uma gruta onde a tradição cristã situa o local do nascimento de Jesus (Mt 2,1; Lc 2,4). O Evangelista São João dá a entender que nem todos sabiam disso (Jo 7,42). A Belém da Bíblia e a atual Belém, situada a cerca de 8km de Jerusalém, são a mesma cidade. Não confundir com a Belém do Pará, famosa pelo Círio de Nazaré. E Nazaré é outra cidade ainda nessa complexa geografia bíblica. A casa (*beit*) do pão (*lehém*) era um belo lugar para o "Pão da Vida" nascer. Algumas más línguas arqueológicas acham que Belém possa significar "casa do deus Lahm". Mais um deus. A Belém de Jesus é a Belém da Judeia, mas na Bíblia há outra, a Belém de Zabulom (Js 19,15) e identificada com a atual Beit Lahm ("casa do deus Lahm"), a cerca de 11km de Nazaré. De novo o deus Lahm. Mas não há problema em repartir o pão entre todas, entre todos, incluindo deuses.

Betane, Betanes, Batana

Essa localidade é citada logo no comecinho do Livro de Judite, como *bet-a-ne*, Batana ou Betane (Jt 1,9), um dos muitos locais para onde mensageiros de Nabucodonosor foram enviados levar sua mensagem de paz e guerra. Seguindo a ordem em que as várias localidades aparecem no texto de Judite, é provável que Betanes seja Beit Anot, Beit Ainum, cerca de 5km ao norte de Hebron, a sudoeste de Beit Sur, na região montanhosa, no território da tribo de Judá. Ver neste capítulo Beit Anot.

Betânia

Pequena localidade situada no declive oriental do Monte das Oliveiras, a uns 3km de Jerusalém (Mt 21,1-17; Mc 11,1-12; Lc 19,29). Há dúvidas quanto ao significado hebraico dessa casa, dessa *beit*. Para alguns é "casa de Ananias" (Beit Hananyah), para outros é "casa dos pobres" (Beit Aniah) (Jo 11,18). Ela é chamada hoje El-Azarya, do nome árabe de Lázaro. Por falar em Lázaro, lá era a terra natal de Lázaro, Marta e Maria (Jo 11,1.18; 12,1). Jesus passou várias vezes por essa aldeia e lá esteve algumas noites durante sua última semana em Jerusalém. Foi ali, na casa de Simão o leproso, provavelmente um ex-leproso, que Jesus recebeu uma unção perfumada de uma mulher (Mt 26,6; Mc 14,13). Essa unção, para o Evangelista São João aconteceu na casa de Lázaro (Jo 12,1). Quando se escreve quase um século depois pode haver mesmo alguma confusão com os locais de uma mesma aldeia, onde as casas são tão parecidas. Além do mais, isso dá matéria e emprego para muitos exegetas e historiadores. Outro exemplo é São Marcos e São Lucas situarem lá pros lados de Betânia o início da famosa e primeira procissão de ramos (Mc 11,1; Lc 19,28), ao contrário de São Mateus, para quem a procissão saiu de Betfagé (Mt 21,1). É tanta *Bet* que fica difícil. Quanto a São João, ele fala da procissão e da aclamação de Jesus, ironiza os fariseus, mas não dá detalhes topográficos. Cá entre nós, Betânia virou nome de mulher. O Evangelho de São Marcos cita outra Betânia, a "Beit Hananyah além do Jordão", cuja localização permanece incerta. Se tiver que optar no roteiro turístico, visite a primeira.

Bet Dagon

Ver neste capítulo "Beit Dagon".

Bete Diblataim

Ver neste capítulo “Beit Diblatiam”.

Bete Gamul

Ver neste capítulo “Beit Gamul”.

Betel

Esse nome, em hebraico, significa: Casa (*bait*) de Deus (*El*). Mas como nome próprio ele está associado à designação de um deus, tanto entre os egípcios como entre os aramaeus, como atestam diversos documentos arqueológicos. Na Bíblia, essa localidade evoca um santuário situado a noroeste de Hai e de Jericó, a cerca de 19km ao norte de Jerusalém. Betel como santuário (com seus deuses, suas *Asherás* e seu *Yavé*) foi disputada e pertenceu ao Reino de Israel e, posteriormente, ao Reino de Judá. Em seu itinerário mítico até a Arca da Aliança andou por lá. Com a unificação e o monopólio do culto de *Yavé* em Jerusalém, o santuário foi progressivamente desativado e até combatido. Atualmente, associada a essa antiga Betal está o vilarejo de Beitim. Não confundir com a cidade de Minas Gerais, Betim, que é um templo do deus Ferro.

Betel do Abraão

Essa primeira “casa de Deus”, era uma cidade cananeia, situada a uns 22km ao norte de Jerusalém, próxima da atual Beitin, na antiga Samaria. Abraão construiu um altar em Betel (Gn 12,8; 13,3). Naquele tempo, os pastores construíam altares ao invés de igrejas e redes de televisão. Essa Betel nunca teve muita fama e desapareceu muito cedo dos roteiros bíblicos e dos mapas. Vai ver foi até inventada pelos roteiristas do Gênesis para projetar no passado as práticas cultuais de Israel.

Betel do Brasil

No Brasil tem uma meia dúzia de Betéis. Tem uma Betel no município de Cesário Lange em São Paulo. Tem um bairro periférico de Campinas com esse nome. Ele tenta ser anexado ao próspero município de Paulínia, mas não é por questões religiosas ou de idolatria, nem por devoção a Paulo Apóstolo.

Betel do Jacó

O grande destaque de Betel veio depois, com a experiência de uma manifestação de Deus vivida por Jacó durante um sonho nesse local (Gn 28,10). Ao despertar, Jacó erigiu no local uma estela de pedra, uma *matzeba*. Esse relato do Gênesis é uma mistura de dois textos anteriores e mais primitivos: um daqueles redatores que chamam Deus de *Elohim* (são os que dão mais atenção ao assunto) e o outro dos que têm Deus por *Yavé*. Ambos os textos refletem a antiguidade do santuário de Betel para as práticas cultuais de Israel. Eles a projetam no passado sobre Jacó e estendem até anacronicamente a Abraão, uma explicação mais popular do que uma tradição genuína de sua origem (Gn 35,1). Isso não impediu a destruição do Santuário de Betel, real e imaginária, pelos reis de Judá instigados pelos aiatolás ou profetas javistas. Vejam a seguir.

Betel dos profetas

Com a centralização anicônica do culto de *Yavé* em Jerusalém não havia mais lugar para os santuários de Betel, Silo e outros. O Profeta Oseias se refere a Betel com outro nome, fazendo um trocadilho, "Beit Áven" (Os 4,15; 5,8; 10,5-8). Esse nome significa "Casa do Nada", "Casa de Vaidade", "Casa da Nulidade", isto é, dos ídolos. O Profeta Jeremias, um século depois, afirma que "a casa de Israel se envergonhou de Betel" (Jr 48,13), devido à sua idolatria e ao culto do bezerro de ouro. Vejam onde foi parar a casa de Deus!

Betesda

Betesda era uma piscina em Jerusalém, de nome e localização problemática. *Beithasda* traduz em aramaico *Beit há hessed* (casa da piedade, do bem-querer ou da caridade mantendo-se fiel à tradução em grego de *hessed* por *charis*). Em hebraico ou em aramaico, o nome *Beit Hasda* foi transcrito em português por *Betesda* ou *Bethesda*, ou até *Betsaida*. Esse nome segue incerto e pode dar lugar a muitas interpretações: *Beit Zaita*, a "casa da azeitona", *Beit Saida*, a "casa do pescador"... Vários locais foram propostos para esta piscina pública. Ela é geralmente situada na propriedade dos Padres Brancos em Jerusalém, perto da Igreja de Sant'Ana, onde se encontra uma piscina, outrora foi cercada por pórticos. As escavações feitas nas proximidades da Basílica de Sant'Ana permitiram uma melhor representação no local. A piscina descoberta neste lugar tinha a forma de trapézio de 105m de cumprimento por 74m de um lado e 55 do outro. Mas não foram encontrados traços dos cinco pórticos, o que gera uma incongruência com o texto bíblico de São João (Jo 5,1-16). Nos cantos, escadas possibilitavam a descida à água da piscina, que era alimentada por canalizações subterrâneas ou talvez também por fontes intermitentes. Nessa parábola apenas um enfermo, ao entrar nas águas agitadas por um anjo, era curado. Para São João Crisóstomo: "Uma multidão de enfermos jazia ao lado da piscina, mas a enfermidade deles os impedia de entrar na água para serem curados. Em nossos dias, todos podem se aproximar, e não podemos dizer: 'outro já desceu antes de mim', pois mesmo se o mundo todo aí estivesse a graça jamais se esgotaria, assim como um raio de sol não diminui se muitos gozam de sua luz". A piscina ou o tanque de Betesda vale a visita ou o banho, no sentido de banhar-se na atmosfera local.

Betfagé, Beit Paguéi

Aldeia situada a 1km de Betânia, nas proximidades de Jerusalém. O nome dessa aldeia, *Beit Paguéi*, significa em hebraico "casa dos figos ácidos". Tratava-se de uma vila ainda situada no topo do Monte das Oliveiras, não muito longe de Betânia (*Beit Hananya*) (Mc 11,1; Lc 19,29; Jo 12,12-19), de cuja vizinhança saiu a famosa e primeira procissão dos ramos para Jerusalém (Mt 21,1; Mc 11,1; Lc 19,29), com Jesus montado numa complexa tríade animal envolvendo jumenta, jumento e jumentinho. A vila está lá até hoje e tem até um convento russo ortodoxo nas vizinhanças. Quanto aos figos, desapareceram, por falta de doçura.

Betlaham

Ver neste capítulo "Belém".

Betomestaim

O nome dessa localidade é meio delicado. Pode ser entendido como Beit Mastema e significaria "casa de satanás", um nome de derrisão para qualquer localidade. O lugar parece ter existido e está citado na novela de Judite: "O sumo sacerdote Joaquim, que nessa ocasião se achava em Jerusalém, escreveu aos habitantes de Betúlia e Betomestaim, que estão diante de Esdrelon, em frente da planície vizinha de Dotain" (Jt 4,6). Com tanta casa de Deus por ali, porque não uma casinha para satan. Mas sua posição geográfica é desconhecida até hoje. Já para chegar à casa de Deus, não faltam indicações. O texto bíblico informa: "Ozias enviou mensageiros a Betomestaim, a Bebai, a Cobe, a Cola e a todo o território de Israel, comunicando o acontecido e pedindo que todos caíssem sobre o inimigo e o exterminassem" (Jt 15,4). Foi a segunda e última vez que se falou de Betomestaim na Bíblia, cujo sufixo poderia ser entendido como o número dois, *staim*.

Betonim

Esse Betonim é uma localidade, mas não é uma casa, uma *beit*. Em hebraico existem dois tês. Betonim não se escreve com o velho *tav*, mas com o moderno *tet*. Talvez seja um amendoim (*beton*) ou mais corretamente um pistache (*beton*) ou vários (*betonim*). Amendoim na Terra Santa só depois da descoberta da América. Esse lugar lembra o delicioso pistache, uma plantação, um pomar. Ainda aguardava a invenção dos sorvetes sicilianos de pistache, mas já era uma iguaria. Depois da despossessão dos cananeus, essa localidade pertenceu ao território da tribo de Rúben, segundo a Bíblia. Situava-se na região desértica, a leste do Monte Nebo, na Transjordânia. Identificada com Khirbet el-Batneh, 9km a sudeste de es-Salt (Js 13,26), estaria no território de Gade. Cheia de pistacheiros. Sorte dele.

Betsã

Ver neste capítulo "Beit Shean".

Betsan

Ver neste capítulo "Beit Shean".

Betsaida, Beit Saida

Localidade situada na margem leste do Rio Jordão. Atualmente é conhecida como Chan-Minieh. Em hebraico, *Beit Saida* significa casa do caçador ou do pescador. Pois é, em hebraico as palavras são assim, meio polissêmicas. Mas o último significado é o mais provável. Era a cidade onde moravam os discípulos Pedro, André e Felipe (Jo 1,44; 12,21; Lc 9,10). Betsaida se encontrava na margem oriental do Jordão, ao norte do Lago da Galileia. Nela, Jesus curou um cego (Mc 8,22). Ela estava situada bem ao lado do local onde o Rio Jordão (*Iarden*) desembocava no Lago da Galileia. Herodes Felipe, o tetrarca da Itureia, após tê-la reconstruído, a havia chamado de Júlia, *Julias*, o nome da filha do Imperador Augusto. Esse nome não pegou. Já Betsaida, sobreviveu à cidade. Nela encontravam-se hebreus, mas também pagãos. Jesus também censurou essa cidade por sua pouca fé (Mt 11,21; Lc 10,13). Mas não há razão para preocupação. Não consta que Jesus haja elogiado alguma cidade por sua muita fé.

Betsaida 2

Como todos sabem, Jesus teve muitos problemas com os péssimos pescadores escolhidos para serem seus discípulos. Betsaida era a terra natal de Pedro, André e Felipe (Jo 1,44; 12,21). Acabou amaldiçoada por Jesus, ou no mínimo seriamente lamentada, por sua falta de conversão (Mt 11,21; Lc 10,13), como já foi evocado. Mas não foi sozinha e sim junto com outras cidades e aldeias da beira do Lago de Tiberíades ou de Genesaré, dito "Lago ou Mar da Galileia". Nem Cafarnaum escapou dessa diatribe messiânica. Segundo São Marcos, em Betsaida Jesus realizou uma cura difícil e progressiva de um cego (Mc 8,22). Isso não bastou para converter seu povo. E olha: os pescadores, famosos por ampliarem seus feitos em pescarias, devem ter aumentado e muito os milagres e as histórias sobre Jesus. Mesmo assim.

Betsura

Ver neste capítulo "Beit Sur".

Betul, Betuel

Esse era o nome de uma localidade nos domínios da tribo de Simeão, naquela famosa despossessão dos cananitas pelo exército de Josué, perto de Hormag e Ziclague (1Cr 4,30). O nome *Battiilu* aparece nas Cartas de Amarna, aquela famosa correspondência diplomática do grande faraó monoteísta Akenaton, o pai de Tutancâmon. Ou seja, o lugar existiu mesmo. Talvez Davi tenha enviado para esta cidade parte dos despojos capturados aos amalequitas, depois de saquearem Ziclague (1Sm 30,27). A palavra Betel, usada neste texto de Samuel, indica uma corrupção do termo Betuel devido a queda da letra *vav* do nome hebraico Betuel. Acontece. Para alguns estudiosos, a Quesil no Livro de Josué (Js 15,30) talvez seja outra designação para esse mesmo local. Etimologicamente, Betul vem de *Beit Illu* e esse templo, essa casa, esse local estava dedicado ao famoso deus pagão Ilu, equivalente ao *El* dos hebreus. Babilônios e assírios utilizavam a expressão *Ilu* com essa mesma significação geral, presente na palavra original de Babel, *Bab Illu*, porta de Deus e na própria Bab*ilu*nia. Talvez por isso, a pronúncia e o registro desse nome sofreram diversas peripécias no texto bíblico, história de apagar tardiamente o nome da concorrência. Também é chamada de Bethul (Js 19,4). Não confundir esse local, essa *beit*, que ninguém sabe até hoje onde ficaria, com o nome de um personagem do tempo dos patriarcas, filho de Naor e Milca, sobrinho de Abraão e pai de Labão e Rebeca (Gn 22; 24; 25 e 28). Nada como um santuário, uma casa de deus, *HaBait* como se diz em hebraico, seja Betel, seja Betul, para fechar esta lista de casas, templos e locais bíblicos. Existiam tantos deuses naqueles tempos bíblicos politeístas. Dá até para sentir saudades. Cada um reivindicado por seu povo, sua gente, sua especialização e seu nicho de mercado. Bem diferentes uns dos outros. Agora não. Agora há um só Deus, *Yavé*, o da Bíblia hebraica. Mas Ele foi transformado em milhares de ídolos, feitos à imagem e semelhança de cada seita, assembleia, congregação, igreja, ministério e por aí vai. Num politeísmo de dar gosto. Nos bairros periféricos das cidades brasileiras, em cada quadra tem uma, duas, três ou mais casas de Deus. Essas casas, templos, garagens e barracos disputam clientes, abrem *franchises* e prometem milagres para conquistar mais fiéis e mais "bênçãos" monetárias e celestes. E nessas casas fala-se em diversas línguas. A Betel virou uma *Betelim*, quase uma Babel. Nossas casas, nossas vidas! Bem-vindos! *Baruch habá*!

As palavras de uma herança

Ao concluir esta espécie de guia sobre autores, contradições, curiosidades, histórias, personagens e lugares bíblicos, depois de esboços e tentativas de respostas a mais de 1.000 perguntas sobre as Sagradas Escrituras, não há como não retornar a pergunta inicial: Quem escreveu a Bíblia?

A Bíblia não foi escrita de uma só vez, nem por um único autor. Os estudos exegéticos e históricos demonstram o longo processo de sedimentação das palavras escritas contidas em muitos livros da Bíblia. Esse processo ocorreu por meio de renovadas leituras de textos mais antigos, que foram remanejados, acolhidos, relidos e compreendidos em diversas ocasiões. Muitas vezes isso ocorreu ao longo de séculos, como no caso do Pentateuco ou de textos proféticos como os de Isaías, por exemplo.

A Bíblia é como uma arca de Noé. Ela reuniu e salvou do dilúvio do esquecimento e da destruição a memória e as tradições, não apenas dos hebreus, mas de muitos povos vizinhos, com os quais eles se relacionaram ao longo da história. Mais do que isso, ela transmite ao longo dos séculos a experiência de Deus na vida de homens atentos à sua Palavra.

As releituras da Palavra de Deus em novos contextos históricos, ao longo da redação dos livros bíblicos foram sempre continuadas. Elas levaram a aprofundamentos e a novas reflexões. Elas amadureceram em períodos de calmas reflexões, conduziram a correções, harmonizações e produziram uma ampliação dos textos bíblicos. De todo esse processo histórico e encarnado, se se pode dizer, com base numa história que aconteceu realmente no chão desta terra, decorreu a formação das Sagradas Escrituras. Ao longo da história, as suas palavras abriram suas potencialidades interiores, tanto no seio do Judaísmo como do Cristianismo, diante do desafio de novas situações, experiências e sofrimentos. Somos herdeiros dessas preciosas palavras.

Ao consolidar o Pentateuco ou a *Torá*, depois da experiência do exílio, o Judaísmo engajou-se numa nova etapa em sua história constitutiva. O Judaísmo não se constituiu sobre a vida histórica de Moisés, nem de seus sucessores. Ele se constituiu sobre a *Torá*, com seus relatos sobre Moisés, reais e imaginários, compilados e interpretados ao longo de séculos. Da mesma forma, o Cristianismo não se constituiu inicialmente sobre a vida histórica de Jesus, mas sobre os relatos de São Paulo, aos quais se agregaram posteriormente os evangelhos. Como Moisés e Jesus viveram não é tão essencial de ser conhecido em termos históricos, quanto o sentido que deram a essas experiências de fé as comunidades que os sucederam.

No texto do Antigo Testamento é possível reconstituir como, num ambiente profundamente politeísta, o Deus *Yavé* emergiu como um deus da tempestade e da guerra, dominador do mar, e progressivamente assumiu as características de um deus solar, do tipo *Shamash*, ao entrar no Santuário de Jerusalém, onde dividiu seu trono com outros deuses.

O longo caminho em direção à monolatria de *Yavé* resultou de sucessivas reformas religiosas e do contato com potências dominadoras como o Egito e, sobretudo, a Assíria. Como dizem os estudiosos da história bíblica, sem a Assíria não existiria a Bíblia. Os escritos assírios e neoassírios inspiraram profundamente o Deuteronômio na temática da fidelidade extrema exigida pelo Deus *Yavé*, bem como posteriormente na redação mitológica de diversas passagens centrais do Pentateuco (desde a criação do universo até a ocupação militar de Canaã por Josué), concluído tardiamente entre 400 e 350 a.C.

No contexto pós-exílico, sob a dominação persa e com a diáspora judaica consolidada para sempre, o Pentateuco, a *Torá*, surgiu inicialmente não apenas como a expressão de um compromisso entre as diversas correntes religiosas judeanas, mas também entre Judá e os samaritanos. O Pentateuco é e será a nova pátria dos judeus, no templo dos seus corações.

Paradoxalmente, ao mesmo tempo em que o exílio babilônico colocou a elite da corte judeana em contato com uma profusão de deuses e mitos, com o domínio persa, Israel professou sem mais ambiguidades a radicalidade de seu monoteísmo. Eles poderiam ter sido absorvidos e diluídos nessa imensa e rica Babilônia. Mas não. Eles retomaram o alcance dos mitos, escritos e relatos religiosos, históricos e políticos dos assírios, babilônicos, egípcios e de tantos outros povos vizinhos, absorvendo-os e relendo-os na perspectiva de sua fé. Essa fé muito lentamente se tornou monoteísta, se é que esse termo possa ser justo para descrever do que se trata.

A dimensão mitológica dos relatos da criação, do dilúvio, da torre de Babel até Abraão é de origem babilônica, mas ao serem reescritos em hebraico, esses mesmos relatos se tornam uma nova literatura. No Judaísmo, essa literatura implica leitura e um relacionamento com a palavra que fez dos judeus um povo de leitores. O dilúvio não é histórico, assim como tantos eventos presentes na Bíblia, mas se torna meta-história. Ele está sempre atual ao colocar como se confrontar com um cataclisma, com uma catástrofe, no trabalho, em casa ou na família. Por se tratar de textos meta-históricos, há um enorme interesse em estudá-los e entender a origem de cada frase e de cada palavra, na tradição do Judaísmo, para saber como cada palavra assume sentido no relato e para além do relato que é lido. Para o Judaísmo, na Bíblia, o mundo se mede em páginas e letras. Tudo tem nome e significado.

O texto bíblico apresenta dezenas de nomes só para designar o Deus que se tornou um e único na Bíblia. Esses nomes ilustram e revelam como Ele foi venerado por diferentes grupos em diferentes contextos territoriais e temporais. E o que não dizer dos nomes dos deuses, demônios, anjos e seres celestes evocados pelos diversos povos presentes na Bíblia? Todos esses nomes rapidamente alimentaram, integraram e se multiplicaram na denominação de localidades, acidentes geográficos e, sobretudo, pessoas. Mais de mil exemplos foram apresentados neste livro, numa busca de entendimento de seu valor semântico, exorcizando-os – muitas vezes – de indevidas e injustas contaminações espirituais.

Nunca foi uma tarefa simples buscar indicações sobre o que evocam e invocam os nomes bíblicos. A justa compreensão de significantes e significados é um grande exorcismo. Mesmo assim, muitos nomes ainda escondem solenemente seu mistério, sua origem e seus personagens. E seguem e seguirão nomeando, e servindo para evocar e invocar, desde gente humilde até personagens de grande destaque social, religioso e político, no presente, no passado e no futuro. Talvez, professar o monoteísmo seja, nesse sentido, o maior de todos os exorcismos.

Nas palavras de São Paulo, no monoteísmo está o mais libertador dos exorcismos. Ele purifica o mundo: "Pretende-se, é verdade, que existam outros deuses, quer no céu quer na terra (e há um bom número desses deuses e senhores). Mas, para nós, há um só Deus, o Pai, do qual procedem todas as coisas e para o qual existimos, e um só Senhor, Jesus Cristo, por quem todas as coisas existem e nós também existimos" (1Cor 8,5-6). Como afirmou o Cardeal Joseph Ratzinger, "Por muito que sejam os deuses pairando em volta deste mundo, apenas um é Deus, e um só é o Senhor. Exorcizar o mundo é colocá-lo na razão, na luz da *ratio*, que tem a sua origem na eterna razão criadora e nos seus bens salutares e a ela se referir. Essa é uma das tarefas permanente e central dos mensageiros de Jesus Cristo".

A distância de séculos existente entre os relatos do Antigo Testamento e seus registros escritos não ocorreu no Novo Testamento. Os evangelhos, ao referirem-se às palavras do Antigo Testamento, narram histórias que ilustram como essas palavras tornaram-se visíveis em Jesus de Nazaré.

Essas menções e narrações não são apenas uma ilustração de palavras antigas, mas *da realidade* que essas palavras guardavam. Não era intenção dos evangelistas narrar acontecimentos como fariam os jornalistas ou os historiadores. Eles relataram uma história real, realmente acontecida, mas o fizeram à luz da Palavra de Deus, interpretada e compreendida com base na Palavra de Deus.

Hoje é possível conhecer os gêneros literários e as intenções narrativas presentes em cada um dos evangelhos, bem como o contexto comunitário que os inspiraram. Em todos eles, aparece a figura histórica de Jesus de Nazaré, cujos gestos, ações e palavras ultrapassaram completamente a média e os mais elevados patamares de todas as esperanças e expectativas imaginadas em seu tempo.

Por essas razões de historicidade e fé, os cristãos confiam nos evangelhos e nos escritos do Novo Testamento. A figura de Jesus lhes dá uma profunda harmonia, apesar de todas as diferenças, contradições e até divergências eventuais entre esses escritos.

Quem escreveu a Bíblia? A busca de respostas a essa pergunta levará sempre a novas indagações sobre como, onde, por que e para quem esses textos foram elaborados. E sobre o papel misterioso dessas palavras humanas ao espelhar a Palavra de Deus. Entre a palavra interpretativa de Deus e a história interpretadora existe uma relação recíproca.

Para os crentes, na Bíblia, a Palavra de Deus ensina: os eventos contêm "história da salvação". E isso diz respeito a todos nós e não somente àqueles que viveram tais histórias. Para os cristãos, quem quiser entender as Sagradas Escrituras dentro do espírito no qual a Bíblia foi escrita terá de considerar o seu conteúdo, seu contexto e sua unidade, à luz da tradição viva da Igreja. E cada um, com a luz da sua. *Shalom*!

Referências

ALIGHIERI, D. *A divina comédia*. São Paulo: Ed. 34, 2001.

ALMEIDA, A.J. *O pão nosso de cada dia* – Subsídio litúrgico-catequético. Apucarana: Marialva, 2005-2007.

ALON, A. *The natural history of the land of the Bible*. Nova York: Doubleday, 1978.

AMÂNCIO, M. *Os bons samaritanos e outros filhos de Israel*. São Paulo: Musa, 1949.

ARIES, P. & DUBY, G. *História da vida privada*. 2 vols. São Paulo: Companhia das Letras, 1990.

ARNS, P.E. *Santos e heróis do povo*. São Paulo: Letras & Letras, 1996.

AVRIL, A. & MAISONNEUVE, D. *As festas judaicas*. São Paulo: Paulus, 1997.

BABUT, É. *Le Dieu puissament faible de la Bible*. Paris: Cerf, 1999.

BALMARY, M. *La divine origine* – Dieu n'a pas créé l'homme. Paris: Grasset, 1993.

______. *Le sacrifice interdit* – Freud et la Bible. Paris: Grasset, 1986.

BARBET, P. *A paixão de Cristo segundo o cirurgião*. São Paulo: Loyola, 1997.

BASLEZ, M.F. “Quel juif était Paul?” *Le Monde de la Bible*, n. 199, 2012. Paris.

BAUMGARTEN, J. *Récits hagiographiques juifs*. Paris: Cerf, 2001.

BAZAGLIA, P. *Primeiros passos com a Bíblia*. São Paulo: Paulus, 2001.

BEN MAIMON, M. *Tratado sobre a Ressurreição*. São Paulo: Maayanot, 1994.

______. *Comentário da Mishná*. São Paulo: Maayanot, 1993.

______. *Oito capítulos* – Introdução à ética dos pais. São Paulo: Maayanot, 1992.

______. *Sobre as doenças da alma*. São Paulo: Maayanot, 1992.

______. *Os 613 mandamentos*. São Paulo: Nova Estella, 1990.

______. *Guía de descarriados*. Madri: Barath, 1988.

BEN SHIMON HALEVI, Z. *L'Arbre de vie*. Paris: Albin Michel, 1989.

BENTO XVI. “Juízo moral em favor dos direitos fundamentais – Discurso ao Episcopado Regional Nordeste V da CNBB em visita”. *Ad Limina Apostolorum* [http://www.zenit.org/rssportuguese-26395].

BEREZIN, R. *O hebraico trouxe a tradição para a Modernidade*. São Paulo: O Estado de S. Paulo, 1999.

BERGER, K. *As formas literárias do Novo Testamento*. São Paulo: Loyola, 1998.

BESANÇON, M. *L'Affaire de Davi et Bethsabée et la genealogie du Christ*. Saint-Maur: Saint-Parole et Silence, 1997.

BETTENCOURT, E. *Revista Pergunte e Responderemos* [Disponível em http://www.pr.gonet.biz/per-verit-big.php?nrev=-003].

Bible. Chouraqui. Bruxelas: DDB, 1989.

Bible – Écrits Intertestamentaires. Paris: Gallimard, 1987.

Bible – Traduction intégrale Hébreu-Français. Tel Aviv: Sinai, 1994.

Bible de Jérusalem. Paris: Fleurus & Cerf, 2001.

Bíblia de Jerusalém. São Paulo: Paulus, 2002.

Bíblia hebraica com comentários de Rashi. São Paulo: Trejger, 1993.

Biblia Hebraica Stuttgartensia. Stuttgart: Deutsche Bibelgesellschaft, 1977.

Bíblia Sagrada – Nova tradução da linguagem de hoje. São Paulo: Sociedade Bíblica do Brasil, 2007.

Bíblia Sagrada – Edição Pastoral. São Paulo: Paulus, 1990.

Bíblia Sagrada – Tradução dos textos originais pelos Capuchinos. Lisboa: Stampley, 1972.

Bíblia – Tradução de Joaquim F. de Almeida. Rio de Janeiro: Sociedade Bíblica do Brasil, 1998.

Bíblia TEB (Tradução Ecumênica da Bíblia). São Paulo: Loyola, 1994.

BIRNBAUM, P. *A Book of Jewish Concepts*. Nova York: Hebrew Publishing, 1975.

BLANCHETIERE, F. "Le moment de la séparation". *Le Monde de la Bible*, n. 150, 2003. Paris.

BOEHME, J. *A revelação do grande mistério divino*. São Paulo: Polar, 1998.

BOGLE, J. *A Book of Feasts and Seasons*. Herefordshire: Gracewing, 1998.

BOUFFARTIGUE, J. & DELRIEU, A.-M. *Trésors des Racines Grecques*. Paris: Belin, 1981.

______. *Trésors des Racines Latines*. Paris: Belin, 1981.

BOYER, F. "Quand Israël rencontre Pharaon". *Le Monde de la Bible*, n. 102, 1997. Paris.

BRANDÃO, J. *Dicionário Mítico-etimológico*. 2 vols. Petrópolis: Vozes, 1993.

BRAUDEL, F. *O Mediterrâneo e o mundo mediterrânico*. 2 vols. São Paulo: Martins Fontes, 1993.

BRICE, G.E. *A Legacy of Wisdom*: The Egyptian Contribution to the Wisdom of Israel. Lewisburg: Bucknell University Press, 1979.

BUNIM, I.M. *A ética do Sinai*. São Paulo: Sêfer, 1998.

BUR, J. *Pour comprendre la Vierge Marie*. Paris: Cerf, 1992.

BUYST, I. *Símbolos na liturgia*. São Paulo: Paulinas, 2003.

______. *Celebrar com símbolos*. São Paulo: Paulinas, 2001.

CÂMARA CASCUDO, L. *Dicionário do Folclore Brasileiro*. São Paulo: Melhoramentos, 1980.

CERNI, R. *Antiguo Testamento Interlineal Hebreo-Español.* 3 vols. Madri: Clie, 1984.

CHAPA, J. *50 preguntas sobre Jesús.* Madri: Rialp, 2006.

CHEVALIER J. & GHEERBRANT, A. *Dictionnaire des Symboles*. Paris: Laffont, 1982.

CHOURAQUI, A. *A Bíblia* – Louvores I (Salmos). Porto Alegre: Imago, 1998.

______. *A Bíblia* – Louvores II (Salmos). Porto Alegre: Imago, 1998.

______. *A Bíblia* – Palavras (Deuteronômio). Porto Alegre: Imago, 1997.

______. *A Bíblia* – Yohanan (João). Porto Alegre: Imago, 1997.

______. *A Bíblia* – Nomes (Êxodo). Porto Alegre: Imago, 1996.

______. *A Bíblia* – No deserto (Números). Porto Alegre: Imago, 1996.

______. *A Bíblia* – Ele clama (Levítico). Porto Alegre: Imago, 1996.

______. *A Bíblia* – Matyah (Mateus). Porto Alegre: Imago, 1996.

_____. *A Bíblia* – Marcos. Porto Alegre: Imago, 1996.

______. *A Bíblia* – Lucas. Porto Alegre: Imago, 1996.

______. *A Bíblia* – No princípio (Gênesis). Porto Alegre: Imago, 1995.

CIUCCI, A. & SARTOR, P. *A Tavola con Abramo*. Milão: San Paolo, 2011.

COELHO, A.C.C. *Encontros marcados com Deus*. São Paulo: Paulinas, 1999.

COMISSÃO TEOLÓGICA INTERNACIONAL. *Memória e Reconciliação* – A Igreja e as culpas do passado. São Paulo: Loyola, 2000.

Concordance de la Bible TOB. Paris: Cerf/Société Biblique Française, 1998.

Concordância bíblica. Brasília: Sociedade Bíblica do Brasil, 1975.

CORDOVERO, M. *La douce lumière*. Lagrasse: Verdier, 1997.

COROMINAS, J. *Breve Diccionario etimológico de la lengua castellana*. Madri: Gredos, 1990.

CUËNOT, M. *Jerusalém* – Alegria para toda a terra. São Paulo: Loyola, 1996.

DAIX, G. *Dictionnaire des Saints*. Paris: J.C. Lattès, 1996.

D'ALBUQUERQUE, A.T. *A evolução das palavras*. Rio de Janeiro: Getúlio Costa, 1829.

DALLEGRAVE, G.E. *O papado é instituição divina*. São Paulo: Loyola, 1986.

DATTLER, F. *Sinopse dos quatro evangelhos*. São Paulo: Paulus, 1986.

DEVOTO, G. *Avviamento alla etimologia italiana*. Florença: Monnier, 1992.

DHEILLY, J. *Dictionnaire Biblique*. Bruxelas: Desclée, 1964.

Dicionário Aramaico-português. São Leopoldo: Sinodal, 2000.

Dicionário Cultural da Bíblia. São Paulo: Loyola, 1998.

Dicionário Eletrônico Houaiss da Língua Portuguesa. São Paulo: Objetiva, 2001.

Dicionário Patrístico e de Antiguidades Cristãs. Petrópolis: Vozes, 2002.

Dicionário Português-hebraico e Hebraico-português. São Paulo: Sêfer, 2000.

DREWERMANN, E. *L'évangile des femmes*. Paris: Du Seuil, 1996.

______. *La parole et l'angoisse.* Paris: DDB, 1995.

______. *De la naissance des Dieux à la naissance du Christ*. Paris: Seuil, 1992.

ELIADE, M. *Forgerons et alchimistes*. Paris: Flammarion, 1977.

Encyclopédie des Symboles. Munique: La Pochothèque, 1989.

ENNERY, M. *Dictionnaire de la Bible Hebraique*. Paris: Colbo, 1996.

FELICE, E. *Dizionario dei Nomi Italiani*. Milão: Mondadori, 1986.

______. *Dizionario dei Cognomi Italiani*. Milão: Mondadori, 1978.

FERREIRA, A.G. *Dicionário de Latim-português*. Porto: Porto Ed., [s.d.].

FOUILLOUX, D. et al. *Dicionário Cultural da Bíblia*. São Paulo: Loyola, 1998.

FRÈRE, Y. *Juifs et chrétiens d'hier à demain*. Paris: Cerf, 1997.

FREUD, S. *Moisés e o monoteísmo*. Rio de Janeiro: Imago, 1997.

______. *Métapsychologie*. Paris: Gallimard, 1968.

FREYNE, S. *A Galiléia, Jesus e os evangelhos*. São Paulo: Loyola, 1996.

FUENTES, M.A. O teólogo responde. Nova York: IVE, 2010.

GALVÃO, R. *Vocabulário etimológico, ortográfico e prosódico das palavras portuguesas derivadas da língua grega*. Rio de Janeiro: Garnier, 1994.

GARGANO, I.; SKA, J.L. & PISANO, S. *Metodologia do Antigo Testamento*. São Paulo: Loyola, 2000.

GAUDITANO, R. & TIRAPELI, P. *Festas de fé*. São Paulo: Metalivros, 2003.

GEOLTRAIN, P. *Aux origines du christianisme*. Paris: Gallimard, 2000.

GIORDAN, A. *Mon corps, la première merveille du monde*. Paris: J.C. Lattès, 1999.

GLAZERSON, M. *Hinduísmo e Judaísmo*. Montevidéu: Rambam, 1993.

______. *Torá, Light and Healing*. Jerusalém: Hilmehsein, 1993.

GOLDBERG, S.A. *La clepsydre* – Essai sur la pluralité des temps dans le judaïsme. Paris: Albin Michel, 2000.

GOMES FERREIRA, A. *Dicionário de Latim-português*. Porto: Porto Ed., [s.e.].

GRADL, F. & STENDEBACH, F.J. *Israel e seu Deus*. São Paulo: Loyola, 2001.

Grande Commentario Biblico. Bréscia: Queriniana, 1973.

GUÉRIOS, R.F.M. *Nomes e sobrenomes*. Curitiba: AM, 1994.

GUILLET, J. *Jesus Cristo no Evangelho de João*. São Paulo: Paulinas, 1985.

HABERMAS, J. *A inclusão do outro* – Estudos de teoria política. São Paulo: Loyola, 2002.

Hachette le Dictionnaire – Langue Française, Noms Propres. Paris, 1991.

HADAS-LEBEL, M. "Les deux révoltes judéennes contre Rome". *Le Monde de la Bible*, n. 157, 2004. Paris.

______. *Hillel* – Un sage au temps de Jésus. Paris: Albin Michel, 1999.

HARL, M.; GILLES, D. & OLIVIER, M. *A Bíblia grega dos setenta*: do Judaísmo ao Cristianismo antigo. São Paulo: Loyola, 2007.

HATZAMRI, A. & HATZAMRI, S. *Dicionário Português-hebraico e Hebraico-português*. São Paulo: Sêfer, 2000.

HEYWOOD, V. *Flowering Plants of the World*. Oxford: Oxford University Press, 1979.

HODSON, G. *O reino dos deu*ses. São Paulo: Sociedade Teosófica do Brasil, 1967.

HORSLEY, R.A. & SILBERMAN, N.A. *A mensagem e o reino* – Como Jesus e Paulo deram início a uma revolução e transformaram o mundo antigo. São Paulo: Loyola, 2000.

HOUAISS, A. & VILLAR, M. *Dicionário Houaiss da Língua Portuguesa*. Rio de Janeiro: Objetiva, 2001.

IRENEU DE LYON, *Contre les heresies*. Paris: Du Cerf, 1991.

Ireneu de Lyon in les Pères Apostoliques – Texte intégral. Paris: Cerf, 1998.

JOÃO DA CRUZ. *Obras completas*. Petrópolis: Vozes, 1991.

JOÃO PAULO II. *Homem e mulher os criou*. Bauru: Edusc, 2005.

JOHNSON, R.A. *A chave da psicologia do amor romântico*. São Paulo: Mercuryo, 1983.

JOSÉPHE, F. *La guerre des juifs*. Paris: De Minuit, 1977.

JUNG, C.G. *Psicologia e alquimia*. Petrópolis: Vozes, 1994.

KEELER, H. & GRIMBLY, S. *101 coisas que todos deveriam saber sobre o catolicismo*. São Paulo: Pensamento, 2007.

KELEN, J. *Les femmes de la Biblie*. Tournai: La Renaissance du Livre, 2002.

KETTERER, E. & MICHEL, R. *O midraxe*. São Paulo: Paulus, 1996.

KONINGS, J. *A Bíblia*: sua origem e sua leitura. Petrópolis: Vozes, 1997.

La Bible – Écrits intertestamentaires. Paris: Gallimard, 1987.

LACOSTE, J.-Y. *Histoire de la theologie*. Paris: Du Seuil, 2009.

LANGRE, J. *Do in*. Rio de Janeiro: Ground, 1974.

La Sainte Bible École Biblique de Jérusalem. Paris: Cerf, 1961.

LAULAND, J. *O livro das interpretações dos nomes bíblicos de São Jerônimo* [Disponível em http://www.hottopos.com/videtur27/jean.htm].

LAYTON, B. *As escrituras gnósticas*. São Paulo: Loyola, 2002.

LE GOFF, J. *As raízes medievais da Europa*. Petrópolis: Vozes, 2007.

______. *Por amor às cidades*. São Paulo: Unesp, 1988.

______. *La naissance du purgatoire*. Paris: Gallimard, 1981.

LE GOFF, J. & SCHMITT, J.-C. *Dicionário Temático do Ocidente Medieval* – Vol. 2. São Paulo/Bauru: Imprensa Oficial/Edusc, 1999 e 2002.

LELOUP, J.-Y. *Cuidar do ser* – Fílon e os terapeutas de Alexandria. Petrópolis: Vozes, 1998.

______. *L'Évangile de Thomas*. Paris: Albin Michel, 1986.

LEMAIRE, A. *Le monde de la Bible*. Paris: Gallimard, 1998.

LÉON-DUFOUR, X. *Leitura do Evangelho segundo João*. Vols. I-IV. São Paulo: Loyola, 1996-1998.

______. *Dictionnaire du Nouveau Testament*. Paris: Seuil, 1975.

Les Pères Apostoliques – Texte intégral. Paris: Cerf, 1998.

LÉVINAS, E. *Du sacré au saint*. Paris: De Minuit, 1996.

______. *Dieu, la mort et le temps* – La subjetivité comme an-archie. Paris: Grasset, 1993.

______. "L'hypotase". *Le temps et l'autre*. Paris: PUF, 1979.

LIÉBAERT, J. *Os Padres da Igreja*. Vol 2. São Paulo: Loyola, 2002.

______. *Os Padres da Igreja.* Vol 1. São Paulo: Loyola, 2000.

LIVERANI, M. "La Bible avait-elle raison? – Un débat sans fin". *Le Monde de la Bible*, n. 200, 2012. Paris.

MACKENZIE, J.J. *Dicionário Bíblico*. São Paulo: Paulinas, 1984.

MAIA, M. *Evangelhos gnósticos*. São Paulo: Mercuryo, 1992.

MARTIN, F. *Les mots latin.* Paris: Hachette, 1976.

MARTINS, F. *O nome próprio*. Brasília: UnB, 1984.

MARX, M. *Nosso chão*: do sagrado ao profano. São Paulo: Edusp, 1989.

MATHIEU, M.-H. *Dieu m'aime comme je suis*. Versailes: Saint Paul, 1998.

MESTRE ECKHART. *O Livro da Divina Consolação e outros textos seletos*. Petrópolis: Vozes, 1991.

MIQUEL, P. *Dictionnaire Symbolique des Animaux*. Paris: Le Léopard D'Or, 1992.

MIRANDA, E.E. *Guia de curiosidades católicas*. Petrópolis: Vozes, 2007.

______. *A sacralidade das águas corporais*. São Paulo: Loyola, 2004.

______. *Animais interiores* – Nadadores e rastejantes. São Paulo: Loyola, 2004.

______. *Animais interiores* – Os voadores. São Paulo: Loyola, 2003.

______. *Corpo* – Território do sagrado. São Paulo: Loyola, 2000.

______. *Agora e na hora* – Ritos de passagem à eternidade. São Paulo: Loyola, 1996.

MIRANDA, E.E. & MALCA, J.M.S. *Sábios fariseus*. São Paulo: Loyola, 2001.

MONTAIGNE, M. *Des boîteux* – Essais 3. Paris: Le Livre de Poche, 1972.

MOSCONI, L. *Evangelho de Jesus Cristo segundo Marcos*. São Paulo: Loyola, 1996.

Mysterium Salutis – Compêndio de dogmática. Vol. 3. Petrópolis: Vozes, 1985.

NAVARRO, J.B. *Para compreender o ecumenismo*. São Paulo: Loyola, 1995.

Novo Testamento – Tradução Oficial da CNBB. São Paulo: Loyola, 1997.

Novum Testamentum – Graece et latine. Roma: Sumptibus Pontificii Instituti Biblici, 1951.

Obras completas de Teresa de Jesus. São Paulo: Loyola, 1995.

OUAKNIN, M.-A.; ROTNEMER, D. & MICHEL, A. *Le livre des prénoms bibliques et hébraïques*. Paris: Espaces Libres, 1993.

OVERMAN, J.A. *O Evangelho de Mateus e o Judaísmo formativo* – O mundo social da comunidade de Mateus. São Paulo: Loyola, 1997.

PAGOLA, J.A. *Jesús, aproximación histórica*. Madri: PPC, 2007.

PAOLI, P. *Anticatéchisme pour le christianisme à venir*. Paris: Albin Michel, 2013.

PAROSCHI, W. *Crítica textual do Novo Testamento*. São Paulo: Vida Nova, 1993.

PASCAL, B. *Pensées et opuscules*. Paris: Hachette, 1937.

PASSOS, M. (org.). *A festa da vida*. Petrópolis: Vozes, 2002.

PASTOUREAU, M. *Une histoire symbolique du Moyen Âge Occidental*. Paris: Seuil, 2004.

PAULO VI. Constituição Dogmática *Lumen Gentium* sobre a Igreja [Disponível em http://www.vatican.va/archive/hist_councils/ii_vatican_council/documents/vat-ii_const_19641121_lumen-gentium_po.html].

______. Decreto *Unitatis Redintegratio* sobre o ecumenismo [Disponível em http://www.vatican.va/archive/hist_councils/ii_vatican_council/documents/vat-ii_decree_19641121_unitatis-redintegratio_po.html].

Peregrinação de Etéria – Liturgia e catequese em Jerusalém no século IV. Petrópolis: Vozes, 2004.

Petit Robert – Dictionnaire Alphabétique et Analogique de la Langue Française. Paris, 1985.

PRADO FLORES, J.H. *Os cegos do Evangelho*. São Paulo: Loyola, 1996.

PURY, A. *O Pentateuco em questão* – As origens e a composição dos cinco primeiros livros da Bíblia à luz das pesquisas recentes. Petrópolis: Vozes, 1996.

Qui a écrit la Bible? – Aux origines de la Bible [Disponível em http://www.lemondedesreligions.fr/archives/2008/11/01/qui-a-écrit-la-bible,9585803.php].

RAMIÈRE, H. *O Reino de Jesus Cristo na História*. Porto: Civilização, 2001.

RATZINGER, J. *A infância de Jesus*. São Paulo: Planeta do Brasil, 2012.

______. *Jesus de Nazaré*: da entrada em Jerusalém até a Ressurreição. São Paulo: Planeta do Brasil, 2011.

______. *Jesus de Nazaré* – Primeira parte: Do batismo no Jordão à transfiguração. São Paulo: Planeta do Brasil, 2007.

REHFELD, W.I. *Nas sendas do Judaísmo*. São Paulo: Perspectiva, 2003.

______. *Considerações sobre a ocorrência de estruturas de consciência religiosa em filosofia*. São Paulo: Nova Série, 1981.

RENAN, E. *Histoire du peuple d'Israël*. 4 vols. Paris: Histoire Antique, 1889 [Disponível em http://www.mediterranee-antique.info/].

RENDINA, C. *I papi storia e segreti*. Milão: Newton, 1983.

ROGER, J.F. & DURAND, J.-P. *Le bestiaire de la Bible*. Méolans-Revel: Desiris, 1994.

RÖMER, T. *Le dieu Yhwh*: ses origines, ses cultes, sa transformation en dieu unique [Disponível em http://www.college-de-france.fr/site/thomas-romer/course-2012-02-09-14h00.htm#|q=/thomas-romer/course-2011-2012.htm|p=/thomas-romer/course-2012-02-09-14h00.htm].

______. *A chamada história deuteronomista* – Introdução sociológica, histórica e literária. Petrópolis: Vozes, 2008.

______. *Ce que la Bible doit à l'Égypte*. Paris: Bayard, 2008.

______. "Moïse, médiateur par excellence". *Le Monde de la Bible*, n. 156, 2004. Paris.

______. "Figures d'un ancêtre". *Le Monde de la Bible*, n. 140, 2002. Paris.

SANTO AGOSTINHO. *A cidade de Deus*. 2 vols. Petrópolis: Vozes, 2001.

______. *Confissões*. Petrópolis: Vozes, 2001.

______. *O cuidado devido aos mortos*. São Paulo: Paulinas, 1990.

______. *A verdadeira religião*. São Paulo: Paulinas, 1987.

SÃO JOÃO DA CRUZ. *Obras completas*. Petrópolis: Vozes, 1991.

SCHOLEM, G. *As grandes correntes da mística judaica*. São Paulo: Perspectiva, 1995.

Sefer Yetzirah – Versión de Isidor Kalisch. Madri: Arca de Sabiduría, 1993.

SERANDOUR, A. "De l'utilité du passé monarchique". *Le Monde de la Bible*, n. 148, 2003. Paris.

SFEZ, L. *A saúde perfeita* – Crítica de uma nova utopia. São Paulo: Loyola, 1996.

SIENNE, C. *Le dialogue*. Paris: Cerf, 1999.

SIMIAN-YOFRE, H. et al. *Metodologia do Antigo Testamento*. São Paulo: Loyola, 1994.

Sobrenomes judeus – De que raízes se originam? Curitiba: Jornal Visão Judaica, 2004.

SOLÍMEO, G.A. & SOLÍMEO, L.S. *Anjos e demônios* – A luta contra o poder das trevas. São Paulo: Artpress, 1994.

SOUSA, J. *Vestígios da língua arábica em Portugal*. Lisboa: Farinha de Carvalho, 1981.

SOUZENELLE, A. *La lettre chemin de vie* – Le symbolisme des lettres hébraïques. Paris: Albin Michel, 1993.

SPALDING, H.D. *Enciclopédia do humor judaico*: dos tempos bíblicos à era moderna. São Paulo: Sêfer, 1999.

SPALDING, T.O. *Dicionário da Mitologia Latina*. São Paulo: Cultrix, 1987-1993.

SPANNEUT, M. *Os Padres da Igreja*: Séculos IV-VIII. São Paulo: Loyola, 2002.

STEINER, R. *O Cristianismo como fato místico*. São Paulo: Antroposófica, 1996.

______. *O Evangelho segundo João*. São Paulo: Antroposófica, 1996.

TERESA DO MENINO JESUS E DA SAGRADA FACE. *Obras completas*. São Paulo: Loyola, 1997.

THEISSEN, G. & MERZ, A. *O Jesus histórico* – Um manual. São Paulo: Loyola, 2002.

The Madaba Mosaic [Disponível em http://198.62.75.1/www1/ofm/mad/Madaba_Mosaic_Map.html – Acesso em 24/04/ 2012].

Torá – Casa de Cultura de Israel. São Paulo: Sêfer, 2001.

TORNIELLI, A. *Pio XII*: o papa dos judeus. Porto: Civilização, 2003.

Tradução Ecumênica da Bíblia (TEB). São Paulo: Loyola, 1994.

TRICCA, M.H.O. *Apócrifos* – Os proscritos da Bíblia. Vol. II. São Paulo: Mercuryo, 1991.

_____. *Apócrifos* – Os proscritos da Bíblia. Vol. I. São Paulo: Mercuryo, 1989.

ULMER, R. *The Evil Eye in the Bible and Rabbinic Literature*. Hoboken: Ktav, 1994.

UNTERMAN, A. *Dicionário Judaico de Lendas e Tradições*. Rio de Janeiro: Zahar, 1997.

URECH, E. *Dizionario dei Simboli Cristiani*. Roma: Arkeios, 1995.

VAN DER POEL, F.H. [Disponível em http://www.religiosidadepopular.uaivip.com.br].

VATICANO. *Código de Direito Canônico*. São Paulo: Loyola, 1998.

______. *Catecismo da Igreja Católica*. Petrópolis: Vozes, 1993.

______. *Constituciones, decretos, declaraciones*. Madri: BAC, 1970.

VERMÉS, G. *Jesus e o mundo do Judaísmo*. São Paulo: Loyola, 1996.

VICTORIA, L.A.P. *Dicionário da Origem e da Evolução das Palavras*. Rio de Janeiro: Científica, 1965.

VILLENEUVE, E. "Les figures du mal dans l'Orient Ancien". *Le Monde de la Bible*, n. 179, 2007. Paris.

VOGELS, W. *Abrahão e sua lenda* – Gênesis 12,1–25,11. São Paulo: Loyola, 2000.

VOLTAIRE. *Écris philosophiques*. Association de Bibliophiles Universels, 1999 [Disponível em http://abu.cnam.fr/].

VORAGINE, T. *Legenda áurea*. 2 vols. Porto: Civilização, 2004.

YON, M. "Ougarit 6000 ans d'histoire". *Le Monde de la Bible*, n. 120, 1999. Paris.

Lista de abreviações dos livros bíblicos

Ab Abdias

Ag Ageu

Am Amós

Ap Apocalipse

At Atos dos Apóstolos

Br Baruc

Cl Colossenses

1Cor 1 Coríntios

2Cor 2 Coríntios

1Cr 1 Crônicas

2Cr 2 Crônicas

Ct Cântico dos Cânticos

Dn Daniel

Dt Deuteronômio

Ecl Eclesiastes

Ef Efésios

Es Esdras

Est Ester

Ex Êxodo

Ez Ezequiel

Fl Filipenses

Fm Filemon

Gl Gálatas

Gn Gênesis

Hab Habacuc

Hb Hebreus

Is Isaías

Jó Jó

Jt Judite

Jl Joel

Jn Jonas

Jo João

1Jo 1 João

2Jo 2 João

3Jo 3 João

Jr Jeremias

Jd Judas

Js Josué

Jz Juízes

Lc Lucas

Lm Lamentações

Lv Levítico

Mc Marcos

1Mc 1 Macabeus

2Mc 2 Macabeus

Ml Malaquias

Mq Miqueias

Mt Mateus

Na Naum

Ne Neemias

Nm Números

Os Oseias

1Pd 1 Pedro

2Pd 2 Pedro

Pr Provérbios

Qo Qohelet = Eclesiastes

Rm Romanos

1Rs 1 Reis

2Rs 2 Reis

Rt Rute

Sb Sabedoria

Sf Sofonias

Sl Salmos

Sr Sirácida = Eclesiástico

Tb Tobias

Tg Tiago

1Tm 1 Timóteo

2Tm 2 Timóteo

1Ts 1 Tessalonicenses

2Ts 2 Tessalonicenses

Tt Tito

Zc Zacarias

LISTA DO ALFABETO HEBRAICO

א	Alef
ב	Beit
ג	Guímel
ד	Dalet
ה	He
ו	Vav
ז	Zayin
ח	Het
ט	Tet
י	Yod
כ	Caf
ך	Caf Final
ל	Lamed
מ	Mem
ם	Mem Final
נ	Nun
ן	Nun Final
ס	Samck
ע	Ayin
פ	Pci
ף	Pei Final
צ	Tsade
ץ	Tsade Final
ק	Qof
ר	Resh
ש	Shin
ת	Tav

Índice